TRIBUTAÇÃO SOBRE O CONSUMO

CBS, IBS E IMPOSTO SELETIVO

CB021487

O GEN | Grupo Editorial Nacional – maior plataforma editorial brasileira no segmento científico, técnico e profissional – publica conteúdos nas áreas de concursos, ciências jurídicas, humanas, exatas, da saúde e sociais aplicadas, além de prover serviços direcionados à educação continuada.

As editoras que integram o GEN, das mais respeitadas no mercado editorial, construíram catálogos inigualáveis, com obras decisivas para a formação acadêmica e o aperfeiçoamento de várias gerações de profissionais e estudantes, tendo se tornado sinônimo de qualidade e seriedade.

A missão do GEN e dos núcleos de conteúdo que o compõem é prover a melhor informação científica e distribuí-la de maneira flexível e conveniente, a preços justos, gerando benefícios e servindo a autores, docentes, livreiros, funcionários, colaboradores e acionistas.

Nosso comportamento ético incondicional e nossa responsabilidade social e ambiental são reforçados pela natureza educacional de nossa atividade e dão sustentabilidade ao crescimento contínuo e à rentabilidade do grupo.

EDUARDO MUNIZ MACHADO CAVALCANTI

TRIBUTAÇÃO SOBRE O CONSUMO

CBS, IBS E IMPOSTO SELETIVO

■ **Atendimento ao cliente: (11) 5080-0751 | faleconosco@grupogen.com.br**

■ Direitos exclusivos para a língua portuguesa
Copyright © 2025 by
Editora Forense Ltda.
Uma editora integrante do GEN | Grupo Editorial Nacional
Travessa do Ouvidor, 11 – Térreo e 6º andar
Rio de Janeiro – RJ – 20040-040
www.grupogen.com.br

■ Capa: Daniel Kanai

■ **CIP – BRASIL. CATALOGAÇÃO NA FONTE.**
SINDICATO NACIONAL DOS EDITORES DE LIVROS, RJ.

C377t

Cavalcanti, Eduardo Muniz Machado

Tributação sobre o consumo: CBS, IBS e imposto seletivo / Eduardo Muniz Machado Cavalcanti. – 1. ed. – São Paulo: Forense Jurídico, 2025.

368 p.
ISBN 978-85-3099-656-7

1. Direito. 2. Direito Tributário. I. Título.

CDD: 341:39
2025-385 CDU: 34:336.2

Vagner Rodolfo da Silva – CRB-8/9410

À minha amada família, Isabella, Cecília e Tomás.

SOBRE O AUTOR

Mestre em Direito pela UFPE. Doutorando em Direito e Economia pela Universidade de Lisboa, Portugal. *Visiting Scholar* na Boston College Law School. Autor dos Livros: *Processo Tributário: Administrativo e Judicial* e *Direito Tributário*, ambos pela Editora Forense. É Procurador de Estado/DF por duas décadas. Foi Procurador-Chefe da área Fazendária e Fiscal no Distrito Federal e Procurador da Fazenda Nacional. É Procurador do DF com atuação na área consultiva tributária, financeira e orçamentária. Advogado.

APRESENTAÇÃO

Ainda em janeiro de 2024, no frio cortante do inverno de Lisboa, com o doutorado em Direito e Economia em curso, comecei a jornada desta obra *Tributação sobre o Consumo: CBS, IBS e Imposto Seletivo*. A Emenda Constitucional 132 tinha acabado de ser aprovada e a expectativa voltava-se agora para a regulamentação da matéria. Tinha dúvidas se teria fôlego para imergir neste projeto, especialmente porque a rotina era extenuante. Entre aulas, pesquisas e trabalhos acadêmicos de doutorado, reuniões virtuais do escritório e as demandas da vida familiar, parecia haver pouco espaço para uma empreitada com essa profundidade e extensão. Ao longo dos últimos anos, em particular, dediquei-me intensamente ao tema da Reforma Tributária, não apenas como procurador e advogado, mas também como Coordenador Técnico da Frente Parlamentar de Serviços. Foram incontáveis reuniões com servidores do governo, assessores técnicos e parlamentares, além de uma intensa imersão no assunto, cujos debates permitiram construir entendimentos, bem como posicionamentos, sobre a Reforma Tributária. Por isso, entendia que poderia contribuir verdadeiramente para a comunidade jurídica, especialmente tributária.

Os primeiros dias do ano foram marcados por acomodação e adaptação, e, enquanto os dias se passavam, diariamente, reservava algumas horas exclusivamente para a elaboração do texto. Costumava dedicar-me ao livro pelas manhãs na Faculdade de Direito de Lisboa, em uma sala própria de pesquisadores. Uma espécie de refúgio criativo. Depois de deixar a Cecília e o Tomás na escola, na Avenida Almirante Gago Coutinho, no encantador bairro de Alvalade, seguia diretamente para a universidade. Enfiava-me na sala de pesquisa e, por conta da diferença de fuso horário entre Brasília e Lisboa, meu telefone não me incomodava. Foi intenso. Ao longo dos primeiros três a cinco meses, praticamente construí um texto-base sobre a EC 132/2023, mas ainda muito me faltava, especialmente depois de minha coordenação editorial indicar àquela altura que somente faria sentido editar um livro com a regulamentação do texto constitucional por vir. Foi nesse momento que o desafio se tornou uma missão quase impossível. O PLP 68, de 2024, continha mais de 500 artigos e mais ainda de páginas. Respirei fundo, pensei, pensei, baixei a cabeça, arregacei as mangas e continuei a escrever, escrever, escrever.

Os dias que se seguiram foram marcados por uma rotina esgotante. Revisões, releituras, análises, correlações com o sistema jurídico existente e reflexões sobre os desafios práticos da implementação fizeram parte e tomaram conta de horas de estudos. E, no meio disso tudo, precisava desenvolver quatro monografias, também com apresentações orais, para atender ao programa de doutoramento. Sobre o livro, não queria que se tratasse apenas de uma atividade técnica, mas um exercício de supervisão crítica do sistema tributário brasileiro. Cada página escrita era um esforço de conversação, palavra por palavra, pretendendo criar um texto acessível tanto para acadêmicos quanto para profissionais, entre servidores, advogados, magistrados. Entendo que escrever não é apenas registrar pensamentos; é abrir caminhos de compreensão. E, nesse processo, a responsabilidade do escritor vai além de simplesmente apresentar informações. É um convite ao diálogo, uma tentativa de envolver o leitor em uma conversa que vai além das páginas, influenciando debates, decisões e reflexões sobre os mais diversos assuntos. Nas palavras de Clarice Lispector, *escrever é tentar entender, é procurar reproduzir o irreproduzível.*

O inverno lisboeta deu lugar à primavera, e com ela veio a sensação de que, apesar das dificuldades, cada linha escrita me aproximava do objetivo. Este livro, mais do que um relato técnico, é o testemunho de uma jornada intelectual e pessoal, movida pela sensação de que conhecimento e dedicação podem transformar a vida das pessoas, assim como vêm transformando a minha. Quase que no ritmo das estações, capítulo a capítulo, para além do desafio intelectual, tornou-se um compromisso pessoal. Como se cada parágrafo, cuidadosamente construído, representasse um tijolo na edificação, palavra por palavra, pedra por pedra, da estrutura de uma ponte entre o texto da lei e a visão compreensiva e reflexiva do leitor.

Os momentos de escrita, especialmente pela manhã na Faculdade de Direito de Lisboa, tornaram-se uma espécie de ritual. Com o silêncio da sala de pesquisa, os pensamentos fluíam melhor. Não raras vezes, ao fim do dia, especialmente com as crianças já na cama para dormir, retornava à tela para produzir e avançar no texto. Havia dias em que as ideias pareciam claras e os capítulos avançavam rapidamente; em outros, a complexidade do tema me obrigava a voltar ao ponto de partida, repensando abordagens e ajustando conceitos. Mas era exatamente essa dinâmica que tornava o processo tão enriquecedor. Posso dizer que também muito aprendi, como costuma acontecer com o escritor.

Já sob o calor do verão europeu, percebi que esta obra era mais do que um simples trabalho acadêmico ou profissional. Era um reflexo de uma valorosa etapa de meu percurso de vida e das conexões que estabeleci ao longo dos anos, sobretudo no ambiente jurídico.

Precisava regressar porque a estadia em Portugal chegava ao fim. Ainda sem conclusão, sabia da dificuldade em dar continuidade ao livro no meio da rotina ainda mais intensa, com demandas do escritório, reuniões presenciais e o dia a dia familiar. O tempo dedicado ao livro, que em Lisboa parecia quase sagrado, teria que ser adaptado às novas circunstâncias. Em vez de desanimar, encarei essa transição como mais um desafio, certo de que a disciplina e a paixão me conduziriam ao término deste trabalho, feito com muito entusiasmo. Cada intervalo entre reuniões ou compromissos tornou-se uma oportunidade para revisitar o texto, aprimorar argumentos e incorporar novos *insights*. O avanço dos trabalhos legislativos e as discussões práticas no ambiente profissional passaram a enriquecer o conteúdo, trazendo uma perspectiva ainda mais aplicada e concreta às análises realizadas, especialmente de alguns setores específicos que fazem parte do meu dia a dia de trabalho.

Foi justamente nessa interação entre teoria e prática que a obra ganhou sua forma final, enriquecida por um profundo espírito de investigação científica. Concluir o livro, do inverno europeu ao verão brasileiro, ao longo de mais de uma gestação, foi, certamente, bem além do que finalizar o projeto de um novo filho acadêmico, foi ter o sentimento de cumprir mais uma das incontáveis missões pessoais que me impus ao longo de minha trajetória profissional. O resultado está aqui e, humildemente, espero que você, leitor, goste e possa contribuir verdadeiramente para o debate sobre a efetivação de um sistema fiscal mais justo e que a Reforma Tributária permita ao Brasil não somente crescimento econômico, mas também a geração de renda, a distribuição de riquezas e o bem-estar social. Boa leitura.

Entre Lisboa e Brasília, dezembro de 2024.

Eduardo Muniz M. Cavalcanti

PREFÁCIO

A recente reforma do Sistema Tributário Nacional relativa à tributação sobre o consumo foi uma vitória da política e um marco importante na história econômica brasileira com a promulgação da Emenda Constitucional (EC) 132/2023. O País enfrentou democraticamente um bom debate, cercado da incredulidade generalizada, especialmente por parte de muitos que já buscavam esse resultado há décadas, sem sucesso.

O esforço conjunto de todas as forças políticas no Congresso Nacional e a prioridade conferida pelas lideranças parlamentares permitiram encontrar um modelo capaz de superar os inúmeros problemas gerados por uma multiplicidade de normas alinhadas em uma estrutura complexa e disfuncional, nas relações entre Fiscos e contribuintes, cujos arranjos desordenados inviabilizam a efetividade da tributação e pesam sobre o setor produtivo privado e a sociedade civil, sem colaborar com o propósito de promover geração de renda, emprego e bem-estar social.

Além da evidente contribuição para a redução do Custo Brasil, com o fim da cumulatividade de tributos e a simplificação do sistema, a reforma trouxe maior transparência para o contribuinte que, até hoje, não sabe o quanto paga de impostos pelos produtos e serviços que consome. O papel de relator deste projeto essencial ao País me permitiu vivenciar pessoalmente um de meus maiores desafios profissionais. Foram promovidos milhares de eventos, entre reuniões, audiências, exposições, debates, nos quais diversos pontos de vista foram postos à mesa e reconhecidamente apreciados para se alcançar um resultado coerente e justo com todas as partes envolvidas. Como descreve Henry Kissinger em sua obra *Diplomacia*, a política é a arte da conciliação e do equilíbrio do diálogo. Tive a alegria, para além do entusiasmo, de estar à frente de um processo que confirma esta definição.

Neste livro, Eduardo Muniz Machado Cavalcanti não faz apenas uma análise das mudanças significativas no Sistema Tributário Nacional. Com inteligência, ele parte do impacto estrutural do novo conjunto de regras para analisar em detalhe as normas que passam a orientar o ordenamento tributário e os efeitos de sua aplicação. É uma análise profunda, em que são tratadas as nuances jurídicas e práticas do novo modelo.

Este trabalho vai além da apresentação das alterações legais e expõe, didaticamente, os princípios fundamentais da reforma: simplicidade, transparência, justiça e cooperação fiscal, além do tratamento, com grau de ineditismo constitucional, da tutela ambiental por meio da tributação. São, todos esses elementos, bases para a construção de relações jurídico-tributárias mais modernas e eficientes.

O autor nos conduz a um entendimento sobre as implicações teóricas e práticas da substituição do ICMS, do ISS, do PIS e da Cofins pela sistemática do Imposto sobre Valor Agregado (IVA Dual), que levou à criação dos chamados Imposto sobre Bens e Serviços (IBS) e Contribuição sobre Bens e Serviços (CBS). Com a reforma do sistema constitucional, a tributação do consumo traz inovações que demandam a maior compreensão de questões como a base ampla de incidência, a não cumulatividade plena e o crédito financeiro. Também são merecedoras de atenção as políticas públicas de caráter social prestigiadas pela reforma diretamente relacionadas à tributação, como a Cesta Básica Nacional de Alimentos, o *cashback*, a progressividade e a igualdade entre homens e mulheres como referenciais.

Eduardo Muniz Machado Cavalcanti também aborda detalhadamente, com grande qualidade jurídica, as peculiaridades do Imposto Seletivo (IS), figura inovadora com funções extrafiscais de proteção da saúde pública e do meio ambiente. O livro analisa quais bases passam a ser admitidas pela Constituição Federal para a nova incidência tributária que a reforma criou, para produção, extração, comercialização ou importação de bens e serviços que geram as chamadas externalidades negativas.

Outro importante aspecto da reforma está relacionado ao pacto federativo e às novas interações entre os entes federados no exercício de suas competências. A intercessão entre o poder de tributar por parte de Estados e Municípios constrói um novo cenário para as administrações tributárias e introduz a figura do Comitê Gestor do IBS, entidade pública de representação e deliberação, instrumento institucional para gestão integrada do imposto. Além disso, o livro descreve a transição cuidadosamente planejada e o impacto de longo prazo da EC 132/2023 sobre a distribuição de receitas tributárias, fundamentais para o cumprimento das funções estatais.

Como relator da PEC que culminou na EC 132/2023, vejo com satisfação o lançamento desta obra de referência para os interessados no universo da tributação e a gestão fiscal no Brasil. Seu conteúdo, ao esclarecer os fundamentos da reforma tributária, inspira maior compreensão e diálogo mais amplo sobre a relevância do novo modelo, e contribui para a regulamentação e aplicação futura da reforma. É uma iniciativa a ser recebida com grande interesse por todos que querem um país mais justo, eficiente e competitivo, sem as amarras que hoje fazem do sistema tributário um dos maiores responsáveis pelo chamado Custo Brasil.

Brasília, 15 de março de 2024.

Aguinaldo Ribeiro
Deputado Federal.

SUMÁRIO

TEORIA MODERNA DA TRIBUTAÇÃO

Nenhum modelo generalista, padronizado, pode ser aplicado indistintamente a qualquer país. No paradoxo entre universalização *versus* especialidade, cada sistema tributário tem suas particularidades econômicas, sociais, políticas, jurídicas, culturais, as quais levarão a diferentes decisões de política fiscal. Apesar de tudo, desenvolveram-se modelos teóricos a partir dos quais é possível definir diretrizes e princípios referenciais que podem (e devem, segundo a maioria da literatura especializada) ser destinados para uso praticamente universal.

Na economia existem diferentes teorias gerais de tributação amparadas pelas finanças públicas, contudo, basicamente, estão fundamentadas em dois principais pontos: *quem pode pagar* (capacidade) e *qual é o benefício de quem paga* (benefício ou equivalência). As teorias modernas de tributação investigam asw premissas, os fundamentos, os objetivos e os impactos dos sistemas de tributação dentro de sociedades. Elas variam desde princípios de equidade e eficiência, como a "teoria da capacidade de pagamento" e a "teoria dos benefícios",[1] até alcançar compreensões mais modernas

---

[1] A respeito dos princípios da *capacidade* e do *benefício* (ou da *equivalência*), Fernando Araújo faz uma abordagem didática, ao mesmo tempo analítica, ao afirmar que, sob a perspectiva libertária, um aspecto que subsiste a este último, que defende uma forma de tributação fundamentada na reciprocidade e na protocontratualidade, os tributos devem ser vistos como um preço justo pela proteção e serviços coordenados pelo Estado, sendo legítimos somente quando necessários ou explicitamente requisitados pelo cidadão. Adota-se a noção de que o pagamento de *impostos* deveria ser proporcional ao uso dos bens públicos, refletindo um equilíbrio entre o individual e o coletivo. Contudo, essa visão enfrenta desafios quando se considera a dificuldade em quantificar o uso individual dos bens comuns e em aceitar que cidadãos mais ricos, ao pagar *impostos*, estejam subsidiando indiretamente aqueles que,

que exaltam a tributação ambiental e o desenvolvimento sustentável, com diretrizes de formulação de políticas fiscais pretendidamente vocacionadas ao equilíbrio da arrecadação necessária para o financiamento público com o mínimo impacto adverso sobre a economia e a justiça social.

Ao longo dos anos, foram-se desenvolvendo especialidades nas teorias da tributação, uma delas intitulada **Teoria da Tributação Ótima**. As teorias tributárias referem-se ao conjunto amplo de hipóteses que exploram os fundamentos, os princípios, os efeitos e as estruturas dos sistemas tributários, enquanto a Teoria da Tributação Ótima constitui-se em derivação específica dentro das teorias tributárias que se concentra em identificar a maneira mais eficiente e justa de estruturar os tributos para alcançar determinados objetivos econômicos e sociais, especialmente com a pretensão de atenuar as distorções socioeconômicas. A "tributação ótima", segundo se dispõe, procura equilibrar a eficiência econômica (minimizando os efeitos negativos sobre a tomada de decisões econômicas) e a justiça (garantindo que a carga tributária seja distribuída de forma justa entre diferentes grupos).

O capítulo V da obra *Riqueza das Nações*, de Adam Smith[2], *An Inquiry Into the Nature and Causes of the Wealth of Nation*, é considerado um dos textos precursores do nascimento da Teoria da Tributação Ótima, na qual baseia-se a premissa de "retirar" do mercado privado apenas e tão somente o indispensável para suprir as despesas públicas. Conquanto, foi a partir do artigo de Frank Ramsey[3], intitulado *A Contribution to the Theory of Taxation*, publicado em 1927, que se tomou como marco inicial, pela primeira vez, aspectos econômicos e matemáticos mais complexos e estruturados para compreender os efeitos da tributação sobre a economia e alcançar-se significativas conclusões. Ramsey, na linha de Adam Smith, preocupava-se com as externalidades da tributação nos comportamentos econômicos, sendo que uma delas era: como seria possível elevar as receitas do Estado com um determinado imposto sobre *commodities* sem distorcer muito os comportamentos econômicos?

Arthur Cecil Pigou, professor de Ramsey, que chegou a refletir inicialmente sobre a Teoria da Tributação Ótima, propôs-lhe responder à seguinte pergunta: "Imagine que seja necessário aumentar uma dada receita por meio de tributos proporcionais sobre *commodities*, podendo ser utilizadas diferentes alíquotas sobre eles. Como essas alíquotas deveriam ser ajustadas para que gerem o mínimo decréscimo de utilidade?" Pigou, na verdade, já havia feito um desenvolvimento inicial sobre a Teoria da Tributação Ótima com a imposição diferenciada sobre produtores de externalidades negativas.

Frank Ramsey evidenciou, por meio de abordagens matemáticas e econômicas, que um aumento marginal nos impostos resulta em uma diminuição proporcional da

---

    sob as mesmas circunstâncias, não conseguiram acumular igual riqueza. Isso evoca discussões sobre justiça fiscal e a moralidade subjacente ao esforço de redistribuição de riquezas. ARAÚJO, Fernando. *Introdução à economia – II*. Microeconomia aplicada e macroeconomia. 4. ed. Lisboa: AAFDL Editora, 2022. p. 270-271.

2   SMITH, Adam. *The Wealth of Nations*: A Translation into Modern English, ISR/Google Books. 2015. Book 5 (Government Finances: Public Expenditure, Taxation and Borrowing).

3   Um jovem matemático britânico com relevantes contribuições para a matemática, filosofia e economia. Foi aluno de John Maynard Keynes e também de Arthur Cecil Pigou.

produção. Para fundamentar sua teoria, estabeleceu um modelo bastante direto e linear, desconsiderando os efeitos redistributivos dos tributos. Em conclusão, comprovou-se que, para pequenos acréscimos tributários, o incremento na taxação de um produto tende a reduzir proporcionalmente sua produção. Isso significa que, à medida que o imposto eleva o custo do produto, sua procura diminui. Quando a demanda se reduz, a lógica econômica indica que não há necessidade de manter a mesma quantidade de oferta, levando a uma redução na produção.

Sob o viés puramente da eficiência econômica, constatou Ramsey que, para manter estáveis as quantidades produzidas dos diferentes produtos, os tributos deveriam ser mais elevados sobre itens com menor elasticidade a mudanças de preço, ou seja, aqueles bens essenciais consumidos consistentemente, independentemente do preço. Em contrapartida, produtos com alta elasticidade, que podem ser facilmente substituídos ou considerados não essenciais, deveriam ser menos taxados para minimizar o impacto sobre a produção. Na época em que Ramsey expôs suas ideias, havia um forte argumento a favor de impostos de valor fixo. Sua análise foi importante para mostrar que uma vez que os impostos podem causar distorções variáveis em diferentes contextos, e no caso de seu estudo, impactar distintamente cada tipo de produto, a utilização de uma abordagem única de imposto fixo pode não ser a mais apropriada.

Ele defendeu a necessidade de um sistema tributário que se ajustasse às particularidades de cada caso para balancear essas distorções. Ramsey evidenciou que os impostos sempre causarão distorções comportamentais e terão efeitos sobre a economia. Portanto, é preferível ter distorções menores e bem planejadas do que grandes distorções que possam comprometer a estabilidade econômica. Os resultados obtidos por Ramsey, ainda que compatíveis com a eficiência perseguida pelos modelos econômicos, contrapôs-se à lógica defendida pela "doutrina da justiça distributiva", porque sugere uma maior tributação sobre bens de primeira necessidade em comparação com itens supérfluos, desafiando o equilíbrio entre eficiência e equidade. A política tributária daí advinda, ao longo das décadas, especialmente diante do agravamento das desigualdades sociais, influenciada significativamente pela macroeconomia, permitiu-se moldar por essa complexa interação, de modo a pretender atingir a convergência propositiva da eficiência na produção com a redistribuição de renda "de forma justa". Nesse contexto, por consequência, surgem as teorias tributárias contemporâneas, inclusive a Teoria da Tributação Ótima.

O modelo de tributação produzido por Ramsey, obviamente considerando o contexto da época, revela uma importante contribuição, porém, segundo críticos, adota uma perspectiva econômica tradicional, direcionada, prioritariamente, a alcançar a eficiência, descuidando de aspectos de equidade, atualmente tidos como essenciais na conjuntura de países mais pobres e em desenvolvimento. Não se nega, contudo, que a pesquisa promoveu e incentivou debates sobre como a tributação, apesar de ser uma fonte de receita para o governo, pode levar a uma diminuição na produção e no consumo, resultando em uma possível redução na arrecadação fiscal e no emprego.

Em 1971, os trabalhos de Peter Arthur Diamond e James Alexander Mirrlees são frequentemente mencionados como contribuições significativas na área da tributação ótima, seguindo e expandindo os conceitos introduzidos por Frank Ramsey, conforme apontado por Boadway em 2012. Eles avançaram para além da fórmula de Ramsey, ao estabelecer um teorema baseado em equações não lineares e mais complexas, visando uma tributação eficiente sobre a renda e bens de consumo, minimizando as perdas de eficiência produtiva e favorecendo uma redistribuição equitativa de riquezas, com impacto na redução das disparidades sociais. Diamond e Mirrlees expandiram, portanto, o modelo de Ramsey ao incorporar a redistribuição de renda como um objetivo importante ao lado da eficiência produtiva. Os autores enfrentaram o desafio de otimizar o bem-estar social por meio de tributos sobre a renda e bens de consumo, buscando causar o mínimo de distorção possível na produção. Seu estudo integrou conceitos de tributação, investimentos públicos, economia do bem-estar e redistribuição de renda.

Enfrentando o paradoxo entre equidade e eficiência, Diamond e Mirrlees procuraram um equilíbrio ideal, expandindo o enfoque de Ramsey que estava limitado à eficiência produtiva. Inspirados pela noção de Adam Smith de que os mais ricos deveriam contribuir proporcionalmente mais para o bem-estar social, eles argumentaram que uma tributação progressiva, baseada na renda, poderia atingir esse objetivo. Seu estudo também enfatizou a importância de aplicar alíquotas marginais progressivas[4] para evitar que os indivíduos de alta renda minimizem sua carga tributária, mascarando sua verdadeira capacidade econômica. Esse aspecto permite uma contribuição proporcionalmente maior dos mais ricos, sem impor uma carga desproporcional aos menos favorecidos.

Expandindo-se a investigação a respeito da temática "justiça fiscal e progressividade", abrindo-se um parêntese crítico, estimulante, e por que não dizer provocante, resistindo ao trivial e à vala comum, é o ponto de vista do professor Fernando Araújo que, em tom de censura e desaprovação, revela o contexto particularmente perturbador de observar, nas sociedades modernas, a contraditória convivência entre o anúncio da justiça na progressividade do imposto e a prática cada vez mais comum de evasão fiscal pelos mais afortunados. Esses indivíduos se protegem por trás de complexas estruturas financeiras, métodos de planejamento fiscal, empresas de fachada e localizadas em paraísos fiscais e, às vezes, até são respaldados por redes de corrupção.

Esse problema ainda se torna mais grave à medida que a progressividade do "imposto" é mais veementemente afirmada e instituída em lei, resultando na redução da carga tributária dos mais ricos sob um véu de legalidade. Enquanto isso, os menos abastados e a classe média são forçados a escolher entre suportar uma carga tributária excessiva ou recorrer à economia informal e às atividades ilícitas.[5] Segundo o professor, a progressividade sobre a renda mantém-se intensamente praticada pelos

---

[4] A progressividade fiscal consiste no aumento dos tributos à medida que a renda também aumenta. Formalmente, isso pode ser expresso da seguinte maneira: considere T(Y) como o total de imposto de renda devido por uma pessoa com renda Y, m(Y) como a taxa de imposto marginal, e t(Y) como a taxa média de imposto. Dizemos que um imposto é progressivo se a sua elasticidade-renda for maior que um para todos os níveis de renda, indicando que a porcentagem do imposto aumenta com o aumento da renda. Por outro lado, ele é considerado regressivo se essa elasticidade for menor que um. Um imposto com uma elasticidade de renda igual a um é chamado de proporcional, pois a taxa se mantém constante independentemente da renda. Em outras palavras, em termos mais simples, um sistema tributário é progressivo se a taxa marginal de imposto for superior à taxa média, ou se a taxa média aumentar juntamente com o aumento da renda. Isso significa que quanto mais o indivíduo ganha, maior é a porcentagem (*ad valorem*) de tributo que ele paga.

[5] ARAÚJO, Fernando. *Introdução à economia – II*. Microeconomia aplicada e macroeconomia. 4. ed. Lisboa: AAFDL Editora, 2022. p. 255.

sistemas tributários porque, em verdade, é uma técnica profundamente apelativa para o "eleitor mediano". Sempre subsistirá a "ilusão fiscal",[6] "como ópio do contribuinte",[7] de que alguém paga mais tributos.

Em retorno, Diamond e Mirrlees apontaram que em sociedades com altos níveis de desigualdade a ênfase na equidade deveria superar a preocupação com a eficiência. O trabalho desenvolvido não só avançou na Teoria da Tributação Ótima, mas também enfatizou a necessidade de considerar uma variedade de fatores na formulação de políticas econômicas, incluindo a gestão e os custos administrativos da tributação, uma preocupação então apontada por Adam Smith. Eles defendiam uma perspectiva multidisciplinar na tributação, reconhecendo que a formulação de políticas tributárias eficazes requer uma abordagem holística que considere múltiplas medidas, não uma solução única.

Diamond e Mirrlees encerram sua análise com uma reflexão que, apesar de parecer simples à primeira vista, revela uma questão ainda relevante nos dias atuais: *a redistribuição e a promoção do bem-estar social impedem o alcance do equilíbrio ideal de Pareto*.[8] A conclusão é que esse equilíbrio é inatingível e, portanto, a compreensão da economia requer mais do que apenas interações econômicas entre indivíduos; ela necessitaria da intervenção estatal proativa, refletindo influências keynesianas, ao incentivar políticas econômicas que favoreçam o bem-estar coletivo.

Em outro momento, especificamente em um artigo de 1971 sem a colaboração de Mirrlees, Diamond explora a Teoria da Tributação Ótima da renda, trazendo *insights* valiosos. Ele destaca a importância da estrutura de alíquotas na tributação da renda para a distribuição de habilidades na população. Essa estrutura pode influenciar decisões de trabalho *versus* lazer e até desencorajar aquele. Diamond argumenta que fatores psicológicos e sociais, fundamentais para o comportamento, devem ser examinados mais profundamente, pois são cruciais para a tributação. Enquanto a tributação da renda não redistribui habilidades de forma ideal, ela se torna mais eficaz quanto maior for a disparidade de habilidades na população. Por fim, o autor sugere a necessidade de tributos adicionais que complementem a tributação da renda, promovendo objetivos de eficiência econômica e redistribuição.

Na década de 1980-1990, e já nos anos 2000, foram produzidos vários estudos científicos sobre a Tributação Ótima, com destaque para Atkinson e Stiglitz (1976)[9],

---

[6]   *Ibidem*, p. 256.

[7]   *Ibidem*, p. 261.

[8]   Fernando Araújo, neste aspecto, evidencia que o problema econômico mais premente é a dimensão da carga tributária por conduzir à inevitável perda de eficiência na atividade econômica sobre a qual incide, porém, revela o professor, não menos importante é a justiça tributária, porque os contribuintes tendem a perceber os tributos de forma mais direta e imediata, enxergando em qualquer alteração nos critérios de justiça numa intromissão indesejada. Isso pode afetar tanto os estímulos para a iniciativa econômica privada quanto a vontade de cumprir as leis fiscais e, além disso, pode ser uma razão para uma perspectiva mais *odiosa* sobre o papel do Estado e a natureza inconveniente e repulsiva dos impostos. ARAÚJO, Fernando. *Introdução à economia – II*. Microeconomia aplicada e macroeconomia. 4. ed. Lisboa: AAFDL Editora, 2022. p. 241.

[9]   ATKINSON, A. B.; STIGLITZ, J. E. The design of tax structure: direct versus indirect taxation. *Journal of Public Economics 6*, p. 55-75, 1976.

Deaton e Stern (1986)[10], Ahmad e Stern (1984)[11], Kanbur e Tuomala (1994)[12], Myles (1995)[13], Dahan e Strawczynski (2000)[14], Saez (2000)[15], Kevin (2000)[16], cujas bases revelam a inquietação distributiva com ênfase na eficiência e equidade, mas preocupados, sobretudo, com a diminuição dos efeitos relacionados às distorções de mercado ocasionadas pela tributação, de modo que não direcione as escolhas alocativas em razão da carga tributária ou da sistemática de imposição, por isso propõe a uniformidade das alíquotas sobre bens, Atkinson e Stiglitz (1976 e 1980)[17].

A Tributação Ótima, nos dias atuais, é entendida como a teoria que pretende encontrar o equilíbrio convergente entre as funções econômicas de inspirar os agentes na alocação dos recursos para a produção de bens e serviços com a perspectiva redistributiva, enquanto afetação da distribuição da renda entre os indivíduos. A correlação com as ideias de Adam Smith encontra-se no postulado da *economicidade*, embora na visão mais moderna persiga as convicções e aspirações de justiça fiscal e equidade. Essa perspectiva, como dito, foi construída ao longo dos anos a partir do trabalho referido de Frank Ramsey, de 1927, enquanto diretiva da eficiência econômica de um sistema tributário, acrescido das projeções de Diamond e Mirrlees em 1971; Ahmad e Stern em 1984; e Atkinson e Stiglitz, Deaton e Stern em 1986, todos com a compreensão de que o sistema tributário também deve atentar-se às preocupações distributivas, haja vista a inevitável distorção que a tributação provoca nos mercados.

Já na última década, em 2011, James Mirrlees publicou *The Mirrlees Review*, produzido por um grupo de pesquisadores internacionais, com o propósito de apresentar sugestões aos modelos tributários do Século XXI.[18] Não se pretendeu dizer qual a carga tributária ideal e justa, por compreender decisões políticas sobremaneira vinculadas a aspectos econômicos e sociais de cada país, mas, sim, demonstrar a ambiguidade existente entre atribuir eficiência à economia e, por outro lado, redistribuir renda. O trabalho sugere, ao final, que os países da Organização para Cooperação e Desenvolvimento Econômico (OCDE) adotem modelos orientados pelos princípios definidos por Adam Smith:

---

[10] DEATON, A.; STERN, N. Optimally uniform commodity taxes, taste differences and lumpsum grants, *Economics Letters* 20, p. 263-266, 1986.

[11] AHMAD, E.; STERN, N. The theory of reform and Indian indirect taxes. *Journal of Public Economics* 25, p. 259-298, 1984.

[12] KANBUR, R.; TUOMALA, M. Inherent inequality and the optimal graduation of marginal tax rates, *Scandinavian Journal of Economics* 96 (2), p. 275- 282, 1994.

[13] MYLES, G. D. *Public Economics*. Cambridge: Cambridge University Press, 1995.

[14] DAHAN, M.; STRAWCZYNSKI, M. Optimal income taxation: an example with a u-shaped pattern of optimal marginal tax rates: comment. *American Economic Review* 90 (3), p. 681- 685, 2000.

[15] SAEZ, E. The effect of marginal tax rates on income: a panel study of 'bracket creep'. NBER WP 99-7367, 2000; SAEZ, E. Using elasticities to derive optimal income tax rates, *Review of Economic Studies* 68, p. 205-229, 2001.

[16] KEVIN, R. A reconsideration of the optimal income tax. In: Peter J. Hammond e Gareth D. Myles (eds.) *Incentives, organization, and public economics* – papers in honour of Sir James Mirrlees. Cambridge: Oxford University Press, p. 171-189, 2000.

[17] ATKINSON, A. B.; STIGLITZ, J. E. The design of tax structure: direct versus indirect taxation, *Journal of Public Economics* 6, p. 55–75, 1976.

[18] IFS. *The Mirrlees Review*. Disponível em: https://ifs.org.uk/mirrlees-review. Acesso em: 5 abr. 2024.

a) os efeitos negativos do sistema fiscal sobre o bem-estar e a eficiência econômica devem ser minimizados;

b) custos de administração e conformidade – é preferível um sistema que custe menos para operar;

c) justiça além do sentido distributivo – por exemplo, justiça de procedimento, prevenção de discriminação e justiça no que diz respeito às expectativas legítimas;

d) transparência – é melhor adotar um sistema que as pessoas entendam do que um que promova a evasão.

As conclusões do trabalho coordenado por Mirrlees indicam a necessidade de convergência de um sistema tributário que equilibre a progressividade e a eficiência a partir de características de **neutralidade, simplicidade e estabilidade**. A neutralidade consiste no tratamento equivalente de situações que se assemelham: de forma geral, atividades que são parecidas devem estar sujeitas à mesma carga tributária, bem como rendimentos e patrimônios que são comparáveis. Naturalmente, é imprescindível haver distinções, conforme destacado no estudo liderado por Mirrlees, que apresenta casos em que essa diferenciação é fundamental, como na tributação diferenciada entre quem polui e quem não polui, incentivos fiscais para o cuidado infantil, economias destinadas à aposentadoria, entre outros.

A **neutralidade** também pode ser enxergada como a perspectiva de que a tributação deve causar o menor impacto possível nas escolhas econômicas, ou seja, o indivíduo, ao empreender, não pode ser influenciado a seguir em determinada atividade por ter menor carga tributária.[19] A neutralidade dos tributos pode ser enxergada tradicionalmente em dois vieses relativamente aos efeitos provocados sobre o consumidor e sobre a produção, sendo o primeiro viés quando não influi nas escolhas dos diversos bens ou serviços por parte dos consumidores, enquanto a neutralidade na perspectiva da produção diz respeito à não indução dos produtores ou fornecedores às alterações na forma de organização do processo produtivo.

Diz-se que um tributo é neutro quando não interfere nas decisões dos agentes econômicos, deixando aos produtores a liberdade de escolher o que produzir e como produzi-lo (neutralidade na fabricação), enquanto permite aos consumidores a liberdade de escolher o que consumir sem distanciá-lo da inclinação natural (neutralidade no consumo). Essa percepção está relacionada à noção de eficiência econômica, embora predominantemente advinda da Economia, como uma das ciências sociais, trata-se de conceito multidisciplinar ao beneficiar-se da compreensão pluridimensional. Na Economia, a microeconomia fornece a base para entender como consumidores e produtores tomam decisões que afetam a alocação de recursos, enquanto a macroeconomia examina

---

[19] Fernando Araújo revela que para além do mercado que se deixa de desenvolver e das trocas que deixam de se realizar, os indivíduos decidem sobre poupar ou investir, a respeito de endividamento, de assunção de riscos, de compra e venda, de antecipação ou adiamento de ganhos de mais-valias, de distribuição de dividendos, de admissão ou desligamento de trabalhadores, de formatação societária, entre outras hipóteses, segundo os resultados tributários e não em função da maximização do bem-estar. ARAÚJO, Fernando. *Introdução à economia – II*. Microeconomia aplicada e macroeconomia. 4. ed. Lisboa: AAFDL Editora, 2022. p. 244.

políticas que promovem o crescimento sustentável. A Teoria do Bem-Estar Econômico contribui com conceitos como o Ótimo de Pareto, que define uma alocação eficiente como aquela onde não se pode melhorar a situação de um indivíduo sem prejudicar outro. Além disso, a Teoria dos Jogos analisa as interações estratégicas entre agentes econômicos, ajudando a identificar condições sob as quais a eficiência é alcançada ou comprometida. Essas análises detalhadas das escolhas individuais e coletivas fornecem uma compreensão robusta da eficiência econômica.

É por meio da Teoria do Consumidor e do Produtor que a Economia examina como produtores e consumidores tomam suas decisões de forma a maximizar o bem-estar e lucros, respectivamente, contribuindo para a eficiência alocativa e produtiva. Para uma visão mais holística da eficiência econômica, é crucial incorporar perspectivas de outras disciplinas das ciências sociais. A Sociologia oferece *insights* sobre como estruturas e normas sociais influenciam a distribuição e o uso de recursos, destacando a importância de fatores culturais na eficiência. A Ciência Política examina o impacto das políticas governamentais e das instituições políticas na promoção ou obstrução da eficiência econômica, enquanto a Antropologia contribui com uma perspectiva histórica e cultural, analisando como diferentes sociedades gerenciam seus recursos ao longo do tempo. Essa abordagem interdisciplinar enriquece a análise econômica, proporcionando uma compreensão mais completa dos diversos fatores que afetam a eficiência, desde as decisões individuais e políticas públicas até as influências culturais e sociais.

Na prática, contudo, especialmente no Brasil, ante o sistema tributário distorcido, o que se vê é que, em decorrência da tributação, os indivíduos e as empresas moldam, em certa medida, as correspondentes iniciativas de acordo com os "impostos" incidentes. É inevitável, mas a pretensão da neutralidade perseguida pelo modelo IVA é alcançar o máximo grau possível de inalterabilidade decisória dos agentes produtores e consumidores. Para além desses aspectos, a Reforma Tributária sobre o Consumo provocou também o debate sobre a **neutralidade arrecadatória**. Desde o início, quando da retomada da intensificação das discussões, os atores políticos deixaram evidenciado que não haveria, por hipótese alguma, aumento no volume de arrecadação fiscal relativamente ao PIB. A pretensão, segundo deixou-se explícito, vem sendo aprimorar e qualificar o sistema de tributação e não ampliar as receitas públicas por meio de mais tributos. Sob esse ponto de vista, a reforma tributária deve ser neutra em termos de arrecadação, não propriamente como um princípio ou técnica intitulada neutralidade arrecadatória, mas como meta ou teto com o propósito de construir o ambiente político favorável a partir da garantia de não aumentar a carga tributária das empresas e dos indivíduos.

A dificuldade maior esteve no equilíbrio entre abrir exceções à regra geral de tributação sob os modelos da Contribuição sobre Bens e Serviços (CBS) e do Imposto sobre Bens e Serviços (IBS) sem afetar a carga tributária total sobre o consumo. Isso porque qualquer tratamento diferenciado a um setor ou atividade específica deve ser compensado por uma alíquota de referência maior para a regra geral. Se o compromisso é não aumentar a carga tributária total, o governo, por outro lado, também não pretende diminui-la, sob pena de descumprir o orçamento previsto para atender as inúmeras despesas públicas.

Na perspectiva da **simplicidade,** não implica alcançar um sistema tributário totalmente descomplicado, mas sim num encorajamento contínuo para minimizar a quantidade de tributos e obrigações fiscais, pretendendo sempre uma estrutura mais acessível e compreensível para os contribuintes. Esse objetivo envolve a redução da complexidade administrativa, facilitando o cumprimento das obrigações fiscais e, consequentemente, reduzindo os custos associados ao processo de conformidade tanto para os cidadãos quanto para as empresas. Simplificar o sistema tributário também pode contribuir para a diminuição da evasão fiscal, já que regras mais claras e os procedimentos mais simples tornam mais difícil a ocultação de rendimentos e bens.

Em outras palavras, um regime fiscal ideal é aquele que alcança a maior simplicidade possível, equilibrando a necessidade de arrecadação com a facilidade de uso e operação. O regime deve ser transparente, com normas claras e acessíveis, permitindo que todos os contribuintes entendam suas responsabilidades e direitos. Além do mais, deve ser equitativo, garantindo que a carga tributária seja distribuída de maneira justa, sem sobrecarregar indevidamente nenhum grupo específico. Portanto, não se trata apenas de reduzir a quantidade de tributos, mas de criar um sistema no qual a conformidade seja intuitiva e eficiente, promovendo um ambiente econômico mais saudável e propício ao crescimento.

A **estabilidade**, caracterizada por segurança e previsibilidade, advém como mecanismo de balanceamento de maneira adequada à redistribuição de renda e à eficiência na produção. Um sistema em constante mudança acarreta altos custos de ajuste tanto para as autoridades fiscais quanto para os contribuintes. Portanto, a *Mirrlees Review*, antes de estabelecer propriamente um marco nas teorias da tributação, avigora as premissas clássicas de Adam Smith para os sistemas fiscais.

Uma das alternativas para alcançar a simplicidade de um sistema tributário é a utilização do imposto na modalidade *lump sum* ou *imposto fixo*[20] *per capita*, ou seja, independente do nível de renda, de modo a distorcer o menos possível a eficiência da economia. A literatura daqueles que defendem esse modelo entende que não há quebra do pressuposto do Ótimo de Pareto, isto é, não afeta a escolha de consumo marginal do consumidor, sustentando um equilíbrio competitivo. Contudo, essa percepção é utópica porque não haveria tributação sem distorção da economia e, por isso, considera-se a

---

[20] Fernando Araújo faz referência à Taxa Plana (*Flat Tax*) como uma das medidas de simplificação. É uma tendência para eliminação da progressividade, ao menos nos níveis mais elevados de rendimento (técnica adotada por economias em transição do Leste Europeu), sob pretensão de não somente simplificar o sistema tributário, mas de ofertar motivação e restabelecimento de incentivos marginais ao enriquecimento. ARAÚJO, Fernando. *Introdução à economia – II*. Microeconomia aplicada e macroeconomia. 4. ed. Lisboa: AAFDL Editora, 2022. p. 273-279. A base bibliográfica referenciada pelo professor Fernando Araújo revela uma doutrina em língua inglesa para o tema da simplificação do sistema tributário, a seguir disposta, entre outros textos: Forest, Adam & SHEFFRIN, Steven M. (2002). Complexity and Compliance: An Empirical Investigation. *National Tax Journal*. 55/1, 75-88; Fox, John O. (2001). *If Americans Really Understood the Income Tax*: Uncovering Our most Expensive Ignorance; Boulder. *Westview*. McCaffery. Edward J. (2002). Fair Not Flat: How to Make the Tax System Better and Simpler, Chicago, *The University of Chicago Press*. Hall, Robert E. & Rabushka, Alvin (1995). The Flat Tax. 2. ed. Stanford, CA, *Hoover Institution Press*. Rosen, Harvey S. (2002). *Public Finance*. 6. ed. Boston, McGraw-Hill Irwin, 317-318, 359-360, 449-450. Cfr. ALTIG, David; AUERBACH, Alan J. KOTLIKOFF, Laurence J.; SMETTERS, Kent A. & WALLISER, Jan (2001). Simulating fundamental tax reform in the United States, *American Economic Review*, 91/3, 574; Auerbach, Alan J. & Kotlikoff, Laurence J. (1987). Dynamic fiscal policy, Cambridge, *Cambridge University Press*; Epstein, Richard A. (2002). Can anyone beat the flat tax? *Social Philosophy and Policy*, 19/1, p. 140-171. Nesta última, interessantes as palavras ditas no sentido de que a *Flat Tax* é uma robusta solução subótima para a reforma fiscal, especialmente porque equivaleria a dizer que ela é (ou será) uma solução ótima num mundo imperfeito como o nosso.

Teoria da Tributação Ótima como a *second best*. O "ótimo, então, é do segundo melhor, ou do melhor dentre as opções possíveis, haja vista a inviabilidade ou impraticabilidade da tributação fixa, considerada *ideal*".[21]

A simplificação do sistema tributário representa um valor essencial para aliviar as injustiças que sobressaem da complexidade e opacidade das normas atuais. Ao enfatizar a transparência e a equidade, a simplificação promove a eficiência administrativa e facilita o cumprimento das obrigações fiscais pelos contribuintes. A eliminação de ambiguidades e a redução de lacunas legais, ao mesmo tempo em que diminuem os custos de gestão, também podem ajudar a garantir que os *impostos* sejam mais justos, refletindo uma distribuição equitativa do ônus tributário entre indivíduos e empresas. Por outro lado, a clareza nas normas tributárias pode contribuir para que os contribuintes percebam diretamente a carga fiscal que lhes corresponde, reduzindo o potencial para práticas discriminatórias e evasão fiscal. Essa aproximação mais imediata e linear entre o cidadão e o Estado também visa assegurar que todos possam compreender e avaliar a justiça das contribuições tributárias que suportam, reforçando o princípio de que cada indivíduo e entidade deve contribuir de forma proporcional aos benefícios recebidos da coletividade.[22]

A Análise Econômica da Tributação, associada às bases dos pressupostos de um "tributo ótimo", identifica os seguintes critérios universalmente consentidos: a) ampla base de contribuintes (quanto maior a base, menores as alíquotas de quantificação do tributo); b) regras simples e objetivas (caso contrário, aumenta-se o custo de conformidade e, por consequência, os custos de transação); c) incidência tributária prioritariamente sobre produtos e serviços de demanda inelástica (a alteração no preço afeta menos os consumidores); d) tributo justo a partir da isonomia; e) baixo custo administrativo de cobrança (a administração fiscal deve gastar o mínimo possível com a arrecadação projetada).[23]

21   SIQUEIRA, R. B.; NOGUEIRA, J. R.; BARBOSA, A. L. de H. Teoria da tributação ótima. In: BIDERMAN, C.; AVARTE, P. (Org.). *Economia do setor público no Brasil*. São Paulo: Campus, 2005. p. 175.

22   ARAÚJO, Fernando. *Introdução à economia – II*. Microeconomia aplicada e macroeconomia. 4. ed. Lisboa: AAFDL Editora, 2022. p. 272-273.

23   CARVALHO, Cristiano. *Teoria da decisão tributária*. São Paulo: Saraiva, 2013. p. 210.

PRINCÍPIOS E DIRETRIZES DA REFORMA TRIBUTÁRIA SOBRE O CONSUMO: EC 132/2023

No dia 20 de dezembro de 2023, depois de décadas de debates públicos sobre uma reforma tributária mais ampla, sob relatoria e liderança do deputado Aguinaldo Ribeiro na Câmara dos Deputados, desde as expressivas alterações no Sistema Tributário Nacional a partir da Emenda Constitucional (EC) 18/1965, objeto de regulamentação pelo Código Tributário Nacional, o Brasil testemunhou um marco histórico com a aprovação da Proposta de Emenda Constitucional (PEC) 45/2019, convertida na Emenda Constitucional (EC) 132/2023, a qual dispõe sobre a Reforma Tributária sobre o Consumo.[1]

A reforma promovida pela EC 132/2023 indica a centralidade da matriz tributária sobre o consumo nas significativas mudanças ocorridas, porém compreende numerosas outras perspectivas, como repartição financeira da receita pública, incluindo a organização das finanças das unidades da Federação, criação de órgãos de coordenação com a finalidade de distribuição de recursos, gastos públicos, compromissos financeiros

---

[1] Em regra, e grosso modo, os sistemas tributários adotados para fins de financiamento do Poder Público baseiam-se em quatro fenômenos econômicos: renda; folha de pagamentos (salários), propriedade e consumo.

dos Estados, Municípios e DF, e, mais sensivelmente, o pacto federativo, sobretudo por envolver a autonomia dos entes federados.[2]

A atual tributação sobre o consumo adota múltiplas incidências tributárias (serviços, circulação de mercadorias, industrialização, receita e faturamento) e é exercida sob competência de todos os entes federados brasileiros de forma individualizada, por vezes com bases coincidentes, contando com interdependência entre as receitas auferidas, o que, por si só, gera complexidade e compromete a eficiência. Essa dinâmica se reflete, inclusive, no longo período de transição entre os sistemas para fins de pleno e inteiro vigor da EC 132/2023.

Desde Adam Smith, em especial na obra clássica *An Inquiry Into the Nature and Causes of the Wealth of Nation*, publicada em 1776, também conhecida como *A Riqueza das Nações*, repercutiram-se durante a origem e ascensão do capitalismo no Ocidente, e influenciaram diretamente a formação dos sistemas econômicos modernos, princípios e critérios distintivos e apropriados para um sistema tributário.

Digo, particularmente, que Adam Smith anteviu, mas não cunhou, o capitalismo como sistema econômico, baseado na propriedade privada dos meios de produção e sua exploração com fins lucrativos, com permissividade e estímulo à acumulação de capital, o trabalho assalariado, a troca voluntária, mecanismos de preços e mercados competitivos. Foi um defensor entusiasta da defesa do livre comércio e da concorrência como estruturas naturais de regulação econômica e representou o simbolismo da ruptura com as práticas mercantilistas e protecionistas da época, promovendo uma visão mais dinâmica e interdependente das economias nacionais. A noção de que os mercados, quando deixados a operar sem interferência excessiva do Estado, tendem a se autorregular e promover o bem-estar geral foi um dos princípios fundamentais que moldaram as políticas econômicas liberais subsequentes.

As posições de Adam Smith, para além da perspectiva econômica, valeram-se de suas próprias lições anteriores a respeito da natureza humana, o papel do altruísmo e do egoísmo nas relações comerciais, e suas reflexões sobre a moralidade e a justiça, inserindo sua obra no contexto mais amplo do Iluminismo escocês. O progresso econômico era visto não apenas como um meio para aumentar a riqueza material, mas também como uma força capaz de promover a liberdade individual e o progresso social. Seu trabalho reflete uma profunda crença na capacidade humana de criar uma sociedade mais justa e próspera através da cooperação, do comércio e da inovação.

Foi nesse contexto e com essas convicções que Adam Smith propôs a necessidade de uma entidade, cuja atribuição é, acima de tudo, proteger e administrar a justiça, de modo a garantir a segurança dos cidadãos e a proteção das propriedades privadas, permitindo que cada indivíduo procure maximizar seu bem-estar e prosperidade. O Estado é, então, um agente indispensável para salvaguardar um ambiente favorável ao

---

2   As discussões sobre a reforma tributária levantaram questões a respeito do princípio da autonomia dos entes federados. Alguns especialistas entendem que ao limitar o poder de Estados e Municípios, e do DF, de instituírem seus próprios tributos e das correspondentes alíquotas, estaria havendo intervenção indevida por supostamente reduzir a autonomia federativa. As críticas convergem-se no sentido de que as competências tributárias estabelecidas pelo constituinte originário são absolutas, e qualquer alteração resultaria em restrições ao poder de autogestão, autonomia administrativa e financeira dos entes federados.

desenvolvimento do comércio e da indústria, com autoridade para arbitrar disputas e proteger a liberdade contratual, ainda mais com a crescente complexidade das relações advindas. Para tanto, e cada vez mais, desponta a necessidade de receitas para financiar as funções do Estado e da máquina pública, inclusive daqueles que fazem parte dela. E, segundo Adam Smith, para cumprir a defesa do território, a manutenção da ordem pública, a administração da justiça e a provisão de infraestruturas e bens públicos indispensáveis seria necessário um sistema de financiamento sustentável do poder público. Propõem-se, portanto, várias formas de obtenção de receitas governamentais, sendo os tributos a principal delas.

Adam Smith, portanto, nessa conjuntura política e econômica, em *A Riqueza das Nações*, propôs quatro premissas fundamentais para os sistemas tributários e, embora apresentadas há mais de dois séculos, essas máximas continuam a instigar e oferecer conteúdo para o debate público a orientar políticas fiscais pretensamente justas e eficazes. São consideradas até hoje como fundamento para a elaboração e avaliação de políticas tributárias em diversas nações.

A primeira delas é a **equidade** na tributação. Segundo Adam Smith, os cidadãos devem contribuir para as despesas governamentais de maneira proporcional à renda que desfrutam sob a proteção do Estado. Essa noção de justiça fiscal implica que os contribuintes com maior capacidade econômica devem arcar com uma parcela maior dos tributos, uma ideia que ressoa com os princípios de tributação progressiva adotados em muitos sistemas tributários contemporâneos.

A segunda máxima trata da **certeza** dos tributos. A quantia de tributos a recolher, bem como o modo e o tempo de pagamento, devem ser claros e certos para o contribuinte. A imprevisibilidade na tributação gera insegurança e pode ser fonte de abusos por parte das autoridades fiscais, além de potencialmente incentivar a evasão e a elisão fiscais. A transparência e a previsibilidade são, portanto, cruciais para um sistema tributário justo e eficiente.

A terceira premissa refere-se à conveniência do pagamento dos tributos. Adam Smith sugere que eles devem ser **cobrados em momento e de forma que sejam mais cômodos para o contribuinte**. Por exemplo, impostos sobre a renda ou a propriedade devem coincidir com os períodos em que os contribuintes têm maior liquidez financeira. Essa máxima destaca a importância de alinhar as obrigações fiscais com a capacidade dos contribuintes de cumprir com seus compromissos tributários sem dificuldades excessivas.

A quarta e última máxima aborda a **eficiência** na cobrança. Os custos para coletar um tributo e os efeitos econômicos adversos decorrentes dessa cobrança devem ser minimizados. Altas despesas administrativas e distorções econômicas reduzem a eficácia do sistema tributário e podem ter impactos negativos no crescimento e na alocação eficiente de recursos na economia.

Além dessas quatro máximas, Adam Smith também abordou temas como a importância de um sistema tributário não restringir a liberdade econômica dos indivíduos, a necessidade de evitar tributos que desencorajem a iniciativa privada e a inovação, e a preferência por impostos que sejam, tanto quanto possível, neutros em relação às decisões econômicas dos agentes. A aplicação prática desses postulados em sistemas tributários modernos varia significativamente de país para país, refletindo diferenças culturais, econômicas e políticas. No entanto, a relevância deles permanece indiscutível, servindo como um guia para a elaboração de políticas fiscais equilibradas que promovam a justiça, a eficiência e o crescimento econômico, de tal modo que as contribuições literárias de Adam Smith para o campo da tributação continuam a ser uma referência essencial.

Adam Smith, por outro lado, advertia sobre os efeitos potencialmente distorcivos que os tributos poderiam ter sobre a economia e a sociedade. Defendeu que os impostos deveriam ser claros, previsíveis e justos, distribuindo a carga tributária de maneira proporcional à capacidade de pagamento dos indivíduos. Conferiu ênfase a importância de eles não desincentivarem a produção ou o comércio, sugerindo que os melhores tributos são aqueles que têm pouco impacto sobre as decisões econômicas dos indivíduos e das empresas. Além dessas premissas, Smith também reconheceu outras fontes de receita para o Estado, como taxas e tarifas por serviços prestados, rendimentos de propriedades estatais e, em alguns casos, o lucro de empresas estatais. No entanto, advertiu contra a dependência excessiva de monopólios do Estado ou a exploração comercial direta por ele, visto poder levar a ineficiências e à corrupção. Também abordou a questão do endividamento público, reconhecendo que em certas circunstâncias, como em tempos de guerra ou crises, o Estado pode precisar recorrer ao empréstimo. No entanto, ele alertou para os perigos de uma dívida pública crescente, que poderia sobrecarregar futuras gerações com encargos tributários excessivos e comprometer a estabilidade econômica a longo prazo. Enfim, Adam Smith avança na temática da necessidade de receitas para financiar o Estado como realidade incontestável, mas o desafio residiria em conceber um sistema de financiamento eficaz e justo, sem comprometer os princípios da liberdade econômica e da justiça social.

A compreensão da atual Reforma Tributária sobre o Consumo no Brasil deve estar fundamentada na ideia de que as inovações trazidas pela EC 132/2023 são acolhidas pelo Sistema Constitucional Tributário brasileiro instituído pela Constituição Federal de 1988, que informa princípios gerais e limitações ao poder de tributar estruturantes. É todo um organismo que adquire substância sob renovada aparência com as alterações ou disposições resultantes, sobretudo, das referidas bases estruturantes clássicas.

Nenhum modelo generalista, padronizado, pode ser aplicado indistintamente a qualquer país. No paradoxo entre universalização *versus* especialidade, cada sistema tributário tem suas particularidades econômicas, sociais, políticas, jurídicas, culturais e outras, as quais levarão a diferentes decisões de política fiscal. Apesar de tudo, desenvolveram-se modelos teóricos, a partir dos quais é possível definir diretrizes e princípios referenciais que podem (e devem) ser destinados para uso praticamente universal.

Portanto, longe de ser uma ruptura, o que se tem é o início de um processo, que advém do texto da EC 132/2023, cujos contornos mais definidos somente estrearão com as normas tributárias e demais fontes do Direito Tributário decorrentes das diretrizes constitucionais e que darão a representação necessária até a plena atividade das novas regras e princípios.[3]

---

[3]   O Supremo Tribunal Federal, em clássica decisão, ainda nos idos de 1993, em trecho do voto do Ministro Carlos Velloso, faz uma abordagem didática sobre a definição de tributo prevista em nossa legislação, a relação obrigacional decorrente da imposição exacional, bem como a classificação das diversas espécies tributárias, determinadas pelas hipóteses de incidência ou pelo fato gerador da respectiva obrigação, inseridos no Sistema Constitucional Tributário brasileiro.

A EC 132/2023 inaugura novos princípios no Sistema Constitucional Tributário brasileiro, acompanhado de normas com grau regrativo, conceituadas a partir de renovados critérios de tributação, entre os quais: **neutralidade**, **não cumulatividade plena**, **base ampla de incidência**, **tributação no destino**, entre outros, os quais serão vistos ao longo do livro. Com diretrizes e orientações, introduz no Sistema Tributário Nacional a observância de propósitos com evidente conteúdo principiológico,[4] muitos deles tradicionais, visando à promoção da **simplicidade**, da **transparência**, da **justiça tributária**, da **cooperação**, da **defesa do meio ambiente**, além de pretender **atenuar os efeitos regressivos**. As mudanças indicadas visam adequar-se a padrões mais modernos de tributação, alinhados com os modelos internacionais propostos pela OCDE, tornando-as mais eficientes e conectadas com as demandas sociais e ambientais contemporâneas.

A proposição teórica dos princípios foi intensamente investigada por Ronald Dworkin e Robert Alexy, qualificando-os como mandados de otimização. Dworkin revela duas perspectivas para diferenciar as regras dos princípios, como conteúdos distintos na abrangência das normas jurídicas. O primeiro modelo de regra é o de aplicação "tudo-ou-nada" (*all-or-nothing-fashion*), enquanto o segundo consiste na dimensão de peso dos princípios (*dimension of weight*), que não existe naquelas. Os princípios apresentam-se como *standards* ou diretrizes políticas.

Ele apresenta uma distinção entre princípios e diretrizes, por entender que essas últimas ostentam uma temática essencialmente política (*policy*), direcionada a alcançar metas coletivas de desenvolvimento da comunidade, seja pelo viés econômico, seja pelo viés social. Por outro lado, princípios são *standards* a serem observados não com vistas a uma finalidade econômica, política ou social, mas de justiça, equidade ou moralidade, predispostos à defesa de direitos individuais, em suas palavras: "Princípios são proposições que descrevem direitos; diretrizes (políticas) são proposições que descrevem objetivos". Contudo, o próprio autor, com o tempo, reconhece que essa distinção não é tão inequívoca ao estabelecer princípio também como extensões prescricionais de um objetivo social e, por isso, em algumas circunstâncias, não se mostra conveniente a diferença.

"Os tributos, nas suas diversas espécies, compõem o Sistema Constitucional Tributário brasileiro, que a Constituição inscreve nos seus arts. 145 a 162. Tributo, sabemos todos, encontra definição no art. 3º do CTN, definição que se resume, em termos jurídicos, no constituir ele uma obrigação que a lei impõe às pessoas de entrega de uma certa importância em dinheiro ao Estado. As obrigações são voluntárias ou legais. As primeiras decorrem da vontade das partes, assim, do contrato; as legais resultam da lei, por isso são denominadas obrigações *ex lege* e podem ser encontradas tanto no direito público quanto no direito privado. A obrigação tributária, obrigação *ex lege*, a mais importante do direito público, "nasce de um fato qualquer da vida concreta, que antes havia sido qualificado pela lei como apto a determinar o seu nascimento" (ATALIBA, Geraldo. Hermenêutica e sistema constitucional tributário. *Diritto e pratica tributaria*, Padova, Cedam, v. L, 1979). As diversas espécies tributárias, determinadas pela hipótese de incidência ou pelo fato gerador da respectiva obrigação (CTN, art. 4º), são: a) os impostos (CF, art. 145, I; arts. 153, 154, 155 e 156); b) as taxas (CF, art. 145, II); c) as contribuições, que são c.1) de melhoria (CF, art. 145, III), c.2) sociais (CF, art. 149), que, por sua vez, podem ser: c.2.1) de seguridade social (CF, art. 195; CF, 195, § 4º) e c.2.2) salário educação (CF, art. 212, § 5º), e c.3) especiais: c.3.1) de intervenção no domínio econômico (CF, art. 149) e c.3.2) de interesse de categorias profissionais ou econômicas (CF, art. 149). Constituem, ainda, espécie tributária, d) os empréstimos compulsórios (CF, art. 148). ADI 447, Rel. Min. Octavio Gallotti, voto do Min. Carlos Velloso, j. 05.06.1991, P, *DJ* de 05.03.1993.

4   Dworkin R. *Taking Rights Seriously*, Bloomsbury Academic, 2013. p. 90.

Os princípios constitucionais não são normas sem funcionalidade, vazias e abstratas a ponto de reduzir sua aplicabilidade em sentido amplo de modo a torná-las inúteis, dispensáveis. A força normativa deles está na capacidade de conferir direção e sentido às normas jurídicas regulamentares, atuando como fundamentos essenciais do ordenamento jurídico. Não apenas expressam valores fundamentais, gerais ou setoriais, mas orientam a interpretação e aplicação das leis, de modo a assegurar a coerência lógica e a integridade sistêmica.

Permite-se, inclusive, a partir dos princípios, a solução de conflitos normativos, além de parametrizar a constitucionalidade das leis e dos atos normativos, com técnicas de controle, seja pelo critério difuso ou concentrado. Além disso, os princípios constitucionais têm um papel ativo na promoção de justiça social, na medida em que guiam as políticas públicas e as decisões judiciais para a efetividade dos direitos. Como dito, são responsáveis por conferir estabilidade e legitimidade ao sistema jurídico, moldando-se e adaptando-se às inconstantes e variáveis dinâmicas sociais e políticas.

A força normativa dos princípios deriva da própria força normativa da Constituição e do princípio da máxima efetividade das normas constitucionais, no sentido de que essas possuem aplicação e efetividade e, com base nessas premissas, o STF, por vezes, utiliza-se desse axioma para reconhecer a constitucionalidade ou inconstitucionalidade de leis.[5] Segundo Konrad Hesse[6], ao contrário da concepção sociológica de Lassale[7], a Constituição não é uma simples "folha de papel". Ela atua, na realidade, não somente para interagir na relação dialética entre o "ser" e o "dever ser", mas para modificá-la e, por isso, não está aprisionada aos acontecimentos políticos e sociais.

A Constituição e os princípios nela inseridos não constituem mero simbolismo, mas um conjunto de normas com eficácia ativa sobre a realidade, de acordo com Hesse. Por isso, deve ser entendida como condutor da legislação, da administração e da jurisdição de um Estado. Isso significa que ela não apenas estabelece a estrutura básica do Estado e seus órgãos, mas também tem a capacidade de influenciar e determinar a atuação desses órgãos, garantindo que suas ações estejam em conformidade com os valores constitucionais. A teoria da força normativa da Constituição enfatiza a importância da interpretação constitucional ativa e de sua aplicação vigorosa pelos tribunais e órgãos estatais para garantir que ela não se torne obsoleta ou irrelevante diante das transformações sociais e políticas.

---

[5] [...] As normas relativas à prescrição e à decadência tributárias têm natureza de normas gerais de direito tributário, cuja disciplina é reservada a lei complementar, tanto sob a Constituição pretérita (art. 18, § 1º, da CF de 1967/1969) quanto sob a Constituição atual (art. 146, III, *b*, da CF de 1988). Interpretação que preserva a força normativa da Constituição, que prevê disciplina homogênea, em âmbito nacional, da prescrição, decadência, obrigação e crédito tributários. Permitir regulação distinta sobre esses temas, pelos diversos entes da Federação, implicaria prejuízo à vedação de tratamento desigual entre contribuintes em situação equivalente e à segurança jurídica. [...] RE 560.626, Rel. Min. Gilmar Mendes, Tribunal Pleno, j. 12.06.2008, Repercussão Geral – Mérito *DJe*-232, divulg. 04.12.2008, public. 05.12.2008, ement. v. 02344-05, p. 00868, *RSJADV* jan. 2009. p. 35-47.

[6] HESSE, Konrad. *A força normativa da Constituição*. Gilmar Ferreira Mendes (Trad.). Porto Alegre: Sergio Antonio Fabris, 1991.

[7] Teórico da Social Democracia, cunhou o conceito sociológico de Constituição, no sentido de que deve descrever rigorosamente a realidade política do país, sob pena de não alcançar efetividade, tornando-a mera "folha de papel". Por esse conceito, nega-se a possibilidade de a Constituição alterar comportamentos sociais e políticos, mas apenas espelhá-los.

Sob a perspectiva filosófica e das bases da teoria dos princípios e de sua força normativa, a EC 132/2023 inseriu expressamente na CF princípios tributários, alguns deles antes presentes na doutrina e na jurisprudência dos tribunais administrativos e judiciais: da simplicidade, da transparência, da justiça, da cooperação, e deu ênfase aos instrumentos tributários como mecanismos de proteção do meio ambiente, além da necessidade de conter os efeitos regressivos dos tributos, com vistas a reduzir a desigualdade social.

2.1. PRINCÍPIO DA SIMPLICIDADE FISCAL

A legislação tributária brasileira é reconhecidamente complexa, caracterizada por uma profusão e proliferação de normas e as mais variadas imposições obrigacionais, sobrepostas entre os âmbitos federal, estadual, municipal e do DF. Essa abundância de regras fiscais, que muitas vezes não se comunicam, nem mesmo convergem entre si, impõe uma enorme dificuldade de compreensão e o próprio cumprimento por parte dos cidadãos, bem como gera incertezas de arrecadação e o crescente aumento de litígios entre Fisco e contribuintes, de maneira especial afetando a eficiência econômica, o ambiente de negócios e a justiça fiscal.

A simplicidade tributária, assim, refere-se a **duas perspectivas** (diga-se **regulamentares**), primeiro quanto à noção de construir um sistema de mais fácil compreensão, inclusive a partir de uma estrutura de linguagem mais clara e, portanto, acessível, com uma estrutura lógica sequencial, não somente para os contribuintes como para a própria gestão da administração fiscal. E, num segundo aspecto, a redução da quantidade e diversidade de leis, regulamentos e obrigações fiscais complexas (simplicidade de liquidação e arrecadação, inclusive por sistemas com modelos de apuração pré-preenchida[8]), com o objetivo de facilitar o pagamento de tributos e contribuir para a redução de erros e da sonegação. Simplificar para estimular a melhora de eficiência econômica e de promoção da justiça fiscal. Como se diz popularmente, "fácil é dificultar, o difícil é simplificar".

Em outra dimensão, a simplicidade fiscal insere-se na **perspectiva administrativa** relativamente aos custos do sistema fiscal, seja pela maneira e extensão de uso dos recursos necessários para a manutenção da máquina pública, incluídos, portanto, nos custos do setor público (remunerações dos funcionários do Fisco, materiais usados, aparelhamentos, instalações) e, também, aqueles necessários para o setor privado, no que diz respeito ao cumprimento das obrigações tributárias (salários de empregados,

---

[8] A declaração do Imposto de Renda Pessoa Física no Brasil admite a modalidade pré-preenchida, ou seja, com diversos campos já inseridos ou completados. As informações de rendimentos, deduções, bens, direitos, dívidas e ônus reais são importadas da declaração do ano anterior, do carnê-leão e das declarações de terceiros, como fontes pagadoras, imobiliárias, de serviços médicos ou de educação. As informações são importadas da base de dados da Receita Federal do Brasil, cuja origem vem do próprio contribuinte, segundo a declaração do ano anterior e das declarações auxiliares (como o carnê-leão), e por outras pessoas em outras declarações. O contribuinte, ao realizar o pagamento de uma consulta médica, por exemplo, ao fornecer o CPF e, quando emitida a nota fiscal, o consultório médico já indica à RFB o custo com serviços médicos e, no exercício seguinte, ao baixar a declaração para preenchimento, já encontrará, no campo correspondente, essa informação na base de dados. O contribuinte que optar por essa sistemática tem prioridade em caso de restituição.

contadores, despesas com insumos, *softwares*). Eles são praticamente simultâneos, embora colaterais, pois as obrigações para cumprimento fiscal também impõem despesas para o setor público. Portanto, a simplicidade ou complexidade do sistema fiscal pode ainda ser enxergada sob esses dois sentidos: da administração fiscal, com custos administrativos manifestados em despesas públicas, e do contribuinte, com custos de conformidade para o cumprimento das obrigações tributárias.[9]

Adam Smith, no clássico livro *A Riqueza das Nações*, ao tratar dos impostos em geral, e, em particular, na forma de administração e gerenciamento dos tributos, escreveu sobre a necessidade da certeza e da simplicidade do sistema de arrecadação nos Estados liberais e capitalistas:

> [...] a população como um todo deve contribuir para o imposto de custos. É também razoável exigir certas outras coisas, de um sistema de impostos como, por exemplo, [..] bons impostos atendem a quatro critérios principais: a) proporcionalidade aos rendimentos ou habilidades para pagar; b) são determinados, ao invés de variar arbitrariamente; c) sejam pagos parceladamente e de maneira conveniente para os contribuintes; d) baixos, facilitando administrar e recolher.[10]

No Brasil, como orientação normativa, é novidade, mas a diretiva da simplicidade compõe as instruções dos sistemas fiscais mais modernos do mundo ocidental capitalista. Os Estados Unidos e o Reino Unido, em suas reformas tributárias, priorizaram a simplicidade e a facilidade de cumprimento das obrigações fiscais.[11] Nesse aspecto, a tecnologia tem se mostrado um poderoso mecanismo para simplificar os complexos sistemas tributários e o Brasil, nessa dimensão informática, está muito bem avançado. Com o avanço de softwares de gestão fiscal, inteligência artificial e plataformas de processamento de dados em grande escala, torna-se possível automatizar grande parte do trabalho que antes demandava horas de dedicação manual. Essas ferramentas tecnológicas não apenas aceleram o processamento e a análise de declarações e pagamentos de tributos, como aumentam a precisão dos dados, reduzindo erros e discrepâncias que podem levar a litígios fiscais.

A inovação, portanto, oferece uma via para a eficiência e a simplicidade, permitindo que tanto as autoridades fiscais quanto os contribuintes poupem tempo e recursos. Além disso, a implementação de sistemas eletrônicos de faturamento e o uso de assinaturas digitais facilitaram a transparência e a rastreabilidade das transações comerciais, fundamentais para a modernização da administração tributária. Essas inovações tecnológicas promovem uma melhor conformidade fiscal ao simplificar o processo de declaração e pagamento de tributos para os contribuintes, especialmente as pequenas e microempresas, que, muitas vezes, não possuem recursos de pessoal e financeiro para o integral e correto cumprimento da complexidade das obrigações

---

9   SANDFORD, Cedric; GODWIN, Michael; HARDWICK, Peter. Administrative and compliance costs of taxation, *Fiscal Publications*, 1989. p. 3–22.

10 SMITH, Adam. *The Wealth of Nations*: A Translation into Modern English, ISR/Google Books, 2015. Book 5 (Government Finances: Public Expenditure, Taxation and Borrowing), p. 423, 429. Ebook ISBN 9780906321706.

11 SLEMROD, Joel. BAKIJA, Jon. *Taxing ourselves* – A citizen's guide to the great debate over tax reform. Second edition. The Mit Press, 2001. p. 135.

tributárias. A tecnologia surge como um elemento chave na concretização da simplicidade tributária, e, como dito, o Brasil vem dando passos significativos nesse processo de transformação digital, sobretudo do setor público.

2.2. PRINCÍPIO DA TRANSPARÊNCIA TRIBUTÁRIA

Atualmente os tributos sobre o consumo são praticamente "invisíveis" ao consumidor, porém excessivamente onerosos. Não se sabe exatamente quanto se paga de tributos nos produtos e serviços adquiridos, encobrindo-se uma alta carga tributária, o que ocasiona não somente uma descrença no sistema como um todo, desde a imposição até a cobrança, mas a incredulidade de que os custos incorridos serão revertidos na promoção social e econômica do cidadão brasileiro. A transparência dos tributos estimula a conscientização sobre a carga tributária e consequentemente o desenvolvimento da cidadania, com objetivos também relacionados à construção de confiança na justiça e na eficiência do sistema tributário, incentivando o cumprimento voluntário das obrigações fiscais pelos contribuintes.

A transparência fiscal, como princípio e com esse viés, surge nominalmente com o advento da EC 132/2023, ora promulgada, porém já se podia extraí-la do § 5º do art. 150 da CF: "A lei determinará medidas para que os consumidores sejam esclarecidos acerca dos impostos que incidam sobre mercadorias e serviços" e, para tanto, com a pretensão de conferir efetividade ao comando constitucional, sem muito sucesso, editou-se e está em vigor a Lei 12.741/2012[12], que dispõe acerca das medidas de esclarecimento ao consumidor, inclusive sobre a carga tributária.

---

[12] Art. 1º Emitidos por ocasião da venda ao consumidor de mercadorias e serviços, em todo território nacional, deverá constar, dos documentos fiscais ou equivalentes, a informação do valor aproximado correspondente à totalidade dos tributos federais, estaduais e municipais, cuja incidência influi na formação dos respectivos preços de venda.

§ 1º A apuração do valor dos tributos incidentes deverá ser feita em relação a cada mercadoria ou serviço, separadamente, inclusive nas hipóteses de regimes jurídicos tributários diferenciados dos respectivos fabricantes, varejistas e prestadores de serviços, quando couber.

§ 2º A informação de que trata este artigo poderá constar de painel afixado em local visível do estabelecimento, ou por qualquer outro meio eletrônico ou impresso, de forma a demonstrar o valor ou percentual, ambos aproximados, dos tributos incidentes sobre todas as mercadorias ou serviços postos à venda.

§ 3º Na hipótese do § 2º, as informações a serem prestadas serão elaboradas em termos de percentuais sobre o preço a ser pago, quando se tratar de tributo com alíquota ad valorem, ou em valores monetários (no caso de alíquota específica); no caso de se utilizar meio eletrônico, este deverá estar disponível ao consumidor no âmbito do estabelecimento comercial. [...]

§ 5º Os tributos que deverão ser computados são os seguintes:

I – Imposto sobre Operações relativas a Circulação de Mercadorias e sobre Prestações de Serviços de Transporte Interestadual e Intermunicipal e de Comunicação (ICMS);

II – Imposto sobre Serviços de Qualquer Natureza (ISS);

III – Imposto sobre Produtos Industrializados (IPI); [...]

IV – Imposto sobre Operações de Crédito, Câmbio e Seguro, ou Relativas a Títulos ou Valores Mobiliários (IOF); [...]

VII – Contribuição Social para o Programa de Integração Social (PIS) e para o Programa de Formação do Patrimônio do Servidor Público (Pasep) – (PIS/Pasep);

VIII – Contribuição para o Financiamento da Seguridade Social (Cofins);

A essência do princípio da transparência tributária, contudo, não pode reduzir-se, ou apequenar-se, simplesmente à indicação e discriminação dos tributos e correspondentes valores monetários em documento fiscal. Até porque, hoje em dia, esses documentos ou comprovativos fiscais são todos eletrônicos e pouco, ou nada, é acompanhado pelo consumidor-contribuinte. Não se desconhece que já é um avanço fazer constar essa divulgação descritiva dos tributos, porém, o princípio da transparência transcende esse viés, e não há melhor oportunidade para colocar em prática ante a vigência da Reforma Tributária sobre o Consumo.

A transparência, e aqui sob o manto tributário, é um dos pilares fundamentais do Estado Democrático de Direito, e, inserido nessa perspectiva, o cidadão-contribuinte e as categorias econômicas setoriais devem ser adjudicados como protagonistas da sociedade civil, com voz ativa no processo deliberativo e decisório sobre a tributação do país. Legislações mais compreensíveis e claras (princípio da simplicidade) subsidiarão a consciência reflexiva e crítica sobre o fenômeno de incidência dos tributos e, certamente, estimularão a participação, cada vez maior, no debate público.

Os macros princípios democráticos e republicanos são lastreados por diversos valores morais, entre os quais a transparência, que permite ao cidadão médio conhecer seus direitos porque são copartícipes do financiamento, assim como todos, das despesas públicas. É, na essência, democratizar o acesso e a compreensão do sistema tributário, obviamente não em suas nuances técnico-operacionais, mas visando à promoção do senso de responsabilidade cívica e, especialmente, ao incentivo do zelo pelo bem público, além da legitimidade na cobrança dos representantes eleitos relativamente ao compromisso com o bem-estar coletivo.

A transparência fiscal atua, da mesma maneira, como alicerce para um escrutínio efetivo das normas tributárias e financeiras, possibilitando um controle público mais

---

IX – Contribuição de Intervenção no Domínio Econômico, incidente sobre a importação e a comercialização de petróleo e seus derivados, gás natural e seus derivados, e álcool etílico combustível (Cide).

§ 6º Serão informados ainda os valores referentes ao imposto de importação, PIS/Pasep/Importação e Cofins/Importação, na hipótese de produtos cujos insumos ou componentes sejam oriundos de operações de comércio exterior e representem percentual superior a 20% (vinte por cento) do preço de venda.

§ 7º Na hipótese de incidência do imposto sobre a importação, nos termos do § 6º, bem como da incidência do Imposto sobre Produtos Industrializados – IPI, todos os fornecedores constantes das diversas cadeias produtivas deverão fornecer aos adquirentes, em meio magnético, os valores dos 2 (dois) tributos individualizados por item comercializado.

§ 8º Em relação aos serviços de natureza financeira, quando não seja legalmente prevista a emissão de documento fiscal, as informações de que trata este artigo deverão ser feitas em tabelas afixadas nos respectivos estabelecimentos. [...]

§ 10. A indicação relativa ao IOF (prevista no inciso IV do § 5º) restringe-se aos produtos financeiros sobre os quais incida diretamente aquele tributo.

§ 11. A indicação relativa ao PIS e à Cofins (incisos VII e VIII do § 5º), limitar-se-á à tributação incidente sobre a operação de venda ao consumidor.

§ 12. Sempre que o pagamento de pessoal constituir item de custo direto do serviço ou produto fornecido ao consumidor, deve ser divulgada, ainda, a contribuição previdenciária dos empregados e dos empregadores incidente, alocada ao serviço ou produto.

Art. 2º Os valores aproximados de que trata o art. 1º serão apurados sobre cada operação, e poderão, a critério das empresas vendedoras, ser calculados e fornecidos, semestralmente, por instituição de âmbito nacional reconhecidamente idônea, voltada primordialmente à apuração e análise de dados econômicos.

rigoroso sobre o orçamento e fomentando a cidadania fiscal. Esse cenário só se torna viável por meio da compreensão de que o Direito Tributário e o Direito Financeiro são indissociáveis, representando aspectos complementares da gestão fiscal de uma nação. Juntos eles garantem que os recursos arrecadados sejam utilizados de forma responsável e alinhados com as necessidades e expectativas da sociedade, expandindo a confiança pública nas instituições e promovendo uma governança mais transparente e participativa.

A realidade, contudo, mostra-se ainda muito distante desses ideais, devido à complexidade e burocracia fiscais. Isso resulta em uma legislação tributária desconectada do contexto social, contribuindo para um processo de alienação no qual o contribuinte, em vez de agir como um cidadão consciente de seu papel dentro de uma comunidade política ativa, torna-se um sujeito passivo acrítico frente às atividades estatais.[13] Por tudo isso, a transparência avigora a confiança dos cidadãos no governo e permite-lhes, acima de tudo, a ideia de responsabilidade, ou *accountability*, dos governantes pela gestão dos valiosos recursos públicos, na medida de facilitação da percepção de justiça e equidade na distribuição da carga tributária.

É preciso, assim, a edição de leis tributárias redigidas de forma clara e acessíveis ao público, com informações facilitadas a respeito da **arrecadação** de receitas, bem como o destino dos recursos, ou seja, a especificação de onde e como são aplicados, incluindo detalhamentos orçamentários e gastos públicos. Ainda, o estabelecimento de mecanismos de controle e de fiscalização com disponibilidade sobre auditorias, relatórios de órgãos do governo e processos de fiscalização franqueia maior transparência e responsabilidade na gestão pública. Não se espera, claro, que o cidadão sem conhecimento técnico avance no exame desses relatórios e documentos, porém a acessibilidade, para além de gerar confiança, permite que instituições, sejam elas públicas ou privadas, capacitadas e com conhecimento qualificado, participem de discussões e da elaboração das políticas tributárias. Para não parecer muito abstrato e teórico, são exemplos de aplicação do Princípio da Transparência Tributária: **portais digitais** que disponibilizem informações circunstanciadas sobre a arrecadação e uso dos tributos; **relatórios públicos** periódicos sobre a gestão fiscal e tributária; bem como **audiências públicas** nas quais a população possa discutir e opinar sobre a política tributária.

Os benefícios do emprego da transparência fiscal são muitos, com ênfase na redução da evasão fiscal, haja vista contribuintes conscientes e informados tenderem a voluntariamente cumprir as obrigações de natureza tributária; melhoria na gestão pública, pois a transparência incentiva a adoção de modelos de gerenciamento mais eficientes e éticos dos recursos públicos; além da possibilidade de promoção do engajamento cívico com acesso a informações fiscais. Muitos são apontados os desafios a serem superados, como a complexidade das informações, a necessidade de atualização frequente de informações e a indispensável manutenção de plataformas tecnológicas e seguras para constar e ofertar acesso dos documentos aos cidadãos.

---

[13] GASSEN, Valcir (Org.). *Equidade e eficiência da matriz tributária brasileira*: Diálogos sobre Estado, Constituição e Direito Tributário. Brasília: Consulex, 2012. p. 6.

2.3. PRINCÍPIO DA JUSTIÇA E ATENUAÇÃO DOS EFEITOS REGRESSIVOS

A previsão expressa na EC 132/2023 de que o Sistema Tributário Nacional deve favorecer a justiça fiscal, bem como atenuar os efeitos regressivos dos tributos, impõe ao legislador que seja garantida a distribuição da carga tributária de forma mais equitativa, em respeito à capacidade econômica, de modo que os mais vulneráveis sejam protegidos e não haja pressão sobre os preços de produtos e serviços consumidos pelos menos favorecidos.[14] Até o advento da referida emenda, a CF não fazia referência expressa às técnicas da progressividade e da regressividade, mas estabelecia algumas hipóteses daquela como mecanismo de dimensionamento da capacidade contributiva por meio da majoração de alíquotas em relação diretamente proporcional ao aumento da base de cálculo, como no caso do IPTU.

A progressividade fiscal, considerada arrecadatória, ou seja, para além da progressividade extrafiscal, baseada na função social da propriedade, somente foi permitida no texto constitucional a partir do permissivo contido na EC 29/2000.[15] A progressividade

---

[14] O Supremo, ao examinar caso concreto sobre a seletividade no ICMS, manifestou-se sobre a justiça fiscal como vetor tendente à menor regressividade dos tributos indiretos.
Repercussão geral. Tema n. 745. Direito tributário. ICMS. Seletividade. Ausência de obrigatoriedade. Quando adotada a seletividade, há necessidade de se observar o critério da essencialidade e de se ponderarem as características intrínsecas do bem ou do serviço com outros elementos. Energia elétrica e serviços de telecomunicação. Itens essenciais. Impossibilidade de adoção de alíquota superior àquela que onera as operações em geral. Eficácia negativa da seletividade. 1. O dimensionamento do ICMS, quando presente sua seletividade em função da essencialidade da mercadoria ou do serviço, pode levar em conta outros elementos além da qualidade intrínseca da mercadoria ou do serviço. 2. A Constituição Federal não obriga os entes competentes a adotar a seletividade no ICMS. Não obstante, é evidente a preocupação do constituinte de que, **uma vez adotada a seletividade, haja a ponderação criteriosa das características intrínsecas do bem ou serviço em razão de sua essencialidade com outros elementos, tais como a capacidade econômica do consumidor final, a destinação do bem ou serviço e, ao cabo, a justiça fiscal, tendente à menor regressividade desse tributo indireto.** O estado que adotar a seletividade no ICMS terá de conferir efetividade a esse preceito em sua eficácia positiva, sem deixar de observar, contudo, sua eficácia negativa. 3. A energia elétrica é item essencial, seja qual for seu consumidor ou mesmo a quantidade consumida, não podendo ela, em razão da eficácia negativa da seletividade, quando adotada, ser submetida a alíquota de ICMS superior àquela incidente sobre as operações em geral. A observância da eficácia positiva da seletividade – como, por exemplo, por meio da instituição de benefícios em prol de classe de consumidores com pequena capacidade econômica ou em relação a pequenas faixas de consumo –, por si só, não afasta eventual constatação de violação da eficácia negativa da seletividade. 4. Os serviços de telecomunicação, que no passado eram contratados por pessoas com grande capacidade econômica, foram se popularizando de tal forma que as pessoas com menor capacidade contributiva também passaram a contratá-los. A lei editada no passado, a qual não se ateve a essa evolução econômico-social para efeito do dimensionamento do ICMS, se tornou, com o passar do tempo, inconstitucional. 5. Foi fixada a seguinte tese para o Tema n. 745: Adotada pelo legislador estadual a técnica da seletividade em relação ao Imposto sobre Circulação de Mercadorias e Serviços (ICMS), discrepam do figurino constitucional alíquotas sobre as operações de energia elétrica e serviços de telecomunicação em patamar superior ao das operações em geral, considerada a essencialidade dos bens e serviços. 6. Recurso extraordinário parcialmente provido. 7. Modulação dos efeitos da decisão, estipulando-se que ela produza efeitos a partir do exercício financeiro de 2024, ressalvando-se as ações ajuizadas até a data do início do julgamento do mérito (05.02.2021). RE 714.139, Rel. Min. Marco Aurélio, rel. p/ o ac. Min. Dias Toffoli, Tribunal Pleno, j. 18.12.2021, Processo Eletrônico. Repercussão Geral – Mérito *DJe*-049, divulg. 14.03.2022, public. 15.03.2022.

[15] Somente a partir da EC 29/00 admitiu-se como constitucional lei prevendo a progressividade do IPTU com fins arrecadatórios e não extrafiscais.
[...] 1. Tese de repercussão geral fixada: "Declarada inconstitucional a progressividade de alíquota tributária do Imposto Predial Territorial Urbano no que se refere à fato gerador ocorrido em período anterior ao advento da EC 29/2000, é devido o tributo calculado pela alíquota mínima correspondente, de acordo

arrecadatória é mecanismo de aplicação da capacidade contributiva e opera-se com a majoração de alíquotas em relação diretamente proporcional ao aumento da base de cálculo.[16] A EC 132/2023, ao estabelecer que "as alterações na legislação tributária buscarão atenuar efeitos regressivos", parte da premissa de que a legislação complementar por vir, sobretudo de regulamentação da própria emenda, tem a atribuição de fomentar dispositivos tendentes a reduzir a regressividade na tributação.

A concepção de um sistema tributário justo é, por si, abstrata. Para J. Rawls, um sistema tributário legitimamente equitativo é aquele que promove e induz a dispersão da riqueza, cumprindo a função distributiva, com instrumentos restritivos de acumulações de capital e renda considerados adversos ao bem-estar coletivo e à sociedade bem ordenada.[17] Segundo o autor, professor de filosofia política na Universidade de Harvard, a justiça como equidade distributiva tem fundamento nos princípios de liberdade e da igualdade. As pessoas livres e iguais são aquelas detentoras das necessárias aptidões de personalidade, que as capacitam a participar da sociedade, considerada como um sistema cooperativo para o benefício mútuo.

Na obra *Distributive justice*, J. Rawls introduz o princípio da diferença, que se torna essencial em sua teoria da justiça. Ele propõe que as instituições sociais sejam estruturadas de forma a maximizar os benefícios para os menos favorecidos, promovendo um igualitarismo democrático. Como dito, ele enfatiza a liberdade e a autonomia individuais, alinhadas à tradição Kantiana, sugerindo que as políticas devem proporcionar liberdade igualitariamente, com tolerância para garantir a autonomia dos sujeitos, preservando a função cooperativa da sociedade, com rejeição à igualdade econômica absoluta. A redistribuição defendida é aquela que beneficie os menos favorecidos, mesmo que isso não elimine completamente as desigualdades.[18]

Na análise da equidade dos sistemas tributários, a distinção entre **justiça tributária comutativa** e **distributiva** ganha relevância como conceito fundamental para compreender as múltiplas dimensões da justiça fiscal. A justiça tributária comutativa dá ênfase à correspondência proporcional entre as receitas tributárias auferidas com

---

com a destinação do imóvel e a legislação municipal de instituição do tributo em vigor à época". 2. O Supremo Tribunal Federal possui entendimento sumulado no sentido de que "É inconstitucional a lei municipal que tenha estabelecido, antes da Emenda Constitucional 29/2000, alíquotas progressivas para o IPTU, salvo se destinada a assegurar o cumprimento da função social da propriedade urbana." Súmula 668 do STF. Precedente: AI-QO-RG 712.743, de relatoria da Ministra Ellen Gracie, Tribunal Pleno, DJe 8.5.2009. 3. É constitucional a cobrança de IPTU, referente a período anterior à Emenda Constitucional 29/2000, mesmo que a progressividade das alíquotas tenha sido declarada inconstitucional, em sede de representação de inconstitucionalidade em Tribunal de Justiça local. Função da alíquota na norma tributária. Teoria da divisibilidade das leis. Inconstitucionalidade parcial. 4. O IPTU é exigível com base na alíquota mínima prevista na lei municipal, de modo que o critério quantitativo da regra matriz de incidência tributária seja proporcional e o menos gravoso possível ao contribuinte. Precedentes. 5. Recurso extraordinário provido. RE 602.347, Rel. Min. Edson Fachin, Tribunal Pleno, j. 04.11.2015, Acórdão Eletrônico. Repercussão Geral – Mérito *DJe*-067, de 11.04.2016, public. 12.04.2016, *RTJ*, v. 00237-01, p. 00173.

[16] ARE 639.632 AgR, Rel. Min. Roberto Barroso, 1ª T, j. 22.10.2013. Acórdão Eletrônico *DJe*-231, divulg. 22.11.2013, public. 25.11.2013.

[17] RAWLS, J. *Justiça como equidade*: uma reformulação. 1. ed. São Paulo: Martins Fontes, 2003. p. 227-228.

[18] O filósofo Aristóteles, no período helenístico, concebeu a justiça distributiva como forma da igualdade proporcionalmente, baseada no mérito do indivíduo, diferenciando-se da justiça corretiva, que prevê a igualdade absoluta. ARISTÓTELES. *Ética a Nicômaco*. Tradução de Leonel Vallandro e Gerd Bornheim. São Paulo: Nova Cultural, 1991.

a imposição dos tributos e os benefícios derivados dos serviços públicos, de maneira que os contribuintes devem suportá-los de modo equitativo, de acordo e na medida do retorno recebido do Estado em contraprestação. Um exemplo de tributo com perfil comutativo é a taxa, constituída pelo fato gerador com relação direta com a prestação regular do poder de polícia ou com a utilização, efetiva ou potencial, de serviço público específico e divisível prestado ou colocado à disposição do usuário.

A justiça tributária distributiva, por outro lado, compreende a funcionalidade do sistema tributário na redistribuição de renda e riqueza, visando à promoção de uma sociedade mais igualitária, menos desigual, sobretudo por meio da implementação de impostos progressivos, em que as alíquotas aumentam conforme a capacidade econômica dos contribuintes, como exemplo do imposto de renda sobre as pessoas físicas. A justiça tributária distributiva procura reduzir as disparidades socioeconômicas e fomentar uma repartição mais equânime dos recursos.

Essa sistemática reconhece que os sistemas tributários não apenas financiam o Estado, mas também desempenham um papel decisivo na estrutura social, ao procurar equilibrar as desigualdades inerentes ao sistema econômico. A justiça distributiva complementa a visão comutativa, incorporando uma dimensão ética e social à arrecadação de tributos e assegura o compromisso com valores de solidariedade na estruturação da política fiscal.

Até então, a carga tributária brasileira está completamente distorcida, sobretudo porque os pobres pagam proporcionalmente muito mais tributos que os mais ricos, já que compromete mais da metade da renda com esses custos, daí a regressividade imposta, ao contrário da progressividade (distinguida, principalmente, pelo aumento da alíquota do imposto à medida que cresce a base de cálculo). Ainda assim, não são asseguradas condições sociais mínimas de educação e de qualidade de vida em geral, comprometendo a liberdade e igualdade da maioria dos cidadãos.

Além disso, aqueles com mais condições financeiras aproveitam-se de oportunidades normativas e são preservados de tributação. Pretendendo mudar essa realidade, ainda que gradualmente ante as dificuldades reveladas por oposições inerentes ao processo político, recentemente, a legislação brasileira, por meio da Lei 14.754/2003, convergindo às práticas recomendadas por organizações internacionais como a OCDE, passou a tributar anualmente os rendimentos obtidos pelos fundos fechados e *offshores*. Extinguiu-se, portanto, o regime de diferimento ou adiamento indefinido do recolhimento de tributos sobre esses rendimentos. Antes da referida lei, o contribuinte com valores investidos em fundos fechados no exterior (geralmente acima de R$ 10.000.000,00) não pagava imposto sobre os correspondentes rendimentos em nenhum momento até o saque.

A mudança impacta um segmento específico de contribuintes, com menos de 100 mil brasileiros com *offshores*, e aplica uma alíquota de 15% sobre lucros e rendimentos. A arrecadação gerada por essa nova tributação tem como destino inicial o financiamento da correção da faixa de isenção do imposto de renda para dois salários mínimos, de modo a permitir o aperfeiçoamento da progressividade tributária no Brasil. Na verdade, o que houve foi a aplicação corretiva da conformidade fiscal com os parâmetros adotados aos investidores brasileiros com valores no mercado financeiro nacional, em qualquer montante, de R$ 100,00 a R$ 1.000.000,00, por exemplo, por já se submeterem à tributação sobre os rendimentos periodicamente. Não faria sentido, ao contrário, deixar de tributar aqueles mais ricos, com expressivas quantias aplicadas no exterior.

Além das mudanças na tributação, a lei introduz regras detalhadas para a declaração e tributação de rendimentos obtidos no exterior, seja diretamente por pessoas físicas ou dentro de entidades e *Trusts*. A partir de 2024, todos os rendimentos de capital aplicado no exterior serão tributados exclusivamente, seguindo uma tabela progressiva de cálculo. Essas medidas visam evitar a criação de estruturas *offshore* fictícias para elisão fiscal, adotando a regra CFC (*Controlled Foreign Company*) para dificultar práticas antielisivas. A tributação dos lucros será feita na Declaração de Imposto de Renda Anual, com alíquotas variando de 0% para rendimentos até R$ 6.000,00, 15% para rendimentos entre R$ 6.000,00 e R$ 50.000,00, e 22,5% para rendimentos acima de R$ 50.000,00.

A novidade legislativa também compreende a contabilidade anual de empresas *offshore*, introduzindo a possibilidade de redução substancial no imposto sobre o estoque de lucros acumulados de entidades controladas no exterior, de 27,5% para 8%. A lei traz especificações para a tributação de entidades controladas por pessoas físicas residentes no Brasil, mas localizadas em paraísos fiscais, e estabelece regras para a compensação de perdas e a tributação de fundos exclusivos e fechados. Agora, existem duas formas de tributação dos ativos aplicados por pessoa física e pela pessoa jurídica, pelo ganho de capital ou pela tributação dos rendimentos com alíquota única.

A tributação sobre o consumo, por outro lado, objeto da reforma tributária aprovada, não visa propriamente equalizar progressivamente a repartição da carga tributária, instrumento que pode ser mais bem desenvolvido pela exação sobre a renda e a propriedade, contudo cumpre também um papel relevante ao estabelecer mecanismos de devolução (*cashback*) e isenção de todos os impostos incidentes sobre os alimentos que compõem a cesta básica, tornando-os mais baratos. Além disso, no cenário macroeconômico, a matriz tributária brasileira está completamente desvirtuada porque confere uma carga muito maior à tributação sobre o consumo, enquanto a incidência sobre a renda, com mais qualidade de identificação do poder aquisitivo e da capacidade contributiva, representa uma fração menor, sobretudo se comparado aos países da OCDE.

Segundo a Receita Federal do Brasil, no material intitulado *Estudo da carga tributária no Brasil em 2021*. análise por tributos e bases de incidência, divulgado anualmente, 44,02% de toda carga tributária brasileira em 2021 são Impostos sobre Bens e Serviços, enquanto apenas 4,87% incidiram sobre o patrimônio e 23,92% sobre a renda das pessoas. Ao comparar com os países da OCDE em 2020, verifica-se que a carga tributária sobre a renda, lucro e ganhos de capital no Brasil é 6,9% do PIB (Produto Interno Bruto, soma de todos os bens e serviços produzidos no país), contra 10,6% do PIB na média da OCDE. Já o imposto sobre a propriedade no Brasil (1,5% do PIB) é semelhante à média da OCDE (1,8% do PIB). O imposto sobre bens e serviços no Brasil representa 13,5% do PIB, superior ao praticado na média dos países da OCDE, que é de 10,8%.[19]

---

[19] *Estudo da carga tributária no Brasil em 2021. Análise por tributos e bases de incidência*. Publicação Anual. Dez. 2022. Disponível em: https://www.gov.br/receitafederal/pt-br/centrais-de-conteudo/publicacoes/estudos/carga-tributaria/carga-tributaria-no-brasil-2021/view. Acesso em: 23 fev. 2024.

Um dos desafios, e por poucos percebido, é que a tributação sobre o consumo no Brasil, no contexto pré-reforma tributária, tem uma parcela significativa de incidência sobre o faturamento das vendas de bens e serviços, reconhecidos pelo PIS e pela Cofins, com destinação orçamentária direcionada, essencialmente, à seguridade social. Essa circunstância superestima e infla a tributação sobre o consumo, deixando a arrecadação dependente da geração de fluxo financeiro para fazer frente à proteção social, à saúde pública, à assistência social e ao desenvolvimento econômico do Brasil. Torna-se um tributo com peso renditício em diferentes frentes e, especialmente quando destinado à seguridade social, que consiste no principal direcionamento das receitas provenientes do PIS e da Cofins, cujos recursos contribuem com o financiamento de aposentadorias, pensões, auxílios-doença e outros benefícios previdenciários, seguramente, alcança um papel decisivo na manutenção do bem-estar social da população.

Esta dependência da tributação sobre o consumo para financiar a seguridade social evidencia, a nosso juízo, uma forma desigual de redistribuição da carga tributária. Veja que, na prática, as pessoas em geral, muitas delas inseridas no mercado informal, ao consumirem produtos e serviços estão contribuindo com o financiamento de aposentadorias e pensões de outras. Entendo que o sistema de financiamento das pensões e aposentadorias deve migrar, de modo progressivo e transitório, para o modelo individual e não de solidariedade de custeio, ainda mais por um sistema de tributação sobre o consumo.

Ao persistir com um sistema que infla a tributação sobre o consumo, o Brasil enfrenta o risco de perpetuar um modelo regressivo, no qual os consumidores, independentemente de sua capacidade contributiva, são onerados de forma desproporcional. Além do mais, essa forma de configuração tributária pode gerar instabilidade na arrecadação, já que depende intensamente do desempenho econômico e do consumo das famílias e empresas. Portanto, uma reforma que reequilibre a tributação, aumentando a participação dos impostos sobre a renda e a propriedade, não só promoveria maior justiça fiscal, mas também garantiria uma fonte de financiamento mais estável e previsível para a seguridade social e outras áreas essenciais, contribuindo para um desenvolvimento econômico mais sustentável e inclusivo.

Para alcançar um equilíbrio mais justo e progressivo, é indispensável, continuamente, a reestruturação da matriz tributária no sentido de aumentar a participação dos impostos sobre a renda e a propriedade, alinhando-se às práticas observadas nos países da OCDE. Essa mudança não apenas promoveria maior justiça fiscal, mas também permitiria uma melhor alocação dos recursos públicos, potencialmente reduzindo a desigualdade social e estimulando um crescimento econômico mais sustentável. Ao reorientar a tributação de forma a gravar mais os ganhos de capital e a riqueza, o Brasil poderia incrementar a arrecadação de maneira mais eficiente e menos prejudicial ao consumo, essencial para a sustentabilidade econômica.

2.4. PRINCÍPIO DA COOPERAÇÃO FISCAL

A EC 132/2023 também elevou a cooperação à condição de princípio constitucional, cujas bases podem ser examinadas em dois vieses de compreensão:

a) colaboração entre as diferentes competências tributárias e organismos governamentais de fiscalização e cobrança, visando aperfeiçoar as administrações, combater a evasão e promover a justiça tributária. Nessa perspectiva, a cooperação envolve o compartilhamento de informações, a harmonização de normas tributárias e a coordenação de diligências para evitar o planejamento tributário abusivo, sendo essencial para a construção de um ambiente econômico estável e seguro, com estímulo aos investimentos e a garantia de uma distribuição equitativa da carga tributária entre a sociedade;[20]

b) deveres de cooperação ou colaboração enquanto obrigações tributárias, principal e acessória, constituídas na relação jurídica tributária subjacente. Cada vez mais, sobretudo nos modelos de regimes de lançamento por homologação ou autolançamento, os contribuintes assumem para si o procedimento de determinação, liquidação e cumprimento das obrigações fiscais e, nesse ambiente, depende-se sobremaneira da efetiva participação dos particulares, não somente com informações e dados econômico-financeiros, mas, sobretudo, com relevância e fidedignidade. Nos modelos de tributação do consumo pelo IVA, os contribuintes também colaboram com o próprio regime de monitoramento, fiscalização e cumprimento das obrigações fiscais, haja vista cada empresa, na cadeia de produção, circulação e distribuição, deduzir o imposto recolhido sobre suas aquisições na etapa antecedente. Essa dinâmica na cadeia de circulação incentiva o adquirente (comprador) a demandar prova de recolhimento do imposto pelo fornecedor (vendedor), sob pena de não possuir crédito para apurar no encontro de contas ao final do período, além da exigência de manutenção dos documentos fiscais em regularidade para garantir o crédito do imposto, provocando, portanto, uma fiscalização mútua e indireta entre os contribuintes.

Nos tribunais brasileiros discutiu-se a possibilidade de aproveitamento de créditos gerados pela entrada de mercadorias nas hipóteses nas quais os documentos fiscais da vendedora foram posteriormente declarados inidôneos pela autoridade fiscal. A jurisprudência do STJ, em sede de recurso repetitivo, firmou-se no sentido de que o comerciante de boa-fé que adquire mercadoria, cuja nota fiscal (emitida pela empresa vendedora) posteriormente seja declarada inidônea, mantém o direito ao aproveitamento do crédito do ICMS pelo princípio da não cumulatividade, uma vez demonstrada a veracidade da compra e venda efetuada, porquanto o ato declaratório da inidoneidade somente produz efeitos a partir de sua publicação.[21]

---

20   O Comitê Gestor, órgão previsto na Reforma Tributária pela EC 132/2023, com funções de coordenação do IBS, bem como a Receita Federal do Brasil e a Procuradoria-Geral da Fazenda Nacional compartilharão informações fiscais relacionadas ao IBS e à CBS e atuarão com vistas a harmonizar normas, interpretações, obrigações acessórias e procedimentos a eles relativos, além de poderem implementar soluções integradas para a administração e cobrança dos referidos tributos. (§§ 6º e 7º, art. 156-B, da CF).

21   [...] 1. O comerciante de boa-fé que adquire mercadoria, cuja nota fiscal (emitida pela empresa vendedora) posteriormente seja declarada inidônea, pode engendrar o aproveitamento do crédito do ICMS pelo princípio da não cumulatividade, uma vez demonstrada a veracidade da compra e venda efetuada, porquanto o ato declaratório da inidoneidade somente produz efeitos a partir de sua publicação [...]. 2. A responsabilidade do adquirente de boa-fé reside na exigência, no momento da celebração do negócio jurídico, da documentação pertinente à assunção da regularidade do alienante, cuja verificação de idoneidade incumbe ao Fisco, razão pela qual não incide, à espécie, o art. 136 do CTN, segundo o qual "salvo disposição de lei em contrário, a responsabilidade por infrações da legislação tributária independe da intenção do agente ou do responsável e da efetividade, natureza e extensão dos efeitos do ato" (norma aplicável, *in casu*, ao alienante). [...]

Com a nova sistemática do modelo de IVA brasileiro, inclusive com a previsão de implementação do *split payment*, que pode ser visto mais à frente, os inúmeros problemas, não somente sobre o recebimento dos recursos pelos entes de governo, mas, também, a respeito do direito de crédito poderão ser solucionados em definitivo.

2.5. PRINCÍPIO DA TUTELA AMBIENTAL POR MEIO DA TRIBUTAÇÃO

Por último, no contexto dos novos princípios constitucionais tributários, afigura-se a técnica da tributação para fins de defesa do meio ambiente.[22] A primeira delas constitui-se pela inovação com a instituição e futura cobrança do Imposto Seletivo (IS), cujo propósito é desestimular, por meio da oneração, a *produção*, *extração*, *comercialização* ou *importação* de bens e serviços prejudiciais à saúde e ao meio ambiente, conforme disposição da Lei Complementar.

Para além do IS, a reforma tributária, por outro lado, conferiu relevância à sustentabilidade ambiental ao favorecer por intermédio de incentivos a ampliação da utilização de energias renováveis, como biocombustíveis e hidrogênio de baixa emissão de carbono ao invés dos tradicionais combustíveis fósseis, cujo potencial destrutivo e a emissão de gases de efeito estufa é muito maior. Trata-se de estímulo ao combate às mudanças climáticas e de estratégias para induzir o setor energético a adotar práticas mais sustentáveis.[23]

A implementação efetiva dessa abordagem tributária indutiva, neste momento ainda dogmático, representa um desafio e uma oportunidade para o país posicionar-se como líder na transição para uma economia de baixo carbono ao dar ênfase em energias renováveis, permitindo mais acesso a mercados estrangeiros por atender a exigências impositivas internacionais, além, claro, de promover a preservação das presentes e futuras gerações.[24]

---

4. A boa-fé do adquirente em relação às notas fiscais declaradas inidôneas após a celebração do negócio jurídico (o qual fora efetivamente realizado), uma vez caracterizada, legitima o aproveitamento dos créditos de ICMS. [...]. REsp 1.148.444/MG, Rel. Min. Luiz Fux, Primeira Seção, j. 14.04.2010, *DJe* de 27.04.2010.)

[22] O STF manifestou-se, em 2021, a respeito da legitimação da instituição de tributo como mecanismo de proteção do meio ambiente, no caso concreto afigurava-se uma taxa para remunerar a atividade de fiscalização dos estados. Na decisão, o Ministro Relator Luís Roberto Barroso entendeu razoável a inserção do volume hídrico como elemento de quantificação da obrigação tributária porque quanto maior pode ser o impacto social e ambiental do empreendimento, embora, ao final, afastou a constitucionalidade por entender, na hipótese, que não teria respeitado o princípio da equivalência entre custo *versus* benefício por exceder desproporcionalmente as despesas necessárias com a atividade estatal de fiscalização. ADI 5.374, Rel. Min. Roberto Barroso, j. 24.02.2021, P, *DJe* de 12.03.2021.

[23] A Lei 12.187/2009, estabeleceu a Política Nacional sobre a Mudança do Clima e, como um dos instrumentos de sua implantação, trouxe a adoção de "medidas fiscais e tributárias destinadas a estimular a redução das emissões e remoção de gases de efeito estufa, incluindo alíquotas diferenciadas, isenções, compensações e incentivos, a serem estabelecidos em lei específica" (art. 6º, VI).

[24] CF. Art. 225. Todos têm direito ao meio ambiente ecologicamente equilibrado, bem de uso comum do povo e essencial à sadia qualidade de vida, impondo-se ao Poder Público e à coletividade o dever de defendê-lo e preservá-lo para as presentes e futuras gerações.

A CF, por meio da EC 42/2003, alterou o inciso VI do art. 170, relativamente aos princípios gerais da atividade econômica, para constar o seguinte: [...] defesa do meio ambiente, inclusive mediante tratamento diferenciado conforme o impacto ambiental dos produtos e serviços e de seus processos de elaboração e prestação.

O Direito Tributário, ainda de modo tímido e incipiente, avança na evidência dos tributos como instrumentos de proteção ao meio ambiente. O desafio é implementar uma tributação que efetivamente contribua para a sustentabilidade sem comprometer outras necessidades fiscais e econômicas, sobretudo que assegure o desenvolvimento do país. A inclusão na Constituição já é um passo importante para o reconhecimento da necessidade de equilibrar os tributos tradicionais e aqueles destinados a fins ambientais, no pêndulo entre a obtenção de receitas e a promoção de objetivos ecossistêmicos.

Para tanto, as decisões de natureza político-tributária devem ser planejadas de maneira a incentivar práticas comportamentais, tanto de indivíduos como de corporações, que favoreçam a preservação ambiental, sobretudo por meio de desonerações fiscais direcionadas à adoção de tecnologias limpas, taxas reduzidas para atividades de baixo impacto ambiental e medidas de repressão e punibilidade tributária a práticas poluentes. A transparência e a eficiência na gestão desses recursos fiscais arrecadados são decisivas de modo a assegurar que os valores recolhidos, com fins ambientais, sejam efetivamente aplicados em projetos de conservação, recuperação de ecossistemas e promoção de energias renováveis. Logo, o Direito Tributário vai além de ser apenas um instrumento de arrecadação, tornando-se também um protagonista ativo na luta pela sustentabilidade e pela melhoria da qualidade de vida das futuras gerações.

O Tribunal de Contas da União Europeia produziu, em 2021, um relatório especial com o exame da aplicação do Princípio do Poluidor-Pagador (PPP) nas políticas ambientais, sobressaindo, sempre, a necessidade de uma tributação ambiental eficaz. O referido relatório aponta que, entre 2014 e 2020, foram destinados aproximadamente 29 bilhões de euros para projetos ambientais, porém, constatou-se que esses fundos foram, por vezes, utilizados para financiar a reparação e a limpeza da poluição produzida que deveria ter sido custeada pelos próprios poluidores, devido à aplicação inconsistente do PPP. A análise revela, ainda, que a legislação atinente à espécie, como a Diretiva de Emissões Industriais e a Diretiva-Quadro da Água, incorpora o PPP, mas frequentemente não cobre o custo total da poluição residual. Ao final, o relatório recomenda a integração de instrumentos fiscais, como taxas e subsídios, para incentivar comportamentos menos poluentes e a implementação de garantias financeiras obrigatórias para assegurar a responsabilidade dos poluidores, evitando que os custos recaiam sobre a sociedade em geral.[25]

Os tributos com viés ambiental comportam instrumentos de promoção da sustentabilidade e a conservação do meio ambiente, alicerçados na premissa do poluidor-pagador. Essa diretriz assegura que os custos associados à poluição e degradação do meio ambiente sejam suportados por aqueles que os causam. A implementação de tributos dessa natureza, contudo, enfrenta diversos desafios, incluindo a definição da base de incidência[26] e a escolha entre tributação direta e indireta. A tributação direta

---

[25] TRIBUNAL DE CONTAS EUROPEU. Princípio do poluidor-pagador: aplicação incoerente nas políticas e ações ambientais da EU. *Relatório Especial*. Disponível em: https://www.eca.europa.eu/Lists/ECADocuments/SR21_12/SR_polluter_pays_principle_PT.pdf.

[26] Neste aspecto da base de incidência, o STF já foi provocado a pronunciar-se a respeito da constitucionalidade de leis locais que fixam tributo na modalidade taxa com fundamento no poder de polícia exercido sobre a atividade de geração, transmissão e ou distribuição de energia no território do respectivo estado. Entendeu, na oportunidade, que é legítima a inserção da energia elétrica gerada como elemento de quantificação da obrigação tributária, haja vista ser razoável concluir que quanto maior a

pode ser configurada de várias formas, incluindo tributos fixos ou variáveis em função da localização dos poluidores, ou em função do nível de emissões, cada uma adequada a diferentes contextos e objetivos ambientais. A tributação indireta, por sua vez, utiliza os tributos já existentes, introduzindo componentes que visam incentivar comportamentos ambientalmente responsáveis e sustentáveis.[27]

> CF. Art. 145. A União, os Estados, o Distrito Federal e os Municípios poderão instituir os seguintes tributos:
>
> I – impostos;
>
> II – taxas, em razão do exercício do poder de polícia ou pela utilização, efetiva ou potencial, de serviços públicos específicos e divisíveis, prestados ao contribuinte ou postos a sua disposição;
>
> III – contribuição de melhoria, decorrente de obras públicas.
>
> § 1º Sempre que possível, os impostos terão caráter pessoal e serão graduados segundo a capacidade econômica do contribuinte, facultado à administração tributária, especialmente para conferir efetividade a esses objetivos, identificar, respeitados os direitos individuais e nos termos da lei, o patrimônio, os rendimentos e as atividades econômicas do contribuinte.
>
> § 2º As taxas não poderão ter base de cálculo própria de impostos.
>
> § 3º O Sistema Tributário Nacional deve observar os princípios da simplicidade, da transparência, da justiça tributária, da cooperação e da defesa do meio ambiente.
>
> § 4º As alterações na legislação tributária buscarão atenuar efeitos regressivos.

---

energia elétrica gerada por aquele que explora recursos energéticos, maior pode ser o impacto social e ambiental do empreendimento, e, portanto, maior também deve ser o grau de controle e fiscalização do Poder Público. No entanto, os valores de grandeza fixados pela lei estadual (1 megawatt-hora) em conjunto com o critério da energia elétrica gerada fazem com que o tributo exceda desproporcionalmente o custo da atividade estatal de fiscalização, violando o princípio da capacidade contributiva, na dimensão do custo *versus* benefício, que deve ser aplicado às taxas. ADI 5.489, Rel. Min. Roberto Barroso, Tribunal Pleno, j. 24.02.2021, Processo Eletrônico *DJe*-047, divulg. 11.03.2021, public. 12.03.2021.

O mesmo raciocínio também se aplica quando o fator considerado seja o critério do volume hídrico utilizado (1 m^3 ou 1000 m^3). É legítima a inserção do volume hídrico como elemento de quantificação da obrigação tributária, pois quanto maior o volume hídrico utilizado, maior pode ser o impacto social e ambiental do empreendimento; maior, portanto, também deve ser o grau de controle e fiscalização do Poder Público, porém deve ser mantida a proporcionalidade entre a relação custo x benefício. ADI 5.374, Rel. Min. Roberto Barroso, Tribunal Pleno, j. 24.02.2021, Processo Eletrônico *DJe*-047, divulg. 11.03.2021, public. 12.03.2021.

Ainda no mesmo sentido, o STF admitiu a utilização, a título de elemento para a quantificação tributária, do volume de minério extraído, porquanto razoável a conclusão de que, quanto maior a quantidade, maior pode ser o impacto social e ambiental do empreendimento e, assim, maior deve ser o grau de controle e de fiscalização do poder público. A observância do princípio da proporcionalidade impõe não equivalência estrita, mas, sim, equivalência razoável entre o valor da taxa e os custos da atividade estatal e, por isso, aceitável alguma folga orçamentária, a fim de que o custeio da fiscalização de atividade desenvolvida com fins lucrativos puramente particulares não seja arcado pela sociedade como um todo. ADI 4.786, Rel. Min. Nunes Marques, Tribunal Pleno, j. 1º.08.2022, Processo Eletrônico *DJe*-207, divulg. 13.10.2022, public. 14.10.2022.

[27] NABAIS, José Casalta. Tributos com fins ambientais. *El tributo y su aplicación:* perspectivas para el siglo XXI (Dos tomos): Homenaje al L Aniversario del Instituto Latinoamericano de Derecho Tributario. Marcial Pons Ediciones Jurídicas y Sociales, S.A., 2009.

3

PRINCIPAIS MUDANÇAS CONSTITUCIONAIS NA TRIBUTAÇÃO PROMOVIDAS PELA EC 132/2023

A principal alteração trazida pela reforma é a extinção de quatro tributos (PIS, Cofins, ICMS e ISS), conquanto o IPI ainda subsistirá com restrições que são tratadas em capítulo próprio deste livro, e a criação de outros três tributos: a **Contribuição sobre Bens e Serviços** (CBS), a ser instituída pela União, o **Imposto sobre Bens e Serviços** (IBS), de competência compartilhada entre os Estados, Municípios e o Distrito Federal, e o **Imposto Seletivo** (IS), também de competência da União. Aqueles dois novos tributos (IBS e CBS) terão em comum a base de cálculo e outros elementos de incidência, assim como compartilham regras de não cumulatividade, creditamento, regimes favorecidos, diferenciados e alíquotas reduzidas para determinados setores da economia.

Estados, Municípios e DF	
ICMS	IBS
ISS	

União	
PIS	CBS
Cofins	
IPI	Imposto Seletivo

> CF. Art. 156-A. Lei complementar instituirá imposto sobre bens e serviços de competência compartilhada entre Estados, Distrito Federal e Municípios. (Incluído pela Emenda Constitucional 132/2023) [...]
>
> CF. Art. 195. A seguridade social será financiada por toda a sociedade, de forma direta e indireta, nos termos da lei, mediante recursos provenientes dos orçamentos da União, dos Estados, do Distrito Federal e dos Municípios, e das seguintes contribuições sociais: (*Vide* Emenda Constitucional 20/1998) [...]
>
> V – sobre bens e serviços, nos termos de lei complementar.

A CBS entrará em vigor completamente a partir de 2027, embora em 2026 haverá um período de teste, no qual as alíquotas da CBS e do IBS, somadas, serão de 1%. O IBS só será definitivamente implementado em 2033, após período de convivência com o ICMS e o ISS no regime de transição, de modo que serão substituídos progressivamente.

A CBS e o IBS, como dito, passarão a ser testados nacionalmente, mas não serão efetivamente recolhidos, quando então as empresas serão obrigadas a emitir na nota fiscal um valor destacado do que corresponderia a 0,9% de CBS sobre a operação e 0,1% de IBS, de modo que as administrações fiscais possam promover adaptações, ajustes e correções no novo modelo de tributação.

> ADCT. Art. 127. Em 2027 e 2028, o imposto previsto no art. 156-A da Constituição Federal será cobrado à alíquota estadual de 0,05% (cinco centésimos por cento) e à alíquota municipal de 0,05% (cinco centésimos por cento). (Incluído pela Emenda Constitucional 132/2023)
>
> Parágrafo único. No período referido no *caput*, a alíquota da contribuição prevista no art. 195, V, da Constituição Federal, será reduzida em 0,1 (um décimo) ponto percentual. (Incluído pela Emenda Constitucional 132/2023)

> ADCT. Art. 128. De 2029 a 2032, as alíquotas dos impostos previstos nos arts. 155, II, e 156, III, da Constituição Federal, serão fixadas nas seguintes proporções das alíquotas fixadas nas respectivas legislações: (Incluído pela Emenda Constitucional 132/2023)
>
> I – 9/10 (nove décimos), em 2029; (Incluído pela Emenda Constitucional 132/2023)
>
> II – 8/10 (oito décimos), em 2030; (Incluído pela Emenda Constitucional 132/2023)

III – 7/10 (sete décimos), em 2031; (Incluído pela Emenda Constitucional 132/2023)

IV – 6/10 (seis décimos), em 2032. (Incluído pela Emenda Constitucional 132/2023)

§ 1º Os benefícios ou os incentivos fiscais ou financeiros relativos aos impostos previstos nos arts. 155, II, e 156, III, da Constituição Federal não alcançados pelo disposto no *caput* deste artigo serão reduzidos na mesma proporção. (Incluído pela Emenda Constitucional 132/2023)

§ 2º Os benefícios e incentivos fiscais ou financeiros referidos no art. 3º da Lei Complementar n. 160, de 7 de agosto de 2017, serão reduzidos na forma deste artigo, não se aplicando a redução prevista no § 2º-A do art. 3º da referida Lei Complementar. (Incluído pela Emenda Constitucional 132/2023)

§ 3º Ficam mantidos em sua integralidade, até 31 de dezembro de 2032, os percentuais utilizados para calcular os benefícios ou incentivos fiscais ou financeiros já reduzidos por força da redução das alíquotas, em decorrência do disposto no *caput*. (Incluído pela Emenda Constitucional 132/2023)

Art. 129. Ficam extintos, a partir de 2033, os impostos previstos nos arts. 155, II, e 156, III, da Constituição Federal. (Incluído pela Emenda Constitucional 132/2023)

A Lei Complementar, que regulamenta a EC 132/2023, prevê a revogação da LC 160/2017, a qual dispõe sobre a permissão de os Estados e o DF deliberarem sobre a remissão dos créditos tributários, constituídos ou não, relativamente a desonerações fiscais em desacordo com a exigência de convênio CONFAZ, bem como a reinstituição das correspondentes isenções, incentivos e benefícios fiscais ou financeiros. Segundo a LC 214, as pessoas físicas ou jurídicas titulares de benefícios onerosos relativos ao ICMS serão compensadas por recursos do Fundo de Compensação de Benefícios Fiscais ou Financeiros-Fiscais de acordo com os critérios e limites para apuração do nível de benefícios e de sua correspondente redução, bem como da habilitação do requerente à referida compensação.

Manteve-se o IPI, com alíquota zero a partir de 2027, exceto para os produtos com industrialização na Zona Franca de Manaus (ZFM), como forma de manter o incentivo à industrialização, a competitividade e o tratamento favorecido da região, cuja extinção total tem previsao para 2073, de modo que o referido imposto continuará a incidir sobre as mercadorias produzidas na região. A técnica utilizada aparenta a falsa percepção de desestímulo, haja vista conservar a alíquota do IPI mesmo depois de 2027 para produtos fabricados na ZFM. Contudo, a dinâmica, ao contrário, preserva o direito de crédito do imposto ao incidir sobre bens produzidos no polo industrial da região de modo a assegurar o abatimento do imposto. Desse modo, o IPI não foi extinto com a Reforma Tributária sobre o Consumo, ainda que em horizonte distante preveja-se sua eliminação, mas teve profunda limitação e redimensionamento relativamente à sua incidência e abrangência.[1]

---

[1] A EC 132/2023 estabeleceu a criação de fundos, como o Fundo Nacional de Desenvolvimento Regional e o Fundo de Desenvolvimento Sustentável dos Estados da Amazônia Ocidental, que visam incentivar o desenvolvimento em regiões mais carentes e garantir benefícios fiscais já concedidos pelos Estados.

Na Zona Franca de Manaus, o tratamento do direito de crédito do IPI, no regime da não cumulatividade, é especialmente vantajoso para os produtores locais, uma vez que, embora as mercadorias industrializadas na região sejam isentas do IPI quando vendidas para outras regiões do Brasil ou exportadas, as empresas mantêm o direito de crédito sobre o IPI recolhido das aquisições de matérias-primas, produtos intermediários e materiais de embalagem dos correspondentes fornecedores. Isso significa que, mesmo com a isenção do imposto sobre os produtos finais, os créditos acumulados de IPI podem ser utilizados para compensar outros débitos fiscais ou para ressarcimento, reduzindo significativamente os custos de produção e incentivando a competitividade das indústrias locais. A manutenção desses créditos é amparada por uma série de decretos, normativas e regulamentações que visam garantir a aplicação dos benefícios fiscais.

O Supremo Tribunal Federal, inclusive, a respeito do assunto, reconheceu a constitucionalidade da manutenção dos referidos créditos de IPI obtidos pelas empresas localizadas na ZFM. Segundo o STF, o tratamento constitucional conferido aos incentivos fiscais direcionados para sub-região de Manaus é especialíssimo e, portanto, a isenção do IPI em favor do desenvolvimento da região é de interesse da Federação como um todo, pois esse desenvolvimento é, na verdade, da nação brasileira. Ainda segundo o STF, a regra da não cumulatividade prevista no art. 153, § 3º, II, da CF, que exige a compreensão do estabelecimento de crédito presumido para que seja conservada a possibilidade de uso diante de toda e qualquer isenção, cede espaço para a realização da igualdade, do pacto federativo, dos objetivos fundamentais da República Federativa do Brasil e da soberania nacional.[2]

> ADCT. Art. 92-B. As leis instituidoras dos tributos previstos nos arts. 156-A e 195, V, da Constituição Federal estabelecerão os mecanismos necessários, com ou sem contrapartidas, para manter, em caráter geral, o diferencial competitivo assegurado à Zona Franca de Manaus pelos arts. 40 e 92-A e às áreas de livre comércio existentes em 31 de maio de 2023, nos níveis estabelecidos pela legislação relativa aos tributos extintos a que se referem os arts. 126 a 129, todos deste Ato das Disposições Constitucionais Transitórias. (Incluído pela Emenda Constitucional 132/2023)
>
> § 1º Para assegurar o disposto no *caput*, serão utilizados, isolada ou cumulativamente, instrumentos fiscais, econômicos ou financeiros. (Incluído pela Emenda Constitucional 132/2023)
>
> § 2º Lei complementar instituirá Fundo de Sustentabilidade e Diversificação Econômica do Estado do Amazonas, que será constituído com recursos da União e por ela gerido, com a efetiva participação do Estado do Amazonas na definição das políticas, com o objetivo de fomentar o desenvolvimento e a diversificação das atividades econômicas no Estado. (Incluído pela Emenda Constitucional 132/2023)
>
> § 3º A lei complementar de que trata o § 2º: (Incluído pela Emenda Constitucional 132/2023)

---

[2]   RE 592.891, Rel. Min. Rosa Weber, Tribunal Pleno, j. 25.04.2019, Acórdão Eletrônico Repercussão Geral – Mérito *DJe*-204, divulg. 19.09.2019, public. 20.09.2019.

I – estabelecerá o montante mínimo de aporte anual de recursos ao Fundo, bem como os critérios para sua correção; (Incluído pela Emenda Constitucional 132/2023)

II – preverá a possibilidade de utilização dos recursos do Fundo para compensar eventual perda de receita do Estado do Amazonas em função das alterações no sistema tributário decorrentes da instituição dos tributos previstos nos arts. 156-A e 195, V, da Constituição Federal. (Incluído pela Emenda Constitucional 132/2023)

§ 4º A União, mediante acordo com o Estado do Amazonas, poderá reduzir o alcance dos instrumentos previstos no § 1º, condicionado ao aporte de recursos adicionais ao Fundo de que trata o § 2º, asseguradas a diversificação das atividades econômicas e a antecedência mínima de 3 (três) anos. (Incluído pela Emenda Constitucional 132/2023)

§ 5º Não se aplica aos mecanismos previstos no *caput* o disposto nos incisos III e IV do *caput* do art. 149-B da Constituição Federal. (Incluído pela Emenda Constitucional 132/2023)

§ 6º Lei complementar instituirá Fundo de Desenvolvimento Sustentável dos Estados da Amazônia Ocidental e do Amapá, que será constituído com recursos da União e por ela gerido, com a efetiva participação desses Estados na definição das políticas, com o objetivo de fomentar o desenvolvimento e a diversificação de suas atividades econômicas. (Incluído pela Emenda Constitucional 132/2023)

§ 7º O Fundo de que trata o § 6º será integrado pelos Estados onde estão localizadas as áreas de livre comércio de que trata o *caput* e observará, no que couber, o disposto no § 3º, I e II, sendo, quanto a este inciso, considerados os respectivos Estados, e no § 4º. (Incluído pela Emenda Constitucional 132/2023)

ADCT. Art. 126. A partir de 2027: (Incluído pela Emenda Constitucional 132/2023) [...]

III – o imposto previsto no art. 153, IV, da Constituição Federal: (Incluído pela Emenda Constitucional 132/2023)

a) terá suas alíquotas reduzidas a zero, exceto em relação aos produtos que tenham industrialização incentivada na Zona Franca de Manaus, conforme critérios estabelecidos em lei complementar; e (Incluído pela Emenda Constitucional 132/2023)

b) não incidirá de forma cumulativa com o imposto previsto no art. 153, VIII, da Constituição Federal. (Incluído pela Emenda Constitucional 132/2023)

Além disso, a Emenda Constitucional que instituiu a Reforma Tributária sobre o Consumo autoriza a União a instituir imposto sobre produção, extração, comercialização ou importação de bens e serviços prejudiciais à saúde ou ao meio ambiente, o **Imposto Seletivo**, também chamado de "imposto do pecado" ou *excise taxes*, *sin taxation*, que incidirá sobre determinados bens e serviços que tenham impactos negativos à saúde, ao meio ambiente ou à sociedade. A principal função desse tributo é extrafiscal, pautada no objetivo de desencorajar práticas econômicas e o consumo de bens e serviços pelo caráter potencialmente lesivo com repercussão individual ou coletiva. O IS é de competência federal, com arrecadação dividida entre os demais entes federados.

> CF. Art. 153. Compete à União instituir impostos sobre: [...]
>
> VIII – produção, extração, comercialização ou importação de bens e serviços prejudiciais à saúde ou ao meio ambiente, nos termos de lei complementar. (Incluído pela Emenda Constitucional 132/2023)
>
> § 1º É facultado ao Poder Executivo, atendidas as condições e os limites estabelecidos em lei, alterar as alíquotas dos impostos enumerados nos incisos I, II, IV e V. [...]

O IOF, segundo o art. 3º da EC 132/2023, que alterou o art. 153 da CF, a partir de 2027 não incidirá sobre contratos de seguros.

> ADCT. Art. 130. Resolução do Senado Federal fixará, para todas as esferas federativas, as alíquotas de referência dos tributos previstos nos arts. 156-A e 195, V, da Constituição Federal, observados a forma de cálculo e os limites previstos em lei complementar, de forma a assegurar: (Incluído pela Emenda Constitucional 132/2023)
>
> I – de 2027 a 2033, que a receita da União com a contribuição prevista no art. 195, V, e com o imposto previsto no art. 153, VIII, todos da Constituição Federal, seja equivalente à redução da receita: (Incluído pela Emenda Constitucional 132/2023)
>
> a) das contribuições previstas no art. 195, I, *b*, e IV, e da contribuição para o Programa de Integração Social de que trata o art. 239, todos da Constituição Federal; (Incluído pela Emenda Constitucional 132/2023)
>
> b) do imposto previsto no art. 153, IV; e (Incluído pela Emenda Constitucional 132/2023)
>
> c) do imposto previsto no art. 153, V, da Constituição Federal, sobre operações de seguros; (Incluído pela Emenda Constitucional 132/2023)
>
> II – de 2029 a 2033, que a receita dos Estados e do Distrito Federal com o imposto previsto no art. 156-A da Constituição Federal seja equivalente à redução: (Incluído pela Emenda Constitucional 132/2023)
>
> a) da receita do imposto previsto no art. 155, II, da Constituição Federal; e (Incluído pela Emenda Constitucional 132/2023)
>
> b) das receitas destinadas a fundos estaduais financiados por contribuições estabelecidas como condição à aplicação de diferimento, regime especial ou outro tratamento diferenciado, relativos ao imposto de que trata o art. 155, II, da Constituição Federal, em funcionamento em 30 de abril de 2023, excetuadas as receitas dos fundos mantidas na forma do art. 136 deste Ato das Disposições Constitucionais Transitórias; (Incluído pela Emenda Constitucional 132/2023)
>
> III – de 2029 a 2033, que a receita dos Municípios e do Distrito Federal com o imposto previsto no art. 156-A seja equivalente à redução da receita do imposto

previsto no art. 156, III, ambos da Constituição Federal. (Incluído pela Emenda Constitucional 132/2023)

§ 1º As alíquotas de referência serão fixadas no ano anterior ao de sua vigência, não se aplicando o disposto no art. 150, III, c, da Constituição Federal, com base em cálculo realizado pelo Tribunal de Contas da União. (Incluído pela Emenda Constitucional 132/2023)

§ 2º Na fixação das alíquotas de referência, deverão ser considerados os efeitos sobre a arrecadação dos regimes específicos, diferenciados ou favorecidos e de qualquer outro regime que resulte em arrecadação menor do que a que seria obtida com a aplicação da alíquota padrão. (Incluído pela Emenda 132/2023)

§ 3º Para fins do disposto nos §§ 4º a 6º, entende-se por: (Incluído pela Emenda Constitucional 132/2023)

I – Teto de Referência da União: a média da receita no período de 2012 a 2021, apurada como proporção do PIB, do imposto previsto no art. 153, IV, das contribuições previstas no art. 195, I, b, e IV, da contribuição para o Programa de Integração Social de que trata o art. 239 e do imposto previsto no art. 153, V, sobre operações de seguro, todos da Constituição Federal; (Incluído pela Emenda Constitucional 132/2023)

II – Teto de Referência Total: a média da receita no período de 2012 a 2021, apurada como proporção do PIB, dos impostos previstos nos arts. 153, IV, 155, II e 156, III, das contribuições previstas no art. 195, I, b, e IV, da contribuição para o Programa de Integração Social de que trata o art. 239 e do imposto previsto no art. 153, V, sobre operações de seguro, todos da Constituição Federal; (Incluído pela Emenda Constitucional 132/2023)

A EC 132/2023 também promoveu mudanças significativas no ITCMD, IPVA e no IPTU, considerados impostos sobre a transmissão de propriedade de bens e direitos, além da propriedade em si.

As alíquotas do ITCMD incidirão de forma progressiva, vinculadas ao valor da transmissão ou doação, com limite de 8%. A regra da progressividade agora é obrigatória para todos os Estados e o DF, de modo que quanto maior o valor do quinhão, legado ou doação, maior será a alíquota aplicada sobre a operação, respeitado o teto referido. Além do mais, o aspecto territorial do imposto foi alterado de onde é distribuído o inventário ou arrolamento para o domicílio do falecido. Essa mudança visa atingir as doações e heranças provenientes do exterior, agora devendo ser tributadas, pois, antes da reforma tributária, o Supremo pacificou a vedação da exigência do imposto por ausência de lei complementar nacional, de acordo com o Tema 825[3].

Tese: É vedado aos Estados e ao Distrito Federal instituir o ITCMD nas hipóteses referidas no art. 155, § 1º, III, da Constituição Federal sem a intervenção da lei complementar exigida pelo referido dispositivo constitucional. O STF, porém, modulou a decisão, de modo que a eficácia, ou seus efeitos, a fim de resguardar situações já consolidadas, somente terá aplicação a partir da data da publicação do acórdão do RE 851.108 (20.04.2021), ressalvando-se as ações pendentes de conclusão até aquela data, nas quais se discuta a qual Estado o contribuinte deve efetuar o pagamento do ITCMD e a validade da cobrança desse imposto, caso não tenha sido pago anteriormente.

O ITCMD tem o seguinte regramento constitucional:

Doação:

(i)   se o doador residir fora do país, o imposto será devido ao Estado de domicílio do donatário, ou ao Distrito Federal;

(ii)   se o doador e o donatário residirem fora do país, o imposto será devido ao Estado em que se encontrar o bem, ou ao Distrito Federal.

Herança:

(i)   relativamente aos bens do *de cujus*, ainda que situados no exterior, o ITCMD será devido ao Estado onde era domiciliado, ou ao Distrito Federal;

(ii)   se o *de cujus* residir no exterior, o imposto será devido ao Estado onde tiver domicílio o sucessor ou legatário, ou ao Distrito Federal.

Por último, a CF agora prevê que as doações ou transmissões destinadas a projetos socioambientais federais, institutos federais, instituições sem fins lucrativos, organizações assistenciais e beneficentes de entidades religiosas e institutos científicos e tecnológicos estarão compreendidas pela imunidade tributária, cujas diretrizes serão estabelecidas por lei complementar.

CF. Art. 155. Compete aos Estados e ao Distrito Federal instituir impostos sobre: (Redação dada pela Emenda Constitucional 132/2023)

I – transmissão *causa mortis* e doação, de quaisquer bens ou direitos; (Redação dada pela Emenda Constitucional 3/1993) [...]

§ 1º O imposto previsto no inciso I: (Redação dada pela Emenda Constitucional 3/1993)

I – relativamente a bens imóveis e respectivos direitos, compete ao Estado da situação do bem, ou ao Distrito Federal

II – relativamente a bens móveis, títulos e créditos, compete ao Estado onde era domiciliado o *de cujus*, ou tiver domicílio o doador, ou ao Distrito Federal; (Redação dada pela Emenda Constitucional 132/2023)

III – terá competência para sua instituição regulada por lei complementar:

a) se o doador tiver domicílio ou residência no exterior;

b) se o *de cujus* possuía bens, era residente ou domiciliado ou teve o seu inventário processado no exterior;

IV – terá suas alíquotas máximas fixadas pelo Senado Federal;

V – não incidirá sobre as doações destinadas, no âmbito do Poder Executivo da União, a projetos socioambientais ou destinados a mitigar os efeitos das mudanças climáticas e às instituições federais de ensino. (Incluído pela Emenda Constitucional 126/2022)

VI – será progressivo em razão do valor do quinhão, do legado ou da doação; (Incluído pela Emenda Constitucional 132/2023)

VII – não incidirá sobre as transmissões e as doações para as instituições sem fins lucrativos com finalidade de relevância pública e social, inclusive as organizações assistenciais e beneficentes de entidades religiosas e institutos científicos e tecnológicos, e por elas realizadas na consecução dos seus objetivos sociais, observadas as condições estabelecidas em lei complementar. (Incluído pela Emenda Constitucional 132/2023) [...]

Relativamente ao IPVA, a reforma estabelece a criação de alíquotas diferenciadas, considerando não apenas o tipo e a utilização do veículo, como ocorre atualmente, mas também considerando o valor e impacto ambiental. Essa modificação permite a aplicação de alíquotas mais ou menos favoráveis, dependendo das emissões de gases poluentes ao meio ambiente, de modo a estimular a expansão do mercado de veículos com uso de combustíveis ou mecanismos menos prejudiciais à saúde, sobretudo os veículos elétricos.

Talvez a maior inovação no IPVA diga respeito à tributação de embarcações e aeronaves, atualmente não tributadas. A EC 132/2023 estabeleceu a incidência do imposto sobre a propriedade desses bens em geral, porém excluiu da regra-matriz: (i) embarcações de pessoa jurídica com autorização para prestar serviços de transporte aquaviário; (ii) plataformas com mobilidade própria, incluindo aquelas destinadas à exploração de atividades econômicas em águas territoriais; (iii) tratores e máquinas agrícolas; (iv) aeronaves agrícolas e operadores certificados para prestar serviços aéreos a terceiros.

CF. Art. 155. Compete aos Estados e ao Distrito Federal instituir impostos sobre: (Redação dada pela Emenda Constitucional 3/1993) [...]

III – propriedade de veículos automotores. (Redação dada pela Emenda Constitucional 3/1993) [...]

§ 6º O imposto previsto no inciso III: (Incluído pela Emenda Constitucional 42/2003)

I – terá alíquotas mínimas fixadas pelo Senado Federal; (Incluído pela Emenda Constitucional 42/2003)

II – poderá ter alíquotas diferenciadas em função do tipo, do valor, da utilização e do impacto ambiental; (Redação dada pela Emenda Constitucional 132/2023)

III – incidirá sobre a propriedade de veículos automotores terrestres, aquáticos e aéreos, excetuados: (Incluído pela Emenda Constitucional 132/2023)

a) aeronaves agrícolas e de operador certificado para prestar serviços aéreos a terceiros; (Incluído pela Emenda Constitucional 132/2023)

b) embarcações de pessoa jurídica que detenha outorga para prestar serviços de transporte aquaviário ou de pessoa física ou jurídica que pratique pesca industrial, artesanal, científica ou de subsistência; (Incluído pela Emenda Constitucional 132/2023)

c) plataformas suscetíveis de se locomoverem na água por meios próprios, inclusive aquelas cuja finalidade principal seja a exploração de atividades econômicas em águas territoriais e na zona econômica exclusiva e embarcações que tenham essa mesma finalidade principal; (Incluído pela Emenda Constitucional 132/2023)

d) tratores e máquinas agrícolas. (Incluído pela Emenda Constitucional 132/2023)

O IPTU teve modificação na metodologia de alteração da sua base de cálculo e, portanto, da forma de apuração do imposto. Até então, somente por meio de lei aprovada pela Câmara Municipal do Município correspondente, ou pela Assembleia Legislativa do DF, é possível alterar o referido tributo. O STF, em 2013, fixou a seguinte tese no Tema 211: "A majoração do valor venal dos imóveis para efeito da cobrança de IPTU não prescinde da edição de lei em sentido formal, exigência que somente se pode afastar quando a atualização não excede os índices inflacionários anuais de correção monetária".

Em outros termos, por decreto do Executivo municipal ou distrital, é possível modificar a base de incidência do IPTU apenas relativamente à sua atualização monetária, mas não em relação ao valor venal do imóvel. Agora, com a EC 132/2023, o prefeito do Município, ou governador do DF, poderá, por meio de decreto, aumentar a base de cálculo do IPTU, desde que respeite as diretrizes gerais estabelecidas em lei, o que sugestiona temores por possíveis aumentos expressivos da carga tributária incidente sobre a propriedade imobiliária, inclusive de um ano para outro, na virada do exercício financeiro.

CF. Art. 156. Compete aos Municípios instituir impostos sobre:

I – propriedade predial e territorial urbana; [...]

§ 1º Sem prejuízo da progressividade no tempo a que se refere o art. 182, § 4º, inciso II, o imposto previsto no inciso I poderá: (Redação dada pela Emenda Constitucional 29/2000)

I – ser progressivo em razão do valor do imóvel; e (Incluído pela Emenda Constitucional 29/2000)

II – ter alíquotas diferentes de acordo com a localização e o uso do imóvel. (Incluído pela Emenda Constitucional 29/2000)

III – ter sua base de cálculo atualizada pelo Poder Executivo, conforme critérios estabelecidos em lei municipal. (Incluído pela Emenda Constitucional 132/2023)

§ 1º-A O imposto previsto no inciso I do *caput* deste artigo não incide sobre templos de qualquer culto, ainda que as entidades abrangidas pela imunidade de que trata a alínea *b* do inciso VI do *caput* do art. 150 desta Constituição sejam apenas locatárias do bem imóvel. (Incluído pela Emenda Constitucional 116/2022)

As alterações constitucionais promovidas no ITCMD, no IPVA e no IPTU, para além da Reforma Tributária sobre o Consumo, impactam o modelo de tributação sobre a propriedade e transmissão de bens, seja a partir de novas bases de incidência ou na forma de cálculo, o que já permite a edição de leis municipais ou distrital com vistas a implementar as novas disposições, porém sujeitas às regras constitucionais da anterioridade.

Abaixo, dois quadros-resumo com as alterações constitucionais nos tributos sobre o consumo:

União: CBS Contribuição sobre Bens e Serviços	Estados, DF e Municípios: IBS Imposto sobre Bens e Serviços
IPI Imposto sobre Produtos Industrializados	**ICMS** Imposto sobre Circulação de Mercadorias e Prestação de Serviços
COFINS Contribuição para o Financiamento da Seguridade Social	
PIS Programa de Integração Social	**ISS** Imposto sobre Serviços

ITCMD Imposto de Transmissão *Causa Mortis* e Doação	IPVA Imposto Sobre Propriedade de Veículo Automotor	IPTU Imposto Predial e Territorial Urbano
• É possível que tenha alíquotas progressivas	• Iates e jatinhos poderão ser enquadrados	• Poderá ter sua base de cálculo atualizada por decreto municipal

A reforma tributária promovida pela EC 132/2023 implementou inovações importantes, entre as quais: a) a **regra de base ampla de incidência** (art. 156-A, § 1º, I, da CF); b) a **instituição de uma alíquota de referência**, com uniformidade, para o IBS e para a CBS (art. 156-A, § 1º, VI e XII, da CF); c) a **regra do princípio de destino**, para fins da definição do sujeito ativo do tributo (art. 156-A, § 1º, VII, da CF); d) a **extinção, como regra, de benefícios fiscais e regimes especiais**, salvo aqueles previstos na CF (art. 156-A, § 1º, X, da CF); e e) o **crédito financeiro**, em substituição ao crédito físico do ICMS e do critério da "essencialidade" no âmbito do PIS e da Cofins, inclusive a extinção da cumulatividade do ISS[4] além de significativas alterações na tributação sobre a propriedade e a sua transmissão por doação ou herança.

---

4   Art. 156-A. Lei complementar instituirá imposto sobre bens e serviços de competência compartilhada entre Estados, Distrito Federal e Municípios. (Incluído pela Emenda Constitucional 132/2023)
§ 1º O imposto previsto no *caput* será informado pelo princípio da neutralidade e atenderá ao seguinte: (Incluído pela Emenda Constitucional 132/2023)

I – incidirá sobre operações com bens materiais ou imateriais, inclusive direitos, ou com serviços; (Incluído pela Emenda Constitucional 132/2023)

II – incidirá também sobre a importação de bens materiais ou imateriais, inclusive direitos, ou de serviços realizada por pessoa física ou jurídica, ainda que não seja sujeito passivo habitual do imposto, qualquer que seja a sua finalidade; (Incluído pela Emenda Constitucional 132/2023)

III – não incidirá sobre as exportações, assegurados ao exportador a manutenção e o aproveitamento dos créditos relativos às operações nas quais seja adquirente de bem material ou imaterial, inclusive direitos, ou serviço, observado o disposto no § 5º, III; (Incluído pela Emenda Constitucional 132/2023)

IV – terá legislação única e uniforme em todo o território nacional, ressalvado o disposto no inciso V; (Incluído pela Emenda Constitucional 132/2023)

V – cada ente federativo fixará sua alíquota própria por lei específica; (Incluído pela Emenda Constitucional 132/2023)

VI – a alíquota fixada pelo ente federativo na forma do inciso V será a mesma para todas as operações com bens materiais ou imateriais, inclusive direitos, ou com serviços, ressalvadas as hipóteses previstas nesta Constituição; (Incluído pela Emenda Constitucional 132/2023)

VII – será cobrado pelo somatório das alíquotas do Estado e do Município de destino da operação; (Incluído pela Emenda Constitucional 132/2023)

VIII – será não cumulativo, compensando-se o imposto devido pelo contribuinte com o montante cobrado sobre todas as operações nas quais seja adquirente de bem material ou imaterial, inclusive direito, ou de serviço, excetuadas exclusivamente as consideradas de uso ou consumo pessoal especificadas em lei complementar e as hipóteses previstas nesta Constituição; (Incluído pela Emenda Constitucional 132/2023)

IX – não integrará sua própria base de cálculo nem a dos tributos previstos nos arts. 153, VIII, e 195, I, *b*, IV e V, e da contribuição para o Programa de Integração Social de que trata o art. 239; (Incluído pela Emenda Constitucional 132/2023)

X – não será objeto de concessão de incentivos e benefícios financeiros ou fiscais relativos ao imposto ou de regimes específicos, diferenciados ou favorecidos de tributação, excetuadas as hipóteses previstas nesta Constituição; (Incluído pela Emenda Constitucional 132/2023)

XI – não incidirá nas prestações de serviço de comunicação nas modalidades de radiodifusão sonora e de sons e imagens de recepção livre e gratuita; (Incluído pela Emenda Constitucional 132/2023)

XII – resolução do Senado Federal fixará alíquota de referência do imposto para cada esfera federativa, nos termos de lei complementar, que será aplicada se outra não houver sido estabelecida pelo próprio ente federativo; (Incluído pela Emenda Constitucional 132/2023)

XIII – sempre que possível, terá seu valor informado, de forma específica, no respectivo documento fiscal. (Incluído pela Emenda Constitucional 132/2023)

§ 2º Para fins do disposto no § 1º, V, o Distrito Federal exercerá as competências estadual e municipal na fixação de suas alíquotas. (Incluído pela Emenda Constitucional 132/2023)

§ 3º Lei complementar poderá definir como sujeito passivo do imposto a pessoa que concorrer para a realização, a execução ou o pagamento da operação, ainda que residente ou domiciliada no exterior. (Incluído pela Emenda Constitucional 132/2023)

PACTO FEDERATIVO E GESTÃO FISCAL

O pacto federativo é prestigiado pela Constituição Federal à luz de objetivos, tais como a redução de desigualdades regionais (art. 3º)[1] e da organização político-administrativa, que compreende a União, Estados, Municípios e o Distrito Federal. São unidades autônomas (art. 18)[2] investidas de competências materiais e legislativas que orientam a esfera de atuação de cada uma delas. A estrutura federativa, constitucionalmente estabelecida, visa promover uma distribuição equilibrada de recursos e responsabilida-

[1] Art. 3º Constituem objetivos fundamentais da República Federativa do Brasil:

I – construir uma sociedade livre, justa e solidária;

II – garantir o desenvolvimento nacional;

III – erradicar a pobreza e a marginalização e reduzir as desigualdades sociais e regionais;

IV – promover o bem de todos, sem preconceitos de origem, raça, sexo, cor, idade e quaisquer outras formas de discriminação.

[2] Art. 18. A organização político-administrativa da República Federativa do Brasil compreende a União, os Estados, o Distrito Federal e os Municípios, todos autônomos, nos termos desta Constituição.

§ 1º Brasília é a Capital Federal.

§ 2º Os Territórios Federais integram a União, e sua criação, transformação em Estado ou reintegração ao Estado de origem serão reguladas em lei complementar.

§ 3º Os Estados podem incorporar-se entre si, subdividir-se ou desmembrar-se para se anexarem a outros, ou formarem novos Estados ou Territórios Federais, mediante aprovação da população diretamente interessada, através de plebiscito, e do Congresso Nacional, por lei complementar.

§ 4º A criação, a incorporação, a fusão e o desmembramento de Municípios, far-se-ão por lei estadual, dentro do período determinado por Lei Complementar Federal, e dependerão de consulta prévia, mediante plebiscito, às populações dos Municípios envolvidos, após divulgação dos Estudos de Viabilidade Municipal, apresentados e publicados na forma da lei. (Redação dada pela Emenda Constitucional 15/1996) *Vide* art. 96 – ADCT.

des, ao permitir que cada unidade federada atue de acordo com suas particularidades regionais e necessidades específicas. Com isso, a pretensão constitucional é garantir autonomia aos entes de modo a permitir-lhes perseguir o desenvolvimento de políticas públicas mais adequadas à realidade local.

Os arts. 20 a 30 do texto constitucional, por outro lado, conferem, em certa medida, concentração de poder no âmbito da União e o caráter remanescente e suplementar do espectro de atuação dos demais entes, mas estão conjugados com competências comuns e concorrentes que revelam margem de descentralização para prestigiar interesses e especificidades locais das mais variadas, sobretudo em um país de dimensões continentais. Essa distribuição de competências, em teoria, e sob um modelo abstrato de cooperação, visa garantir que os entes federados possam exercer suas funções com autonomia, promovendo o desenvolvimento regional equilibrado e assegurando que as políticas implementadas respeitem as diversidades cultural, social e econômica do Brasil.

As competências tributárias decorrem desse ambiente constitucional e não podem se distanciar das balizas gerais do pacto federativo. Em verdade, o exercício pleno do poder de tributar por cada ente político é instrumento de consecução das suas competências administrativas. As competências materiais que norteiam políticas públicas, tais como promoção de saúde, educação, cultura e proteção do meio ambiente, encontram nas finanças públicas um relevante ponto de intersecção com as competências tributárias. Quanto mais exitosos os instrumentos de tributação, fiscais e extrafiscais, mais resultados pode gerar a atuação governamental no cumprimento das obrigações estatais.

Ainda que a pretexto de gerar simplicidade e eficiência, as alterações conferidas pela Reforma Tributária sobre o Consumo precisarão ser regulamentadas e implementadas de tal forma que não seja suprimido o papel de cada Unidade Federada no espaço de composição e poder conferido pela ordem constitucional. É um grande desafio, diante da previsão de um imposto que comunga a tributação estadual, municipal e distrital sobre o consumo e atribui a um comitê a atribuição de coordenar e, especialmente, cuidar da distribuição do produto da arrecadação, interpretar a legislação e decidir o contencioso administrativo.

A legislação complementar é a responsável por cumprir essa tarefa legiferante, cuja atribuição conferida pela reforma simboliza manifestamente a indispensável necessidade de harmonizar de modo a preservar os interesses e singularidades locais ou regionais, e também como essas nuances terão espaço de representação e serão atendidas.

A observação aqui feita da autonomia e das competências constitucionais tem relação com outro relevante aspecto, o da gestão fiscal. A tributação tangencia, por exemplo, o grau de desenvolvimento e pobreza, estrutura administrativa e perfis técnico e político, micro e macroeconomia, déficit público e orçamento. São aspectos que escapam do objeto mais imediato da reforma tributária e, dificilmente, podem ser tratados como questões uniformes ou similares a todos os entes federados, mas que podem orientar estratégias de tributação, gestão do resultado dos tributos e, principalmente, o emprego dos recursos às funções estatais.

São gigantescos os desafios de reduzir a quantidade de incidências tributárias, concentrar a apuração do tributo ao que representa a operação de fato, e deixar mais assertivos a utilização de crédito e o adimplemento do débito. Os passos dados nesse sentido são significativos com as novas disposições constitucionais, inclusive, o pacto federativo e a política fiscal não possuem conceitos estáticos, avançaram ao longo de décadas, e, por isso, constituem peças indissociáveis da realidade humana, sob pena de se construir uma estrutura tributária frágil e suscetível às assimetrias socioeconômicas inerentes à realidade brasileira.

A "revisão do federalismo", contudo, não constitui um conceito inédito na conjuntura política internacional. O federalismo está inserido, assim como o Direito, em um processo evolutivo e não imutável, exibindo flutuações nos graus de centralização e descentralização, tanto entre nações soberanas quanto, internamente, ao longo do tempo. Essas mudanças se manifestam dentro das mesmas estruturas federais, regionais ou unitárias. Tais transformações não se dão exclusivamente por meio da criação de novas constituições ou modificações constitucionais significativas, mas também por meio de emendas constitucionais e revisões na legislação nacional.

No Brasil, depois da CF/1988, o arranjo federativo tem experimentado diversas modificações, tendo sido a recente reforma tributária, certamente, uma das mais notáveis, pois alterou significativamente as competências fiscais dos governos subnacionais, introduzindo uma competência fiscal compartilhada sob a gestão de um Conselho Intergovernamental. Nos debates que antecederam a aprovação, predominaram discussões sobre a simplificação do sistema, equidade fiscal e justiça tributária, direcionados, principalmente, para a interação entre o Fisco e os contribuintes. Por isso, alguns especialistas chamaram atenção para a ausência de diálogos e deliberações mais amadurecidos a respeito das várias dimensões político-financeiras e representativas.

Entre as mudanças promovidas pela EC 132/2023, especialmente objeto de críticas, está a substituição da autonomia fiscal dos entes federados pela participação em um sistema de gestão tributária compartilhada por meio do IBS, sob a supervisão de um Comitê Gestor, conforme texto acrescentado pelo inédito art. 156-B da CF. Para alguns, sobretudo críticos, com protagonismo para os textos do professor José Maurício Conti, da Faculdade de Direito da Universidade de São Paulo, essa alteração resulta na perda da capacidade dos Estados, do Distrito Federal e dos Municípios de legislarem com independência sobre seus próprios tributos. A uniformização das regras tributárias, para ele, embora intencionada a simplificar o sistema, levanta questionamentos sobre sua capacidade de atender às complexidades econômicas regionais.

Ainda sob um viés de descontentamento crítico dessa corrente doutrinária, a reforma também promove a redistribuição fiscal em prejuízo da autonomia arrecadatória dos entes federativos, pretendendo equilibrar financeiramente as regiões através de um sistema de gestão do IBS que unifica tributos e centraliza a arrecadação, mas descentraliza a distribuição dos recursos. A gestão compartilhada e os critérios de distribuição, embora visem à equidade fiscal, podem reduzir a autonomia política dos governos locais, limitando sua capacidade de formular políticas tributárias adequadas às suas necessidades. A dependência de transferências intergovernamentais e a consequente redução da autonomia fiscal local podem levar à "ilusão fiscal" (expressão extraída das palavras de José Maurício Conti), quando os contribuintes e governos perdem a noção da relação entre os seus correspondentes tributos e os serviços públicos financiados localmente, situação que pode incentivar maior gasto público e endividamento sem a correspondente responsabilidade fiscal.

A "diminuição" da autonomia fiscal de Estados e Municípios pode transformá-los em meros solicitantes, e até mesmo executores, de recursos federais, comprometendo a capacidade de desenvolver políticas econômicas adaptadas às peculiaridades e demandas das diversas regiões do Brasil, desafiando a pluralidade política e cultural que sustenta o sistema democrático do país. Sob esse ponto de vista, a concentração fiscal conferida pela EC 132/2023 poderia acarretar consequências adversas a longo prazo, particularmente quanto à inovação e ao dinamismo das administrações locais, sobretudo diante das limitações de procurar soluções "por conta própria" e "risco", haja vista estarem vinculados e dependentes das diretrizes e do fluxo de recursos oriundos não somente do Governo Federal, como das decisões do Comitê Gestor. E, ainda segundo essa perspectiva, é possível pensar no desenho de um ambiente no qual a uniformidade prevalece sobre a diversidade, e onde as oportunidades de desenvolvimento local podem ser sufocadas pela rigidez e pelo controle centralizado.

O engessamento da capacidade de os entes exercerem suas competências constitucionais e superarem seus desafios fiscais e estruturais representaria um comprometimento agudo, não só sob o ponto de vista tributário, mas para a ordem constitucional. Há uma nova perspectiva, cuja forma ainda depende de desdobramentos normativos e outras variáveis por virem.

Por outro lado, há aqueles que sustentam a defesa da Reforma Tributária como mecanismo de fortalecimento do pacto federativo ao simplificar e harmonizar a matriz tributária brasileira sobre o consumo com um IVA Dual. A unificação de tributos visa abolir a atual diferenciação de alíquotas baseada em localização geográfica ou tipo de produto e serviço, promovendo uma alíquota uniforme. A EC 132/2023, ao estabelecer o Comitê Gestor para cuidar da administração do IBS, tem a pretensão de ser uma instância de diminuição das diferentes formas de interpretação e aplicação da legislação, além de contenção da "guerra fiscal" entre as Unidades Federadas, agindo como uma espécie de moderador.

A Reforma Tributária sobre o Consumo, para essa visão auspiciosa, não é uma ameaça à autonomia dos entes federativos, mas uma oportunidade de fomentar e incentivar o pacto federativo por meio de uma gestão tributária mais coesa e representativa, sobretudo com a criação do Comitê Gestor ao assegurar a participação ativa de Estados e Municípios na administração do IBS, garantindo que suas vozes sejam ouvidas e respeitadas. Além disso, essa reforma pode ser vista como um passo significativo na direção de uma maior transparência e eficiência na arrecadação e distribuição de tributos ao pretender eliminar a complexidade e as variações regionais das alíquotas. A uniformidade das regras tributárias e a cooperação entre os entes federativos, mediada pelo Comitê Gestor, à luz dessas diretrizes, tem o potencial de reduzir conflitos e promover uma distribuição mais equitativa dos recursos arrecadados, atendendo às necessidades locais sem comprometer a integração nacional.

Desde o advento da Constituição Federal de 1988 houve uma ênfase significativa no municipalismo, com objetivo de conferir aos Municípios brasileiros autonomia administrativa, financeira e legislativa, no viés de descentralização da Administração Pública. Os Municípios foram reconhecidos pela CF/1988 como entes federativos autônomos, com competências próprias e capacidade para legislar sobre assuntos de interesse local. Além do mais, a referida autonomia financeira permitiu que os Municípios tivessem acesso a recursos próprios, bem como a transferências intergovernamentais, possibilitando, ao menos em tese, uma gestão mais independente e voltada para as necessidades específicas de suas comunidades. Essa autonomia legislativa também lhes conferiu a capacidade de criar leis e regulamentos que atendam diretamente às demandas locais, construindo, em perspectiva, um modelo teórico de democracia participativa e o desenvolvimento regional.

Na prática, apesar disso, a proeminência do municipalismo fracassou em vários aspectos. Primeiro porque muitos Municípios brasileiros enfrentam sérias limitações financeiras, mesmo com a autonomia garantida pela CF, seja pela má gestão dos recursos públicos, problemas endêmicos de corrupção, pela dependência excessiva das transferências intergovernamentais, bem como pela falta de uma base econômica consistente. Muitos Municípios pequenos e médios, em particular, não conseguem gerar receitas próprias suficientes para prover as demandas básicas, como saúde, educação e infraestrutura, resultando em uma dependência contínua de repasses estaduais e federais. Em segundo lugar, a autonomia legislativa, embora teoricamente benéfica, revelou-se problemática em muitos casos devido à falta de capacitação técnica e administrativa em diversas prefeituras. A elaboração e implementação de políticas públicas eficazes requerem conhecimento especializado e recursos humanos qualificados, algo que muitos Municípios não possuem. Como resultado, muitas leis e regulamentos locais são ineficazes ou inadequados para enfrentar os desafios específicos das comunidades.

Também não passa despercebida a desigualdade regional como fator que amplia o insucesso das políticas públicas municipais, cujas disparidades socioeconômicas entre as diferentes regiões do Brasil significam que, enquanto alguns Municípios têm condições de prosperar com autonomia, muitos outros permanecem estagnados e incapazes de se desenvolverem e melhorar a qualidade de vida de seus habitantes.

E, nesses aspectos relacionados à necessidade de dar fôlego ao municipalismo da Federação brasileira, a constituição de fórum adequado para representação fiscal por meio da instituição do Conselho Gestor, antes inexistente, assim como o Conselho Nacional de Política Fazendária (Confaz) para os Estados e DF, pode revelar a compreensão efetiva da participação cooperativa. Apesar de os Municípios, atualmente, serem destinatários de parcelas do ICMS, não discutem com os Estados competentes, em nenhum momento, as correspondentes bases de incidência, substituição tributária, benefícios fiscais concedidos e que, naturalmente, afetam sua arrecadação. Além disso, travam batalhas judiciais isoladas no Supremo Tribunal Federal, não em conjunto – acompanhados dos demais Municípios, a respeito do conflito de competência com os Estados entre ICMS *versus* ISS, como nas hipóteses de embalagens, materiais de construção, bens digitais, franquias, *leasing*.

A criação de um fórum adequado, como o Conselho Gestor, e a constituição de um IVA Dual, cujos Estados, DF e Municípios compartilham decisões e receitas, espera-se que promova o municipalismo, inclusive, na perspectiva da efetiva participação e na observância das correspondentes responsabilidades fiscais. A criação de um espaço formal de diálogo e interação possibilitará aos Municípios influenciar políticas tributárias que impactem diretamente as finanças, com a capacidade de evitar conflitos judiciais.

Além do mais, novas diretrizes da reforma, como regra, permitem maior grau de responsabilidade fiscal das Unidades Federadas e obstam a concessão de benefícios tributários, que impõem uma deterioração das bases dos entes federados ao insistirem em políticas fiscais corrosivas ao pretenderem angariar investimentos atrativos para as regiões com redução e desoneração de seus próprios tributos. Em outras palavras, a EC 132/2023 não apenas simplifica o Sistema Tributário Brasileiro, mas reafirma o compromisso com o pacto federativo, respeitando e fortalecendo a autonomia e a colaboração entre os diferentes níveis de governo. Experiências internacionais, como as do Canadá e da Índia, segundo estudos prévios promovidos e concomitantemente aos debates instaurados, demonstram que é possível implementar um sistema tributário mais simples e eficiente sem comprometer a essência do federalismo.

Subsiste a manifesta percepção de que a reforma tributária procura eliminar as disparidades fiscais que ao longo de décadas, tradicionalmente, criaram desigualdades regionais significativas. Ao centralizar a arrecadação e pretender uniformizar as alíquotas, o sistema restringe a adoção, pelos Estados, DF e Municípios, de políticas desonerativas predatórias, já conhecidamente nominadas como "guerra fiscal". Essa compreensão, permite-se dizer, ambiciona a promoção de um espaço federativo mais justo e competitivo, no qual as decisões de investimento pelo setor produtivo privado são baseadas em fatores econômicos, e não em vantagens tributárias. É possível antever, ao menos em expectativa e promessa, a distribuição mais equitativa dos recursos públicos, assegurando que todas as regiões do país tenham acesso a financiamento adequado para projetos de desenvolvimento, reduzindo assim as disparidades socioeconômicas.

PRINCÍPIOS, TÉCNICAS E MECANISMOS DE TRIBUTAÇÃO NO MODELO IVA

A Reforma Tributária sobre o Consumo pretende superar alguns dos graves problemas enfrentados pelo atual modelo de tributação, entre os quais a disfuncionalidade sistêmica por onerar setores com maior cadeia de produção, além de estimular a chamada "guerra fiscal"[1] entre as Unidades Federadas, caracterizada pela concessão de benefícios tributários regionais para atrair investimentos, cujo resultado competitivo não é propriamente o aperfeiçoamento do mercado, com geração de renda, emprego e bem-estar social, mas a atrofia e o desgaste da base arrecadatória dos Estados e Municípios.

O atual sistema é marcado pela complexidade excessiva, com diferentes tributos sobre o consumo sendo cobrados em diferentes competências de governo. Imagine que são 27 leis de regulamentação do ICMS, com os correspondentes normativos complementares: decretos, instruções de secretarias, pareceres; mais 5.570 leis de ISS, ainda o regramento complementar, além do IPI, com uma infinidade de itens, e das contribuições do PIS e da Cofins no âmbito da União. A proposta de unificação de

[1] CAMARGO, G. B. de. A guerra fiscal e seus efeitos: autonomia x centralização. In: CONTI, J. M. *Federalismo fiscal*. Barueri: Manole, 2004. CAVALCANTI, C. E. G.; PRADO, S. *Aspectos da guerra fiscal no Brasil*. Brasília: IPEA, 1998. FERREIRA, S. G. Guerra fiscal: competição tributária ou corrida ao fundo do tacho? *Boletim da Secretaria de Assuntos Fiscais do BNDES*: informe-se, Rio de Janeiro, n. 4, jan. 2000.

tributos por meio do Imposto sobre Bens e Serviços (IBS) e da Contribuição sobre Bens e Serviços (CBS) procura simplificar este cenário caótico completamente desconfigurado ao longo dos anos.

O Imposto sobre Valor Agregado ou Acrescentado (IVA) é adotado, atualmente, por quase duzentos países[2], especialmente pelos que integram a Comunidade Econômica Europeia (CEE), cuja paternidade atribui-se ao inspetor de finanças francês Maurice Lauré (*Direction Générale des Impôts*), ao implementar a reforma fiscal em 1954 na França, cujo embrião é atribuído ao imposto sobre o volume de negócios bruto das empresas cobrado no início do Século XX em alguns países europeus, entre os quais França e Alemanha durante a Primeira Guerra Mundial.[3] Por isso, imputa-se ao industrial alemão Wilhelm von Siemens a proposição do conceito em 1918.[4] A configuração mais moderna do IVA deu-se, sobretudo, a partir dos anos de 1980 e 1990.

O IVA contrapõe-se ao sistema de imposto sobre vendas, adotado pelos Estados Unidos da América (EUA), e que, embora tenha o objetivo de tributar o consumo, tem algumas diferenças significativas, entre elas a cobrança sobre o valor total do produto em cada etapa da produção e não somente sobre o valor agregado. Essa dinâmica "permite" que sobre o mesmo insumo ou produto ocorra a exigência do tributo por mais de uma vez, de modo a estimular a integração vertical e, por outro lado, desincentiva a especialização e o comércio, ainda que, em teoria, o imposto sobre vendas deveria ser cobrado somente dos consumidores finais.

Alega-se que a principal desvantagem do IVA é a "complexidade" contábil de gestão do tributo, e, por isso, defende-se que sua instituição e cobrança se deem com poucas ou nenhumas exceções de alíquotas diferenciadas, reduzidas ou de isenções. O imposto sobre vendas, tal como instituído pelo sistema norte-americano, entende dar ênfase na eficiência e na simplicidade, com poucas categorias e uso massivo de tecnologia, sujeito a processos de recolhimento menos burocráticos, mais ágeis e convenientes, de modo a alcançar índices satisfatórios de conformidade voluntária fiscal.

Os mecanismos utilizados pelo IVA, seguindo os padrões internacionais orientados pela Organização para Cooperação e Desenvolvimento Econômico (OCDE) e pelo Banco Mundial, vão desde a previsão de adoção da **não cumulatividade plena, regime de crédito financeiro, rápida devolução dos créditos acumulados, cobrança "por fora", base ampla de incidência, legislação uniforme, neutralidade, tributação no destino, desoneração dos investimentos e das exportações** e a **implementação de alíquotas padrão ou de referência**, vistos a seguir.

---

[2] Em 2023, aproximadamente 175, dos 193 países membros plenos da ONU, mantêm algum tipo de modelo IVA, incluindo todos os membros da OCDE, com exceção dos EUA, onde muitos Estados federados utilizam um sistema de imposto sobre vendas. OECD (2018). *Consumption Tax Trends 2018: VAT/GST and Excise Rates, Trends and Policy Issues*. Paris: Organisation for Economic Co-operation and Development.

[3] PALMA, Clotilde Celorico. Introdução ao imposto sobre o valor acrescentado. 6. ed. *Cadernos do IDEFF*. Coimbra: Almedina, 2023. p. 11.

[4] HELGASON, Agnar Freyr. Unleashing the "money machine": the domestic political foundations of VAT adoption. *Socio-Economic Review*, v. 15, Issue 4, 2017. p. 797–813.

5.1. NÃO CUMULATIVIDADE PLENA

A não cumulatividade plena permite o creditamento dos tributos recolhidos nas etapas antecedentes da cadeia de produção ou circulação, bem como na aquisição de bens e serviços vinculados à atividade empresarial de modo a afastar o efeito cascata de tributo sobre tributo, salvo os bens e serviços considerados de uso ou consumo pessoal, cujos conceitos serão regulamentados em lei complementar.

O IVA constitui-se como modelo de tributo com incidência sobre todas as fases do processo produtivo, do produtor ao retalhista ou varejista, por meio do método chamado *subtrativo indireto*, de *fatura*, do *crédito de imposto* ou *sistema de pagamentos fracionados*,[5] cuja técnica permite atingir simultaneamente os seguintes objetivos: a) tributar apenas o valor acrescentado em cada uma das fases do circuito econômico, dividindo o encargo fiscal entre os sujeitos passivos; b) produzir um efeito de *anestesia fiscal*; c) instituir um controle cruzado entre os sujeitos passivos, dado que só se pode aproveitar o crédito do IVA suportado com base em fatura passada e com imposto recolhido na fase antecedente; d) assegurar a neutralidade do imposto, evitando efeitos cumulativos ou em cascata de imposto sobre imposto.

A não cumulatividade constitui-se na técnica fiscal de compensar "o que for devido em cada operação [...] com o montante cobrado nas anteriores" (art. 155, § 2º, I, CF). Esse método é conhecido como subtrativo, ou de nota fiscal (*invoice method*), ou ainda de imposto-contra-imposto (*tax on tax*), como na hipótese atual da legislação do ICMS. A literatura tributária também identifica o método de "base sobre base" (*base on base*), que dispensa o conhecimento de quanto foi o tributo recolhido, ou incidente, ou até mesmo se tenha incidido, ou não, na fase anterior, como ocorre, em certa medida, com as contribuições do PIS e da Cofins.

A metodologia, regra geral, é a seguinte: em cada período de apuração (comumente mensal) o contribuinte recolhe ao Fisco a diferença entre o imposto cobrado dos clientes e aquele pago aos fornecedores. Na cadeia de circulação, ao adquirir uma mercadoria ou insumo, paga-se o tributo (gerando o crédito), e ao vender, recolhe-se o tributo abatendo o que foi pago anteriormente (débito), na sistemática de crédito *versus* débito. Tributa-se, portanto, tão somente a margem de valor agregado ou adicionado pelo contribuinte.

Suponhamos um exemplo de não cumulatividade plena, considerando o tributo "por fora" de modo a não somente conferir mais didatismo, como adequar-se à nova realidade da reforma tributária. Tem-se, então, a seguinte cadeia de produção de um produto específico com três etapas: produção, atacado e varejo.

a) Etapa 1: produção
- **Custo de produção:** R$ 100,00
- **Imposto na produção (18%):** R$ 18,00
- **Preço de venda para o atacado:** R$ 118,00 (R$ 100,00 + R$ 18,00)

5   PALMA, Clotilde Celorico. Introdução ao imposto sobre o valor acrescentado. 6. ed. *Cadernos do IDEFF*. Coimbra: Almedina, 2023. p. 22.

b) Etapa 2: atacado
- **Custo de compra do atacado:** R$ 118,00
- **Margem de valor agregado pelo atacado:** R$ 50,00
- **Preço de venda antes de imposto:** R$ 168,00 (R$ 118,00 + R$ 50,00)
- **Imposto na venda do atacado (18%):** R$ 30,24 (R$ 168,00 x 18%)
- **Total de venda para o varejo:** R$ 198,24 (R$ 168,00 + R$ 30,24)

Crédito Fiscal no Atacado
- **Imposto pago na compra (crédito):** R$ 18,00
- **Imposto devido na venda (débito):** R$ 30,24
- **Imposto a pagar pelo atacado:** R$ 12,24 (R$ 30,24 – R$ 18,00)

c) Etapa 3: varejo
- **Custo de compra do varejo:** R$ 198,24
- **Margem de valor agregado pelo varejo:** R$ 70,00
- **Preço de venda antes de imposto:** R$ 268,24 (R$ 198,24 + R$ 70,00)
- **Imposto na venda do varejo (18%):** R$ 48,28 (R$ 268,24 x 18%)
- **Total de venda para o consumidor final:** R$ 316,52 (R$ 268,24 + R$ 48,28)

Crédito Fiscal no Varejo
- **Imposto pago na compra (crédito):** R$ 30,24
- **Imposto devido na venda (débito):** R$ 48,28
- **Imposto a pagar pelo varejo:** R$ 18,04 (R$ 48,28 – R$ 30,24)

d) Resumo dos impostos recolhidos em cada fase de circulação

- **Produção:** R$ 18,00
- **Atacado:** R$ 12,24
- **Varejo:** R$ 18,04

e) Total do imposto considerada toda a cadeia de produção e circulação: R$ 48,28

O exemplo mostra que o imposto é recolhido apenas sobre o valor adicionado em cada etapa da cadeia de produção e circulação, evitando o efeito cascata de tributo sobre tributo. O consumidor final paga um preço que inclui o imposto sobre o valor total do produto, mas os impostos recolhidos em cada etapa foram compensados pelos créditos fiscais dos tributos pagos anteriormente, garantindo, ao final, a não cumulatividade plena.

Atualmente, o ISS é inteiramente cumulativo, enquanto a não cumulatividade do ICMS, do PIS e da Cofins é extremamente limitada pela legislação.[6]

---

[6] Em relação ao PIS e à Cofins, por exemplo, o STF fixou a tese no Tema 756 de que o legislador ordinário pode disciplinar de forma restritiva a utilização de créditos na sistemática da não cumulatividade:

Entre os aspectos mais inovadores, e ao mesmo tempo desafiadores, está o controle cruzado entre contribuintes, indicados entre os objetivos perseguidos. A instituição de um controle cruzado entre os sujeitos passivos no contexto do IVA constitui-se em medida visando garantir conformidade fiscal e evitar fraudes de produzir crédito pelo contribuinte adquirente sem o recolhimento do imposto na etapa antecedente por meio de notas frias. Essas podem ser caracterizadas pela emissão de documentos fiscais sem que haja efetiva transação de bens ou serviços correspondente. São utilizados, fraudulentamente, como mecanismo de aumento de crédito fiscal por empresas para aumentar o valor dos créditos a serem compensados, reduzindo, assim, o valor do imposto devido.

O controle fiscal cruzado, nesse sentido empregado, refere-se à implementação de mecanismos que permitem comparar e verificar as declarações fiscais dos diferentes participantes da cadeia de produção e comercialização de bens e serviços, especificamente ao confrontar as faturas emitidas e recebidas pelos sujeitos passivos. O funcionamento dessa dinâmica tem início com a emissão e o recebimento de faturas. Cada contribuinte que comercializa um produto ou serviço emite uma fatura fiscal que contém o valor do IVA cobrado. O adquirente (comprador), ao receber essa fatura, utiliza-a para registrar o imposto recolhido na aquisição. Tanto o vendedor quanto o comprador devem incluir o IVA correspondente nas declarações fiscais. O vendedor declara o imposto a ser recolhido, correspondente ao IVA cobrado nas vendas, enquanto o comprador declara o IVA a ser recuperado, referente ao imposto pago nas compras.

As autoridades fiscais utilizam, então, sistemas informatizados para cruzar os dados das faturas emitidas e recebidas, de modo que o imposto declarado como devido pelo fornecedor deve corresponder ao imposto declarado como suportado pelo comprador. Esse controle cruzado oferece inúmeros benefícios. Primeiramente, reduz a evasão fiscal, dificultando a prática de fraudes, como a criação de faturas falsas ou a não declaração de vendas, uma vez que cada transação é verificada por ambos os lados. Em segundo lugar, promove maior transparência nas operações comerciais, aumentando a confiança no sistema tributário. Além disso, desenvolve a eficiência na arrecadação do imposto ao garantir que o imposto devido seja efetivamente recolhido ao tesouro.

A implementação do controle cruzado requer, portanto, sistemas de tecnologia da informação avançados e integrados para processar e cruzar grandes volumes de dados em tempo real. Além do mais, as empresas devem estar em conformidade com as normas de emissão de faturas e manter registros precisos, e, ainda, devem ser garantidas a privacidade e a segurança dos dados fiscais trocados para evitar vazamentos e uso indevido de informações sensíveis, em conformidade à Lei Geral de Proteção de Dados (LGPD). A LGPD impõe às empresas a responsabilidade de proteger os dados pessoais dos indivíduos, adotando medidas técnicas e administrativas rigorosas para

---

"I. O legislador ordinário possui autonomia para disciplinar a não cumulatividade a que se refere o art. 195, § 12, da Constituição, respeitados os demais preceitos constitucionais, como a matriz constitucional das contribuições ao PIS e Cofins e os princípios da razoabilidade, da isonomia, da livre-concorrência e da proteção à confiança; II. É infraconstitucional, a ela se aplicando os efeitos da ausência de repercussão geral, a discussão sobre a expressão insumo presente no art. 3º, II, das Leis 10.637/2002 e 10.833/2003 e sobre a compatibilidade, com essas leis, das IN SRF 247/2002 (considerada a atualização pela IN SRF 358/2003) e 404/2004. III. É constitucional o § 3º do art. 31 da Lei 10.865/2004".

prevenir incidentes de segurança e preservar o tratamento adequado das informações coletadas e armazenadas.

A faturação e a declaração eletrônicas contribuem com o controle cruzado ao permitir que as autoridades fiscais monitorem as transações em tempo real, identificando discrepâncias e irregularidades de forma ágil e mais eficiente. Embora sua implementação possa apresentar desafios, os benefícios em termos de redução de fraude e aumento da arrecadação fiscal são significativos. A digitalização dos procedimentos fiscais promove maior transparência e confiança no sistema tributário, simplifica as obrigações fiscais para os contribuintes e pode resultar em uma gestão mais eficiente dos recursos públicos. Com a adoção de tecnologias avançadas, como inteligência artificial e análise de *big data*, as autoridades fiscais podem aprimorar ainda mais a eficácia do controle cruzado, fortalecendo a integridade do sistema tributário.

O IVA, assim como já ocorre com a Declaração do Imposto de Renda Pessoa Física, que já possui a opção "pré-preenchida" ao informar no ajuste anual, pode incorporar esse mecanismo, de modo que os contribuintes economizem tempo no preenchimento manual das informações, facilitando o cumprimento das obrigações fiscais e garantindo a fidedignidade. Esse sistema, empregado pela Receita Federal do Brasil, aumenta a precisão e a confiabilidade dos dados fornecidos, minimizando as inconsistências e promovendo maior *compliance* tributário.

5.2. REGIME DE CRÉDITO FINANCEIRO

Na origem, os modelos de IVA tributavam apenas as operações com bens materiais, sobretudo por ter incidência sobre a indústria de transformação, de modo que só se admitiria o crédito dos insumos ou produtos incorporados fisicamente na produção de outros bens. Por exemplo, ao adquirir metais, tintas e plásticos a serem integrados ao processo produtivo de fabricação de uma caneta, o tributo recolhido na compra desses materiais era inteiramente compensável (crédito do imposto) com o tributo a ser pago (débito do imposto) na venda dessa caneta para a loja de papelaria e materiais escolares.

Houve a efetiva integração ou consumação dos insumos na confecção da caneta, por isso diz-se crédito físico. Nessa mesma hipótese, se os insumos não participarem efetivamente da manufatura dos produtos, como, por exemplo, despesas de telefonia da empresa, consideram-se os tributos gerados nessa operação como créditos financeiros. Os modelos modernos de IVA adotam o regime de crédito financeiro, ou seja, paga-se o tributo e gera-se então o crédito do imposto recolhido, desde que se mantenha nexo com a atividade econômica da companhia. No regime de crédito financeiro, portanto, todo o imposto incidente sobre bens e serviços utilizados na atividade econômica da empresa motiva a apropriação de crédito.

Há limitações de manutenção dos créditos tão somente quanto aos bens e serviços adquiridos para uso pessoal dos sócios, diretores ou empregados da empresa e, como dito, não vinculados à atividade empresarial. Os países que adotam o IVA possuem um contencioso fiscal relativo à apropriação de créditos por empresas relativamente a despesas com artigos pessoais dos sócios, como automóveis, além de gastos com diversão (almoço) e entretenimento. Possivelmente o Brasil enfrente, em certa medida, essas questões ao implementar a dedutibilidade do IBS e da CBS. Sócios e diretores, ardilosamente, podem inserir nas despesas da empresa consumos pessoais de família, tais como veículos, aluguel, despesas em geral, o que motivará, certamente, a investida do Fisco, com a correspondente glosa dos créditos e a cobrança tributária.

Algumas situações, porém, podem gerar dúvidas a respeito do aproveitamento do crédito. Veja-se o caso mencionado na Nota Técnica n. 04: IBS: Aplicação do Regime de Crédito Financeiro, elaborada pelo C.CiF Centro de Cidadania Fiscal, relativamente aos custos incorridos pela empresa com o pagamento de aluguel de apartamentos para residência dos funcionários e suas famílias. O aluguel que a empresa paga, nesses casos, está sujeito ao IVA. Esse IVA recolhido pode ser creditado pela empresa? Para o C.CiF, duas soluções podem ser postas:

> a) a provisão de serviços de habitação é considerada como tributada. Neste caso o contribuinte (empresa empregadora) calcula e paga o imposto sobre o valor de mercado do serviço. O imposto pago por ele ao senhorio é dedutível, já que necessário para gerar operação tributada; ou, b) a provisão de serviços de habitação é considerada sem nexo com a atividade negocial e não se admite crédito do imposto pago.

Ao seguir a dinâmica da não cumulatividade plena e da sistemática do crédito financeiro, a lei deveria permitir a apropriação do crédito nessa hipótese, porém, por questões de praticabilidade, sobretudo pela complexidade e incerteza das inúmeras situações vivenciadas na prática, os sistemas tributários preferem limitar a manutenção do direito de crédito de IVA.

Abaixo segue um exemplo prático com números para ilustrar o funcionamento do regime de crédito financeiro em uma hipótese empresarial fictícia.

Cenário: Empresa de Fabricação de Móveis

- **Empresa A** fabrica móveis e possui diversas despesas relacionadas à sua atividade econômica.
- **Despesas com materiais de produção**: madeira, tinta, pregos.
- **Despesas gerais**: aluguel do escritório, serviços de telefonia, despesas de transporte.

Despesas e Créditos Tributários
1. **Compra de Materiais de Produção**
   - **Madeira**: R$ 50.000
     - **IVA (18%)**: R$ 9.000
   - **Tinta**: R$ 10.000
     - **IVA (18%)**: R$ 1.800
   - **Pregos**: R$ 5.000
     - **IVA (18%)**: R$ 900

2. **Despesas Gerais**
   - **Aluguel do Escritório**: R$ 20.000
     - **IVA (18%)**: R$ 3.600

- • Serviços de Telefonia: R$ 5.000
  - ▪ IVA (18%): R$ 900
- • Despesas de Transporte: R$ 10.000
  - ▪ IVA (18%): R$ 1.800

Total de IVA Pago nas Compras (créditos fiscais)
- • **Total de IVA sobre materiais de produção**: R$ 9.000 + R$ 1.800 + R$ 900 = R$ 11.700
- • **Total de IVA sobre despesas gerais**: R$ 3.600 + R$ 900 + R$ 1.800 = R$ 6.300

Total de IVA Pago (créditos fiscais): R$ 11.700 + R$ 6.300 = R$ 18.000

a) Venda de Produtos Finais
- • **Valor de Venda dos Móveis**: R$ 150.000
- • **IVA (18%) sobre a Venda**: R$ 27.000

b) Apuração do Imposto a Pagar
- • **IVA Devido na Venda (débito)**: R$ 27.000
- • **Créditos Fiscais Acumulados**: R$ 18.000
- • **IVA a Pagar ao Fisco**: R$ 27.000 – R$ 18.000 = R$ 9.000

c) Resumo do Exemplo
1. **Despesas da Empresa A:**
- • Materiais de produção: R$ 65.000
- • Despesas gerais: R$ 35.000

2. **Créditos Fiscais:**
- • Materiais de produção: R$ 11.700
- • Despesas gerais: R$ 6.300
  Total Créditos Fiscais: R$ 18.000

3. **Vendas da Empresa A:**
- • Valor de venda dos móveis: R$ 150.000
- • IVA sobre a venda: R$ 27.000

4. **Imposto a Pagar ao Fisco:**
- • IVA devido: R$ 27.000
- • Créditos fiscais: R$ 18.000
- • **IVA a pagar**: R$ 9.000

Neste exemplo, a Empresa A consegue compensar o IVA recolhido nas compras de materiais de produção e nas despesas gerais relativamente ao IVA devido sobre as vendas, pagando apenas a diferença de R$ 9.000 ao Fisco. Essa dinâmica permite compreender como o regime de crédito financeiro comporta a recuperação dos tributos pagos, promovendo uma tributação exclusivamente sobre o valor agregado.

5.3. RÁPIDA DEVOLUÇÃO DOS CRÉDITOS ACUMULADOS

Os créditos acumulados devidos aos contribuintes devem ser ressarcidos de forma rápida e eficiente. Em algumas situações, o contribuinte, ao apurar a sistemática de compensação entre créditos e débitos, pode acumular mais créditos que débitos nas operações, especialmente por estarem vinculados, por exemplo, a uma cadeia exportadora, cuja etapa final é desonerada. Entre as diversas razões que podem ocasionar apuração de saldos credores de impostos, podem ser indicadas: a) a realização de operações de exportação, na qual não há incidência do imposto, mas os créditos apropriados são mantidos; b) a execução de operações de entrada e saída com alíquotas diferentes (por exemplo, entradas a 18% e saídas interestaduais a 4%, 7% e 12%); e, por último, c) a realização de operações de saída com diferimento do imposto ou sujeitas a isenção ou redução da base de cálculo, que permitem expressamente a manutenção dos créditos apropriados.

Atualmente, sob o modelo do ICMS[7], por exemplo, o ressarcimento de créditos submete-se a procedimentos estabelecidos por cada Estado, sendo condicionado a diferentes e burocráticas liturgias, com variáveis termos de rigor e prazo, resultando em atrasos significativos que prejudicam o fluxo de caixa das empresas. A falta de uniformidade e a complexidade dessa dinâmica não só dificultam o planejamento financeiro dos contribuintes, como aumentam os custos operacionais, comprometendo a competitividade.[8] Alguns Estados até permitem o aproveitamento desses créditos pela via de cessão a terceiros, proporcionando uma alternativa para que as empresas possam monetizar seus créditos acumulados. No entanto, essa prática ainda está longe de ser universal e, muitas vezes, envolve suas próprias complicações e custos adicionais. Portanto, indispensável a padronização e simplificação do ressarcimento de créditos acumulados, garantindo agilidade e eficiência, de modo a promover um ambiente de negócios mais favorável e estimular a atividade econômica.

O direito à dedução do tributo recolhido na etapa antecedente, como mecanismo de garantia da neutralidade na tributação por meio do modelo IVA, deve assegurar não apenas o permissivo de compensação entre créditos e débitos do imposto, mas, sobretudo, a forma e o momento de realização. Por isso, fundamental que haja um sistema operacional de caixa ou de "balcão" único que reduza os problemas e incidentes das empresas na obtenção de reembolso e dedução efetiva do tributo.

---

[7]   Segundo o art. 25, § 1º, da Lei Complementar 87/1996, os saldos credores decorrentes de operações de exportação podem ser transferidos a "outros contribuintes do mesmo Estado, mediante a emissão pela autoridade competente de documento que reconheça o crédito". Além disso, o art. 25, § 2º, da referida LC, estabelece que lei estadual poderá, nos demais casos de saldos credores acumulados, permitir a imputação a outro estabelecimento do contribuinte ou a transferência a outros contribuintes, nas condições em que definir.

[8]   Pela demora no ressarcimento dos créditos acumulados, diversos contribuintes têm se valido do art. 24 da Lei Federal 11.457/2007, que estabelece o prazo de 360 dias para que seja proferida decisão administrativa e o direito à prolação de decisão nesse prazo, contado do protocolo do requerimento. O entendimento, inclusive, foi objeto de decisão proferida pela Primeira Seção do STJ no julgamento do Recurso Especial 1.138.206/RS, submetido à sistemática dos Recursos Repetitivos do art. 543-C do CPC/1973.

O Comitê Gestor será responsável pela devolução dos créditos acumulados, haja vista a centralidade arrecadatória, inclusive com a contribuição de sistemas automatizados, atualmente baseados em algoritmos, com pouca intervenção humana. Isso significa que a cada crédito acumulado corresponderá uma reserva de valor na arrecadação para a correspondente devolução. Na prática, o órgão de arrecadação não deve distribuir imediatamente aos entes federados a integralidade e todos os recursos, sob pena de tornar a devolução morosa, como acontece atualmente, quando a Unidade Federada passa anos para reembolsar o contribuinte. Ao ingressar nos cofres públicos, dificilmente haverá devolução ágil dos valores arrecadados, haja vista a destinação certa para suprir o desprovimento financeiro e orçamentário dos entes públicos. Por isso parece-nos interessante a construção pela EC 132/2023 do Comitê Gestor, cuja lei complementar, como dito, definirá a sistemática de devolução.

Segue um exemplo prático, ilustrativo, de como pode ocorrer a operacionalização da devolução de créditos acumulados.

Cenário: Empresa Exportadora de Produtos Eletrônicos
- **Empresa B** produz e exporta produtos eletrônicos. Como exportadora, suas vendas para o exterior são desoneradas de tributos.
- **Despesas com materiais de produção**: circuitos, componentes eletrônicos, embalagens.
- **Despesas gerais**: aluguel do escritório, serviços de telefonia, despesas de transporte.

Despesas e Créditos Tributários
1. **Compra de Materiais de Produção**
   - **Circuitos**: R$ 80.000
     - **IVA (18%)**: R$ 14.400
   - **Componentes eletrônicos**: R$ 40.000
     - **IVA (18%)**: R$ 7.200
   - **Embalagens**: R$ 10.000
     - **IVA (18%)**: R$ 1.800

2. **Despesas Gerais**
   - **Aluguel do Escritório**: R$ 15.000
     - **IVA (18%)**: R$ 2.700
   - **Serviços de Telefonia**: R$ 4.000
     - **IVA (18%)**: R$ 720
   - **Despesas de Transporte**: R$ 6.000
     - **IVA (18%)**: R$ 1.080

3. **Total de IVA Pago nas Compras (Créditos Fiscais)**
   - **Total IVA sobre materiais de produção**: R$ 14.400 + R$ 7.200 + R$ 1.800 = R$ 23.400

- **Total IVA sobre despesas gerais**: R$ 2.700 + R$ 720 + R$ 1.080 = R$ 4.500
  Total IVA Pago (Créditos Fiscais): R$ 23.400 + R$ 4.500 = R$ 27.900

4. **Venda de Produtos Finais**
   - **Valor de Venda dos Produtos Exportados**: R$ 200.000
   - **IVA sobre a Venda (0% para exportações)**: R$ 0

5. **Acumulação de Créditos**
   - **Créditos Fiscais Acumulados**: R$ 27.900

O Comitê Gestor é o órgão responsável por essa devolução, utilizando sistemas automatizados para garantir agilidade e precisão. O procedimento compreende o registro de créditos acumulados e a correspondente requisição de devolução, cuja análise deve ocorrer mediante sistemas automatizados e, depois da validação, dá-se a devolução de forma rápida, com pouca ou mínima intervenção humana nesse processo para evitar a burocracia. A devolução rápida assegura o benefício de fluxo de caixa e a própria capacidade de reinvestimento no processo produtivo, além disso incentiva a competitividade das empresas brasileiras do setor de exportação frente à concorrência internacional, ao permitir que os tributos recolhidos sejam prontamente recuperados.

5.4. COBRANÇA "POR FORA"

O cálculo do tributo "por dentro" significa que a alíquota do próprio tributo o integra, ou seja, com o cálculo "por dentro" o tributo faz parte da sua própria base de cálculo. É uma "jabuticaba" bem típica do Sistema Tributário Brasileiro. É uma forma enviesada de aumentar a base de incidência. Por exemplo, o ICMS, imposto cobrado "por dentro", apesar de ter uma alíquota modal de 18% em vários Estados, disfarça uma alíquota efetiva de 21,95%. Veja o caso de uma mercadoria vendida a R$ 100,00 com incidência de 18%. A base de cálculo para fins de incidência tributária não é R$ 100,00, como aparenta, mas sim R$ 118,00; dessa forma, cobra-se R$ 21,95 do contribuinte. Além disso, outros tributos também integram a base, como no caso o IPI, inchando ainda mais a carga tributária.

Apesar de não fazer o menor sentido do ponto de vista racional, o Supremo Tribunal Federal, desde 1999, manifestou-se pela constitucionalidade da *inclusão no valor da operação ou da prestação de serviço somado ao próprio tributo*.[9] Porém, a partir de 2014, no julgamento do RE 240.785-MG, sob relatoria do Ministro Marco Aurélio, o STF entendeu ser inconstitucional a inclusão do ICMS nas bases de cálculo do PIS e da Cofins, sob o principal fundamento de que aquele tributo não é faturamento, inclusive porque destinado aos cofres do tesouro estadual. Seguiu-se, em definitivo, com o reconhecimento da referida inconstitucionalidade, intitulada "tese do século", no RE

---

[9] RE 212.209, Rel. Min. Marco Aurélio, rel. p/ o ac. min. Nelson Jobim, Tribunal Pleno, j. 23.06.1999. Ver também: AI 195.323 AgR, Rel. Min. Moreira Alves, Primeira Turma, j. 10.08.1999.

574.706/RG-PR, sob relatoria da Ministra Cármen Lúcia. Porém, por maioria de votos, no RE 1.187.264/RG, sob relatoria do Ministro Marco Aurélio, negou-se a exclusão do ICMS da base de cálculo da CPRB (Contribuição Previdenciária sobre a Receita Bruta) e, no RE 1.285.845/RG, também de mesma relatoria, do ISS sobre a mesma base de incidência, ao argumento de que se tratava de um regime especial e conferir a exclusão seria, na prática, aceitar um benefício sobre outro, além da ausência de previsão legal. Nesse contexto, somam-se inúmeras discussões sobre a inclusão de tributo na base de cálculo de outros, como exemplo, a cobrança do PIS e da Cofins nas próprias bases, da CSLL na base do imposto de renda, as conhecidas teses filhotes.

Com o advento da reforma tributária, ao menos na tributação sobre o consumo, o cálculo "por fora" passa a ser a regra e deve dar-se apenas sobre o valor da mercadoria ou serviço informado ao consumidor, garantindo, portanto, que a alíquota efetiva aplicada seja a nominal apresentada. Na hipótese acima referenciada, o resultado do cálculo é de R$ 18,00, conferindo não somente diminuição na apuração do tributo se comparado ao modelo então vigente, mas, sobretudo, transparência ao contribuinte consumidor.

Vistos os conceitos de cobrança "por dentro" e "por fora" dos tributos, segue um exemplo prático considerando uma alíquota fictícia de 18% do IVA.

Exemplo Prático com ICMS, cobrança "por dentro".
- **Preço da mercadoria:** R$ 100,00
- **Alíquota do ICMS:** 18%

No cálculo "por dentro", a alíquota de 18% é aplicada sobre um valor que já inclui o ICMS, ou seja, a base de cálculo não é simplesmente os R$ 100,00, mas um valor maior que integra o próprio imposto. Na prática, aplica-se uma fórmula facilitadora:

$$\text{Alíquota efetiva} = \frac{\text{alíquota nominal}}{1 - \text{alíquota nominal}}$$

$$\text{Ao aplicar os valores} = \frac{18\% = 0,18 = 21,95\%}{1 - 0,18 \quad 0,82}$$

$$\text{Base de cálculo efetiva} = \frac{\text{preço da mercadoria} = 100,0 = 121,95}{1 - \text{alíquota nominal} \quad 0,82}$$

Valor do ICMS será a base de cálculo x a alíquota nominal
R$ 121,95 x 18% = R$ 21,95

Exemplo prático com IBS, cobrança "por fora".
Na cobrança "por fora", o tributo é calculado apenas sobre o valor da mercadoria ou serviço, sem incluir o tributo na própria base de cálculo, observando a lógica.
Para a mesma mercadoria com preço de R$ 100,00 e alíquota de 26,5%:
- **Preço da mercadoria:** R$ 100,00
- **Alíquota do IBS:** 26,5%
  Valor do IBS: R$ 100 x 26,5% = 26,5%

A prática de apurar tributos "por dentro" é, nada mais, nada menos, do que uma maneira de inflar artificialmente a base de incidência de forma menos óbvia, contribuindo para uma carga tributária mais alta e menos transparente. A cobrança "por fora" é mais direta e transparente para o consumidor. No caso do ICMS, atualmente com uma alíquota modal de 18%, veja a diferença ao final de tributo a recolher a cada R$ 100,00, em formato de tabela comparativa "por dentro" e "por fora":

ASPECTO	COBRANÇA "POR DENTRO"	COBRANÇA "POR FORA"
Método de Cálculo	Inclusão do tributo na base de cálculo	Tributo calculado sobre valor da mercadoria
Base de Cálculo	R$ 100,00 / (1 – 0,18) = R$ 121,95	R$ 100,00
Alíquota Nominal	18%	18%
Alíquota Efetiva	21,95%	18%
Valor da Mercadoria	R$ 100,00	R$ 100,00
Valor do Tributo	R$ 121,95 * 18% ≈ R$ 21,95	R$ 100,00 * 18% = R$ 18,00

A cobrança do tributo "por fora" também eliminará uma outra discussão, além da mencionada argumentação de exclusão de tributo da base de incidência de outro. Trata-se da criminalização da conduta do devedor contumaz. Agora, a partir da aplicação das regras da reforma tributária, tanto da CBS como do IBS, o contribuinte fornecedor que deixar de recolher o tributo destacado comete inequivocamente apropriação indébita, porque o valor destacado não integra o preço, haja vista pertencer exclusivamente ao Fisco.

5.5. BASE AMPLA DE INCIDÊNCIA

Com as alterações implementadas pela reforma tributária, o IVA incidirá sobre base ampla de bens, serviços e direitos, tributando todas as utilidades destinadas ao consumo. A mudança significativa é a extensão da base econômica tributável, atingindo não somente bens materiais e serviços, mas também direitos (bens imateriais ou intangíveis, sem necessidade de suporte físico), como cessão de uso ou licença de *software* e aquisição de música por *streaming*. Até então a tributação sobre o consumo vale-se de uma base extremamente segmentada para distintos tributos, por exemplo, o IPI sobre operações industriais; o ICMS sobre circulação de mercadorias e prestação de serviços de transporte interestadual e intermunicipal, além de comunicação; o ISSQN sobre atividades de serviço de qualquer natureza definidos em legislação complementar; e o PIS e a Cofins, cuja incidência se dará sobre a receita bruta ou faturamento.

No modelo então vigente, que permanecerá até a efetiva e integral implementação da EC 132/2023, cujas bases tributárias são fragmentadas e partilhadas entre as Unidades Federadas, cada ente abocanha parcela de incidência tributária e, com isso, contribuintes exclusivos de ISS, por exemplo, pagam ICMS indiretamente, como resíduos. Veja o caso de um hospital. É sujeito passivo do ISS a ser recolhido ao Município onde presta o serviço de saúde, porém, ao adquirir maquinário próprio (eletrocardiógrafo, por exemplo) pagou o ICMS nele incluído. Como não é contribuinte desse imposto, não pode creditar-se dele, motivo pelo qual os tributos recolhidos e que vão "ficando pelo caminho" são considerados resíduos tributários, que, no "fim do dia", encarecem o produto ou serviço para o consumidor ou usuário final.

A legislação brasileira reconhece, em algumas poucas situações, o direito do contribuinte de reaver os resíduos tributários. A Lei 12.546/2011 estabelecia que o objetivo do Reintegra era "reintegrar valores referentes a custos tributários federais residuais existentes nas suas cadeias de produção" (art. 1º), dispositivo expressamente revogado pela LC 214/2025. A Lei 13.043/2014 não foi diferente, ao restabelecer o Programa Reintegra, estabelecendo que a finalidade é "devolver parcial ou integralmente o resíduo tributário remanescente na cadeia de produção de bens exportados" (art. 21).

No âmbito das cadeias produtivas de exportação evidencia-se mais claramente a problemática dos resíduos tributários, justamente porque sobressai a regra imunizante da exportação que assegura o direito de crédito dos insumos, segundo o art. 155, § 2º, X, *a*, da CF. Na prática, o preço do produto exportado é contaminado por tributos que vão sendo adquiridos ao longo da trajetória dos insumos na extensa rede de transmissão ou distribuição até alcançar as *tradings* ou exportadores.[10]

5.6. LEGISLAÇÃO UNIFORME

Os tributos devem ter uma normatividade semelhante, com certo grau de homogeneidade e, sobretudo, preservando uma lógica sistêmica. A implementação da CBS ao substituir a tributação das contribuições do PIS e da Cofins, bem como do IBS, ao suceder tanto o ICMS quanto o ISS, segundo a EC 132/2023, deve conter uma compreensão mais uniforme e integrada. A uniformidade na legislação não só facilita a compreensão por parte dos contribuintes, como contribui na promoção de uma administração tributária mais eficiente e menos suscetível a disputas judiciais. A lei complementar tem a responsabilidade de regulamentar todas as situações de incidência e de não incidência dos referidos tributos, garantindo que haja clareza e previsibilidade nas obrigações tributárias. Essa regulamentação deve também considerar as especificidades regionais e setoriais, buscando sempre a simplificação e a transparência do sistema tributário, ao mesmo tempo em que assegura que os princípios de justiça fiscal e equidade sejam respeitados. Dessa forma, a reforma não apenas visa à modernização e à racionalização do Sistema Tributário Brasileiro, bem como à criação de um ambiente mais adequado ao desenvolvimento econômico e social do país.

Como visto, a complexidade e o excesso de leis, regulamentos e instruções normativas no Brasil no âmbito da legislação tributária constituem um dos maiores impedimentos à eficiência do Sistema Tributário Nacional. A multiplicidade de normas

---

[10] Estão sob julgamento no STF, interrompido por pedido de vista, duas ADIs (6.040 e 6.055) acerca da legislação do Programa Reintegra, por vir reduzindo e limitando gradualmente, por sucessivos decretos presidenciais, a devolução do resíduo tributário remanescente na cadeia de produção de bens exportados. Segundo argumentado pelos proponentes, em resumo, as restrições provocam a exportação de tributos e violam as regras de imunidade previstas na CF, bem como visam garantir o desenvolvimento nacional e os princípios da livre-concorrência, livre-iniciativa, e da neutralidade fiscal concorrencial.

editadas pela União, Estados e Municípios ocasiona um cenário de insegurança jurídica aos contribuintes, e a própria fiscalidade, que, frequentemente, vem se arrastando em um labirinto de regras sobrepostas e muitas vezes ambíguas e contraditórias. Essa proliferação inflacionária normativa resulta em um alto custo de conformidade para as empresas, que precisam investir significativamente em consultorias e sistemas de gestão tributária para assegurar o cumprimento das obrigações fiscais.

Além do mais, a existência de diversas leis e regulamentos específicos para cada ente federativo contribui para a ocorrência de litígios e disputas judiciais, não somente entre Fisco *versus* contribuintes, mas, inclusive, entre os próprios entes federados a respeito da competência tributária. Este contexto sobrecarrega o sistema judiciário e procrastina o interesse em investir no mercado brasileiro, desestimulando-o e enfraquecendo o crescimento econômico, em claro prejuízo à competitividade das empresas nacionais no mercado internacional. Por isso, imprescindível a simplicidade e harmonização das normas tributárias, com vistas à criação de um sistema mais coeso, transparente e eficiente, capaz de fomentar um ambiente de negócios mais saudável e promissor, com geração de renda, emprego e bem-estar social.

5.7. NEUTRALIDADE

Diz respeito a não alterar decisões dos agentes econômicos em razão da política tributária adotada. A tributação não deve ser fator precípuo na forma de organização e definição de operações e atividades das empresas, pois essas circunstâncias podem levá-las à adoção de estruturas menos eficientes e produtivas simplesmente para tirar proveito de regras tributárias mais benéficas. É claro que a carga tributária influencia a escolha dos contribuintes, por exemplo, ao comprar um automóvel mais caro, certamente será impactado pela tributação incidente sobre ele. Por isso, não se pode dizer que existe tributo totalmente neutro. Diga-se, inclusive, que todo aumento de tributo tem capacidade de ocasionar alterações comportamentais, influenciando diretamente a oferta e a demanda. Essa premissa foi estabelecida por Frank Plumpton Ramsey em artigo intitulado "*A Contribution to the Theory of Taxation*", publicado em 1927, a partir de estruturas matemáticas e econômicas mais complexas e estruturadas para compreender os efeitos da tributação sobre o mercado. A pesquisa revela que qualquer aumento do tributo provoca a redução da produção na correspondente proporção.[11]

A LC 214/2025, no art. 2º, oferece um conceito de neutralidade, afastando-se de um conceito aberto, mais maleável e fluido, para um conteúdo regrativo, segundo o qual: "O IBS e a CBS são informados pelo princípio da neutralidade, segundo o qual esses tributos devem evitar distorcer as decisões de consumo e de organização da atividade econômica, observadas as exceções previstas na Constituição Federal e nesta Lei Complementar".

O que a neutralidade pretende alcançar é o tratamento igual de todas as formas de consumo, com afetação dos preços absolutos, mas não se determinada empresa vai produzir o produto "x" ou "y", nem mesmo a mudar os métodos de produção ou

---

[11]   STIGLITZ, Joseph E. In Praise of Frank Ramsey's Contribution to the Theory of Taxation. *National Bureau of Economic Research*. Massachusetts: Cambridge, 2014.

comercialização, nem a decisão de importar ou adquirir internamente, ou mesmo a opção de produzir propriamente (verticalização da fabricação) ou terceirizar. Por isso, diz-se que todo tributo provoca inevitavelmente mudanças na realidade econômica, mas o quanto ele é distorcivo é o mais relevante, haja vista a indiferença, ou a neutralidade possível, ser fundamental na tomada de decisão dos indivíduos.

A escolha entre instalar uma fábrica em Minas Gerais ou em Pernambuco não deve ser pela menor carga tributária, mas por outros fatores, tais como infraestrutura, mão de obra, logística etc. Não visa estimular este ou aquele setor econômico, esta ou aquela região, por isso não tem funcionalidade extrafiscal. Essa distorção pode ser observada no Brasil com a chamada "guerra fiscal" entre Estados, cujos incentivos fiscais são oferecidos para atrair empresas. Um caso conhecido publicamente foi a decisão da fábrica da Jeep, que, apesar de ter considerações logísticas e de mercado para se instalar em São Paulo, optou por Pernambuco devido aos incentivos fiscais oferecidos pelo Estado.

O instrumento mais importante para se alcançar a efetiva neutralidade do modelo IVA de tributação consiste na mecânica de assegurar o crédito do imposto. É por meio da dedução do imposto suportado no percurso do processo produtivo que os operadores econômicos se desoneram deste custo da atividade promovida por outro. Permite-se, com isso, a dinâmica do IVA ao longo das fases de produção e circulação do bem ou da prestação de um serviço sem efeito cumulativo, para, ao final, ser atribuível ao consumidor final, como deve ser. Por outro lado, do ponto de vista de neutralidade do IVA no consumo, a eficácia está na base ampla de incidência e tendencialmente uniforme. Ou seja, deve compreender a generalidade das operações econômicas e oná-las tanto quanto possível de maneira uniforme. O IVA, por sua natureza, não tem a pretensão de alcançar objetivos de política social, seja na redistribuição de riqueza, seja no encorajamento ou desestímulo da utilização de determinados produtos ou serviços, ao contrário de tributos especiais sobre o consumo, como no caso do Imposto Seletivo previsto na EC 132/2023, os quais distinguem-se daquele pela própria base de incidência seletiva ou intencionalmente direcionada à reorientação das escolhas dos consumidores finais.

O IVA, por característica própria, é plurifásico, ou seja, incide em cada etapa da cadeia de produção e circulação de bens e serviços. A não cumulatividade desempenha uma funcionalidade determinante na prevenção de distorções econômicas entre ciclos produtivos de diferentes comprimentos ou extensões. Isso quer dizer que é garantida, em cada fase, a apuração do imposto incidente especificamente sobre as aquisições ou valor agregado compensando-se o imposto devido sobre as vendas, de modo a evitar o acúmulo de tributos ao longo das etapas. Dessa forma, empresas com cadeias de produção mais longas não são oneradas com uma carga tributária proporcionalmente maior do que aquelas com cadeias mais curtas. Ao assegurar que o imposto final reflita apenas o valor agregado em cada fase, a não cumulatividade promove a equidade fiscal, estimula a eficiência econômica e evita desvantagens competitivas.

A EC 132/2023 ao estabelecer uma modelo IVA Dual com caráter neutro, supera um padrão constitucionalmente aceito pelo Supremo Tribunal Federal de que todos os tributos em nosso sistema "podem e devem" guardar relação com a capacidade contributiva do sujeito passivo. O Supremo manifestou-se, certa vez, que, ao contrário, tratando-se de imposto direto ou indireto, a sua incidência poderá expressar, em diversas circunstâncias, progressividade ou regressividade direta, e, segundo as razões proferidas no julgado, "*todos os impostos* estão sujeitos ao princípio da capacidade contributiva, especialmente os diretos, independentemente de sua classificação como de caráter real ou pessoal; isso é completamente irrelevante".[12] A neutralidade tributária, portanto, visa eliminar ou, pelo menos, atenuar essas deformidades, permitindo que as decisões econômicas sejam tomadas com base em fatores produtivos e de mercado, e não em busca de vantagens fiscais.

A neutralidade tributária pretende instituir um ambiente econômico mais justo, eficiente e concorrencialmente equilibrado, porém não se pode deixar de considerar que o Brasil possui regiões muito pobres e carentes de infraestrutura, logística e de mão de obra qualificada. Nessas áreas, a falta do direcionamento de incentivos fiscais pode tornar ainda mais difícil a atração de investimentos e o desenvolvimento econômico. Sem políticas tributárias que considerem essas disparidades regionais, o modelo de neutralidade pode acentuar ainda mais as desigualdades, pois regiões mais desenvolvidas continuarão a atrair investimentos devido às suas vantagens naturais e estruturais, enquanto aquelas menos favorecidas permanecerão estagnadas. Por exemplo, o Norte e o Nordeste brasileiros, que já enfrentam desafios significativos em termos de infraestrutura e desenvolvimento, poderiam sofrer ainda mais com a ausência de incentivos fiscais que atualmente ajudam a compensar essas desvantagens.

Entre pontos e contrapontos, particularmente, entendo que a tributação, sob esse aspecto, deve manter-se neutra, e que haja políticas sociais de outro viés para reparar e estimular as regiões mais vulneráveis. Na prática, ao longo de décadas, as diversas políticas desonerativas promovidas pelos Estados do Norte e Nordeste, para manter-se no exemplo dado, resultaram na corrosão das próprias bases tributárias e na falta de recursos públicos para, verdadeiramente, cuidarem do investimento vocacionado ao desenvolvimento econômico sustentável, à melhoria da infraestrutura, e à qualificação da mão de obra local.

Por último, relativamente à neutralidade, diga-se que a Reforma Tributária sobre o Consumo também gerou discussões sobre a arrecadação. Desde o início das intensas deliberações ficou evidenciado que, em hipótese alguma haveria aumento no volume de arrecadação em relação ao PIB. O objetivo, conforme declarado pelos agentes políticos e governo, seria o de melhorar e qualificar o sistema tributário, e não aumentar as receitas públicas com mais tributos. Sob essa perspectiva, a reforma tributária deve ser neutra em termos de arrecadação, ou **neutralidade arrecadatória**. Não é propriamente um princípio ou técnica chamada neutralidade arrecadatória, mas uma meta ou teto-limite para criar um ambiente político favorável, garantindo que a carga tributária das empresas e dos indivíduos não aumente. O maior desafio sempre será equilibrar a abertura de exceções à regra geral de tributação sob os modelos da CBS e do IBS sem afetar a carga tributária total sobre o consumo. Qualquer tratamento diferenciado a um setor ou atividade específica deve ser compensado por uma alíquota de referência maior para a regra geral. Se o compromisso é não aumentar a carga tributária total, o governo também não pretende reduzi-la, sob pena de não cumprir o orçamento previsto para cobrir as diversas despesas públicas.

---

[12] RE 562.045, Rel. p/ o ac. Min. Cármen Lúcia, voto do min. Eros Grau, j. 06.02.2013, P, *DJe* de 27.11.2013.

5.8. TRIBUTAÇÃO NO DESTINO

O método de incidência foi alterado da origem para o destino com a finalidade principal de acabar com a "guerra fiscal". A tributação na origem leva muitas unidades federadas a corroerem sua própria base financeira e orçamentária ao conceder incentivos fiscais visando atrair empresas interessadas na instalação de unidades de produção. Por exemplo, na sistemática de tributação exclusivamente na origem uma mercadoria produzida no Estado de São Paulo e adquirida para revenda no Estado da Bahia teria a alíquota do imposto daquele Estado, em benefício unicamente das regiões mais desenvolvidas. Atualmente, sob regime anterior à reforma tributária, a sistemática de incidência é híbrida nas operações interestaduais com partilha financeira de arrecadação entre as Unidades Federadas, que se manterá ao longo do regime de transição.

O deslocamento para a tributação no destino visa criar um sistema mais justo e equilibrado, no qual o tributo é destinado ao local onde o bem ou serviço é consumido, e não onde é produzido. Esse contexto favorece, sobretudo, a situação de Estados menos desenvolvidos, como os do Norte e Nordeste, que poderão beneficiar-se dessa redistribuição de receita, pois receberão a tributação sobre os bens e serviços consumidos em seus territórios pela população local, mesmo que produzidos em outros Estados. A tributação no destino também reduz as distorções econômicas causadas pela já mencionada guerra fiscal, no qual as Unidades Federadas competem umas com as outras ao ofertar isenções e benefícios que prejudicam a capacidade de investimento em infraestrutura e serviços públicos.

A transição para o novo regime de tributação no destino também inclui mecanismos de compensação para Estados que inicialmente perderão receita. Durante esse período, a partilha financeira de arrecadação continuará permitindo que as unidades federadas ajustem políticas econômicas e financeiras à nova realidade tributária. Esse processo de transição é essencial para evitar choques econômicos e permitir que todas as regiões do país se adaptem de maneira menos traumática ao novo sistema. Ao contrário do que alguns imaginam, a expectativa é que haja maior equidade na distribuição da arrecadação fiscal, de modo a fortalecer as finanças dos Estados menos desenvolvidos e permitindo investimentos mais robustos em áreas essenciais como educação, saúde e infraestrutura, fundamentais para o crescimento econômico e social de longo prazo. Isso, sim, permitirá a redução das desigualdades regionais, com a promoção de um ambiente de negócios mais vantajoso e competitivo, cultivando a melhoria econômica como um todo.

5.9. DESONERAÇÃO DOS INVESTIMENTOS E DAS EXPORTAÇÕES

A desoneração sobre os investimentos das companhias sobre o consumo de máquinas e equipamentos consiste no aperfeiçoamento da utilização de créditos tributários relativos a projetos de investimentos, bem como a redução da incidência de tributos não compensáveis que oneram esses investimentos. A EC 132/2023, ao orientar nesse sentido, pretende melhorar o ambiente competitivo das empresas, especialmente das indústrias, sobretudo relativamente ao mercado internacional.

Uma das discussões mais relevantes nessa temática, e que persistiu por anos, decorreu da edição da LC 102/2000, que, ao alterar dispositivos da LC 87/1996, adiou, à época, o critério de apropriação dos créditos do ICMS decorrentes de aquisições de mercadorias para o ativo permanente, de energia elétrica e de serviços de telecomunicação. Sucessivamente, a LC 87/1996[13], que permitiu o direito de crédito do ICMS nas hipóteses referenciadas, foi sendo alterada para postergar a possibilidade de o contribuinte creditar-se do imposto. Inicialmente, a lei estabelecia que os créditos de ICMS relativos à aquisição de bens destinados ao ativo permanente das empresas poderiam ser aproveitados de imediato, contudo, em 2000, a Lei Complementar 102 modificou essa regra, ao prever que o aproveitamento desses créditos seria realizado de forma parcelada, ao longo de 48 meses. Essa alteração postergou o benefício para as empresas ao dispersar o impacto financeiro ao longo do tempo.

Ao final, o Supremo concluiu que "não há direito ao contribuinte de se creditar do valor do ICMS recolhido quando pago em razão de operações de consumo de energia elétrica, ou de utilização de serviços de comunicação ou, ainda, de aquisição de bens destinados ao ativo fixo do seu próprio estabelecimento". Posição tomada em diversos julgados[14] e, em especial, na ADI 2.325-MC, Rel. Min. Marco Aurélio, em 2004.

No âmbito dos créditos de ICMS relativos à exportação, a LC 87/1996 desonerou as exportações de produtos primários e semi-industrializados do imposto, mas garantiu o direito ao crédito do valor recolhido nas etapas anteriores da cadeia produtiva. A regra foi mantida, mas houve discussões sobre a necessidade de compensação financeira para os Estados, devido à perda de arrecadação, o que resultou em acordo entre os Estados e a União.

O Supremo Tribunal Federal homologou acordo firmado entre os Estados, o Distrito Federal e a União para regulamentar a compensação de perdas de arrecadação em decorrência da desoneração das exportações do Imposto sobre Circulação de Mercadorias e Serviços. Segundo o termo, firmado nos autos da Ação Direta de Inconstitucionalidade por Omissão 25, a União deverá repassar aos entes federados, pelo menos R$ 65 bilhões entre 2020 e 2037.[15]

---

[13]   O art. 543 da LC 214/2025 prevê expressamente a revogação da LC 87/96 a partir de 1º de janeiro de 2033.

[14]   RE 200.168/RJ, Rel. Min. Ilmar Galvão, 1ª T., unânime, *DJ* de 16.08.1996, AI 488.374-AgR, Rel. Min. Sepúlveda Pertence, 1ª T., unânime, *DJ* de 25.06.2004, AI 488.598-AgR, Rel. Min. Carlos Velloso, 2ª T., unânime, *DJ* de 28.05.2004, e RE 387.795-AgR, Rel. Min. Celso de Mello, 2ª T., unânime, *DJ* de 1º.10.2004.

[15]   Ação Direta de Inconstitucionalidade por Omissão. 2. Federalismo fiscal e partilha de recursos. 3. Desoneração das exportações e a Emenda Constitucional 42/2003. Medidas compensatórias. 4. Omissão inconstitucional. Violação do art. 91 do Ato das Disposições Constitucionais Transitórias (ADCT). Edição de lei complementar. 5. Ação julgada procedente para declarar a mora do Congresso Nacional quanto à edição da lei complementar prevista no art. 91 do ADCT, fixando o prazo de 12 meses para que seja sanada a omissão. Após esse prazo, caberá ao Tribunal de Contas da União, enquanto não for editada a lei complementar: a) fixar o valor do montante total a ser transferido anualmente aos Estados-membros e ao Distrito Federal, considerando os critérios dispostos no art. 91 do ADCT; b) calcular o valor das quotas a que cada um deles fará jus, considerando os entendimentos entre os Estados-membros e o Distrito Federal realizados no âmbito do Conselho Nacional de Política Fazendária (Confaz). ADO 25, Rel. Min. Gilmar Mendes, Tribunal Pleno, j. 30.11.2016, Processo Eletrônico *DJe*-182, divulg. 17.08.2017, public. 18.08.2017.

De acordo com o termo homologado em Plenário pelo STF, a União se compromete a trabalhar no sentido de aprovar a promulgação da PEC 188, conforme apresentada ao Congresso Nacional. A referida PEC prevê a criação de uma regra para que uma parte dos recursos obtidos com a exploração de petróleo, gás natural, recursos hídricos para geração de energia elétrica e outros recursos minerais seja repassada aos demais entes federados.

Sob a legislação em vigor, os contribuintes continuam tendo distintos impedimentos ao direito de crédito, ainda que revelem investimentos direta ou indiretamente em produção. Uma dessas discussões diz respeito ao direito de crédito relativamente ao PIS e à Cofins sobre reavaliação de bens do ativo imobilizado. No primeiro semestre de 2024, o Supremo rejeitou o correspondente direito.[16] O ativo imobilizado refere-se ao conjunto de bens e direitos que uma empresa possui e que são utilizados em operações de longo prazo, sem destinação à venda, para a utilização na produção de bens, prestação de serviços ou para fins administrativos, como imóveis, máquinas e equipamentos, veículos, móveis e utensílios, e instalações. Esses ativos são contabilizados no balanço patrimonial e sofrem depreciação ao longo do tempo, refletindo o desgaste e a obsolescência dos bens.

Na ocasião do referido julgamento, a 2ª Turma do Supremo Tribunal Federal, por maioria de 4 votos a 1, entendeu que os contribuintes não têm direito a créditos de PIS e Cofins com base na reavaliação de bens do ativo imobilizado. Isso significa que, se um bem da empresa sofrer alteração de valor, como a depreciação de uma máquina, o contribuinte não pode se beneficiar dessa perda de valor para fins de crédito. O voto predominante foi do Ministro André Mendonça, que discordou do relator, Ministro Edson Fachin. Prevaleceram os argumentos da Fazenda Nacional, no sentido de que a não cumulatividade do PIS e da Cofins é regulamentada por leis infraconstitucionais, e essas leis, desde que respeitem os princípios constitucionais da irretroatividade, da segurança jurídica e da razoabilidade, podem restringir o direito ao crédito (Tema 756).

A União também se comprometeu a enviar ao Congresso, dentro de 60 dias a partir da homologação do acordo, um projeto de lei complementar que estabelece a regra para a transferência temporária das compensações até 2037. O acordo assegura que a parcela constitucional devida aos Municípios (25%) está garantida e que não serão devidos honorários advocatícios nas ações judiciais que forem extintas em decorrência deste acordo. Fonte: www.stf.jus.br.

[16] Agravo Regimental nos Embargos de Declaração no Recurso Extraordinário. PIS e Cofins. Creditamento. Depreciação. Valor decorrente da reavaliação de bens incorporados ao ativo imobilizado. Extensão da aplicação da tese fixada no tema RG n. 244 do STF: impossibilidade. Autonomia verificada entre o *caput* e o § 2º do art. 31 da Lei 10.865, de 2004. 1. No RE n. 599.316/SC, Tema n. 244 do ementário da Repercussão Geral, este Supremo Tribunal Federal declarou a inconstitucionalidade do *caput* do art. 31 da Lei 10.865, de 2004, tendo fixado tese segundo a qual "surge inconstitucional, por ofensa aos princípios da não cumulatividade e da isonomia, o art. 31, cabeça, da Lei 10.865/2004, no que vedou o creditamento da contribuição para o PIS e da Cofins, relativamente ao ativo imobilizado adquirido até 30 de abril de 2004". 2. Ocorre que, enquanto o *caput* do art. 31 da Lei 10.865, de 2004, se destina a vedar o aproveitamento de créditos de PIS e Cofins relativos à depreciação ou à amortização de bens e direitos de ativos imobilizados adquiridos até 30 de abril de 2004, o § 2º trata da impossibilidade de aproveitamento de créditos de PIS e Cofins relacionados à reavaliação de bens e direitos do ativo permanente. 3. Tais normas, a despeito de, topograficamente, se situarem no mesmo artigo de lei, se dirigem a propósitos diversos e têm âmbitos de aplicação distintos. Diante da autonomia que existe entre o § 2º e seu *caput*, presente a impossibilidade de extensão automática do quanto decidido nos autos do RE n. 599.316/SC, Tema n. 244 do ementário da Repercussão Geral, ao presente caso. 4. A matéria relativa à validade de critérios de aplicação da não cumulatividade da contribuição ao PIS e à Cofins previstos no art. 3º das Leis federais n. 10.637, de 2002, e n. 10.833, de 2003, e no art. 31, § 3º, da Lei federal n. 10.865, de 2004, foi, no julgamento do Tema RG n. 756, RE n. 841.979/PE, considerada de natureza infraconstitucional. 5. Agravo regimental a que se dá provimento para, negando seguimento ao recurso extraordinário interposto pela Copesul – Companhia Petroquímica do Sul, restabelecer o acórdão proferido pelo Tribunal Regional Federal da 4ª Região. RE 1.402.871 ED-AgR, Rel. Min. Edson Fachin, Rel. p/ ac. Min. André Mendonça, 2ª T., j. 06.02.2024, Processo Eletrônico *DJe-s/n* , divulg. 07.03.2024, public. 08.03.2024.

O relator, Ministro Edson Fachin, que ficou vencido, fundamentou seu voto ao argumento de que ao julgar o Tema 244 em 2021, o STF já havia declarado inconstitucional, por violar o princípio da não cumulatividade, o *caput* do art. 31 da Lei 10.865/2004[17]. Esse artigo estabelecia uma limitação temporal para o aproveitamento de créditos de PIS e Cofins, não permitindo o creditamento sobre bens do ativo imobilizado adquiridos até 30 de abril de 2004. Para o ministro, as mesmas razões deveriam prevalecer de modo a invalidar o § 2º do art. 31 da mesma lei, que impede o creditamento sobre valores decorrentes da reavaliação de bens e direitos do ativo permanente. Contudo, depois do julgamento do Tema 244, citado por Fachin, o STF tinha decidido, no Tema 756, que o legislador tem a autonomia para estabelecer restrições ao aproveitamento de créditos de PIS/Cofins, conforme o art. 195, § 12, da CF, desde que respeite os demais preceitos constitucionais. O julgamento não se deu em caráter de repercussão geral, embora tenha criado um precedente, ou seja, vincula apenas as partes envolvidas no processo.

Com as diretrizes da reforma tributária, especialmente sob a perspectiva da não cumulatividade plena e do regime de crédito financeiro, espera-se que esse entendimento da 2ª Turma do STF não predomine à luz dos correspondentes conceitos, haja vista essas restrições gerarem insegurança jurídica e acarretarem desincentivo aos investimentos privados. Ao impedir que os contribuintes aproveitem créditos de PIS e de Cofins sobre a reavaliação de bens do ativo imobilizado, cria-se um obstáculo ao crescimento econômico, dado que as empresas terão menos estímulos para renovar ou reavaliar seus ativos. A reforma tributária, para além de simplificar o sistema fiscal, pretende promover a desoneração dos investimentos na forma da dicção expressa da EC 132/2023, com crédito integral e imediato do imposto, diferimento ou redução em 100% das alíquotas correspondentes.[18]

A legislação brasileira, ao longo de anos, e por diversas vezes, como no caso do ICMS, postergou o aproveitamento de créditos sobre aquisição de mercadorias destinadas ao uso e consumo, além daqueles decorrentes da compra de bens para integrar o ativo permanente, prática que, como visto, desencoraja os investimentos. Tanto quanto a não cumulatividade plena, a desoneração sobre os investimentos reduzirá os custos sobre estes e permitirá a ampliação da capacidade produtiva e a implementação de novas tecnologias. Também se insere nessa perspectiva a desoneração das exportações.

O Brasil, por não assegurar um mecanismo de desoneração integral da cadeia exportadora, bem como pela falta de ressarcimento, termina por onerar e "exportar" tributos, prejudicando as empresas brasileiras no ambiente concorrencial internacional. No final de 2023, o STF decidiu, ao apreciar o RE 704.815, Tema 633, a respeito

---

[17] O art. 542 da LC 214/2025 prevê expressamente a revogação do art. 31 da Lei 10.865/2004 a partir de 1º de janeiro de 2027.

[18] Texto integralmente incluído pela EC 132/2023:
Art. 156-A. Lei complementar instituirá imposto sobre bens e serviços de competência compartilhada entre Estados, Distrito Federal e Municípios. [...]
V – a forma de desoneração da aquisição de bens de capital pelos contribuintes, que poderá ser implementada por meio de:
a) crédito integral e imediato do imposto;
b) diferimento; ou
c) redução em 100% (cem por cento) das alíquotas do imposto;

da pretensão do contribuinte de aproveitamento do crédito de ICMS decorrente das aquisições de materiais destinadas ao uso e consumo no estabelecimento industrial que exporta seus produtos com imunidade tributária.[19] A tese fixada foi a seguinte: "A imunidade a que se refere o art. 155, § 2º, X, *a*, CF, não alcança, nas operações de exportação, o aproveitamento de créditos de ICMS decorrentes de aquisições de bens destinados ao ativo fixo e uso e consumo da empresa, que depende de lei complementar para sua efetivação".

A EC 132/2023 pretende eliminar os tributos, incluindo impostos, taxas e contribuições, sobre os produtos e serviços destinados ao exterior, além de assegurar o referido ressarcimento. Na prática, atualmente, os créditos de ICMS, ou de IPI, dos exportadores acumulam-se, sobretudo por restrições impeditivas à sua utilização imediata, seja por dificultar ou retardar o reembolso, inclusive sem a devida correção, ou como, por exemplo, ao limitar determinadas hipóteses de transferências a terceiros. A lei complementar definirá as formas pelas quais a desoneração de bens de capital deverá ocorrer, com: a) crédito integral e imediato do imposto; b) diferimento; ou c) redução em 100% das alíquotas do imposto (art. 156-A, § 5º, V, da CF).

5.10. IMPLEMENTAÇÃO DE ALÍQUOTAS PADRÃO OU DE REFERÊNCIA

A EC 132/2023 permite a possibilidade de alíquotas uniformes em todo o território nacional. As alíquotas do IBS serão fixadas por cada ente federado, mas com parâmetros estabelecidos pelo Senado, devendo ter base ampla, com incidência sobre a generalidade de bens e serviços consumidos na economia, do tipo IVA (imposto sobre o valor adicionado ou agregado), e, por sua amplitude, naturalmente é vocacionado para ter somente uma ou poucas alíquotas para todas as operações com bens e serviços, com as exceções fixadas no próprio texto constitucional de modo a não legitimar a abertura de novas ressalvas por leis infraconstitucionais.

A pretensão inicial seria conferir uma alíquota única para todas as situações, mas ao longo do curso legislativo da proposta e do processo democrático, estabeleceu-se o regime de alíquota padrão, uma intermediária, ou reduzida, e uma zerada, aquelas com percentuais a serem definidos em lei. A implementação de alíquotas padronizadas, ou com o mínimo de regimes diferenciados e exceções permite uma série de implicações econômicas e sociais, cujas pretensões vão desde simplificar o sistema tributário, tornando-o mais eficiente e transparente, como diminuir a complexidade do sistema tributário e, em consequência, os custos de conformidade para os contribuintes e a

---

[19] Tributário. ICMS. Crédito. Bens de uso e consumo. Mercadorias destinadas à exportação. Emenda Constitucional n. 42/2003. Manutenção da sistemática do crédito físico. Tema 633 da sistemática da repercussão geral. A EC 42/2003 manteve a fórmula do crédito físico para fins de apropriação do ICMS. Possibilidade de a legislação complementar ampliar as possibilidades de compensação e de creditamento do ICMS, de maneira a adotar o crédito misto ou o crédito financeiro integralmente. Tese de repercussão geral fixada no sentido de que: "A imunidade a que se refere o art. 155, § 2º, X, *a*, CF/1988, não alcança, nas operações de exportação, o aproveitamento de créditos de ICMS decorrentes de aquisições de bens destinados ao uso e consumo da empresa, que depende de lei complementar para sua efetivação". Recurso extraordinário provido. RE 704.815, Dias Toffoli, rel. p/ ac. Min. Gilmar Mendes, Tribunal Pleno, j. 08.11.2023, Processo Eletrônico Repercussão Geral – Mérito *DJe*-s/n, divulg. 11.12.2023, public. 12.12.2023.

administração tributária, já que haveria menos regras e exceções para entender e aplicar. Por outro lado, dependendo de como as alíquotas são definidas, essa mudança pode ter um impacto redistributivo, potencialmente aumentando a carga tributária sobre alguns grupos econômicos, enquanto reduz para outros.

A simplificação do sistema tributário pode aumentar a eficiência econômica ao reduzir distorções no mercado e incentivar investimentos e a alocação eficiente de recursos. As alíquotas uniformes, por outro lado, não podem prejudicar ou desencorajar atividades econômicas, nem mesmo devem impor carga excessiva sobre os segmentos mais vulneráveis da população. Por isso, estabeleceu-se o instituto do *cashback*, que será visto posteriormente.

A implementação de alíquotas uniformes enfrentou resistência de grupos que possuem tratamentos fiscais específicos. Por isso, a reforma tributária teve um intenso debate com setores econômicos e da sociedade civil de modo a garantir legitimidade e alcance dos objetivos de equidade e promoção do desenvolvimento sustentável. Portanto, embora a ideia de alíquotas uniformes possa ser atraente por sua simplicidade, por outro lado, a carga tributária deve enxergar as realidades características das diversidades setoriais de modo a considerar o contexto socioeconômico mais amplo, motivo pelo qual é natural a instituição de regimes próprios e algumas alíquotas reduzidas.

A EC 132/2023 previu a prerrogativa de os entes federativos (Estados, Municípios e DF) fixarem a alíquota correspondente do IBS, e da CBS pela União, porém não a base de cálculo, que será uniforme em todo o país, e, além disso, as referidas alíquotas não podem variar entre quaisquer bens, direitos ou serviços, salvo as excepcionalidades constitucionalmente previstas. Por exemplo, se a alíquota estadual de referência do IBS for 11%, estabelecida pelo Senado Federal, o Estado correlato poderá reduzi-la para 10% ou aumentá-la para 12%, mas essa alíquota deverá ser aplicada a todas as operações, não sendo possível adotar uma alíquota maior ou menor somente para automóveis, geladeiras ou vestuário.

Portanto, cada Unidade Federada (Estados, Municípios e DF), além da União, terá sua alíquota de IBS e da CBS, respectivamente, conquanto a alíquota final do imposto será composta pela soma das alíquotas estadual e municipal (no caso do IBS) mais a incidência da CBS, sob alíquota determinada pela União. Se, por hipótese, a alíquota no Estado de Minas Gerais for 9% e a alíquota do Município de Belo Horizonte for 3%, e a da CBS for 12%, as vendas nesse Município terão incidência do IBS à alíquota de 12%, acrescida de mais 12% a título da contribuição do ente nacional, totalizando 24% do IVA Dual (IBS mais CBS).

5.11. NÃO CUMULATIVIDADE PLENA, BASE AMPLA E REGIME DE CRÉDITO FINANCEIRO

Uma das mais inovadoras mudanças paradigmáticas da reforma tributária promovida pela EC 132/2023 para o sistema fiscal brasileiro, capaz de transformar a dinâmica de tributação, e, verdadeiramente, implementar o modelo IVA, completamente desvirtuado pelas legislações do ICMS, do ISS e do PIS e da Cofins, é a não cumulatividade plena, com base ampla.

A reforma tributária promovida pela EC 132/2023 pretende deixar para trás a limitação de uso apenas do crédito físico, ou seja, aquele no qual a aquisição de produtos intermediários aplicados no processo produtivo somente dá direito ao crédito do ICMS se integrar fisicamente o produto final.[20] Ou do critério da essencialidade, aplicado à sistemática da não cumulatividade do PIS e da Cofins. Desde quando foi instituído o regime não cumulativo das referidas contribuições[21], veio à tona a discussão a respeito da extensão do conceito de insumos para fins de creditamento.

Entendeu-se, parte da doutrina e da jurisprudência firmadas, que a abordagem não cumulativa aplicada ao PIS e à Cofins distingue-se do modelo tradicionalmente usado para o ICMS e para o IPI, haja vista adotar o método subtrativo indireto. Ou seja, as empresas determinam a base tributável (ou receitas sujeitas à tributação) e aplicam as alíquotas estabelecidas por lei. Paralelamente, é necessário calcular a base de créditos conforme os gastos que a legislação permite que sejam convertidos em créditos, aplicando-se àqueles as alíquotas das contribuições. A diferença entre os créditos acumulados e os débitos apurados define o montante devido das contribuições ou um possível crédito remanescente. A controvérsia surgiu e assumiu possivelmente uma das maiores carteiras de litigância tributária a respeito do alcance de "bens e serviços usados como insumos" para efeitos de gerar créditos fiscais.

Ao longo dos anos, a Receita Federal do Brasil, ao aplicar a legislação atinente à espécie, regulamentou o assunto ao definir que insumos seriam as matérias primas, produtos intermediários, embalagens ou outros bens que passassem por modificações, como desgaste, dano ou perda de propriedades físicas ou químicas, em função da ação diretamente exercida sobre o produto fabricado. Em outras palavras, o Fisco federal, acolhendo a dinâmica atribuída ao IPI, embora sob uma lógica diversa por tratar-se de imposto sobre industrialização, conferiu para o PIS e a Cofins uma interpretação restrita no sentido de entender que somente bens ou serviços diretamente aplicados no processo produtivo poderiam ser considerados como insumos para os fins pretendidos de creditamento.

No âmbito do CARF[22], formaram-se três principais linhas de entendimentos. A primeira delas, fundamentada nas Instruções Normativas 247/2002 e 404/2004[23], equipara o conceito de insumo para fins de PIS e Cofins ao utilizado no IPI, permitindo créditos sobre bens e serviços usados diretamente na produção. Contrariamente a essa

---

[20] Agravo regimental no recurso extraordinário. Tributário. ICMS. Aquisição de produtos intermediários. Regime de crédito físico. Não integrantes do produto final. Creditamento. Impossibilidade. Ausência de ofensa ao princípio da não cumulatividade. 1. Não há incidência no caso em tela dos enunciados das Súmulas 279, 282, 356, 283, 284 e 287 do Supremo Tribunal Federal. 2. **A aquisição de produtos intermediários, sujeitos ao regime de crédito físico, aplicados no processo produtivo que não integram fisicamente o produto final não gera direito ao crédito de ICMS.** 3. O princípio constitucional da não cumulatividade é uma garantia do emprego de técnica escritural que evite a sobreposição de incidências, sendo que as minúcias desse sistema e o contencioso que daí se origina repousam na esfera da legalidade. 4. Agravo regimental não provido, com imposição de multa de 2% (art. 1.021, § 4º, do CPC). 5. Majoração da verba honorária em valor equivalente a 10% (dez por cento) do total daquela já fixada (art. 85, §§ 2º, 3º e 11, do CPC), observada a eventual concessão do benefício de gratuidade da justiça. RE 689001 AgR, Rel. Min. Dias Toffoli, 2ª T, j. 06.02.2018, Acórdão Eletrônico, *DJe*-036 , divulg. 23.02.2018, public. 26.02.2018.

[21] O regime não cumulativo do PIS e da Cofins foi instituído pelas Leis 10.637/2002 e 10.833/2003.

[22] O Conselho Administrativo de Recursos Fiscais (CARF) é um órgão paritário, de composição dividida entre representantes da Fazenda Nacional e dos contribuintes, representativos das categorias econômicas, vinculado ao Ministério da Fazenda, criado pela Lei 11.941, de 27 de maio de 2009.

[23] Superadas ou alteradas por IN's posteriores, entre as quais a IN 1.911/2019, IN 2.121/2022 e 2.152/2023.

visão, desenvolveu-se uma segunda linha interpretativa, que ampliava a definição de insumo para incluir qualquer custo ou despesa incorridos pela empresa, alinhando-se mais à concepção de despesas no contexto do IRPJ. Depois, apontou-se então uma terceira via, sob perspectiva intermediária, que não restringia o conceito de insumo aos itens diretamente empregados na fabricação, mas também não o expandia para abranger todas as despesas dedutíveis no cálculo do IRPJ. Segundo essa compreensão, insumos passaram a ser considerados como bens e serviços que desempenham um papel decisivo no processo produtivo. Essa interpretação acabou ganhando evidência e consolidou-se na jurisprudência do órgão administrativo.

A tendência da jurisprudência administrativa consolidou-se quando o STJ definiu que:

> (a) é ilegal a disciplina de creditamento prevista nas Instruções Normativas da SRF 247/2002 e 404/2004, porquanto compromete a eficácia do sistema de não cumulatividade da contribuição ao PIS e da Cofins, tal como definido nas Leis 10.637/2002 e 10.833/2003; e (b) o conceito de insumo deve ser aferido à luz dos critérios de essencialidade ou relevância, ou seja, considerando-se a imprescindibilidade ou a importância de determinado item – bem ou serviço – para o desenvolvimento da atividade econômica desempenhada pelo Contribuinte.

Para a Ministra Regina Helena, ao proferir voto no REsp 1.221.170/PR[24], a interpretação da Receita Federal transforma em "ficção" o princípio da não cumulatividade tributária, tendo em vista obrigar os contribuintes a pagarem PIS e Cofins de produtos usados na fabricação de suas mercadorias e na prestação de seus serviços. O tributo seria recolhido, portanto, duas vezes: uma na aquisição dos insumos e outra, na venda do produto final ou na prestação do serviço. A interpretação fazendária usa a "técnica própria dos impostos", que incide sobre renda e lucro, mas o PIS e a Cofins são contribuições sociais cujas bases de cálculo correspondem ao faturamento e, por conseguinte, "a técnica há de ser a de base sobre a base".

---

[24] [...] 1. Para efeito do creditamento relativo às contribuições denominadas PIS e Cofins, a definição restritiva da compreensão de insumo, proposta na IN 247/2002 e na IN 404/2004, ambas da SRF, efetivamente desrespeita o comando contido no art. 3º, II, da Lei 10.637/2002 e da Lei 10.833/2003, que contém rol exemplificativo.

2. O conceito de insumo deve ser aferido à luz dos critérios da essencialidade ou relevância, vale dizer, considerando-se a imprescindibilidade ou a importância de determinado item – bem ou serviço – para o desenvolvimento da atividade econômica desempenhada pelo contribuinte.

3. Recurso Especial representativo da controvérsia parcialmente conhecido e, nesta extensão, parcialmente provido, para determinar o retorno dos autos à instância de origem, a fim de que se aprecie, em cotejo com o objeto social da empresa, a possibilidade de dedução dos créditos relativos a custo e despesas com: água, combustíveis e lubrificantes, materiais e exames laboratoriais, materiais de limpeza e equipamentos de proteção individual-EPI.

4. Sob o rito do art. 543-C do CPC/1973 (arts. 1.036 e seguintes do CPC/2015), assentam-se as seguintes teses: (a) é ilegal a disciplina de creditamento prevista nas Instruções Normativas da SRF 247/2002 e 404/2004, porquanto compromete a eficácia do sistema de não cumulatividade da contribuição ao PIS e da Cofins, tal como definido nas Leis 10.637/2002 e 10.833/2003; e (b) o conceito de insumo deve ser aferido à luz dos critérios de essencialidade ou relevância, ou seja, considerando-se a imprescindibilidade ou a importância de determinado item – bem ou serviço – para o desenvolvimento da atividade econômica desempenhada pelo Contribuinte. REsp 1.221.170/PR, Rel. Min. Napoleão Nunes Maia Filho, Primeira Seção, j. 22.02.2018, *DJe* de 24.04.2018.

A exposição das divergentes interpretações e aplicações, nas breves linhas acima, acerca da não cumulatividade de alguns dos tributos sob disciplina da legislação até então em vigor, com anos contados, revela o enorme desafio de implementar a mecânica da não cumulatividade ampla e "irrestrita" prevista na EC 132/2023. A não cumulatividade plena é um conceito-chave, cuja compreensão pretende eliminar a incidência em cascata de tributos sobre as etapas anteriores da cadeia de produção e comercialização, permitindo que o imposto pago em cada etapa seja creditado nas etapas subsequentes, como visto. Isso é essencial para garantir que o imposto final seja sobre o valor adicionado em cada fase, evitando a tributação sobre tributos anteriores, o que pode levar a uma carga tributária mais elevada e distorções econômicas. Por exemplo, na fabricação de um produto, cada fornecedor na cadeia paga impostos sobre seus insumos. Sem a não cumulatividade plena, o imposto pago pelos fornecedores anteriores seria incorporado ao custo dos insumos do próximo fornecedor, resultando em uma tributação sobre tributos anteriores.

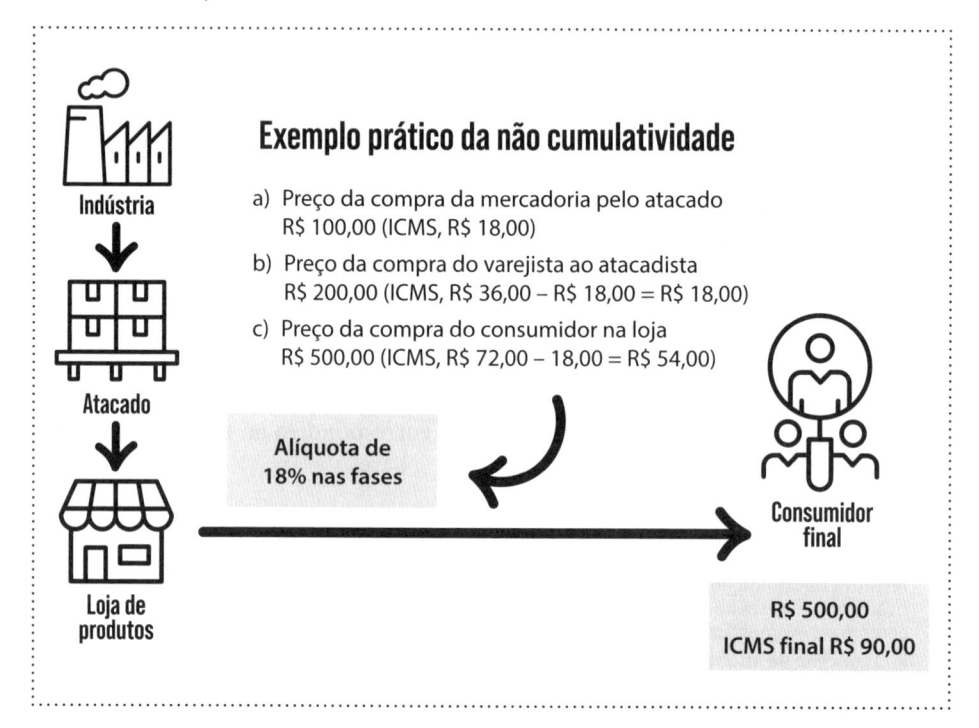

Exemplo prático da não cumulatividade

Indústria

a) Preço da compra da mercadoria pelo atacado
R$ 100,00 (ICMS, R$ 18,00)

b) Preço da compra do varejista ao atacadista
R$ 200,00 (ICMS, R$ 36,00 – R$ 18,00 = R$ 18,00)

c) Preço da compra do consumidor na loja
R$ 500,00 (ICMS, R$ 72,00 – 18,00 = R$ 54,00)

Atacado

Alíquota de 18% nas fases

Consumidor final

Loja de produtos

R$ 500,00
ICMS final R$ 90,00

Com a não cumulatividade plena, portanto, cada fornecedor pode creditar o imposto pago nos insumos contra o imposto devido em suas saídas, garantindo que o imposto final reflita apenas no valor adicionado naquela etapa. A implementação efetiva da não cumulatividade plena envolve desafios significativos, incluindo a necessidade de sistemas de registro e controle altamente informatizados e a garantia de que os créditos tributários sejam devolvidos de forma eficiente aos contribuintes que acumulam créditos superiores aos débitos tributários. Esses elementos são fundamentais para evitar a acumulação de créditos tributários que não possam ser utilizados, o que poderia desencorajar investimentos e afetar negativamente a economia.

5.12. *SPLIT PAYMENT*

O modelo de IVA, especialmente no Brasil, cujas diretivas foram desfiguradas (veja o caso do ICMS), mantém a regra da não cumulatividade, embora com limitações. A não cumulatividade, como visto, permite ao contribuinte compensar o montante do imposto pago na etapa antecedente com o tributo a ser recolhido na operação subsequente, de modo que a incidência ocorra exclusivamente sobre o valor adicionado, afastando o efeito cascata que o tributo poderia vir a ter.

Nessa prática, até o momento vigente, os entes públicos, destinatários da arrecadação do tributo, recebem-no, efetivamente, quando o contribuinte, na data final e no limite de apuração definida em lei, faz o encontro de contas em sua escrita fiscal, ou seja, débito (a recolher) *versus* crédito (tributo já pago na etapa anterior), na correspondente dinâmica de declarar, por se tratar de tributo sujeito a "autolançamento" e recolhê-lo. Na prática, os cofres públicos dos entes federados somente verão "a cor do dinheiro" ao final do cálculo e da apuração pelo contribuinte.

O *split payment* é uma técnica consistente no ingresso e na repartição imediata das receitas com os tributos aos entes públicos destinatários financeiros, sem ter que aguardar a apuração final pelo contribuinte. Ocorre o ingresso aos cofres públicos do tributo correspondente logo quando o adquirente paga pelo bem ou serviço, destinado ao fornecedor (vendedor). Isso quer dizer que, na sistemática do *split payment*, em outras palavras, no momento do pagamento pelo adquirente da correspondente operação econômica, o montante é dividido para: a) adimplemento da obrigação tributária subsequente, instantaneamente; enquanto a outra parcela de valor b) é direcionada ao fornecedor pelo pagamento do bem ou do serviço. Trata-se do que a literatura convencionou chamar de *split payment*, ou traduzido para o português, pagamento cindido ou dividido.

É um mecanismo utilizado em alguns sistemas tributários, especialmente neste contexto do IVA. Como visto, esse sistema permite que, no momento da transação, o valor do imposto seja separado do valor total da venda e direcionado diretamente à autoridade fiscal competente. Por exemplo, em uma venda onde o valor do produto é R$ 100,00, incluído nesse montante o imposto de R$ 20,00, no sistema de *split payment*, R$ 80,00 vão para o vendedor, enquanto os R$ 20,00 do imposto são diretamente transferidos para a conta do tesouro, em vez de passar primeiro pelo vendedor.

Isso contribui para reduzir a evasão fiscal, pois garante que o imposto seja coletado no momento da transação. Esse sistema é particularmente útil em setores nos quais existe um alto risco de sonegação fiscal ou mesmo em situações nas quais as empresas, por dificuldades financeiras, apropriam-se dos tributos para direcionar a cobrir outras despesas antes de repassá-los ao governo. Dessa forma, o tributo não transita pela conta da empresa, haja vista o recolhimento imediato ao tesouro público. A implementação, por outro lado, não é tão simples, pois exige sistemas de tecnologia de informação sofisticados e alterações nos processos de pagamento e faturamento tanto para as empresas quanto para as autoridades fiscais.

A tributação sobre o consumo, especialmente no modelo do ICMS, cuja competência é do contribuinte de regularmente declarar e recolher o imposto no período de apuração correspondente, reconhecidamente como tributo sujeito a lançamento por homologação ou "autolançamento", por anos, vem enfrentando vulnerabilidades fiscais, sobretudo pelos desafios de cobrança efetiva. Por isso, o modelo do *split payment*, inaugurado expressamente com a Reforma Tributária sobre o Consumo, apresenta-se como um instrumento relevante para assegurar o recolhimento dos tributos e diminuir a litigiosidade fiscal.

Na prática, duas das estratégias fraudulentas mais prevalentes no cotidiano das disputas tributárias, e muitas vezes criminal, incluem a geração de créditos tributários não genuínos, utilizando-se de documentos fiscais sem lastro real, ou seja, sem a efetiva ocorrência da operação comercial. E, a outra, é a inadimplência por parte de comerciantes considerados devedores contumazes, especialmente no ponto final da cadeia de circulação dos produtos e mercadorias.

Essas ações ilícitas não somente privam o governo de receitas públicas, mas também distorcem a dinâmica de mercado e da concorrência, prejudicando empresários que aderem às normas e observam o padrão de conformidade fiscal adequado. Para enfrentar esses desafios, a reforma introduziu não somente o *split payment*, como estabeleceu, no texto constitucional, a responsabilidade fiscal de terceiros não envolvidos propriamente nas transações, diga-se adquirente e fornecedor. As plataformas de vendas *online*, *marketplaces* e operadores de sistemas de pagamento, todos do ambiente do e-commerce, podem ser responsabilizados e convocados a assegurar efetivamente o recolhimento do tributo, não somente como responsáveis, mas como sujeitos passivos do imposto.[25]

5.13. ALÍQUOTAS DO TRIBUTO NO MODELO IVA

Um ponto de discussão desde o anteprojeto de lei até a aprovação da reforma tributária foi a previsão de alíquota única para o IVA brasileiro. Os entusiastas da PEC 45/2019, que deu origem à EC 132/2023, defenderam, desde o primeiro momento, a instituição de um tributo geral com alíquota única, não somente pela capacidade de simplificar o sistema tributário, com vistas a alcançar melhores índices de eficiência e redução das distorções econômicas. Segundo eles, a alíquota única promoveria a neutralidade fiscal, não interferindo nas decisões de investimento e de consumo, e ainda garantindo transparência, de modo a permitir que os contribuintes compreendam as correspondentes obrigações fiscais.

A uniformidade na alíquota, para alguns, também teria coparticipação no alcance da justiça fiscal, tratando todos os contribuintes de maneira equitativa, e, se bem estruturada, não afetaria negativamente a competitividade internacional do país, especialmente se os créditos fiscais fossem prontamente ressarcidos e as exportações desoneradas. Para tanto, como dito, a implementação da alíquota única dependeria ou deveria vir acompanhada de uma base tributária ampla e bem definida, para evitar perda de receita e assegurar que o sistema tributário pudesse cumprir seu papel de financiar as políticas públicas de forma eficiente e justa. A reforma tributária deve ser cuidadosa

---

[25] Art. 156-A [...] § 3º Lei complementar poderá definir como sujeito passivo do imposto a pessoa que concorrer para a realização, a execução ou o pagamento da operação, ainda que residente ou domiciliada no exterior.

para manter o equilíbrio entre simplicidade, eficiência, equidade e manutenção das fontes orçamentárias de receitas.

A previsão de uma variedade de alíquotas pressiona aqueles consumidores sujeitos a alíquotas nominais maiores, haja vista a participação em maior medida no "bolo" arrecadatório. Qualquer forma de alteração de alíquota uniforme, tais como reduções de base de cálculo, créditos financeiros, subvenções, regimes especiais e isenções, impõe que a conta seja paga por outro grupo, não beneficiário das medidas fiscais. Caso ocorra subtributação em determinados setores econômicos, necessariamente deverá ou está sendo compensada por uma tributação excessiva ou acima da média-padrão de outros setores e consumos. A moderação da alíquota padrão, geral, ou de referência, depende da eliminação do tratamento desigual imposto aos contribuintes, além da incidência sobre uma base ampla.

Por outro lado, a adoção de alíquotas diferenciadas de tributos para setores específicos, como saúde e educação, é uma prática comum em muitos sistemas tributários ao redor do mundo e tem como objetivo promover políticas públicas que incentivem o acesso e a qualidade desses serviços essenciais, constitucionalmente protegidos. No caso da saúde, a aplicação de alíquotas reduzidas ou até a isenção de impostos sobre medicamentos, equipamentos e serviços médicos visa tornar o acesso à saúde mais acessível a todas as camadas da população, reconhecendo a saúde como um direito fundamental e mitigando as desigualdades sociais. Além disso, incentiva o desenvolvimento e a inovação no setor, podendo resultar em avanços médicos e tecnológicos que beneficiam a sociedade como um todo.

Da mesma forma, no setor educacional, alíquotas de impostos reduzidas ou isenções fiscais para instituições de ensino, materiais didáticos e outros insumos educacionais visam promover a educação como um pilar fundamental para o desenvolvimento socioeconômico de um país. Essas políticas podem aumentar a acessibilidade e a qualidade da educação, incentivando um maior investimento em infraestrutura educacional e inovação pedagógica. Além disso, ao facilitar o acesso à educação de qualidade, essas medidas contribuem para a formação de uma força de trabalho mais qualificada, estimulando o crescimento econômico e a competitividade no cenário global. Portanto, as alíquotas diferenciadas para saúde e educação refletem uma escolha política para priorizar e investir nesses setores cruciais, reconhecendo sua função central no bem-estar geral e no progresso da sociedade. À frente, serão mencionadas as alíquotas diferenciadas para alguns setores específicos, conforme previsão da EC 132/2023.

5.14. CARGA TRIBUTÁRIA *X* PIB E CRONOGRAMA DE INSTITUIÇÃO

Todas as mudanças constitucionais e, visando evitar um aumento descontrolado da carga tributária relativamente ao IBS e a CBS, a reforma estabelece um teto para a elevação, correspondente a 12,5% do Produto Interno Bruto (PIB), com reavaliação a cada cinco anos. Caso esse limite seja ultrapassado, a alíquota de referência deverá ser reduzida, com o Tribunal de Contas da União encarregado do cálculo, baseado em dados dos entes federativos e do Comitê Gestor do IBS.

5.15. TETO DA CARGA TRIBUTÁRIA

Teto para carga tributária:
- trava para manter constante a carga tributária sobre o consumo;
- hoje, esse teto corresponderia a 12,5% do PIB;
- avaliação a cada 5 anos, com aplicação de uma fórmula para considerar a média da receita dos tributos sobre consumo e serviços entre 2012 e 2021;
- fórmula será calculada com base na relação entre a receita média e o Produto Interno Bruto (PIB, bens e serviços produzidos no país);
- caso o limite seja superado, a alíquota de referência terá de cair;
- redução calculada pelo Tribunal de Contas da União, com base em dados e informações prestados pelos entes federativos e Comitê Gestor do IBS.

As incidências tributárias interferem no planejamento e na estruturação de qualquer negócio ou atividade, compõem o preço dos bens e serviços e influenciam no modo como se comportam os agentes econômicos. Também os entes federados baseiam seus orçamentos com base na expectativa da arrecadação e, efetivamente, atuam a partir da receita tributária realizada. Por isso, a previsibilidade da carga tributária importa a toda a sociedade, o seu impacto é naturalmente uma preocupação constante nas discussões de qualquer reforma e não foi diferente no caso do percurso até a promulgação da EC 132/2023.

Não se pode afirmar que a neutralidade fiscal tenha alçado ao nível de princípio informativo de todo o Sistema Tributário Nacional, de modo a impedir o aumento da carga tributária de forma abstrata e genérica, mas passou a ser um critério determinante para a instituição e cobrança do IBS, imposto sobre bens e consumo que substituirá o ICMS e o ISS. Além disso, está assegurado aos serviços financeiros, que não remunerados por tarifas e comissões, que o IBS mantenha, até o final do quinto ano da entrada em vigor do regime, a carga tributária decorrente dos tributos extintos por esta reforma.

CF. Art. 156-A. Lei complementar instituirá imposto sobre bens e serviços de competência compartilhada entre Estados, Distrito Federal e Municípios.

§ 1º O imposto previsto no *caput* será informado pelo princípio da neutralidade e atenderá ao seguinte: [...]

EC 132. Art. 10. Para fins do disposto no inciso II do § 6º do art. 156-A da Constituição Federal, consideram-se:

I – serviços financeiros: [...]

§ 1º Em relação às instituições financeiras bancárias:

I – não se aplica o regime específico de que trata o art. 156-A, § 6º, II, da Constituição Federal aos serviços remunerados por tarifas e comissões, observado o disposto nas normas expedidas pelas entidades reguladoras;

II – os demais serviços financeiros sujeitam-se ao regime específico de que trata o art. 156-A, § 6º, II, da Constituição Federal, devendo as alíquotas e as bases de cálculo ser definidas de modo a manter, em caráter geral, até o final do quinto ano da entrada em vigor do regime, a carga tributária decorrente dos tributos extintos por esta Emenda Constitucional incidente sobre as operações de crédito na data de sua promulgação, e a manter, em caráter específico, aquela incidente sobre as operações relacionadas ao fundo de garantia por tempo de serviço, podendo, neste caso, definir alíquota e base de cálculo diferenciadas e abranger os serviços de que trata o inciso I deste parágrafo, não se lhes aplicando o prazo previsto neste inciso.

Como visto em capítulo próprio, tanto a CBS quanto o IBS deverão observar alíquotas de referência que serão fixadas pelo Senado Federal a partir da forma de cálculo e limites a serem definidos por lei complementar, desde que observada a manutenção da arrecadação dos entes federados advinda dos tributos atingidos pela reforma. O Tribunal de Contas da União deve realizar os cálculos e a fixação para cada exercício deve ser definida no ano anterior, sem necessidade de observância da anterioridade nonagesimal (art. 150, III, *c*, CF).

ADCT. Art. 130. Resolução do Senado Federal fixará, para todas as esferas federativas, as alíquotas de referência dos tributos previstos nos arts. 156-A e 195, V, da Constituição Federal, observados a forma de cálculo e os limites previstos em lei complementar, de forma a assegurar:

I – de 2027 a 2033, que a receita da União com a contribuição prevista no art. 195, V, e com o imposto previsto no art. 153, VIII, todos da Constituição Federal, seja equivalente à redução da receita:

a) das contribuições previstas no art. 195, I, *b*, e IV, e da contribuição para o Programa de Integração Social de que trata o art. 239, todos da Constituição Federal;

b) do imposto previsto no art. 153, IV; e

c) do imposto previsto no art. 153, V, da Constituição Federal, sobre operações de seguros;

II – de 2029 a 2033, que a receita dos Estados e do Distrito Federal com o imposto previsto no art. 156-A da Constituição Federal seja equivalente à redução:

a) da receita do imposto previsto no art. 155, II, da Constituição Federal; e

b) das receitas destinadas a fundos estaduais financiados por contribuições estabelecidas como condição à aplicação de diferimento, regime especial ou outro tratamento diferenciado, relativos ao imposto de que trata o art. 155, II, da Constituição Federal, em funcionamento em 30 de abril de 2023, excetuadas as receitas dos fundos mantidas na forma do art. 136 deste Ato das Disposições Constitucionais Transitórias;

III – de 2029 a 2033, que a receita dos Municípios e do Distrito Federal com o imposto previsto no art. 156-A seja equivalente à redução da receita do imposto previsto no art. 156, III, ambos da Constituição Federal.

§ 1º As alíquotas de referência serão fixadas no ano anterior ao de sua vigência, não se aplicando o disposto no art. 150, III, *c*, da Constituição Federal, com base em cálculo realizado pelo Tribunal de Contas da União.

> § 2º Na fixação das alíquotas de referência, deverão ser considerados os efeitos sobre a arrecadação dos regimes específicos, diferenciados ou favorecidos e de qualquer outro regime que resulte em arrecadação menor do que a que seria obtida com a aplicação da alíquota padrão.

Lei complementar deve dispor a forma com que, a partir de 2027, a União também deverá compensar Estados, Municípios e Distrito Federal por eventual redução na repartição de receitas decorrentes da cobrança do IPI, em razão de sua extinção, como regra geral.

> EC 132/2023. Art. 7º A partir de 2027, a União compensará eventual redução no montante dos valores entregues nos termos do art. 159, I e II, em razão da substituição da arrecadação do imposto previsto no art. 153, IV, pela arrecadação do imposto previsto no art. 153, VIII, todos da Constituição Federal, nos termos de lei complementar.
>
> § 1º A compensação de que trata o *caput*:
>
> I – terá como referência a média de recursos transferidos do imposto previsto no art. 153, IV, de 2022 a 2026, atualizada:
>
> a) até 2027, na forma da lei complementar;
>
> b) a partir de 2028, pela variação do produto da arrecadação da contribuição prevista no art. 195, V, da Constituição Federal, apurada com base na alíquota de referência de que trata o art. 130 do Ato das Disposições Constitucionais Transitórias; e
>
> II – observará os mesmos critérios, prazos e garantias aplicáveis à entrega de recursos de que trata o art. 159, I e II, da Constituição Federal.
>
> § 2º Aplica-se à compensação de que trata o *caput* o disposto nos arts. 167, § 4º, 198, § 2º, 212, *caput* e § 1º, e 212-A, II, da Constituição Federal.
>
> (...)
>
> ADCT. Art. 130. (...) § 9º Nos cálculos das alíquotas de que trata o *caput*, deverá ser considerada a arrecadação dos tributos previstos nos arts. 156-A e 195, V, da Constituição Federal, cuja cobrança tenha sido iniciada antes dos períodos de que tratam os incisos I, II e III do *caput*.
>
> § 10. O cálculo das alíquotas a que se refere este artigo será realizado com base em propostas encaminhadas pelo Poder Executivo da União e pelo Comitê Gestor do Imposto sobre Bens e Serviços, que deverão fornecer ao Tribunal de Contas da União todos os subsídios necessários, mediante o compartilhamento de dados e informações, nos termos de lei complementar.

Também foram instituídos mecanismos que buscam impedir o aumento da tributação sobre o consumo ao impor a redução da alíquota de referência a partir de fatores que mensuram o produto da arrecadação. São determinadas duas travas que têm por referência o PIB (Produto Interno Bruto). Mais precisamente, essa sistemática depende da análise de cinco conceitos formatados pela EC 132/2023 ao acrescentar o art. 130 ao ADCT:

a) **Teto de Referência da União:** a média da receita no período de 2012 a 2021, apurada como proporção do PIB, do imposto previsto no art. 153, IV, das contribuições previstas no art. 195, I, *b*, e IV, da contribuição para o Programa de Integração Social de que trata o art. 239 e do imposto previsto no art. 153, V, sobre operações de seguro, todos da Constituição Federal;

b) **Teto de Referência Total:** a média da receita no período de 2012 a 2021, apurada como proporção do PIB, dos impostos previstos nos arts. 153, IV, 155, II e 156, III, das contribuições previstas no art. 195, I, *b*, e IV, da contribuição para o Programa de Integração Social de que trata o art. 239 e do imposto previsto no art. 153, V, sobre operações de seguro, todos da Constituição Federal;

c) **Receita-Base da União:** a receita da União com a contribuição prevista no art. 195, V, e com o imposto previsto no art. 153, VIII, ambos da Constituição Federal, apurada como proporção do PIB;

d) **Receita-Base dos Entes Subnacionais:** a receita dos Estados, do Distrito Federal e dos Municípios com o imposto previsto no art. 156-A da Constituição Federal, deduzida da parcela a que se refere a alínea *b* do inciso II do *caput*, apurada como proporção do PIB;

e) **Receita-Base Total:** a soma da Receita-Base da União com a Receita-Base dos Entes Subnacionais, sendo essa última:

- multiplicada por 10 (dez) em 2029;
- multiplicada por 5 (cinco) em 2030;
- multiplicada por 10 (dez) e dividida por 3 (três) em 2031;
- multiplicada por 10 (dez) e dividida por 4 (quatro) em 2032;
- multiplicada por 1 (um) em 2033.

A primeira trava determina que a alíquota de referência da CBS será reduzida, em 2030, caso a média da Receita-Base da União (proporção da receita de CBS e Imposto Seletivo em relação ao PIB), em 2027 e 2028, exceda o Teto de Referência da União (média de 2012 a 2021 da receita de IPI, PIS, Cofins e IOF Seguros em relação ao PIB).

TETO DA CARGA TRIBUTÁRIA DA UNIÃO (2030)
CONDIÇÃO PARA REDUÇÃO DA ALÍQUOTA DE REFERÊNCIA DA CBS
CBS I IS / PIB (2027/2028) > IPI + PIS + COFINS + IOF Seguros / PIB (2012/2021)

A segunda trava determina que as alíquotas de referência da CBS e do IBS serão reduzidas, em 2035, caso a média da Receita-Base Total (proporção da receita de CBS, IS e IBS, menos os fundos estaduais, em relação ao PIB), entre 2029 e 2033, exceda o Teto de Referência Total (média de 2012 a 2021 da receita de IPI, PIS, Cofins, IOF Seguros, ICMS e ISS em relação ao PIB).

TETO DA CARGA TRIBUTÁRIA DE UNIÃO, ESTADOS, MUNICÍPIOS E DF (2035)
CONDIÇÃO PARA REDUÇÃO DAS ALÍQUOTAS DE REFERÊNCIA DA CBS E DO IBS
CBS + IBS / PIB (2029/2033) > IPI + PIS + COFINS + IOFSeg + ICMS + ISS / PIB (2012/2021)

Ambos os limites das alíquotas de referência estruturam um teto da carga tributária sobre o consumo. Em síntese, as alíquotas de referência serão reduzidas para se manter no teto, caso a arrecadação com o novo sistema tributário ultrapasse a média de arrecadação anteriormente auferida.

Os gráficos abaixo trazem duas perspectivas resumidas dos fatores a serem considerados para o teto da carga tributária.

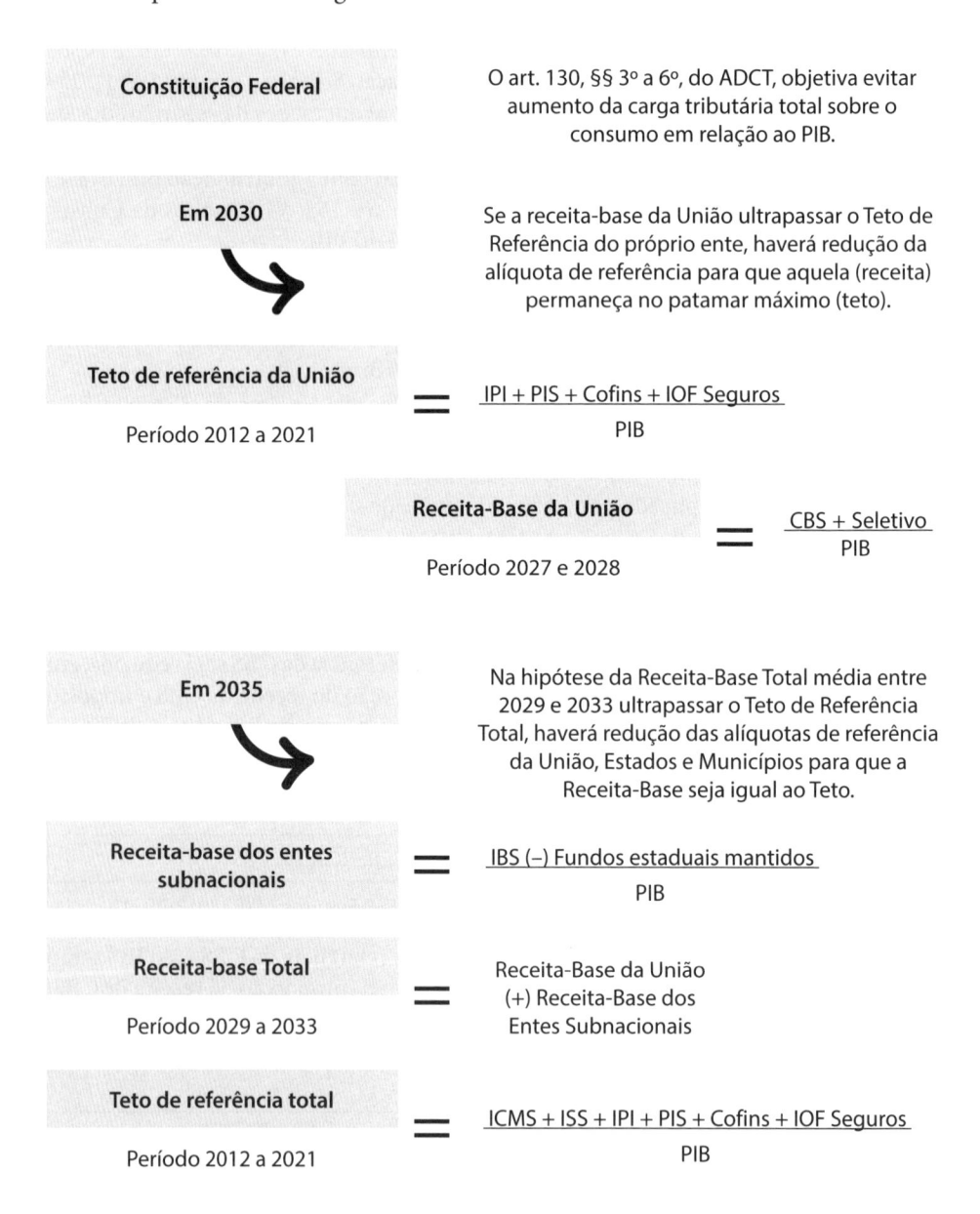

ADCT. Art. 130. (...)

§ 3º Para fins do disposto nos §§ 4º a 6º, entende-se por:

I – Teto de Referência da União: a média da receita no período de 2012 a 2021, apurada como proporção do PIB, do imposto previsto no art. 153, IV, das contribuições previstas no art. 195, I, b, e IV, da contribuição para o Programa de Integração Social de que trata o art. 239 e do imposto previsto no art. 153, V, sobre operações de seguro, todos da Constituição Federal;

II – Teto de Referência Total: a média da receita no período de 2012 a 2021, apurada como proporção do PIB, dos impostos previstos nos arts. 153, IV, 155, II e 156, III, das contribuições previstas no art. 195, I, b, e IV, da contribuição para o Programa de Integração Social de que trata o art. 239 e do imposto previsto no art. 153, V, sobre operações de seguro, todos da Constituição Federal;

III – Receita-Base da União: a receita da União com a contribuição prevista no art. 195, V, e com o imposto previsto no art. 153, VIII, ambos da Constituição Federal, apurada como proporção do PIB;

IV – Receita-Base dos Entes Subnacionais: a receita dos Estados, do Distrito Federal e dos Municípios com o imposto previsto no art. 156-A da Constituição Federal, deduzida da parcela a que se refere a alínea b do inciso II do caput, apurada como proporção do PIB;

V – Receita-Base Total: a soma da Receita-Base da União com a Receita-Base dos Entes Subnacionais, sendo essa última:

a) multiplicada por 10 (dez) em 2029;

b) multiplicada por 5 (cinco) em 2030;

c) multiplicada por 10 (dez) e dividida por 3 (três) em 2031;

d) multiplicada por 10 (dez) e dividida por 4 (quatro) em 2032;

e) multiplicada por 1 (um) em 2033.

§ 4º A alíquota de referência da contribuição a que se refere o art. 195, V, da Constituição Federal será reduzida em 2030 caso a média da Receita-Base da União em 2027 e 2028 exceda o Teto de Referência da União.

§ 5º As alíquotas de referência da contribuição a que se refere o art. 195, V, e do imposto a que se refere o art. 156-A, ambos da Constituição Federal, serão reduzidas em 2035 caso a média da Receita-Base Total entre 2029 e 2033 exceda o Teto de Referência Total.

§ 6º As reduções de que tratam os §§ 4º e 5º serão:

I – definidas de forma a que a Receita-Base seja igual ao respectivo Teto de Referência;

II – no caso do § 5º, proporcionais para as alíquotas de referência federal, estadual e municipal.

§ 7º A revisão das alíquotas de referência em função do disposto nos §§ 4º, 5º e 6º não implicará cobrança ou restituição de tributo relativo a anos anteriores ou transferência de recursos entre os entes federativos.

5.16. CRONOGRAMA DE INSTITUIÇÃO

O cronograma de instituição dos novos tributos, em substituição aos antigos, está definido pela emenda, começando em 2026 com previsão de término em 2033. Ao longo desse período, o Sistema Tributário Nacional estará sujeito a um regime de transição, no qual os novos tributos serão cobrados simultaneamente com os antigos a serem extintos de modo gradual. Essa transição progressiva deseja minimizar impactos bruscos na economia e permitir a adaptação dos contribuintes e do mercado como um todo, de forma calibrada, ou seja, diminui-se na mesma proporção que se aumenta os novos tributos.

IVA DUAL: IMPOSTO SOBRE BENS E SERVIÇOS (IBS) E CONTRIBUIÇÃO SOBRE BENS E SERVIÇOS (CBS)

6.1. FATO GERADOR, OPERAÇÕES NÃO ONEROSAS, FORNECIMENTOS SIMULTÂNEOS, NÃO INCIDÊNCIAS

O fato gerador do tributo é o liame entre a hipótese de incidência e a obrigação tributária, a descrição da situação de fato ou jurídica que constitui circunstância ou relação correspondente a uma da matriz de tributação, que pode ser baseada, em regra, no patrimônio, na renda ou no consumo e a partir da qual surge o dever de pagar tributo, que configura a obrigação tributária principal.

O art. 114 do CTN estabelece o fato gerador da obrigação principal como situação definida em lei que seja necessária e suficiente à sua ocorrência, embora, por vezes, use a mesma expressão para tratar do fato gerador imponível como da hipótese de incidência, que é a previsão legal em si de cada tributo. Mas, na sua essência, está mais detalhado, no art. 116, que o fato gerador é o momento em que se verifiquem as circunstâncias materiais necessárias a que produza os efeitos da situação de fato ou em que esteja definitivamente constituída a situação jurídica.[1]

A ideia de um IVA Dual consagrada pela Reforma Tributária sobre o Consumo tem o propósito de estabelecer duas incidências tributárias de mesmo fato gerador, o IBS e a CBS, que têm como materialidades os mesmos fatos geradores com a pretensão de compreender, amplamente, as diferentes operações que envolvam bens e serviços, sobre as quais incidirão a contribuição a cargo da União e o imposto de competência do destino, estado e município ou Distrito Federal.

Para tanto, a Lei Complementar que institui o IBS e a CBS reúne fatos e situações jurídicas que eram previstas para a incidência do Imposto sobre Operações relativas à Circulação de Mercadorias e sobre Prestações de Serviços de Transporte Interestadual e Intermunicipal e de Comunicação (ICMS) e do Imposto sobre Serviços de Qualquer Natureza (ISS), precipuamente operações onerosas relacionadas aos seus objetos, mas acrescenta, compondo uma base ampla de tributação, tanto operações onerosas antes não tributadas quanto operações não onerosas que especifica.

Para fins de incidência do IBS e da CBS, qualquer fornecimento com contraprestação é considerado como operação onerosa com bens ou serviços. O art. 4º da LC 214/2025, ao trazer esse conceito, deixa expressa a inclusão de operações que deixavam de ser fato gerador do ICMS e do ISS ou foram objeto de grandes controvérsias jurisprudenciais. A locação de bens móveis, por exemplo, não configura fato gerador de ICMS e foi alvo de longa discussão judicial nos tribunais superiores, até que o Supremo Tribunal Federal editou a Súmula Vinculante 31, segundo a qual "é inconstitucional a incidência do imposto sobre serviços de qualquer natureza – ISS sobre operações de locação de bens móveis".

A jurisprudência formou-se a partir da distinção entre a natureza da obrigação de dar, própria da locação de bens móveis, e a obrigação de fazer, inerente à prestação de serviços, sedimentada na definição do Tema 212 da Repercussão Geral, que afastou o imposto das operações de locação de bens móveis dissociadas da prestação de serviços.[2]

De modo expresso, assim como a locação, configuram fato gerador de IBS e CBS a alienação, inclusive compra e venda, troca ou permuta e dação em pagamento; licenciamento, concessão, cessão; mútuo; doação com contraprestação em benefício

---

[1]   Art. 114. Fato gerador da obrigação principal é a situação definida em lei como necessária e suficiente à sua ocorrência.

Art. 116. Salvo disposição de lei em contrário, considera-se ocorrido o fato gerador e existentes os seus efeitos:

I – tratando-se de situação de fato, desde o momento em que o se verifiquem as circunstâncias materiais necessárias a que produza os efeitos que normalmente lhe são próprios;

II – tratando-se de situação jurídica, desde o momento em que esteja definitivamente constituída, nos termos de direito aplicável.

Parágrafo único. A autoridade administrativa poderá desconsiderar atos ou negócios jurídicos praticados com a finalidade de dissimular a ocorrência do fato gerador do tributo ou a natureza dos elementos constitutivos da obrigação tributária, observados os procedimentos a serem estabelecidos em lei ordinária.

[2]   É inconstitucional a incidência do Imposto sobre Serviços de Qualquer Natureza (ISS) sobre operações de locação de bens móveis, dissociada da prestação de serviços. Tese definida no RE 626.706, Rel. Min. Gilmar Mendes, P, j. 08.09.2010, *DJe* 179 de 24.09.2010, Tema 212.

do doador; instituição onerosa de direitos reais e arrendamento, inclusive mercantil (art. 4º, § 2º, da LC).

Além das operações com bens, a prestação de serviços atrai a incidência do IVA Dual. Um ponto a se destacar sobre isso é que o conceito de serviços em si sempre foi alvo de muitas controvérsias entre fiscos e contribuintes. Enquanto o art. 156, III, da Constituição Federal atribui aos Municípios e ao Distrito Federal a competência para instituir o Imposto sobre Serviços de Qualquer Natureza (ISS), não compreendidos pela tributação sobre operações relativas ao ICMS, a Lei Complementar 116 estabelece regras gerais do ISS e como fato gerador a prestação de serviços constantes da sua lista anexa, ainda que esses não se constituam como atividade preponderante do prestador.

Os debates que surgiram desafiam essa estrutura normativa. A vinculação inicial e singela à compreensão de que serviços tributados são aqueles atrelados a uma obrigação de fazer, adotada de modo emblemático para afastar o ISS da locação, deixou de ser suficiente para as questões que se apresentam. Na definição do Tema 581 da Repercussão Geral, o Supremo definiu que as operadoras de planos de saúde realizam prestação de serviço sujeita ao imposto, adotou o entendimento de que o conceito de prestação de serviços não tem por premissa a configuração dada pelo Direito Civil, mas relacionado ao oferecimento de uma utilidade para outrem, a partir de um conjunto de atividades materiais ou imateriais, prestadas com habitualidade e intuito de lucro, podendo estar conjugada ou não com a entrega de bens ao tomador.[3]

A instituição da CBS e do IBS pretende afastar essas discussões ao considerar operação com serviços qualquer transação que não seja classificada como operação com bem. Inclusive, outro aspecto é que, de modo geral, são considerados irrelevantes para a caracterização das operações sujeitas aos novos tributos sobre o consumo (art. 4º, § 3º, da LC):

I – o título jurídico pelo qual o bem encontra-se na posse do fornecedor;
II – a espécie, tipo ou forma jurídica, a validade jurídica e os efeitos dos atos ou negócios jurídicos;
III – a obtenção de lucro com a operação;
IV – o cumprimento de exigências legais, regulamentares ou administrativas.

Disposições de tal natureza são evidentes diretrizes que mitigam a formalidade para fins de incidência tributária para dar mais espaço à verdade material, o que, sob o aspecto processual, tende a ser positivo, mas pode gerar incertezas no caso de o contribuinte ser autuado mesmo quando cumpridor das exigências legais, por exemplo, o que sugere um campo demasiadamente aberto de atuação da autoridade tributária.

A LC 214/2025 é expressa ao dispor que o IBS e a CBS incidem sobre qualquer operação com bem ou com serviço realizada pelo contribuinte, incluindo aquelas realizadas com ativo não circulante ou no exercício de atividade econômica não habitual, observado o disposto no § 4º do art. 57 desta Lei Complementar (art. 4º, § 4º,

---

3   RE 651703, Rel. Min. Luiz Fux, Tribunal Pleno, j. 29.09.2016, Processo Eletrônico, Repercussão Geral – Mérito. *DJe*-086 , divulg. 25.04.2017, public. 26.04.2017.

da LC), ou seja, "os bens e serviços que não estejam relacionados ao desenvolvimento de atividade econômica por pessoa física caracterizada como contribuinte do regime regular serão consideradas de uso ou consumo pessoal".

A legislação também dispõe sobre o método de aferição do fato gerador de operações simultâneas de diferentes bens e serviços que não recebam a especificação de cada um dos fornecimentos em separado para estabelecer que, alternativamente, serão aplicadas as mesmas regras do fornecimento principal aos demais considerados acessórios ou será aplicada a mesma alíquota ou o regime mais oneroso referente aos bens e serviços fornecidos nos demais casos. Essa disposição está contida no art. 7º da LC, ao prever que no "fornecimento de diferentes bens e de serviços em uma mesma operação, será obrigatória a especificação de cada fornecimento e de seu respectivo valor".

Não se aplica essa regra quando:

> I – todos os fornecimentos estiverem sujeitos ao mesmo tratamento tributário; ou
>
> II – algum dos fornecimentos puder ser considerado principal e os demais seus acessórios, hipótese em que se considerará haver fornecimento único, aplicando-se a ele o tratamento tributário correspondente ao fornecimento principal.

Considera-se tratamento tributário distinto caso os fornecimentos estejam sujeitos a regras diferentes em relação a incidência, regimes de tributação, isenção, momento de ocorrência do fato gerador, local da operação, alíquota, sujeição passiva e não cumulatividade. E, consideram-se fornecimentos acessórios aqueles que sejam condição ou meio para o fornecimento principal (art. 7º, §§ 1º e 2º, da LC).

Caso haja a cobrança unificada de diferentes fornecimentos em desacordo com o estabelecido na LC, cada fornecimento será considerado independente para todos os fins e a base de cálculo correspondente a cada um será arbitrada na forma do art. 13 da referida LC 214/2025 (art. 7º, § 3º, da LC).

As disposições normativas revelam a percepção de que o propósito do legislador é construir uma ampla base de incidência para conceituar como fato gerador do IBS e da CBS o maior conjunto de operações de bens e serviços, inclusive prestados sem a contraprestação e a onerosidade que são elementos precípuos da tributação sobre o consumo que a EC 132/2023 vem para substituir.

Outra novidade para sistema jurídico do consumo é a inclusão no rol dos fatos geradores operações tributáveis, ainda que não onerosas, alterando a base normativa da tributação do consumo para incluir operações que não tem inerente parâmetro quantitativo. São elas (art. 5º da LC):

> I – fornecimento não oneroso ou a valor inferior ao de mercado de bens e serviços, nas hipóteses previstas na LC 214/2025;
>
> II – fornecimento de brindes e bonificações;
>
> III – transmissões, pelo contribuinte, para sócio ou acionista que não seja contribuinte no regime regular, por devolução de capital, dividendos *in*

natura ou de outra forma, de bens cuja aquisição tenha permitido a apropriação de créditos pelo contribuinte, inclusive na produção; e

IV – demais fornecimentos não onerosos ou a valor inferior ao de mercado de bens e serviços por contribuinte a parte relacionada.

O art. 5º da LC 214/2025 considera *parte relacionada* "quando no mínimo uma delas estiver sujeita à influência, exercida direta ou indiretamente por outra parte, que possa levar ao estabelecimento de termos e de condições em suas transações que divirjam daqueles que seriam estabelecidos entre partes não relacionadas em transações comparáveis". Por isso, relativamente ao fornecimento não oneroso ou a valor inferior ao de mercado de bens e serviços para uso e consumo pessoal de parte considerada relacionada ocorre a incidência da CBS e do IBS (art. 5º, § 2º, da LC).

Para além do conceito geral de *parte relacionada*, o próprio art. 5º da LC 214/2025 define expressamente no § 3º hipóteses previamente enquadradas no alcance da expressão:

I – o controlador e as suas controladas;

II – as coligadas (a entidade que detenha influência significativa sobre outra entidade, conforme previsto nos §§ 1º, 4º e 5º do art. 243 da Lei nº 6.404, de 15 de dezembro de 1976;

III – as entidades incluídas nas demonstrações financeiras consolidadas ou que seriam incluídas caso o controlador final do grupo multinacional de que façam parte preparasse tais demonstrações se o seu capital fosse negociado nos mercados de valores mobiliários de sua jurisdição de residência;

IV – as entidades, quando uma delas possuir o direito de receber, direta ou indiretamente, no mínimo 25% (vinte e cinco por cento) dos lucros da outra ou de seus ativos em caso de liquidação (o regulamento poderá flexibilizar a exigência de verificação do valor de mercado nas operações entre partes relacionadas, desde que essas operações não estejam sujeitas a vedação à apropriação de créditos, no âmbito de programas de conformidade fiscal);

V – as entidades que estiverem, direta ou indiretamente, sob controle comum ou em que o mesmo sócio, acionista ou titular detiver 20% (vinte por cento) ou mais do capital social de cada uma;

VI – as entidades em que os mesmos sócios ou acionistas, ou os seus cônjuges, companheiros, parentes, consanguíneos ou afins, até o terceiro grau, detiverem no mínimo 20% (vinte por cento) do capital social de cada uma; e

VII – a entidade e a pessoa física que for cônjuge, companheiro ou parente, consanguíneo ou afim, até o terceiro grau, de conselheiro, de diretor ou de controlador daquela entidade.

A LC também define, para fins de compreensão de partes relacionadas, que o termo entidade compreende as pessoas físicas e jurídicas e as entidades sem personalidade jurídica (art. 5º, § 4º). E, ainda, a caracterização de relação de controle ocorre quando uma entidade: a) detiver, de forma direta ou indireta, isoladamente ou em conjunto com outras entidades, inclusive em função da existência de acordos de votos, direitos que lhe assegurem preponderância nas deliberações sociais ou o poder de eleger ou destituir a maioria dos administradores de outra entidade; b) participar, direta ou indiretamente, de mais de 50% (cinquenta por cento) do capital social de outra entidade; ou, c) deter ou exercer o poder de administrar ou gerenciar, de forma direta ou indireta, as atividades de outra entidade (art. 5º, § 5º).

São excepcionados da incidência da CBS e do IBS (art. 6º, LC): o fornecimento de serviços por pessoas físicas em decorrência de:

a) relação de emprego com o contribuinte; ou

b) sua atuação como administradores ou membros de conselhos de administração e fiscal e comitês de assessoramento do conselho de administração do contribuinte previstos em lei;

c) transferência de bens entre estabelecimentos pertencentes ao mesmo contribuinte, observada a obrigatoriedade de emissão de documento fiscal eletrônico, nos termos do inciso II do § 2º do art. 60 da LC 214/2025;

d) baixa, liquidação e transmissão, incluindo alienação, de participação societária, ressalvado o disposto no inciso III do *caput* do art. 5º da LC 214/2025;

e) transmissão de bens em decorrência de fusão, cisão e incorporação e de integralização e devolução de capital, ressalvado o disposto no inciso III do *caput* do art. 5º da LC 214/2025;

f) rendimentos financeiros, exceto quando incluídos na base de cálculo no regime específico de serviços financeiros de que trata o Capítulo II do Título V deste Livro e da regra de apuração da base de cálculo prevista no inciso II do § 1º do art. 12 da LC 214/2025;

g) recebimento de dividendos e de juros sobre capital próprio, de juros ou remuneração ao capital pagos pelas cooperativas e os resultados de avaliação de participações societárias, ressalvado o disposto no inciso III do *caput* do art. 5º da LC 214/2025;

h) demais operações com títulos ou valores mobiliários, com exceção do disposto para essas operações no regime específico de serviços financeiros;

i) doações sem contraprestação em benefício do doador;

j) transferências de recursos públicos e demais bens públicos para organizações da sociedade civil constituídas como pessoas jurídicas sem fins lucrativos no País, por meio de termos de fomento, termos de colaboração, acordos de cooperação, termos de parceria, termos de execução descentralizada, contratos de gestão, contratos de repasse, subvenções, convênios e demais instrumentos celebrados pela administração pública direta, por autarquias e por fundações públicas;

k) destinação de recursos por sociedade cooperativa para os fundos previstos no art. 28 da Lei nº 5.764, de 16 de dezembro de 1971, e reversão dos recursos dessas reservas; e

l) o repasse da cooperativa para os seus associados dos valores decorrentes das operações previstas no *caput* do art. 271 da LC 214/2025 e a distribuição em dinheiro das sobras por sociedade cooperativa aos associados.

Das hipóteses acima, a não incidência da CBS e do IBS sobre operações contidas nos itens c) a g) dependem da condição de não constituírem, na essência, operação onerosa com bem ou com serviço (art. 6º, § 1º, da LC). Essa disposição, sobretudo porque não aponta circunstâncias essenciais que autorizam a desconsideração do ato não tributável, merece atenção porque sua redação sugere uma norma antielisão a permitir a censura da autoridade fiscal de práticas lícitas tendentes à redução da carga tributária e que não se confundem com a ocultação de fato gerador que configura evasão fiscal.[4]

Além de aspectos já apontados sobre alterações normativas relativas à maior relativização da forma na configuração do fato gerador (art. 4º, § 3º, da LC) e à disposição notadamente antielisiva para exigência de IBS e CBS (art. 6º, § 1º, da LC), o cenário normativo que se apresenta pode indicar novas luzes sobre outras estruturas tributárias.

O Sistema Tributário Nacional é informado por correntes doutrinárias acerca da composição da regra matriz ou da hipótese de incidência que apontam para a composição da tributação a partir de requisitos, critérios ou elementos que precisam ser muito bem definidos para compor a quadra da legalidade que legitima o poder de tributar estatal.

O critério material dita o fato gerador, comportamento ou circunstância que dá concretude à previsão legal, o que é tributado. Os critérios temporal e especial, respectivamente, estabelecem quando e onde é considerada a ocorrência desse fato gerador. Esses três são pilares do antecedente na norma. Já o consequente é composto pelo elemento quantitativo, que mensura o quanto é devido, e pelo critério pessoal, que indica as sujeições ativa e passiva.[5]

De modo objetivo, são parâmetros que determinam em razão do que alguém passa a dever para determinado poder público certa quantia a título de específico tributo. Esse é, portanto, um método objetivo e pragmático de estruturação, compreensão e controle no qual se baseia a pretensão que autoriza o Estado a avançar sobre a propriedade privada com balizas constitucionais, econômicas e processuais que instrumentalizam a relação jurídico-tributária.

As normas gerais da Reforma Tributária sobre o Consumo trazem luzes que, por vezes, afastam a organização sedimentada dessas ideias. A materialidade, estampada em fato gerador que, comumente, esteve atrelada a uma ação, agora está multifacetada em uma diversidade de ações ou mesmo descrições que deixam de estar necessariamente ligadas a determinada prática e ganham um amplo campo de incidência. Nessa amplitude, considerar alternativamente como momento do fato gerador o fornecimento ou o pagamento retira a objetividade e formalidade do fato imponível e da materialidade tributária, além do que a incidência tributária, mesmo com o pagamento parcial an-

---

[4]   Nesse sentido é o voto da Ministra Cármen Lúcia no julgamento da ADI 2.446 que recebeu a seguinte ementa:
Ementa: Ação direta de inconstitucionalidade. Lei complementar n. 104/2001. Inclusão do parágrafo único ao art. 116 do Código Tributário Nacional: norma geral antielisiva. Alegações de ofensa aos princípios da legalidade, da legalidade estrita em direito tributário e da separação dos poderes não configuradas. Ação direta julgada improcedente (ADI 2.446, Rel. Min. Cármen Lúcia, Tribunal Pleno, j. 11.04.2022, Processo Eletrônico, *DJe*-079, divulg. 26.04.2022, public. 27.04.2022).

[5]   CARVALHO, Paulo de Barros. *Curso de direito tributário*. São Paulo: Saraiva, 2005. p. 248.

tecipado, antes mesmo da operação, desconfigura ou desloca o núcleo do fato gerador para o exterior da própria operação com bem ou serviço (art. 10 da LC).

Além disso, outro ponto é que a tributação sobre operações não onerosas deixa de atrelar a obrigação tributária diretamente ao critério quantitativo inerente à operação, porque não mais é exigida a comprovação de uma operação mercantil, a contraprestação. Quando, na definição do Tema 1.099 da Repercussão Geral,[6] declarou a inconstitucionalidade da incidência de ICMS na transferência de mercadorias entre estabelecimentos da mesma pessoa jurídica – operação que não está sujeita ao IVA Dual –, o STF adotou como premissas, mas não suficientes para a incidência tributária, a circulação física e/ou econômica, nos termos do voto do relator Ministro Edson Fachin:

> Conforme voto no RE 593.824/SC, de minha relatoria, julgado em Plenário no dia 27 de abril de 2020, em que discorri sobre demanda de potência elétrica e ICMS, a circulação de mercadorias apta a desencadear a tributação por meio de ICMS demanda a existência de um negócio jurídico oneroso que envolve a transferência da titularidade de uma mercadoria de um alienante a um adquirente.
>
> A hipótese de incidência do tributo é, portanto, a operação jurídica praticada por comerciante que acarrete circulação de mercadoria e transmissão de sua titularidade ao consumidor final. A operação somente pode ser tributada quando envolve essa transferência, a qual não pode ser apenas física e econômica, mas também jurídica.

A dispensa da onerosidade deixa disforme, ao livre critério do legislador infraconstitucional, o aspecto econômico a ser considerado nessa operação como base de cálculo e elemento quantitativo da relação tributada. Essa abertura na regra de incidência, mas especificamente no seu elemento material, distancia a métrica do elemento quantitativo diretamente relacionado como de costume. Mesmo o rol das operações tidas como onerosas pela Lei Complementar (art. 4º, § 2º) altera a racionalidade de base historicamente adotada pelo sistema na medida em que operações como o mútuo e a doação com contraprestação estão expressamente listadas quando, não exatamente podem exprimir um valor financeiro contraprestacional, além do que fica sob questão a legítima e razoável mensuração da capacidade contributiva.

O mútuo, por exemplo, porque, nos termos do art. 586 do Código Civil, é o empréstimo de coisas fungíveis em razão do qual o mutuário é obrigado a restituir ao mutuante o que dele recebeu em coisa do mesmo gênero, qualidade e quantidade. Já a doação com contraprestação em benefício do doador não necessariamente envolve obrigação financeira, que reflita critério quantitativo da regra matriz.

Os detalhamentos do fator gerador da CBS e do IBS pela Lei Complementar trazem novidades ao sistema tributário do consumo e desafiam ou, ao menos, podem impor uma flexibilização desse sistema e precisam ter seus impactos práticos monitorados em prestígio a princípios trazidos ou reforçados pela reforma, tais como a simplificação, mas também em irrestrita observância à legalidade e à segurança jurídica e todos os seus consectários legais. As funções de aplicação, interpretação e solução de litígios

---

6   ADC 49 ED, Rel. Min. Edson Fachin, Tribunal Pleno, j. 19.04.2023, Processo Eletrônico, *DJe*-s/n , divulg. 14.08.2023, public. 15.08.2023.

tributários sobre o fato gerador, assim como muitos outros pontos decorrentes da EC 132/2023 e suas disposições complementares, terão papel fundamental que indicarão em que medida, de fato, está em construção um sistema tributário novo e inovador.

6.2. ASPECTOS GERAIS: POR LEI COMPLEMENTAR, BASE AMPLA DE INCIDÊNCIA, TRIBUTAÇÃO NO DESTINO, OPERACIONALIZAÇÃO

A Reforma Tributária sobre o Consumo, como dito, trata da substituição do ICMS, ISS, PIS e Cofins, além do IPI, pela sistemática de tributação conhecida como Imposto sobre Valor Agregado (IVA), nominalmente designado pela EC 132/2023 por IBS e CBS, por isso chamado de IVA Dual. A Constituição não cria tributos, mas outorga competência para instituição, observadas as condicionantes estabelecidas no texto constitucional, segundo Paulo de Barros Carvalho.[7]

As normas constitucionais introduzidas pela EC 132/2023 definem um desenho principiológico, com certo grau regrativo, conceituado a partir de novos critérios, entre os quais tributação no destino, neutralidade, não cumulatividade plena e base ampla de incidência. A LC 214/2025 estabelece efetivamente a instituição do IBS e da CBS, na expressa dicção do art. 1º.[8]

José Souto Maior Borges, um conterrâneo, uma das vozes da literatura tributária mais destacada, por quem tenho admiração pela profunda produção científica, foi um dos poucos contrários a Paulo de Barros Carvalho nesse aspecto, uma vez que defendia que a Constituição instituía, sim, o própria tributo, cujas palavras revelam a premissa: "no *iter* jurídico, no processo de estruturação, entre o momento da outorga constitucional da competência tributária e o da criação do tributo pela lei tributária material da pessoa política competente". Ainda segundo essa percepção, "a visão separatista entre a outorga constitucional de competência tributária e a criação do tributo em lei ordinária é essencialmente uma visão estática de um fenômeno que somente pode ser adequadamente estudado à luz de uma perspectiva dinâmica".[9]

Partindo desse ponto de vista, a Constituição, ao mencionar os tributos e dividir a competência tributária – parte integrante do poder de tributar –, não concede aos entes federativos apenas um rótulo vazio, sem significado ou importância, como se fosse uma mera expressão sem valor, desprovida de elementos essenciais, *mero flatus vocis*. Se assim fosse, não seria possível compatibilizar o critério meramente nominal como um dos pilares fundamentais do sistema constitucional tributário, que é sustentado pelo princípio da rigidez.

Prevalece, contudo, em nosso sistema constitucional, de acordo com a jurisprudência do Supremo Tribunal Federal, que a Constituição Federal estabelece as normas

[7] CARVALHO, Paulo de Barros. *Curso de direito tributário*. 33ª ed. revista e atualizada. São Paulo: Saraiva, 2022.

[8] Art. 1º Ficam instituídos: I – o Imposto sobre Bens e Serviços (IBS), de competência compartilhada entre Estados, Municípios e Distrito Federal, de que trata o art. 156-A da Constituição Federal; e II – a Contribuição Social sobre Bens e Serviços (CBS), de competência da União, de que trata o inciso V do *caput* do art. 195 da Constituição Federal.

[9] BORGES, José Souto Maior. *A fixação em lei complementar das alíquotas máximas do imposto sobre serviços*. São Paulo: Resenha Tributária, 1975. p. 4.

gerais sobre tributos e distribui a competência tributária entre as diferentes esferas de governo (União, Estados, Distrito Federal e Municípios). A instituição específica de tributos, portanto, é realizada por meio de lei no plano infraconstitucional. Em reiteradas decisões, o STF revela a necessidade de lei específica para a criação de tributos, conforme os princípios estabelecidos pela Constituição, que distribui as competências tributárias entre as Unidades Federadas, mas a criação efetiva dos tributos depende de lei que confira as especificidades e os contornos da tributação.[10] Conclui-se que a Constituição Federal distribui a competência tributária e estabelece os princípios gerais da tributação, mas a instituição efetiva de tributos é feita por meio de leis no plano infraconstitucional, com observância dos princípios constitucionais.

No caso do IBS e da CBS, ora tratados sob o mesmo padrão disciplinar, a LC 214/2025 estabelece um conjunto abrangente de diretrizes e normas ao longo de mais de quinhentos artigos. A referida lei define as hipóteses de não incidência, especificando as situações em que esses tributos não serão aplicáveis. Além disso, determina fato gerador, ou seja, os eventos que dão origem à obrigação tributária, bem como a sujeição passiva, identificando os contribuintes responsáveis pelo pagamento. A lei também compreende as bases de cálculo, determinando os critérios para a quantificação dos tributos devidos, e assegura o princípio da não cumulatividade, permitindo que créditos sejam compensados com débitos em determinadas condições. Ademais, prevê regimes específicos, diferenciados e favorecidos para setores ou atividades específicas, introduz mecanismos como o *cashback*, que permite a devolução parcial do tributo ao contribuinte, e o *split payment*, que distribui o pagamento entre diferentes entes federativos de forma automática.

A CF prevê que a *legislação será única e uniforme em todo o território nacional*, salvo a fixação em lei específica das correspondentes alíquotas por cada ente federativo para incidência nas operações destinadas a contribuintes e consumidores situados em seu território. A CF, como visto, evidencia a necessidade de um regime geral e padronizado de IBS e CBS para todo o território nacional, em texto único, de modo que eventuais modificações supervenientes devem ser realizadas no próprio texto, não sendo admissíveis regulamentações extravagantes autônomas, em normas esparsas, dispersas, disseminadas pelo ordenamento jurídico.

Os arts. 156-A, § 1º, I, e 195, § 16, da CF, estabelecem que esses tributos terão **incidência ampla** sobre bens materiais e imateriais, direitos e serviços, com base em regras previstas na Lei Complementar. Há, ainda, previsão expressa de que incidirão também sobre a importação de bens materiais ou imateriais, inclusive direitos, ou de

---

[10] RE 573.232/SC. Neste caso, o STF afirmou que a criação de novos tributos depende de lei específica: "a instituição de tributos, além de observar o princípio da legalidade, deve respeitar os limites e diretrizes fixados pela Constituição". Na ADI 1.923/DF, o STF decidiu que a competência para instituir contribuições de intervenção no domínio econômico (Cide) está condicionada à edição de lei específica: "A Constituição distribui a competência tributária entre os entes federados, mas a criação efetiva dos tributos depende de lei que detalhe os contornos da tributação". No RE 138.284/SP, o STF reafirmou que "a instituição de tributos pela União, Estados, Distrito Federal e Municípios deve ser feita mediante lei complementar ou ordinária, conforme a matéria, observando as normas constitucionais".

serviços, quando realizada [a importação] por pessoa física ou jurídica, ainda que não seja sujeito passivo habitual do imposto, qualquer que seja a sua finalidade.[11]

A LC 214/2025, no art. 3°, estabelece cinco blocos de definições categóricas para a interpretação e aplicação de suas disposições, com a pretensão de proporcionar clareza e uniformidade na aplicação da lei, abrangendo conceitos de I – bens; II – fornecimento; III – fornecedores; IV – adquirentes; e V – destinatários. Para a lei, o termo "bem" é definido de maneira abrangente, incluindo tanto bens materiais quanto imateriais, compreendendo também direitos, de modo que alcance uma ampla inclusão tributária. O parágrafo único do referido artigo estabelece, ainda, para fins da Lei Complementar, que se equiparam a bens materiais as energias que tenham valor econômico.

A LC 214/2025 equipara energia a bens materiais por algumas razões, especialmente ante as transformações econômicas e sob efeito de questões regulatórias, sobretudo pelo propósito da racionalidade econômica. A energia, embora intangível, é essencial para a produção e o consumo, assim como os bens materiais, além de revelar uma forma simplificada de tratamento tributário uniforme, também com pareamento ao tratamento dado pelos padrões internacionais, visando que a energia seja tratada de maneira equivalente a outros bens essenciais, haja promoção da competitividade setorial, sob ambiente previsível e favorável ao investimento no setor energético, além da sustentabilidade, com incentivo ao uso e à produção de energias renováveis, alinhando-se com as metas de desenvolvimento sustentável.

O conceito de "fornecimento" é considerado em três categorias: a) entrega ou disponibilização de bem material, ou seja, compreende a entrega física de bens tangíveis; b) bens imateriais e direitos ao incluir a instituição, aquisição, transferência, cessão, concessão, licenciamento ou disponibilização de bens imateriais e direitos, com vistas a alcançar a complexidade das transações modernas; c) prestação de serviços pela oferta ou disponibilização de serviços, demonstrando a abrangência do fornecimento no contexto econômico atual.

O "fornecedor" é definido como qualquer entidade, residente ou domiciliada no Brasil ou no exterior, que realize o fornecimento, incluindo: a) pessoa jurídica, ou seja, empresas e outras organizações com personalidade jurídica; b) entidades sem personalidade jurídica, incluindo sociedades em comum, sociedades em conta de participação, consórcios, condomínios e fundos de investimento; c) pessoa física relativamente a indivíduos que realizem fornecimento. Já o "adquirente" é aquele que tem a obrigação de pagamento ou qualquer outra forma de contraprestação pelo fornecimento de bens ou serviços, incluindo a obrigação direta de pagamento, sendo pelo indivíduo ou entidade diretamente responsável pelo pagamento, ou, ainda, pelo pagamento por conta de terceiros, quando é por conta ou em nome de quem a obrigação de pagamento é realizada.

---

[11] O propósito é superar definitivamente a tese de não incidência do imposto, como no caso do ICMS, na importação de bens por pessoa física ou jurídica que não seja contribuinte do imposto (Súmula 660/ STF). Atualmente, a jurisprudência do Supremo definiu que o ICMS não pode incidir na importação realizada por não contribuinte antes da edição da EC 33/2001, sendo indispensável a fixação em lei complementar nacional, e também local, que estabeleçam a exigência do imposto. Ver Temas 171 e 1.094 do STF.

E, por fim, no âmbito das definições pela LC 214/2025, o "destinatário", considerado como aquele a quem é fornecido o bem ou serviço, podendo ou não ser o próprio adquirente.

Como regra geral, *não será objeto de concessão de incentivos e benefícios financeiros ou fiscais relativos ao imposto ou de regimes específicos, diferenciados ou favorecidos de tributação, excetuadas as hipóteses previstas* na CF. Trata-se da característica nominada pela literatura estrangeira de *máxima generalidade*, e, por isso, os benefícios fiscais em sede de IBS e CBS devem ser considerados excepcionais, ou, se preferir, como dito por Clotilde Palma, professora do Centro de Investigação de Direito Europeu, Econômico, Financeiro e Fiscal, excepcionalíssimos, dado que a própria definição de benefício fiscal implica o caráter excepcional, devendo, portanto, ser objeto de interpretação restrita.[12]

A respeito da base ampla de incidência sobre o consumo, atualmente, as unidades federadas partilham, e na prática disputam, espaços de tributação, haja vista as pulverizadas regras de competências até então constitucionalmente definidas. De forma geral, sobre o consumo, os Estados e o DF tributam as operações de circulação de mercadorias e de dois serviços: os de telecomunicação e os de transporte interestadual (ICMS), enquanto os Municípios assumem a base de serviços (ISSQN) e a União a de consumo de produtos industrializados (IPI), bem como da receita bruta dos contribuintes pessoas jurídicas (PIS e Cofins).

A incidência do Programa de Integração Social (PIS) e da Contribuição para o Financiamento da Seguridade Social (Cofins) sobre a receita bruta é considerada uma forma de tributação sobre o consumo, haja vista a apuração dar-se com base no faturamento das empresas, em regra, derivado da venda de bens e serviços. Ou seja, indiretamente, essas contribuições são repassadas ao consumidor final, pois os custos tributários são embutidos nos preços dos produtos e serviços. Essa é uma característica típica dos tributos sobre o consumo: são cobrados das empresas, conquanto o ônus financeiro tem impacto sobre os consumidores que adquirem os correspondentes bens e serviços.

Trata-se, portanto, de uma base de incidência tributária extremamente partida, fragmentada, legislativamente disseminada entre os entes políticos nacional (União) e subnacionais (Estados, DF e Municípios), que, na prática, ocasiona uma série de disputas interfederativas, instituindo uma espécie, que ora intitulo de *federalismo de animosidade* e não de cooperação, como pretendia a Constituição ao ser promulgada. Além disso, sob outra perspectiva, as Unidades Federativas corroem suas próprias bases de incidência ao conferir uma série de benefícios tributários, tais como subvenções, renúncias, desonerações, alíquotas zero, com o propósito de atrair investimentos para a região.[13]

Em pesquisa ao repertório de jurisprudência do STF, sob esse segundo aspecto, ao lançar a expressão "guerra fiscal" no sistema de busca são indicados, aproximadamente, 350 acórdãos a respeito da temática, sendo praticamente todos eles sobre a concessão

---

[12] PALMA, Clotilde Celorico. Introdução ao imposto sobre o valor acrescentado. 6. ed. *Cadernos do IDEFF*. Coimbra: Almedina, 2023. p. 25.

[13] Ao competir uns com os outros, Municípios e Estados reduzem a sua própria receita financeira e, no fim das contas, não possuem orçamento suficiente para cobrir as despesas públicas relativas à saúde, segurança e educação, por exemplo.

de benefícios fiscais por Estados sem respaldo do consenso alcançado no âmbito do Conselho Nacional de Política Fazendária (Confaz). O termo "guerra fiscal" vem sendo utilizado pela doutrina brasileira para identificar a situação litigiosa entre as Unidades da Federação em razão da concessão, de forma unilateral, de benefícios fiscais.[14-15]

O enfrentamento litigioso ocorre não somente entre Estados, como nas hipóteses permissivas de benefícios fiscais indevidamente concedidos, sem lastro em convênio Confaz, mas, também, entre estado e município. O STF, no Tema 590, com repercussão geral reconhecida, a respeito da incidência de ISS sobre contratos de licenciamento ou de cessão de programas de computador (*software*) desenvolvidos para clientes de forma personalizada, entendeu, na oportunidade, ser constitucional a cobrança do referido imposto no licenciamento ou na cessão de direito de uso de programas de computação desenvolvidos de forma customizada para clientes, nos termos do subitem 1.05 da lista anexa à LC 116/2003.[16]

Ao longo de muitos anos, várias demandas judiciais tinham como objeto a definição acerca da sujeição ativa para instituição e cobrança de ISS ou ICMS sobre licenciamento ou cessão do direito de uso de programa de computador. É mercadoria ou não? Trata-se de direito de uso de bem incorpóreo? E se for a circulação de exemplares de programas de computador produzidos em série e comercializados no varejo (*softwares* "de prateleira" *[off the shelf]*)? O Plenário do Supremo, ao apreciar as ADIs 1.945 e 5.659 em 2021, entendeu que as operações relativas ao licenciamento ou ces-

---

[14]   A concessão de incentivos fiscais sem fundamentação em convênios firmados entre as Unidades da Federação, à unanimidade, no âmbito do Confaz, viola a Lei Complementar 24/1975. Os entes prejudicados têm recorrido ao STF com o objetivo de declarar a inconstitucionalidade das leis estaduais concessivas dos benefícios. A desvantagem para o estado está, sobretudo, na esfera da concorrência econômica para gerar mais produtividade e, com isso, renda e emprego para a população.

[15]   São reproduzidas duas ementas de julgados sobre o assunto:
Ação direta de inconstitucionalidade. 2. Lei 15.054/2006 do Estado do Paraná que restabelece benefícios fiscais no âmbito dos programas Bom Emprego, Paraná Mais Emprego e Desenvolvimento Econômico, Tecnológico e Social do Paraná (Prodepar). 3. Vício de iniciativa. Matéria tributária. Inexistência de iniciativa exclusiva do chefe do Executivo. Precedentes. 4. Violação do art. 14 da Lei de Responsabilidade Fiscal. Afronta ao art. 163, I, da Constituição Federal. Impossibilidade de adoção de dispositivos infraconstitucionais como parâmetro de controle. Precedentes. 5. Inexistência de violação à isonomia. 6. Causa de pedir aberta. Ofensa à alínea *g* do inciso XII do § 2º do art. 155 da Constituição ("guerra fiscal"). Concessão unilateral de benefício fiscal no âmbito do ICMS. Inconstitucionalidade. Precedentes. 7. Ação direta de inconstitucionalidade julgada procedente. ADI 3.796, Rel. Min. Gilmar Mendes, Tribunal Pleno, j. 08.03.2017, Processo Eletrônico, *DJe*-168, divulg. 31.07.2017, public. 1º.08.2017.
[...] 1. O pacto federativo reclama, para a preservação do equilíbrio horizontal na tributação, a prévia deliberação dos Estados-membros para a concessão de benefícios fiscais relativamente ao ICMS, na forma prevista no art. 155, § 2º, XII, *g*, da Constituição e como disciplinado pela Lei Complementar n. 24/1975, recepcionada pela atual ordem constitucional. 2. *In casu*, padece de inconstitucionalidade formal a Lei Complementar n. 358/2009 do Estado do Mato Grosso, porquanto concessiva de isenção fiscal, no que concerne ao ICMS, para as operações de aquisição de automóveis por oficiais de justiça estaduais sem o necessário amparo em convênio interestadual, caracterizando hipótese típica de guerra fiscal em desarmonia com a Constituição Federal de 1988. 3. A isonomia tributária (CF, art. 150, II) torna inválidas as distinções entre contribuintes "em razão de ocupação profissional ou função por eles exercida", máxime nas hipóteses nas quais, sem qualquer base axiológica no postulado da razoabilidade, engendra-se tratamento discriminatório em benefício da categoria dos oficiais de justiça estaduais. 4. Ação direta de inconstitucionalidade julgada procedente. ADI 4.276, Rel. Min. Luiz Fux, Tribunal Pleno, j. 20.08.2014, Acórdão Eletrônico, *DJe*-181, divulg. 17.09.2014, public. 18.09.2014.

[16]   A LC 116/2003 tem previsão de ser revogada, em definitivo, a partir de 1º de janeiro de 2033 pela LC 214/2025, com a entrada em vigor do IBS, em substituição ao ISS. (art. 543, da LC).

são do direito de uso de software, seja ele padronizado ou elaborado por encomenda, devem sofrer a incidência do ISS, e não do ICMS.[17]

Além do mais, são apontados "alguns buracos" normativos de incidência. Por exemplo, operações de locação de bens móveis, antes da instituição do IBS, não se submetem à tributação, haja vista antigo entendimento proferido pelo STF.[18] Diversas atividades, com isso, ficaram de fora, por exemplo, locação de veículos automotores, ou, ainda, de maquinários, postes, cabos, dutos e condutos de qualquer natureza, por si sós, não geram tributação do ISS. Para o Supremo, deve-se fazer a distinção entre locação de bens móveis (obrigação de dar ou de entregar) e prestação de serviços (obrigação de fazer), motivo pelo qual a legislação tributária municipal não pode alterar a definição e o alcance de conceitos de Direito Privado (art. 110, CTN). Firmou-se, em vista disso, a tese contida na Súmula Vinculante 31, de que: "É inconstitucional a

---

[17]   O STF, nessas duas ADIs, modulou os efeitos da decisão para atribuir eficácia *ex nunc*, a contar de 03.03.2021, data em que foi publicada a ata de julgamento das correspondentes ADIs 1.945 e 5.659, ressalvadas as seguintes situações: a) as ações judiciais já ajuizadas e ainda em curso em 02.03.2021; b) as hipóteses de bitributação relativas a fatos geradores ocorridos até 02.03.2021, nas quais será devida a restituição do ICMS recolhido, respeitado o prazo prescricional, independentemente da propositura de ação judicial até aquela data; c) as hipóteses relativas a fatos geradores ocorridos até 02.03.2021 em que não houve o recolhimento do ISS ou do ICMS, nas quais será devido o pagamento do imposto municipal, respeitados os prazos decadencial e prescricional. Houve a fixação da seguinte tese de julgamento: "É inconstitucional a incidência do ICMS sobre o licenciamento ou cessão do direito de uso de programas de computador".

Ação direta de inconstitucionalidade. Direito Tributário. Lei n. 7.098, de 30 de dezembro de 1998, do Estado de Mato Grosso. ICMS-comunicação. Atividades-meio. Não incidência. Critério para definição de margem de valor agregado. Necessidade de lei. Operações com programa de computador (*software*). Critério objetivo. Subitem 1.05 da lista anexa à LC n. 116/2003. Incidência do ISS. Aquisição por meio físico ou por meio eletrônico (*download, streaming* etc.). [...] 4. O legislador complementar, amparado especialmente nos arts. 146, I, e 156, III, da Constituição Federal, buscou dirimir conflitos de competência em matéria tributária envolvendo *softwares* elencando, no subitem 1.05 da lista de serviços tributáveis pelo ISS anexa à LC n. 116/2003, o licenciamento e cessão de direito de uso de programas de computador. É certo, ademais, que, conforme a Lei n. 9.609/1998, o uso de programa de computador no País é objeto de contrato de licença. 5. Associa-se a isso a noção de que *software* é produto do engenho humano, é criação intelectual. Ou seja, é imprescindível a existência de esforço humano direcionado para a construção de um programa de computador (obrigação de fazer), não podendo isso ser desconsiderado quando se trata de qualquer tipo de *software*. A obrigação de fazer também se encontra presente nos demais serviços prestados ao usuário, como, v.g., o *help desk* e a disponibilização de manuais, atualizações e outras funcionalidades previstas no contrato de licenciamento. 6. Igualmente há prestação de serviço no modelo denominado *software-as-a--Service* (SaaS), o qual se caracteriza pelo acesso do consumidor a aplicativos disponibilizados pelo fornecedor na rede mundial de computadores, ou seja, o aplicativo utilizado pelo consumidor não é armazenado no disco rígido do computador do usuário, permanecendo online em tempo integral, daí por que se diz que o aplicativo está localizado na nuvem, circunstância atrativa da incidência do ISS. [...] 8. Modulam-se os efeitos da decisão nos termos da ata do julgamento. ADI 1.945, Rel. Min. Cármen Lúcia, rel. p/ ac. Min. Dias Toffoli, Tribunal Pleno, j. 24.02.2021, Processo Eletrônico, *DJe*-096, divulg. 19.05.2021, public. 20.05.2021.

[18]   Tributo. Figurino Constitucional. A supremacia da Carta Federal é conducente a glosar-se a cobrança de tributo discrepante daqueles nela previstos. Imposto Sobre Serviços. Contrato de locação. A terminologia constitucional do Imposto Sobre Serviços revela o objeto da tributação. Conflita com a Lei Maior dispositivo que imponha o tributo considerado contrato de locação de bem móvel. Em Direito, os institutos, as expressões e os vocábulos têm sentido próprio, descabendo confundir a locação de serviços com a de móveis, práticas diversas regidas pelo Código Civil/1916, cujas definições são de observância inafastável – art. 110 do CTN/1966. RE 116.121, Rel. Min. Octavio Gallotti, red. p/ o ac. Min. Marco Aurélio, P, j. 11.10.2000, *DJ* de 25.05.2001.

incidência do imposto sobre serviços de qualquer natureza – ISS sobre operações de locação de bens móveis".

E não foi tão fácil assim encerrar definitivamente as discussões entre Fiscos municiais e contribuintes. É que se iniciaram, por conseguinte, pedidos de afastamento de aplicação da Súmula Vinculante 31 do STF quando a locação de bens móveis ocorra, concomitante, com a prestação de serviços. Nessas hipóteses, a posição do Supremo, em convergência à anterior, foi no sentido de que o ISS somente pode ser cobrado em relações contratuais complexas se a locação de bens móveis estiver claramente segmentada da prestação de serviços, seja no que diz com o seu objeto, seja no que concerne ao valor específico da contrapartida financeira.[19-20]

O mais inquietante, nesse contexto jurisprudencial, inclusive para fins de segurança jurídica, é que o Supremo, no julgamento do RE 547.245 e do RE 592.905, alguns anos depois, ao permitir a incidência do ISS nas operações de *leasing* financeiro e *leaseback*, compreendeu a interpretação do conceito de "serviços" no texto constitucional como um sentido mais amplo do que tão somente vinculado ao conceito de "obrigação de fazer", vindo a superar seu precedente, em que decidira pela adoção do conceito de serviço sinteticamente apegado numa obrigação de fazer. Para o STF, a finalidade dessa classificação (obrigação de dar e obrigação de fazer) não resiste totalmente àquela que o legislador constitucional pretendeu alcançar, ao elencar os serviços no texto constitucional tributáveis pelos impostos (por exemplo, ICMS sobre serviços de comunicação; IOF sobre serviços financeiros e securitários; e, residualmente, os demais serviços de qualquer natureza pelo ISS).

Ainda nessa abordagem, o Supremo prosseguiu na definição de um conceito mais elástico para serviços ao incluir *todas as atividades empresariais cujos produtos fossem serviços, bens imateriais em contraposição aos bens materiais, sujeitos a remuneração no mercado* e, portanto, *o conceito de prestação de serviços não tem por premissa a configuração dada pelo Direito Civil, mas relacionado ao oferecimento de uma utilidade para outrem, a partir de um conjunto de atividades imateriais, prestados com habitualidade e intuito de lucro, podendo estar conjugada ou não com a entrega de bens ao tomador.*

Outros temas, outrossim, foram objeto de intenso debate, por anos, até se alcançar definitivamente a pacificação pelo Supremo. Veja-se o caso da incidência do ISS sobre a prestação de serviços pelas operadoras de planos privados de assistência à saúde

---

13   Rcl 14.290 AgR, Rel. Min. Rosa Weber, P, j. 22.05.2014, *DJe* 118 de 20.06.2014.

20   A Súmula Vinculante 31 não exonera a prestação de serviços concomitante à locação de bens móveis do pagamento do ISS. 2. Se houver ao mesmo tempo locação de bem móvel e prestação de serviços, o ISS incide sobre o segundo fato, sem atingir o primeiro. 3. O que o agravante poderia ter discutido, mas não o fez, é a necessidade de adequação da base de cálculo do tributo para refletir o vulto econômico da prestação de serviço, sem a inclusão dos valores relacionados à locação. Agravo regimental ao qual se nega provimento. ARE 656.709 AgR, Rel. Min. Joaquim Barbosa, 2ª T., j. 14.02.2012, *DJe* 48 de 08.03.2012.

     Ocorre que a caracterização de parte da atividade como prestação de serviços não pode ser meramente pressuposta, dado que a constituição do crédito tributário é atividade administrativa plenamente vinculada, que não pode destoar do que permite a legislação (proibição do excesso da carga tributária) e o próprio quadro fático (motivação, contraditório e ampla defesa). [...] Assim, as autoridades fiscais não estão impedidas de exercer plenamente as faculdades que lhes confere a legislação para identificar precisamente quais receitas referem-se à prestação de serviços e quais receitas referem-se à isolada locação de bens móveis. AI 758.697 AgR, voto do Rel. Min. Joaquim Barbosa, 2ª T, j. 06.04.2010, *DJe* 81 de 07.05.2010.

(plano de saúde e seguro-saúde)[21]; a sublocação ou cessão secundária de direito de uso de espaços publicitários[22]; e a cessão do direito de uso de marca.[23]

Uma discussão mais recente, entre tantas outras a respeito da materialidade do ISS, é relativamente à incidência sobre a hospedagem de qualquer natureza em hotéis, *apart-service* condominiais, flat, apart-hotéis, hotéis residência, *residence-service*, suíte *service*, hotelaria marítima, motéis, pensões e congêneres, além da ocupação por temporada com fornecimento de serviço. Em outras palavras, insurge-se contra a definição de hospedagem de qualquer natureza na lista de serviços para fins de tributação pelo ISS.

Segundo argumentado pelo proponente, a relação negocial de hotelaria teria similaridade à locação de bem imóvel, mas, em contrapartida, de outro lado, sustenta-se que a utilidade consiste, em essência, no alojamento temporário e a sua função típica é a hospitalidade retribuída, por isso não seria correto o enquadramento da hospedagem como uma obrigação de dar, porquanto não se depreende dela, para fins tributários, unicamente uma locação da unidade habitacional pelo preço vertido na diária. Para o Supremo:

> É inadequado o decote da base de cálculo do Imposto sobre Serviços de qualquer Natureza com a finalidade de excluir a parcela referente à locação da unidade habitacional, porque a circulação econômica de serviço vertida no contrato de hospedagem tem caráter singular, justificando-se a partir de sua visualização unitária, logo é inviável a cisão apriorística de modo a retirar da base imponível desse imposto municipal a fração relativa à locação da unidade habitacional. Desse modo, é assente a orientação jurisprudencial segundo a qual todas as parcelas que integram o preço do serviço de hotelaria compõem a base de cálculo do ISS.[24]

A pretensão da EC 132/2023, ao instituir uma base ampla de incidência tributária, tanto para o IBS como para a CBS, sobre bens materiais e imateriais, direitos e serviços, de modo a contemplar Estados, DF e Municípios, é eliminar o contexto até então de autodestruição das próprias receitas financeiras, além da permanente situação belicosa entre os entes políticos.

---

[21]   RE 651.703, voto do Rel. Min. Luiz Fux, P, j. 29.09.2016, *DJe* 86 de 26.04.2017, Tema 581.

[22]   Em verdade, o Tribunal de origem entendeu que a sublocação de espaços para a veiculação de propaganda não poderia ser considerada agenciamento publicitário. [...] Conforme orientação consolidada da Súmula Vinculante 31, é inconstitucional a incidência do ISS sobre operação de locação de bens móveis. Ainda que o fato em exame fosse interpretado como cessão de direito, a mesma orientação apontada na Súmula Vinculante 31 seria aplicável. Portanto, o Tribunal de origem não afirmou pura e simplesmente que a lista de serviços não poderia ter interpretação extensiva. Tão somente examinou o quadro fático para lhe dar interpretação jurídica que não sofre a incidência do conceito de serviço de propaganda. AI 854.553 ED, voto do Rel. Min. Joaquim Barbosa, 2ª T, j. 28.08.2012, *DJe* 197 de 08.10.2012.

[23]   Por fim, ressalte-se que há alterações significativas no contexto legal e prático acerca da exigência de ISS, sobretudo após a edição da LC 116/2003, que adota nova disciplina sobre o mencionado tributo, prevendo a cessão de direito de uso de marcas e sinais na lista de serviços tributados, no item 3.02 do Anexo. Essas circunstâncias afastam a incidência da Súmula Vinculante 31 sobre o caso, uma vez que a cessão do direito de uso de marca não pode ser considerada locação de bem móvel, mas serviço autônomo especificamente previsto na LC 116/2003. Rcl 8.623 AgR, voto do Rel. Min. Gilmar Mendes, 2ª T, j. 22.02.2011, *DJe* 45 de 10.03.2011.

[24]   ADI 5.764, Rel. Min. André Mendonça, Tribunal Pleno, j. em 02.10.2023, Processo Eletrônico, *DJe*-s/n, divulg. 11.10.2023, public. 16.10.2023.

Uma doutrina resistente, e talvez ainda inconformada com a reforma tributária, sobretudo pelo tom empregado, provoca uma reflexão crítica sobre a extensão do conceito aberto de "operação com serviços", que não esteja sujeita às operações com bens materiais e imateriais, inclusive direitos, e se pergunta, abro aspas: "Serviço pode ser dar carona a um amigo? Entrar de férias? Coçar a cabeça? Dormir depois do almoço? Tais ações não são operações com bens, logo podem ser definidas como serviços?". Reconhece o próprio autor não se tratar de fenômenos submetidos à tributação, sobretudo porque não são reveladores de capacidade contributiva.[25]

Entram na mira da tributação os "signos presuntivos" por referirem-se à presunção de riqueza ou benefício econômico que justifique a cobrança de um tributo pelo Estado. Esses símbolos são critérios estabelecidos pela legislação para identificar situações ou transações que indiquem capacidade contributiva, servindo como base para incidência tributária. A ideia é que certos fatos ou circunstâncias, considerados pela lei, mas não irreais ou desenquadrados da realidade econômica-social, indiquem a possibilidade de contribuição ao sistema. A legislação sempre deverá guardar relação com a qualidade ou estado de ser pertinente, no sentido de apropriado ao contexto, por isso, inimagináveis hipóteses de incidência no âmbito de "operação com serviços" sobre atividades ou tarefas habituais, afazeres diários.

Para que se considere a existência de prestação de serviços para fins de incidência dos referidos tributos, naturalmente, deverá existir enquadramento como **atividade econômica** e, de outro lado, um **consumo**. Ou seja, para que se esteja diante de uma prestação de um serviço para efeitos de tributação pelo IBS e pela CBS é necessário que haja efetivamente o exercício de uma atividade econômica, pois, caso contrário, será inaceitável a imposição fiscal sob invocação da natureza negativa do conceito de prestação de serviços. Deve haver, portanto, substrato econômico e consumo para que haja tributação. Por outro lado, não se pode invocar subjetividade na interpretação relacional, haja vista a atividade definir-se por si mesma, independentemente dos fins ou resultados.

Certamente devem surgir, como aconteceu nos diversos países adotantes de um modelo IVA, discussões a respeito da incidência sobre determinadas operações com bens e serviços. Por exemplo, a tributação das operações que revelem caráter indenizatório. Os tribunais europeus, nesse caso, ao interpretarem a legislação atinente à espécie, concluíram, como esperava-se, que a lesão a qualquer interesse sem caráter remuncratório, por se destinarem a reparar um dano, não são tributáveis em IVA, na medida em que não têm subjacente a transmissão de bens ou uma prestação de serviços.

O amadurecimento evolutivo, bem como o refinamento do Sistema Tributário Nacional por vir, agora sob o modelo repaginado, passará, com certeza, pelo ajuste fino das normas e a correção de possíveis ambiguidades ou injustiças na aplicação do IBS e da CBS. Advirão alguns embates e será preciso acompanhar as interpretações jurídicas e os posicionamentos dos tribunais para garantir que a tributação sobre bens e serviços, com o advento da reforma, seja aplicada de maneira clara e coerente com os princípios econômicos e sociais. A transparência e a previsibilidade nas regras fiscais promovem maior confiança entre os contribuintes, e também contribuem para

---

[25] MACHADO SEGUNDO, Hugo de Brito. *Reforma tributária comentada e comparada*: Emenda Constitucional 132, de 20 de dezembro de 2023. 1. ed. Barueri/SP: Atlas, 2024. p. 131 (E-Book).

a estabilidade econômica e a eficácia da arrecadação tributária. É, por meio da construção interpretativa, sob contínuos diálogos profissional e acadêmico, submetidos à análise crítica, que se pode edificar um sistema tributário eficiente e equitativo capaz de atender às necessidades do Estado e da sociedade.

O IBS e a CBS foram criados para onerar apenas o consumo final de bens e serviços, de forma que a tributação será realizada no destino do bem comercializado ou do serviço prestado, e será vedada a inclusão do valor dos tributos em suas próprias bases de cálculo, a denominada tributação "por dentro". No entanto, será permitida a incidência sobre o valor correspondente ao Imposto Seletivo, o qual será tratado em tópico próprio. Agora, o Sistema Tributário Nacional, ao menos relativamente à tributação sobre o consumo, pauta-se pela aplicação do princípio do destino, no qual o imposto pertencerá aos entes destinatários dos bens e serviços, que pode ser o local da entrega, disponibilização ou localização do bem, ou, ainda, o domicílio ou a localização do adquirente, conquanto nas operações envolvendo a prestação de serviços, o destino poderá ser o local da prestação ou disponibilização do serviço, bem como da localização ou domicílio do destinatário.

Dinâmica do IBS e da CBS

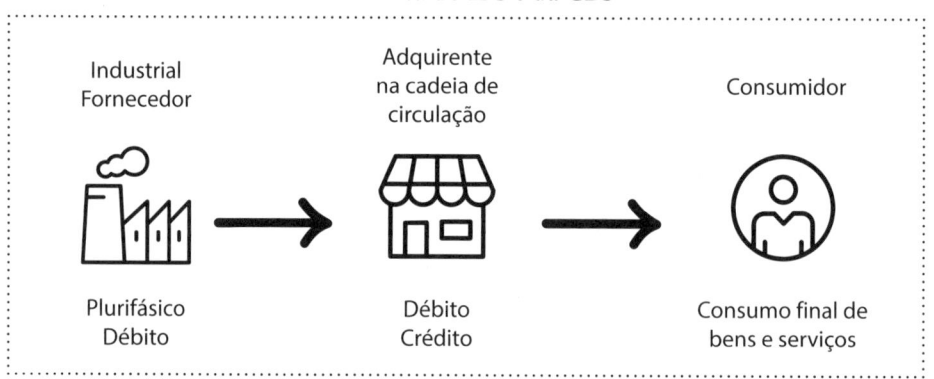

A EC 132/2023 trouxe a previsão de não cumulatividade ampla, a fim de assegurar que os valores correspondentes aos tributos pagos nas etapas anteriores da cadeia sejam integralmente compensados na etapa subsequente. Essa modalidade de tributação faz surgir o direito ao crédito em favor do contribuinte e um regime de compensação financeira, dentro de uma dinâmica de geração de débitos e créditos. Como regra, o valor do IBS e da CBS incidente sobre determinada operação corresponderá ao crédito a ser abatido na apuração do montante devido na operação subsequente. O aproveitamento desses créditos poderá ficar condicionado à verificação do efetivo pagamento dos valores na etapa anterior, de acordo com os termos a serem em lei complementar.

O prazo para o ressarcimento de saldos credores do IBS e da CBS é tratado em lei complementar. No caso do IBS, o produto de sua arrecadação somente será repassado aos Estados, Distrito Federal e Municípios após a retenção, pelo Comitê Gestor, dos saldos credores acumulados não compensados pelos contribuintes ou não ressarcidos. Esse mecanismo de retenção visa assegurar que os créditos tributários dos contribuintes sejam devidamente apurados e compensados antes da distribuição dos recursos arrecadados, garantindo assim uma maior equidade e justiça fiscal.

A definição dos prazos e condições para ressarcimento dos saldos credores é fundamental para a estabilidade e previsibilidade do sistema tributário e está tratada na LC 214/2025 sob critérios objetivos de compensação e ressarcimento desses saldos, incluindo os procedimentos administrativos necessários, prazos máximos para a análise dos pedidos de ressarcimento, e mecanismos de fiscalização e controle para evitar fraudes e abusos.

Na prática, deve-se assegurar um procedimento transparente e acessível aos contribuintes, proporcionando-lhes segurança jurídica e confiança na administração tributária. A retenção dos saldos credores acumulados não compensados ou não ressarcidos pelo Comitê Gestor é uma medida importante para assegurar que os Estados, o Distrito Federal e os Municípios recebam apenas os recursos líquidos efetivamente disponíveis, evitando a distribuição de valores que ainda estejam sujeitos a ajustes e compensações. Isso porque os recursos, depois que ingressam nos cofres públicos, certamente serão consumidos por uma infinidade de despesas orçamentárias. Esse procedimento contribui para uma gestão mais eficiente e responsável dos recursos públicos, permitindo que os entes federativos planejem e executem suas políticas públicas com base em receitas efetivamente disponíveis.

Não estarão sujeitas à incidência dos tributos as operações de exportação, conquanto as importações sejam tributadas. A desoneração das exportações visa estimular a competitividade dos produtos nacionais no mercado internacional, favorecendo o crescimento das exportações e a entrada de divisas.

Também serão desoneradas da incidência dos tributos as operações com energia e telecomunicações. Essa desoneração decorre de anos de discussão, no âmbito do ICMS, acerca da essencialidade desses produtos para a população. Em 2021, o Supremo Tribunal Federal deu fim à controvérsia ao decidir que a cobrança de alíquota do ICMS superior a 17% sobre as operações de fornecimento de energia elétrica e serviços de telecomunicação é inconstitucional.[26] Essa desoneração representa um reflexo do precedente.

CF. Art. 149-B. Os tributos previstos nos arts. 156-A e 195, V, observarão as mesmas regras em relação a:

I – fatos geradores, bases de cálculo, hipóteses de não incidência e sujeitos passivos;

II – imunidades;

III – regimes específicos, diferenciados ou favorecidos de tributação;

IV – regras de não cumulatividade e de creditamento.

Parágrafo único. Os tributos de que trata o *caput* observarão as imunidades previstas no art. 150, VI, não se aplicando a ambos os tributos o disposto no art. 195, § 7º.

CF. Art. 156-A. Lei complementar instituirá imposto sobre bens e serviços de competência compartilhada entre Estados, Distrito Federal e Municípios.

---

[26] RE 714.139, Rel. Min. Marco Aurélio, Redator do acórdão: Min. Dias Toffoli, j. 17.02.2021.

§ 1º O imposto previsto no *caput* será informado pelo princípio da neutralidade e atenderá ao seguinte:

I – incidirá sobre operações com bens materiais ou imateriais, inclusive direitos, ou com serviços;

II – incidirá também sobre a importação de bens materiais ou imateriais, inclusive direitos, ou de serviços realizada por pessoa física ou jurídica, ainda que não seja sujeito passivo habitual do imposto, qualquer que seja a sua finalidade;

III – não incidirá sobre as exportações, assegurados ao exportador a manutenção e o aproveitamento dos créditos relativos às operações nas quais seja adquirente de bem material ou imaterial, inclusive direitos, ou serviço, observado o disposto no § 5º, III;

IV – terá legislação única e uniforme em todo o território nacional, ressalvado o disposto no inciso V;

V – cada ente federativo fixará sua alíquota própria por lei específica;

VI – a alíquota fixada pelo ente federativo na forma do inciso V será a mesma para todas as operações com bens materiais ou imateriais, inclusive direitos, ou com serviços, ressalvadas as hipóteses previstas nesta Constituição;

VII – será cobrado pelo somatório das alíquotas do Estado e do Município de destino da operação;

VIII – será não cumulativo, compensando-se o imposto devido pelo contribuinte com o montante cobrado sobre todas as operações nas quais seja adquirente de bem material ou imaterial, inclusive direito, ou de serviço, excetuadas exclusivamente as consideradas de uso ou consumo pessoal especificadas em lei complementar e as hipóteses previstas nesta Constituição;

IX – não integrará sua própria base de cálculo nem a dos tributos previstos nos arts. 153, VIII, e 195, I, *b*, IV e V, e da contribuição para o Programa de Integração Social de que trata o art. 239;

X – não será objeto de concessão de incentivos e benefícios financeiros ou fiscais relativos ao imposto ou de regimes específicos, diferenciados ou favorecidos de tributação, excetuadas as hipóteses previstas nesta Constituição;

XI – não incidirá nas prestações de serviço de comunicação nas modalidades de radiodifusão sonora e de sons e imagens de recepção livre e gratuita;

XII – resolução do Senado Federal fixará alíquota de referência do imposto para cada esfera federativa, nos termos de lei complementar, que será aplicada se outra não houver sido estabelecida pelo próprio ente federativo;

XIII – sempre que possível, terá seu valor informado, de forma específica, no respectivo documento fiscal.

§ 2º Para fins do disposto no § 1º, V, o Distrito Federal exercerá as competências estadual e municipal na fixação de suas alíquotas.

§ 3º Lei complementar poderá definir como sujeito passivo do imposto a pessoa que concorrer para a realização, a execução ou o pagamento da operação, ainda que residente ou domiciliada no exterior.

§ 4º Para fins de distribuição do produto da arrecadação do imposto, o Comitê Gestor do Imposto sobre Bens e Serviços:

I – reterá montante equivalente ao saldo acumulado de créditos do imposto não compensados pelos contribuintes e não ressarcidos ao final de cada período de apuração e aos valores decorrentes do cumprimento do § 5º, VIII;

II – distribuirá o produto da arrecadação do imposto, deduzida a retenção de que trata o inciso I deste parágrafo, ao ente federativo de destino das operações que não tenham gerado creditamento. [...]

CF. Art. 195. A seguridade social será financiada por toda a sociedade, de forma direta e indireta, nos termos da lei, mediante recursos provenientes dos orçamentos da União, dos Estados, do Distrito Federal e dos Municípios, e das seguintes contribuições sociais: (*Vide* Emenda Constitucional 20/1998.)

V – sobre bens e serviços, nos termos de lei complementar. (Incluído pela Emenda Constitucional 132/2023)

Ao contrário da dinâmica atual no modelo do ICMS ou do ISS, no qual os contribuintes sujeitam-se ao recolhimento para cada Unidade Federada correspondente, no caso do IBS ocorre a centralização no Comitê Gestor e o produto de sua arrecadação, como visto, somente será repassado aos Estados, Distrito Federal e Municípios após a retenção dos saldos credores acumulados não compensados pelos contribuintes ou não ressarcidos. Dessa forma, pretende-se assegurar o imediato reembolso ao contribuinte sem apropriação pelo ente destinatário, sujeitando-o a intermináveis esperas por restituição.

6.3. OPERACIONALIZAÇÃO DO IBS E DA CBS: ASPECTOS GERAIS; CADASTRO COM IDENTIFICAÇÃO ÚNICA; DOCUMENTO FISCAL ELETRÔNICO E APURAÇÃO

O art. 59 da LC 214/2025 estabelece que pessoas físicas, jurídicas e entidades sem personalidade jurídica sujeitas ao IBS e à CBS devem se registrar em um cadastro com identificação única. Para pessoas físicas, o registro será o CPF; para pessoas jurídicas e entidades sem personalidade jurídica, o CNPJ; e para imóveis rurais e urbanos, o Cadastro Imobiliário Brasileiro (CIB). As informações cadastrais serão integradas e compartilhadas em um ambiente nacional de dados entre as administrações tributárias federal, estadual, distrital e municipal, com gestão compartilhada pelo Comitê para Gestão da Rede Nacional para Simplificação do Registro e Legalização de Empresas (CGSIM). Além disso, o Domicílio Tributário Eletrônico (DTE) será unificado e obrigatório para todas as entidades e pessoas jurídicas inscritas no CNPJ.[27]

---

[27] Art. 59. As pessoas físicas e jurídicas e as entidades sem personalidade jurídica sujeitas ao IBS e à CBS são obrigadas a registrar-se em cadastro com identificação única, observado o disposto nas alíneas "*a*" e "*b*" do inciso I do § 3º do art. 11 desta Lei Complementar.

§ 1º Para efeitos do disposto no *caput* deste artigo, consideram-se os seguintes cadastros administrados pela RFB:

O art. 60 da referida Lei Complementar obriga que o sujeito passivo do IBS e da CBS emita documento fiscal eletrônico ao realizar operações com bens ou serviços, incluindo exportações e importações. As informações fornecidas no documento têm caráter declaratório e constituem confissão dos valores devidos. A exigência de emissão de documentos fiscais eletrônicos também se aplica a operações imunes, isentas ou com alíquota zero, transferências entre estabelecimentos do mesmo contribuinte e outras situações previstas em regulamento. Os regulamentos podem ainda exigir informações adicionais para apuração correta dos tributos.[28]

Nos arts. 41 a 46, a LC 214/2025 trata da apuração do IBS e da CBS, especificando o processo de cálculo e pagamento dos tributos. O período de apuração é definido por regulamento, inclusive o prazo para conclusão da apuração e a data de vencimento dos tributos. A apuração consolidará todas as operações realizadas pelos estabelecimentos do contribuinte, com centralização do pagamento e pedidos de ressarcimento em um único estabelecimento.

Os tributos serão calculados com base na diferença entre o valor do IBS e da CBS incidentes sobre as operações realizadas no período e o valor que já foi pago ou compensado. O saldo positivo indica valor a ser pago, enquanto o saldo negativo representa

---

I – de pessoas físicas, o Cadastro de Pessoas Físicas (CPF);

II – de pessoas jurídicas e entidades sem personalidade jurídica, o Cadastro Nacional da Pessoa Jurídica (CNPJ); e

III – de imóveis rurais e urbanos, o Cadastro Imobiliário Brasileiro (CIB).

§ 2º As informações cadastrais terão integração, sincronização, cooperação e compartilhamento obrigatório e tempestivo em ambiente nacional de dados entre as administrações tributárias federal, estaduais, distrital e municipais.

§ 3º O ambiente nacional de compartilhamento e integração das informações cadastrais terá gestão compartilhada por meio do Comitê para Gestão da Rede Nacional para Simplificação do Registro e da Legalização de Empresas e Negócios (CGSIM) de que trata o inciso III do *caput* do art. 2º da Lei Complementar nº 123, de 14 de dezembro de 2006.

§ 4º As administrações tributárias federal, estaduais, distrital e municipais poderão tratar dados complementares e atributos específicos para gestão fiscal do IBS e da CBS, observado o disposto no § 2º deste artigo.

§ 5º O Domicílio Tributário Eletrônico (DTE) previsto no art. 332 desta Lei Complementar será unificado e obrigatório para todas as entidades e demais pessoas jurídicas sujeitas à inscrição no CNPJ.

[28] Art. 60. O sujeito passivo do IBS e da CBS, ao realizar operações com bens ou com serviços, inclusive exportações e importações, deverá emitir documento fiscal eletrônico.

§ 1º As informações prestadas pelo sujeito passivo nos termos deste artigo possuem caráter declaratório e constituem confissão do valor devido de IBS e de CBS consignados no documento fiscal.

§ 2º A obrigação de emissão de documentos fiscais eletrônicos aplica-se inclusive:

I – a operações imunes, isentas ou contempladas com alíquota zero ou suspensão;

II – à transferência de bens entre estabelecimentos pertencentes ao mesmo contribuinte; e

III – a outras hipóteses previstas no regulamento.

§ 3º Para fins de apuração do IBS e da CBS, o Comitê Gestor do IBS e as administrações tributárias responsáveis pela autorização ou recepção de documentos fiscais eletrônicos observarão a forma, o conteúdo e os prazos previstos em ato conjunto do Comitê Gestor do IBS e da RFB.

§ 4º Os documentos fiscais eletrônicos relativos às operações com bens ou com serviços deverão ser compartilhados com todos os entes federativos no momento da autorização ou da recepção, com utilização de padrões técnicos uniformes.

§ 5º O regulamento poderá exigir do sujeito passivo a apresentação de informações complementares necessárias à apuração do IBS e da CBS.

§ 6º Considera-se documento fiscal idôneo o registro de informações que atenda às exigências estabelecidas no regulamento, observado o disposto nesta Lei Complementar.

crédito, que pode ser ressarcido ou compensado. O contribuinte poderá fazer ajustes positivos ou negativos, inclusive estornando créditos apropriados indevidamente em períodos anteriores, com acréscimos previstos.

A apuração, a ser entregue ao Comitê Gestor do IBS e à RFB no prazo regulamentar constitui confissão de dívida, sendo suficiente para a exigência dos valores devidos, assim como acontece atualmente com os tributos sob regime de lançamento por homologação – por exemplo, a Guia de Informação e Apuração do ICMS (GIA) –, cuja relação jurídica tributária inaugura-se com a ocorrência do fato jurídico e a exigibilidade do crédito tributário se perfectibiliza com a mera declaração efetuada pelo contribuinte, não se condicionando a ato prévio de lançamento administrativo, razão pela qual, em caso de não pagamento ou pagamento parcial do tributo declarado, dispensa a Fazenda Pública de qualquer outra providência conducente à formalização do valor declarado, inclusive sem a possibilidade de expedição pelo contribuinte da Certidão Negativa ou Positiva com Efeitos de Negativa.[29]

Há ainda a possibilidade de "apuração assistida"[30], na qual o Comitê Gestor e a RFB podem fornecer uma declaração pré-preenchida, sob permissivo de alterações pelo

---

[29] Processo civil. Recurso especial representativo de controvérsia. Art. 543-C, do CPC. Tributário. Processo administrativo fiscal. Verificação de divergências entre valores declarados na GFIP e valores recolhidos (pagamento a menor). Tributo sujeito a lançamento por homologação (contribuição previdenciária). Desnecessidade de lançamento de ofício supletivo. Crédito tributário constituído por ato de formalização praticado pelo contribuinte (declaração). Recusa ao fornecimento de certidão negativa de débito (CND) ou de certidão positiva com efeitos de negativa (CPEN). Possibilidade.

1. A entrega de Declaração de Débitos e Créditos Tributários Federais (DCTF), de Guia de Informação e Apuração do ICMS (GIA), ou de outra declaração dessa natureza, prevista em lei, é modo de constituição do crédito tributário, dispensando a Fazenda Pública de qualquer outra providência conducente à formalização do valor declarado (Precedente da Primeira Seção submetido ao rito do art. 543-C do CPC: REsp 962.379/RS, Rel. Min. Teori Albino Zavascki, j. 22.10.2008, *DJe* 28.10.2008).

[...] 4. Deveras, a relação jurídica tributária inaugura-se com a ocorrência do fato jurídico tributário, sendo certo que, nos tributos sujeitos a lançamento por homologação, a exigibilidade do crédito tributário se perfectibiliza com a mera declaração efetuada pelo contribuinte, não se condicionando a ato prévio de lançamento administrativo, razão pela qual, em caso de não pagamento ou pagamento parcial do tributo declarado, afigura-se legítima a recusa de expedição da Certidão Negativa ou Positiva com Efeitos de Negativa (Precedente da Primeira Seção submetido ao rito do art. 543-C do CPC: REsp 1.123.557/RS, Rel. Min. Luiz Fux, j. 25.11.2009). [...]

9. Recurso especial desprovido. Acórdão submetido ao regime do art. 543-C do CPC, e da Resolução STJ 08/2008. REsp 1.143.094/SP, Rel. Min. Luiz Fux, Primeira Seção, j. 09.12.2009, DJe de 1º.02.2010.

[30] Art. 46. O Comitê Gestor do IBS e a RFB poderão, respectivamente, apresentar ao sujeito passivo apuração assistida do saldo do IBS e da CBS do período de apuração.

§ 1º O saldo da apuração de que trata o *caput* deste artigo será calculado nos termos do *caput* do art. 45 desta Lei Complementar e terá por base:

I – documentos fiscais eletrônicos;

II – informações relativas à extinção dos débitos do IBS e da CBS por quaisquer das modalidades previstas no art. 27 desta Lei Complementar; e

III – outras informações prestadas pelo contribuinte ou a ele relativas.

§ 2º Caso haja a apresentação da apuração assistida de que trata o *caput* deste artigo, a apuração pelo contribuinte de que trata o art. 45 desta Lei Complementar somente poderá ser realizada mediante ajustes na apuração assistida.

§ 3º A apuração assistida realizada nos termos deste artigo, caso o contribuinte a confirme ou nela realize ajustes, implica confissão de dívida e constitui o crédito tributário.

§ 4º Na ausência de manifestação do contribuinte sobre a apuração assistida no prazo para conclusão da apuração de que trata o inciso I do *caput* do art. 44 desta Lei Complementar, presume-se correto o saldo apurado e considera-se constituído o crédito tributário.

contribuinte, como ocorre hoje com as declarações anuais do Imposto de Renda Pessoa Física, em que o contribuinte começa com diversos campos já preenchidos, tais como informações de rendimentos, deduções, bens, direitos, dívidas e ônus reais, que podem, inclusive, ser importadas da declaração do ano anterior, do carnê-leão e das declarações de terceiros, como fontes pagadoras, imobiliárias ou serviços médicos, por exemplo.

Por outro lado, na hipótese de o contribuinte não manifestar interesses de ajustes dentro do prazo, o saldo é presumidamente correto, constituindo o crédito tributário. A apuração assistida também constitui confissão de dívida quando confirmada ou ajustada pelo contribuinte. E, mesmo depois da apuração assistida, a Administração Tributária mantém a prerrogativa de verificar e lançar eventuais diferenças encontradas.

A União, os Estados, o Distrito Federal e os Municípios, no que diz respeito à adaptação dos sistemas autorizadores e aos aplicativos de emissão de documentos fiscais eletrônicos, devem promover conformidades nos correspondentes sistemas para que utilizem leiaute padronizado (definido por convênio entre as Administrações Tributárias), permitindo aos contribuintes incluírem dados necessários para a apuração do IBS e da CBS, inclusive para fins de compartilhamento de dados depois da validação e autorização dos documentos fiscais eletrônicos. Os entes federativos são obrigados a compartilhá-los em um ambiente nacional comum, que será gerido pelo Comitê Gestor do IBS e pelas Administrações Tributárias.[31]

Já os Municípios e o Distrito Federal devem autorizar seus contribuintes a emitirem a Nota Fiscal de Serviços Eletrônica (NFS-e), de padrão nacional, ou, se já possuírem sistemas próprios, a compartilharem esses documentos com o ambiente nacional. Esse requisito é obrigatório até 31 de dezembro de 2032, e o não cumprimento dessas obrigações pode resultar na suspensão temporária das transferências voluntárias de recursos.

6.4. FORMAS DE PAGAMENTO MEDIANTE RECOLHIMENTO DO IBS E DA CBS

A LC 214/2025 estabelece as formas de pagamento e recolhimento do IBS e da CBS: a) mediante recolhimento pelo contribuinte; b) por liquidação financeira (*split payment*); c) pelo adquirente; e d) pelo responsável.

---

§ 5º A confissão de dívida e a apuração assistida a que se referem, respectivamente, os §§ 3º e 4º deste artigo, são instrumentos hábeis e suficientes para a exigência dos valores do IBS e da CBS incidentes sobre as operações nelas consignadas.

§ 6º O saldo resultante da apuração de que trata este artigo constituirá saldo a recolher ou saldo a recuperar, conforme o caso, aplicado o disposto no § 3º do art. 45 desta Lei Complementar.

§ 7º O disposto neste artigo não afasta a prerrogativa de lançamento de ofício de crédito tributário relativo a diferenças posteriormente verificadas pela administração tributária.

§ 8º A apuração assistida de que trata o *caput* deste artigo deverá ser uniforme e sincronizada para o IBS e a CBS.

31 Art. 62. Ficam a União, os Estados, o Distrito Federal e os Municípios obrigados a:

I – adaptar os sistemas autorizadores e aplicativos de emissão simplificada de documentos fiscais eletrônicos vigentes para utilização de leiaute padronizado, que permita aos contribuintes informar os dados relativos ao IBS e à CBS, necessários à apuração desses tributos; e

II – compartilhar os documentos fiscais eletrônicos, após a recepção, validação e autorização, com o ambiente nacional de uso comum do Comitê Gestor do IBS e das administrações tributárias da União, dos Estados, do Distrito Federal e dos Municípios.

a) **recolhimento dos tributos pelo contribuinte**: o art. 29 da LC 214/2025 define que o contribuinte deverá, ao final de cada período de apuração, efetuar o recolhimento do saldo devedor correspondente ao IBS e à CBS até a data de vencimento, inclusive, qualquer valor pago antecipadamente será deduzido do total devido no momento do pagamento, desde que se refira ao mesmo período de apuração. Na hipótese de o contribuinte ter efetuado um pagamento em excesso, esse valor será devolvido em até três dias úteis, por outro lado, atrasos no pagamento implicam multa diária de 0,33%, limitada a 20%, e a aplicação de juros de mora baseados na taxa Selic.

O contribuinte também pode optar pelo uso de mecanismos automatizados para efetuar o pagamento dos tributos com a retirada de valores diretamente em contas bancárias, sempre com sua prévia autorização, além do depósito de valores em contas de depósito e contas de pagamento de titularidade do contribuinte.[32]

b) **recolhimento por liquidação financeira (*split payment*)**: a EC 132/2023 trouxe uma inovação para o Sistema Tributário Brasileiro por meio da previsão do mecanismo conhecido como *split payment*, regulamentado pelo art. 31 da LC 214/2025. Permite-se que os prestadores de serviços de pagamento, ao processarem transações com base em arranjos eletrônicos, segreguem e recolham automaticamente aos Fiscos os valores devidos de IBS e CBS no momento da liquidação financeira. Os documentos fiscais eletrônicos relativamente às respectivas transações de pagamento são integrados de modo a proporcionar vinculação direta entre a Fazenda Pública e o processo financeiro de receita do tributo. Os prestadores de serviços de pagamento eletrônico que participam da liquidação da transação de pagamento, como os bancos financeiros, deverão segregar e recolher ao Comitê Gestor do IBS e à RFB, no momento da liquidação financeira da transação, os valores do IBS e da CBS. Caso a consulta ao sistema não seja possível, o prestador de serviços recolherá o montante calculado e, posteriormente, o Comitê Gestor e a RFB ajustarão os valores, transferindo ao fornecedor qualquer excedente em até três dias úteis.

O art. 33 oferece ainda a opção de um procedimento simplificado para o *split payment*, aplicável a operações cujo adquirente não seja contribuinte regular do IBS e da CBS, inclusive, nesse procedimento, os tributos serão calculados com base em um percentual preestabelecido, definido de acordo com o setor econômico ou histórico de crédito, de modo a proporcionar a apuração para determinados contribuintes.[33]

---

[32] Art. 30. O Comitê Gestor do IBS e a RFB poderão oferecer, como opção ao contribuinte, mecanismo automatizado de pagamento, respectivamente, do IBS e da CBS.
§ 1º A utilização do mecanismo previsto no *caput* deste artigo pelo contribuinte fica condicionada à sua prévia autorização.
§ 2º O mecanismo automatizado de que trata o *caput* deste artigo permitirá a retirada e o depósito de valores em contas de depósito e contas de pagamento de titularidade do contribuinte.

[33] Art. 33. O contribuinte poderá optar por procedimento simplificado do *split payment* para todas as operações cujo adquirente não seja contribuinte do IBS e da CBS no regime regular.
§ 1º No procedimento simplificado de que trata o *caput* deste artigo, os valores do IBS e da CBS a serem segregados e recolhidos pelo prestador de serviço de pagamento ou pela instituição operadora do sistema de pagamentos serão calculados com base em percentual preestabelecido do valor das transações de pagamento.
§ 2º O percentual de que trata o § 1º deste artigo:

O art. 34 da Lei Complementar determina que o recolhimento do IBS e da CBS pelo método do *split payment* deve ocorrer na data da liquidação financeira das transações, incluindo operações parceladas, cujo recolhimento deve ser proporcional a cada parcela. A antecipação de recebíveis não altera a obrigação do prestador de serviço de segregar e recolher os tributos e, apesar disso, a responsabilidade final pelo pagamento dos tributos continua sendo do sujeito passivo, e não dos prestadores de serviço de pagamento, cuja tarefa é apenas a segregação e o recolhimento dos valores devidos, mas, repita-se, não são responsáveis tributários pelos tributos incidentes nas operações liquidadas.[34]

O mecanismo de *split payment*, sob o ponto de vista corporativo ou empresarial, pode apresentar significativas desvantagens relativamente ao fluxo de caixa, uma vez que retém automaticamente os valores de IBS e CBS no momento da transação, sobretudo por reduzir a liquidez imediata, com afetação e possível comprometimento do

---

I – será estabelecido pelo Comitê Gestor do IBS, para o IBS, e pela RFB, para a CBS, vedada a aplicação de procedimento simplificado para apenas um desses tributos;

II – poderá ser diferenciado por setor econômico ou por contribuinte, a partir de cálculos baseados em metodologia uniforme previamente divulgada, incluindo dados da alíquota média incidente sobre as operações e do histórico de utilização de créditos; e

III – não guardará relação com o valor dos débitos do IBS e da CBS efetivamente incidentes sobre a operação.

§ 3º Os valores do IBS e da CBS recolhidos por meio do procedimento simplificado de que trata o *caput* serão utilizados para pagamento dos débitos não extintos do contribuinte decorrentes das operações de que trata o *caput* ocorridas no período de apuração, em ordem cronológica do documento fiscal, segundo critérios estabelecidos no regulamento.

§ 4º O Comitê Gestor do IBS e a RFB:

I – efetuarão o cálculo do saldo dos débitos do IBS e da CBS das operações de que trata o *caput* deste artigo, após a dedução das parcelas já extintas por quaisquer das modalidades previstas no art. 27 desta Lei Complementar, no período de apuração; e

II – transferirão ao fornecedor, em até 3 (três) dias úteis contados da conclusão da apuração, os valores recebidos que excederem o montante de que trata o inciso I deste parágrafo.

§ 5º A opção de que trata o *caput* deste artigo será irretratável para todo o período de apuração.

§ 6º Ato conjunto do Comitê Gestor do IBS e da RFB poderá determinar a utilização do procedimento simplificado de que trata este artigo para as operações mencionadas no *caput*, enquanto o procedimento padrão descrito no art. 32 não estiver em funcionamento em nível adequado para os principais instrumentos de pagamento eletrônico utilizados nessas operações.

34   Art. 34. Deverão ser observadas ainda as seguintes regras para o *split payment*:

I – a segregação e o recolhimento do IBS e da CBS ocorrerão na data da liquidação financeira da transação de pagamento, observados os fluxos de pagamento estabelecidos entre os participantes do arranjo;

II – nas operações com bens ou com serviços com pagamento parcelado pelo fornecedor, a segregação e o recolhimento do IBS e da CBS deverão ser efetuados, de forma proporcional, na liquidação financeira de todas as parcelas;

III – a liquidação antecipada de recebíveis não altera a obrigação do prestador de serviço de pagamento de segregação e de recolhimento do IBS e da CBS na forma dos incisos I e II deste *caput*;

IV – o disposto nesta Subseção não afasta a responsabilidade do sujeito passivo do IBS e da CBS pelo pagamento do eventual saldo a recolher do IBS e da CBS, observados o momento da ocorrência do fato gerador e o prazo de vencimento dos tributos; e

V – os prestadores de serviços de pagamentos e as instituições operadoras de sistemas de pagamento:

a) serão responsáveis por segregar e recolher os valores do IBS e da CBS de acordo o disposto nesta Subseção; e

b) não serão responsáveis tributários pelo IBS e pela CBS incidentes sobre as operações com bens e com serviços cujos pagamentos eles liquidem.

capital de giro necessário para cobrir despesas operacionais diárias, como pagamento de fornecedores e salários. Essa perspectiva pode ter impacto negativo no planejamento de caixa, já que os tributos são recolhidos imediatamente, reduzindo a previsibilidade das entradas financeiras, inclusive sob o viés de uma gestão com novos custos de adaptação ao sistema.

Por outro lado, o *split payment* oferece diversas vantagens não somente para a administração tributária, mas também para as empresas relativamente à simplificação e à segurança no recolhimento de tributos. É um mecanismo com maior grau de transparência no processo de arrecadação, uma vez que os valores dos tributos são automaticamente segregados e recolhidos no momento da transação, com redução do risco de inadimplência e sonegação fiscal. E, para tanto, serve a lógica de que se todos pagam, menor quantia pagarão. Pode-se afirmar, ainda, que as empresas terão menos custos com o acompanhamento manual das obrigações tributárias, reduzindo as despesas de *accountability* por tratar-se de um processo automático e integrado. É, também, uma regra que permitirá maior disciplina financeira para as companhias, porque elas não se valerão dos tributos para fins de custeio de outras despesas que não o próprio recolhimento das exações de modo imediato, com possível instrumento redutor de passivo tributário e do acúmulo de dívidas fiscais, haja vista a "retenção na fonte".

c) **recolhimento pelo adquirente**: nos casos em que o pagamento for realizado por meio de instrumentos que não permitam a segregação de valores via *split payment*, o art. 36 prevê que o adquirente de bens ou serviços, sendo contribuinte regular, possa recolher o IBS e a CBS devidos diretamente. Algumas formas de pagamento não permitem a segregação automática dos tributos, como é o caso, por exemplo, dos pagamentos realizados em dinheiro e por transferência bancária simples.

Quando o pagamento de uma transação ocorre em dinheiro, não há possibilidade de realizar a separação automática dos valores correspondentes ao IBS e à CBS no momento da transação, haja vista a ausência da intermediação de um sistema eletrônico que possa calcular e reter os tributos devidos. Nessa hipótese, o adquirente de bens ou serviços, sendo contribuinte regular, depois do pagamento ao fornecedor, deve recolher o IBS e a CBS diretamente à Receita Federal e ao Comitê Gestor do IBS, por meio de uma guia de recolhimento ou outro meio oficial.

Da mesma forma, quando o pagamento é realizado por transferência bancária simples, com a movimentação direta de fundos entre as contas do comprador e do fornecedor, sem que haja um sistema de pagamento eletrônico como cartões de crédito, débito ou carteiras digitais, assim como no pagamento em dinheiro, o adquirente poderá promover diretamente o recolhimento do IBS e da CBS. Após o pagamento ao fornecedor via transferência bancária, o adquirente deve calcular e recolher os tributos devidos separadamente, cumprindo com sua obrigação tributária de forma manual.

d) **recolhimento pelo responsável**: o art. 37 define que as normas do art. 29 também se aplicam ao recolhimento dos tributos por aqueles a quem a LC 214/2025 atribui a condição de responsável, ou seja, terceiros designados como responsáveis pelo recolhimento do IBS e da CBS devem seguir os mesmos procedimentos.

6.5. IMUNIDADES

A imunidade tributária é considerada uma forma de limitação ao poder de tributar do Estado, contida na própria Constituição Federal. Não se trata de isenção ou benefício fiscal, mas uma verdadeira exclusão do campo de incidência tributária, cujo propósito é proteger valores e interesses considerados essenciais para a sociedade, como a liberdade religiosa, a educação, a assistência social e a democracia. Ao conceder imunidade a determinadas entidades e atividades, a Constituição pretende assegurar que certas e determinadas pessoas e setores possam exercer suas correspondentes atividades sem o ônus de tributações que poderiam comprometer o objeto social. É um instrumento de política pública tributária com fins interventivos de modo a promover o desenvolvimento de projetos constitucionais de interesse e com apelo social, cultural e econômico, contribuindo para o progresso social e a promoção do bem-estar coletivo.

A Lei Complementar 214/2025, nos arts. 8º e 9º, estabelece disposições específicas sobre a imunidade ao Imposto sobre Bens e Serviços e à Contribuição sobre Bens e Serviços, com vistas a acomodar propósitos constitucionalmente definidos. Abaixo estão as imunidades categoricamente contidas na referida Lei Complementar:

a) **exportações de bens e serviços.**

A imunidade sobre as exportações de bens e serviços tem a finalidade de fomentar o comércio exterior e incentivar a competitividade dos produtos e serviços brasileiros no mercado global, de modo a impedir a "exportação de tributos" encarecendo o produto nacional frente aos demais estrangeiros. A imunidade tributária nas exportações é pautada pela lógica de não exportar tributos e, com isso, permitir que os produtos e serviços brasileiros cheguem ao mercado internacional sem carga tributária que poderia comprometer sua competitividade, ou seja, incentivar as exportações e a balança comercial brasileira e, consequentemente, o crescimento econômico.

Segundo o entendimento recente do STF,[35] a imunidade tributária sobre produtos de exportação aplica-se apenas aos bens que se incorporem ao produto final, não abrangendo toda a cadeia de produção, salvo se previsto de forma diferente em lei complementar. Foram reconhecidos o estímulo e a capacidade de aumentar a competitividade que a imunidade provoca nos produtos brasileiros, porém, segundo a maioria formada pelo Plenário do Supremo, tão somente os bens que efetivamente se integram ao produto final devem ter direito ao crédito, já que são tributados tanto na entrada quanto na saída da mercadoria. Ficou vencida a tese de que a imunidade não se limitaria às mercadorias exportadas, mas, inclusive, destinada aos produtos relacionados ao processo de industrialização que, direta ou indiretamente, teriam impacto no preço de exportação.

---

[35] Tributário. ICMS. Crédito. Bens de uso e consumo. Mercadorias destinadas à exportação. Emenda Constitucional 42/2003. Manutenção da sistemática do crédito físico. Tema 633 da sistemática da repercussão geral. A EC 42/2003 manteve a fórmula do crédito físico para fins de apropriação do ICMS. Possibilidade de a legislação complementar ampliar as possibilidades de compensação e de creditamento do ICMS, de maneira a adotar o crédito misto ou o crédito financeiro integralmente. Tese de repercussão geral fixada no sentido de que: "A imunidade a que se refere o art. 155, § 2º, X, *a*, CF/1988, não alcança, nas operações de exportação, o aproveitamento de créditos de ICMS decorrentes de aquisições de bens destinados ao uso e consumo da empresa, que depende de lei complementar para sua efetivação". Recurso extraordinário provido. RE 704.815, Rel. Min. Dias Toffoli, rel. p/ ac. Min. Gilmar Mendes, Tribunal Pleno, j. 08.11.2023, Processo Eletrônico, Repercussão Geral – Mérito *DJe*-s/n, divulg. 11.12.2023, public. 12.12.2023.

Por exemplo, uma fábrica de sapatos que exporta seus produtos e, no processo produtivo, utiliza diversos insumos e materiais para fabricação dos calçados, incluindo couro, solado, cola, fios e linhas, caixas de embalagem e produtos de limpeza industrial. Segundo a decisão do STF, apenas os bens que se integram diretamente ao produto final têm direito ao crédito de ICMS, ou seja, nesse caso, o couro, o solado, a cola, os fios e linhas, que são incorporados fisicamente ao sapato final, permitem direito ao crédito do imposto. Em contrapartida, produtos de limpeza industrial, embora essenciais para manter o ambiente de trabalho e as máquinas higienizadas, não se integram fisicamente ao sapato e, portanto, não concedem crédito de ICMS.

Ao final do julgamento, o Supremo entendeu por manter a fórmula do crédito físico para fins de apropriação do ICMS, mas admitindo que lei complementar amplie as possibilidades de compensação e creditamento do imposto *de maneira a adotar o crédito misto ou o crédito financeiro integralmente*, tendo, por fim, fixado, em repercussão geral, a seguinte tese: "A imunidade a que se refere o art. 155, § 2º, X, *a*, CF/1988, não alcança, nas operações de exportação, o aproveitamento de créditos de ICMS decorrentes de aquisições de bens destinados ao ativo fixo e uso e consumo da empresa, que depende de lei complementar para sua efetivação".

Com o advento da EC 132/2023, da LC 214/2025, e da anunciada e pretendida mudança paradigmática do regime de crédito físico para crédito financeiro como regra geral da sistemática de apuração, especificamente no art. 79 (LC 214/2025), a referida Lei Complementar estabelece que o IBS e a CBS são imunes à exportação, seguindo a linha do art. 8º (LC 214/2025). Contudo, assegura-se ao exportador *a apropriação e a utilização dos créditos relativos às operações nas quais seja adquirente de bem ou de serviço*, com observância das vedações ao creditamento previstas nos arts. 49 e 51 (LC 214/2025), bem como as demais disposições dos arts. 47 e 52 a 57 da LC 214/2025.

Os dispositivos mencionados tratam das regras gerais da não cumulatividade, e, relativamente às vedações ao aproveitamento de crédito, têm-se as seguintes hipóteses: a) operações consideradas de uso ou consumo pessoal, tais como aquelas estabelecidas no art. 57 (LC 214/2025): joias, pedras e metais preciosos, obras de arte e antiguidades de valor histórico ou arqueológico, bebidas alcoólicas, derivados de tabaco, armas e munições, bens e serviços recreativos, esportivos e estéticos, salvo se esses bens forem considerados necessários à realização de operações pelo contribuinte; e b) operações imunes, isentas ou sujeitas a alíquota zero[36] (LC 214/2025), ressalvada a previsão contida no art. 52 (LC 214/2025)[37] da lei, relativamente à manutenção do crédito no caso de operações sujeitas à alíquota zero para operações anteriores.

Para a dinâmica do comércio exterior, sob a legislação constitucional e infraconstitucional em vigor, enxerga-se significativo impacto, não somente para a exportação de produtos propriamente a partir da saída de mercadorias do território nacional, mas para o incentivo à expansão e modernização do modelo de infraestrutura brasileiro, de

---

[36] Art. 49. As operações imunes, isentas ou sujeitas a alíquota zero, a diferimento ou a suspensão não permitirão a apropriação de créditos pelos adquirentes dos bens e serviços.
Parágrafo único. O disposto no *caput* deste artigo não impede a apropriação dos créditos presumidos previstos expressamente nesta Lei Complementar.

[37] Art. 52. No caso de operações sujeitas a alíquota zero, serão mantidos os créditos relativos às operações anteriores.

transporte ferroviário, aquático e terrestre, de portos e aeroportos. A possibilidade de apropriação e utilização dos créditos de IBS e CBS para operações que compreendam aquisição de bens e serviços adquiridos pelo exportador, certamente, incentivará investimentos e maior atratividade em infraestrutura, haja vista a diminuição do impacto fiscal sobre custos de construção e operação.

A LC 214/2025 também estende, com certas condicionantes, o disciplinamento da imunidade do IBS e da CBS na exportação para aquelas situações jurídicas nas quais não haja saída da mercadoria do território nacional, segundo art. 81 (LC 214/2025). A exportação ficta ocorre quando o exportador realiza a venda da mercadoria para o exterior, contudo, o adquirente solicita que o bem seja entregue à Receita Federal do Brasil de modo que a mercadoria não deixa fisicamente o território nacional, mas, para efeitos fiscais e tributários, considera-se exportação. Esse regime é utilizado, por exemplo, em operações nas quais a mercadoria é vendida para empresas situadas em zonas francas, zonas de processamento de exportação (ZPEs) ou áreas equivalentes, que são consideradas como se estivessem no exterior para fins de aplicação de incentivos fiscais e benefícios tributários. É uma forma de incentivar a produção e o comércio exterior, promovendo a competitividade das empresas brasileiras no mercado global sem que a mercadoria precise atravessar fisicamente as fronteiras nacionais.

b) fornecimentos realizados pelos entes federados: União, Estados, Distrito Federal e Municípios, sob aplicação do princípio da imunidade recíproca. (art. 9º, *caput*, inciso I e § 1º, da LC 214/2025).

A imunidade recíproca é um princípio constitucional estabelecido pelo art. 150, VI, *a*, da Constituição Federal, segundo o qual a União, os Estados, o Distrito Federal e os Municípios são proibidos de instituir impostos sobre o patrimônio, a renda e os serviços uns dos outros, com a finalidade impeditiva de que a tributação interfira nas funções e atividades essenciais que cada ente desempenhe, de modo a garantir a autonomia e independência federativa.

Para o Supremo, "a imunidade recíproca, prevista no art. 150, VI, *a*, da Constituição Federal, protege os entes federativos (União, Estados, Distrito Federal e Municípios) contra a instituição de impostos uns sobre os outros, abrangendo o patrimônio, a renda e os serviços, desde que estes estejam vinculados às suas finalidades essenciais ou às delas decorrentes".[38]

Segundo o § 1º do referido art. 9º, a imunidade recíproca é extensiva às autarquias e às fundações instituídas e mantidas pelo poder público e à empresa pública prestadora de serviço postal, bem como: a) compreende somente as operações relacionadas com as suas finalidades essenciais, ou as delas decorrentes; b) não se aplica às operações relacionadas com exploração de atividades econômicas regidas pelas normas aplicáveis a empreendimentos privados, ou em que haja contraprestação ou pagamento de preços ou tarifas pelo usuário; e, c) não exonera o promitente-comprador da obrigação de pagar tributo relativamente a bem imóvel.

---

[38] RE 599.176, Rel. Min. Joaquim Barbosa, Tribunal Pleno, j. 05.06.2014, Acórdão Eletrônico, Repercussão Geral – Mérito *DJe*-213, divulg. 29.10.2014, public. 30.10.2014 *RTJ*, v. 00231-01, p. 00320.

A imunidade prevista no dispositivo alcança, com a LC 214/2025, não somente os impostos, mas, agora, as contribuições sociais, como no caso da CBS. Até então a imunidade recíproca é destinada exclusivamente a impostos, obedecendo o claro comando da CF, tendo sido, inclusive, objeto de decisão pelo STF ao fundamentar que a *imunidade tributária recíproca, prevista no art. 150, VI, a, da Constituição Federal – extensiva às autarquias e fundações públicas – tem aplicabilidade restrita a impostos, não se estendendo, em consequência, a outras espécies tributárias, a exemplo das contribuições sociais.*[39]

Relativamente à imunidade aplicável às autarquias e às fundações públicas instituídas e mantidas pelo poder público e à empresa pública prestadora de serviço postal (Correios), o texto normativo impõe condicionantes para fins de fruição desonerativa de tributos de modo a conformar-se ao entendimento proferido pelo STF no RE 405.267, no sentido de que a extensão da imunidade tributária prevista no art. 150, VI, *a*, da CF, ocorre quando as autarquias e fundações públicas exercem atividades típicas de Estado, ou seja, não visam lucro e estão diretamente ligadas ao cumprimento de finalidades essenciais dos entes federativos, e, portanto, beneficiárias da imunidade recíproca. Portanto, operações não relacionadas com as finalidades essenciais, ou delas decorrentes, excluem-se da imunidade.

Além disso, na exata dicção do texto legal, para que a autarquia ou a empresa pública obtenha a imunidade pretendida, as operações não devem estar relacionadas com a hipótese mencionada anteriormente, de exploração de atividades econômicas regidas pelas normas aplicáveis a empreendimentos privados, ou em que haja contraprestação ou pagamento de preços ou tarifas pelo usuário, e não exonera o promitente-comprador da obrigação de pagar tributo relativamente a bem imóvel.

São exemplos de autarquias e empresas públicas com direito à imunidade: o Instituto Nacional do Seguro Social (INSS), por exercer atividades típicas de Estado, relacionadas à previdência social, sem visar lucro e estritamente relacionadas ao cumprimento de finalidades essenciais. As agências reguladoras, em regra, possuem imunidade, como é o caso da Agência Nacional de Vigilância Sanitária (Anvisa), responsável por regular e fiscalizar produtos e serviços que afetam a saúde pública, constituindo-se pelo cumprimento de atividade típica de Estado, e que não visa ao lucro, e o Instituto Brasileiro do Meio Ambiente e dos Recursos Naturais Renováveis (Ibama), por atuar na preservação e conservação ambiental, função típica de Estado sem objetivo de lucro. A Empresa Brasileira de Correios e Telégrafos (Correios) também possui imunidade por ser prestadora de serviço postal e eleita pela norma como atividade essencial de Estado, sem objetivo de lucro e com imunidade tributária garantida.

Por outro lado, são exemplos de autarquias e empresas públicas sem direito à imunidade aquelas direcionadas ao saneamento básico concedido a particulares com a cobrança de tarifas diretamente dos consumidores, especialmente por estarem regidas por normas aplicáveis a empreendimentos privados. A Petrobras, outro exemplo, não possui imunidade por compreender a exploração de atividades econômicas de petróleo e gás, com atuação sob concorrência com o setor privado e visando lucro. O Banco

---

[39] RE 831.381 AgR-AgR, Rel. Min. Roberto Barroso, 1ª T., j. 09.03.2018, Processo Eletrônico, *DJe*-055, divulg. 20.03.2018, public. 21.03.2018.

do Brasil, da mesma forma, embora constituída como instituição financeira pública, muitas de suas operações são regidas por normas aplicáveis a bancos privados, com objetivo de lucro, inclusive listada na bolsa de valores.

Para ter direito à imunidade a autarquia ou empresa pública deve exercer atividade típica de Estado, sem visar lucros, com objetivos diretamente ligados às finalidades essenciais dos entes federativos, sem exploração econômica ou cobrança de tarifas dos usuários. A respeito desse último ponto ("pagamento de preços ou tarifas pelo usuário", o Supremo tem posicionamento, anterior à aprovação tanto da EC 132/2023 como da LC 214/2025, de que "a cobrança de tarifa, isoladamente considerada, não possui aptidão para descaracterizar a regra imunizante prevista no art. 150, VI, *a*, da Constituição da República", de modo que se enxerga, neste aspecto, a possibilidade de renovação do debate jurídico com o advento do comando normativo incluído pela referida LC.[40]

O STF, na mesma linha do exame da regra de imunidade, no Tema 508 de Repercussão Geral posicionou-se no sentido de que "sociedade de economia mista, cuja participação acionária é negociada em Bolsas de Valores, e que, inequivocamente, está voltada à remuneração do capital de seus controladores ou acionistas, não está abrangida pela regra de imunidade tributária prevista no art. 150, VI, *a*, da Constituição, unicamente em razão das atividades desempenhadas".[41]

Um dos julgamentos recentes mais relevantes a respeito da imunidade recíproca, proferido em março de 2024, foi o RE 1.391.460 AgR, sob relatoria do Ministro Luiz Fux, e objeto de decisão pela Primeira Turma do STF. Na ocasião, fez-se *distinguishing* em relação ao Tema 508, já mencionado, e revelou-se que a *existência de negociação de ações em Bolsa de Valores não é, pela própria fundamentação dos votos que compuseram o precedente vinculante, de per si, elemento que afaste a possibilidade de imunidade recíproca.* Para os ministros do Supremo, *a exigência de IPTU pelos Municípios sobre o patrimônio imobiliário afetado à prestação de serviço público, ainda que concedido à empresa privada, não encontra respaldo no texto constitucional em vista do que se extrai da limitação ao poder de tributar estabelecida pela imunidade recíproca.*[42]

Certo de que o caso acima não revela regra de imunidade relativamente a tributo sobre o consumo, mas sobre a propriedade, a *ratio decidendi* pode afetar eventual e futuro exame da temática quando se tratar do IBS ou da CBS, sobretudo para empresas públicas e sociedades de economia mista que desempenhem atividades de interesse público primário.

c) **entidades religiosas e templos de qualquer culto, inclusive as organizações assistenciais e beneficentes vinculadas a entidades religiosas.**

A CF já previa a imunidade tributária para entidades religiosas e templos de qualquer culto no art. 150, VI, *b*, e, com a EC 132/2023, houve a extensão para contemplar expressamente, também, as *organizações assistenciais e beneficentes vinculadas*

---

[40] RE 1.152.681 AgR, Rel. Min. Edson Fachin, 2ª T., j. 14.12.2018, Processo Eletrônico, *DJe*-019, divulg. 31.01.2019, public. 1º.02.2019.

[41] RE 600.867, Plenário, Redator do acórdão Min. Luiz Fux, *DJe* de 30.09.2020.

[42] RE 1.391.460 AgR, Rel. Min. Luiz Fux, 1ª T., j. 18.03.2024, Processo Eletrônico, *DJe*-s/n, divulg. 25.03.2024, public. 26.03.2024.

a entidades religiosas, cujo texto foi reproduzido na LC 214/2025, visando garantir a liberdade religiosa e a laicidade do Estado, sobretudo de modo a impedir que as atividades religiosas sejam oneradas por tributos que possam prejudicar seu funcionamento e seu ministério social. A imunidade tributária das entidades religiosas e templos de qualquer culto, portanto, passou a incluir expressamente as organizações assistenciais e beneficentes vinculadas a essas entidades.

O art. 195, § 7º, da CF, não foi alterado pela EC 132/2023 e mantém a isenção [leia-se imunidade] das contribuições para a seguridade social cobradas das *entidades beneficentes de assistência social que atendam às exigências estabelecidas em lei.* Ao longo dos anos, seguiram-se alterações na Lei 8.212/1991 que, sob discussão judicial, promoveram interpretações distintas de entidade beneficente de assistência social. A imunidade aplica-se às contribuições sociais somente se a entidade prestar assistência exclusiva em caráter gratuito? Se não mantiver, por exemplo, fins lucrativos, é beneficiária da desoneração tributária? Em outras palavras, exige-se que a entidade seja filantrópica para reconhecimento da imunidade? Ou, por ser beneficente de assistência social, preserva a imunidade?

O Supremo enfrentou essa discussão ao apreciar a ADI 2.028 e, segundo a decisão proferida, a entidade beneficente de assistência social deve demonstrar o caráter beneficente, que inclui a ausência de fins lucrativos e a prestação de assistência social gratuita a quem dela necessitar. A decisão do STF destaca que o conceito de entidade beneficente de assistência social não se equipara simplesmente a uma entidade de assistência social sem fins lucrativos, pois, nesse último caso, pode incluir uma variedade de organizações que não necessariamente atendem aos critérios estritos de beneficência, como definido pela Constituição e pela legislação infraconstitucional. A distinção entre assistência social sem fins lucrativos e entidade beneficente de assistência social, segundo o Supremo, pretende preservar que somente as entidades que operam em benefício direto e gratuito da sociedade recebam a imunidade tributária, de modo a evitar que organizações que não atendem a esses critérios se beneficiem indevidamente das desonerações e isenções fiscais.[43]

---

[43] Ação direta de inconstitucionalidade. Conversão em arguição de descumprimento de preceito fundamental. Conhecimento. Imunidade. Contribuições sociais. Arts. 146, II, e 195, § 7º, da Constituição Federal. Regulamentação. Lei 8.212/1991 (art. 55). Decreto 2.536/1998 (arts. 2º, IV, 3º, VI, §§ 1º e 4º e parágrafo único). Decreto 752/1993 (arts. 1º, IV, 2º, IV e §§ 1º e 3º, e 7º, § 4º). Entidades beneficentes de assistência social. Distinção. Modo de atuação das entidades de assistência social. Tratamento por lei complementar. Aspectos meramente procedimentais. Regramento por lei ordinária. Nos exatos termos do voto proferido pelo eminente e saudoso Ministro Teori Zavascki, ao inaugurar a divergência: 1. "[...] fica evidenciado que (a) entidade beneficente de assistência social (art. 195, § 7º) não é conceito equiparável a entidade de assistência social sem fins lucrativos (art. 150, VI); (b) a Constituição Federal não reúne elementos discursivos para dar concretização segura ao que se possa entender por modo beneficente de prestar assistência social; (c) a definição desta condição modal é indispensável para garantir que a imunidade do art. 195, § 7º, da CF cumpra a finalidade que lhe é designada pelo texto constitucional; e (d) esta tarefa foi outorgada ao legislador infraconstitucional, que tem autoridade para defini-la, desde que respeitados os demais termos do texto constitucional". 2. "Aspectos meramente procedimentais referentes à certificação, fiscalização e controle administrativo continuam passíveis de definição em lei ordinária. A lei complementar é forma somente exigível para a definição do modo beneficente de atuação das entidades de assistência social contempladas pelo art. 195, § 7º, da CF, especialmente no que se refere à instituição de contrapartidas a serem observadas por elas". 3. Procedência da ação "nos limites postos no voto do Ministro Relator". Arguição de descumprimento de preceito fundamental, decorrente da conversão da ação direta de inconstitucionalidade, integralmente procedente. ADI 2.028,

O STF, em outro julgado paradigmático, manifestou-se no sentido de que diversas entidades religiosas *oferecem assistência a um público verdadeiramente carente, que, muitas vezes, instala-se em localidades remotas, esquecidas pelo Poder Público e não alcançadas por outras entidades privadas.* Para o Supremo, *desde que não haja discriminação entre os assistidos ou coação para que passem a aderir aos preceitos religiosos em troca de terem suas necessidades atendidas, essas instituições se enquadram* na imunidade conferida às entidades prestadoras de assistência social (art. 203 da CF). Além disso, diga-se, a proteção contra a tributação revela-se não apenas na incidência sobre a renda e o patrimônio necessariamente afetos às ações assistenciais, mas sobre todos aqueles valores oriundos da "exploração" da atividade e que sejam revertidos para as suas atividades essenciais.[44]

Em outro julgamento, especificamente no Tema 336 da Repercussão Geral, o Supremo definiu que: *as entidades religiosas podem se caracterizar como instituições de assistência social a fim de se beneficiarem da imunidade tributária prevista no art. 150, VI, c, da Constituição, que abrangerá não só os impostos sobre o seu patrimônio, renda e serviços, mas também os impostos sobre a importação de bens a serem utilizados na consecução de seus objetivos estatutários.*

Ainda na perspectiva dos precedentes do Supremo, há um julgado a respeito da incidência do ICMS nas entidades religiosas que, muito provavelmente, será seguido pelos órgãos de fiscalização e cobrança no âmbito do IBS e da CBS. Segundo o que foi decidido no Tema 342/STF,[45] *a imunidade tributária subjetiva aplica-se a seus beneficiários na posição de contribuinte de direito, mas não na de simples contribuinte de fato.* Isso quer dizer o seguinte, as entidades religiosas e os templos de qualquer culto, inclusive as organizações assistenciais e beneficentes vinculadas, quando estiverem adquirindo produtos ou serviços para consumo próprio devem recolher o tributo (ICMS) por tratar-se de contribuinte de fato. É a hipótese de compra de determinado bem em um supermercado. Não deixa de recolher o tributo inserido no preço final de consumo. Ou, outro exemplo, na contratação de um prestador de serviço para reparar uma iluminação, quando, então, sobre o preço do serviço ofertado embute-se o tributo devido.

Por outro lado, na condição de venda por entidade de assistência social de mercadorias de sua fabricação ou produção (contribuinte de direito), por exemplo, admite o STF a imunidade, desde que o lucro obtido seja aplicado nas atividades institucionais, haja vista o entendimento de que a imunidade tributária subjetiva (art. 150, VI, da CF, em relação aos impostos) aplica-se ao ente beneficiário na condição de contribuinte de direito, sendo irrelevante, investigar se o tributo repercute economicamente.

Em outras palavras, as entidades religiosas não precisam recolher o ICMS sobre operações realizadas diretamente por elas, como a prestação de serviços ou a venda de

---

Rel. Min. Joaquim Barbosa, rel. p/ ac. Min. Rosa Weber, Tribunal Pleno, j. 02.03.2017, Acórdão Eletrônico, *DJe*-095, divulg. 05.05.2017, public. 08.05.2017.

[44] RE 630.790, Rel. Min. Roberto Barroso, Tribunal Pleno, j. 21.03.2022, Processo Eletrônico, Repercussão Geral – Mérito *DJe*-059, divulg. 28.03.2022, public. 29.03.2022.

[45] Tese fixada: "A imunidade tributária subjetiva aplica-se a seus beneficiários na posição de contribuinte de direito, mas não na de simples contribuinte de fato, sendo irrelevante para a verificação da existência do beneplácito constitucional a repercussão econômica do tributo envolvido". RE 608.872, Rel. Min. Dias Toffoli, Tribunal Pleno, j. 23.02.2017, Processo Eletrônico, Repercussão Geral – Mérito *DJe*-219, divulg. 26.09.2017, public. 27.09.2017.

produtos diretamente relacionados às suas atividades religiosas e assistenciais, porém, na aquisição de bens ou serviços de terceiros, as referidas entidades, como contribuintes de fato, acabam assumindo o tributo incorporado nos preços. O mesmo entendimento, apesar de não expressamente contido na lei, provavelmente, será aplicado no âmbito do IBS e da CBS.

d) partidos políticos e outras entidades sem fins lucrativos.

A previsão de imunidade, neste caso, compreende os partidos políticos, suas fundações, entidades sindicais dos trabalhadores e instituições de educação e assistência social, com o propósito de fundo de apoiar o funcionamento dessas atividades, que são essenciais para a democracia e o bem-estar social.

A imunidade tributária dos partidos políticos, de natureza subjetiva e pessoal, ou seja, que considera o sujeito, e concedida em razão de qualidade da pessoa, constitui-se em proteção constitucional com a finalidade de preservar o sistema democrático, assegurando a independência e o funcionamento dos partidos por não se tratar de atividade econômica. Por outro lado, os partidos políticos precisam cumprir requisitos legais para a obtenção da imunidade tributária, entre as quais: o caráter nacional e a finalidade pública partidária; o registro regular no Tribunal Superior Eleitoral (TSE), segundo o art. 17, § 2º, da CF; a vinculação às finalidades essenciais, ou seja, a imunidade deve alcançar as atividades dos partidos políticos indispensáveis ao fiel exercício ao qual se propõe e, de forma alguma, devem promover atividades com finalidade lucrativa, além de cumprir integralmente o art. 14 do Código Tributário Nacional (CTN), que inclui: a) não distribuição de qualquer parcela de seu patrimônio ou rendas, a qualquer título; b) aplicação integral, no país, dos recursos na manutenção de seus objetivos institucionais; c) manutenção da escrituração de receitas e despesas em livros revestidos de formalidades que assegurem sua exatidão.

Isso significa, por exemplo, que eventuais superávits ou resultados financeiros positivos obtidos por partidos políticos devem, obrigatoriamente, ser revertidos, conforme determina o comando normativo, para as finalidades essenciais dos próprios partidos políticos ou, em caso de término de suas atividades, o destino do patrimônio líquido deve ser dirigido à União Federal com repasses financeiros para outro ente criado com os mesmos fins.

O CARF possui um acórdão representativo muito interessante sobre a imunidade de partidos políticos, cuja leitura é recomendada.[46] Nele foi apreciada a suspensão da imunidade de determinado partido político. Alguns pontos controvertidos foram apreciados e decididos, entre os quais, a competência entre a Justiça Eleitoral e a competência da Receita Federal do Brasil, especialmente para os fins de fiscalização das contas do partido político. Segundo o CARF, a prestação de contas à Justiça Eleitoral prevista na CF e na Lei dos Partidos Políticos (LPP), Lei 9.096/1995, possui unicamente finalidade e natureza de direito eleitoral, cuja compreensão pode se dar pelas penalidades contidas nos arts. 36, 37 e 44 da LPP e, portanto, mantém-se a competência do

---

46   BRASIL. Conselho Administrativo de Recursos Fiscais. Acórdão 1302-003.386. Processo 10168.003919/2007-81. Recurso Voluntário. 3ª Câmara / 2ª Turma Ordinária. Sessão de 19 de fevereiro de 2019. Recorrente: Partido da Social Democracia Brasileira. Recorrida: Fazenda Nacional. Matéria: Partido Político. Suspensão de Imunidade.

Ministério da Fazenda, e mais especificamente da RFB, para fiscalizar as contas em matéria fiscal. Outro ponto de destaque diz respeito ao procedimento de suspensão da imunidade, que está previsto no art. 32 da Lei 9.430/1996, com a sequência de atos, que vai desde o descumprimento de requisitos previstos na lei; notificação com relato dos fatos e indicação da data da infração; prazo de 30 (trinta) dias da ciência para apresentar defesa; competência do delegado ou inspetor da RFB para expedir e julgar o Ato Declaratório Executivo (ADE) de suspensão do benefício em caso de procedência; prazo de 30 (trinta) dias da ciência do ato para impugnar; julgamento da impugnação pela Delegacia da RFB competente.

Por isso, não basta ser um partido político regularmente registrado para ter direito à imunidade, haja vista ser necessário concomitantemente o atendimento dos requisitos estabelecidos no CTN. A declaração de imunidade é apenas uma formalidade prevista em lei para declarar uma situação já existente, mas não assegura, por si, os benefícios tributários. Se considerado não imune, sujeita-se, portanto, às regras de tributação de IR e CSLL aplicáveis às demais pessoas jurídicas de direito privado. Além disso, as irregularidades que ensejam o descumprimento dos requisitos do art. 9º, §§ 1º e 14, do CTN independem da avaliação de boa ou má-fé do sujeito passivo, pois a responsabilização por infração não está vinculada à intenção do agente (art. 136 do CTN).

A mesma observação feita entre contribuinte de fato e de direito, para fins de imunidade tributária – aplicável à tributação sobre o consumo, exposta no item acima para entidades religiosas e templos de qualquer culto –, vale, da mesma forma, para os partidos políticos. Além disso, a norma imunizante já no texto constitucional previa sua aplicação às fundações ligadas aos partidos políticos, preservados os requisitos legais.

e) Livros, jornais, periódicos e o papel destinado à sua impressão.

Esta imunidade promove o acesso à informação e à educação, fundamentais para o desenvolvimento cultural, intelectual da sociedade e da cidadania e, por conseguinte, da própria democracia, a partir da difusão, facilitação do conhecimento e do acesso à informação, com previsão constitucional no art. 150, VI, *d*, ao impor a vedação à União, aos Estados, ao Distrito Federal e aos Municípios da instituição de impostos sobre livros, jornais, periódicos e o papel destinado à sua impressão. A LC 214/2025 reproduziu na íntegra a limitação constitucional ao poder de tributar definida no texto da CF.

Apesar de a LC 214/2025 não ter feito referência, mantendo o texto literal da CF, perdeu a oportunidade de atualizar o contexto normativo frente às inovações tecnológicas das últimas décadas, de modo que a abrangência desta imunidade alcança os livros e jornais impressos e digitais, sobretudo e-books e dispositivos destinados à leitura de livros eletrônicos, compreendendo, inclusive, as publicações regulares que tratam de notícias, informações e opiniões, sendo a periodicidade e a veiculação de informações critérios relevantes para enquadramento no direito à imunidade. O julgamento do STF proferido no RE 330.817, em 2017, consolidou o entendimento de equiparação dos livros impressos aos *e-books* (livros digitais), bem como equipamentos eletrônicos destinados à leitura desses livros, inclusive "áudio book", ou audiolivro, bem como aparelhos leitores de livros eletrônicos (ou *e-readers*) confeccionados exclusivamente para esse fim, ainda que, eventualmente, estejam equipados com funcionalidades acessórias ou rudimentares que auxiliam a leitura digital, tais como dicionário de sinônimos, marcadores, escolha do tipo e do tamanho da fonte etc. O STF, porém, não aplicou o mesmo entendimento da imunidade aos aparelhos multifuncionais, como *tablets*, *smartphone* e *laptops*, por entender que vão muito além de meros equipamentos utilizados para a leitura de livros digitais.[47]

f) **operações com fonogramas e videofonogramas musicais produzidos no Brasil contendo obras musicais ou literomusicais de autores brasileiros e/ou obras em geral interpretadas por artistas brasileiros, bem como os suportes materiais ou arquivos digitais que os contenham, salvo na etapa de replicação industrial de mídias ópticas de leitura a laser.**

Essa imunidade decorre do texto constitucional introduzido pela EC 75/2013, que prevê, literalmente, o texto ora contido na LC 214/2025. A leitura do disposto revela que a vedação à imposição tributária limita-se aos trabalhos artísticos produzidos por autores e artistas brasileiros ou desde que originados no Brasil, excluindo as obras de artistas e autores estrangeiros.

A norma, ainda que amparada em dispositivo constitucional, é de duvidosa constitucionalidade, especialmente se considerados os princípios da isonomia, por ser vedada a instituição de tratamento desigual entre contribuintes que se encontrem em situação equivalente, inclusive pela distinção em razão de ocupação profissional ou função por eles exercida, e o princípio que veda a diferenciação tributária entre bens e serviços em razão da procedência ou destino, conferida pelo art. 152 da Constituição Federal.

No âmbito desta temática, o STF já tem reconhecida a repercussão geral, pendente de decisão, relativamente à incidência de norma imunizante na importação de suportes materiais produzidos fora do Brasil que contenham obra musical de artista brasileiro, mas ainda não tem precedente a respeito da diferenciação entre artistas brasileiros e estrangeiros relativamente ao que disposto na EC 75/2013 e, agora, também contido na LC 214/2025.[48] Como há a ampliação normativa da previsão de imunidade se considerada a inclusão da CBS (contribuição social) na esfera da regra de imunidade pela LC 214/2025, é provável que essa discussão ganhe mais destaque, uma vez que antes estava limitada a impostos, conforme o art. 150, VI, *e*, da CF.

g) **de serviço de comunicação nas modalidades de radiodifusão sonora e de sons e imagens de recepção livre e gratuita.**

A CF, com a entrada em vigor da EC 42/2003, que adicionou mais um parágrafo ao art. 155, passou a prever a não incidência do ICMS sobre as prestações de serviço de comunicação nas modalidades de radiodifusão sonora e de sons e imagens de recepção livre e gratuita. A pretensão constitucional é assegurar o acesso gratuito à informação e promover a liberdade de expressão da sociedade, garantindo que todos os cidadãos, independentemente de sua condição socioeconômica, tenham acesso a conteúdos informativos, educativos e culturais, de modo a adaptar o sistema tributário às demandas

---

[47]   RE 330.817, Rel. Min. Dias Toffoli, Tribunal Pleno, j. 08.03.2017, Acórdão Eletrônico, Repercussão Geral – Mérito, *DJe*-195, divulg. 30.08.2017, public. 31.08.2017.

[48]   ARE 1.244.302 RG, Rel. Min. Presidente, Tribunal Pleno, j. 02.04.2020, Processo Eletrônico, *DJe*-091, divulg. 16.04.2020, public. 17.04.2020.

sociais e tecnológicas contemporâneas e reconhecer o significado da comunicação livre para a consolidação democrática.

Com o advento da LC 214/2025, a imunidade tributária que antes se aplicava especificamente ao ICMS agora é direcionada para o IBS e para a CBS, alcançando, portanto, extensivamente a contribuição social, a partir da diretriz constitucional de uniformização do tratamento tributário, adaptando-se à nova estrutura fiscal proposta.

h) **de ouro, quando definido em lei como ativo financeiro ou instrumento cambial.**

A imunidade tributária sobre o ouro, como ativo financeiro e instrumento cambial, já tem previsão constitucional no art. 153, § 5º, de modo que a LC 214/2025 cuidou de reproduzir a literalidade contida na CF para aplicação ao IBS e à CBS. Essa imunidade pretende estabelecer que o ouro, quando utilizado como ativo financeiro ou instrumento cambial, seja regulado de forma específica para evitar distorções no mercado financeiro e na economia. Além disso, a exclusividade da incidência do Imposto sobre Operações Financeiras (IOF) nas operações com ouro como ativo financeiro ou instrumento cambial evita a bitributação.

i) **Imunidade tributária das autarquias e fundações instituídas e mantidas pelo poder público, assim como as empresas públicas prestadoras de serviços postais.**

O § 1º do art. 9º da Lei Complementar estabelece que as imunidades tributárias são extensivas a autarquias e fundações instituídas e mantidas pelo poder público, assim como às empresas públicas prestadoras de serviços postais. Contudo, essa imunidade compreende apenas as operações que estejam diretamente relacionadas às finalidades essenciais dessas entidades ou às atividades decorrentes dessas finalidades. Além disso, não se aplica a operações que envolvam a exploração de atividades econômicas regidas pelas normas aplicáveis a empreendimentos privados, ou nas quais haja contraprestação ou pagamento de preços ou tarifas por parte dos usuários dos serviços.

O § 2º do mesmo dispositivo define os critérios para a aplicação da imunidade tributária às entidades religiosas e assistenciais, quando classificadas como pessoa jurídica de direito privado sem fins lucrativos, que tem como objetivo professar a fé religiosa e praticar atos religiosos. Da mesma forma, considera-se organização assistencial e beneficente a pessoa jurídica de direito privado sem fins lucrativos, vinculada e mantida por entidade religiosa ou templo de qualquer culto, que presta bens e serviços na área de assistência social de maneira imparcial, sem exigir nenhum tipo de contrapartida ou discriminação aos beneficiados.

O § 3º, também do art. 9º da LC, esclarece que a imunidade prevista para os partidos políticos, inclusive suas fundações, entidades sindicais dos trabalhadores e instituições de educação e de assistência social é condicionada aos requisitos de constituição como pessoas jurídicas sem fins lucrativos e que cumpram cumulativamente os pressupostos estabelecidos no art. 14 do CTN, que incluem a necessidade de que a entidade não distribua qualquer parte de seu patrimônio ou renda a qualquer título e que aplique integralmente os recursos na manutenção dos seus objetivos institucionais no território nacional.

Por fim, o § 4º, seguindo o dispositivo referido, define que as imunidades concedidas aos entes federados, às entidades religiosas e templos de qualquer culto, inclusive suas fundações, entidades sindicais dos trabalhadores e instituições de educação e de assistência social, sem fins lucrativos, não se aplicam às aquisições de bens materiais ou imateriais, inclusive direitos, e aos serviços por essas entidades. Isso significa que, apesar de gozarem de imunidade em relação a suas finalidades essenciais, as operações de compra de bens e serviços não estão abrangidas por essa imunidade, estando sujeitas à tributação regular.

Vamos a um exemplo prático para ilustrar o § 4º acima referido. Uma entidade religiosa, como uma igreja, é uma pessoa jurídica sem fins lucrativos que goza de imunidade tributária em relação às suas atividades essenciais, como a promoção de cultos e a prática de assistência social. Suponha que ela decida adquirir equipamentos de som para melhorar a qualidade dos cultos. Embora a igreja esteja imune a tributos sobre suas atividades religiosas e assistenciais, a compra dos equipamentos de som estará sujeita à tributação regular, devendo recolher os tributos normalmente aplicáveis, como no caso o IBS e a CBS. O mesmo se aplicaria se a igreja contratasse serviços de construção para reformar suas instalações.

A regulamentação, nesse aspecto, segue o que foi definido pelo Supremo Tribunal Federal sob a sistemática da repercussão geral de que "a imunidade tributária subjetiva se aplica a seus beneficiários na posição de contribuinte de direito, mas não na de simples contribuinte de fato, sendo irrelevante para a verificação da existência do beneplácito constitucional a repercussão econômica do tributo envolvido".[49]

O entendimento do STF é de que o beneficiário da imunidade tributária subjetiva ocupante da posição de contribuinte de fato *desembolsa importe que juridicamente não é tributo, mas sim preço, decorrente de uma relação contratual*, independentemente da *existência ou não dessa translação econômica e sua intensidade*, as quais *dependem de diversos fatores externos à natureza da exação, como o momento da pactuação do preço (se antes ou depois da criação ou da majoração do tributo), a elasticidade da oferta e a elasticidade da demanda, dentre outros.*[50]

6.6. ASPECTOS TEMPORAL E ESPACIAL DA MATRIZ DE INCIDÊNCIA DO IBS E DA CBS: MOMENTO DE OCORRÊNCIA DO FATO GERADOR

A LC 214/2025 estabelece que o fato gerador do IBS e da CBS, sob o aspecto temporal, se considera efetivado, como regra, no momento do fornecimento ou do pagamento, o que ocorrer primeiro. Essa previsão abrange os fatos geradores instantâneos, que decorrem da realização da situação fática ou jurídica em determinado instante plenamente identificável.

Para as operações de execução continuada ou fracionada, em relação às quais não é possível identificar de forma precisa o momento da entrega do bem ou prestação do serviço, a lei prevê que ocorre o fato gerador no momento em que se torna devido o pagamento. Trata-se do fato gerador continuado, hipótese em que o evento que dá origem à obrigação tributária é caracterizado por uma duração prolongada ou uma repetição constante, gerando uma relação de tributação contínua.

[49]   Tese definida no RE 608.872, Rel. Min. Dias Toffoli, P, j. 23.02.2017, *DJe* 219 de 27.09.2017, Tema 342.
[50]   Trechos extraídos do RE 608.872, mencionado.

O rol exemplificativo de operações continuadas ou fracionadas previsto pela lei compreende aquelas que envolvem água tratada, saneamento básico, gás encanado, serviços de telecomunicação, internet e energia elétrica, inclusive quando destinadas ao consumidor final.

Nas aquisições de bens e serviços pela Administração Pública direta, o fato gerador é considerado consumado no momento em que o pagamento é efetivamente realizado. Frequentemente, essas operações envolvem pagamentos que não coincidem temporalmente com o fornecimento dos bens ou serviços. Ainda, devido ao uso de recursos públicos e à singularidade dos procedimentos, essas transações tendem a ser marcadas por certa imprevisibilidade. As causas de rescisão contratual são variadas, e o não cumprimento de certos requisitos pela empresa contratada pode impossibilitar ou suspender o pagamento pelos serviços prestados ou bens entregues. Ao vincular a consumação do fato gerador ao momento do pagamento, busca-se mitigar o impacto dessas distorções.

Em relação aos serviços de transporte, a lei complementar estabelece expressamente que se considera ocorrido o fornecimento no momento do início do transporte, na prestação de serviço de transporte iniciado no país, e do término da prestação, na prestação de serviço iniciado no exterior. O transporte internacional de passageiros iniciado no país, então, passará a ser tributado pelo IBS e pela CBS. Isso poderá resultar em oneração do setor, porquanto essas operações com destino ao exterior, no cenário atual, estão fora da hipótese de incidência do ICMS.[51]

A previsão de ocorrência do fato gerador no início do transporte destinado ao exterior é abrangente e não especifica o tipo de transporte que se enquadra na regra, seja de cargas ou de passageiros. No entanto, o art. 11 da LC 214/2025, ao tratar do aspecto espacial do fato gerador, determina que o local de incidência no transporte de cargas é o destino, o que exclui as operações com cargas destinadas ao exterior do campo de incidência. Em relação ao transporte de passageiros, de outro lado, o dispositivo estabelece que o local de incidência é o ente de origem.[52]

A tributação do transporte internacional de passageiros com destino ao exterior, conforme prevista para o IBS e a CBS, diverge significativamente do modelo adotado por outros países e desalinha com o princípio internacionalmente praticado de neutralidade fiscal para exportações de bens e serviços, incluindo o transporte internacional. O modelo previsto na Lei Complementar tem como referência o sistema indiano, no qual o GST (*Goods and Services Tax*) incide sobre o transporte internacional de passageiros iniciado no país. Essa determinação vem sendo alvo de críticas pelo setor, sob o argumento de que a previsão anda em contramão das melhores práticas globais, criando um ônus adicional que pode impactar a competitividade do país no cenário internacional.

---

[51] O Supremo Tribunal Federal, no julgamento da ADI 1.600-8, reconheceu a **inconstitucionalidade da exigência do ICMS sobre a prestação de serviços de transporte aéreo de passageiros** intermunicipal, interestadual e **internacional** (ADI 1.600, Rel. Min. Sidney Sanches, Tribunal Pleno, j. 26.11.2001).

[52] Art. 11. Considera-se local da operação com: [...]

VI – serviço de transporte de passageiros, o local de início do transporte;

VII – serviço de transporte de carga, o local da entrega ou disponibilização do bem ao destinatário constante no documento fiscal;

6.7. LOCAL DA INCIDÊNCIA

A adoção do princípio da tributação no destino está entre as alterações mais relevantes trazidas pela reforma tributária estabelecida pela Emenda Constitucional 132/2023. A concentração da tributação e destinação de parte da arrecadação ao ente de origem das operações há décadas é alvo de controvérsias no âmbito do direito tributário, em especial no que diz respeito à incidência e arrecadação do ICMS, sobretudo porque privilegia grandes parques industriais e econômicos em prejuízo de Estados menos desenvolvidos, com matriz mais consumidora do que produtora.

É que a sistemática de tributação anterior à reforma tributária, ainda vigente e que se manterá durante o período de transição, carrega complexo conflito relativo à repartição de receitas do ICMS em operações interestaduais, as quais, em geral, implicam em partilha da arrecadação aos Estados de origem e destino. A principal crítica à sistemática atual é de que o modelo fomenta a "guerra fiscal" entre os entes federados, que utilizam de sua competência tributária para travar disputa entre si, com o objetivo de atrair o estabelecimento de empreendimentos industriais e comerciais em seu território e, em consequência, maiores níveis de arrecadação tributária. Essas práticas, que envolvem o oferecimento de créditos presumidos, reduções de bases de cálculo, postergação de prazos, entre outras vantagens fiscais e financeiras, ensejaram diversos litígios ao longo dos anos acerca da legalidade e constitucionalidade das normas criadoras dos benefícios.[53]

O novo modelo de tributação do consumo estabelecido pela Emenda Constitucional 132/2023, sob o pretexto de corrigir os referidos desequilíbrios e seguindo os padrões orientados pela OCDE, prevê que o IBS será cobrado pelas alíquotas dos entes estadual e municipal de destino da operação. Dessa forma, há uma expectativa de que o valor arrecadado desse tributo será revertido em políticas públicas de viés social e econômico no local de consumo, com um retorno onde estabelecido o consumidor final que efetivamente suporta a carga tributária. O novo dispositivo constitucional estabelece:

> Art. 156-A. Lei complementar instituirá imposto sobre bens e serviços de competência compartilhada entre Estados, Distrito Federal e Municípios.
>
> § 1º O imposto previsto no *caput* será informado pelo princípio da neutralidade e atenderá ao seguinte: (…)
>
> VII – será cobrado pelo somatório das alíquotas do Estado e do Município de destino da operação;

---

[53] A título exemplificativo, um dos julgados de maior repercussão relacionado a disfunções decorrentes de "guerra fiscal" foi o Tema 490 do STF, em que se discutia a possibilidade, ou não, de ente federado negar a adquirente de mercadorias o direito ao crédito de ICMS destacado em notas fiscais, em operações interestaduais provenientes de outro ente federativo, que concede, por iniciativa unilateral, benefícios fiscais pretensamente inválidos.

Tese fixada: O estorno proporcional de crédito de ICMS efetuado pelo Estado de destino, em razão de crédito fiscal presumido concedido pelo Estado de origem sem autorização do Conselho Nacional de Política Fazendária (Confaz), não viola o princípio constitucional da não cumulatividade.

A LC 214/2025, por sua vez, define o destino das operações a depender do tipo e objeto do fornecimento, conforme detalhado abaixo:

Objeto do fornecimento	Local da operação
Bem móvel material	Local da entrega ou disponibilização do bem ao destinatário
Bem imóvel, bem móvel imaterial, inclusive direito, relacionado a bem imóvel e serviço prestado fisicamente sobre bem imóvel	Local onde o imóvel estiver situado
Serviço prestado fisicamente sobre a pessoa física ou fruído presencialmente por pessoa física	Local da prestação do serviço
Serviço de planejamento, organização e administração de feiras, exposições, congressos, espetáculos, exibições e congêneres	Local do evento a que se refere o serviço
Serviço prestado fisicamente sobre bem móvel material e serviços portuários	Local da prestação do serviço
Serviço de transporte de passageiros	Local de início do transporte
Serviço de transporte de carga	Local da entrega ou disponibilização do bem ao destinatário
Serviço de exploração de via, mediante cobrança de valor a qualquer título, incluindo tarifas, pedágios e quaisquer outras formas de cobrança	Território de cada Município e Estado, ou do Distrito Federal, proporcionalmente à correspondente extensão da via explorada
Serviço de telefonia fixa e demais serviços de comunicação prestados por meio de cabos, fios, fibras e meios similares	Local de instalação do terminal
Demais serviços e demais bens móveis imateriais, inclusive direitos	Local do domicílio principal do destinatário

A previsão do art. 11 da LC 214/2025 reflete a intenção de alinhar o local de incidência dos tributos à nova disposição constitucional que estabelece a tributação no local de destino das operações (soma das alíquotas de destino). No entanto, verifica-se que há uma variação do conceito de destino conforme a natureza da operação, como é o caso do transporte de passageiros e de cargas.

Conforme abordado no tópico anterior, para o transporte de passageiros, o dispositivo define que o local de incidência dos tributos será o ponto de início do transporte. Tal determinação parece estar fundamentada no fato de que, no transporte de passageiros, o "consumo" do serviço ocorre de forma contínua desde o embarque. Diferente do transporte de cargas, em que o destino final é claro e determinante, no transporte de passageiros o serviço é usufruído conforme a jornada se desenrola, e há uma dificuldade em delimitar o destino concreto do consumo desse serviço.

No transporte de cargas, por sua vez, o destino da operação é mais facilmente identificável e objetivamente delimitado. O serviço de transporte de mercadorias é considerado concluído quando a carga chega ao destinatário, motivo pelo qual o local de destino da mercadoria mostra-se como o ponto adequado para a incidência da tributação. Essa diferença de tratamento entre os dois tipos de transporte reflete as especificidades operacionais e a lógica de consumo de cada serviço, adequando a tributação ao momento em que o serviço é considerado consumido de maneira mais clara e objetiva para cada caso.

Considerando a relevância das regras referentes ao local de destino ou de ocorrência das operações, porquanto a determinação da alíquota aplicável depende dessa classificação, os parágrafos do mencionado art. 11 trazem disposições mais específicas e esclarecimentos que merecem atenção.

O § 1º estabelece regras para determinar o local da operação em algumas situações particulares. Para operações não presenciais envolvendo bens móveis materiais, o local da entrega ou disponibilização será o destino final indicado pelo adquirente. Isso varia conforme a responsabilidade pelo transporte: se o transporte for de responsabilidade do fornecedor, o destino final informado por ele será considerado; se o transporte for de responsabilidade do adquirente, será considerado o destino indicado ao terceiro responsável pelo transporte.

Ainda, o mesmo dispositivo estabelece que, nas aquisições de veículos automotores, a operação será considerada ocorrida no local do domicílio principal do destinatário, assim como nas aquisições realizadas em licitações públicas ou quando há irregularidades fiscais, tal qual a falta de documentação.

O § 2º prevê que, quando o bem imóvel estiver situado em mais de um Município, o local da operação será o Município onde se localiza a maior parte da área do imóvel.

O § 3º detalha como se define o domicílio principal do destinatário. Para pessoas físicas, deve ser considerado o local de sua habitação permanente, ou, na ausência de uma única habitação, o local onde suas relações econômicas forem mais relevantes. Para pessoas jurídicas, o domicílio será o local do estabelecimento ao qual o bem ou serviço foi fornecido. No caso de destinatários sem o cadastro previsto no art. 59 da LC 214/2025,[54] a definição pode ser feita com base em pelo menos dois critérios não conflitantes, como o endereço informado ao fornecedor, dados de geolocalização, ou outros registros relevantes. Se não for possível seguir esses critérios, será considerado o endereço declarado pelo destinatário.

O § 4º estabelece que, nas aquisições realizadas de forma centralizada por contribuintes com múltiplos estabelecimentos, o local da operação será o endereço da matriz, desde que não haja restrição à apropriação de créditos. Já o § 5º determina que, para serviços de profissão intelectual que não envolvam prestação física sobre a pessoa, se considera concretizada a operação no local do domicílio principal do destinatário. O

---

[54] Art. 59. As pessoas físicas e jurídicas e as entidades sem personalidade jurídica sujeitas ao IBS e à CBS são obrigadas a se registrar em cadastro com identificação única, observado o disposto nas alíneas "*a*" e "*b*" do inciso I do § 3º do art. 11 desta Lei Complementar.

§ 1º Para efeitos do disposto no *caput* deste artigo, consideram-se os seguintes cadastros administrados pela RFB:

I – de pessoas físicas, o Cadastro de Pessoas Físicas (CPF);

II – de pessoas jurídicas e entidades sem personalidade jurídica, o Cadastro Nacional da Pessoa Jurídica (CNPJ); e

III – de imóveis rurais e urbanos, o Cadastro Imobiliário Brasileiro (CIB).

§ 6º trata da responsabilidade do adquirente em fornecer informações corretas sobre o domicílio. Caso as informações resultem em pagamento a menor do IBS ou CBS, a diferença será exigida do adquirente, acrescida dos encargos legais.

O § 7º aborda as operações com abastecimento de água, gás canalizado e energia elétrica. No caso de fornecimento ao consumidor final, o local da operação será o da disponibilização da energia. No caso de geração, transmissão, distribuição ou comercialização, considera-se o local do estabelecimento principal do adquirente, conforme definido no § 4º. Por fim, o § 8º estabelece que, para operações envolvendo serviços prestados ao exterior, o local da operação será o domicílio do adquirente.

Tabela das regras específicas para a determinação do local das operações:

Regras e Disposições	Local da Operação
Operações não presenciais com bens móveis materiais.	Local de entrega ou disponibilização indicado pelo adquirente. Se o transporte for do fornecedor, considera-se o destino informado por ele; se for do adquirente, o destino indicado ao transportador.
Aquisições de veículos automotores.	Local do domicílio principal do destinatário.
Aquisições via licitações públicas ou com irregularidades fiscais (sem documentação).	Local do domicílio principal do destinatário.
Operações envolvendo bens imóveis situados em mais de um Município.	Município onde se localiza a maior parte da área do imóvel.
Definição do domicílio principal do destinatário (Pessoas físicas).	Local de habitação permanente, ou onde suas relações econômicas são mais relevantes.
Definição do domicílio principal do destinatário (Pessoas jurídicas).	Local do estabelecimento ao qual o bem ou serviço foi fornecido.
Definição do domicílio quando destinatário não possui cadastro.	Baseado em ao menos dois critérios (endereço informado, geolocalização etc.).
Aquisições realizadas de forma centralizada por contribuintes com múltiplos estabelecimentos.	Endereço da matriz, desde que não haja restrição à apropriação de créditos.
Serviços de profissão intelectual sem prestação física sobre a pessoa.	Local do domicílio principal do destinatário.
Responsabilidade do adquirente em fornecer informações corretas sobre o domicílio.	Local da operação determinado pelo adquirente, com correções em caso de erro.
Operações com energia elétrica ao consumidor final.	Local de disponibilização da energia.
Geração, transmissão, distribuição, comercialização de energia elétrica.	Local do estabelecimento principal do adquirente.
Serviços e demais bens móveis imateriais, inclusive direitos, prestados ao exterior.	Domicílio do adquirente.

6.8. BASE DE CÁLCULO E ALÍQUOTAS, SEGUNDO A LC 214/2025

Com relação à base de cálculo do IBS e da CBS, a regulamentação dada pela LC 214/2025 prevê que os novos tributos incidirão sobre o valor da operação, compreendendo acréscimos decorrentes de ajustes no valor, juros, multas, descontos, dentre outros componentes.[55] Para os casos de falta do valor da operação ou com valor indeterminado ou valor não representado em dinheiro, bem como em caso de operações entre partes relacionadas,[56] a base de cálculo corresponderá ao valor de mercado dos bens ou serviços, isto é, o valor praticado em operações comparáveis entre partes não relacionadas. Há, ainda, a necessidade de que o valor seja representado em moeda nacional, por isso a lei prevê a conversão, por taxa de câmbio apurada pelo Banco do Brasil, nos casos em que o valor da operação esteja expresso em moeda estrangeira.[57]

A LC 214/2025 também se preocupou em abranger as situações em que o contribuinte falha ao comprovar o valor da operação, prevendo então, para o caso, o arbitramento dessa base nos seguintes casos: falta de exibição de elementos necessários à

---

[55] Art. 12. A base de cálculo do IBS e da CBS é o valor da operação, salvo disposição em contrário prevista nesta Lei Complementar.

§ 1º O valor da operação compreende o valor integral cobrado pelo fornecedor a qualquer título, inclusive os valores correspondentes a:

I – acréscimos decorrentes de ajuste do valor da operação;

II – juros, multas, acréscimos e encargos;

III – descontos concedidos sob condição;

IV – valor do transporte cobrado como parte do valor da operação, no transporte efetuado pelo próprio fornecedor ou no transporte por sua conta e ordem;

V – tributos e preços públicos, inclusive tarifas, incidentes sobre a operação ou suportados pelo fornecedor, exceto aqueles previstos no § 2º deste artigo; e

VI – demais importâncias cobradas ou recebidas como parte do valor da operação, inclusive seguros e taxas.

[56] Partes relacionadas é um conceito muito usado no campo da tributação internacional, especialmente com relação às regras de preço de transferência. No Brasil, esse conceito está expresso no art. 4º da Lei 14.596/2023, que diz: "[c]onsidera-se que as partes são relacionadas quando no mínimo uma delas estiver sujeita à influência, exercida direta ou indiretamente por outra parte, que possa levar ao estabelecimento de termos e de condições em suas transações que divirjam daqueles que seriam estabelecidos entre partes não relacionadas em transações comparáveis". Normalmente são consideradas como partes relacionadas as empresas coligadas, ou a empresa controladora e suas controladas, empresas que compartilham os mesmos sócios ou acionistas com mais 20% do capital social sobre cada uma, dentre outras hipóteses estabelecidas na lei citada. Esse conceito é relevante para que se determine o real valor de mercado das operações, uma vez que as partes relacionadas tendem a não seguir as regras de mercado e a realizar transações em condições mais favoráveis. Por isso, nesses casos, é considerar os preços praticados nas mesmas condições por partes não relacionadas para se chegar ao real valor da operação e, no caso do IBS e CBS, à base de cálculo desses tributos.

[57] Art. 12. [...] § 4º A base de cálculo corresponderá ao valor de mercado dos bens ou serviços, entendido como o valor praticado em operações comparáveis entre partes não relacionadas, nas seguintes hipóteses:

I – falta do valor da operação;

II – operação sem valor determinado;

III – valor da operação não representado em dinheiro; e

IV – operação entre partes relacionadas, nos termos do inciso IV do *caput* do art. 5º, observado o disposto nos seus §§ 2º a 7º.

§ 5º Caso o valor da operação esteja expresso em moeda estrangeira, será feita sua conversão em moeda nacional por taxa de câmbio apurada pelo Banco Central do Brasil, de acordo com o disposto no regulamento.

comprovação do valor da operação, quando se tratar de operação realizada sem emissão de documento fiscal ou com documentação inidônea ou o valor declarado no documento fiscal for notoriamente inferior ao valor de mercado; qualquer outra hipótese em que forem omissos, conflitantes ou não merecerem fé as declarações, informações ou documentos apresentados.[58]

Nessas situações de arbitramento, o valor será apurado com base no valor de mercado, praticado entre partes não relacionadas, ou, na ausência deste, com base no custo do bem ou serviço, acrescido das despesas indispensáveis à manutenção das atividades do sujeito passivo ou do lucro bruto apurado com base na escrita contábil ou fiscal. O arbitramento poderá, ainda, ser feito com base no valor fixado por órgão competente, pelo preço final a consumidor sugerido pelo fabricante ou importador ou, ainda, pelo preço divulgado ou fornecido por entidades representativas dos respectivos setores, a depender do caso.[59]

6.9. EXCLUSÃO DE TRIBUTOS DA BASE DE CÁLCULO DO IBS E DA CBS

As verbas que, por disposição expressa na lei, não compõem a base de cálculo do IBS e da CBS são: os montantes dos próprios IBS e CBS incidentes sobre a operação; o valor do Imposto sobre Produtos Industrializados (IPI); os descontos incondicionais; os reembolsos ou ressarcimentos recebidos por valores pagos relativos a operações por conta e ordem ou em nome de terceiros, desde que a documentação fiscal relativa a essas operações seja emitida em nome do terceiro; os valores do ICMS, ISS, PIS ou Cofins que, eventualmente, incidam sobre a operação tributada.[60]

---

[58] Art. 13. O valor da operação será arbitrado pela administração tributária quando:

I – não forem exibidos à fiscalização, inclusive sob alegação de perda, extravio, desaparecimento ou sinistro, os elementos necessários à comprovação do valor da operação nos casos em que:

a) for realizada a operação sem emissão de documento fiscal ou estiver acobertada por documentação inidônea; ou

b) for declarado em documento fiscal valor notoriamente inferior ao valor de mercado da operação;

II – em qualquer outra hipótese em que forem omissos, conflitantes ou não merecerem fé as declarações, informações ou documentos apresentados pelo sujeito passivo ou por terceiro legalmente obrigado.

[59] Art. 13 [...] Parágrafo único. Para fins do arbitramento de que trata este artigo, a base de cálculo do IBS e da CBS será determinada:

I – o valor de mercado dos bens ou serviços fornecidos, entendido como o valor praticado em operações comparáveis entre partes não relacionadas; ou

II – quando não estiver disponível o valor de que trata o inciso I deste parágrafo, aquela calculada:

a) com base no custo do bem ou serviço, acrescido das despesas indispensáveis à manutenção das atividades do sujeito passivo ou do lucro bruto apurado com base na escrita contábil ou fiscal; ou

b) pelo valor fixado por órgão competente, pelo preço final a consumidor sugerido pelo fabricante ou importador ou pelo preço divulgado ou fornecido por entidades representativas dos respectivos setores, conforme o caso.

[60] Art. 12 [...] § 2º Não integram a base de cálculo do IBS e da CBS:

I – o montante do IBS e da CBS incidentes sobre a operação;

II – o montante do Imposto sobre Produtos Industrializados (IPI);

III – os descontos incondicionais;

IV – os reembolsos ou ressarcimentos recebidos por valores pagos relativos a operações por conta e ordem ou em nome de terceiros, desde que a documentação fiscal relativa a essas operações seja emitida em nome do terceiro; e

Como dito, houve uma mudança substancial no modelo de tributação sobre o consumo até então adotado no Brasil: o fim do cálculo por dentro. Essa sistemática de tributação, especialmente no caso das contribuições ao PIS e à Cofins, depois do julgamento do Tema 69 pelo STF, que determinou a exclusão do ICMS das correspondentes bases tributárias, passou a ser uma realidade presente na prática da cobrança desses tributos (PIS e Cofins), mas, agora, consta expressamente na LC 214/2025 como regra geral a ser adotada.

Durante décadas vigorou o entendimento pela possibilidade de cobrança de tributo sobre tributo, considerada a sistemática de cálculo por dentro, quando um tributo integra a sua própria base de cálculo, como no caso do ICMS. Essa dinâmica era – e ainda é, em alguns casos – adotada para tributos como o ICMS, ISS, PIS e Cofins, justamente os impostos e contribuições extintos pela reforma tributária. Era, segundo a jurisprudência, conforme a Súmula 258 do extinto TRF, dotada de legalidade: "[a] parcela relativa ao ICMS inclui-se na base de cálculo do PIS". Também, no mesmo sentido racional, as Súmulas 68 e 94 do STJ, respectivamente: "[a] parcela relativa ao ICMS inclui-se na base de cálculo do PIS" e "[a] parcela relativa ao ICMS inclui-se na base de cálculo do Finsocial".

O STF era resistente a conhecer da matéria, por entender que era de cunho infraconstitucional, como ocorreu nos REs 391.371/BA[61] e 399.979/RN[62], mas, por outro lado, também possuía precedentes que admitiam a inclusão de tributo na base de cálculo de outros tributos, ou mesmo dele próprio. Tem-se, por exemplo, o RE 582.525[63], de relatoria do min. Joaquim Barbosa, no qual admitia-se a inclusão da CSLL na base de

---

V – o montante incidente na operação dos tributos a que se referem o inciso II do *caput* do art. 155, o inciso III do *caput* do art. 156 e a alínea "b" do inciso I e o inciso IV do *caput* do art. 195 da Constituição Federal, e da Contribuição para os Programas de Integração Social e de Formação do Patrimônio do Servidor Público (Contribuição para o PIS/Pasep) a que se refere o art. 239 da Constituição Federal, de 1º de janeiro de 2026 a 31 de dezembro de 2032.

VI – a contribuição de que trata o art. 149-A da Constituição Federal.

[61] Ementa: Constitucional. Tributário. PIS. ICMS: inclusão na base de cálculo do PIS. I. – Inclusão do ICMS na base de cálculo do PIS: a contribuição do PIS tem como base de cálculo o faturamento da empresa. Perquirir se o *quantum* relativo ao ICMS integra ou não o faturamento é uma questão que se resolve em nível infraconstitucional. A ofensa à Constituição, se existente, seria indireta, reflexa, o que não autoriza a admissão do recurso extraordinário. Precedentes. II. – Agravo não provido (RE 391.371 AgR, Rel. Min. Carlos Velloso, 2ª T., j. 08.03.2005, *DJ* 08.04.2005, p. 00035, ement. v. 02186-03, p. 00518 *RTJ*, v. 00194-01, p. 00370)

[62] Ementa: Recurso extraordinário: descabimento: controvérsia a respeito da inclusão do valor do ICMS na base de cálculo do PIS, de natureza infraconstitucional: precedentes (RE 399.979 AgR, Rel. Min. Sepúlveda Pertence, 1ª T., j. 1º.02.2005, *DJ* 25.02.2005, p. 00034 ement., v. 02181-03, p. 00408)

[63] Ementa: Constitucional. Tributário. Imposto sobre a renda e proventos de qualquer natureza devido pela pessoa jurídica (IRPJ). Apuração pelo regime de lucro real. Dedução do valor pago a título de contribuição social sobre o lucro líquido. Proibição. Alegadas violações do conceito constitucional de renda (art. 153, III), da reserva de lei complementar de normas gerais (art. 146, III, *a*), do princípio da capacidade contributiva (art. 145, § 1º) e da anterioridade (arts. 150, III, *a*, e 195, § 7º). 1. O valor pago a título de contribuição social sobre o lucro líquido – CSLL não perde a característica de corresponder a parte dos lucros ou da renda do contribuinte pela circunstância de ser utilizado para solver obrigação tributária. 2. É constitucional o art. 1º e parágrafo único da Lei 9.316/1996, que proíbe a dedução do valor da CSLL para fins de apuração do lucro real, base de cálculo do Imposto sobre a Renda das Pessoas Jurídicas – IRPJ. Recurso extraordinário conhecido, mas ao qual se nega provimento. (RE 582.525, Rel. Min. Joaquim Barbosa, Tribunal Pleno, j. 09.05.2013, Acórdão Eletrônico, Repercussão Geral – Mérito, *DJe*-026, divulg. 06.02.2014, public. 07.02.2014).

cálculo do IRPJ, conforme previsto no art. 1º da Lei 9.316/1996. No RE 212.209[64], o STF admitiu a inclusão do ICMS na sua própria base de cálculo, entendimento que foi replicado por outros julgados, inclusive no RE 582.461[65], representativo do Tema 214 do STF, segundo o qual "I – [é] constitucional a inclusão do valor do Imposto sobre Circulação de Mercadorias e Serviços – ICMS na sua própria base de cálculo; II – [é] legítima a utilização, por lei, da taxa SELIC como índice de atualização de débitos tributários; III – [não] é confiscatória a multa moratória no patamar de 20%".

Assim, a sistemática da cobrança de tributo sobre tributo era adotada pelos entes federativos e acolhida pela jurisprudência. A situação começou a mudar quando, em 2013, no julgamento do RE 559.937[66], o STF entendeu inconstitucional a inclusão do PIS/Cofins e ICMS na base de cálculo do PIS/Cofins – importação. Mas o grande impacto veio de fato em 2017, no julgamento do RE 574.706[67], representativo do Tema

---

[64] Ementa: Constitucional. Tributário. Base de cálculo do ICMS: inclusão no valor da operação ou da prestação de serviço somado ao próprio tributo. Constitucionalidade. Recurso desprovido. (RE 212.209, Rel. Min. Marco Aurélio, rel. p/ ac. Nelson Jobim, Tribunal Pleno, j. 23.06.1999, *DJ* 14.02.2003, p. 00086 EMENT, v. 02098-02, p. 00303).

[65] 1. Recurso extraordinário. Repercussão geral. 2. Taxa Selic. Incidência para atualização de débitos tributários. Legitimidade. Inexistência de violação aos princípios da legalidade e da anterioridade. Necessidade de adoção de critério isonômico. No julgamento da ADI 2.214, Rel. Min. Maurício Corrêa, Tribunal Pleno, *DJ* 19.04.2002, ao apreciar o tema, esta Corte assentou que a medida traduz rigorosa igualdade de tratamento entre contribuinte e Fisco e que não se trata de imposição tributária. 3. ICMS. Inclusão do montante do tributo em sua própria base de cálculo. Constitucionalidade. Precedentes. A base de cálculo do ICMS, definida como o valor da operação da circulação de mercadorias (art. 155, II, da CF/1988, c/c arts. 2º, I, e 8º, I, da LC 87/1996), inclui o próprio montante do ICMS incidente, pois ele faz parte da importância paga pelo comprador e recebida pelo vendedor na operação. A Emenda Constitucional 33, de 2001, inseriu a alínea *i* no inciso XII do § 2º do art. 155 da Constituição Federal, para fazer constar que cabe à lei complementar "fixar a base de cálculo, de modo que o montante do imposto a integre, também na importação do exterior de bem, mercadoria ou serviço". Ora, se o texto dispõe que o ICMS deve ser calculado com o montante do imposto inserido em sua própria base de cálculo também na importação de bens, naturalmente a interpretação que há de ser feita é que o imposto já era calculado dessa forma em relação às operações internas. Com a alteração constitucional a Lei Complementar ficou autorizada a dar tratamento isonômico na determinação da base de cálculo entre as operações ou prestações internas com as importações do exterior, de modo que o ICMS será calculado "por dentro" em ambos os casos. 4. Multa moratória. Patamar de 20%. Razoabilidade. Inexistência de efeito confiscatório. Precedentes. A aplicação da multa moratória tem o objetivo de sancionar o contribuinte que não cumpre suas obrigações tributárias, prestigiando a conduta daqueles que pagam em dia seus tributos aos cofres públicos. Assim, para que a multa moratória cumpra sua função de desencorajar a elisão fiscal, de um lado não pode ser pífia, mas, de outro, não pode ter um importe que lhe confira característica confiscatória, inviabilizando inclusive o recolhimento de futuros tributos. O acórdão recorrido encontra amparo na jurisprudência desta Suprema Corte, segundo a qual não é confiscatória a multa moratória no importe de 20% (vinte por cento). 5. Recurso extraordinário a que se nega provimento (RE 582.461, Rel. Min. Gilmar Mendes, Tribunal Pleno, j. 18.05.2011, Repercussão Geral – Mérito. *DJe*-158, divulg. 17.08.2011, public. 18.08.2011, ement. v. 02568-02, p. 00177).

[66] RE 559.937, Rel. Min. Ellen Gracie, rel. p/ ac. Min. Dias Toffoli, Tribunal Pleno, j. 20.03.2013, Repercussão Geral – Mérito *DJe*-206, divulg. 16.10.2013, public. 17.10.2013, ement. v. 02706-01, p. 00011.

[67] Recurso extraordinário com repercussão geral. Exclusão do ICMS na base de cálculo do PIS e Cofins. Definição de faturamento. Apuração escritural do ICMS e regime de não cumulatividade. Recurso provido. 1. Inviável a apuração do ICMS tomando-se cada mercadoria ou serviço e a correspondente cadeia, adota-se o sistema de apuração contábil. O montante de ICMS a recolher é apurado mês a mês, considerando-se o total de créditos decorrentes de aquisições e o total de débitos gerados nas saídas de mercadorias ou serviços: análise contábil ou escritural do ICMS. 2. A análise jurídica do princípio da não cumulatividade aplicado ao ICMS há de atentar ao disposto no art. 155, § 2º, I, da Constituição da República, cumprindo-se o princípio da não cumulatividade a cada operação. 3. O regime da não cumulatividade impõe concluir, conquanto se tenha a escrituração da parcela ainda a se compensar do ICMS, não se incluir todo ele na definição de faturamento aproveitado por este Supremo Tribunal

69 do STF, que excluiu o ICMS das bases de cálculo do PIS e da Cofins, representando uma grande mudança na jurisprudência sobre a cobrança de tributo sobre tributo.

No caso do RE 574.706, o fundamento não foi, porém, a constitucionalidade ou não da cobrança de tributo sobre tributo em si, mas sim a incompatibilidade do ICMS com a base de cálculo do PIS e da Cofins. Naquela ocasião, o STF entendeu que o ICMS, por não ser uma receita do contribuinte, mas um valor pertencente aos Estados e que lhes é repassado, não integra o faturamento da empresa, base de cálculo para fins de incidência do PIS e da Cofins. Ocasionou uma grande mudança na jurisprudência e, inclusive, ensejou o cancelamento das já citadas Súmulas 68 e 94 do STJ.

Não houve, porém, uma declaração da inconstitucionalidade da lógica de cobrança de tributo sobre tributo ou do cálculo por dentro de impostos, mas sim uma delimitação do conceito constitucional de faturamento e a exclusão de uma verba que, para todos os fins, não é compatível com o referido conceito. Mesmo assim, isso não impediu que a sistemática do cálculo por dentro fosse objeto de insurgências, promovendo a intensificação da discussão por meio das conhecidas "teses filhotes" do Tema 69, como a exclusão do PIS/Cofins das suas próprias bases,[68] a exclusão do ISS da base do PIS/Cofins,[69] exclusão do ISS da sua própria base de cálculo,[70] a exclusão do ICMS-ST da base de cálculo do PIS/Cofins[71] e a exclusão do ICMS da base de cálculo do IRPJ e CSLL apurados pelo lucro presumido[72].

Federal. O ICMS não compõe a base de cálculo para incidência do PIS e da Cofins. 3. Se o art. 3º, § 2º, I, *in fine*, da Lei n. 9.718/1998 excluiu da base de cálculo daquelas contribuições sociais o ICMS transferido integralmente para os Estados, deve ser enfatizado que não há como se excluir a transferência parcial decorrente do regime de não cumulatividade em determinado momento da dinâmica das operações. 4. Recurso provido para excluir o ICMS da base de cálculo da contribuição ao PIS e da Cofins (RE 574.706, Rel. Min. Cármen Lúcia, Tribunal Pleno, j. 15.03.2017, Acórdão Eletrônico, Repercussão Geral – Mérito. *DJe*-223, divulg. 29.09.2017, public. 02.10.2017).

[68] Essa tese será julgada no RE 1.233.096, representativo do Tema 1.067 da Repercussão Geral do STF.

[69] Essa tese será julgada no RE 592.616, representativo do Tema 118 de Repercussão Geral do STF.

[70] Essa tese ainda não foi submetida a julgamento pelos Tribunais Superiores, mas já conta com precedentes favoráveis ao contribuinte na primeira e segunda instâncias, como o acórdão proferido pelo TJSP no processo n. 9112187-90.2003.8.26.0000, cuja ementa dispõe: Apelação – Mandado de Segurança – ISS - Engenharia – Construção Civil – Preço do Serviço – Sentença parcialmente procedente. Recurso fazendário – Dedução de materiais e subempreitada, da base de cálculo. Possibilidade. Inteligência do art. 9º, § 2º, *a* e *b* do Decreto-lei 406/1968. Recurso desprovido. Recurso da Impetrante – Integração do valor do imposto na base de cálculo. Impossibilidade. Hipótese de "cálculo por dentro" não previsto pela legislação federal. Apelo provido (TJSP, Apelação / Remessa Necessária 9112187-90.2003.8.26.0000; Rel. João Alberto Pezarini; Órgão Julgador: 14ª Câmara de Direito Público; Foro de Campinas – 6ª Vara Cível; j. 25.08.2011; Data de Registro: 02.09.2011).

[71] Essa tese foi julgada pelo STJ nos REsp 1.896.678 e 195.826, gerando o Tema 1.125, que diz: "[o] ICMS-ST não compõe a base de cálculo da Contribuição ao PIS e da Cofins devidas pelo contribuinte substituído no regime de substituição tributária progressiva".

[72] Essa tese foi julgada pelo STJ nos REsp 1.767.631/SC, 1.772.634/RS e 1.772.470/RS, gerando o Tema 1.008, que diz: "[o] ICMS compõe a base de cálculo do Imposto de Renda da Pessoa Jurídica (IRPJ) e da Contribuição Social sobre o Lucro Líquido (CSLL), quando apurados na sistemática do lucro presumido". Segundo o acórdão do STJ, a receita bruta não admite deduções de impostos. Assim, o STJ entendeu que o ICMS estaria incluído na receita bruta, montante sobre o qual incide o coeficiente de presunção que delimita a base de cálculo do IRPJ e da CSLL. É possível questionar, porém, a compatibilidade desse entendimento com o que ficou definido no Tema 69 do STF, ocasião em que aquela corte deixou expresso que o ICMS não integra a receita bruta (também chamada de faturamento), que é também a base de cálculo do PIS/Cofins.

À exceção da exclusão do ICMS-ST da base de cálculo do PIS/Cofins, que teve entendimento do STJ favorável ao contribuinte no Tema 1.067, e da exclusão do ICMS da base de cálculo do IRPJ e da CSLL, que teve entendimento desfavorável pelo STJ, com a manutenção do ICMS na base de cálculo, no Tema 1.008, todas as outras teses filhotes ainda aguardam manifestação pelos tribunais superiores e algumas, em específico, exclusivamente pelo STF. Todas essas discussões têm como base o mesmo fundamento utilizado no Tema 69: a incompatibilidade de tributos com a base de cálculo dos tributos indicados, que pode ser o faturamento, no caso do PIS/Cofins, o lucro, no caso do IRPJ e da CSLL, ou mesmo o preço do serviço, no caso do ISS.

Apesar de muitas dessas teses ainda estarem pendentes de uma pacificação na jurisprudência, a sua existência demonstra a mitigação do entendimento que permitia o cálculo por dentro de impostos ou a cobrança de tributo sobre tributo, não porque essa sistemática, por si só, atente contra a Constituição Federal, mas porque as bases de cálculo dos tributos questionados não são compatíveis com outros tributos.

Diante de todo esse cenário controverso e incerto com relação à inclusão de tributos nas bases de cálculo do PIS/Cofins, ISS e ICMS, a Reforma Tributária, para os novos tributos sobre o consumo, optou por deixar expresso que não será mais admitida essa prática, o que coloca um fim a essas discussões e sedimenta o que foi decidido pelo STF no Tema 69.

6.10. ALÍQUOTAS DO IBS E CBS

As alíquotas do IBS e da CBS devem ser fixadas por meio de lei complementar, mas a EC 132/2023 estabelece os padrões a serem seguidos. Tem-se uma alíquota de referência para todos os bens e serviços, salvo nas hipóteses dos regimes diferenciados e específicos, porém, sob fundamento de preservação da autonomia federativa, cada ente político fixará sua correspondente alíquota do IBS e da CBS, com base na alíquota de referência prevista em resolução do Senado Federal, salvo disposição em lei específica.

Um exemplo: digamos que a venda de mercadorias de diferentes espécies tenha sido realizada da unidade de produção no Rio de Janeiro, capital, para o Estado do Ceará, em Fortaleza. A alíquota aplicada a título de IBS será a soma daquelas [alíquotas] definidas pelo Estado nordestino e sua correspondente cidade de destino (Ceará + Fortaleza). Além disso, nenhuma das Unidades Federativas pode, por exemplo, estabelecer alíquotas distintas de acordo com o produto comercializado, por exemplo, uma geladeira sujeita a uma alíquota diferente de uma televisão.

Ou seja, cada ente da Federação tem autonomia para instituir a alíquota incidente em seu território, mas essa alíquota será a mesma para todos os bens e serviços, exceto para aqueles sujeitos à tributação diferenciada. Como, tanto os Estados quanto os Municípios têm autonomia para estabelecer as alíquotas incidentes em seu território, especificamente em relação ao IBS, o imposto será cobrado a partir da soma das alíquotas estabelecidas pelo Estado e Município de destino da operação. Os Estados e Municípios podem vincular suas alíquotas à alíquota de referência de forma que sempre que esta mudar pelo Senado aquela alíquota da Unidade Federada também será alterada automaticamente, sem necessidade de nova lei local (estadual e municipal).

Seguindo as diretrizes introduzidas na Constituição pela EC 132/2023, as alíquotas da CBS serão fixadas pela União, enquanto cada Estado, Município e o Distrito Federal fixará as suas alíquotas de IBS, por meio de lei específica. O Senado fixará uma alíquota de referência do IBS, que não necessariamente será seguida pelos Estados, Municípios e Distrito Federal, mas será aplicada se não houver outra estabelecida no correspondente ente federativo. Assim, os entes federativos possuem a opção de fixar as suas alíquotas tendo como base a alíquota de referência, adicionando ou diminuindo pontos percentuais, ou fixar a alíquota livremente, sem se basear na alíquota de referência do Senado.[73]

Em alinhamento ao que ficou determinado na CF, por meio da EC 132/2023, a LC 214/2025 adota a sistemática da tributação no destino, ou seja, a alíquota do IBS em cada operação corresponderá à soma das alíquotas do Estado e do Município de destino da operação ou, se o destino for o Distrito Federal, a alíquota deste último ente federativo, uma vez que acumula as competências de Estado e Município. Para determinar o destino da operação, a legislação entende como parâmetro os critérios de aferição do local da operação. Assim, aplica-se a alíquota do destino, entendido como o local da operação, segundo os parâmetros do art. 11 da LC 214/2025[74].

A lei ainda prevê que as alíquotas de cada ente federativo serão as mesmas independentemente da operação, ressalvadas exceções previstas na própria lei[75]. Essas exceções estão contidas no art. 126 em diante e são os regimes diferenciados do IBS e da CBS, isto é, situações que terão reduções de alíquota, a depender da atividade desenvolvida. Como exemplo, tem-se a redução em 30% para determinados serviços de atividade intelectual de natureza científica, literária ou artística, como o serviço pres-

---

[73] Art. 14. As alíquotas da CBS e do IBS serão fixadas por lei específica do respectivo ente federativo, nos seguintes termos:

I – a União fixará a alíquota da CBS;

II – cada Estado fixará sua alíquota do IBS;

III – cada Município fixará sua alíquota do IBS; e

IV – o Distrito Federal exercerá as competências estadual e municipal na fixação de suas alíquotas.

§ 1º Para fins do disposto no inciso III do *caput* deste artigo, o Estado de Pernambuco exercerá a competência municipal relativamente às operações realizadas no Distrito Estadual de Fernando de Noronha, conforme o art. 15 do Ato das Disposições Constitucionais Transitórias (ADCT).

§ 2º Ao fixar sua alíquota, cada ente federativo poderá:

I – vinculá-la à alíquota de referência da respectiva esfera federativa, de que trata o art. 18 desta Lei Complementar, por meio de acréscimo ou decréscimo de pontos percentuais; ou

II – defini-la sem vinculação à alíquota de referência da respectiva esfera federativa.

§ 3º Na ausência de lei específica que estabeleça a alíquota do ente federativo, será aplicada a alíquota de referência da respectiva esfera federativa.

§ 4º As referências nesta Lei Complementar às alíquotas-padrão devem ser entendidas como remissões às alíquotas fixadas por cada ente federativo nos termos deste artigo.

[74] Art. 15. A alíquota do IBS incidente sobre cada operação corresponderá:

I – à soma:

a) da alíquota do Estado de destino da operação; e

b) da alíquota do Município de destino da operação; ou

II – à alíquota do Distrito Federal, quando este for o destino da operação.

Parágrafo único. Para fins do disposto neste artigo, o destino da operação é o local da ocorrência da operação, definido nos termos do art. 11 desta Lei Complementar.

[75] Art. 16. A alíquota fixada por cada ente federativo na forma do art. 14 desta Lei Complementar será a mesma para todas as operações com bens ou com serviços, ressalvadas as hipóteses previstas nesta Lei Complementar.

Parágrafo único. As reduções de alíquotas estabelecidas nos regimes diferenciados de que trata o Título IV deste Livro serão aplicadas sobre a alíquota de cada ente federativo.

tado por administradores, advogados, arquitetos, biólogos, contabilistas, economistas, professores de educação física, dentre outros previstos no rol do art. 127[76].

Também há a previsão de redução em 60% para serviços de educação, serviços de saúde, dispositivos médicos, alimentos, insumos agropecuários, produções nacionais artísticas, culturais, de eventos, jornalísticas e audiovisuais, dentre outros listados no art. 128[77]. Observa-se que nem todo serviço ou produto listado no referido dispositivo fará jus à redução, mas somente aqueles indicados nos anexos da LC 214/2025 e que respeitem as condições determinadas no Livro IV da mesma lei.[78]

---

[76] Art. 127. Ficam reduzidas em 30% (trinta por cento) as alíquotas do IBS e da CBS incidentes sobre a prestação de serviços das seguintes profissões intelectuais de natureza científica, literária ou artística, submetidas à fiscalização por conselho profissional:
I – administradores;
II – advogados;
III – arquitetos e urbanistas;
IV – assistentes sociais;
V – bibliotecários;
VI – biólogos;
VII – contabilistas;
VIII – economistas;
IX – economistas domésticos;
X – profissionais de educação física;
XI – engenheiros e agrônomos;
XII – estatísticos;
XIII – médicos veterinários e zootecnistas;
XIV – museólogos;
XV – químicos;
XVI – profissionais de relações públicas;
XVII – técnicos industriais; e
XVIII – técnicos agrícolas.

[77] Art. 128. Desde que observadas as definições e demais disposições deste Capítulo, ficam reduzidas em 60% (sessenta por cento) as alíquotas do IBS e da CBS incidentes sobre operações com:
I – serviços de educação;
II – serviços de saúde;
III – dispositivos médicos;
IV – dispositivos de acessibilidade próprios para pessoas com deficiência;
V – medicamentos;
VI – alimentos destinados ao consumo humano;
VII – produtos de higiene pessoal e limpeza majoritariamente consumidos por famílias de baixa renda;
VIII – produtos agropecuários, aquícolas, pesqueiros, florestais e extrativistas vegetais *in natura*;
IX – insumos agropecuários e aquícolas;
X – produções nacionais artísticas, culturais, de eventos, jornalísticas e audiovisuais;
XI – comunicação institucional;
XII – atividades desportivas; e
XIII – bens e serviços relacionados à soberania e à segurança nacional, à segurança da informação e à segurança cibernética.

[78] Ao longo do Livro IV, a LC 214/2025 prevê alguns requisitos para que haja a redução de alíquotas. A título exemplificativo, os serviços de educação devem estar previstos no Anexo II da lei, já os serviços de saúde devem estar listados no Anexo III. Já os medicamentos devem estar registrados na Anvisa ou produzidos por farmácias de manipulação, enquanto os alimentos que fazem jus à redução são aqueles listados no Anexo VII da lei. Por isso, é necessário ter atenção à redação dos artigos do Livro IV da LC 214/2025, para que se conheça quais produtos e serviços efetivamente devem ter a alíquota reduzida.

O IBS, pela regra da neutralidade, não será seletivo, ao contrário da possibilidade do ICMS, que pode adotar a seletividade em função da essencialidade das mercadorias e dos serviços (inciso III, § 2º, art. 155, da CF). A partir da EC 132/2023, portanto, teremos múltiplas alíquotas, haja vista a composição pelo somatório delas, tanto do Estado de destino como do Município, aplicável à operação. Todavia, para o contribuinte, importa a alíquota final e já agregada. Cada ente federativo é responsável por fixar sua alíquota própria por lei específica, mas, como dito, deve ser a mesma para todas as atividades (art. 16 da LC 214/2025) com bens materiais ou imateriais, inclusive direitos, ou com serviços, ressalvadas as hipóteses constitucionalmente definidas. A expressão "multiplicidade de alíquotas" é considerada porque cada Unidade Federada adota a sua própria (seja estadual: São Paulo, Pernambuco, Distrito Federal, Minas Gerais; ou municipal: Recife, Belo Horizonte, Maceió etc.), sendo tida como "alíquota dupla" sob o viés da operação, haja vista a composição para fins de cobrança da alíquota estadual mais a municipal.

No contexto mais amplo de carga tributária total, há uma previsão de trava das alíquotas do IBS e da CBS. Se a média da Receita Base da União (CBS e IBS em relação ao PIB) de 2027 e 2028 superar o Teto de Referência (média de 2012 a 2021 do PIB representado pela receita com PIS/Pasep, Cofins e IPI, a alíquota de CBS será reduzida em 2030. Na mesma linha, se a média da Receita Base Total (proporção do PIB com CBS, IBS e IS, excluindo receitas para fundos estaduais e ajustada pelas regras do art. 128 do ADCT) de 2029 a 2033 for maior que o Teto de Referência Total (média de 2012 a 2021 do PIB com PIS/Pasep, Cofins, IPI, ISS e ICMS), as alíquotas de CBS e IBS serão reduzidas em 2035.

As alíquotas de referência, em tese, abrigam os seguintes tributos:

União	→	CBS + IS = redução de PIS + Cofins + IPI + IOF Seguros.
Estados e DF	→	IBS estadual = redução de ICMS + Fundos vinculados à fruição de benefícios de ICMS extintos.
Municípios	→	IBS municipal = redução de ISS.

A seguir, um resumo das alíquotas reduzidas:

a) redução de 60% das alíquotas de CBS/IBS, nos termos de LC, para:
   - serviços de educação;
   - serviços de saúde;
   - dispositivos médicos (com possibilidade de chegar a 100%);
   - dispositivos de acessibilidade para pessoas com deficiência (com possibilidade de chegar a 100%);
   - medicamentos (com possibilidade de chegar a 100%);
   - produtos de cuidados básicos à saúde menstrual (com possibilidade de chegar a 100%);
   - serviços de transporte público coletivo de passageiros rodoviário e metroviário de caráter urbano, semiurbano e metropolitano (com possibilidade de isenção);

- alimentos destinados ao consumo humano;
- produtos de higiene pessoal e limpeza majoritariamente consumidos por famílias de baixa renda;
- produtos agropecuários, aquícolas, pesqueiros, florestais e extrativistas vegetais *in natura*;
- insumos agropecuários e aquícolas;
- produções artísticas, culturais, de eventos, jornalísticas e audiovisuais nacionais, atividades desportivas e comunicação institucional;
- bens e serviços relacionados a soberania e segurança nacional, segurança da informação e segurança cibernética.

b) redução de 100% das alíquotas de IBS/CBS, nos termos de LC, para:
- produtos hortícolas, frutas e ovos;
- serviços prestados por Instituição Científica, Tecnológica e de Inovação (ICT) sem fins lucrativos;
- automóveis de passageiros, conforme estabelecido em LC, quando adquiridos por pessoas com deficiência e pessoas com transtorno do espectro autista ou por motoristas profissionais, que destinem o automóvel à utilização na categoria de aluguel (táxi).

c) redução de 30% das alíquotas de IBS/CBS para a prestação de serviços de profissão intelectual, de natureza científica, literária ou artística, desde que sejam submetidas a fiscalização por conselho profissional;

d) isenção ou redução de até 100% das alíquotas de CBS/IBS para atividades de reabilitação urbana de zonas históricas e de áreas críticas de recuperação e reconversão urbanística;

e) redução de 100% da alíquota da CBS, nos termos de LC, para serviços de educação de ensino superior nos termos do Programa Universidade para Todos (Prouni);

f) alíquota zero de CBS/IBS para produtos da Cesta Básica Nacional de Alimentos;

g) não incidência de CBS/IBS nas prestações de serviço de comunicação nas modalidades de radiodifusão sonora e de sons e imagens de recepção livre e gratuita.

6.11. ALTERAÇÕES NA ARRECADAÇÃO E OS RESPECTIVOS AJUSTES DE ALÍQUOTAS

Para os casos de alterações na legislação federal que reduzam ou elevem a arrecadação do IBS ou da CBS,[79] o art. 19 da LC 214/2025 prevê que deverá haver a

---

[79] A legislação cita, a título exemplificativo, as seguintes situações: a) alterações nos critérios relativos à devolução geral de IBS e de CBS a pessoas físicas; b) alterações nos regimes diferenciados, específicos ou favorecidos de tributação previstos na própria lei, inclusive em decorrência da avaliação quinquenal de que trata o Título III do Livro III da LC 214/2025; e c) alterações no regime favorecido de tributação do Regime Especial Unificado de Arrecadação de Tributos e Contribuições devidos pelas Microempresas e Empresas de Pequeno Porte (Simples Nacional) e do Microempreendedor Individual (MEI), de que trata

compensação por meio da elevação ou redução, pelo Senado Federal, da alíquota de referência da CBS e das alíquotas de referência estadual e municipal do IBS, para que se preserve o montante da arrecadação. Somente após o ajuste dessas alíquotas e a sua efetiva produção de efeitos é que as referidas mudanças na legislação federal entrarão em vigor. Para tanto, é necessário que esse ajuste seja embasado em cálculos realizados pelo Comitê Gestor do IBS e pelo Poder Executivo da União e homologados pelo Tribunal de Contas da União.

Os cálculos que fundamentarão o ajuste deverão ser encaminhados ao Tribunal de Contas da União no prazo de 60 (sessenta) dias após a promulgação da lei que reduz ou eleva a arrecadação de IBS e CBS. O envio ficará a cargo do Comitê Gestor de IBS quando o tributo impactado for o IBS, mas caso se trate da CBS, o envio dos cálculos será realizado pelo Poder Executivo da União. Finalmente, caso as alterações afetem a receita da CBS e do IBS, o envio será por meio de ato conjunto do Comitê Gestor de IBS e do Poder Executivo da União.[80]

Depois de enviado, o Tribunal de Contas poderá solicitar ajustes na metodologia ou nos próprios cálculos, no prazo de 60 dias após seu recebimento, ocasião em que o Comitê Gestor do IBS e o Poder Executivo da União terão até 30 dias para fazer as adequações. Somente após a avaliação final do Tribunal de Contas, no prazo de 30 dias, o Senado Federal estabelecerá o ajuste das alíquotas de referência, também no prazo de 30 dias.[81]

Ainda quanto aos ajustes da alíquota de referência do IBS ou da CBS, a LC 214/2025 determina que será observada a anterioridade nonagesimal,[82] para o IBS e a CBS, e a anterioridade anual,[83] para o IBS.

---

a Lei Complementar 123/2006. Em contrapartida, a lei cita situações que não devem ser consideradas para os fins do art. 19, são elas: a) alterações na alíquota da CBS fixada pela União; e b) alterações no montante da devolução específica da CBS a pessoas físicas por legislação federal, tratado no Capítulo I do Título III do Livro I da LC 214/2025;

[80] Art. 19. [...] § 2º Para fins do disposto no inciso III do § 1º deste artigo:

I – os cálculos deverão ser enviados ao Tribunal de Contas da União, acompanhados da respectiva metodologia, no prazo de 60 (sessenta) dias após a promulgação da lei que reduzir ou elevar a arrecadação do IBS ou da CBS:

a) pelo Comitê Gestor do IBS, no caso de alterações legais que afetem apenas a receita do IBS;

b) pelo Poder Executivo da União, no caso de alterações legais que afetem apenas a receita da CBS; ou

c) em ato conjunto do Comitê Gestor do IBS e do Poder Executivo da União, no caso de alterações legais que afetem a receita do IBS e da CBS;

[81] Art. 19. [...] § 2º [...] II – o Tribunal de Contas da União poderá solicitar ajustes na metodologia ou nos cálculos, no prazo de 60 (sessenta) dias após seu recebimento;

III – o Comitê Gestor do IBS e o Poder Executivo da União terão até 30 (trinta) dias para ajustar a metodologia ou os cálculos;

IV – o Tribunal de Contas da União decidirá de forma definitiva em relação aos cálculos e os encaminhará ao Senado Federal, no prazo de 30 (trinta) dias; e

V – o Senado Federal estabelecerá o ajuste das alíquotas de referência, no prazo de 30 (trinta) dias.

[82] A anterioridade nonagesimal está prevista no *caput* do art. 150, III, *c*, da Constituição Federal e determina que a instituição de novo tributo ou aumento de alíquota só produzirá efeitos depois de transcorridos 90 dias da sua instituição.

[83] A anterioridade anual está prevista no *caput* do art. 150, III, *b*, da Constituição Federal e determina que a instituição de novo tributo ou aumento de alíquota só produzirá efeitos no exercício financeiro seguinte ao de sua instituição.

O texto da lei, porém, não especifica se tanto a redução como o aumento das alíquotas se sujeitarão à anterioridade ou se a regra é somente para o aumento, limitando-se a determinar que o ajuste observará a anterioridade prevista na Constituição.[84] Para interpretar esse dispositivo, valem as regras dispostas no art. 108 do CTN[85] e, diante da impossibilidade de utilização da regra interpretativa da analogia, recorre-se aos princípios gerais de direito tributário, dentre eles o próprio princípio da anterioridade (nonagesimal e anual).

Portanto, deve-se recorrer ao próprio texto da CF sobre a anterioridade tributária anual e nonagesimal, expressamente referenciado no art. 19 da LC 214/2025, segundo o qual a cobrança dos tributos se dará no exercício financeiro seguinte e após transcorridos 90 (noventa) dias da lei que os instituiu ou aumentou. Não há referência alguma à hipótese de redução de alíquotas, o que é completamente coerente com o princípio da anterioridade, haja vista seu objetivo ser justamente conferir tempo suficiente para que o contribuinte se adapte à nova cobrança, razão pela qual o princípio é também conhecido como princípio da não surpresa. Na hipótese de redução de tributos não há razão para que o contribuinte tenha um tempo de adaptação, já que a mudança implicará em diminuição do gasto fiscal, e, portanto, de interesse que tenha efeitos imediatos. Dessa forma, é evidente que a regra da anterioridade, anual e nonagesimal, somente será aplicada nos casos de elevação da alíquota de referência, conforme previsto no texto constitucional expressamente citado pela LC 214/2025.

Finalmente, dentro da seção referente às alíquotas, o art. 20 da LC 214/2025 prevê a obrigatoriedade de apresentação de estimativa de impacto nas alíquotas de referência do IBS e da CBS, em conjunto com a indicação da metodologia para que sejam apreciados os projetos de lei complementar que reduzam ou aumentem a arrecadação desses tributos.[86] Essa estimativa deverá ser elaborada pelo Poder Executivo da União quando o projeto for de sua iniciativa, com manifestação do Comitê Gestor do IBS em até 30 dias. Nos demais casos, a estimativa será elaborada pelo autor do projeto de lei e pelo relator do órgão que analisa os aspectos financeiros e orçamentários do projeto de lei.

---

[84] Art. 19. [...] III – deverá o ajuste das alíquotas de referência ser estabelecido por resolução do Senado Federal, com base em cálculos elaborados pelo Comitê Gestor do IBS e pelo Poder Executivo da União e homologados pelo Tribunal de Contas da União, observada a anterioridade nonagesimal prevista na alínea *c* do inciso III do *caput* do art. 150 da Constituição Federal e, para o IBS, também a anterioridade anual prevista na alínea *b* do inciso III do *caput* do art. 150 da Constituição Federal.

[85] Segundo o art. 108 do CTN, na ausência de disposição expressa, a autoridade competente para aplicar a legislação tributária utilizará sucessivamente, na ordem indicada: a) a analogia, b) os princípios gerais de direito tributário, c) os princípios gerais de direito público, d) a equidade.

[86] Art. 20. Os projetos de lei complementar que reduzam ou aumentem a arrecadação do IBS ou da CBS, nos termos do art. 19, somente serão apreciados pelo Congresso Nacional se estiverem acompanhados de estimativa de impacto nas alíquotas de referência do IBS e da CBS.

§ 1º A estimativa de impacto de que trata o *caput* deste artigo, acompanhada da respectiva metodologia, será elaborada:

I – pelo Poder Executivo da União, nos projetos de sua iniciativa, com a manifestação do Comitê Gestor do IBS no prazo de até 30 (trinta) dias; ou

II – pelo autor e pelo relator do projeto perante o órgão responsável por se manifestar em relação aos aspectos financeiros e orçamentários do projeto, nos demais casos.

§ 2º Para fins do disposto no inciso II do § 1º deste artigo, as Mesas Diretoras da Câmara dos Deputados ou do Senado Federal, por solicitação de qualquer parlamentar, poderão consultar o Poder Executivo da União e o Comitê Gestor do IBS, que deverão apresentar a estimativa de impacto no prazo de 60 (sessenta) dias.

Esse órgão costuma ser a Comissão de Finanças e Tributação, na Câmara dos Deputados, e a Comissão de Assuntos Econômicos, no Senado Federal. Ainda, é facultado a qualquer parlamentar requerer às Mesas Diretoras da Câmara dos Deputados ou do Senado Federal que haja consulta do Poder Executivo e do Comitê Gestor do IBS para apresentação da estimativa em 60 dias.

EC 132. Art. 9º A lei complementar que instituir o imposto de que trata o art. 156-A e a contribuição de que trata o art. 195, V, ambos da Constituição Federal, poderá prever os regimes diferenciados de tributação de que trata este artigo, desde que sejam uniformes em todo o território nacional e sejam realizados os respectivos ajustes nas alíquotas de referência com vistas a reequilibrar a arrecadação da esfera federativa.

§ 1º A lei complementar definirá as operações beneficiadas com redução de 60% (sessenta por cento) das alíquotas dos tributos de que trata o *caput* entre as relativas aos seguintes bens e serviços:

I – serviços de educação;

II – serviços de saúde;

III – dispositivos médicos;

IV – dispositivos de acessibilidade para pessoas com deficiência;

V – medicamentos;

VI – produtos de cuidados básicos à saúde menstrual;

VII – serviços de transporte público coletivo de passageiros rodoviário e metroviário de caráter urbano, semiurbano e metropolitano;

VIII – alimentos destinados ao consumo humano;

IX – produtos de higiene pessoal e limpeza majoritariamente consumidos por famílias de baixa renda;

X – produtos agropecuários, aquícolas, pesqueiros, florestais e extrativistas vegetais *in natura*;

XI – insumos agropecuários e aquícolas;

XII – produções artísticas, culturais, de eventos, jornalísticas e audiovisuais nacionais, atividades desportivas e comunicação institucional;

XIII – bens e serviços relacionados a soberania e segurança nacional, segurança da informação e segurança cibernética.

§ 2º É vedada a fixação de percentual de redução distinto do previsto no § 1º em relação às hipóteses nele previstas.

§ 3º A lei complementar a que se refere o *caput* preverá hipóteses de:

I – isenção, em relação aos serviços de que trata o § 1º, VII;

II – redução em 100% (cem por cento) das alíquotas dos tributos referidos no *caput* para:

a) bens de que trata o § 1º, III a VI;

b) produtos hortícolas, frutas e ovos;

c) serviços prestados por Instituição Científica, Tecnológica e de Inovação (ICT) sem fins lucrativos;

d) automóveis de passageiros, conforme critérios e requisitos estabelecidos em lei complementar, quando adquiridos por pessoas com deficiência e pessoas com transtorno do espectro autista, diretamente ou por intermédio de seu representante legal ou por motoristas profissionais, nos termos de lei complementar, que destinem o automóvel à utilização na categoria de aluguel (táxi);

III – redução em 100% (cem por cento) da alíquota da contribuição de que trata o art. 195, V, da Constituição Federal, para serviços de educação de ensino superior nos termos do Programa Universidade para Todos (Prouni), instituído pela Lei n. 11.096, de 13 de janeiro de 2005;

IV – isenção ou redução em até 100% (cem por cento) das alíquotas dos tributos referidos no *caput* para atividades de reabilitação urbana de zonas históricas e de áreas críticas de recuperação e reconversão urbanística.

6.12. SUJEIÇÃO PASSIVA

Nos modelos internacionais de IVA, o contribuinte é definido como a pessoa que realiza os fatos geradores do imposto, ou seja, quem pratica os atos econômicos tributáveis, como a venda de bens ou a prestação de serviços. Isso normalmente se refere às empresas ou profissionais autônomos que, ao venderem seus produtos ou prestarem os serviços, geram a obrigação de recolher o tributo. Por sua própria natureza é, portanto, um imposto indireto, o que significa que o contribuinte previsto na norma ou "legal" é aquele que está envolvido diretamente na atividade econômica, embora o ônus do imposto seja, em regra, repassado ao consumidor final, quem, no final das contas, suporta o custo tributário ao pagar pelo bem ou serviço adquirido.[87]

A LC 214/2025 regulamentou o conceito de contribuinte, com regras de responsabilidade, inscrição e opções de regimes de tributação. O art. 21 determina que são contribuintes aqueles que realizam operações no desenvolvimento de *atividades econômicas* ou operações de modo habitual ou, ainda, em *volume que caracterize atividade econômica*, bem como de forma profissional, ainda que a profissão não seja regulamentada.

A referida compreensão alcança tanto pessoas físicas quanto jurídicas que atuam economicamente, caracterizando-as como sujeitos à apuração e recolhimento do IBS e da CBS, conforme o novo regime tributário. Além disso, são previstas hipóteses específicas, nas quais a lei estabelece outras modalidades, tais como **fornecedores residentes ou domiciliados no exterior** (art. 21, § 2º) que realizem operações no Brasil, ao impor a obrigação de cadastro como contribuinte dos referidos tributos. Esses fornecedores devem observar as definições de local da operação, o que significa que, mesmo sem

---

[87] Algumas doutrinas nesse sentido: UCKMAR, Victor. L'evoluzione del pensiero giuridico finanziario e tributario. *Rivista di diritto tributario internazionale*: International Tax Law Review: 2, numero unico, 2011. p. 87-96. TIPKE, Klaus. *Die Steuerrechtsordnung*, Band 3: Steuerrechtswissenschaft, Steuergesetzgebung, Steuervollzug, Steuerrechtsschutz, Steuerstrafrecht. Verlag Dr. Otto Schmidt, 2013. LANG, Michael (Ed.). *Horizontal tax coordination*. IBFD, 2012. EINAUDI, Luigi. *Lezioni di politica sociale*. (No Title), 1949.

domicílio no país, serão responsáveis pelo cumprimento das obrigações fiscais relativas a essas transações.

A legislação infralegal (art. 21, § 3º) pode, ainda, exigir a inscrição de outras pessoas ou entidades, que não sejam necessariamente o contribuinte principal, mas que tenham responsabilidades fiscais, sejam elas principais (recolhimento de tributos) ou acessórias (obrigações de natureza administrativa, como declarações e registros), por exemplo, empresas intermediárias que facilitam transações entre contribuintes e consumidores finais.

Para os optantes do Simples Nacional ou MEI que realizem opção pelo regime regular (art. 41, § 3º), embora as micro e pequenas empresas enquadradas no Simples Nacional e no MEI estejam, em regra, sujeitas a regimes diferenciados, podem escolher adotar o regime regular do IBS e CBS. Nessa hipótese, passam a ser tratadas como contribuintes no regime geral, com todas as obrigações fiscais previstas para empresas submetidas ao novo regramento. De acordo com o **§ 1º do art. 41**, os contribuintes que não optarem pelo **Simples Nacional** ou pelo **MEI** ficam automaticamente sujeitos ao **regime regular de apuração do IBS e da CBS**, que exige o cumprimento das obrigações principais e acessórias conforme estabelecidas pela Lei Complementar. Por outro lado, os contribuintes optantes pelo Simples Nacional e MEI permanecem sujeitos às regras desses regimes simplificados, como especificado no **§ 2º**, ainda que prevista a possibilidade, conforme o **§ 3º**, de optar por apurar e recolher o IBS e a CBS pelo regime regular. Essa opção é irretratável por todo o **ano-calendário**, conforme art. 16 da Lei Complementar 123/2006, e deve ser exercida dentro do prazo previsto para a opção pelo Simples Nacional.[88]

Essa possibilidade de migrar para o regime regular do IBS e da CBS depende muito da atividade desempenhada pela empresa. Pode revelar ser mais vantajoso, sobretudo para empresas em crescimento, quando o faturamento estiver muito próximo de ultrapassar o limite do Simples Nacional. Além dessa hipótese, empresas que operam em cadeias produtivas longas ou que necessitam de ressarcimento de créditos tributários podem se beneficiar do regime do IBS/CBS, haja vista a permissão, de forma ampla, da compensação de créditos tributários sobre insumos.

Empresas que realizam exportações ou atuam internacionalmente também podem se interessar em optar pelo regime regular devido a incentivos fiscais, além daquelas que possuem margens de lucro elevadas, pois no Simples Nacional a tributação é baseada no faturamento bruto. No regime regular, a base de cálculo considera o valor agregado e as margens, possibilitando menor carga tributária em certos casos pelo método da compensação crédito *versus* débito. Também podem preferir optar pelo regime do IBS e da CBS as empresas que fornecem a companhias submetidas ao novo modelo, de modo a atender o aproveitamento maior de créditos fiscais na apuração de tributos por essas empresas adquirentes.

No entanto, uma vez exercida a opção pelo regime regular do IBS e da CBS, a empresa não poderá retornar ao regime do Simples Nacional durante o mesmo ano-

---

[88] Art. 16. A opção pelo Simples Nacional da pessoa jurídica enquadrada na condição de microempresa e empresa de pequeno porte dar-se-á na forma a ser estabelecida em ato do Comitê Gestor, sendo irretratável para todo o ano-calendário.

-calendário, inclusive está impedida de retornar ao regime simplificado após ressarcir créditos de tributos no ano-calendário corrente ou anterior, conforme § 6º do art. 21.

A LC 214/2025 também estabelece como sujeitos passivos do IBS e da CBS os adquirentes de bens em licitação ou hasta pública, apreendidos ou abandonados, conforme art. 21, independentemente da natureza do bem ou de sua finalidade. O CTN, no art. 130, tem previsão de que os créditos tributários relativos a impostos cujo fato gerador seja a propriedade, o domínio útil ou a posse de bens imóveis, e bem assim os relativos a taxas pela prestação de serviços referentes a tais bens, ou a contribuições de melhoria, sub-rogam-se[89] na pessoa dos respectivos adquirentes, salvo quando conste do título a prova de sua quitação.

O regramento da responsabilidade solidária no pagamento do IBS e da CBS, conforme previsto no art. 24, estende a obrigação tributária a diversos agentes envolvidos em operações. Além das hipóteses já previstas no CTN e na legislação civil, a responsabilidade solidária para fins tributários do IBS/CBS inclui pessoas que realizam transações com bens ou serviços desacobertados de documento fiscal idôneo, transportadores que efetuam entregas em local diverso daquele indicado no documento, leiloeiros, e desenvolvedores de sistemas que facilitem a evasão fiscal.

A responsabilidade também alcança situações de ocultação do valor da operação, abuso da personalidade jurídica com desvio de finalidade ou confusão patrimonial, além da atuação de entrepostos aduaneiros e recintos alfandegados que realizam operações irregulares de exportação e importação. A responsabilidade compreende não somente o recolhimento do IBS e da CBS, mas também dos consectários legais, tais como encargos a título de correção monetária, multas e outros acréscimos.

A LC 214/2025 observa que a mera existência de grupo econômico, sem ação ou omissão que se enquadre nas hipóteses descritas, não implica responsabilidade solidária, de modo que deve haver a necessidade de uma conduta ativa ou omissiva para a aplicação das sanções.

A LC 214/2025 trás regulamentação própria sobre a responsabilidade tributária das plataformas digitais[90] ou *marketplaces* pelo recolhimento do IBS e da CBS relativamente às operações realizadas por seu intermediário ou compradores que se valem dos

---

[89] A **sub-rogação do crédito tributário** é o instituto pelo qual a obrigação de pagar um tributo é transferida para outra pessoa, que não é o contribuinte original, de modo que a responsabilidade pelo pagamento passa a ser de um terceiro, por força de lei, sem que isso extinga o crédito tributário. Ou seja, em determinadas circunstâncias, um terceiro assume a posição do devedor original em relação à dívida tributária. É uma forma de a legislação preservar o direito da Fazenda Pública de cobrar o crédito tributário, agora direcionado a outra pessoa.

[90] Art. 23 [...]

§ 1 º Considera-se plataforma digital aquela que:

I – atua como intermediária entre fornecedores e adquirentes nas operações realizadas de forma não presencial ou por meio eletrônico; e

II – controla um ou mais dos seguintes elementos essenciais à operação:

a) cobrança;

b) pagamento;

c) definição dos termos e condições; ou

d) entrega.

§ 2 º Não é considerada plataforma digital aquela que executa somente uma das seguintes atividades:

I – fornecimento de acesso à internet;

sites para aquisição de produtos. O art. 22 prevê duas hipóteses: a) em substituição ao fornecedor, caso este seja residente ou domiciliado no exterior; b) solidariamente com o contribuinte, caso este seja residente ou domiciliado no país, ainda que não inscrito nos cadastros do IBS e da CBS, e não registre a operação em documento fiscal eletrônico. Se o fornecedor, inclusive, for residente ou domiciliado no exterior, fica dispensado da inscrição no cadastro do IBS e da CBS se realizar operações exclusivamente por meio da plataforma digital, de modo que o *marketplace* assume a responsabilidade de recolhimento dos tributos, conforme § 3 º do art. 23.

A plataforma digital deve fornecer ao Comitê Gestor do IBS e à Receita Federal do Brasil informações sobre as operações de bens ou serviços realizados por seu inter-médio, incluindo a identificação do fornecedor, mesmo que este não seja contribuinte. O Comitê Gestor do IBS e a Receita Federal são responsáveis por informar à platafor-ma a condição de contribuinte do fornecedor, mesmo que ele não esteja cadastrado, conforme dispõem os §§ 4º e 5º do art. 23.

A operacionalização da sujeição passiva, diretamente na figura da plataforma online, seja ela doméstica ou internacional, assegura a retenção na fonte dos tributos sobre o consumo. Atualmente, o valor recolhido pelos consumidores no e-commerce é promovido por cada um dos vendedores distribuídos por todo o Brasil, e não pelas plataformas. Não é incomum, por exemplo, o consumidor dirigir-se ao destinatário postal, no caso os Correios, para coletar o produto adquirido internacionalmente pela *internet* e ser surpreendido com uma guia de imposto a pagar no momento do desem-baraço, que pode até superar o próprio valor da mercadoria importada.

Até então, antes da alteração do texto constitucional, alguns Estados da Federação, tal como o Rio de Janeiro,[91] já impuseram a responsabilidade tributária a *marketplaces*, o que motivou discussões a respeito da constitucionalidade ante a exigência prevista

---

II – serviços de pagamentos prestados por instituições autorizadas a funcionar pelo Banco Central do Brasil;

III – publicidade; ou

IV – busca ou comparação de fornecedores, desde que não cobre pelo serviço com base nas vendas realizadas.

[91] A Lei 8.795/2020, que altera a Lei 2.657/1996, disciplina a sujeição passiva nas hipóteses de operações com bens e mercadorias digitais e não digitais e de prestações de serviço de comunicação realizadas por pessoa jurídica detentora de site ou de plataforma eletrônica, e dá outras providências.

Art. 18. [...]

VIII – nas operações com bens e mercadorias digitais:

a) a pessoa jurídica detentora de site ou de plataforma eletrônica que realize a oferta, ou entrega por meio de transferência eletrônica de dados, em razão de contrato firmado com o comercializador ou prestador de serviço de comunicação, caso também operacionalize a transação financeira;

b) o intermediador financeiro, inclusive a administradora de cartão de crédito ou de outro meio de pagamento, caso a pessoa jurídica detentora de site ou de plataforma eletrônica apenas realize a oferta ou entrega por meio de transferência eletrônica de dados;

c) o adquirente do bem ou mercadoria digital, na hipótese de o contribuinte ou os responsáveis des-critos nas alíneas *a* e *b* não serem inscritos no Estado do Rio de Janeiro;

d) a administradora de cartão de crédito ou débito ou a intermediadora financeira responsável pelo câmbio, nas operações de importação.

IX – nas operações com mercadorias não digitais o proprietário ou possuidor de site ou de plataforma eletrônica que realize a oferta, captação de clientes ou venda, em razão de contrato firmado com o comercializador, quando operacionalizar a transação financeira e o acompanhamento do pedido, sem que seja emitida nota fiscal obrigatória.

no CTN de que compete à lei complementar estabelecer hipóteses de responsabilidade tributária, nos termos do art. 146, III, *b*, da CF.[92]

Os *marketplaces* são plataformas online nas quais o comprador é direcionado diretamente para a página do vendedor ou, em outras situações, por sua própria interface, promove a intermediação da relação entre o vendedor e o consumidor. A pergunta que se impõe é: Haveria nessas hipóteses participação ou vinculação com o fato gerador do tributo? Poderia a lei expressamente designar a responsabilidade, ainda que sem vinculação com o correspondente fato gerador?

Não propriamente sobre a temática de responsabilidade dos *marketplaces*, porém no âmbito da responsabilidade tributária, o STF, no julgamento do RE 562.276,[93] em

---

[92] Art. 146. Cabe à lei complementar:

I – dispor sobre conflitos de competência, em matéria tributária, entre a União, os Estados, o Distrito Federal e os Municípios;

II – regular as limitações constitucionais ao poder de tributar;

III – estabelecer normas gerais em matéria de legislação tributária, especialmente sobre:

a) definição de tributos e de suas espécies, bem como, em relação aos impostos discriminados nesta Constituição, a dos respectivos fatos geradores, bases de cálculo e contribuintes;

b) obrigação, lançamento, crédito, prescrição e decadência tributários; [...]

[93] Direito tributário. Responsabilidade tributária. Normas gerais de direito tributário. Art 146, III, da CF. Art. 135, III, do CTN. Sócios de sociedade limitada. Art. 13 da Lei 8.620/1993. Inconstitucionalidades formal e material. Repercussão geral. Aplicação da decisão pelos demais tribunais. 1. Todas as espécies tributárias, entre as quais as contribuições de seguridade social, estão sujeitas às normas gerais de direito tributário. 2. O Código Tributário Nacional estabelece algumas regras matrizes de responsabilidade tributária, como a do art. 135, III, bem como diretrizes para que o legislador de cada ente político estabeleça outras regras específicas de responsabilidade tributária relativamente aos tributos da sua competência, conforme seu art. 128. 3. O preceito do art. 124, II, no sentido de que são solidariamente obrigadas "as pessoas expressamente designadas por lei", não autoriza o legislador a criar novos casos de responsabilidade tributária sem a observância dos requisitos exigidos pelo art. 128 do CTN, tampouco a desconsiderar as regras matrizes de responsabilidade de terceiros estabelecidas em caráter geral pelos arts. 134 e 135 do mesmo diploma. A previsão legal de solidariedade entre devedores – de modo que o pagamento efetuado por um aproveite aos demais, que a interrupção da prescrição, em favor ou contra um dos obrigados, também lhes tenha efeitos comuns e que a isenção ou remissão de crédito exonere a todos os obrigados quando não seja pessoal (art. 125 do CTN) – pressupõe que a própria condição de devedor tenha sido estabelecida validamente. 4. A responsabilidade tributária pressupõe duas normas autônomas: a regra matriz de incidência tributária e a regra matriz de responsabilidade tributária, cada uma com seu pressuposto de fato e seus sujeitos próprios. A referência ao responsável enquanto terceiro (*dritter Persone, terzo* ou terceiro) evidencia que não participa da relação contributiva, mas de uma relação específica de responsabilidade tributária, inconfundível com aquela. O "terceiro" só pode ser chamado responsabilizado na hipótese de descumprimento de deveres próprios de colaboração para com a Administração Tributária, estabelecidos, ainda que *a contrario sensu*, na regra matriz de responsabilidade tributária, e desde que tenha contribuído para a situação de inadimplemento pelo contribuinte. [...] 7. O art. 13 da Lei 8.620/1993 também se reveste de inconstitucionalidade material, porquanto não é dado ao legislador estabelecer confusão entre os patrimônios das pessoas física e jurídica, o que, além de impor desconsideração *ex lege* e objetiva da personalidade jurídica, descaracterizando as sociedades limitadas, implica irrazoabilidade e inibe a iniciativa privada, afrontando os arts. 5º, XIII, e 170, parágrafo único, da Constituição. 8. Reconhecida a inconstitucionalidade do art. 13 da Lei 8.620/1993 na parte em que determinou que os sócios das empresas por cotas de responsabilidade limitada responderiam solidariamente, com seus bens pessoais, pelos débitos junto à Seguridade Social. 9. Recurso extraordinário da União desprovido. 10. Aos recursos sobrestados, que aguardavam a análise da matéria por este STF, aplica-se o art. 543-B, § 3º, do CPC. RE 562.276, Rel. Min. Ellen Gracie, Tribunal Pleno, j. 03.11.2010, Repercussão Geral – Mérito. *DJe*-027, divulg. 09.02.2011, public. 10.02.2011, ement. v. 02461-02, p. 00419 *RTJ*, v. 00223-01, p. 00527 *RDDT* n. 187, 2011, p. 186-193, *RT* v. 100, n. 907, 2011. p. 428-442.

repercussão geral, reiterado no julgamento da ADI 6.284,[94] fixou a seguinte tese: "É inconstitucional lei estadual que disciplina a responsabilidade de terceiros por infrações de forma diversa das regras gerais estabelecidas pelo CTN". Defende, portanto, parte da doutrina, que não poderia, sem lei complementar, incutir responsabilidade tributária aos *marketplaces*. Por outro lado, em argumento contrário, a Fazenda Pública sustenta que as plataformas de vendas possuem *interesse comum*, pois são facilitadoras e intermediadoras, de maneira que incidiria a regra de solidariedade tributária do art. 124 do CTN.[95]

O "interesse comum", por tratar-se de conceito indeterminado, também adquire discussão no âmbito judicial a respeito de seu alcance. A leitura que faço do repertório de jurisprudência do STJ é de que o "interesse comum", para os fins pretendidos pela norma apontada, constitui-se não apenas quando presente o interesse econômico, mas também o interesse jurídico na operação. A hipótese de responsabilidade tributária somente seria possível, nesta situação do art. 124 do CTN, quando ocorresse participação do terceiro no fato gerador do tributo.[96]

---

[94] Direito constitucional e tributário. Ação direta de inconstitucionalidade. Responsabilidade tributária solidária do contabilista. Ausência de ofensa reflexa à Constituição. Competência concorrente. Legislação estadual que conflita com as regras gerais do CTN. Inconstitucionalidade. 1. Ação direta de inconstitucionalidade ajuizada pelo Partido Progressista, com pedido de medida cautelar, em que pleiteia a declaração de inconstitucionalidade dos arts. 45, XII-A, XIII e § 2º, da Lei n. 11.651/1991, do Estado de Goiás, e 36, XII-A e XIII, do Decreto n. 4.852/1997, do mesmo Estado. Em consonância com tais regras, atribui-se ao contabilista a responsabilidade solidária com o contribuinte ou com o substituto tributário, quanto ao pagamento de impostos e de penalidades pecuniárias, no caso de suas ações ou omissões concorrerem para a prática de infração à legislação tributária. 2. A presente controvérsia consiste em definir se os atos normativos estaduais foram editados em contrariedade com as regras constitucionais de competência tributária, notadamente o art. 146, III, *b*, da CF/1988. Eventual inobservância de tais regras de competência implica ofensa direta à Constituição. Precedentes. 3. Legislação estadual que amplia as hipóteses de responsabilidade de terceiros por infrações, invade a competência do legislador complementar federal para estabelecer as normas gerais sobre a matéria (art. 146, III, *b*, da CF/1988). Isso porque as linhas básicas da responsabilidade tributária devem estar contidas em lei complementar editada pela União, não sendo possível que uma lei estadual estabeleça regras conflitantes com as normas gerais (ADI 4.845, sob a minha relatoria). 4. Inconstitucionalidade formal. Legislação do Estado de Goiás aborda matéria reservada à lei complementar e dispõe diversamente sobre (i) quem pode ser responsável tributário, ao incluir hipóteses não contempladas pelos arts. 134 e 135 do CTN, (ii) em quais circunstâncias pode ser responsável tributário ("infração à legislação tributária"), sendo que, conforme as regras gerais, para haver a responsabilidade tributária pessoal do terceiro, ele deve ter praticado atos com excesso de poderes ou infração de lei, contrato social ou estatutos, não havendo a responsabilização pelo mero inadimplemento de obrigação tributária. 5. Ante todo o exposto, voto pelo conhecimento da presente ação direta de inconstitucionalidade e julgo procedente o pedido, para declarar a inconstitucionalidade dos arts. 45, XII-A, XIII e § 2º, da Lei 11.651/1991, do Estado de Goiás, e 36, XII-A e XIII, do Decreto 4.852/1997, do mesmo Estado. 6. Fixação da seguinte tese: "É inconstitucional lei estadual que verse sobre a responsabilidade de terceiros por infrações de forma diversa das regras gerais estabelecidas pelo Código Tributário Nacional". ADI 6.284, Rel. Min. Roberto Barroso, Tribunal Pleno, j. 15.09.2021, Processo Eletrônico, *DJe*-191, divulg. 23.09.2021, public. 24.09.2021.

[95] Art. 124. São solidariamente obrigadas:
I – as pessoas que tenham interesse comum na situação que constitua o fato gerador da obrigação principal;
II – as pessoas expressamente designadas por lei.
Parágrafo único. A solidariedade referida neste artigo não comporta benefício de ordem.

[96] [...] 1. Ao regular a solidariedade tributária, o art. 124 do CTN estabelece que o contribuinte e o terceiro são obrigados ao respectivo pagamento do tributo quando há interesse comum entre eles, ou seja, quando um deles realiza conjuntamente com o outro a situação que constitui o fato gerador do tributo (inciso I), ou por expressa disposição de lei (inciso II). Esse dispositivo legal dá efetividade ao

Se adotada a premissa de que para se tornar responsável tributário, na extensão do art. 124 do CTN, deve haver a concorrência para a própria realização ou situação que constitui o fato gerador da exação, ou seja, que tenham os partícipes praticado conjuntamente a atividade econômica, comercial, dúvidas surgiriam, ainda, a respeito da posição da plataforma online de *marketplace*, especialmente por não praticar a operação em si, mas a correspondente intermediação e, por isso, sobressai-se a posição do STJ que, pela relevância, convém reproduzir o excerto:

> O interesse comum, como requisito da corresponsabilidade tributária, envolve, necessariamente, a atuação de mais de uma pessoa na situação de conformação do fato gerador do tributo. Não se trata, portanto, da ulterior fruição comum ou igualitária por mais de uma pessoa dos resultados ou dos proveitos da atividade produtora do aumento de renda dela decorrente. Trata-se, na verdade, de atuação simultânea e conjunta de mais de uma pessoa na anterior situação configuradora do próprio fato gerador. Se assim não fosse, qualquer indivíduo, que auferisse alguma benesse do percebente da renda, poderia ser designado corresponsável tributário.[97]

Situação diferente é o fornecimento de informações ao Fisco pelas plataformas online, ou *marketplaces*, assim como outros intermediários de vendas nesse ambiente virtual, não relacionando-se propriamente à obrigação de recolhimento do tributo, por

---

comando do art. 146, I, da Carta Magna, segundo o qual somente a lei complementar, nesta hipótese, o CTN, tem a potestade de instituir, alterar ou modificar qualquer elemento componente da obrigação tributária. Isso quer dizer que qualquer regra jurídica que não detenha hierarquia complementar não tem a força de alterar esse quadro.

2. **Somente se estabelece o nexo entre os devedores da prestação tributária originária, quando todos os partícipes contribuem para a realização de uma situação que constitui fato gerador da exação, ou seja, que a hajam praticado conjuntamente. Esta é a melhor inteligência do art. 124, I do CTN, pois, se assim não for, poderá a solidariedade tributária ser identificada em qualquer relação jurídica contratual, por exemplo, o que conduziria à inaceitável conclusão de universalidade da corresponsabilidade tributária.** [...]

4. Sobre outro ângulo, em relação ao inciso II do art. 124 do CTN, que estabelece a responsabilidade por expressa disposição legal, também não se pode considerar que seja dado ao legislador amplos poderes para eleger ao seu talante os solidariamente responsáveis pela obrigação tributária. Em outros termos: a quem não reveste a condição de contribuinte, somente se pode atribuir o dever de recolher o tributo, originalmente devido pelo contribuinte, quando, à semelhança do inciso I, existir interesse jurídico entre o sujeito passivo indireto e o fato gerador.

5. O interesse comum, como requisito da corresponsabilidade tributária, envolve, necessariamente, a atuação de mais de uma pessoa na situação de conformação do fato gerador do tributo. Não se trata, portanto, da ulterior fruição comum ou igualitária por mais de uma pessoa dos resultados ou dos proveitos da atividade produtora do aumento de renda dela decorrente. Trata-se, na verdade, de atuação simultânea e conjunta de mais de uma pessoa na anterior situação configuradora do próprio fato gerador. Se assim não fosse, qualquer indivíduo, que auferisse alguma benesse do percebente da renda, poderia ser designado corresponsável tributário. [...]

9. A interpretação das regras do Direito Tributário deve levar em conta a sua finalidade de proteção do patrimônio do contribuinte, de modo que se lhe assegure, com a máxima efetividade possível, todo o elenco de garantias que o sistema jurídico positivado e os seus princípios gerais disponibilizam em seu favor. Frauda a função protetiva do Direito Tributário a interpretação que onera, sem razão jurídica, o patrimônio de quem não teve participação no fato gerador do tributo que o ente tributante pretende arrecadar.

10. Recurso Especial a que se dá provimento. REsp n. 1.273.396/DF, Rel. Min. Napoleão Nunes Maia Filho, 1ª T., j. 05.12.2019, *DJe* de 12.12.2019.

97   *Ibidem.*

inserir-se no âmbito do dever de colaboração com o Poder Público. Nessa hipótese, entendo tratar-se de matéria que se impõe pelas legislações fiscais, especialmente para assegurar a transparência e o combate à sonegação. As regras específicas podem variar significativamente dependendo da jurisdição, incluindo os tipos de informações que devem ser fornecidas, os limites de transações que desencadeiam a necessidade de relatar. Por exemplo, na União Europeia e nos Estados Unidos, existem regulamentos específicos que exigem que plataformas de mercado forneçam informações sobre os vendedores e suas vendas para as autoridades fiscais. Isso pode incluir a própria identidade dos vendedores, o volume de vendas e o número de transações.

No Brasil, o Fisco tem mecanismos para monitorar e exigir informações sobre transações comerciais, inclusive aquelas realizadas em ambientes virtuais, como os *marketplaces*. Normas e instruções normativas da Receita Federal podem estabelecer obrigações específicas para essas plataformas no que diz respeito à coleta e ao repasse de informações sobre as operações realizadas por seus usuários. O Regime Especial de Regularização Cambial e Tributária (RERCT), instituído pela Lei 13.254, de 13 de janeiro de 2016, é um exemplo específico de exigência da plataforma em ofertar informações ao Fisco. Além disso, a Instrução Normativa 1.888, de 3 de maio de 2019, da Receita Federal do Brasil (RFB), estabelece obrigações para as *exchanges* de criptomoedas, que podem ser consideradas um tipo de *marketplace*, de prestar informações sobre todas as operações realizadas, independentemente do valor. As informações devem incluir dados sobre os usuários, as quantidades negociadas, os preços e as datas das operações.

Essa dinâmica amplia e assegura a base de fiscalização, como também reflete de maneira mais precisa a realidade econômica das transações, fortalecendo o combate à evasão fiscal. Para a efetiva implementação dos mecanismos previstos pela Reforma Tributária sobre o Consumo, será importante o desenvolvimento tecnológico, bem como a atualização dos sistemas fiscais para permitir a administração e a arrecadação de impostos de forma instantânea e automatizada.

O Brasil, com seu sistema já avançado de notas fiscais eletrônicas e o mecanismo de pagamento instantâneo por meio da chave Pix, posiciona-se muito bem frente às inovações tributárias. Essas medidas, ao serem plenamente implementadas, prometem não apenas fortalecer a justiça fiscal, mas também contribuir para um ambiente de negócios mais íntegro e saudável do ponto de vista concorrencial. Porém, a situação mantém-se indefinida quanto ao destino jurídico das sujeições das plataformas online de intermediação ou *marketplaces* como responsáveis tributários pelo próprio recolhimento do tributo, sobretudo ante a incipiência temática, porém, com a inclusão no próprio texto constitucional pela reforma tributária, a discussão toma outro rumo, ganha mais um capítulo, e deve caminhar para a validade jurídica da premissa, até que o Supremo, se for o caso, aprecie em controle de constitucionalidade e ponha um ponto final no assunto.

6.13. NÃO CONTRIBUINTES DO IBS E DA CBS

O art. 26 da LC 214/2025 estabelece uma série de exceções e regras de opção em relação à incidência do IBS e da CBS, especialmente de que condomínios edilícios, consórcios, sociedades em conta de participação e nanoempreendedores (que auferem receita inferior a 50% do limite do MEI) não são considerados contribuintes dos referidos tributos, salvo em situações específicas.

Os condomínios edilícios, por exemplo, por sua própria natureza, podem optar pelo regime regular de tributação, caso em que estarão sujeitos ao IBS e à CBS sobre todas as taxas e valores cobrados, contudo, se não optarem pelo regime e se as receitas com taxas representarem menos de 80% da receita total, estarão sujeitos à tributação apenas sobre as operações com bens e serviços, e poderão apropriar créditos proporcionalmente à receita tributada.

O consórcio de empresas também é tratado de forma específica, com base no art. 278 da Lei 6.404/1976. Caso não opte pelo regime regular, seus consorciados são responsáveis pelo pagamento do IBS e da CBS proporcionalmente à sua participação nas operações. E, de forma análoga, na sociedade em conta de participação, se não houver opção pelo regime regular, o sócio ostensivo será o responsável pelo pagamento dos tributos. Já quanto aos fundos de investimento, a lei estabelece que Fundos de Investimento Imobiliário (FII) e Fundos de Investimento nas Cadeias Produtivas do Agronegócio (Fiagro), cujas operações compreendem bens imóveis, estarão sujeitos ao regime regular do IBS e da CBS, exceto quando cumprirem as regras de isenção de imposto de renda sobre rendimentos ou estejam sujeitos à tributação aplicável a pessoas jurídicas. Além disso, são considerados contribuintes os fundos que liquidem antecipadamente recebíveis, ou aqueles que venham a realizar outras operações sujeitas à incidência desses tributos.

Não incidem IBS e CBS sobre planos de autogestão de assistência à saúde e entidades de previdência complementar fechada, desde que cumpram os requisitos aplicáveis às entidades de educação e assistência social sem fins lucrativos, embora estejam proibidos de apropriar créditos nas aquisições que realizarem.

6.14. PAGAMENTO DO IBS E DA CBS

A LC 214/2025 prevê, no art. 27, as modalidades de extinção dos débitos de IBS e CBS do contribuinte, originados pela incidência desses tributos sobre operações com bens ou serviços:

a) **compensação com créditos**: essa modalidade permite a utilização de créditos do IBS e da CBS apropriados na operação, segundo os arts. 47 a 56 da LC 214/2025, de acordo com a sistemática da não cumulatividade, na qual o contribuinte pode abater ou compensar créditos de tributos pagos nas etapas anteriores da cadeia produtiva;

b) **recolhimento pelo contribuinte**: o pagamento pode ser efetuado diretamente pelo contribuinte, que apura e recolhe o montante devido, conforme as operações realizadas no período de apuração;

c) **recolhimento na liquidação financeira da operação** (*split payment*): nesta hipótese o pagamento dos tributos ocorre diretamente no momento da liquidação financeira da operação, de modo a simplificar o processo de recolhimento ao vincular o pagamento do tributo ao fluxo financeiro da operação;

d) **recolhimento pelo adquirente**: o pagamento pode ser feito diretamente pelo adquirente ou destinatário do bem ou serviço, como uma forma de substituição tributária;

e) **recolhimento por responsável**: por último, o recolhimento pode ser feito por aquele a quem a legislação atribui a responsabilidade pelo pagamento, em situações nas quais o contribuinte direto não é o responsável pelo recolhimento do tributo, sendo, em vez disso, designado um terceiro como responsável.

Uma das formas de recolhimento do IBS e da CBS é por meio da imputação de pagamento, que se refere ao ato de vincular o pagamento efetuado pelo contribuinte a determinado débito tributário específico, especialmente quando o contribuinte possui mais de um débito em aberto perante o Fisco e a legislação determina qual desses débitos será objeto de quitação. De acordo com o **art. 163 do CTN**, a imputação do pagamento segue a seguinte ordem: (i) em primeiro lugar, aos débitos por obrigação própria, e em segundo lugar aos decorrentes de responsabilidade tributária; (ii) primeiramente, às contribuições de melhoria, depois às taxas e por fim aos impostos; (iii) na ordem crescente dos prazos de prescrição; (iv) na ordem decrescente dos montantes.

A imputação de pagamentos, conforme estabelecida no art. 163 do CTN, aplica-se exclusivamente aos débitos vencidos que o sujeito passivo possui com *a mesma pessoa jurídica de direito público*, ou seja, na ocorrência de mais de um débito com um ente federativo específico, seja ele a União, um Estado, um Município ou o Distrito Federal, a autoridade administrativa competente poderá determinar a ordem de quitação dos valores, obedecendo às regras estabelecidas no referido dispositivo. Essa limitação à mesma pessoa jurídica de direito público deve-se à preservação de autonomia e gestão financeira das Unidades Federadas.

Se o contribuinte possuir múltiplos débitos tributários, o pagamento será imputado na seguinte ordem: aos débitos de natureza idêntica, seguindo a ordem cronológica dos vencimentos, ou conforme estipulado pela legislação específica aplicável, de modo a assegurar que os débitos mais antigos sejam liquidados antes dos mais recentes. Para as hipóteses de compensação com créditos e recolhimento direto pelo contribuinte, os pagamentos serão imputados na ordem cronológica dos débitos não pagos, incidentes sobre as operações realizadas no período de apuração. Esse método visa assegurar que os débitos mais antigos sejam liquidados primeiro, prevenindo o acúmulo de passivos fiscais.

A imputação do pagamento no âmbito tributário tem regime diverso daquele do direito privado (art. 354 do Código Civil), inexistindo regra segundo a qual o pagamento parcial imputar se-á primeiro sobre os juros para, só depois de findos estes, amortizar-se o capital.[98]

Nas hipóteses de *split payment* e recolhimento pelo adquirente, o pagamento será diretamente vinculado à operação específica em que o tributo incide, garantindo uma vinculação entre a operação comercial e o pagamento do tributo devido, enquanto na

---

[98] REsp 1.130.033/SC, Rel. Min. Castro Meira, 2ª T., j. 03.12.2009, *DJe* 16.12.2009; AgRg no Ag 1.005.061/SC, Rel. Min. Benedito Gonçalves, 1ª T., j. 25.08.2009, *DJe* 03.09.2009; AgRg no REsp 1.024.138/RS, Rel. Min. Humberto Martins, 2ª T., j. 16.12.2008, *DJe* 04.02.2009; AgRg no REsp 995.166/SC, Rel. Min. Herman Benjamin, 2ª T., j. 03.03.2009, *DJe* 24.03.2009; REsp 970.678/SC, Rel. Min. Teori Albino Zavascki, 1ª T., j. 02.12.2008, *DJe* 11.12.2008; REsp 987.943/SC, Rel. Min. Eliana Calmon, 2ª T., j. 19.02.2008, *DJ* 28.02.2008; AgRg no REsp 971.016/SC, Rel. Min. Castro Meira, 2ª T., j. 14.10.2008, *DJe* 28.11.2008.

situação de recolhimento pelo responsável tributário, o pagamento será vinculado à operação específica quando houver, ou, na ausência de uma operação específica, será imputado na ordem cronológica.

6.15. NÃO CUMULATIVIDADE DO IBS E DA CBS

A LC 214/2025, nos arts. 47 a 56, trata especificamente da não cumulatividade do IBS e da CBS, que, como visto, tem o objetivo de impedir a incidência em cascata de tributos ao longo da cadeia produtiva, de modo que o contribuinte se credite dos valores pagos em operações anteriores e, assim, recolha os tributos apenas sobre o valor adicionado ou agregado em cada etapa.

6.16. APROPRIAÇÃO DE CRÉDITOS

Os contribuintes sujeitos ao regime regular do IBS e da CBS poderão apropriar créditos relativamente aos tributos pagos sobre as operações em que adquirirem bens ou serviços, nos termos do art. 47, salvo quando se tratar de operações de uso ou consumo pessoal, além de outras hipóteses expressamente previstas. Para garantir a segregação adequada entre os tributos, o § 1º do referido artigo exige que a apropriação dos créditos seja feita separadamente para o IBS e para a CBS, proibindo qualquer forma de compensação cruzada entre eles, além de a operação que gera o direito ao crédito dever ser comprovada por documento fiscal eletrônico, que deve ser considerado hábil e idôneo, conforme regulamentação específica.

A jurisprudência do STJ, a respeito do ICMS, por meio da Súmula 509, manifestou-se no sentido de que o comerciante de boa-fé que adquire mercadoria, cuja nota fiscal (emitida pela empresa vendedora) posteriormente seja declarada inidônea, pode engendrar o aproveitamento do crédito do ICMS pelo princípio da não cumulatividade, uma vez demonstrada a veracidade da compra e venda efetuada, porquanto o ato declaratório da inidoneidade somente produz efeitos a partir de sua publicação.

A LC 214/2025, por outro lado, dá a entender que somente na hipótese em que for verificado o efetivo recolhimento na etapa antecedente do IBS e da CBS ocasionará o direito de crédito do adquirente, ou se a lei estabelecer a concessão de crédito presumido.

6.17. NÃO CUMULATIVIDADE E OPERAÇÕES COM O SIMPLES NACIONAL E COMBUSTÍVEIS

A LC 214/2025 faz uma distinção relativamente às aquisições de bens ou serviços de optantes pelo regime do Simples Nacional. Mesmo que o optante não tenha direito à apropriação de créditos, o contribuinte sujeito ao regime regular poderá beneficiar-se dos créditos do IBS e da CBS em montante equivalente aos valores pagos por meio do regime simplificado, conforme prevê o § 5º do art. 28.

Nas operações com combustíveis, tributadas por regime específico, o § 4º do art. 47 dispensa a comprovação de pagamento dos tributos para a apropriação dos créditos, bastando que os valores estejam registrados em documento fiscal eletrônico. Essa previsão tem relevância porque a tributação dos combustíveis, como regra, ocorre na primeira etapa da produção.

6.18. NÃO CUMULATIVIDADE E ESTORNO DE CRÉDITOS

O § 6º do art. 47 prevê o estorno dos créditos apropriados caso o bem adquirido venha a perecer, deteriorar-se ou ser objeto de roubo, furto ou extravio. No caso específico de roubo ou furto de bens do ativo imobilizado, o estorno será feito proporcionalmente ao prazo de vida útil do bem e às taxas de depreciação, conforme estabelecido em regulamento, conforme o § 7º do referido dispositivo.[99]

6.19. NÃO CUMULATIVIDADE E OPERAÇÕES DE DEVOLUÇÃO E CANCELAMENTO

O § 8º do art. 47 estabelece situações em que o contribuinte poderá manter-se com o crédito mesmo em caso de devolução de bens ou cancelamento de operações realizadas por pessoas que não sejam contribuintes do regime regular de IBS e CBS.

6.20. LIMITAÇÕES À APROPRIAÇÃO DE CRÉDITOS

O art. 57 lista os bens e serviços que não geram direito à apropriação de créditos, por serem considerados de uso ou consumo pessoal, exceto quando forem necessários à realização de operações pelo contribuinte. Entre os itens excluídos estão joias, pedras e metais preciosos, bebidas alcoólicas, armas e munições, entre outros.

Como regra geral, para que esses itens admitam o aproveitamento de créditos, devem ser comercializados ou utilizados na fabricação de bens pelo contribuinte, cuja lógica vem, a *contrario sensu*, da regra prevista no § 4º do art. 57 da LC 214/2025 de que *os bens e serviços que não estejam relacionados ao desenvolvimento de atividade econômica por pessoa física caracterizada como contribuinte do regime regular serão consideradas de uso ou consumo pessoal.*[100]

Os bens considerados de uso ou consumo pessoal, pela própria natureza, possuem um caráter essencialmente pessoal e são desvinculados do propósito empresarial ou econômico. Segundo a Lei Complementar, o conceito inclui bens e serviços fornecidos de forma gratuita ou a preços subsidiados para o contribuinte (pessoa física), sócios, administradores, empregados e seus familiares próximos. Entre os exemplos mais comuns estão residências e veículos fornecidos para uso pessoal, assim como os serviços relacionados à sua aquisição e manutenção.

---

[99] A LC 87/1997, para o ICMS, já prevê a hipótese de estorno do crédito do imposto quando ocorrer deterioração, perecimento ou extravio da mercadoria, nos termos do art. 21.

[100] Art. 57. Consideram-se de uso ou consumo pessoal: I – os seguintes bens e serviços: a) joias, pedras e metais preciosos; b) obras de arte e antiguidades de valor histórico ou arqueológico; c) bebidas alcoólicas; d) derivados do tabaco; e) armas e munições; f) bens e serviços recreativos, esportivos e estéticos; II – os bens e serviços adquiridos ou produzidos pelo contribuinte e fornecidos de forma não onerosa ou a valor inferior ao de mercado para: a) o próprio contribuinte, quando este for pessoa física; b) as pessoas físicas que sejam sócios, acionistas, administradores e membros de conselhos de administração e fiscal e comitês de assessoramento do conselho de administração do contribuinte previstos em lei; c) os empregados dos contribuintes de que tratam as alíneas "a" e "b" deste inciso; e d) os cônjuges, companheiros ou parentes, consanguíneos ou afins, até o terceiro grau, das pessoas físicas referidas nas alíneas "a", "b" e "c" deste inciso. [...]

O art. 57 da LC 214/2025 prevê regras específicas e exceções ao estabelecer que não serão considerados bens ou serviços de uso ou consumo pessoal aqueles utilizados preponderantemente na atividade econômica do contribuinte, como: bens comercializados ou utilizados na produção de bens destinados à venda, tais como joias em uma joalheria ou bebidas alcoólicas em uma empresa do setor alimentício e, ainda, itens específicos utilizados por empresas de segurança, como armas e munições. Também não serão considerados de uso ou consumo pessoal os serviços destinados ao bem--estar de empregados durante a jornada de trabalho, incluindo alimentação, saúde, transporte e creche, desde que disponibilizados nas condições regulamentares. Além disso, há permissões para benefícios educacionais e planos de saúde concedidos em decorrência de acordos coletivos, desde que atendam a critérios de universalidade e equidade, privilegiando empregados de menor renda.

Na hipótese de o contribuinte apropriar-se indevidamente de créditos vinculados à aquisição de bens ou serviços de uso ou consumo pessoal, o sujeito passivo deve promover o recolhimento dos débitos correspondentes, acrescidos de juros e penalidades legais, embora em situações específicas, como o uso temporário de bens por pessoas físicas associadas ao contribuinte, permite-se o ajuste proporcional dos créditos com base na vida útil do bem (art. 57, §§ 5º a 7º, da LC).

Por último, o § 8º do art. 57 da LC, ao prever a forma por regulamento de identificação da pessoa física destinatária, pode provocar discussões judiciais por ser interpretado como delegação para ato infralegal de disposições que deveriam estar definidas em lei, haja vista o princípio da legalidade. Contribuintes podem se insurgir por compreender que a norma regulamentar tenha extrapolado sua competência, criando obrigações não previstas no texto legal.[101]

6.21. ISENÇÕES, IMUNIDADES E ALÍQUOTAS REDUZIDAS

O art. 49 trata das operações imunes, isentas ou sujeitas a alíquota zero, bem como o diferimento ou a suspensão, as quais não permitirão a apropriação de créditos pelos adquirentes dos bens e serviços. Porém, não impede a apropriação dos créditos presumidos previstos expressamente na LC 214/2025.

Segundo o art. 50 da LC, nas hipóteses de suspensão, caso haja a exigência do crédito suspenso, a apropriação dos créditos será admitida somente no momento da extinção dos débitos, sem permissão da apropriação de créditos em relação aos acréscimos legais.

A imunidade e a isenção acarretarão a anulação dos créditos relativos às operações anteriores, ainda que de modo proporcional, salvo em relação as operações de exportações e aquelas relativas ao fornecimento de: a) livros, jornais, periódicos e do papel destinado a sua impressão; b) nas hipóteses de serviço de comunicação nas modalidades de radiodifusão sonora e de sons e imagens de recepção livre e gratuita (art. 51, LC 214).

---

[101] Art. 57 [...] § 8º O regulamento disporá sobre a forma de identificação da pessoa física destinatária dos bens e serviços de que trata este artigo.

Um exemplo é se uma editora compra papel e insumos para imprimir livros. Nessa etapa, a operação está sujeita ao pagamento de tributos e gera crédito tributário, porém quando a editora vende os livros (imunes de tributos), os créditos referentes às operações anteriores não serão anulados, de modo que a empresa pode manter o crédito proporcional ao papel adquirido, mesmo que a operação de saída (venda dos livros) seja imune.

A LC 214/2025, por fim, assegura a manutenção dos créditos relativos às operações anteriores quando sujeitas a alíquota zero (art. 52). Esse é o caso, por exemplo, de uma distribuidora de medicamentos que adquire insumos tributados para a produção de medicamentos sujeitos à redução de 60% das alíquotas do IBS e da CBS. A empresa mantém integralmente os créditos gerados na aquisição, mesmo que a operação de saída seja tributada com alíquota zero. Trata-se de sistemática que permite a utilização dos créditos para compensar débitos gerados em outras operações, evitando o acúmulo de tributos e promovendo preços mais acessíveis ao consumidor final para bens eleitos como prioritários pela legislação.

6.22. UTILIZAÇÃO DE CRÉDITOS

Os créditos apropriados podem ser utilizados pelo contribuinte para compensação com o saldo devedor do IBS e da CBS relativo a períodos de apuração anteriores ou utilizados para compensar tributos devidos em períodos subsequentes, ou, ainda, objeto de ressarcimento, segundo o art. 53. Segundo o § 2º do art. 53, os créditos serão compensados ou ressarcidos pelo seu valor nominal, vedada qualquer forma de correção ou atualização monetária.

6.23. PRAZO DE UTILIZAÇÃO E TRANSFERÊNCIA DE CRÉDITOS

Os arts. 54 e 55 da LC 214/2025 estabelecem regras a respeito da utilização e transferência de créditos tributários no âmbito do IBS e da CBS, sob a perspectiva de controle e limitações temporais ao estabelecer o prazo de cinco anos para que os contribuintes utilizem os créditos apropriados, contado a partir do primeiro dia do período subsequente ao da apuração em que ocorreu a apropriação. Da mesma forma restritiva, veda a transferência de créditos a terceiros, com exceção das hipóteses de reorganização societária, como fusão, cisão ou incorporação, desde que se preserve a data original da apropriação para fins de contagem do prazo quinquenal. A pretensão da norma ao fixar condicionantes está relacionada à diminuição de distorções na utilização dos créditos, bem como assegurar a regularidade no processo de compensação tributária.

Contudo, esses parâmetros podem gerar insurgências pelos contribuintes, especialmente em setores com créditos acumulados devido à especificidade de suas operações e, além disso, a limitação do prazo de cinco anos pode ser vista como uma restrição excessiva ao direito de compensação, em especial durante períodos de instabilidade econômica ou em setores nos quais o volume de vendas tributáveis não acompanha o ritmo de apropriação de créditos. A temática passa, sobretudo, pela essência do princípio constitucional da não cumulatividade.

6.24. RESSARCIMENTO E COMPENSAÇÃO DE CRÉDITOS DO IBS E DA CBS

A LC 214/2025 traz um regramento específico sobre ressarcimento e compensação de créditos apurados em relação ao IBS e à CBS, de modo a assegurar que os contribuintes recuperem saldos credores dos tributos decorrentes especialmente da não cumulatividade imposta.

O contribuinte que apurar saldo credor de IBS e/ou CBS, ao final de cada período de apuração, poderá solicitar o ressarcimento desse montante, seja de forma integral ou parcial, e, na hipótese de opção pela não solicitação ou caso o faça de forma parcial, o saldo restante poderá ser utilizado para fins de compensação com débitos subsequentes e futuros, ou, ainda, solicitá-los em períodos posteriores.[102]

A responsabilidade pela análise dos pedidos de ressarcimento será compartilhada entre o Comitê Gestor do IBS, no caso do IBS, e a Receita Federal do Brasil, para as hipóteses da CBS. A lei prevê diferentes prazos para apreciação dos pedidos, variando de acordo com a situação do contribuinte: até 30 dias para contribuintes que participam de programas de conformidade fiscal; até 60 dias para pedidos regulares que atendam ao art. 40; e até 180 dias para os demais casos. Se esses prazos não forem respeitados, o ressarcimento deve ser feito em até 15 dias subsequentes.[103]

Os §§ 6º a 9º do art. 39 da LC 214/2025 tratam dos procedimentos de fiscalização e ressarcimento de créditos tributários. O § 6º estabelece que o procedimento de fiscalização não poderá se estender por mais de 360 dias, garantindo um prazo máximo para a análise da regularidade dos créditos solicitados pelo contribuinte e, há hipótese do procedimento não ser concluído dentro desse prazo, o § 7º determina que o crédito deverá ser ressarcido ao contribuinte nos 15 dias subsequentes, assegurando a recuperação de valores devidos.

Ainda assim, o § 8º do referido art. 39 da LC prevê que o ressarcimento efetuado não impede que a administração tributária realize fiscalização posterior sobre os créditos já ressarcidos, nem prejudica a conclusão do procedimento de fiscalização iniciado dentro do prazo estipulado. Essa previsão equilibra o direito do contribuinte ao ressarcimento "tempestivo" mantendo a possibilidade de revisão por parte do fisco de modo a atender a regularidade do procedimento.

E, por último, o § 9º do mesmo art. 39 da LC dispõe sobre a correção monetária dos saldos credores cujo ressarcimento tenha sido solicitado. Caso o pagamento ocorra após o primeiro dia do segundo mês seguinte ao pedido, o valor será corrigido pela taxa Selic acumulada mensalmente, acrescida de 1% no mês do pagamento. Essa regra, por um lado, impõe ao fisco o dever de agilidade na apreciação, e, ao mesmo tempo, protege o contribuinte contra a perda de valor monetário decorrente de atrasos no

---

[102] Art. 39. O contribuinte do IBS e da CBS que apurar saldo a recuperar na forma do art. 45 ao final do período de apuração poderá solicitar seu ressarcimento integral ou parcial.

§ 1º Caso o ressarcimento não seja solicitado ou a solicitação seja parcial, o valor remanescente do saldo a recuperar constituirá crédito do contribuinte, o qual poderá ser utilizado para compensação ou ressarcido em períodos posteriores.

§ § 2º A solicitação de ressarcimento de que trata este artigo será apreciada pelo Comitê Gestor do IBS, em relação ao IBS, e pela RFB, em relação à CBS.

[103] Art. 39. [...] § 6º O procedimento de fiscalização de que trata o § 5º deste artigo não poderá estender-se por mais de 360 (trezentos e sessenta) dias.

ressarcimento.[104] O prazo de ressarcimento será suspenso e também sem aplicação da correção monetária nos termos da LC 214/2025 caso o contribuinte realize a opção: pelo Simples Nacional ou pelo MEI, exceto quando nessa condição seja contribuinte regular do IBS/CBS ou, ainda, por não ser contribuinte de IBS e de CBS, nas hipóteses autorizadas na Lei Complementar.

O art. 40 da LC 214/2025 estabelece que prazos mais curtos de ressarcimento (30 ou 60 dias) podem ser aplicados em situações específicas, por exemplo, quando o saldo credor se refere à aquisição de bens e serviços incorporados ao ativo imobilizado do contribuinte, ou quando o valor do pedido de ressarcimento não exceder 150% da média mensal da diferença entre os créditos e débitos de IBS e CBS ao longo dos últimos 24 meses.[105]

Além disso, a regulamentação pode permitir ajustes sazonais nos valores dos créditos, levando em conta variações nas operações do contribuinte, especialmente em casos de expansão ou implementação de novos projetos econômicos. Essa flexibilidade reconhece as flutuações naturais que ocorrem em diversos setores da economia e permite uma adequação da aplicação das regras às realidades operacionais de cada contribuinte.

Conforme o § 5º do art. 39, se houver indícios de inconsistências durante o processo de análise, o ressarcimento será suspenso até a conclusão da fiscalização, porém essa fiscalização, como dito, tem um prazo máximo de 360 dias, garantindo que o procedimento não se arraste indefinidamente e, inclusive, mesmo após o ressarcimento, o

---

[104] Art. 39. [...] § 9º O valor dos saldos credores cujo ressarcimento tenha sido solicitado nos termos deste artigo será corrigido, caso o pagamento ocorra a partir do primeiro dia do segundo mês seguinte ao do pedido, pela taxa Selic acumulada mensalmente a partir desta data até o mês anterior ao pagamento, acrescido de 1% (um por cento) no mês de pagamento.

[105] Art. 40. Aplicam-se os prazos de ressarcimento previstos nos incisos I ou II do § 3º do art. 39 desta Lei Complementar para:

I – os créditos apropriados de IBS e de CBS relativos à aquisição de bens e serviços incorporados ao ativo imobilizado do contribuinte;

II – os pedidos de ressarcimento cujo valor seja igual ou inferior a 150% (cento e cinquenta por cento) do valor médio mensal da diferença entre:

a) os créditos de IBS e de CBS apropriados pelo contribuinte; e

b) os débitos de IBS e de CBS incidentes sobre as operações do contribuinte.

§ 1º O cálculo do valor médio mensal de que trata o inciso II do *caput* será realizado com base nas informações relativas aos 24 (vinte e quatro) meses anteriores ao período de apuração, excluídos do cálculo os créditos apropriados nos termos do inciso I do *caput* deste artigo.

§ 2º Cabe ao regulamento dispor sobre a forma de aplicação do disposto neste artigo, inclusive quanto:

I – à utilização de estimativas para os valores de que tratam as alíneas "*a*" e "*b*" do inciso II do *caput* deste artigo, durante os anos iniciais de cobrança do IBS e da CBS, enquanto as informações referidas nessas alíneas não estiverem disponíveis;

II – à possibilidade de ajuste no cálculo de que trata o inciso II do *caput* deste artigo, em decorrência da elevação da alíquota do IBS entre 2029 e 2033.

§ 3º O valor calculado nos termos do inciso II do *caput* deste artigo poderá ser ajustado, nos termos do regulamento, de modo a contemplar variações sazonais no valor das operações e das aquisições do contribuinte e variações decorrentes de expansão ou implantação de empreendimento econômico pelo contribuinte.

§ 4º Para os fins do disposto no inciso I do *caput* deste artigo, também serão considerados como bens e serviços incorporados ao ativo imobilizado aqueles com a mesma natureza e que, em decorrência das normas contábeis aplicáveis, forem contabilizados por concessionárias de serviços públicos como ativo de contrato, intangível ou financeiro.

fisco mantém a prerrogativa de realizar fiscalizações posteriores de modo a evitar que ocorram ressarcimentos indevidos.[106]

6.25. RESTITUIÇÃO DE PAGAMENTO INDEVIDO

A restituição de pagamento indevido de IBS e CBS só será devida ao contribuinte se a operação que gerou o pagamento não teve a permissão de apropriação de crédito para o adquirente, conforme estipula o art. 38, com observância do disposto no art. 166 do CTN.

A condicionante revela uma dificuldade de obtenção da restituição por tributo recolhido indevidamente, ou quase a inviabilidade prática. Imagine a seguinte situação: uma empresa de eletrodomésticos vende um lote de produtos para outra empresa adquirente. No momento da venda, a empresa vendedora apura o IBS e a CBS sobre essa operação e realiza o recolhimento dos tributos. No entanto, posteriormente, verifica-se que essa operação não deveria estar sujeita à tributação (por exemplo, a operação estava isenta ou a alíquota era zero). A empresa vendedora, então, solicita a restituição dos tributos pagos indevidamente, mas, certamente, não obterá o acolhimento da pretensão, haja vista o creditamento dos tributos operacionalizado pelo adquirente.

Se a empresa compradora, ao adquirir os eletrodomésticos, aproveitou os créditos de IBS e CBS pagos pela vendedora, a restituição não será possível, de modo que não haja duplo benefício: a restituição para o vendedor e o aproveitamento de crédito para o comprador. O CTN, no art. 166, estabelece que, para que haja restituição, a empresa vendedora deve comprovar que não houve repasse do encargo financeiro para o comprador ou que, se houve transferência, o comprador expressamente concorda com a devolução do valor dos tributos. Porém, a jurisprudência, até então, adota a premissa de que o contribuinte de direito faz jus, como legitimado ativo, a pleitear o direito de restituição.

O STF, desde o julgamento do RE 46.450/RS, em 1961, manifestava-se no sentido de que o tributo indireto, por sua própria natureza, não comportaria a restituição por repetição porque o comerciante incorpora o correspondente valor no preço da mercadoria vendida a terceiros. Segundo a decisão, é o problema que se conhece, em ciência das finanças, como *repercussão, translação* ou *transferência* do imposto. Em tais casos, para o STF à época, o verdadeiro contribuinte seria o consumidor, quem teria o ônus de suportar efetivamente o encargo. Anos depois, ainda em 1969, o Supremo, por meio da Súmula 546, admitiu a restituição pelo produtor ou comerciante, mas desde que houvesse a comprovação de que suportou o encargo financeiro, segundo o enunciado: "Cabe a restituição do tributo pago indevidamente, quando reconhecido por decisão, que o contribuinte *de jure* não recuperou do contribuinte *de facto* o *quantum* respectivo".

Os países que adotam o modelo de Imposto sobre o Valor Adicionado ou Agregado, dos quais o Brasil ora se aproxima em termos técnicos por meio das alterações promovidas pela EC 132/2023, em regra, atribuem a condição de contribuinte àquele

---

[106] Art. 39. [...] § 5º Caso seja iniciado procedimento de fiscalização relativo ao pedido de ressarcimento antes do encerramento dos prazos estabelecidos no § 3º deste artigo serão:

I – suspensos os prazos; e

II – ressarcidos os créditos homologados em até 15 (quinze) dias contados da conclusão da fiscalização.

que assume o ônus econômico desde a perspectiva financeira e, portanto, o consumidor final do produto ou serviço. Nesse tipo de sistema, normalmente, o consumidor final é considerado o contribuinte em *lato sensu*, haja vista a lógica da tributação indireta atribuir o "fato gerador" ao indivíduo que arca com o ônus econômico, em vez de àquele que fornece bens ou serviços.

Essa separação entre quem suporta o ônus financeiro e quem fornece os bens ou serviços ocasionou várias discussões e debates jurídicos sobre quem tem o direito de pleitear valores pagos indevidamente, sobretudo porque na perspectiva do modelo IVA o fornecedor é visto como um "coletor" ou responsável pelo tributo, sendo ele quem realiza a compensação dos impostos devidos com os créditos obtidos pelas entradas em sua operação, visando garantir a não cumulatividade.

A jurisprudência brasileira, ao longo de anos, debateu o tema da legitimidade ativa para a restituição de tributos indiretos recolhidos indevidamente até a consolidação do tema pelo STJ, em julgamento de recurso especial representativo de controvérsia, no sentido de que o "contribuinte de fato" não detém legitimidade ativa *ad causam* para pleitear a restituição do indébito relativo a "tributo indireto" recolhido pelo "contribuinte de direito", por não integrar a relação jurídica tributária pertinente.[107]

O STJ, em palavra final acerca da interpretação da legislação federal, conferiu sentido ao art. 166 do CTN, de que somente o contribuinte de direito tem legitimidade para integrar o polo ativo da ação judicial que objetiva a restituição do "tributo indireto" indevidamente recolhido, seguindo a doutrina clássica de Gilberto Ulhôa Canto.[108] Para o Tribunal, na hipótese em que a repercussão econômica decorre da natureza do tributo cobrado, o terceiro que suporta o ônus econômico do tributo não participa da relação jurídica tributária adjacente e, por isso, não integra a relação consubstanciada na prerrogativa de repetição do indébito, sem, portanto, legitimidade processual para figurar como autor da ação.

Com o advento da EC 132/2023, possivelmente esse assunto voltará a ser discutido com ênfase sobre o cumprimento das condições estabelecidas no art. 38 da LC 214/2025, no sentido de que havendo pagamento indevido do IBS e da CBS, a restituição somente será devida ao contribuinte quando o adquirente dos bens e serviços não tiver gerado crédito na operação, e, ainda, a necessidade de obedecer ao que disposto no art. 166 do CTN. De outro lado, para argumentar contrariamente ao instituto do *passing-on defense* ou defesa do repasse, a própria Lei Complementar define no art. 21 que contribuinte é o fornecedor que realizar a operação e não aquele que consumiu o produto final.

6.26. FORNECIMENTO DE BENS E SERVIÇOS PARA USO E CONSUMO PESSOAL

A incidência do IBS e da CBS sobre o fornecimento de bens e serviços para uso e consumo pessoal de pessoas físicas segue uma regra específica, prevista no art. 57 da LC 214/2025. A norma tem a pretensão de evitar as despesas custeadas pela empresa, com direito a crédito dos tributos, em favor de funcionários, sócios e diretores. A com-

---

107 REsp 903.394/AL, Rel. Min. Luiz Fux, j. 24.03.2010, *DJe* 26.04.2010.

108 CANTO, Gilberto Ulhôa. Repetição de Indébito, *Caderno de Pesquisas Tributárias*, n. 8, São Paulo, Resenha Tributária, 1983. p. 2-5.

preensão está relacionada ao fornecimento de bens e serviços que, por sua natureza ou destinação, não compõem à atividade econômica do contribuinte, mas sim à satisfação de necessidades ou interesses individuais. Incluem-se, portanto, bens de caráter luxuoso ou recreativo, como joias, obras de arte, bebidas alcoólicas e itens esportivos ou estéticos, além de serviços e bens fornecidos de forma gratuita ou subsidiada a sócios, administradores, empregados e seus familiares. A pretensão normativa é impedir que despesas de natureza privada sejam indevidamente apropriadas como vinculadas à atividade empresarial, preservando o princípio da não cumulatividade por afastar o direito de crédito dos tributos nessas hipóteses específicas.

Por exemplo, suponha que uma empresa forneça a seus diretores, de forma não onerosa, veículos de luxo, além de arcar com todos os custos de manutenção, combustível e seguro. Nesse caso, de acordo com a Lei Complementar, a disponibilização desses bens para uso e consumo pessoal dos diretores será tributada pelo IBS e CBS, haja vista o oferecimento do bem a valor inferior ao de mercado ou sem custo algum. E, nesta hipótese, os tributos serão apurados com base no preço de mercado do aluguel ou arrendamento do veículo. Os §§ 6º e 7º do art. 57 da LC estabelecem mecanismos de ajuste para situações em que créditos indevidamente apropriados estejam relacionados a bens ou serviços de uso ou consumo pessoal. No § 6º, prevê-se que, na hipótese de apropriação de créditos sobre tais itens, o contribuinte será obrigado a recolher débitos equivalentes ao valor dos créditos utilizados, acrescidos de encargos legais conforme o § 2º do art. 29, retroativos à data da apropriação. Já o § 7º regula os casos em que bens do contribuinte são fornecidos temporariamente a pessoas físicas vinculadas, determinando a exigência de débitos proporcionais ao tempo de uso do bem em relação à sua vida útil, com os mesmos acréscimos legais.

A pretensão normativa, como visto, é coibir a utilização de recursos da pessoa jurídica em favor de sócios, diretores e funcionários, inclusive com apuração de créditos do IBS e da CBS na aquisição para uso pessoal das pessoas físicas. Em outras palavras, busca evitar gastos por meio da pessoa jurídica em benefício das pessoas físicas que a compõem, tais como carros para uso pessoal e da família, supermercado, restaurantes etc., com emissão de documento fiscal em favor da companhia para fins de dedução nos tributos, aproveitando-se indevidamente da não cumulatividade.

No entanto, nem todos os bens e serviços fornecidos a pessoas físicas serão considerados de uso e consumo pessoal, pois bens e serviços utilizados exclusivamente na atividade econômica do contribuinte ficam fora da incidência do IBS e da CBS, tais como uniformes, equipamentos de proteção individual e serviços de saúde oferecidos no ambiente de trabalho, em hipóteses específicas. Esses itens são essenciais para a operação da empresa e, por isso, são tratados de maneira diferente do consumo pessoal.

Algumas exceções à incidência do IBS e da CBS sobre o fornecimento de bens e serviços para uso e consumo pessoal podem ser antevistas na prática: quando o contribuinte não está sujeito ao regime regular de apuração (como no caso de optantes pelo Simples Nacional sem opção de sujeição à nova sistemática); quando o contribuinte opta por não se apropriar dos créditos dos tributos na aquisição desses bens ou serviços; ou, ainda, quando os bens são adquiridos sem apropriação de créditos por expressa disposição legal. Um exemplo prático envolve uma empresa que fornece veículos para uso pessoal de seus executivos, renuncia à apropriação de créditos e identifica os beneficiários, ficando, portanto, desonerada do pagamento de IBS e CBS sobre essa operação.

6.27. IBS E CBS NA IMPORTAÇÃO

A LC 214/2025 possui um regramento próprio sobre a incidência do IBS e da CBS na importação de bens e serviços, incluindo a compreensão tanto de bens materiais quanto imateriais, além de serviços, considerando aspectos como o fato gerador, base de cálculo, alíquotas aplicáveis e responsabilidades tributárias.

O art. 63 determina que o IBS e a CBS incidem sobre a importação de bens ou serviços realizados por qualquer pessoa física ou jurídica, independentemente de estarem inscritas no regime regular desses tributos, ou seja, inclui importações realizadas por empresas quanto aquelas feitas por pessoas físicas, desde a compra de produtos para consumo pessoal até a aquisição de serviços ou bens para uso industrial. Desse modo não interessa a finalidade da importação – seja ela comercial, pessoal ou institucional –, o tributo terá incidência, garantindo uma ampla base de incidência tributária.

A previsão de incidência ampla acompanha o resultado de julgamento proferido pelo Supremo Tribunal Federal no caso do IPI sobre a importação de bem por pessoa natural. Na oportunidade, o STF, no julgamento do Tema 643 da sistemática da repercussão geral, cujo recurso paradigma foi o RE-RG 723.651, decidiu que incide, na importação de bens para uso próprio, o referido imposto, independentemente de ser contribuinte habitual ou não do IPI, bem como as especificidades relacionadas à produção do objeto da importação.

6.28. DA IMPORTAÇÃO DE BENS IMATERIAIS E SERVIÇOS

O art. 64 da LC 214/2025 inclui no conceito de importação os bens imateriais e serviços, destinados à utilização, exploração, aproveitamento, fruição ou acesso, de modo que não apenas a importação física de produtos está sujeita à tributação, mas também a aquisição de direitos, licenças, patentes, *softwares* e serviços prestados por empresas e indivíduos no exterior. Para se caracterizar como importação, esses serviços ou bens imateriais devem ser fornecidos a destinatários localizados no Brasil ou utilizados no território nacional, mesmo que a execução do serviço ocorra fora do país.[109]

Pela lei, inclui-se no conceito de importação de serviços aqueles prestados no Brasil por um fornecedor estrangeiro; relacionados a bens móveis ou imóveis localizados no Brasil; ou prestados no exterior sobre um bem que seja temporariamente remetido do Brasil para o exterior e depois retorne após a execução do serviço. A regulamentação pela Lei Complementar, portanto, compreende não apenas a entrega de produtos, mas também a execução de atividades e serviços conectados com o país que sejam sujeitas à tributação.

---

[109] Art. 64. Para fins do disposto no art. 63 desta Lei Complementar, considera-se importação de serviço ou de bem imaterial, inclusive direitos, o fornecimento realizado por residente ou domiciliado no exterior cujo consumo ocorra no País, ainda que o fornecimento seja realizado no exterior:

§ 1º Consideram-se consumo de bens imateriais e serviços a utilização, a exploração, o aproveitamento, a fruição ou o acesso.

§ 2º Considera-se ainda importação de serviço a prestação por residente ou domiciliado no exterior:

I – executada no País;

II – relacionada a bem imóvel ou bem móvel localizado no País; ou

III – relacionada a bem móvel que seja remetido para o exterior para execução do serviço e retorne ao País após a sua conclusão.

Além disso, se houver consumo concomitante de serviços ou bens imateriais no Brasil e no exterior, apenas a parcela consumida no território brasileiro será tributada, como pode acontecer em operações mais complexas relacionadas a contratos de tecnologia e propriedade intelectual, no qual o uso pode ser distribuído em múltiplas jurisdições.[110]

Um exemplo de consumo concomitante de bens imateriais pode ocorrer quando uma empresa brasileira adquire uma licença de *software* de uma empresa estrangeira para uso em várias filiais, algumas no Brasil e outras no exterior. Suponha que a licença seja dividida igualmente entre cinco filiais, duas no Brasil e três em outros países. Nesse caso, apenas os 40% referentes ao uso no Brasil serão tributados pelo IBS e CBS, enquanto os 60% restantes, relativos às operações no exterior, não serão tributados no Brasil, de modo a garantir que apenas a parte consumida no território nacional esteja sujeita à tributação, evitando dupla tributação internacional.

O fato gerador ocorre no momento definido pelo art. 10 da Lei Complementar, que, no caso de importação de serviços e bens imateriais, é geralmente o momento em que o serviço é prestado ou o bem imaterial é entregue ao destinatário no Brasil, enquanto o local é definido conforme o disposto no art. 11 da referida Lei, especialmente quanto aos serviços e demais bens móveis imateriais, inclusive direitos, sendo o local do domicílio principal do destinatário.

A base de cálculo para o IBS e a CBS na importação de **serviços e bens imateriais** é o valor total da operação, conforme definido no art. 12 da Lei Complementar. As alíquotas incidentes são as mesmas aplicáveis a operações internas semelhantes, especialmente para assegurar isonomia tributária entre o que é produzido e consumido domesticamente e o que é importado. Assim, tanto o setor interno quanto o externo são tratados de maneira equivalente.[111]

6.29. DA IMPORTAÇÃO DE BENS MATERIAIS

Para a importação de bens materiais, o fato gerador ocorre pela entrada de bens estrangeiros no território nacional, conforme descrito no art. 65 da LC 214/2025. A base de cálculo para esses tributos inclui o valor aduaneiro acrescido de outros tributos como o Imposto de Importação, o Imposto Seletivo, a taxa Siscomex, o Adicional ao Frete para a Renovação da Marinha Mercante (AFRMM), entre outros.[112]

---

[110] Art. 64. [...] § 3° Na hipótese de haver consumo de serviços ou de bens imateriais, inclusive direitos, concomitantemente no território nacional e no exterior, apenas a parcela cujo consumo ocorrer no País será considerada importação.

[111] Art. 64. [...]
I – considera-se ocorrido o fato gerador do IBS e da CBS:
a) no momento definido conforme o disposto no art. 10 desta Lei Complementar;
b) no local definido conforme o disposto no art. 11 desta Lei Complementar;
II – a base de cálculo é o valor da operação nos termos do art. 12 desta Lei Complementar;
III – as alíquotas do IBS e da CBS incidentes sobre cada importação de bem imaterial ou de serviço são as mesmas incidentes no fornecimento do mesmo bem imaterial ou serviço no País, observadas as disposições próprias relativas à fixação das alíquotas nas importações de bens imateriais ou de serviços sujeitos aos regimes específicos de tributação;

[112] Art. 69. A base de cálculo do IBS e da CBS na importação de bens materiais é o valor aduaneiro acrescido de:
I – Imposto de Importação;
II – Imposto Seletivo (IS);

A inclusão de tributos na base de cálculo de outros tributos, como previsto na importação de bens materiais, no art. 69 da LC 214/2025, é um tema que, ao longo de décadas, foi objeto de intensa discussão judicial. É possível antever que esse assunto pode ter insurgências, considerando o entendimento do STF acerca da exclusão do ICMS da base de cálculo do PIS e da Cofins. Segundo o STF, o ICMS representa uma receita transitória nos cofres das empresas, pois, ao final, esses valores são destinados às Unidades Federadas e, por isso, não devem ser compreendidos como faturamento ou receita bruta para fins de incidência das contribuições sociais.[113]

O art. 66 da Lei Complementar exclui de incidência do IBS e da CBS na importação aqueles bens que retornam ao país por não terem sido vendidos em consignação, ou por terem sido devolvidos devido a defeitos técnicos. Há também isenção para bens que chegam ao Brasil por erro de expedição e são redirecionados ao exterior, além de mercadorias destruídas sob controle aduaneiro antes de sua liberação.[114] O art. 94 da

---

III – taxa de utilização do Sistema Integrado do Comércio Exterior (Siscomex);

IV – Adicional ao Frete para a Renovação da Marinha Mercante (AFRMM);

V – Contribuição de Intervenção no Domínio Econômico incidente sobre a importação e a comercialização de petróleo e seus derivados, gás natural e seus derivados, e álcool etílico combustível (Cide-Combustíveis);

VI – direitos *antidumping*;

VII – direitos compensatórios;

VIII – medidas de salvaguarda; e

IX – quaisquer outros impostos, taxas, contribuições ou direitos incidentes sobre os bens importados até a sua liberação.

[113] Tema 69/STF: O ICMS não compõe a base de cálculo para a incidência do PIS e da Cofins.

[114] Art. 66. Não constituem fatos geradores do IBS e da CBS sobre a importação os bens materiais:

I – que retornem ao País nas seguintes hipóteses:

a) enviados em consignação e não vendidos no prazo autorizado;

b) devolvidos por motivo de defeito técnico, para reparo ou para substituição;

c) por motivo de modificações na sistemática de importação por parte do país importador;

d) por motivo de guerra ou de calamidade pública; ou

e) por outros fatores alheios à vontade do exportador;

II – que, corretamente descritos nos documentos de transporte, cheguem ao País por erro inequívoco ou comprovado de expedição e que sejam redestinados ou devolvidos para o exterior;

III – que sejam idênticos, em igual quantidade e valor, e que se destinem à reposição de outros anteriormente importados que se tenham revelado, após sua liberação pela autoridade aduaneira, defeituosos ou imprestáveis para o fim a que se destinavam, nos termos do regulamento;

IV – que tenham sido objeto de pena de perdimento antes de sua liberação pela autoridade aduaneira;

V – que tenham sido devolvidos para o exterior antes do registro da declaração de importação;

VI – que sejam considerados como pescado capturado fora das águas territoriais do País por empresa localizada no seu território, desde que satisfeitas as exigências que regulam a atividade pesqueira;

VII – aos quais tenha sido aplicado o regime de exportação temporária;

VIII – que estejam em trânsito aduaneiro de passagem, acidentalmente destruídos; e

IX – que tenham sido destruídos sob controle aduaneiro, sem ônus para o poder público, antes de sua liberação pela autoridade aduaneira.

Art. 94. São isentas do pagamento do IBS e da CBS na importação de bens materiais, desde que sejam isentas do Imposto de Importação:

I – bagagens de viajantes e de tripulantes, acompanhadas ou desacompanhadas; e

II – remessas internacionais, desde que:

a) sejam isentas do Imposto sobre a Importação;

b) o remetente e o destinatário sejam pessoas físicas; e

c) não tenha ocorrido a intermediação de plataforma digital.

LC 214/2025 prevê ainda a isenção de pagamento do IBS e da CBS na importação de determinados bens materiais, desde que esses bens também sejam isentos do Imposto de Importação, como bagagens de viajantes e tripulantes, sejam elas acompanhadas ou desacompanhadas, ou seja, bens trazidos por viajantes, tanto em viagens internacionais quanto tripulantes em serviço, podem entrar no país sem a incidência desses tributos, desde que estejam isentos do Imposto de Importação.

Além disso, o referido dispositivo prevê a isenção das remessas internacionais quando tanto o remetente quanto o destinatário são pessoas físicas e não houve a intermediação de plataformas digitais. Ou seja, se uma pessoa envia bens do exterior diretamente para outra pessoa no Brasil, sem a participação de plataformas digitais intermediárias (como *marketplaces* internacionais), essa remessa estará isenta de IBS e CBS, desde que também esteja isenta do Imposto de Importação.

O art. 72 da Lei Complementar estabelece, ainda, que o importador é definido como qualquer pessoa que promova a entrada de bens estrangeiros no Brasil, sendo, portanto, contribuinte do IBS e da CBS. No caso de importações por conta e ordem de terceiros, o adquirente será considerado o importador responsável pelo recolhimento dos tributos. Além disso, o art. 73 define que, em certas situações, outras partes envolvidas na operação, como transportadores, depósitos aduaneiros e beneficiários de regimes aduaneiros especiais, também podem ser responsáveis pelos tributos em caso de extravio ou descumprimento das normas de importação.

Em relação às remessas internacionais, o art. 96 responsabiliza plataformas digitais, ainda que domiciliadas no exterior, pelo recolhimento do IBS e da CBS nas operações feitas por seu intermédio. O destinatário final no Brasil também pode ser considerado responsável, em casos de não pagamento pelo fornecedor estrangeiro ou pela plataforma. Nessa hipótese, a LC prevê a solidariedade tributária nas operações de remessa internacional ao destinatário pelos tributos incidentes, mesmo que este não seja o importador formal. O destinatário torna-se, portanto, solidariamente responsável pelo pagamento do IBS e da CBS nos casos em que o fornecedor estrangeiro não esteja devidamente inscrito nos registros fiscais nacionais ou, mesmo estando inscrito, os tributos não tenham sido recolhidos pelo fornecedor ou pela plataforma digital intermediadora.[115]

Nas hipóteses nas quais uma empresa estrangeira realiza a venda de mercadorias para uma empresa no Brasil, com a inclusão nessa operação de uma remessa internacional, ou seja, do Brasil para o exterior, não é aplicado o regime de tributação comum de importação, ficando a operação sujeita ao IBS e à CBS. Dessa forma, a empresa estrangeira, ainda que domiciliada no exterior, será considerada contribuinte desses tributos e deverá se registrar no Brasil no regime regular de IBS e CBS para realizar o recolhimento devido. No entanto, se a transação for intermediada por uma plataforma

---

[115] Art. 97. Nas hipóteses dos arts. 95 e 96 desta Lei Complementar, o destinatário de remessa internacional, ainda que não seja o importador, é solidariamente responsável pelo pagamento do IBS e da CBS relativos aos bens materiais objeto de remessa internacional caso:

I – o fornecedor residente ou domiciliado no exterior não esteja inscrito; ou

II – os tributos não tenham sido pagos pelo fornecedor residente ou domiciliado no exterior, ainda que inscrito, ou por plataforma digital.

digital, conforme o mencionado art. 96, essa plataforma será a responsável pelo paga-mento do IBS e CBS, mesmo que esteja domiciliada fora do Brasil.[116]

Por outro lado, caso a remessa internacional seja feita por uma pessoa física no exterior, sem intermediação de plataforma digital, o destinatário no Brasil será o con-tribuinte desses tributos. Além disso, em todas essas hipóteses, o destinatário no Brasil será solidariamente responsável pelo pagamento do IBS e da CBS, o que significa que ele poderá ser cobrado caso o responsável principal, seja a empresa estrangeira ou a plataforma digital, não cumpra com suas obrigações fiscais.

O pagamento dos tributos deve ocorrer até a liberação dos bens pela autoridade aduaneira, embora haja a possibilidade de antecipação do pagamento durante o registro da declaração de importação, conforme o art. 76 da Lei Complementar.

6.30. IBS E CBS NAS EXPORTAÇÕES

O art. 79 da Lei Complementar prevê que as exportações de bens e serviços desti-nados ao exterior são imunes à incidência do IBS e da CBS, embora admita e assegure ao exportador o direito à apropriação e utilização dos créditos relativos às operações de aquisição de bens e serviços para a produção do bem ou fornecimento do serviço, desde que observadas as limitações e vedações estabelecidas. Trata-se de mecanismo visando aperfeiçoar a competitividade do produto ou serviço nacionais sob garantia de que os tributos não onerem a exportação, seguindo a lógica de "não exportar tributos".

6.31. DA EXPORTAÇÃO DE BENS IMATERIAIS E DE SERVIÇOS

A exportação de **bens imateriais e de serviços** está regulamentada no art. 80, que define como exportação a prestação de serviços ou o fornecimento de bens imateriais a destinatários residentes no exterior ou destinados ao consumo no exterior. A norma compreende, ainda, situações específicas como a prestação de serviços a bens móveis que ingressam temporariamente no país e retornam ao exterior após o serviço, e o transporte de carga para exportação, contratada por residentes no exterior. O dispositivo também prevê que quando o serviço ou bem imaterial for parcialmente consumido no Brasil e no exterior, apenas a parcela executada fora do território nacional será considerada exportação para fins de imunidade tributária.[117]

---

[116] Art. 95. Na remessa internacional em que seja aplicado o regime de tributação simplificada, nos termos da legislação aduaneira, é responsável solidário do IBS e da CBS e obrigado a se inscrever no regime regular do IBS e da CBS o fornecedor dos bens materiais de procedência estrangeira, ainda que resi-dente ou domiciliado no exterior, observado o disposto no § 2º do art. 21, no § 3º do art. 22 e no art. 23 desta Lei Complementar.

Art. 96. A plataforma digital, ainda que domiciliada no exterior, é responsável pelo pagamento do IBS e da CBS relativos aos bens materiais objeto de remessa internacional cuja operação ou importação tenha sido realizada por seu intermédio, observado o disposto nos arts. 22 e do art. 23 desta Lei Complementar.

Art. 78. É contribuinte do IBS e da CBS o destinatário da remessa internacional indicado pelo respectivo remetente quando os bens materiais forem remetidos ao País por pessoa física, sem intermediação de plataforma digital.

[117] Art. 80. Para fins do disposto no art. 79 desta Lei Complementar, considera-se exportação de serviço ou de bem imaterial, inclusive direitos, o fornecimento para residente ou domiciliado no exterior e consumo no exterior:

6.32. DA EXPORTAÇÃO DE BENS MATERIAIS

No que se refere à exportação de **bens materiais**, o **art. 85** traz uma série de hipóteses em que a imunidade do IBS e da CBS se aplica, mesmo quando os bens não saem do território nacional. A norma contempla casos como a incorporação de bens exportados a produtos temporariamente no país sob regime de admissão temporária, ou a entrega de bens a órgãos do governo em cumprimento de contratos resultantes de licitações internacionais. Além disso, são imunes os bens destinados à defesa nacional, à exploração de petróleo e gás natural, ou vendidos para empresas sediadas no exterior, como aeronaves industrializadas no Brasil e entregues a empresas de transporte aéreo regular. Essas disposições são fundamentais para fomentar a participação brasileira em setores estratégicos e em cadeias produtivas globais.

---

§ 1º Considera-se ainda exportação:

I – a prestação de serviço para residente ou domiciliado no exterior relacionada a:

a) bem imóvel localizado no exterior;

b) bem móvel que ingresse no País para a prestação do serviço e retorne ao exterior após a sua conclusão, observado o prazo estabelecido no regulamento; e

II – a prestação dos seguintes serviços, desde que vinculados direta e exclusivamente à exportação de bens materiais ou associados à entrega no exterior de bens materiais:

a) intermediação na distribuição de mercadorias no exterior (comissão de agente);

b) seguro de cargas;

c) despacho aduaneiro;

d) armazenagem de mercadorias;

e) transporte rodoviário, ferroviário, aéreo, aquaviário ou multimodal de cargas;

f) manuseio de cargas;

g) manuseio de contêineres;

h) unitização ou desunitização de cargas;

i) consolidação ou desconsolidação documental de cargas;

j) agenciamento de transporte de cargas;

k) remessas expressas;

l) pesagem e medição de cargas;

m) refrigeração de cargas;

n) arrendamento mercantil operacional ou locação de contêineres;

o) instalação e montagem de mercadorias exportadas; e

p) treinamento para uso de mercadorias exportadas.

§ 2º Caso não seja possível ao fornecedor nacional identificar o local do consumo pelas condições e características do fornecimento, presumir-se-á local do consumo o local do domicílio do adquirente no exterior.

§ 3º Caso o consumo de que trata o § 2º ocorra no País, será considerada importação de serviço ou bem imaterial, inclusive direito, observado o disposto no art. 64 desta Lei Complementar.

§ 4º A pessoa que não promover a exportação dos bens materiais de que trata o inciso II do § 1º fica obrigada a recolher o IBS e a CBS, acrescidos de juros e multa de mora, na forma do § 2º do art. 29 desta Lei Complementar, contados a partir da data da ocorrência da operação, na condição de responsável.

§ 5º Na hipótese de haver fornecimento de serviços ou de bens imateriais, inclusive direitos, concomitantemente no território nacional e no exterior, apenas a parcela cuja execução ou consumo ocorrer no exterior será considerada exportação.

§ 6º Aplica-se o disposto no § 1º do art. 64 desta Lei Complementar para fins da definição de consumo no exterior de serviços ou de bens imateriais, inclusive direitos.

§ 7º Aplicam-se também as regras específicas previstas no Título V deste Livro às exportações de bens e serviços objeto de regimes específicos.

O art. 82 da LC 214/2025 estabelece a possibilidade de suspensão do pagamento do IBS e da CBS nas operações de fornecimento de bens materiais destinados à exportação, desde que a empresa comercial exportadora atenda a requisitos específicos, como certificação no Programa OEA (Operador Econômico Autorizado) e a manutenção de regularidade fiscal. A suspensão dos tributos se converte em alíquota zero após a efetiva exportação dos bens, desde que respeitados os prazos estipulados. No entanto, caso os bens sejam redestinados ao mercado interno ou submetidos a processo de industrialização antes da exportação, a empresa exportadora será responsável pelo pagamento dos tributos suspensos, acrescidos de multa e correção pela taxa Selic.

É o caso, por exemplo, de uma empresa comercial exportadora brasileira que está adquirindo um lote de máquinas de um fabricante nacional com a intenção de exportá-las para um cliente no exterior. Essa empresa exportadora precisa atender a todos os requisitos necessários para se beneficiar da suspensão do pagamento do IBS e da CBS, conforme previsto no art. 82 da Lei Complementar: i) seja certificada no Programa OEA; ii) possua patrimônio líquido igual ou superior a R$ 1.000.000,00 (um milhão de reais) ou uma vez o valor total dos tributos suspensos; iii) faça a opção pelo DTE, na forma da legislação específica; iv) mantenha escrituração contábil e a apresente em meio digital; e, por último, v) esteja em situação de regularidade fiscal perante as administrações tributárias federal, estadual ou municipal de seu domicílio.

A empresa exportadora, então, cumpridos os requisitos acima, deve habilitar-se junto ao Comitê Gestor do IBS e à RFB de modo a obter a suspensão do recolhimento do IBS e da CBS no momento da compra das máquinas do fabricante nacional, as quais serão remetidas para o embarque internacional ou enviadas para recintos alfandegados, com o objetivo de exportação direta, sem que qualquer operação comercial ou industrial ocorra no Brasil nesse período.

A suspensão dos tributos será convertida em alíquota zero assim que a exportação das máquinas for efetivada dentro do prazo de 180 dias, o que significa a dispensa de pagamento do IBS e da CBS pela empresa exportadora incidente sobre a operação de envio dos bens ao exterior. Contudo, se a exportação não for concluída dentro desse prazo, a empresa comercial exportadora será responsável pelo pagamento dos tributos suspensos, acrescidos de multa de mora e correção monetária pela taxa Selic. Além disso, existem também outras situações em que a empresa exportadora será obrigada a recolher o IBS e a CBS que haviam sido suspensos, como, por exemplo, se os bens forem redestinados ao mercado interno, submetidos a processos de industrialização antes de sua exportação, ou se houver destruição, extravio, furto ou roubo dos bens antes de sua exportação.[118]

---

[118] Art. 82 [...]

§ 5º A empresa comercial exportadora fica responsável pelo pagamento do IBS e da CBS que tiverem sido suspensos no fornecimento de bens para a empresa comercial exportadora, nas seguintes hipóteses:

I – transcorridos 180 (cento e oitenta) dias da data da emissão da nota fiscal pelo fornecedor, não houver sido efetivada a exportação;

II – forem os bens redestinados para o mercado interno;

III – forem os bens submetidos a processo de industrialização; ou

IV – ocorrer a destruição, o extravio, o furto ou o roubo antes da efetiva exportação dos bens.

Por fim, o art. 83 trata do cancelamento da habilitação da empresa comercial exportadora em caso de descumprimento das obrigações previstas, que deve ocorrer por meio de procedimento sob rito formal, garantindo à empresa o direito de se regularizar ou apresentar defesa e, se mantida a irregularidade, o cancelamento poderá ser efetuado pela autoridade fiscal competente, com possibilidade de recurso administrativo.[119]

6.33. REGIMES ADUANEIROS ESPECIAIS: REPETRO, REPORTO E REIDE, DAS ZONAS DE PROCESSAMENTO DE EXPORTAÇÃO E DOS REGIMES DOS BENS DE CAPITAL

Os regimes aduaneiros especiais, como o regime de trânsito aduaneiro, são fundamentais na facilitação das operações de importação e exportação, oferecendo maior flexibilidade às empresas que operam com mercadorias internacionais. Esse regime permite que os tributos, como o IBS e a CBS, que seriam cobrados no momento da importação, sejam suspensos enquanto os bens estiverem em trânsito pelo território nacional, ou seja, enquanto não atingem seu destino final, seja ele outra região do país ou o exterior.

Trata-se de uma forma de promover maior eficiência nas operações logísticas e na movimentação de mercadorias. Um exemplo prático poderia ser imaginado pela importação de componentes eletrônicos da China para montagem de computadores em uma fábrica de empresa brasileira localizada na Zona Franca de Manaus. Ao chegar ao porto de Santos, esses componentes são colocados sob o regime de trânsito aduaneiro, permitindo que a empresa transporte os bens até Manaus sem precisar recolher imediatamente os tributos de importação. Somente quando esses componentes forem liberados do regime de trânsito para serem utilizados na fabricação, ou exportados,

---

[119] Art. 83. A habilitação a que se refere o § 1º do art. 82 desta Lei Complementar poderá ser cancelada nas seguintes hipóteses:

I – descumprimento dos requisitos estabelecidos nos incisos I a V do *caput* do art. 82 desta Lei Complementar; ou

II – pendência no pagamento a que se refere o § 5º do art. 82 desta Lei Complementar.

§ 1º O cancelamento da habilitação será realizado pela autoridade fiscal da RFB ou da administração tributária estadual, distrital ou municipal de domicílio da empresa comercial exportadora.

§ 2º Nas hipóteses previstas no *caput* deste artigo, será aberto processo de cancelamento da habilitação, instruído com termo de constatação, e a empresa comercial exportadora será intimada a se regularizar ou a apresentar impugnação no prazo de 30 (trinta) dias, contado da data da ciência da intimação.

§ 3º A intimação a que se refere o § 2º deste artigo será efetuada preferencialmente por meio eletrônico, mediante envio ao domicílio tributário eletrônico da empresa comercial exportadora.

§ 4º Caso a empresa comercial exportadora se regularize por meio do cumprimento de todos os requisitos e condições estabelecidos no *caput* do art. 82, e desde que não haja pendência de pagamento relativo às hipóteses referidas no § 5º do art. 82 desta Lei Complementar, o processo de cancelamento de que trata o § 2º deste artigo será extinto.

§ 5º Fica caracterizada a revelia, e será dado prosseguimento ao processo de cancelamento, caso a empresa comercial exportadora não se regularize na forma do § 4º nem apresente a impugnação referida no § 2º deste artigo.

§ 6º Apresentada a impugnação referida no § 2º deste artigo, a autoridade preparadora terá o prazo de 15 (quinze) dias para remessa do processo a julgamento.

§ 7º Caberá recurso da decisão que cancelar a habilitação, a ser apresentado no prazo de 20 (vinte) dias úteis, contado da data da ciência da decisão, ao Comitê Gestor do IBS ou à RFB, de acordo com a autoridade fiscal que houver realizado o cancelamento da habilitação nos termos do § 1º deste artigo.

§ 8º O regulamento poderá prever atos procedimentais complementares ao disposto neste artigo.

os tributos poderão ser cobrados, conforme o caso. É, na prática, um diferimento tributário de modo a permitir a gestão de caixa, do fluxo financeiro e a dinâmica do processo logístico.

Esse mecanismo normativo é particularmente útil para empresas que operam em zonas de processamento de exportação ou áreas com incentivos fiscais específicos, como a Zona Franca de Manaus. Além de evitar o pagamento antecipado de tributos, o regime de trânsito possibilita que as mercadorias circulem de forma mais rápida, sob promoção de uma integração mais ágil com cadeias globais de suprimentos, com incentivo ao comércio exterior.

O art. 84 da LC 214/2025 estabelece que o pagamento do IBS e da CBS incidentes sobre operações de importação será suspenso enquanto os bens materiais estiverem sob o regime aduaneiro especial de trânsito aduaneiro, em qualquer de suas modalidades. A suspensão dos tributos se mantém até que o regime de trânsito seja encerrado, de acordo com os procedimentos e a legislação aduaneira vigente.[120]

Os regimes aduaneiros especiais estão compreendidos no Título II do Livro I da Lei Complementar 214/2025, e, como dito, tornam-se importantes nas operações de comércio internacional, especialmente por estabelecer métodos diferentes de tratamento para o depósito, a permanência temporária e o aperfeiçoamento de bens vindos do estrangeiro com o propósito de serem posteriormente exportados ou submetidos à circulação ou industrialização no país. Além disso, confere tratamento aduaneiro específico para os setores de petróleo e gás.

No regime de depósito, por exemplo, a suspensão dos tributos IBS e CBS é mantida enquanto os bens estiverem armazenados em áreas alfandegadas, como no caso de lojas francas, abrangendo não apenas mercadorias importadas, mas também aquelas adquiridas no mercado interno. Essa suspensão perdura até que os bens sejam destinados ao consumo, exportação ou outro regime especial.[121] Por outro lado, o regime de permanência temporária[122] oferece condições flexíveis para bens que permanecem no país por tempo determinado, especialmente quando direcionados a atividades relacionadas à exploração de petróleo e gás. Nesses casos, os tributos são proporcionalmente calculados com base no período de utilização dos bens em território nacional, promovendo um ajuste justo entre a tributação e a duração das atividades.

Suponha uma empresa de tecnologia que importa equipamentos de alta precisão dos Estados Unidos para armazenamento em uma área alfandegada sob o regime especial de depósito, com planos de utilizá-los em processos produtivos. Enquanto esses

---

[120] Art. 84. Fica suspenso o pagamento do IBS e da CBS incidentes na importação enquanto os bens materiais estiverem submetidos ao regime aduaneiro especial de trânsito aduaneiro, em qualquer de suas modalidades, observada a disciplina estabelecida na legislação aduaneira.

[121] Art. 85. Fica suspenso o pagamento do IBS e da CBS incidentes na importação enquanto os bens materiais estiverem submetidos a regime aduaneiro especial de depósito, observada a disciplina estabelecida na legislação aduaneira.
Parágrafo único. O regulamento discriminará as espécies de regimes aduaneiros especiais de depósito.

[122] Art. 88. Fica suspenso o pagamento do IBS e da CBS incidentes na importação enquanto os bens materiais estiverem submetidos a regime aduaneiro especial de permanência temporária no País ou de saída temporária do País, observada a disciplina estabelecida na legislação aduaneira.
Parágrafo único. O regulamento discriminará as espécies de regimes aduaneiros especiais de permanência temporária.

bens permanecem no depósito, o pagamento dos tributos é suspenso, conferindo maior capacidade financeira à empresa e, ao mesmo tempo, permite que ela decida, no momento mais adequado, quando destinar esses bens ao consumo interno ou à exportação.

Outro exemplo envolve uma empresa do setor de petróleo que traz equipamentos temporariamente ao Brasil para operações de extração. Nesse caso, o regime de permanência temporária permite a suspensão parcial do IBS e da CBS, que serão pagos proporcionalmente ao tempo que os bens permanecerem no país. Se esses equipamentos forem utilizados por um período de seis meses, por exemplo, a empresa pagará os tributos referentes apenas a esses seis meses, alinhada, portanto, ao uso dos bens.

Já o regime de aperfeiçoamento aduaneiro, previsto no art. 90 da LC 214/2025,[123] é uma modalidade especial que permite às empresas a suspensão temporária do pagamento de tributos como o IBS e a CBS durante o processo de importação de bens destinados à industrialização, montagem, transformação ou qualquer outra operação que envolva o aperfeiçoamento dos produtos. Esse regime é amplamente utilizado por empresas que importam insumos ou matérias-primas para serem integradas ao processo produtivo, com o objetivo final de exportação do produto acabado. A pretensão da política normativo-tributária é permitir que as empresas brasileiras, especialmente a indústria nacional, sejam estimuladas a competir internacionalmente, ao permitir a suspensão de tributos durante o processo produtivo, reduzindo os custos financeiros até que o produto esteja finalizado e pronto para ser comercializado ou exportado.

Além disso, o regime de aperfeiçoamento pode ser aplicado em diversas modalidades, sendo o *drawback* um dos exemplos mais conhecidos. No caso do *drawback suspensão*, as empresas podem importar ou adquirir no mercado interno insumos necessários ao processo produtivo com a suspensão dos tributos, desde que os produtos finais sejam destinados à exportação. Caso os insumos ou bens importados não sejam utilizados conforme o estabelecido no ato concessório, ou se forem destinados ao mercado interno, os tributos suspensos serão devidos, acrescidos de juros e multa de mora, o que reforça a responsabilidade das empresas em garantir que o regime seja utilizado corretamente.[124]

Imagine uma empresa têxtil que importa tecidos de alta qualidade da Itália para confeccionar roupas destinadas à exportação. Esses tecidos são colocados sob o regime de aperfeiçoamento aduaneiro, mais especificamente na modalidade de *drawback* suspensão, permitindo que a empresa importe os insumos sem o pagamento imediato dos tributos IBS e CBS. Assim, a empresa utiliza esses tecidos no processo produtivo

---

[123] Art. 90. Fica suspenso o pagamento do IBS e da CBS incidentes na importação enquanto os bens materiais estiverem submetidos a regime aduaneiro especial de aperfeiçoamento, observada a disciplina estabelecida na legislação aduaneira.

[124] Art. 90 [...]

§ 3º O regulamento estabelecerá os requisitos e as condições para a admissão de bens materiais e serviços no regime aduaneiro especial de *drawback*, na modalidade de suspensão.

§ 4º Ficam sujeitos ao pagamento do IBS e da CBS os bens materiais submetidos ao regime aduaneiro especial de *drawback*, na modalidade de suspensão, que, no todo ou em parte:

I – deixarem de ser empregados ou consumidos no processo produtivo de bens finais exportados, conforme estabelecido no ato concessório; ou

II – sejam empregados em desacordo com o ato concessório, caso destinados para o mercado interno, no estado em que foram importados ou adquiridos ou, ainda, incorporados aos referidos bens finais.

para criar roupas que serão vendidas no exterior, beneficiando-se da suspensão tributária durante todo o processo. No entanto, caso a empresa decida vender parte das roupas no mercado interno, ela deverá pagar os tributos que haviam sido suspensos no momento da importação, além de juros e multa, conforme previsto na legislação. Isso assegura que o regime de aperfeiçoamento seja utilizado corretamente, incentivando a exportação e a competitividade, mas também mantendo a devida tributação sobre os produtos destinados ao mercado interno.

Para o setor de petróleo e gás, a LC 214/2025 prevê, no art. 93 e seguintes, um disciplinamento próprio chamado de Repetro, incluindo o setor de exploração e produção de petróleo, gás natural e hidrocarbonetos fluidos, permitindo a suspensão temporária de tributos como o IBS e a CBS durante a importação de bens e equipamentos destinados a essas atividades. Esse regime foi desenhado para garantir que as operações de exploração de recursos naturais, que demandam elevados investimentos e envolvem equipamentos específicos, possam ser realizadas de forma competitiva e eficiente, sem a carga tributária imediata que oneraria o setor.[125]

No Repetro destacam-se diferentes modalidades, cada uma atendendo a uma necessidade específica do setor. A modalidade Repetro-Temporário, por exemplo, permite a suspensão do pagamento de tributos para equipamentos que entrarão temporariamente no país, como maquinário usado na exploração de petróleo. Já o Repetro-Permanente trata da importação definitiva de bens necessários para a produção e exploração, também com a suspensão dos tributos durante o processo de internalização. O Repetro-Industrialização permite a importação e aquisição interna de matérias-primas e insumos que serão utilizados no processo produtivo de bens destinados às atividades de exploração e produção de petróleo e gás. Nesse caso, empresas que produzem itens a serem utilizados na cadeia de produção podem usufruir da suspensão de tributos até o fornecimento final do produto. Quando ocorrer a entrega do bem acabado ou o cumprimento das condições estabelecidas pelo regulamento, a suspensão é convertida em alíquota zero, eliminando a necessidade de pagamento retroativo de tributos.

---

[125] Art. 93. Observada a disciplina estabelecida na legislação aduaneira, fica suspenso o pagamento do IBS e da CBS nas seguintes operações:

I – importação de bens destinados às atividades de exploração, de desenvolvimento e de produção de petróleo, de gás natural e de outros hidrocarbonetos fluidos previstas na legislação específica, cuja permanência no País seja de natureza temporária, constantes de relação especificada no regulamento (Repetro-Temporário);

II – importação de bens destinados às atividades de transporte, movimentação, transferência, armazenamento ou regaseificação de gás natural liquefeito constantes de relação especificada no regulamento (GNL-Temporário);

III – importação de bens constantes de relação especificada no regulamento cuja permanência no País seja definitiva e que sejam destinados às atividades a que se refere o inciso I deste *caput* (Repetro-Permanente);

IV – importação ou aquisição no mercado interno de matérias-primas, produtos intermediários e materiais de embalagem para ser utilizados integralmente no processo produtivo de produto final a ser fornecido a empresa que o destine às atividades a que se refere o inciso I deste *caput* (Repetro-Industrialização);

V – aquisição de produto final a que se refere o inciso IV deste *caput* (Repetro-Nacional); e

VI – importação ou aquisição no mercado interno de bens constantes de relação especificada no regulamento, para conversão ou construção de outros bens no País, contratada por empresa sediada no exterior, cujo produto final deverá ser destinado às atividades a que se refere o inciso I deste *caput* (Repetro-Entreposto).

Porém, a suspensão do pagamento de IBS e CBS pode ser revertida, caso os bens não sejam destinados conforme estipulado no regulamento, ou se houver descumprimento dos prazos estabelecidos e, neste caso, a empresa deverá recolher os tributos acrescidos de multa de mora e correção pela taxa Selic, garantindo que o regime seja utilizado de forma adequada.

O Repetro, como visto, tem a finalidade de promover o incentivo do setor de petróleo e gás, altamente estratégico para o país, ao suspender temporariamente a tributação sobre operações de importação e aquisição de bens, de modo a facilitar o acesso a equipamentos e insumos essenciais. Essa suspensão tributária permite às empresas atuantes no setor operar com maior flexibilidade financeira, haja vista reduzir significativamente o custo inicial das operações, principalmente relativamente à importação de maquinários e insumos de alto valor. O regime favorece a competitividade global das empresas brasileiras ao possibilitar a aquisição de tecnologias avançadas e equipamentos modernos, que muitas vezes precisam ser importados de países com maior expertise no setor de óleo e gás.

Ao proporcionar esse mecanismo fiscal durante as etapas de exploração, desenvolvimento e produção, o Repetro cria um ambiente mais atrativo para investimentos estrangeiros, sobretudo porque o custo-benefício torna-se mais viável. Em um setor que envolve altos riscos e exige investimentos maciços, a redução temporária da carga tributária traduz-se em uma vantagem competitiva significativa, estimulando o crescimento da infraestrutura local, a geração de empregos e a movimentação de toda a cadeia produtiva relacionada ao petróleo e gás. O desenvolvimento do setor energético para o país é fundamental, especialmente por ser a base da industrialização, com repercussão no crescimento econômico e tecnológico.

A Lei Complementar 214/2025 também prevê as Zonas de Processamento de Exportação (ZPEs) que são áreas incentivadas criadas para promover a industrialização voltada ao mercado externo, oferecendo condições fiscais diferenciadas para empresas que nelas operam. Essas zonas buscam atrair investimentos, sobretudo visando ampliar a capacidade exportadora do país, haja vista conceder benefícios fiscais e aduaneiros que facilitam a operação das indústrias. Entre os principais incentivos está a suspensão temporária de tributos como o IBS e a CBS, aplicáveis tanto às importações quanto às aquisições no mercado interno de bens necessários para a produção destinada à exportação.[126]

No regime das ZPEs, as empresas autorizadas a operar nessas zonas podem importar ou adquirir internamente máquinas, aparelhos, instrumentos e equipamentos sem o pagamento imediato dos tributos, de bens novos ou usados, e que são incorporados ao ativo imobilizado da empresa, desde que vinculados às suas atividades produtivas. Essa suspensão temporária dos tributos, que se estende também a matérias-primas e produtos intermediários utilizados no processo produtivo, converte-se em alíquota zero quando os produtos finais são exportados, de modo a garantir que as empresas possam

---

[126] Art. 99. As importações ou as aquisições no mercado interno de máquinas, de aparelhos, de instrumentos e de equipamentos realizadas por empresa autorizada a operar em zonas de processamento de exportação serão efetuadas com suspensão do pagamento do IBS e da CBS.

operar com maior fluxo de caixa e redução do custo inicial de produção, tornando suas operações mais competitivas internacionalmente.[127]

Caso os bens importados ou adquiridos internamente sejam utilizados de maneira diversa da estabelecida, ou revendidos antes da conversão da suspensão em alíquota zero, as empresas deverão recolher os tributos acrescidos de multa e correção pela taxa Selic. Essa medida busca assegurar que os benefícios fiscais sejam utilizados exclusivamente para as finalidades previstas, garantindo a correta destinação das mercadorias para a exportação e evitando desvio de finalidade.[128] Por outro lado, os produtos industrializados nas ZPEs podem ser vendidos no mercado interno, desde que sejam recolhidos os tributos suspensos, além daqueles normalmente pagos e aplicáveis na operação de venda.[129]

Segundo o art. 103 da LC 214/2025, os serviços de transporte de bens para ou a partir das ZPEs também se beneficiam de uma redução de alíquota a zero para o IBS e a CBS, incentivando a logística de exportação e contribuindo para a dinâmica operacional das empresas que se sujeitam a esses regimes.[130]

Ainda no âmbito dos regimes de incentivo setorial, o art. 105 e seguintes da LC 214/2025 compreende o tratamento da aquisição dos bens de capital, seja para modernização da estrutura portuária, seja para desenvolvimento da infraestrutura. Os bens de capital são considerados ativos duráveis e utilizados na produção de outros

---

[127] Art. 99 [...]

§ 1º A suspensão de que trata o *caput* deste artigo aplica-se apenas aos bens, novos ou usados, necessários às atividades da empresa autorizada a operar em zonas de processamento de exportação, para incorporação ao seu ativo imobilizado.

§ 2º Na hipótese de importação de bens usados, a suspensão de que trata o *caput* deste artigo será aplicada quando se tratar de conjunto industrial que seja elemento constitutivo da integralização do capital social da empresa.

[128] Art. 99 [...]

§ 3º Na hipótese de utilização dos bens importados ou adquiridos no mercado interno com suspensão do pagamento do IBS e da CBS em desacordo com o disposto nos §§ 1º e 2º, ou de revenda dos bens antes que ocorra a conversão da suspensão em alíquota zero, na forma estabelecida no § 4º deste artigo, a empresa autorizada a operar em zonas de processamento de exportação fica obrigada a recolher o IBS e a CBS que se encontrem com o pagamento suspenso, acrescidos de multa e juros de mora nos termos do § 2º do art. 29 desta Lei Complementar, calculados a partir da data de ocorrência dos respectivos fatos geradores, na condição de:

I – contribuinte, em relação às operações de importação; ou

II – responsável, em relação às aquisições no mercado interno.

[129] Art. 101. Os produtos industrializados ou adquiridos para industrialização por empresa autorizada a operar em zonas de processamento de exportação poderão ser vendidos para o mercado interno, desde que a pessoa jurídica efetue o pagamento:

I – do IBS e da CBS, na condição de contribuinte, que se encontrem com o pagamento sobre as importações suspenso em razão do disposto nos arts. 99 e 100 desta Lei Complementar, acrescidos de multa de mora e corrigidos pela taxa Selic, calculados a partir da data de ocorrência dos respectivos fatos geradores;

II – do IBS e da CBS, na condição de responsável, que se encontrem com o pagamento relativo a aquisições no mercado interno suspenso em razão do disposto nos arts. 99 e 100 desta Lei Complementar, acrescidos de multa de mora e corrigidos pela taxa Selic, calculados a partir da data de ocorrência dos respectivos fatos geradores;

[130] Art. 103. Ficam reduzidas a zero as alíquotas do IBS e da CBS incidentes sobre os serviços de transporte:

I – dos bens de que tratam os arts. 99 e 100 desta Lei Complementar, até as zonas de processamento de exportação; e

II – dos bens exportados a partir das zonas de processamento de exportação.

bens ou serviços. Esses bens não se destinam ao consumo final, mas servem como meios de produção, sendo essenciais para o processo produtivo em diversos setores da economia, tais como máquinas, equipamentos industriais, veículos utilizados para transporte de mercadorias, ferramentas, instalações e fábricas.

O Regime Tributário para Incentivo à Modernização e à Ampliação da Estrutura Portuária (Reporto) é um deles e tem como objetivo promover a renovação e expansão da infraestrutura portuária brasileira. Para isso, oferece incentivos fiscais direcionados à importação e aquisição de máquinas, equipamentos e outros bens que sejam diretamente destinados à modernização dos portos, sobretudo para o ativo imobilizado.

Os beneficiários do Reporto podem adquirir ou importar esses bens com a suspensão de pagamento do IBS e da CBS, desde que os equipamentos sejam utilizados exclusivamente em atividades como carga e descarga de mercadorias, movimentação e armazenagem, além de serviços de proteção ambiental e sistemas de segurança e monitoramento nos portos. Essas operações ocorrem tanto em recintos alfandegados de zona secundária quanto em outros locais associados ao fluxo portuário.[131] Além das operações portuárias, o Reporto também se estende ao setor ferroviário, permitindo a suspensão tributária para bens relacionados ao transporte de mercadorias em ferrovias, como trilhos e outros componentes. Esse incentivo é de grande importância para garantir que as operações logísticas, que envolvem tanto o setor portuário quanto o ferroviário, sejam realizadas de forma eficiente e moderna.[132]

Depois do período de cinco anos, a suspensão do pagamento dos tributos é convertida em alíquota zero, trazendo um benefício fiscal definitivo para os equipamentos adquiridos nesse período, salvo se houver qualquer transferência de propriedade desses bens dentro daquele prazo, o que exige, inclusive, autorização prévia do Comitê Gestor do IBS e da Receita Federal, além do pagamento dos tributos suspensos, acrescidos de correção pela taxa Selic e multa de mora. É permitida a transferência desses bens a outro beneficiário do regime sem a cobrança dos tributos, desde que o novo proprie-

---

[131] Art. 105. Observada a disciplina estabelecida na legislação específica, serão efetuadas com suspensão do pagamento do IBS e da CBS as importações e as aquisições no mercado interno de máquinas, equipamentos, peças de reposição e outros bens realizadas diretamente pelos beneficiários do Regime Tributário para Incentivo à Modernização e à Ampliação da Estrutura Portuária (Reporto) e destinadas ao seu ativo imobilizado para utilização exclusiva na execução de serviços de:

I – carga, descarga, armazenagem e movimentação de mercadorias e produtos, inclusive quando realizadas em recinto alfandegado de zona secundária;

II – sistemas suplementares de apoio operacional;

III – proteção ambiental;

IV – sistemas de segurança e de monitoramento de fluxo de pessoas, mercadorias, produtos, veículos e embarcações;

V – dragagens;

VI – treinamento e formação de trabalhadores, inclusive na implantação de Centros de Treinamento Profissional.

[132] Art. 105. [...]

§ 1º O disposto no *caput* deste artigo aplica-se também aos bens utilizados na execução de serviços de transporte de mercadorias em ferrovias, classificados nas posições 86.01, 86.02 e 86.06 da Nomenclatura Comum do Mercosul baseada no Sistema Harmonizado (NCM/SH), e aos trilhos e demais elementos de vias férreas, classificados na posição 73.02 da NCM/SH.

tário assume a responsabilidade pelos tributos suspensos desde o momento original da aquisição.[133]

Para ocorrer a suspensão de tributos no Regime do Reporto, os bens devem constar no regulamento, e, especialmente, para peças de reposição, por exemplo, há uma exigência de que o valor seja superior a 20% do preço da máquina ou equipamento ao qual se destinam. Os beneficiários contam ainda com uma excepcionalidade, prevista no § 7º, do art. 105, da LC 214/2025, de que poderão efetuar importações e aquisições no mercado interno, amparadas no correspondente regime diferenciado, até 31 de dezembro de 2028. Por fim, os optantes do regime de tributação sujeito ao Simples Nacional não podem participar do Reporto, haja vista o programa ser dirigido a empresas de maior porte envolvidas diretamente na modernização e ampliação da infraestrutura portuária e ferroviária do país.[134]

Além do Repetro e do Reporto, a LC 214/2025 estabelece no âmbito dos regimes especiais de incentivos o programa direcionado ao desenvolvimento da infraestrutura brasileira, chamado de Reide. Consta do art. 106 a suspensão do pagamento do IBS e da CBS nas importações e aquisições de determinados bens e serviços vinculados diretamente à incorporação em obras de infraestrutura destinadas ao ativo imobilizado.[135] Trata-se de medida visando contribuir com o fluxo de caixa dos empreendimentos, reduzindo a carga tributária nas etapas mais críticas de compra de máquinas, equipamentos e serviços destinados à infraestrutura, que, naturalmente, possuem elevados preços de aquisição.

As importações e aquisições de máquinas, aparelhos, instrumentos, equipamentos novos e materiais de construção, destinados a obras de infraestrutura, podem ser realizadas com suspensão do IBS e da CBS, cuja possibilidade é aplicável exclusivamente a beneficiários do Reidi e se limita a itens incorporados ao ativo imobilizado, ou seja, aqueles que farão parte permanente da estrutura do empreendimento. Essa abrangência do benefício de suspensão pode ser estendida para a importação e aquisição de ser-

---

[133] Art. 105. [...]

§ 3º A transferência, a qualquer título, de propriedade dos bens importados ou adquiridos no mercado interno ao amparo do Reporto no prazo de 5 (cinco) anos, contado da data da ocorrência dos respectivos fatos geradores, deverá ser precedida de autorização do Comitê Gestor do IBS e da RFB e do recolhimento do IBS e da CBS com pagamento suspenso, acrescidos de multa e juros de mora nos termos do § 2º do art. 29 desta Lei Complementar.

§ 4º A transferência a que se refere o § 3º deste artigo, previamente autorizada pelo Comitê Gestor do IBS e pela RFB, para outro beneficiário do Reporto será efetivada com suspensão do pagamento do IBS e da CBS desde que o adquirente assuma a responsabilidade, desde o momento de ocorrência dos respectivos fatos geradores, pelo IBS e pela CBS com pagamento suspenso.

[134] Art. 105. [...]

§ 6º As peças de reposição referidas no *caput* deverão ter seu valor igual ou superior a 20% (vinte por cento) do valor da máquina ou equipamento ao qual se destinam, de acordo com a respectiva declaração de importação ou nota fiscal.

§ 7º Os beneficiários do Reporto poderão efetuar importações e aquisições no mercado interno amparadas pelo regime até 31 de dezembro de 2028.

§ 8º As pessoas jurídicas optantes pelo Simples Nacional não poderão aderir ao Reporto.

[135] Art. 106. Observada a disciplina estabelecida na legislação específica, serão efetuadas com suspensão do pagamento do IBS e da CBS as importações e as aquisições no mercado interno de máquinas, aparelhos, instrumentos e equipamentos, novos, e de materiais de construção, realizadas diretamente pelos beneficiários do Regime Especial de Incentivos para o Desenvolvimento da Infraestrutura (Reidi) para utilização ou incorporação em obras de infraestrutura destinadas ao ativo imobilizado.

viços, além da locação de máquinas e equipamentos temporários destinados às obras de infraestrutura, de modo que serviços especializados destinados a projetos mais complexos como engenharia e construção tenham acesso facilitado, ante a dificuldade de encontrá-los no mercado nacional.[136]

Ocorre a conversão automática da suspensão do pagamento do IBS e da CBS em alíquota zero após a utilização ou incorporação efetiva dos bens, serviços ou materiais de construção na obra de infraestrutura, conforme § 2º do art. 106 da LC 214/2025. Porém, na hipótese dos bens ou serviços adquiridos com suspensão tributária não serem incorporados ao ativo imobilizado, o beneficiário é obrigado a recolher os tributos suspensos, acrescidos de multa de mora e juros pela taxa Selic, assegurando que o incentivo fiscal seja utilizado, exclusivamente, para os fins previstos.[137]

A Lei Complementar prevê especificamente que o benefício pode ser aplicado às pessoas jurídicas titulares de contratos de concessão de serviços públicos durante a execução das obras de infraestrutura elegíveis ao Reide, especialmente quando ocorrer contrapartida de ativo intangível representativo de direito de exploração ou ativo financeiro representativo de direito contratual incondicional de receber caixa ou outro ativo financeiro, estendendo-se, inclusive, aos projetos em andamento já habilitados perante a RFB.[138] Além disso, a lei estabelece um período de cinco anos para que os benefícios possam ser usufruídos, contados a partir da habilitação da pessoa jurídica no Reidi. Por fim, da mesma forma que os demais programas, a LC 214/2025 exclui as empresas optantes pelo Simples Nacional da possibilidade de adesão ao Reidi, sobretudo porque essa sistemática de apuração já oferece um regime tributário facilitado e,

---

[136] Art. 106. [...]

§ 1º A suspensão do pagamento do IBS e da CBS prevista no *caput* deste artigo aplica-se também:
I – à importação de serviços destinados a obras de infraestrutura para incorporação ao ativo imobilizado;
II – à aquisição no mercado interno de serviços destinados a obras de infraestrutura para incorporação ao ativo imobilizado; e
III – à locação de máquinas, aparelhos, instrumentos e equipamentos destinados a obras de infraestrutura para incorporação ao ativo imobilizado.

[137] Art. 106. [...]

§ 2º A suspensão do pagamento do IBS e da CBS prevista no *caput* e no § 1º deste artigo converte-se em alíquota zero após a utilização ou incorporação do bem, material de construção ou serviço na obra de infraestrutura.

§ 3º O beneficiário do Reidi que não utilizar ou incorporar o bem, material de construção ou serviço na obra de infraestrutura fica obrigado a recolher o IBS e a CBS que se encontrem com o pagamento suspenso, acrescidos de multa e juros de mora nos termos do § 2º do art. 29 desta Lei Complementar, calculados a partir da data de ocorrência dos respectivos fatos geradores, na condição de:
I – contribuinte, em relação às operações de importação de bens materiais; ou
II – responsável, em relação aos serviços, às locações ou às aquisições de bens materiais no mercado interno.

[138] Art. 106. [...]

§ 4º Os benefícios previstos neste artigo aplicam-se também na hipótese de, em conformidade com as normas contábeis aplicáveis, as receitas das pessoas jurídicas titulares de contratos de concessão de serviços públicos reconhecidas durante a execução das obras de infraestrutura elegíveis ao Reidi terem como contrapartida ativo de contrato, ativo intangível representativo de direito de exploração ou ativo financeiro representativo de direito contratual incondicional de receber caixa ou outro ativo financeiro, estendendo-se, inclusive, aos projetos em andamento já habilitados perante a RFB.

além disso, há incompatibilidade dessa sujeição fiscal aos projetos mais sofisticados e complexos de infraestrutura[139].

Ao final dos programas especiais de incentivo à importação de máquinas e equipamentos, além de serviços mais aprimorados, a LC 214/2025 prevê a desoneração geral da aquisição de bens de capital, segundo regulamentação própria por ato conjunto do Poder Executivo da União e do Comitê Gestor do IBS. Da mesma forma, também ocorre a suspensão do pagamento do IBS e da CBS nas importações e aquisições internas desses bens, com o objetivo de incentivar investimentos em capital fixo pelas empresas.

A suspensão do pagamento dos tributos prevista será convertida em alíquota zero após a incorporação do bem de capital ao ativo imobilizado do adquirente, com o objetivo de incentivar que esses bens adquiridos realmente se destinem a investimentos permanentes no patrimônio da empresa, como máquinas, veículos e outros equipamentos fundamentais para a produção e operação. Entretanto, no caso de não incorporação do bem ao ativo imobilizado o beneficiário será obrigado a recolher os tributos suspensos, acrescidos de multa de mora e correção pela taxa Selic, desde a data de ocorrência dos fatos geradores.[140]

Mantém-se, também, do mesmo modo que nos demais programas especiais de incentivo, a exclusão das pessoas jurídicas optantes pelo Simples Nacional da possibilidade de aderir a esse regime de desoneração, pelas razões ditas de incompatibilidade entre regimes tributários simplificados, como o Simples, e incentivos mais complexos voltados para empresas de maior porte, que costumam fazer investimentos substanciais em bens de capital.

6.34. TRIBUTAÇÕES DIFERENCIADAS POR REGIMES ESPECÍFICOS OU FAVORECIDOS NO ÂMBITO DO IBS E DA CBS

A premissa de tributação uniforme para todos os bens e serviços, em cada Unidade Federada, resultou em movimentos intensos de diversos setores no âmbito legislativo, visando obter tratamento diferenciado, ou, ao menos, medidas que garantissem a neu-

---

[139] Art. 106. [...]

§ 5º Os benefícios previstos neste artigo poderão ser usufruídos nas importações e aquisições no mercado interno realizadas no período de 5 (cinco) anos, contado da data da habilitação no Reidi da pessoa jurídica titular do projeto de infraestrutura.

§ 6º As pessoas jurídicas optantes pelo Simples Nacional não poderão aderir ao Reidi.

[140] Art. 107. [...]

§ 2º A suspensão do pagamento do IBS e da CBS prevista no *caput* deste artigo converte-se em alíquota zero após:

I – 12 (doze) meses de permanência do bem no ativo imobilizado do adquirente, no caso do inciso I do *caput*;

II – 5 (cinco) anos de permanência do bem no ativo imobilizado do adquirente, no caso do inciso II do *caput*; e

III – a incorporação ou consumo nas atividades de que trata o inciso III do *caput*.

§ 3º O beneficiário do Renaval que não cumprir a condição estabelecida nos incisos I a III do *caput* fica obrigado a recolher o IBS e a CBS suspensos, com os acréscimos de que trata o § 2º do art. 29 desta Lei Complementar, calculados a partir da data de ocorrência dos respectivos fatos geradores, na condição de:

I – contribuinte, em relação às operações de importação de bens materiais; ou

II – responsável, em relação às aquisições no mercado interno.

tralidade fiscal relativamente a determinados bens e serviços, com o propósito de manter a carga tributária aplicável no sistema atual. Alguns segmentos foram contemplados com previsões de tributação diferenciada, medida cujos objetivos são, dentre outros, de corrigir distorções, garantir que a população tenha acesso a produtos essenciais e viabilizar a "sobrevivência" de setores atingidos ou prejudicados.

O projeto inicial previa o IVA único, mas as discussões em torno da autonomia dos Estados e Municípios relativamente ao pacto federativo provocou a criação do IVA Dual, de alíquota única para cada Unidade Federada, conquanto tenha vedado a concessão de incentivos e benefícios financeiros ou fiscais relativos à CBS e ao IBS. Por outro lado, autorizou algumas exceções de **regimes diferenciados**, seja por meio da redução das alíquotas aplicáveis a uma seleção de bens e serviços de determinados setores da economia, seja pela possibilidade de alguns contribuintes não aderirem à CBS e ao IBS, seja ainda pela concessão de créditos presumidos.

No âmbito do setor automotivo, mais especificamente para as empresas listadas no § 1º do art. 1º da Lei 9.440/1997,[141] foi concedido crédito presumido da CBS às indústrias das regiões Norte, Nordeste e Centro-Oeste e áreas de atuação da Superintendência do Desenvolvimento do Nordeste (Sudene) e Superintendência do Desenvolvimento da Amazônia (Sudam), a fim de incentivar a:

(i) produção de veículos elétricos ou híbridos com motor a combustão que utilize biocombustíveis isolada ou simultaneamente com combustíveis derivados de petróleo; e

(ii) produção de veículos tracionados por motor de combustão interna que utilize biocombustíveis isolada ou cumulativamente com combustíveis derivados de petróleo.

A EC 132/2023 ainda prevê a manutenção de regime fiscal favorecido aos biocombustíveis e ao hidrogênio de baixa emissão de carbono, na forma de lei complementar, a fim de assegurar-lhes tributação inferior àquela incidente sobre os combustíveis fósseis, capaz de garantir diferencial competitivo em relação a estes.

Há previsão de tratamento específico do IBS e da CBS para os seguintes produtos e serviços, em relação aos quais é permitida a não aplicação da sistemática da não cumulatividade:

---

[141] a) veículos automotores terrestres de passageiros e de uso misto de duas rodas ou mais e jipes;

b) caminhonetas, furgões, pick-ups e veículos automotores, de quatro rodas ou mais, para transporte de mercadorias de capacidade máxima de carga não superior a quatro toneladas;

c) veículos automotores terrestres de transporte de mercadorias de capacidade de carga igual ou superior a quatro toneladas, veículos terrestres para transporte de dez pessoas ou mais e caminhões-tratores;

d) tratores agrícolas e colheitadeiras;

e) tratores, máquinas rodoviárias e de escavação e empilhadeiras;

f) carroçarias para veículos automotores em geral;

g) reboques e semirreboques utilizados para o transporte de mercadorias;

h) partes, peças, componentes, conjuntos e subconjuntos – acabados e semiacabados – e pneumáticos, destinados aos produtos relacionados nesta e nas alíneas anteriores.

- combustíveis e lubrificantes (monofásico);[142]
- serviços financeiros;[143]
- operações com bens imóveis;[144]

---

[142] LC 214/2025, art. 172. O IBS e a CBS incidirão uma única vez sobre as operações, ainda que iniciadas no exterior, com os seguintes combustíveis, qualquer que seja a sua finalidade:

I – gasolina;

II – etanol anidro combustível (EAC);

III – óleo diesel;

IV – biodiesel (B100);

V – gás liquefeito de petróleo (GLP), inclusive o gás liquefeito derivado de gás natural (GLGN);

VI – etanol hidratado combustível (EHC);

VII – querosene de aviação;

VIII – óleo combustível;

IX – gás natural processado;

X – biometano;

XI – gás natural veicular (GNV); e

XII – outros combustíveis definidos e autorizados pela Agência Nacional do Petróleo, Gás Natural e Biocombustíveis (ANP), relacionados na legislação.

[143] LC 214/2025, art. 181. Os serviços financeiros ficam sujeitos a regime específico de incidência do IBS e da CBS, de acordo com o disposto neste Capítulo.

Art. 182. Para fins desta Lei Complementar, consideram-se serviços financeiros:

I – operações de crédito, incluídas as operações de captação e repasse, adiantamento, empréstimo, financiamento, desconto de títulos, recuperação de créditos e prestação de garantias, com exceção da securitização, faturização e liquidação antecipada de recebíveis de arranjos de pagamento, de que tratam, respectivamente, os incisos IV, V e IX deste artigo;

II – operações de câmbio;

III – operações com títulos e valores mobiliários, incluídas a aquisição, negociação, liquidação, custódia, corretagem, distribuição e outras formas de intermediação, bem como a atividade de assessor de investimento e de consultor de valores mobiliários;

IV – operações de securitização;

V – operações de faturização (*factoring*);

VI – arrendamento mercantil (*leasing*), operacional ou financeiro, de quaisquer bens, incluídos a cessão de direitos e obrigações, substituição de garantia, alteração, cancelamento e registro de contrato e demais serviços relacionados ao arrendamento mercantil;

VII – administração de consórcio;

VIII – gestão e administração de recursos, inclusive de fundos de investimento;

IX – arranjos de pagamento, incluídas as operações dos instituidores e das instituições de pagamentos e a liquidação antecipada de recebíveis desses arranjos;

X – atividades de entidades administradoras de mercados organizados, infraestruturas de mercado e depositárias centrais;

XI – operações de seguros, com exceção dos seguros de saúde de que trata o Capítulo III deste Título;

XII – operações de resseguros;

XIII – previdência privada, composta de operações de administração e gestão da previdência complementar aberta e fechada;

XIV – operações de capitalização;

XV – intermediação de consórcios, seguros, resseguros, previdência complementar e capitalização; e

XVI – serviços de ativos virtuais.

Parágrafo único. Aplica-se o disposto neste regime específico à totalidade da contraprestação pelos serviços financeiros previstos nos incisos I a XVI do *caput* deste artigo, independentemente da sua nomenclatura.

[144] LC 214/2025, art. 251. As operações com bens imóveis realizadas por contribuintes que apurarem o IBS e a CBS no regime regular ficam sujeitas ao regime específico previsto neste Capítulo.

- planos de saúde;[145]
- concursos de prognósticos;[146]
- cooperativas (regras próprias);[147]
- serviços de hotelaria, parques de diversão e parques temáticos, agências de viagens e de turismo, bares e restaurantes, atividade esportiva desenvolvida por Sociedade Anônima do Futebol[148] e aviação regional;[149]
- operações alcançadas por tratado ou convenção internacional, inclusive referentes a missões diplomáticas, repartições consulares, representações de organismos internacionais e respectivos funcionários acreditados;[150]
- transporte coletivo de passageiros rodoviário intermunicipal e interestadual, ferroviário e hidroviário.[151]

---

[145] LC 214/2025, art. 234. Os planos de assistência à saúde ficam sujeitos a regime específico de incidência do IBS e da CBS, de acordo com o disposto neste Capítulo, nos casos em que esses serviços sejam prestados por:
I – seguradoras de saúde;
II – administradoras de benefícios;
III – cooperativas operadoras de planos de saúde;
IV – cooperativas de seguro saúde; e
V – demais operadoras de planos de assistência à saúde.

[146] LC 214/2025, art. 244. Os concursos de prognósticos, em meio físico ou virtual, compreendidas todas as modalidades lotéricas, incluídos as apostas de quota fixa e os *sweepstakes*, as apostas de turfe e as demais apostas, ficam sujeitos a regime específico de incidência do IBS e da CBS, de acordo com o disposto neste Capítulo.

[147] LC 214/2025, art. 271. As sociedades cooperativas poderão optar por regime específico do IBS e da CBS no qual ficam reduzidas a zero as alíquotas do IBS e da CBS incidentes na operação em que: [...]

[148] LC 214/2025, art. 292. As operações com bens e com serviços realizadas por Sociedade Anônima do Futebol – SAF ficam sujeitas a regime específico do IBS e da CBS, de acordo com o disposto neste Capítulo.
Parágrafo único. Considera-se como SAF a companhia cuja atividade principal consiste na prática do futebol, feminino e masculino, em competição profissional, sujeita às regras previstas na legislação específica.

[149] LC 214/2025, art. 273. As operações de fornecimento de alimentação por bares e restaurantes, inclusive lanchonetes, ficam sujeitas a regime específico de incidência do IBS e da CBS, de acordo com o disposto nesta Seção.
Art. 277. Os serviços de hotelaria, parques de diversão e parques temáticos ficam sujeitos a regime específico de incidência do IBS e da CBS, de acordo com o disposto nesta Seção.
Art. 278. Para efeitos do disposto nesta Lei Complementar, considera-se serviço de hotelaria o fornecimento de alojamento temporário, bem como de outros serviços incluídos no valor cobrado pela hospedagem, em: [...]

[150] LC 214/2025, art. 297. As operações com bens e com serviços alcançadas por tratado ou convenção internacional celebrados pela União e referendados pelo Congresso Nacional, nos termos do inciso VIII do art. 84 da Constituição Federal, inclusive referentes a missões diplomáticas, repartições consulares, representações de organismos internacionais e respectivos funcionários acreditados, ficam sujeitas a regime específico de incidência do IBS e da CBS, de acordo com o disposto neste Capítulo.

[151] LC 214/2025, art. 284. Ficam sujeitos a regime específico de incidência do IBS e da CBS, de acordo com o disposto nesta Seção, os seguintes serviços de transporte coletivo de passageiros:
I – rodoviário intermunicipal e interestadual;
II – ferroviário e hidroviário intermunicipal e interestadual;
III – ferroviário e hidroviário de caráter urbano, semiurbano e metropolitano; e
IV – aéreo regional.

O quadro abaixo apresenta as hipóteses:

	Regimes específicos
1	Combustíveis e lubrificantes (sistema monofásico)
2	2.1 Serviços financeiros; 2.2 Operações com bens imóveis; 2.3 Planos de assistência à saúde; e 2.4 Concursos de prognósticos.
3	Sociedades cooperativas (regras próprias)
4	Operações alcançadas por tratado ou convenção internacional
5	5.1 Serviços de transporte coletivo de passageiros; 5.2 Rodoviário intermunicipal e interestadual; 5.3 Ferroviário; e 5.4 Hidroviário.
6	6.1 Serviços de hotelaria; 6.2 Parques de diversão e parques temáticos; 6.3 Agências de viagens e de turismo; 6.4 Bares e restaurantes; 6.5 Atividade esportiva desenvolvida por Sociedade Anônima do Futebol; e 6.6 Aviação regional.

Esses regimes específicos são destinados a alguns serviços e produtos que possuem particularidades na sistemática tradicional de apuração de uma IVA, especialmente por meio do confronto de débitos e créditos, decorrente da não cumulatividade. Por isso, o texto constitucional estabeleceu regime próprio e específico, não necessariamente beneficiado, como no caso de serviços financeiros, operações com bens imóveis, planos de assistência à saúde e concursos de prognósticos, que necessitariam de sistemas de apuração diferentes.

A EC 132/2023 também prevê hipóteses de regimes favorecidos, tais como o Simples Nacional, Zona Franca de Manaus e Áreas de Livre Comércio (vistos em tópicos próprios deste livro).

	Regimes favorecidos
1	Simples Nacional
2	Zona Franca de Manaus
3	Áreas de Livre Comércio

O IBS e a CBS serão cobrados por uma alíquota-padrão aplicável a todos os bens e serviços, à exceção das hipóteses expressamente previstas, que são classificadas, portanto, em dois grupos:

a) regimes específicos de tributação, ou seja, não se enquadram na sistemática normal de incidência de um modelo IVA (débito e crédito em todas as etapas da cadeia de produção ou comercialização). Algumas dessas exceções são de natureza técnica-operacional da própria atividade, como visto acima (serviços financeiros, operações com imóveis, planos de assistência à saúde); e

b) regimes de tratamento mais benéfico ou favorecido, por meio da adoção de alíquotas reduzidas (exemplo de setores como os de educação, saúde, alimentos) ou até zerada, a depender.

Segue, abaixo, o quadro com o indicativo da alíquota reduzida, a correspondente previsão constitucional e os setores econômicos ou produtos qualificados para o regime diferenciado:

	Elegíveis à redução de 60% da alíquota de referência
1	Serviços de educação (EC 132/2023, art. 9º, § 1º, I); LC 214/2025, arts. 129 e seguintes.
2	Serviços de saúde (EC 132/2023, art. 9º, § 1º, II); LC 214/2025, arts. 130 e seguintes.
3	Dispositivos médicos (EC 132/2023, art. 9º, § 1º, III); LC 214/2025, arts. 131 e seguintes.
4	Dispositivos de acessibilidade para pessoas com deficiência (EC 132/2023, art. 9º, § 1º, IV); LC 214/2025, arts. 132 e seguintes.
5	Medicamentos (EC 132/2023. Art. 9º, § 1º, V), inclusive composições para nutrição enteral ou parenteral e as composições especiais e fórmulas nutricionais destinadas às pessoas com erros inatos do metabolismo (EC 132/2023, art. 9º, § 13, I); LC 214/2025, arts. 133 e seguintes.
6	Produtos de cuidados básicos à saúde menstrual (EC 132/2023, art. 9º, § 1º, VI); LC 214/2025, arts. 147 e seguintes.
7	Alimentos destinados ao consumo humano (EC 132/2023, art. 9º, § 1º, VIII), inclusive sucos naturais sem adição de açúcares e conservantes metabolismo (EC 132/2023, art. 9º, § 13, II); LC 214/2025, arts. 135 e seguintes.
8	Produtos de higiene pessoal e limpeza majoritariamente consumidos por famílias de baixa renda (EC 132/2023, art. 9º, § 1º, IX); LC 214/2025, arts. 136 e seguintes.
9	Produtos agropecuários, aquícolas, pesqueiros, florestais e extrativistas vegetais *in natura* (EC 132/2023, art. 9º, § 1º, X); LC 214/2025, arts. 137 e seguintes.
10	Insumos agropecuários e aquícolas (EC 132/2023, art. 9º, § 1º, XI); LC 214/2025, arts. 138 e seguintes.
11	Produções artísticas, culturais, de eventos, jornalísticas e audiovisuais nacionais, atividades desportivas e comunicação institucional (EC 132/2023, art. 9º, § 1º, XII); LC 214/2025, arts. 139 e seguintes e art. 128, XI e XII c.c arts. 140 e 141.
12	Bens e serviços relacionados a soberania e segurança nacional, segurança da informação e segurança cibernética (EC 132/2023, art. 9º, § 1º, XIII). LC 214/2025, arts. 142 e seguintes.

Elegíveis à redução de 60% da alíquota de referência	
13	Atividades de reabilitação urbana de zonas históricas e de áreas críticas de recuperação e reconversão urbanística (LC 214/2025, arts. 158 a 163)

Alíquota zero	
1	Cesta básica nacional de alimentos (EC 132/2023, art. 8º); (LC 214/2025, art. 125)

Elegíveis à alíquota zero	
1	Dispositivos médicos (EC 132/2023, art. 9º, § 3º, II, *a*); (LC 214/2025, arts. 143, I, e 144)
2	Dispositivos de acessibilidade para pessoas com deficiência (EC 132/2023, art. 9º, § 3º, II, *a*); (LC 214/2025, arts. 143, II, e 145)
3	Medicamentos (ADCT, art. 9º, § 3º, II, *a*); (LC 214/2025, arts. 143, III, e 146)
4	Produtos de cuidados básicos à saúde menstrual (EC 132/2023, art. 9º, § 3º, II, *a*); (LC 214/2025, arts. 143, IV, e 147)
5	Produtos hortícolas, frutas e ovos (EC 132/2023, art. 9º, § 3º, II, *b*); (LC 214/2025, arts. 143, V e 148 e seguintes)
6	Serviços prestados por instituição científica, tecnológica e de inovação (ICT) sem fins lucrativos (EC 132/2023, art. 9º, § 3º, II, *c*); (LC 214/2025, arts. 143, VIII, e 156)
7	Automóveis de passageiros quando adquiridos por: ✓ pessoas com deficiência e (LC 214/2025, arts. 143, VI, e 149, II, *a* e *b*); ✓ pessoas com transtorno do espectro autista... ou por (LC 214/2025, arts. 143, VI, e 149, II, *c*); ✓ motoristas profissionais... que destinem o automóvel à utilização na categoria de aluguel (táxi) (ADCT. art. 9º, § 3º, II, *d*); (LC 214/2025, arts. 143, VII, e 149, I).
8	Programa "Universidade para Todos" (Prouni) (somente para a CBS) (ADCT, art. 9º, § 3º, III); (LC 214/2025, art. 308)

Elegíveis à redução de 30% da alíquota de referência	
1	Serviços de profissão intelectual, de natureza científica, literária ou artística, desde que sejam submetidos à fiscalização por conselho profissional (EC 132/2023, art. 9º, § 12); (LC 214/2025, art. 127)

Situações específicas	
1	Aquisição de bens de capital (CF, art. 156-A, § 5º, V); (LC 214/2025, art. 105)
2	Regimes aduaneiros especiais (CF, art. 156-A, § 5º, VI); (LC 214/2025, arts. 88 a 98)
3	Zonas de processamento de exportação (CF, art. 156-A, § 5º, VI); (LC 214/2025, arts. 99 a 104)

Situações específicas	
4	Pequeno produtor rural e produtor integrado (EC 132/2023, art. 9º, §§ 4º e 5º); (LC 214/2025, arts. 164 a 168)
5	Transportador autônomo de carga pessoa física não contribuinte (EC 132/2023, art. 9º, § 6º, I); (LC 214/2025, art. 169)
6	Resíduos e demais materiais destinados à reciclagem, reutilização ou logística reversa (EC 132/2023, art. 9º, § 6º, II); (LC 214/2025, art. 170)
7	Bens móveis usados de pessoa física não contribuinte (EC 132/2023, art. 9º, § 7º); (LC 214/2025, art. 171)

6.35. REGIMES DIFERENCIADOS DO IBS E DA CBS NA LC 214/2025

A LC 214/2025, especificamente no art. 126, estabelece os regimes diferenciados do IBS e da CBS, aplicáveis de forma uniforme em todo o território nacional, a determinados bens e serviços compreendidos como merecedores de tratamento distinto relativamente aos demais, seja por meio da aplicação de: a) **alíquotas reduzidas,** ou b) da **concessão de créditos presumidos,** permitindo ajustes compensatórios nas alíquotas de referência do IBS e da CBS para manter o equilíbrio na arrecadação dos entes federados.

Muitas foram as razões para estabelecer os regimes diferenciados, não somente por ordem técnica ou econômica, mas, sobretudo, por intenso componente político e, ainda, como resultado dos interesses setoriais que influenciaram a correspondente instituição. Um dos fatores que preponderou foi a minimização do significativo impacto nominal da carga tributária para alguns setores. Por exemplo, a prestação de serviços intelectuais de natureza científica, como advogados, contabilistas, arquitetos, economistas, terão uma expressiva elevação se considerada a tributação atual para aquela incidente depois da Reforma Tributária.

Um exemplo prático dessa dinâmica pode ser observado na tributação dos escritórios de advocacia. Sob o atual sistema tributário, esses escritórios são tributados, na imensa maioria, por meio do regime do Simples Nacional ou pelo Lucro Presumido, com uma carga tributária mais baixa devido à possibilidade de aplicar alíquotas reduzidas sobre o faturamento. No Lucro Presumido, considere o teto de 5% (cinco por cento) para o ISS sobre o faturamento das notas fiscais emitidas, ou, quando não, o recolhido por unidade fixa monetária por profissional sócio – reduzindo ainda mais a carga tributária, a título de competência municipal, acrescido de 3,65% das alíquotas somadas do PIS e da Cofins. Com o pós-Reforma Tributária, a alíquota aplicável do IBS e da CBS ultrapassa, e muito, o somatório do ISS e do PIS e da Cofins.

Além disso, alguns setores, como do agronegócio, e aqueles que geram muitos empregos ou que têm grande peso no Produto Interno Bruto (PIB), exerceram, legitimamente, mobilizações de associações, contratação de consultorias especializadas e o financiamento de campanhas políticas, todos com o propósito de direcionar uma proposta de disposição normativa aderente às pretensões de menor impacto na mudança da carga tributária.

De outro lado, os regimes diferenciados advindos com a EC 132 possuem fundamentos econômicos como o fomento de setores estratégicos e da competitividade, tais como energia renovável. Além disso, está direcionado a atender setores com intenso apelo social, como saúde e educação, essenciais para o desenvolvimento do país.

Os regimes diferenciados contidos na LC 214/2025 são de redução em 30%, 60% e alíquota zero das alíquotas do IBS e da CBS.

De modo geral, os benefícios dos regimes diferenciados são estendidos, no que couber, às operações de importação de bens e serviços, desde que os requisitos específicos sejam atendidos, de modo a assegurar que as vantagens fiscais possam ser aplicadas tanto a operações domésticas quanto internacionais, garantindo equidade na tributação de bens e serviços oriundos do exterior (§ 1º do art. 126). E, adicionalmente, o § 2º do mesmo dispositivo, estabelece que qualquer alteração nas operações beneficiadas por esses regimes, seja por acréscimo, exclusão ou substituição de bens ou serviços, só entrará em vigor após o cumprimento das disposições contidas nos §§ 9º e 11 do art. 156-A da Constituição Federal, que tratam dos limites para alterações tributárias e de sua regulamentação.[152]

As disposições dos §§ 9º a 11, do art. 156-A da CF, estabelecem um conjunto de regras direcionadas à estabilidade fiscal, com a pretensão de preservar a arrecadação tributária no contexto da Reforma Tributária. Qualquer alteração na legislação federal que impacte na arrecadação dos tributos deverá ser compensada com ajustes nas alíquotas de referência fixadas pelo Senado Federal, de modo a garantir que não haja prejuízo à arrecadação das unidades federativas. Portanto, qualquer projeto de lei complementar que proponha alterações que repercutam na arrecadação dos tributos seja acompanhado de uma estimativa do impacto nas alíquotas de referência. Isso visa garantir transparência e previsibilidade no processo legislativo, permitindo que os ajustes necessários sejam feitos de maneira coordenada e eficiente, evitando desequilíbrios fiscais das unidades federadas.

O § 3º delimita exceções a essa regra geral de alteração, permitindo modificações em determinadas operações, desde que essas alterações não resultem em um aumento superior a 0,02 pontos percentuais nas alíquotas de referência da CBS, ou nas alíquotas estaduais e municipais do IBS, quando consideradas de maneira cumulativa a cada período de revisão. Essa medida visa a manter a previsibilidade e a estabilidade fiscal para os contribuintes.

As reduções previstas nas alíquotas serão aplicadas sobre as alíquotas-padrão do IBS e da CBS, fixadas de acordo com o disposto no art. 14 da Lei Complementar, en-

---

152 Art. 156-A da CF:

§ 9º Qualquer alteração na legislação federal que reduza ou eleve a arrecadação do imposto: (Incluído pela Emenda Constitucional 132/2023)

I – deverá ser compensada pela elevação ou redução, pelo Senado Federal, das alíquotas de referência de que trata o § 1º, XII, de modo a preservar a arrecadação das esferas federativas, nos termos de lei complementar; (Incluído pela Emenda Constitucional 132/2023)

II – somente entrará em vigor com o início da produção de efeitos do ajuste das alíquotas de referência de que trata o inciso I deste parágrafo. (Incluído pela Emenda Constitucional 132/2023) [...]

§ 11. Projeto de lei complementar em tramitação no Congresso Nacional que reduza ou aumente a arrecadação do imposto somente será apreciado se acompanhado de estimativa de impacto no valor das alíquotas de referência de que trata o § 1º, XII. (Incluído pela Emenda Constitucional 132/2023)

quanto a apropriação dos créditos presumidos condiciona-se à emissão de documento fiscal eletrônico, com a identificação do fornecedor, e ao efetivo pagamento da operação pelo adquirente beneficiário ao fornecedor. Trata-se de requisitos que visam garantir maior controle e transparência no uso dos créditos presumidos, evitando fraudes ou simulações que possam distorcer a arrecadação fiscal.[153]

Incluem-se na redução de 30% sobre as alíquotas do IBS e da CBS a prestação dos seguintes serviços de profissões intelectuais de natureza científica, literária ou artística, submetidas à fiscalização por conselho profissional: administradores; advogados; arquitetos e urbanistas; assistentes sociais; bibliotecários; biólogos; contabilistas; economistas; economistas; domésticos; profissionais de educação física; engenheiros e agrônomos; estatísticos; médicos veterinários e zootecnistas; museólogos; químicos; profissionais de relações públicas; técnicos industriais; e técnicos agrícolas.

A previsão de redução das alíquotas aplica-se à prestação de serviços efetuada também por pessoas físicas, desde que os serviços prestados estejam diretamente vinculados à habilitação profissional dos prestadores, e os profissionais devem estar em atuação nas correspondentes áreas de competência, devidamente reguladas por conselhos ou ordens profissionais. Já no caso de pessoas jurídicas, a redução das alíquotas será aplicável desde que a sociedade cumpra certos requisitos: os sócios devem possuir habilitações profissionais diretamente relacionadas aos objetivos da empresa e estar submetidos à fiscalização de um conselho profissional; a sociedade não pode ter como sócio outra pessoa jurídica; a empresa não pode ser sócia de outra pessoa jurídica; suas atividades devem ser limitadas às habilitações profissionais de seus sócios; e os serviços devem ser prestados diretamente pelos sócios, embora seja permitido o auxílio de colaboradores.[154]

Além disso, alguns fatores não impedem a concessão da redução de alíquotas, como a natureza jurídica da sociedade e, da mesma forma, é permitido que a sociedade inclua sócios de diferentes áreas profissionais, desde que cada um atue conforme sua

---

[153] Art. 126. [...]

§ 4º Os regimes diferenciados previstos neste Título não podem ser cumulados com outros regimes diferenciados, específicos ou favorecidos, exceto quando previsto expressamente nesta Lei Complementar.

§ 4º As reduções de alíquotas de que trata este Título serão aplicadas sobre as alíquotas-padrão do IBS e da CBS de cada ente federativo, fixadas na forma do art. 14 desta Lei Complementar.

§ 5º A apropriação dos créditos presumidos previstos neste Título fica condicionada:

I – à emissão de documento fiscal eletrônico relativo à operação pelo adquirente, com identificação do respectivo fornecedor; e

II – ao efetivo pagamento pelo adquirente beneficiário do crédito presumido ao fornecedor.

[154] Art. 127. [...]

§ 1º A redução de alíquotas prevista no *caput* deste artigo aplica-se à prestação de serviços realizada por:

I – pessoa física, desde que os serviços prestados estejam vinculados à habilitação dos profissionais; e

II – pessoa jurídica que cumpra, cumulativamente, os seguintes requisitos:

a) possuam os sócios habilitações profissionais diretamente relacionadas com os objetivos da sociedade e estejam submetidos à fiscalização de conselho profissional;

b) não tenha como sócio pessoa jurídica;

c) não seja sócia de outra pessoa jurídica;

d) não exerça atividade diversa das habilitações profissionais dos sócios; e

e) sejam os serviços relacionados à atividade-fim prestados diretamente pelos sócios, admitido o concurso de auxiliares ou colaboradores.

respectiva habilitação. Também, a forma de distribuição de lucros entre os sócios não interfere na aplicação da redução das alíquotas, de modo que pode haver distribuição desproporcional.[155]

Já em relação à redução de 60% e 100% (redução a zero) sobre as alíquotas do IBS e da CBS, há uma lista extensa de bens e serviços elegíveis à tributação diferenciada, entre os quais serviços de educação e saúde; dispositivos médicos e de acessibilidade próprios para pessoas com deficiência; medicamentos; alimentos; produtos de higiene pessoal e limpeza; produtos agropecuários, aquícolas, pesqueiros, florestais e extrativistas vegetais *in natura*; insumos agropecuários e aquícolas; produções nacionais artísticas, culturais, de eventos, jornalísticas e audiovisuais; comunicação institucional; atividades desportivas; e bens e serviços relacionados à soberania e à segurança nacional, à segurança da informação e à segurança cibernética.

6.35.1. SERVIÇOS DE EDUCAÇÃO

A Lei Complementar 214/2025 estabelece que a redução de 60% será aplicável aos serviços de educação com as respectivas classificações na Nomenclatura Brasileira de Serviços, Intangíveis e Outras Operações que Produzam Variações no Patrimônio (NBS) listadas abaixo (art. 129 c.c. Anexo II):

Serviços de educação com redução de 60%	NBS
Ensino Infantil, inclusive creche e pré-escola	1.2201.1
Ensino Fundamental	1.2201.20.00
Ensino Médio	1.2201.30.00
Ensino Técnico de Nível Médio	1.2202.00.00
Ensino para jovens e adultos destinado àqueles que não tiveram acesso ou continuidade de estudos no ensino fundamental e médio na idade própria	1.2203
Ensino Superior, compreendidos os cursos e programas de graduação, pós-graduação, de extensão e cursos sequenciais	1.2204
Ensino de sistemas linguísticos de natureza visomotora e de escrita tátil	1.2205.13.00
Ensino de línguas nativas de povos originários	1.2205.13.00
Educação especial destinada a pessoas com deficiência, transtornos globais do desenvolvimento e altas habilidades ou superdotação, de modo isolado ou agregado a qualquer das etapas de educação tratadas nesta tabela	–

---

[155] Art. 127. [...]
§ 2º Para fins do disposto no inciso II do § 1º deste artigo, não impedem a redução de alíquotas de que trata este artigo:
I – a natureza jurídica da sociedade;
II – a união de diferentes profissões previstas nos incisos I a XVIII do *caput* deste artigo, desde que a atuação de cada sócio seja na sua habilitação profissional; e
III – a forma de distribuição de lucros.

O benefício incidirá exclusivamente sobre os valores recebidos em contraprestação aos serviços diretamente relacionados à educação listados acima, não sendo aplicável a outras operações praticadas pelas instituições, tais quais a venda de materiais escolares ou a prestação de outros serviços complementares.[156]

A LC, portanto, exclui da redução de alíquota as atividades acessórias, como a venda de materiais didáticos, uniformes e outros produtos ou serviços oferecidos no âmbito da instituição. Essa perspectiva pode provocar discussões jurídicas pelas entidades educacionais, especialmente porque determinadas operações, como a cobrança de taxas administrativas ou alimentação, poderiam ser consideradas parte integrante do serviço educacional e, por isso, beneficiadas pela redução. De todo modo, como efeito operacional, deverá haver precisa segregação das receitas provenientes de serviços educacionais (beneficiados pela redução) e de outras operações.

O Prouni – Programa Universidade para Todos foi contemplado pela redução a zero da alíquota da CBS (art. 308). O programa oferece bolsas de estudo em instituições privadas de ensino superior para estudantes de baixa renda. Essa redução ocorrerá sobre a receita decorrente da realização de atividades de ensino superior, proveniente de cursos de graduação ou cursos sequenciais de formação específica. Além disso, a redução será proporcional à ocupação efetiva das bolsas devidas no âmbito do Prouni, nos termos do regulamento. Caso a instituição seja desvinculada do Prouni, a CBS será exigida a partir do termo inicial estabelecido para a exigência dos demais tributos federais contemplados pelo programa.[157]

6.35.2. SERVIÇOS DE SAÚDE

Quanto ao setor de saúde, os serviços elegíveis à redução em 60% das alíquotas dos tributos são os seguintes (art. 130 c.c Anexo III):

Serviços de saúde com redução de 60%	NBS
Serviços cirúrgicos	1.2301.11.00
Serviços ginecológicos e obstétricos	1.2301.12.00
Serviços psiquiátricos	1.2301.13.00
Serviços prestados em Unidades de Terapia Intensiva	1.2301.14.00

---

[156] Art. 129 [...]

Parágrafo único. A redução de alíquotas prevista no *caput* deste artigo:

I – somente se aplica sobre os valores devidos pela contraprestação dos serviços listados no Anexo II desta Lei Complementar; e

II – não se aplica a outras operações eventualmente ocorridas no âmbito das escolas, das instituições ou dos estabelecimentos do fornecedor de serviços.

[157] Art. 308 [...]

§ 1º A redução de alíquotas de que trata o *caput* será aplicada:

I – sobre a receita decorrente da realização de atividades de ensino superior, proveniente de cursos de graduação ou cursos sequenciais de formação específica; e

II – na proporção da ocupação efetiva das bolsas devidas no âmbito do Prouni, nos termos definidos em ato do Poder Executivo da União..

§ 2º Caso a instituição seja desvinculada do Prouni, a CBS será exigida a partir do termo inicial estabelecido para a exigência dos demais tributos federais contemplados pelo Prouni.

Serviços de saúde com redução de 60%	NBS
Serviços de atendimento de urgência	1.2301.15.00
Serviços hospitalares não classificados em subposições anteriores	1.2301.19.00
Serviços de clínica médica	1.2301.21.00
Serviços médicos especializados	1.2301.22.00
Serviços odontológicos	1.2301.23.00
Serviços de enfermagem	1.2301.91.00
Serviços de fisioterapia	1.2301.92.00
Serviços laboratoriais	1.2301.93.00
Serviços de diagnóstico por imagem	1.2301.94.00
Serviços de bancos de material biológico humano	1.2301.95.00
Serviços de ambulância	1.2301.96.00
Serviços de assistência ao parto e pós-parto	1.2301.97.00
Serviços de psicologia	1.2301.98.00
Serviços de vigilância sanitária	1.2301.99.00
Serviços de epidemiologia	1.2301.99.00
Serviços de vacinação	1.2301.99.00
Serviços de fonoaudiologia	1.2301.99.00
Serviços de nutrição	1.2301.99.00
Serviços de optometria	1.2301.99.00
Serviços de instrumentação cirúrgica	1.2301.99.00
Serviços de biomedicina	1.2301.99.00
Serviços farmacêuticos	1.2301.99.00
Serviços de cuidado e assistência a idosos e pessoas com deficiência em unidades de acolhimento	1.2302

A Lei Complementar traz importante ressalva sobre a medida: os valores glosados pela auditoria médica dos planos de assistência à saúde e não pagos não integram a base de cálculo do IBS e da CBS. Isso significa que os prestadores de serviços não serão tributados sobre montantes que não receberam efetivamente, de modo a evitar uma tributação sobre receitas não realizadas.[158]

---

[158] Art. 130 [...]
Parágrafo único. Não integram a base de cálculo do IBS e da CBS dos serviços de saúde de que trata o *caput* deste artigo os valores glosados pela auditoria médica dos planos de assistência à saúde e não pagos.

6.35.3. DISPOSITIVOS MÉDICOS

Ainda sobre o setor de saúde, incluem-se na redução de 60% as vendas dos seguintes dispositivos médicos (art. 131 c.c. Anexo IV):

Dispositivos médicos com redução de 60%	NCM/SH
Bolsa para drenagem	3926.90.30
Sistema para drenagem com conjunto intermediário para medição contínua da diurese	9018.90.99
Chapas e filmes para raios-X, sensibilizados em uma face	3701.10.10
Cimentos para reconstituição óssea	3006.40.20
Substitutos de enxerto ósseo	3004.90.99
Coletor para unidade de drenagem externa	3926.90.40
Conector completo com tampa	3917.40
Conector em Y	3917.40
Conjuntos de troca e concentrados polieletrolíticos para diálise	3004.90.99
Conjunto para autotransfusão	9018.90.10
Conjunto para hidrocefalia de baixo perfil	9021.90.19
Conjunto para hidrocefalia *standard*	9021.90.19
	9021.90.89
Eletrodo endocárdico definitivo	9021.90.91
Eletrodo epicárdico definitivo	9021.90.91
Eletrodo para marcapasso temporário endocárdico	9021.90.91
Eletrodo para marcapasso temporário epicárdico	9021.90.91
Espaçador de tendão	9021.90.19
Filmes especiais para raios-X sensibilizados em ambas as faces	3702.10.20
Filmes especiais para raios-X sensibilizados em uma face	3702.10.10
Filtro de linha arterial e venoso	8421.29.90
Filtro de sangue arterial e venoso para recirculação	8421.29.90
Filtro para cardioplegia	8421.29.90
Categutes esterilizados, materiais esterilizados semelhantes para suturas cirúrgicas (incluídos os fios absorvíveis esterilizados para cirurgia ou odontologia) e adesivos esterilizados para tecidos orgânicos, utilizados em cirurgia para fechar ferimentos; laminárias esterilizadas; hemostáticos absorvíveis esterilizados para cirurgia ou odontologia; barreiras antiaderentes esterilizadas para cirurgia ou odontologia, absorvíveis ou não	3006.10

Dispositivos médicos com redução de 60%	NCM/SH
Hemoconcentrador para circulação extracorpórea	9018.90.40
Hemodialisador capilar	8421.29.11
Marcapasso cardíaco câmara dupla	9021.50.00
Marcapasso cardíaco multiprogramável com telemetria	9021.50.00
Outras chapas e filmes para raios-X	3701.10.29
Oxigenador de bolha com tubos para circulação extracorpórea	9018.90.99
Oxigenador de membrana com tubos para circulação extracorpórea	9018.90.99
Reservatório de cardiotomia	9018.90.99
Reservatório para cardioplegia com tubo sem filtro	9018.90.99
Rins artificiais	9018.90.40
Shunt lombo-peritoneal	9021.90.19
Substituto temporário de pele (biológica/sintética) (por cm^2)	3005.90.90
Tela inorgânica	3006.10.90
Válvula para hidrocefalia	9021.90.19 9021.90.89
Válvula para tratamento de ascite	9021.90.19
Fonte de irídio 192	2844.43.90
Stent vascular	9021.90.12
Reprocessador de filtros utilizados em hemodiálise	8479.89.99
Implantes osseointegráveis, na forma de parafuso, e seus componentes manufaturados, tais como tampas de proteção, montadores, conjuntos, pilares (cicatrizador, conector, de transferência ou temporário), cilindros, seus acessórios, destinados a sustentar, amparar, acoplar ou fixar próteses dentárias	9021.29.00 9021.10.10 9021.10.20
Cardiodesfibrilador implantável	9021.90.11
Espiral para embolização	9021.90.12
Imunoglobulina anti-Rh	3002.12.21
Outras imunoglobulinas séricas	3002.12.22
Concentrado de fator VIII	3002.12.23
Outras frações do sangue, exceto as preparadas como medicamentos, as imunoglobulinas séricas, o concentrado de fator VIII e a soroalbumina sob a forma de gel para preparação de reagentes de diagnóstico	3002.12.21 3002.12.29

Dispositivos médicos com redução de 60%	NCM/SH
Reagentes de diagnóstico ou de laboratório em qualquer suporte e reagentes de diagnóstico ou de laboratório preparados, mesmo em um suporte, mesmo apresentados sob a forma de estojos, exceto os da posição 30.06; materiais de referência certificados	3822.1
Reagentes de diagnóstico concebidos para serem administrados ao paciente, à base de somatoliberina	3006.30.21
Produtos para obturação dentária, exceto cimentos	3006.40.12
Preparações em gel, concebidas para uso em medicina humana ou veterinária como lubrificante para certas partes do corpo em intervenções cirúrgicas ou exames médicos ou como agente de ligação entre o corpo e os instrumentos médicos	3006.70.00
Bolsas para uso em colostomia, ileostomia e urostomia	3006.91.10
Equipamentos identificáveis para ostomia, exceto bolsas para uso em colostomia, ileostomia e urostomia	3006.91.90
Bolsas para uso em medicina (hemodiálise e usos semelhantes)	3926.90.30
Artigos exclusivamente de laboratório de análises clínicas	3926.90.40
Acessórios de plástico do tipo utilizado em linhas de sangue para hemodiálise, tais como: obturadores, incluídos os reguláveis (*clamps*), clipes e similares	3926.90.50
Luvas cirúrgicas e luvas de procedimento	4015.1
Seringas, mesmo com agulhas	9018.31
Agulhas tubulares de metal e agulhas para suturas	9018.32
Agulhas, exceto as de metal e as para suturas	9018.39.10
Sondas, cateteres e cânulas, individualmente ou em conjunto	9018.39.2
Lancetas para vacinação e cautérios	9018.39.30
Instrumentos semelhantes a seringas, a agulhas, a cateteres e a cânulas	9018.39.9
Brocas para odontologia	9018.49.1
Limas	9018.49.20
Grampos e clipes, seus aplicadores e extratores	9018.90.95
Outros instrumentos e aparelhos para medicina, cirurgia e odontologia, excluídas seringas e agulhas, das posições 9018.31 e 9018.32	9018.39.99 9018.90.99
Mesas de operação e para exames, camas hospitalares e de uso clínico	9402.90
Fotocoagulador a laser	9018.20.10
Bisturi elétrico	9018.90.21

Dispositivos médicos com redução de 60%	NCM/SH
Aparelho de anestesia com monitor multiparâmetros	9018.90.99
Autoclave	8419.81.10
Retinógrafo	9018.50.90
Meios de cultura	3821.00.00
Termocicladores utilizados em diagnóstico e na pesquisa científica	8419.89.99
Partes e peças de termocicladores	8419.90.40
Pipetadores laboratoriais para diagnóstico e pesquisa científica	8479.89.12
Cromatógrafo de fase líquida	9027.20.12
Sequenciadores automáticos de ADN mediante eletroforese capilar	9027.20.21
Aparelhos de eletroforese para diagnóstico e pesquisa científica	9027.20.29
Analisadores por espectrofotometria para diagnóstico e pesquisa científica	9027.30
Analisadores por fotometria para diagnóstico e pesquisa científica	9027.50.20
Citômetro de fluxo	9027.50.50
Analisadores por radiações ópticas para diagnóstico e pesquisa científica	9027.50.90
Outros analisadores para diagnóstico e pesquisa científica	9027.80.99
Espectrômetro de massa	9027.81.00
Outros analisadores para diagnóstico	9027.89.99
Micrótomo	9027.90.10
Partes e peças de equipamentos analisadores laboratoriais	9027.90.9
Preservativo	4014.10.00
Dispositivo intrauterino (DIU)	9018.90.99
Substância para conservação de órgãos e tecidos	3824.99.89
Introdutor de punção para implante de eletrodo endocárdico	9021.90.91
Enxerto tubular de politetrafluoretileno – PTFE (por cm2)	9021.90.99
Enxerto arterial e venoso tubular inorgânico	9021.90.99
Botão para crânio	9021.90.99
Guia metálico para introdução de cateter duplo lúmen	9018.39.29
Dilatador para implante de cateter duplo lúmen	9018.39.29
Guia de troca para angioplastia	9018.39.29

Dispositivos médicos com redução de 60%	NCM/SH
Introdutor para cateter com e sem válvula	9018.39.29
Kit cânula	9018.39.99 9018.39.91
Dreno para sucção	9018.39.29
Sistema de drenagem mediastinal	9018.39.29
Conjunto descartável de balão intra-aórtico	9018.90.99

Os referidos dispositivos médicos listados terão as alíquotas reduzidas a zero quando adquiridos por órgãos da administração pública direta, autarquias e fundações públicas (art. 144, II). Também são elegíveis à redução a zero os seguintes dispositivos (art. 144, I c.c. Anexo XII):

Dispositivos médicos com redução a zero	NCM/SH
Aparelhos de eletrodiagnóstico (incluídos os aparelhos de exploração funcional e os de verificação de parâmetros fisiológicos)	
Eletrocardiógrafos	9018.11.00
Eletroencefalógrafos	9018.19.80
Aparelhos de eletrodiagnóstico	9018.19.80
Aparelhos de raios ultravioleta ou infravermelhos	9018.20
Artigos e aparelhos ortopédicos	9021.10.10
Artigos e aparelhos para fraturas	9021.10.20
Artigos e aparelhos de prótese, exceto os dentários e os produtos classificados nos códigos 9021.39.91 e 9021.39.99	9021.3
Tomógrafo computadorizado	9022.12.00
Aparelhos de raio X, móveis, exceto os produtos classificados no código 9022.19.91	9022.13 9022.14 9022.19
Aparelho de radiocobalto (bomba de cobalto)	9022.21.10
Aparelho de crioterapia	9018.90.99
Aparelho de gamaterapia	9022.21.20
Aparelhos que utilizem radiações alfa, beta, gama ou outras radiações ionizantes, para usos médicos, cirúrgicos, odontológicos ou veterinários, incluídos os aparelhos de radiofotografia ou de radioterapia, exceto os produtos classificados nos códigos 9022.21.10 e 9022.21.20	9022.21.90

Dispositivos médicos com redução a zero	NCM/SH
Densímetros, areômetros, pesa-líquidos e instrumentos flutuantes semelhantes, termômetros, pirômetros, barômetros, higrômetros e psicômetros, registradores ou não, mesmo combinados entre si	90.25
Respirador	9019.20.40
Monitor multiparâmetros	9018.19.80
Bomba de infusão	9018.90.10
Aparelhos de diagnóstico por visualização de ressonância magnética	9018.13.00
Aparelhos de ultrassom	9018.12

As reduções das alíquotas em 60% ou 100% somente serão válidas para os dispositivos médicos listados acima devidamente regularizados perante a Anvisa (art. 131, § 1º; art. 144, § 1º).

Adicionalmente, haverá um mecanismo de revisão periódica da lista de dispositivos médicos beneficiados (art. 131, § 2º; art. 144, § 2º). A cada 120 dias, o Ministro de Estado da Fazenda e o Comitê Gestor do IBS, em conjunto e após consulta ao Ministério da Saúde, deverão revisar as listas para incluir novos dispositivos médicos não existentes na data da publicação da revisão anterior, desde que atendam às mesmas finalidades dos já constantes na lista. Essa atualização contínua permite que a legislação acompanhe as inovações tecnológicas no setor médico, com o objetivo de evitar defasagens prejudiciais à disponibilidade de novos tratamentos e equipamentos.

6.35.4. BENS E SERVIÇOS PARA PESSOAS COM DEFICIÊNCIA

Foram abrangidos pelo benefício de redução em 60%, ainda, dispositivos de acessibilidade próprios para pessoas com deficiência (art. 132 c.c. Anexo V). São eles:

Dispositivos PCD com redução de 60%	NCM/SH
Acessórios e adaptações especiais para serem instalados em veículos automotores pertencentes ou que forem destinados a pessoas com deficiência física	
Comando de embreagem manual, suas partes e acessórios	8708.99.10
Comando de freio manual, suas partes e acessórios	8708.99.10
Comando de acelerador manual, suas partes e acessórios	8708.99.10
Inversão do pedal do acelerador, suas partes e acessórios	8708.99.10
Prolongamento de pedais, suas partes e acessórios	8708.99.10
Empunhadura, suas partes e acessórios	8708.29.99
Servo acionadores de volante, suas partes e acessórios	8708.99.00
Deslocamento de comandos do painel, suas partes e acessórios	8708.29.99

Dispositivos PCD com redução de 60%	NCM/SH
Plataforma giratória para deslocamento giratório do assento de veículo, suas partes e acessórios	8708.29.99
Trilho elétrico para deslocamento do assento dianteiro para outra parte do interior do veículo, suas partes e acessórios	8708.29.99
Plataforma de elevação para cadeira de rodas, manual, eletro-hidráulica ou eletromecânica	8428.90.90
Rampa para cadeira de rodas, suas partes e acessórios	8708.29.99
Guincho para transportar cadeira de rodas	8425.31.10
Produtos destinados a uso de pessoa com deficiência visual	
Bengala inteiriça, dobrável ou telescópica, com ponteira de náilon	6602.00.00
Relógio em *braille*, com sintetizador de voz e mostrador ampliado	9102.11.10 9102.11.90 9102.91.00
Termômetro digital com sistema de voz	9025.19.90
Calculadora digital com sistema de voz, com verbalização dos ajustes de minutos e horas, tanto no modo horário, como no modo alarme, e comunicação por voz dos dígitos de cálculo e resultados	8470.10.00 8470.29.00
Agenda eletrônica com teclado em *braille*, com ou sem sintetizador de voz	8543.70.99
Reglete para escrita em *braille*	9017.20.00
Display braille e teclado em *braille* para uso em microcomputador, com sistema interativo para introdução e leitura de dados por meio de tabelas de caracteres *braille*	8471.60.90
Máquina de escrever para escrita em *braille*, manual ou elétrica, com teclado de datilografia comum ou na formação *braille*	8472.90.99
Impressora de caracteres em *braille* para uso com microcomputadores, com sistema de folha solta ou dois lados da folha, com ou sem sistema de comando de voz ou sistema acústico	8443.32.22
Equipamento sintetizador para reprodução em voz de sinais gerados por microcomputadores, permitida a leitura de dados de arquivos, de uso interno ou externo, com padrão de protocolo SSIL de interface com *softwares* leitores de tela	8471.80.00
Produtos destinados ao uso de pessoas com deficiência auditiva	
Aparelho telefônico com teclado alfanumérico e visor luminoso, com ou sem impressora embutida, que permite converter sinais transmitidos por sistema telefônico em caracteres e símbolos	8517.1
Relógio despertador vibratório e/ou luminoso	9103.10.00 9105.11.00

Dispositivos PCD com redução de 60%	NCM/SH
Unidades de entrada de dados tipo *mouse* controláveis pelo movimento dos olhos para deficientes	8471.60.53

Os referidos dispositivos terão as alíquotas reduzidas a zero quando adquiridos por órgãos da Administração Pública direta, autarquias e fundações públicas (art. 145, II, *a*). Também são elegíveis à redução a zero os seguintes dispositivos (art. 145, I):

Dispositivos PCD com redução a zero	NCM/SH
Barra de apoio para pessoa com deficiência física	8302.41.00
Cadeira de rodas e outros veículos para deficientes sem mecanismo de propulsão	8713.10.00
Cadeiras de rodas com motor ou outro mecanismo de propulsão e outros veículos para pessoas com incapacidade, mesmo com motor ou outro mecanismo de propulsão	8713.90.00
Partes e acessórios destinados exclusivamente a aplicação em cadeiras de rodas ou em outros veículos para deficientes	8714.20.00
Aparelhos para facilitar a audição dos surdos, exceto partes e acessórios	9021.40.00
Partes e acessórios de aparelhos para facilitar a audição dos surdos	9021.90.92
Implantes cocleares	9021.90.19

A redução de alíquotas somente se aplica aos dispositivos listados acima que atendam aos requisitos previstos em norma do órgão público competente (art. 132, § 1º; art. 145, § 1º). Além disso, a LC estabelece o processo de revisão periódica da lista de dispositivos beneficiados no mesmo molde estabelecido para os dispositivos médicos. A cada 120 dias, o Ministro da Fazenda e o Comitê Gestor do IBS, em conjunto e após consulta ao órgão público competente, revisarão a lista para incluir novos dispositivos de acessibilidade que não existiam na data da revisão anterior, desde que atendam às mesmas finalidades dos já constantes na lista (art. 132, § 2º; art. 145, § 2º).

Automóveis adquiridos por pessoas com deficiência e pessoas diagnosticadas com transtorno do espectro autista (art. 149, II, *a* e *c*) também estão contemplados pela redução a zero.

6.35.5. MEDICAMENTOS

A Lei estabelece, no Anexo XIV, uma lista de medicamentos considerados essenciais elegíveis à redução a zero das alíquotas do IBS e da CBS. Também prevê a redução a zero para produtos voltados para a saúde menstrual que atendam aos requisitos previstos em norma da Anvisa (art. 147).

Todos os medicamentos não alcançados pela previsão de redução a zero terão direito à redução de 60%, desde que estejam registrados na Anvisa ou sejam produzidos por farmácias de manipulação. Essa redução estende-se às composições para nutrição enteral e parenteral, composições especiais e fórmulas nutricionais destinadas a pessoas com erros inatos do metabolismo relacionadas abaixo:[159]

Composições com redução de 60%	NCM/SH
Acetato de dextroalfatocoferol	2936.28.12
Acetato de lisina	2922.41.90
Acetato de potássio	2915.29.90
Acetato de sódio	2915.29.10
Acetato de zinco	2915.29.90
Acetiltirosina	2922.50.39
Ácido acético	2915.21.00
Ácido ascórbico	2936.27.10
Ácido aspártico	2922.49.90
Ácido cítrico	2918.14.00
Ácido fólico	2936.29.11
Ácido glutâmico	2922.42.10
Ácido málico	2918.19.90
Ácido selenioso	2811.19.90
Água para injeção	2002.10.00
Alanilglutamina	2922.49.90
Alanina	2922.49.90
Albumina humana	3002.12.36
Arginina	2925.29.19
Asparagina	2922.49.90

---

[159] Art. 133. Ficam reduzidas em 60% (sessenta por cento) as alíquotas do IBS e da CBS incidentes sobre o fornecimento dos medicamentos registrados na Anvisa ou produzidos por farmácias de manipulação, ressalvados os medicamentos sujeitos à alíquota zero de que trata o art. 146 desta Lei Complementar.

§ 1º. A redução de alíquotas prevista no *caput* deste artigo aplica-se também às operações de fornecimento das composições para nutrição enteral e parenteral, composições especiais e fórmulas nutricionais destinadas às pessoas com erros inatos do metabolismo relacionadas no Anexo VI desta Lei Complementar, com a especificação das respectivas classificações da NCM/SH.

§ 2º Para fins de assegurar a repercussão nos preços da redução da carga tributária, a redução de que trata este artigo somente se aplica aos medicamentos industrializados ou importados pelas pessoas jurídicas que tenham firmado, com a União e o Comitê Gestor do IBS, compromisso de ajustamento de conduta ou cumpram a sistemática estabelecida pela Câmara de Regulação do Mercado de Medicamentos (CMED), na forma da lei.

Composições com redução de 60%	NCM/SH
Bicarbonato de sódio	2836.30.00
Biotina	2936.29.31
Cianocobalamina	2936.26.10
Cistina	2930.90.39
Cloreto crômico	2827.39.93
Cloreto de cálcio	2827.20.10 2827.20.90
Cloreto de magnésio	2827.31.10 2827.31.90
Cloreto de manganês	2827.39.95
Cloreto de potássio	3104.20.10 3104.20.90
Cloreto de sódio	2501.00.90
Cloreto de zinco	2827.39.98
Cloridrato de piridoxina	2936.25.20
Cloridrato de tiamina	2936.22.10
Cocarboxilase	2936.22.90
Colecalciferol	2936.29.21
Ergocalciferol	2936.29.29
Fenilalanina	2922.49.90
Fitomenadiona	2936.29.40
Fosfato de potássio dibásico	2835.24.00
Fosfato de potássio monobásico	2835.24.00
Fosfato de sódio monobásico	2835.22.00
Fosfato de tiamina	2936.22.90
Fosfato sódico de riboflavina	2936.23.20
Frutose	1702.50.00
Glicerofosfato de sódio	2919.90.90
Glicina	2922.49.10
Gliconato de cálcio	2918.16.10

Composições com redução de 60%	NCM/SH
Glicose	1702.30.11
Histidina	2933.29.92
Icodextrina	3505.10.00
Iodeto de potássio	2827.60.12
Isoleucina	2922.49.90
Lecitina de ovo	2923.20.00
Leucina	2922.49.90
Levovalina	2922.49.90
Lisina	2922.41.10
Metionina	2930.40.10 2930.40.90
Nicotinamida	2936.29.52
Palmitato de retinol	2936.21.13
Prolina	2922.49.90
Riboflavina	2936.23.10
Selenito de sódio	2842.90.00
Serina	2922.50.99
Sorbitol	2905.44.00
Sulfato de magnésio	2833.21.00
Sulfato de zinco	2833.29.70
Taurina	2922.49.90
Tirosina	2922.50.39
Tocoferol	2936.28.11
Treonina	2922.50.99
Triglicerídeos de cadeia média	1513.19.00 1513.29.11

A LC prevê que para garantir a repercussão nos preços da referida redução de alíquota aplica-se exclusivamente aos medicamentos industrializados ou importados por pessoas jurídicas que tenham celebrado compromisso de ajustamento de conduta com a União e o Comitê Gestor do IBS, ou que atendam à sistemática definida pela Câmara de Regulação do Mercado de Medicamentos (CMED), conforme estabelecido em lei.

A lista desses produtos também ficará sujeita à revisão periódica, a cada 120 dias, com o objetivo de incluir novos produtos que atendam às mesmas finalidades, assegurando que a lista de medicamentos beneficiados se mantenha atualizada com as inovações do setor farmacêutico em relação às fórmulas nutricionais e composições especiais que, frequentemente, são atualizadas ou substituídas por novas opções mais eficazes.[160]

6.35.6. ALIMENTOS DESTINADOS AO CONSUMO HUMANO

Os alimentos submetidos à redução de 60% são os seguintes:

Alimentos com redução de 60%	NCM/SH
Crustáceos (exceto lagostas e lagostim) e moluscos	**a)** 0306.1 e 0306.3, exceto os produtos dos códigos 0306.11, 0306.15.00, 0306.31.00, 0306.34.00, 0306.39.10; e
	b) 0307.31.00, 0307.32.00, 0307.42.00, 0307.43, 0307.51.00, 0307.52.00, 0307.91.00 e 0307.92.00
Leite fermentado, bebidas e compostos lácteos	–
Mel natural	0409.00.00
Mate	Posição 09.03
Farinha, grumos e sêmolas, de cereais	1102.90.00, 1103.11.00 e 1103.19.00
Grãos esmagados ou em flocos, de cereais	1104.1, exceto os grãos de milho classificados no código 1104.19.00
Amido de milho	1108.12.00
Tapioca e seus sucedâneos	1903.00.00
Óleos vegetais	Posições 15.11, 15.12, 15.13, exceto óleos de babaçu
Óleo de canola	Subposição 1514.19
Massas alimentícias	1902.20.00
	1902.30.00

---

[160] Art. 134. Sem prejuízo da avaliação quinquenal de que trata o Capítulo I do Título III do Livro III desta Lei Complementar, o Ministro de Estado da Fazenda e o Comitê Gestor do IBS, ouvido o Ministério da Saúde, revisarão, a cada 120 (cento e vinte) dias, por meio de ato conjunto, a lista de que trata o Anexo VI, tão somente para inclusão de composições de que trata o § 1º do art. 133 desta Lei Complementar inexistentes na data de publicação da revisão anterior e que sirvam às mesmas finalidades daquelas já contempladas.

Alimentos com redução de 60%	NCM/SH
Sucos naturais de fruta ou de produtos hortícolas sem adição de açúcar ou de outros edulcorantes e sem conservantes	Posição 20.09
Polpas de frutas sem adição de açúcar ou de outros edulcorantes e sem conservantes	2008.99.00
Pão de Forma	–
Extrato de tomate	–

Os alimentos que compõem a cesta básica (art. 125), além de determinadas hortaliças, frutas e ovos (art. 148), têm a redução ampliada a 100%.

6.35.7. PRODUTOS DE HIGIENE PESSOAL E LIMPEZA

Determinados produtos de higiene pessoal e limpeza majoritariamente consumidos por famílias de baixa renda terão as alíquotas dos tributos reduzidas em 60% (art. 136 c.c. Anexo VIII):

Produtos de limpeza e higiene com redução de 60%	NCM/SH
Sabões de toucador	3401.11.90
Dentifrícios	3306.10.00
Escovas de dentes	9603.21.00
Papel higiênico	4818.10.00
Água sanitária	3808.94.19
Sabões em barra	3401.19.00
Fraldas e artigos higiênicos semelhantes	9619.00.00

6.35.8. AGRONEGÓCIO

Em decorrência dos já mencionados movimentos realizados pelo setor do agronegócio com vistas a obter previsões aptas a mitigar o impacto da reforma da tributação sobre o consumo na carga tributária, o segmento foi contemplado pela tributação diferenciada.

O art. 137 da LC 214/2025 estabelece a redução em 60% sobre as alíquotas aplicáveis ao fornecimento de produtos agropecuários, aquícolas, pesqueiros, florestais e extrativistas vegetais *in natura*. Essa desoneração pretende incentivar o setor primário da economia, reduzindo a carga tributária sobre produtos essenciais que mantêm sua condição natural ou que passam apenas por processos mínimos de preparação para transporte, armazenamento ou exposição à venda, como secagem, limpeza, congelamento ou simples acondicionamento. Na hipótese de produtos em embalagens destinadas à preservação e com adição de conservantes poderão ser considerados *in natura*, desde que regulamentados.

O § 3º do referido art. 137 estabelece o conceito de fornecimento de produto florestal, incluindo os serviços ambientais de conservação e recuperação da vegetação nativa, bem como práticas de manejo sustentável em sistemas agrícolas, agroflorestais e agrossilvopastoris. A norma alinha-se com políticas de sustentabilidade e conservação ambiental, incentivando atividades que promovam a preservação dos recursos naturais e o equilíbrio ecológico. Ao incluir serviços ambientais nesse contexto desonerativo, a legislação contribui para o incentivo da economia verde, além de fomentar práticas agrícolas e florestais sustentáveis, promovendo benefícios econômicos e ambientais de forma integrada.

O art. 138, por sua vez, prevê a mesma redução de 60% sobre o fornecimento de insumos agropecuários e aquícolas a seguir relacionados (Anexo IX):

ITEM	DESCRIÇÃO	NBS/NCM/SH
1	Biofertilizantes, em conformidade com as definições e demais requisitos da legislação específica	3101.00.00
2	Fertilizantes (adubos), em conformidade com as definições e demais requisitos da legislação específica	Capítulo 31 3824.99.77 3824.99.79 3824.99.89
3	Corretivos de solo (inclusive condicionadores), remineralizadores e substratos para plantas; em conformidade com as definições e demais requisitos da legislação específica	Capítulo 25
4	Inoculantes, meios de cultura e outros microorganismos para uso agrícola; em conformidade com as definições e demais requisitos da legislação específica	3002.49 3002.90.00 3821.00.00
5	Bioestimulantes e bioinsumos para controle fitossanitário, em conformidade com as definições e demais requisitos da legislação específica	38.24 3807.00.00 12.11 38.08
6	Inseticidas, fungicidas, formicidas, herbicidas, parasiticidas, germicidas, acaricidas, nematicidas, raticidas, desfolhantes, dessecantes, espalhantes adesivos, estimuladores e inibidores de crescimento (reguladores); todos destinados diretamente ao uso agropecuário ou destinados diretamente à fabricação de defensivo agropecuário; em conformidade com as definições e demais requisitos da legislação específica	38.08 3824.99.89

ITEM	DESCRIÇÃO	NBS/NCM/ SH
7	Calcário, casca de coco triturada, turfa; tortas, bagaços e demais resíduos e desperdícios vegetais das indústrias alimentares; cascas, serragens e demais resíduos e desperdícios de madeira; resíduos da indústria de celulose (dregs e grits), ossos, borra de carnaúba, cinzas, resíduos agroindustriais orgânicos, DL-Metionina e seus análogos, vermiculita e argilas expandidas, palhas e cascas de produtos vegetais, fibra de coco e outras fibras vegetais, silicatos de potássio ou de magnésio, resinas e oleorresinas naturais, sucos e extratos vegetais, aminoácidos e microrganismos mortos, óleos essenciais, argilas e terras, carvão vegetal e pastas mecânicas de madeira; todos destinados diretamente à fabricação de biofertilizantes, fertilizantes, Corretivos de solo (inclusive condicionadores), remineralizadores, substratos para plantas, bioestimulantes ou biodefensivos para controle fitossanitário ou utilizados diretamente como biofertilizantes, fertilizantes, corretivos de solo (inclusive condicionadores), remineralizadores, substratos para plantas, bioestimulantes ou biodefensivos para controle fitossanitário; em conformidade com as definições e demais requisitos da legislação específica	05.06 1201.10.00 1213.00.00 1301.90.90 1302.19.9 1401.90.00 1404.90.90 2102.20.00 23.02 23.03 2304.00 2305.00.00 23.06 2308.00.00 2703.00.00 2839.90.10 2839.90.50 2922.4 2930.40 33.01 3802.90.40 3804.00 3824.99.71 4401.39.00 4401.4 4402.90.00 4701.00.00 5305.00.90 6806.20.00

ITEM	DESCRIÇÃO	NBS/NCM/ SH
8	Ácido nítrico, ácido sulfúrico, ácido fosfórico, fosfatos de cálcio naturais, enxofre, ácido clorídrico, ácido fosforoso, ácido acético, hidróxido de sódio e carbonato dissódico; todos destinados diretamente à fabricação de fertilizantes	2503.00.10 2503.00.90 2510.10.10 2510.10.90 2510.20.10 2510.20.90 2802.00.00 2806.10.20 2807.00.10 2808.00.10 2809.20.11 2809.20.19 2811.19.20 2815.11.00 2815.12.00 2836.20.10 2836.20.90 2915.21.00
9	Enzimas preparadas para decomposição de matéria orgânica animal e vegetal	3507.90.4
10	Semente genética, semente básica, semente nativa in natura, semente certificada de primeira geração (C1), semente certificada de segunda geração (C2), semente não certificada de primeira geração (S1), semente não certificada de segunda geração (S2) e sementes de cultivar local, tradicional ou crioula; em conformidade com as definições e demais requisitos da legislação específica	Capítulos 7, 10 e 12
11	Mudas de plantas e demais materiais propagativos de plantas e fungos, inclusive plantas e fungos nativos de espécies florestais; em conformidade com as definições e demais requisitos da legislação específica	06.01 06.02

ITEM	DESCRIÇÃO	NBS/NCM/SH
12	Vacinas, soros e medicamentos, de uso veterinário, exceto de animais domésticos	3002.12 3002.15 3002.42 3002.90.00 30.04
13	Aves de um dia, exceto as ornamentais	0105.1
14	Embriões e sêmen, congelado ou resfriado	0511.10.00 0511.9
15	Reprodutores de raça pura, inclusive matrizes de animais puros de origem com registro genealógico; em conformidade com as definições e demais requisitos da legislação específica	01.02 01.03 01.04
16	Ovos fertilizados	0407.1
17	Girinos e alevinos	0106.90.00
18	Rações para animais, concentrados, suplementos, aditivos, premix ou núcleo, exceto para animais domésticos	2309.90
19	Sementes e cereais, mesmo triturados, em grãos esmagados ou trabalhados de outro modo; todos destinados diretamente à fabricação de ração para animais ou diretamente à alimentação animal, exceto de animais domésticos	Capítulos 10, 11 e 12
20	Farelos e tortas de produtos vegetais e demais resíduos e desperdícios das indústrias alimentares; todos destinados diretamente à fabricação de ração para animais ou diretamente à alimentação animal, exceto de animais domésticos	23.01 23.02 23.03 2304.00 2305.00.00 23.06 2308.00.00
21	Alho em pó, sal mineralizado, farinhas de peixe, de ostra, de carne, de osso, de pena, de sangue e de víscera, calcário calcítico, gorduras e óleos animais, resíduos de óleo e de gordura de origem animal ou vegetal descartados por empresas do ramo alimentício, e DL-Metionina e seus análogos; todos destinados diretamente à fabricação de ração para animais ou diretamente à alimentação animal, exceto de animais domésticos	02.10 03.09 0712.90.10 Capítulo 15 2501.00 2521.00.00 2930.40

ITEM	DESCRIÇÃO	NBS/NCM/SH
22	Serviços agronômicos	1.1410.90.00
23	Serviços de técnico agrícola, agropecuário ou em agroecologia	1.1410.90.00
24	Serviços veterinários para produção animal	1.1405.21.00
		1.1405.22.00
		1.1405.90.00
25	Serviços de zootecnistas	1.1410.90.00
26	Serviços de inseminação e fertilização de animais de criação	1.1405.22.00
27	Serviços de engenharia florestal	1.1403.10.00
28	Serviços de pulverização e controle de pragas	1.1901.10.00
29	Serviços de semeadura, adubação, inclusive mistura de adubos, reparação de solo, plantio e colheita	1.1901.10.00
30	Serviços de projetos para irrigação e fertirrigação	1.1403.29.00
31	Serviços de análise laboratorial de solos, sementes e outros materiais propagativos, fitossanitários, água de produção, bromatologia e sanidade animal	1.1404.41.00
32	Licenciamento de direitos sobre cultivares	1.1105.10.00
33	Cessão definitiva de direitos sobre cultivares	1.1109.10.00
34	Melhoramento genético de animais e plantas e biotecnologia, inclusive seus royalties	
35	Vinhaça	2303.30.00
		2303.20.00

O § 1º do dispositivo prevê que a redução de alíquotas só se aplica aos produtos listados que, quando exigido, estejam registrados como insumos agropecuários ou aquícolas no órgão competente do Ministério da Agricultura e Pecuária.

Para algumas situações específicas aplica-se o diferimento do recolhimento do IBS e da CBS incidentes em operações com insumos agropecuários e aquícolas. O § 2º prevê que o diferimento será aplicado em operações realizadas por contribuintes no regime regular do IBS e da CBS, tanto no fornecimento interno quanto na importação, desde que os insumos sejam utilizados por produtores rurais não contribuintes na produção de bens destinados a adquirentes que têm direito à apropriação de créditos presumidos, conforme o art. 168. No entanto, esse benefício restringe-se à parcela efetivamente utilizada para atender tais adquirentes, como especificado no § 3º.

O § 5º estabelece situações que encerram o diferimento, como operações sem emissão de documento fiscal ou aquelas sujeitas à isenção, suspensão ou alíquota zero, enquanto os §§ 6º a 9º disciplinam o recolhimento dos tributos diferidos, os critérios para incidência do IBS e da CBS, e as condições de dispensa do recolhimento quando permitida a apropriação de créditos. O § 10 prevê ainda revisões periódicas da lista de insumos beneficiados, com o objetivo de incluir novos itens que atendam às mesmas finalidades dos já contemplados ou que sejam destinados exclusivamente à produção de defensivos agropecuários, garantindo a atualização e a adequação da norma às necessidades do setor.[161]

6.35.9. PRODUÇÕES NACIONAIS ARTÍSTICAS, CULTURAIS, DE EVENTOS, JORNALÍSTICAS E AUDIOVISUAIS

O art. 139 prevê a redução de 60% sobre as alíquotas incidentes sobre o fornecimento de serviços e o licenciamento ou cessão de direitos destinados às seguintes produções nacionais artísticas, culturais, de eventos, jornalísticas e audiovisuais:

(i)   espetáculos teatrais, circenses e de dança;

---

[161] Art. 138. [...]

§ 2º Fica diferido o recolhimento do IBS e da CBS incidentes nas seguintes operações com insumos agropecuários e aquícolas de que trata o *caput*: I – fornecimento realizado por contribuinte sujeito ao regime regular do IBS e da CBS para a: a) contribuinte sujeito ao regime regular do IBS e da CBS; e b) produtor rural não contribuinte do IBS e da CBS que utilize os insumos na produção de bem vendido para adquirentes que têm direito à apropriação dos créditos presumidos estabelecidos pelo art. 168 desta Lei Complementar; e II – importação realizada por: a) contribuinte sujeito ao regime regular do IBS e da CBS; e b) produtor rural não contribuinte do IBS e da CBS que utilize os insumos na produção de bem vendido para adquirentes que têm direito à apropriação dos créditos presumidos estabelecidos pelo art. 168 desta Lei Complementar. § 3º O diferimento de que tratam a alínea "b" do inciso I e a alínea "b" do inciso II, ambos do § 2º, somente será aplicado sobre a parcela de insumos utilizada pelo produtor rural não contribuinte do IBS e da CBS na produção de bem vendido para adquirentes que têm direito à apropriação dos créditos presumidos estabelecidos pelo art. 168 desta Lei Comple-mentar. § 4º O regulamento disciplinará a forma de ajuste anual pelo produtor rural não contribuinte do IBS e da CBS diferidos na forma dos §§ 2º e 3º em relação à parcela de sua produção vendida para adquirentes que não têm direito à apropriação dos créditos presumidos estabelecidos pelo art. 168 desta Lei Complementar, hipótese em que não se aplicarão quaisquer acréscimos legais até o prazo de vencimento do ajuste (vetado). § 5º Nas hipóteses previstas na alínea "a" do inciso I e na alínea "a" do inciso II, ambas do § 2º deste artigo, o diferimento será encerrado caso: I – o fornecimento do insumo agropecuário e aquícola, ou do produto deles resultante: a) não esteja alcançado pelo diferimento; ou b) seja isento, não tributado, inclusive em razão de suspensão do pagamento, ou sujeito à alíquo-ta zero; ou II – a operação seja realizada sem emissão do documento fiscal. § 6º O recolhimento do IBS e da CBS relativos ao diferimento será efetuado pelo contribuinte que promover a operação que encerrar a fase do diferimento, ainda que não tributada, na forma prevista nos §§ 7º e 8º deste artigo. § 7º Na hipótese a que se refere a alínea "a" do inciso I do § 5º deste artigo, a incidência do IBS e da CBS observará as regras aplicáveis à operação tributada. § 8º Na hipótese a que se refere a alínea "b" do inciso I do § 5º deste artigo, fica dispensado o recolhimento do IBS e da CBS caso seja permitida a apropriação de crédito, nos termos previstos nos arts. 47 a 56. § 9º Nas hipóteses previstas na alínea "b" do inciso I e na alínea "b" do inciso II, ambos do § 2º deste artigo, o diferimento será encerrado mediante: I – a redução do valor dos créditos presumidos de IBS e de CBS estabelecidos pelo art. 168, na forma do § 3º do referido artigo; ou II – o recolhimento em razão do ajuste de que trata o § 4º deste artigo (vetado). § 10. Sem prejuízo da avaliação quinquenal de que trata o Capítulo I do Título III do Livro III desta Lei Complementar, o Ministro de Estado da Fazenda e o Comitê Gestor do IBS, ouvido o Ministério da Agricultura e Pecuária, revisarão, a cada 120 (cento e vinte) dias, por meio de ato conjunto, a lista de que trata o Anexo IX, tão somente para inclusão de insumos de que trata o *caput* deste artigo que sirvam às mesmas finalidades daquelas já contempladas e de produtos destinados ao uso exclusivo para a fabricação de defensivos agropecuários.

(ii)   shows musicais;

(iii) desfiles carnavalescos ou folclóricos;

(iv)   eventos acadêmicos e científicos, como congressos, conferências e simpósios;

(v)   feiras de negócios;

(vi)   exposições, feiras, galerias e mostras culturais, artísticas e literárias; e

(vii) programas de auditório ou jornalísticos, filmes, documentários, séries, novelas, entrevistas e clipes musicais.

(viii) obras de arte.

As referidas reduções, com o objetivo de fomentar as produções e eventos nacionais, aplicam-se somente a produções realizadas no Brasil que contenham majoritariamente obras artísticas, musicais, literárias ou jornalísticas de autores brasileiros ou interpretadas majoritariamente por artistas brasileiros (parágrafo único).

6.35.10. COMUNICAÇÃO INSTITUCIONAL

No art. 140 a LC 214/2025 estabelece a redução de 60% para determinados serviços de comunicação institucional prestados à administração pública direta, autarquias e fundações públicas. Os serviços contemplados são:

(i)   Planejamento e gestão de presença digital:

- criação, programação e manutenção de páginas eletrônicas da Administração Pública;

- monitoramento e gestão de redes sociais dos órgãos públicos;

- otimização de páginas e canais digitais para mecanismos de busca;

- produção de mensagens, infográficos, painéis interativos e conteúdo institucional.

(ii)   Serviços de relações com a imprensa:

- estratégias para promover e reforçar a comunicação dos órgãos e entidades com seus públicos de interesse;

- interação com profissionais da imprensa para disseminar informações relevantes.

(iii) Serviços de relações públicas:

- esforços de comunicação planejados, coesos e contínuos;

- objetivo de estabelecer uma percepção adequada da atuação e dos objetivos institucionais;

- estimular a compreensão mútua e manter padrões de relacionamento e fluxos de informação entre os órgãos e seus públicos, tanto no país quanto no exterior.

O parágrafo único do mesmo dispositivo indica a redução das alíquotas é exclusiva para serviços prestados à Administração Pública direta, autarquias e fundações públicas. Quando os fornecedores atendem clientes fora desse escopo, ou seja, entidades privadas ou outros setores não especificados, a tributação retorna à alíquota-padrão.

Essa temática pode gerar debates judiciais em razão das condições impostas, especialmente quanto à delimitação dos beneficiários e à definição dos serviços contemplados pela redução de alíquota. Ao restringir o benefício aos serviços de comunicação institucional contratados pela administração pública direta, autarquias e fundações públicas, excluindo adquirentes do setor privado ou do terceiro setor, pode provocar a invocação de violação ao princípio da isonomia tributária, haja vista fornecedores de serviços similares para outros setores sujeitar-se a carga tributária mais elevada, criando vantagem competitiva desproporcional em favor das contratações públicas. Além disso, podem surgir questionamentos sobre se determinados órgãos ou entidades, como empresas estatais ou consórcios públicos, estariam abrangidos pelo benefício, gerando insegurança jurídica.

Outro ponto de possível controvérsia diz respeito à classificação dos serviços beneficiados pela redução. A definição de "comunicação institucional" inclui atividades específicas, mas deixa margem para dúvidas quanto a serviços correlatos, como campanhas publicitárias, produção audiovisual e consultoria estratégica.

6.35.11. ATIVIDADES DESPORTIVAS

As atividades desportivas, previstas no art. 141, também foram contempladas pela redução em 60% e as operações beneficiadas são:

(i) fornecimento de serviço de educação desportiva (1.2205.12.00 NBS)

- Envolve atividades de ensino e treinamento em esportes, incluindo escolas de futebol, academias de artes marciais, escolas de natação, entre outras modalidades esportivas.

(ii) gestão e exploração do desporto por associações e clubes esportivos

- Filiados ao órgão estadual ou federal responsável pela coordenação dos desportos.
- Inclui diversas atividades, tais quais:
  - venda de ingressos para eventos desportivos: comercialização de entradas para jogos, competições e outras manifestações esportivas;
  - fornecimento oneroso ou não de bens e serviços, inclusive ingressos, por meio de programas de sócio-torcedor: programas de fidelização que oferecem benefícios e serviços exclusivos aos torcedores associados;
  - cessão dos direitos desportivos dos atletas: transferência de direitos econômicos sobre atletas para outros clubes ou entidades;
  - transferência de atletas para outra entidade desportiva ou seu retorno à atividade em outra entidade desportiva: operações envolvendo a movimentação de atletas entre clubes, incluindo negociações e contratos.

O art. 141, ao estabelecer uma redução de 60% nas alíquotas do IBS e da CBS para operações relacionadas a atividades desportivas, pretende incentivar o setor esportivo e diminuir a carga tributária sobre atividades entendidas como de relevância social e cultural. As operações beneficiadas incluem serviços de educação desportiva, que abrangem práticas pedagógicas para o desenvolvimento físico e esportivo. E, ainda, estão compreendidas associações e clubes esportivos filiados aos órgãos estaduais ou federais responsáveis pela coordenação do desporto, com benefícios fiscais estendidos à venda de ingressos, programas de sócio-torcedor, cessão de direitos desportivos e transferência de atletas.

Clubes ou associações não filiados aos órgãos estaduais ou federais estão excluídos do benefício, bem como atividades que envolvam práticas esportivas mas não se encaixem perfeitamente nesse enquadramento, como academias de ginástica ou centros de treinamento especializado. A definição de "gestão e exploração do desporto" e a inclusão de atividades como a cessão de direitos desportivos e a transferência de atletas possuem características econômicas mais próximas de transações comerciais do que de atividades desportivas tradicionais, mas por ter previsão expressa na norma assegura o tratamento diferenciado.

6.35.12. SOBERANIA, SEGURANÇA NACIONAL, SEGURANÇA DA INFORMAÇÃO E SEGURANÇA CIBERNÉTICA

O art. 142 da Lei Complementar estabelece a redução em 60% sobre o fornecimento de determinados bens e serviços à Administração Pública direta, autarquias e fundações públicas, que estejam relacionados à soberania, segurança nacional, segurança da informação e segurança cibernética, bem como sobre operações e prestações de serviços específicos de segurança da informação e segurança cibernética realizadas por empresas que possuam, em sua composição societária, ao menos 20% de capital de sócio brasileiro.

6.35.13. TRANSPORTE DE PASSAGEIROS

Ficarão sujeitas à redução a zero, conforme art. 149, I, da LC 214/2025, as operações de aquisição de automóveis de fabricação nacional com, no mínimo, quatro portas, por motoristas profissionais que, comprovadamente, utilizem automóvel de sua propriedade para a atividade de condução autônoma de passageiros, na condição de titular de autorização, permissão ou concessão do Poder Público, e que destinem o automóvel à utilização na categoria de aluguel (táxi).

6.35.14. INSTITUIÇÕES CIENTÍFICAS, TECNOLÓGICAS E DE INOVAÇÃO (ICTS)

Os serviços prestados por Instituições Científicas, Tecnológicas e de Inovação (ICTs) sem fins lucrativos também terão a diminuição a zero das alíquotas (art. 156). Essa medida beneficia tanto a Administração Pública direta, autarquias e fundações públicas quanto os contribuintes sujeitos ao regime regular desses tributos. Para tanto, a instituição beneficiada deverá ter como objetivo a pesquisa científica ou tecnológica ou o desenvolvimento de novos produtos, serviços ou processos, e deve cumprir as condições para usufruir da imunidade fiscal prevista para instituições de educação e assistência social sem fins lucrativos (art. 156, II).

6.35.15. REGIMES ESPECÍFICOS DO IBS E DA CBS

A LC 214/2025 estabelece os seguintes regimes com tratamento específico, sob incidência ou formatação diferenciadas do IBS e da CBS, especialmente destinados a setores ou operações com características e necessidades próprias: a) combustíveis, b) serviços financeiros, c) planos de assistência à saúde, d) concursos de prognósticos, e) bens imóveis, f) cooperativas, g) bares, restaurantes, hotelaria e parques de diversão e temáticos, h) transporte coletivo de passageiros e agências de viagem e de turismo, i) sociedade anônima de futebol – SAF, e j) missões diplomáticas, repartições consulares e operações alcançadas por tratado internacional.

6.35.16. COMBUSTÍVEIS

A LC 214/2025 prevê que o IBS e a CBS incidirão uma única vez sobre as operações com determinados combustíveis, independentemente de sua origem, ainda que a operação tenha sido iniciada no exterior (art. 167). Trata-se do regime monofásico de incidência, como forma de tributação diferenciada aplicada a determinados setores da economia, cuja incidência ocorre de maneira concentrada em uma única etapa da cadeia produtiva ou de comercialização.

Em vez de os tributos serem cobrados ao longo de todas as fases de produção e distribuição de um bem ou serviço, no regime monofásico a tributação é concentrada em um momento específico da cadeia – geralmente no fabricante, importador ou distribuidor – e, a partir daí, não há mais incidência de tributos ao longo das demais fases da comercialização (atacadistas, distribuidores e varejistas). Atualmente é utilizado para incidência do PIS e da Cofins sobre setores como medicamentos e cosméticos, além de combustíveis. Em outras palavras, ocorre a incidência majorada (alíquotas elevadas), prevendo todas as etapas de circulação do bem, a fim de compensar a ausência de tributação nas fases seguintes e a consequente desoneração da cobrança tributária.

É uma forma de simplificar a cobrança do tributo pela administração tributária, uma vez que concentra a responsabilidade pelo pagamento dos tributos em um número reduzido de contribuintes, de modo a facilitar a fiscalização e o controle. Por exemplo, a legislação prevê a cobrança do PIS e da Cofins pela fabricação ou importação do combustível na refinaria de petróleo, considerando todas as etapas subsequentes, do distribuidor atacadista para o posto varejista de combustível até o consumidor final. Supunha-se que a fiscalização tivesse que acompanhar e monitorar todos os postos de combustíveis no país? Com o regime monofásico de tributação, a Petrobrás, como refinaria de petróleo, recolhe os tributos de toda as etapas subsequentes da cadeia até o consumidor final.

A regulamentação pela LC 214/2025 indica que o regime monofásico se aplica a vários tipos de combustíveis, independentemente de sua finalidade, compreendendo a gasolina, etanol anidro combustível (EAC), óleo diesel, biodiesel (B100), gás liquefeito de petróleo (GLP) e gás liquefeito derivado de gás natural (GLGN). Além de etanol hidratado combustível (EHC), querosene de aviação, óleo combustível, gás natural processado, biometano, gás natural veicular (GNV) e outros combustíveis que venham a ser definidos e autorizados pela Agência Nacional do Petróleo, Gás Natural e Biocombustíveis (ANP) e que estejam devidamente relacionados na legislação vigente.

A base de cálculo do IBS e da CBS é definida pela quantidade de combustível objeto da operação, ou seja, o imposto incide sobre o volume transacionado – em regra em metro cúbico, e não sobre o valor monetário da operação. A quantidade de combustível será aferida de acordo com a unidade de medida específica para cada tipo de combustível, assegurando que a base de cálculo seja adequada às particularidades de cada produto, especialmente com a finalidade de que a metodologia assegure maior precisão e uniformidade na tributação, independentemente da natureza ou do preço de cada operação com combustíveis.[162]

As alíquotas do IBS e da CBS para os combustíveis seguem um regime específico, ainda que uniformes em todo o território nacional. São calculadas de acordo com a unidade de medida apropriada para cada tipo de combustível e diferenciadas por produto, com reajustes anuais, e no ano anterior ao de sua vigência, respeitando o princípio da anterioridade nonagesimal, conforme previsto na Constituição Federal. A divulgação das alíquotas correspondentes é atribuição do Comitê Gestor do IBS, no caso do IBS, e o chefe do Poder Executivo da União, no caso da CBS.[163]

As alíquotas da CBS para 2027 deverão ser fixadas de modo a não exceder a carga tributária incidente sobre os combustíveis com relação aos tributos federais extintos ou reduzidos pela EC 132. Para esse cálculo, será considerada a carga tributária direta sobre a produção, importação e comercialização dos combustíveis, incluindo contribuições como o PIS/PASEP, além de tributos estaduais e municipais. O valor será calculado por unidade de medida e reajustado de acordo com o Índice de Preços ao Consumidor Amplo (IPCA), de modo a garantir que os tributos reflitam o comportamento inflacionário do período.[164]

Para os anos subsequentes, a CBS será ajustada com base no preço médio ponderado de venda ao consumidor final, obtido por meio de pesquisas ou de documentos fiscais eletrônicos de venda, sujeita à metodologia para o cálculo das alíquotas sob aprovação do Ministério da Fazenda e o Comitê Gestor do IBS, em ato conjunto, com homologação do Tribunal de Contas da União. Já no caso do IBS, as alíquotas serão implementadas gradualmente, começando com um limite de 10% da carga tributária

---

[162] Art. 173. A base de cálculo do IBS e da CBS será a quantidade de combustível objeto da operação.

§ 1º A quantidade de combustível será aferida de acordo com a unidade de medida própria de cada combustível.

§ 2º O valor do IBS e da CBS, nos termos deste Capítulo, corresponderá à multiplicação da base de cálculo pela alíquota específica aplicável a cada combustível

[163] Art. 174. As alíquotas do IBS e da CBS para os combustíveis de que trata o art. 172 desta Lei Complementar serão:

I – uniformes em todo o território nacional, específicas por unidade de medida e diferenciadas por produto;

II – reajustadas no ano anterior ao de sua vigência, observada, para a sua majoração, a anterioridade nonagesimal prevista na alínea c do inciso III do *caput* do art. 150 da Constituição Federal;

III – divulgadas:

a) quanto ao IBS, pelo Comitê Gestor do IBS;

b) quanto à CBS, pelo chefe do Poder Executivo da União.

[164] Art. 174. [...]

§ 1º As alíquotas da CBS em 2027 serão fixadas de forma a não exceder a carga tributária incidente sobre os combustíveis dos tributos federais extintos ou reduzidos pela Emenda Constitucional n. 132, de 20 de dezembro de 2023, calculada nos termos do § 2º deste artigo.

sobre os combustíveis em 2029, e aumentando progressivamente até alcançar 100% da carga tributária em 2033. Para garantir a competitividade dos biocombustíveis e do hidrogênio de baixa emissão de carbono, a legislação prevê que esses produtos terão tributação inferior à dos combustíveis fósseis, assegurando um diferencial competitivo que promova o uso de energias limpas e sustentáveis.[165]

A LC 214/2025 estabelece, ainda, mecanismos para garantir que combustíveis com funções semelhantes, mas não listados expressamente, recebam a mesma tributação aplicada aos combustíveis de finalidades próximas, antevendo o compromisso da legislação com a sustentabilidade e a inovação no setor energético. Por fim, a Lei Complementar 214/2025 também institui forma de cálculo e da fixação das alíquotas considerando a eficiência energética, como incentivo ao uso de combustíveis com menor impacto ambiental, em conformidade com os princípios constitucionais de proteção ao meio ambiente.[166]

Os contribuintes sujeitos ao regime específico de tributação do IBS e CBS para combustíveis incluem todos os agentes envolvidos na cadeia de produção, processamento e importação de combustíveis, entre os quais o produtor nacional de biocombustíveis, as refinarias de petróleo e suas correspondentes bases, as centrais de matéria-prima petroquímica (CPQs), as unidades de processamento de gás natural (UPGNs), os formuladores de combustíveis, e os importadores. Além disso, qualquer outro agente produtor autorizado por órgão competente também se enquadra como contribuinte.[167]

---

[165] Art. 174. [...]

§ 4 º As alíquotas do IBS serão fixadas:

I – em 2029 de forma a não exceder a 10% (dez por cento) da carga tributária incidente sobre os combustíveis dos tributos estaduais e municipais extintos ou reduzidos pela Emenda Constitucional n. 132, de 20 de dezembro de 2023, calculada nos termos do § 5º deste artigo;

II – em 2030 de forma a não exceder a 20% (vinte por cento) da carga tributária calculada nos termos do § 5º, reajustada nos termos do § 6º deste artigo;

III – em 2031 de forma a não exceder a 30% (trinta por cento) da carga tributária calculada nos termos do § 5º, reajustada nos termos do § 6º deste artigo;

IV – em 2032 de forma a não exceder a 40% (quarenta por cento) da carga tributária calculada nos termos do § 5º, reajustada nos termos do § 6º deste artigo;

V – a partir de 2033 de forma a não exceder a carga tributária calculada nos termos do § 5º, reajustada nos termos do § 6º deste artigo.

[166] Art. 174. [...]

§ 11. Em relação aos combustíveis de que trata o inciso XII do *caput* do art. 172 desta Lei Complementar, será aplicada a mesma alíquota observada pelo combustível que possua a finalidade mais próxima, entre aqueles previstos nos incisos I a XI do *caput* do referido artigo, ponderada pela eficiência energética, observado, quando se tratar de biocombustíveis, o disposto no art. 175.

Art. 175. Fica assegurada aos biocombustíveis e ao hidrogênio de baixa emissão de carbono tributação inferior à incidente sobre os combustíveis fósseis, de forma a garantir o diferencial competitivo estabelecido no inciso VIII do § 1º do art. 225 da Constituição Federal. [...]

[167] Art. 176 da LC 214/2025: São contribuintes do regime específico de IBS e de CBS de que trata este Capítulo:

I – o produtor nacional de biocombustíveis;

II – a refinaria de petróleo e suas bases;

III – a central de matéria-prima petroquímica (CPQ);

IV – a unidade de processamento de gás natural (UPGN) e o estabelecimento produtor e industrial a ele equiparado, definido e autorizado por órgão competente;

V – o formulador de combustíveis;

VI – o importador; e

A sujeição passiva estende-se, a título de responsabilidade solidária pelo recolhimento do IBS e da CBS, aos participantes da cadeia econômica que realizarem operações subsequentes à tributação monofásica dos combustíveis, caso seja comprovado que contribuíram para o não pagamento dos tributos devidos pelos contribuintes principais.

Portanto, são incluídos como contribuintes principais o produtor nacional de biocombustíveis, refinarias de petróleo, centrais de matéria-prima petroquímica (CPQs), unidades de processamento de gás natural (UPGNs) e seus equivalentes industriais, formuladores de combustíveis, importadores e qualquer outro agente produtor autorizado por órgão competente. Inclusive, a norma estende a aplicação desse regime aos distribuidores de combustíveis que atuem como importadores, bem como equipara cooperativas de produtores de etanol, devidamente autorizadas, ao produtor nacional de biocombustíveis, conferindo-lhes as mesmas responsabilidades tributárias.

Para as operações com Biodiesel (B100) e Etanol Anidro Combustível (EAC), a LC 214/2025 atribui às refinarias de petróleo (as correspondentes bases e centrais de matéria-prima petroquímica – CPQ), formuladores de combustíveis e importadores a responsabilidade pela retenção e recolhimento do IBS e da CBS incidentes sobre as importações de EAC ou as saídas do estabelecimento produtor de EAC, quando o biocombustível é utilizado na mistura com gasolina A. Essa responsabilidade é aplicável ao percentual de biocombustível incluído na mistura, assegurando que os tributos sejam recolhidos de forma adequada durante essa etapa da cadeia de produção. Isso acontece porque nas operações com EAC, o adquirente que comprar o etanol destinado à mistura com gasolina A, mas, desvirtuadamente, destinar os biocombustíveis para uma finalidade diversa, será obrigado a recolher o IBS e a CBS sobre o volume correspondente de biocombustível. É uma forma de garantir que o tributo seja pago sempre que o produto não seja utilizado conforme a destinação inicialmente prevista.

Já para o caso das distribuidoras de combustíveis que realizam a mistura de EAC com gasolina A, a LC 214/2025 estabelece duas situações distintas. Se a mistura for realizada com um percentual superior ao obrigatório, a distribuidora será responsável por recolher o IBS e a CBS referentes ao volume de biocombustível que exceder o percentual obrigatório. Por outro lado, se a mistura for inferior ao percentual obrigatório, a distribuidora terá direito ao ressarcimento do IBS e da CBS referentes ao volume de biocombustível que não foi utilizado na mistura, ou seja, o volume misturado a menor do que o percentual obrigatório.

A técnica utilizada diz respeito à dinâmica para formação da Gasolina tipo C, ou seja, aquela utilizada pelo consumidor final e adquirida pelos postos de combustíveis. A distribuidora ao comprar a Gasolina do tipo A deve promover a mistura obrigatória com o Álcool Etílico Anidro Combustível (AEAC), adquirido junto às destilarias ou usinas de álcool, de acordo com os percentuais definidos em regulamento próprio estabelecido pela agência responsável. As disposições da LC 214/2025 pretendem as-

---

VII – qualquer agente produtor não referido nos incisos I a VI deste *caput*, autorizado por órgão competente.

§ 1º O disposto neste artigo também se aplica ao distribuidor de combustíveis em suas operações como importador.

§ 2º Equipara-se ao produtor nacional de biocombustíveis a cooperativa de produtores de etanol autorizada por órgão competente.

segurar um controle rigoroso sobre as operações com biocombustíveis, de modo que que os tributos sejam devidamente recolhidos ou ressarcidos conforme a quantidade de biocombustível misturado à gasolina, evitando fraudes e garantindo a conformidade com as normas vigentes.[168]

Por fim, a LC 214/2025, a respeito dos créditos na aquisição de combustíveis submetidos ao regime de tributação monofásica, impede qualquer espécie de apropriação, quando esses combustíveis forem destinados à distribuição, comercialização ou revenda. Isso significa que, em operações subsequentes dentro da cadeia de distribuição, não será possível gerar créditos tributários sobre o valor do tributo já recolhido de forma monofásica na etapa anterior. Essa regra vem sendo aplicada aos regimes de tributação federal (PIS e Cofins), de modo que todo o tributo é concentrado na primeira etapa e as alíquotas subsequentes são zeradas sem direito a crédito das correspondentes contribuições.

A LC 214/2025 somente permite o direito à apropriação de créditos ao contribuinte em situações que não se enquadrem nas hipóteses de vedação mencionadas, ou seja, aquisição pelo distribuidor, pelo varejista de combustível, bem como aquelas relacionadas ao uso ou consumo pessoal, assegurando, por outro lado, aos adquirentes para fins de insumos para cumprimento das atividades econômicas da empresa (art. 180). Além disso, a legislação garante ao exportador de combustíveis o direito de apropriação e utilização dos créditos do IBS e da CBS relacionados às correspondentes aquisições para fins de abatimento e compensação com outros tributos ou para solicitar a restituição administrativa. Pretende-se, com isso, evitar a tributação de operações voltadas ao mercado internacional, em consonância com o princípio da desoneração das exportações (§ 2º, art. 180).

A leitura do *caput* do art. 180, e do correspondente § 1º, deixa-nos antever uma interpretação provocativa. Para os combustíveis utilizados pelo distribuidor com a finalidade de manter em funcionamento a própria frota – destinados ao transporte dos próprios combustíveis, a interpretação contextual da legislação permite compreender que esses combustíveis são insumos próprios, e não com fins de comercialização. É que a vedação à apropriação de créditos prevista no art. 180 aplica-se a combustíveis destinados à distribuição, comercialização ou revenda, ou seja, nas operações cujos combustíveis são repassados ao consumidor final ou a outros distribuidores. Porém, o uso de combustível para a própria atividade da empresa – como o transporte de mercadorias, que pode ser considerado um insumo para a atividade econômica do distribuidor – permite, sim, a apropriação de créditos tributários.

---

[168] Art. 179. Nas operações com EAC:

I – o adquirente de EAC destinado à mistura com gasolina A que realizar a saída dos biocombustíveis com destinação diversa fica obrigado a recolher o IBS e a CBS incidentes sobre o biocombustível;

II – a distribuidora de combustíveis que realizar mistura de EAC com gasolina A em percentual:

a) superior ao obrigatório, fica obrigada a recolher o IBS e a CBS de que trata o art. 172 desta Lei Complementar em relação ao volume de biocombustível correspondente ao que exceder ao percentual obrigatório de mistura; e

b) inferior ao obrigatório, terá direito ao ressarcimento do IBS e da CBS de que trata o art. 172 desta Lei Complementar em relação ao volume de biocombustível correspondente ao misturado a menor do que o percentual obrigatório de mistura.

Se o combustível for utilizado para a operação logística da própria empresa, como parte do processo produtivo ou operacional (no caso, o transporte dos combustíveis), essa despesa pode ser interpretada como um insumo essencial para a atividade da distribuidora e, de acordo com o princípio da não cumulatividade presente na legislação tributária, insumos relacionados à atividade-fim da empresa, como transporte de mercadorias, em muitos casos permitem a apropriação de créditos de IBS e CBS. Portanto, se o combustível utilizado pela frota for considerado como insumo necessário para a atividade da empresa (transporte dos próprios produtos), entendo que o distribuidor pode creditar-se exclusivamente dessa parte do tributo, com base nas exceções mencionadas no § 1º do art. 180.

6.35.17. SERVIÇOS FINANCEIROS

Os serviços financeiros, pela LC 214/2025, estão sujeitos a um regime específico de incidência do IBS e da CBS. Pela abrangência do termo "serviços financeiros", pode-se incluir uma ampla gama de operações, como de crédito, câmbio, títulos e valores mobiliários, securitização, arrendamento mercantil, administração de consórcio, gestão de fundos de investimento, seguros, resseguros, previdência privada e capitalização. Esse regime específico aplica-se a todos esses serviços, independentemente da nomenclatura adotada.

O regime é compatível tanto para pessoas físicas quanto jurídicas supervisionadas pelos órgãos que compõem o Sistema Financeiro Nacional, compreendendo bancos, cooperativas de crédito, corretoras, gestoras de fundos e outras entidades financeiras e, além disso, também alcança outros fornecedores que prestem serviços financeiros de forma habitual ou em volume que caracterize uma atividade econômica, mesmo que não sejam supervisionados pelos órgãos reguladores (art. 183 da LC 214/2025).

A base de cálculo do IBS e da CBS para os serviços financeiros é composta pelas receitas geradas por esses serviços, com as deduções permitidas pela legislação, não se incluindo reversões de provisões nem recuperações de créditos baixados como prejuízo, desde que essas provisões ou baixas não tenham sido deduzidas anteriormente da base de cálculo. As deduções da base de cálculo são restritas a operações autorizadas pelos órgãos governamentais, enquanto despesas administrativas não podem ser deduzidas.

As alíquotas do IBS e da CBS – nacionalmente uniformes e proporcionais entre os diferentes níveis de governo – aplicáveis aos serviços financeiros são estabelecidas com base no cronograma previsto, de 2027 a 2033, para garantir que a carga tributária incidente sobre essas operações seja mantida, e a partir de 2034, as alíquotas serão as mesmas fixadas para 2033.

a) **Operações de Crédito, Câmbio, Títulos, Valores Mobiliários, Derivativos, Securitização e Faturização (*factoring*)**

Nas operações de crédito, câmbio, títulos e valores mobiliários, securitização e *factoring*, a base de cálculo será composta pelas receitas desses serviços, com dedução de despesas financeiras relacionadas à captação de recursos, perdas incorridas no recebimento de créditos e encargos financeiros, incluindo-se, ainda, despesas com assessores de investimento e consultores de valores mobiliários para fins de dedução, seguindo regras específicas.[169]

As entidades que realizam operações com serviços financeiros deverão fornecer informações detalhadas sobre essas operações, conforme regulamento, para garantir a correta apuração dos tributos e de modo que os contribuintes do IBS e CBS, tomadores de operações de crédito, possam apropriar-se de créditos, conforme regramento próprio. Esses créditos são calculados com base nas despesas financeiras efetivamente pagas, desde que superem os valores correspondentes ao principal e os juros calculados pela taxa Selic. O direito ao crédito também se aplica a títulos de dívida, como debêntures, desde que os devedores sejam contribuintes do IBS e CBS, sujeitos ao regime regular de tributação, mas desde que esse benefício não se estende a operações interbancárias ou entre entidades sujeitas ao regime específico.

Os tomadores de serviços de securitização e faturização (*factoring*) também podem se creditar, considerando a parcela do desconto aplicado na liquidação antecipada de recebíveis, pelo regime de caixa, que for superior à curva de juros futuros da taxa DI, pelo prazo da antecipação. Vamos explicar esse trecho com um exemplo prático.[170]

Suponha que uma empresa X vende mercadorias a prazo e, para antecipar o recebimento do dinheiro dessas vendas, decide fazer uma securitização ou utilizar o

---

[169] Art. 192. Nas operações de crédito, de câmbio, e com títulos e valores mobiliários, de que tratam os incisos I a III do *caput* do art. 182 desta Lei Complementar, para fins de determinação da base de cálculo, serão consideradas as receitas dessas operações, com a dedução de:

I – despesas financeiras com a captação de recursos;

II – despesas de câmbio relativas às operações de que trata o inciso II do *caput* do art. 182 desta Lei Complementar;

III – perdas nas operações com títulos ou valores mobiliários de que trata o inciso III do *caput* do art. 182 desta Lei Complementar;

IV – encargos financeiros reconhecidos como despesas, ainda que contabilizados no patrimônio líquido, referentes a instrumentos de dívida emitidos pela pessoa jurídica;

V – perdas incorridas no recebimento de créditos decorrentes das atividades das instituições financeiras e das demais instituições autorizadas a funcionar pelo Banco Central do Brasil nas operações com serviços financeiros de que tratam os incisos I a V do *caput* do art. 182 desta Lei Complementar, e perdas na cessão desses créditos e na concessão de descontos, desde que sejam realizadas a valor de mercado, obedecidas, ainda, em todos os casos, as mesmas regras de dedutibilidade da legislação do imposto de renda aplicáveis a essas perdas para os períodos de apuração iniciados a partir de 1o de janeiro de 2027; e

VI – despesas com assessores de investimento, consultores de valores mobiliários e correspondentes registrados no Banco Central do Brasil, relativas às operações de que tratam os incisos I a III do *caput* do art. 182 desta Lei Complementar, desde que esses serviços não tenham sido prestados por empregados ou administradores da empresa.

[170] Art. 194. Os contribuintes no regime regular que não estejam sujeitos ao regime específico desta Seção e sejam tomadores de operações de crédito de que trata o inciso I do *caput* do art. 182 desta Lei Complementar poderão apropriar créditos do IBS e da CBS pela mesma alíquota devida sobre essas operações de crédito, aplicada sobre as despesas financeiras relativas a essas operações efetivamente pagas, pelo regime de caixa e calculadas a partir das seguintes deduções sobre o valor de cada parcela, após a data de seu o pagamento: [...]

Art. 196. O tomador dos serviços de cessão de recebíveis, antecipação, desconto, securitização e faturização (*factoring*) de que tratam os incisos I, IV e V do *caput* do art. 182 desta Lei Complementar que seja contribuinte no regime regular e não esteja sujeito ao regime específico desta Seção poderá apropriar créditos nessas operações, em relação à parcela do deságio aplicado, no momento da liquidação antecipada do recebível, pelo regime de caixa, que for superior à curva de juros futuros da taxa DI, pelo prazo da antecipação.

serviço de *factoring*, ou seja, em vez de esperar o pagamento pelos clientes, a empresa vende os direitos de recebimento desses valores com desconto para uma empresa de *factoring* ou uma instituição financeira que faz securitização. Se considerado um valor de R$ 100.000,00 em recebíveis, recebe R$ 90.000 pelos títulos. Se o desconto aplicado pela *factoring* for maior do que o valor esperado de juros futuros da taxa DI, a empresa X poderá creditar-se do IBS e da CBS sobre esse valor excedente. Imagine, com base na curva de juros futuros, que o desconto adequado para antecipar o pagamento deveria ser R$ 8.000, contudo, o desconto efetivamente aplicado pela *factoring* foi R$ 10.000. Nesse caso, a empresa pode se creditar sobre os R$ 2.000 de diferença (R$ 10.000 – R$ 8.000).

O regime específico também se aplica ao Fundo de Investimento em Direitos Creditórios (FIDC) que realize a liquidação antecipada de recebíveis comerciais por meio de desconto de duplicatas, notas promissórias, cheques e outros títulos e, portanto, estará sujeito às regras de tributação do IBS e CBS quando não for classificado como uma entidade de investimento (art. 193, § 5º).

b) Arrendamento Mercantil

No arrendamento mercantil (*leasing*), as receitas serão tributadas de acordo com o regime de caixa, considerando o recebimento efetivo das parcelas e a tributação varia conforme o tipo de bem arrendado (imóvel ou móvel) e a natureza do arrendamento (operacional ou financeiro), enquanto as despesas financeiras associadas à captação de recursos utilizados nas operações de *leasing* também poderão ser deduzidas, desde que respeitadas as proporções previstas na legislação.

O art. 201 da Lei Complementar estabelece regras para a determinação da base de cálculo no arrendamento mercantil (*leasing*), diferenciando entre as modalidades de arrendamento mercantil operacional e financeiro. As receitas decorrentes dessas operações estão sujeitas ao regime de caixa, ou seja, o tributo será apurado conforme o recebimento das contraprestações. No arrendamento mercantil operacional, as alíquotas a serem aplicadas variam de acordo com o tipo de bem, de modo que para os bens imóveis, a alíquota aplicável será aquela destinada à locação, conforme o regime específico estabelecido pela legislação, enquanto para os demais bens, será aplicada a alíquota correspondente à locação do bem, seguindo as normas pertinentes. Se houver alienação do bem objeto do arrendamento, também haverá diferenciação entre bens imóveis, quando deve ser aplicada a alíquota prevista para a venda de imóveis; e para outros bens, ao utilizar a alíquota correspondente à venda do bem.

No arrendamento mercantil financeiro, as parcelas pagas pelo arrendatário serão tributadas pela alíquota prevista no art. 189 da Lei Complementar. Além disso, no caso de pagamento do valor residual garantido (VRG), pactuado no contrato e pago no momento do exercício da opção de compra do bem, a tributação seguirá regras específicas. Para bens imóveis, será aplicada a alíquota referente à venda de imóveis; para os demais bens, a alíquota será aquela prevista nas normas gerais de incidência sobre a venda de bens.

As deduções são permitidas, desde que proporcionais à participação das receitas obtidas em operações que não gerem créditos de IBS e CBS para o arrendatário, incluídas as despesas financeiras com a captação de recursos utilizados nas operações de arrendamento mercantil, as próprias despesas com o arrendamento, e as provisões para créditos de liquidação duvidosa, observadas as regras do art. 201 da LC 214/2025. Por fim, no caso do arrendamento mercantil financeiro, a parcela tributada referente ao valor residual garantido não poderá ser inferior ao custo de aquisição do bem ou serviço arrendado, independentemente do montante estipulado no contrato, de modo que a base de cálculo da tributação esteja alinhada ao valor real do bem ou serviço.

Para entender melhor, segue um exemplo. Uma empresa de tecnologia faz o arrendamento mercantil financeiro de um equipamento industrial com um custo de aquisição de R$ 100.000,00, com previsão contratual do valor residual garantido (VRG) de R$ 15.000 caso opte por adquirir o bem ao final. Mesmo que o VRG estipulado seja de R$ 15.000,00, para fins tributários, a base de cálculo do IBS e da CBS para o pagamento do tributo sobre essa parcela não poderá ser inferior ao custo de aquisição do equipamento, ou seja, os R$ 100.000,00, de maneira que a tributação não seja calculada sobre o montante do VRG (R$ 15.000,00), mas sim sobre o valor real do bem arrendado, ou seja, de R$ 100.000,00.

A disposição compreendida na LC 214/2025 alinha-se à jurisprudência do STJ a respeito do assunto, considerando a tributação do ISS, de modo que a base de cálculo do tributo, incidente nas operações de arrendamento mercantil, é o valor integral da operação contratada, que corresponde ao preço cobrado pelo serviço, haja vista o núcleo do arrendamento mercantil ser a própria operação de *leasing*, e não a diferença entre o capital investido e a remuneração paga ao arrendador (*spread*).[171]

c) **Administração de Consórcios**

No caso da administração de consórcios, a base de cálculo do IBS e da CBS inclui todas as tarifas, comissões e taxas relacionadas aos contratos de participação em consórcios, além de encargos, multas e juros. A aquisição de bens e serviços com carta de crédito de consórcio está sujeita às regras gerais de incidência dos tributos, exceto para bens imóveis ou itens sujeitos a regimes específicos. As alíquotas do IBS e da CBS para as operações de consórcio seguem as mesmas regras estabelecidas para outros serviços financeiros.

Na administração de consórcios, portanto, as receitas dos serviços abrangem todas as tarifas, comissões, taxas, encargos, multas e juros provenientes de contratos de participação, sendo consideradas para fins de cálculo pelo regime de caixa, ou seja, com base nos valores efetivamente pagos. A administradora pode deduzir da base de

---

[171] Processual civil e tributário. Agravo interno no recurso especial. ISS. Operação de arrendamento mercantil (*leasing*). Base de cálculo. Valor integral da operação contratada. Arbitramento. Possibilidade.

1. Inaplicável, na espécie, a Súmula 7 do STJ como óbice à admissibilidade do recurso especial fazendário, pois é desnecessário reexame de prova para revisar a tese adotada no acórdão recorrido de que a base de cálculo do ISS nas operações de arrendamento mercantil seria a diferença entre o produto da quantia investida pela arrendante e o valor das parcelas pagas pelo arrendatário. Precedentes.

2. A base de cálculo do ISS sobre as operações de arrendamento mercantil é o valor integral da operação realizada e não só o *spread* considerado pelo Tribunal de origem.

3. As questões de ordem pública somente podem ser conhecidas de ofício pelas instâncias ordinárias, ou seja, enquanto não inaugurada a instância excepcional, visto que os recursos especial e extraordinário são de fundamentação vinculada, de modo que é inviável conhecer de temas não ventilados em suas razões.

4. Agravo interno não provido (AgInt no REsp n. 1.754.451/PR, Rel. Min. Benedito Gonçalves, 1ª T., j. 19.04.2021, *DJe* de 23.04.2021).

cálculo os valores referentes a serviços de intermediação, conforme especificado na legislação. Já as aquisições de bens e serviços realizadas por consorciados com carta de crédito estão sujeitas às regras gerais de tributação, com exceção de casos específicos, como bens imóveis e outros bens ou serviços sujeitos a regimes diferenciados, nos quais a administradora não tem responsabilidade pelos tributos incidentes.

Na execução de garantias, se o grupo de consórcio receber valores oriundos de bens consolidados como propriedade, a tributação segue regras específicas. A consolidação do bem pelo grupo de consórcio não gera incidência do IBS e da CBS, mas na alienação do bem, as regras variam: não há incidência desses tributos se o consorciado não for contribuinte, mas, caso o consorciado seja contribuinte, a tributação segue as mesmas normas aplicáveis a ele. Além disso, as regras tributárias aplicáveis ao adquirente do bem serão as mesmas que valeriam se a alienação fosse realizada diretamente pelo consorciado. Por fim, a administradora será tributada sobre sua remuneração pelos serviços prestados, mas não será responsável pelos tributos devidos pelo consorciado nas situações descritas.[172]

A compreensão da temática pode ser assim ofertada no seguinte exemplo hipotético. Suponha que, em determinado mês, a administradora receba, pelo regime de caixa, R$ 100.000,00 provenientes das cobranças de tarifas, juros, multa etc. Esse valor compõe a base de cálculo do IBS e da CBS, porém, caso a administradora tenha contratado serviços de intermediação por R$ 20.000,00, esse montante poderá ser deduzido da base de cálculo, reduzindo então a base tributável para R$ 80.000,00.

Na hipótese de um consorciado que utiliza uma carta de crédito para adquirir bens, como um automóvel no valor de R$ 150.000,00, a responsabilidade pelo recolhimento do IBS e da CBS recai sobre a montadora ou concessionária que realiza a venda. E, portanto, nesse caso, a administradora do consórcio não possui qualquer obrigação tributária referente à referida operação. Por outro lado, se for preciso promover a execução de garantia devido à inadimplência de um consorciado, o bem retornará ao grupo de consórcio como propriedade consolidada, sem incidência do IBS e da CBS.

---

[172] Art. 204. Na administração de consórcio de que trata o inciso VII do *caput* do art. 182 desta Lei Complementar, para fins de determinação da base de cálculo, as receitas dos serviços compreendem todas as tarifas, comissões e taxas, bem como os respectivos encargos, multas e juros, decorrentes de contrato de participação em grupo de consórcio, efetivamente pagas, pelo regime de caixa.

§ 1º A administradora do consórcio poderá deduzir da base de cálculo os valores referentes aos serviços de intermediação de que trata o inciso XV do *caput* do art. 182 desta Lei Complementar.

§ 2º As aquisições de bens e de serviços por consorciado com carta de crédito de consórcio ficam sujeitas às regras previstas nas normas gerais de incidência de que trata o Título I deste Livro, exceto no caso de bem imóvel, que fica sujeito ao respectivo regime específico, e de outros bens ou serviços sujeitos a regime diferenciado ou específico, nos termos desta Lei Complementar, não havendo responsabilidade da administradora do consórcio por esses tributos.

§ 3º Na execução de garantia de consorciado, com recebimento dos valores pelo grupo de consórcio, deverá ser observado o seguinte: I – a consolidação da propriedade do bem pelo grupo de consórcio não estará sujeita à incidência do IBS e da CBS; II – na alienação do bem pelo grupo de consórcio: a) não haverá incidência do IBS e da CBS, se o consorciado não for contribuinte do IBS e da CBS; b) haverá incidência do IBS e da CBS pelas mesmas regras que seriam aplicáveis caso a alienação fosse realizada pelo consorciado, se este for contribuinte do IBS e da CBS; III – aplicam-se ao adquirente as mesmas regras relativas ao IBS e à CBS que seriam aplicáveis caso a alienação fosse realizada pelo consorciado; e IV – a administradora do consórcio ficará sujeita à incidência do IBS e da CBS sobre a remuneração pelo serviço prestado e não será responsável pelos tributos devidos pelo consorciado nos termos da alínea "b" do inciso II deste parágrafo.

Contudo, na eventual venda desse bem pelo grupo de consórcio, o tratamento tributário dependerá da condição do consorciado inadimplente: se ele não era contribuinte do IBS e da CBS, a venda não será tributada; caso fosse contribuinte, a operação será tributada pelas mesmas regras aplicáveis ao consorciado.

Por fim, relativamente às operações das administradoras de consórcio, quando elas cobram taxa de serviço, como na gestão da execução de garantias, haverá tributação pelo IBS e CBS sobre a remuneração recebida, mas não será responsável pelos tributos incidentes na venda do bem pelo grupo de consórcio.

d) Gestão e Administração de Recursos

A gestão e a administração de recursos, incluindo a gestão de fundos de investimento, estão sujeitas à incidência do IBS e da CBS sob um regime específico, de modo que os serviços financeiros prestados aos fundos de investimento devem seguir as regras previstas para a aplicação dessas alíquotas tributárias sobre o valor da operação. Para os serviços prestados aos fundos de investimento que não sejam classificados como serviços financeiros, as alíquotas seguem as normas gerais de incidência do IBS e da CBS, e podem se submeter a regimes diferenciados, conforme estabelecido na legislação pertinente.

Tanto o fundo de investimento quanto seus cotistas não têm o direito de se apropriar de créditos do IBS e da CBS relacionados aos bens e serviços adquiridos pelo fundo, exceto em casos específicos. Porém, se o fundo de investimento for contribuinte regular do IBS e da CBS, embora não possa creditar-se sobre os serviços de gestão e administração do fundo, pode creditar-se nas demais aquisições de bens e serviços, desde que respeitadas as regras gerais aplicáveis ao crédito tributário.

Os serviços de gestão e administração de recursos prestados diretamente ao investidor, como a gestão de carteiras administradas, também são tributados pelo IBS e CBS, seguindo as mesmas alíquotas aplicáveis à gestão de fundos de investimento, contudo, o adquirente desses serviços não pode se creditar sobre desses tributos.[173]

e) Fundo de Garantia do Tempo de Serviço (FGTS) e Fundos Garantidores e Executores de Políticas Públicas

Da mesma forma que os demais serviços financeiros, as operações relacionadas ao Fundo do FGTS estão sujeitas à incidência do IBS e da CBS, sob alíquotas uniformes nacionalmente, embora, diga-se, os próprios fundos não sejam considerados contribuintes dos correspondentes tributos. Ou seja, o FGTS em si, como fundo, não é contribuinte desses tributos, mas o banco que realiza as operações os recolhe ao conceder, por exemplo, um financiamento habitacional usando o saldo do FGTS sobre o serviço prestado, porém, como dito, o FGTS não seria diretamente tributado.[174]

---

[173] Art. 211. Os serviços de gestão e de administração de recursos prestados ao investidor e não ao fundo de investimento, como na gestão de carteiras administradas, ficam sujeitos ao IBS e à CBS pelas alíquotas previstas no art. 189 desta Lei Complementar, vedado o crédito do IBS e da CBS para o adquirente dos serviços.

[174] Art. 212. As operações relacionadas ao Fundo de Garantia do Tempo de Serviço (FGTS) ficam sujeitas à incidência do IBS e da CBS, por alíquota nacionalmente uniforme, a ser fixada de modo a manter a carga tributária incidente sobre essas operações.

As operações dos demais fundos garantidores e executores de políticas públicas, inclusive aqueles relacionados à habitação, também são isentas de tributação, desde que envolvam serviços prestados ao fundo por seus agentes operadores ou entidades administrativas. A legislação permite que essas regras se apliquem tanto aos fundos existentes quanto aos que venham a ser criados futuramente, mediante regulamentação que os incluirá na lista correspondente.

f) Arranjos de pagamento

O arranjo de pagamento é o sistema utilizado por estabelecimentos comerciais ao aceitarem pagamentos por cartões de crédito ou débito, envolvendo a loja (credenciado), a credenciadora (empresa que processa o pagamento, como a Cielo ou a Rede), o banco emissor do cartão e o consumidor.

No contexto dos arranjos de pagamento, e todos os serviços relacionados, como credenciamento, captura, processamento e liquidação das transações de pagamento, ficam sujeitos à incidência do IBS e da CBS, conforme regime específico e a base de cálculo dos tributos é determinada pelo valor bruto da remuneração recebida diretamente do credenciado, acrescido das parcelas pagas a outros participantes.

A base de cálculo dos tributos é o valor bruto da remuneração, ou seja, a empresa que processa o pagamento (credenciadora) cobra uma taxa de 2% sobre a venda de R$ 1.000,00. Esse valor de R$ 20,00 será tributado pelo IBS e CBS, acrescido das parcelas pagas a outros participantes do arranjo (como o banco emissor do cartão).

No caso de liquidação antecipada de recebíveis, a base de cálculo corresponderá ao desconto aplicado na antecipação, deduzido o valor equivalente à curva de juros futuros da taxa DI. A tributação sobre essa liquidação segue as mesmas alíquotas aplicáveis aos demais serviços de arranjos de pagamento. Fundos de investimento que anteciparem a liquidação de recebíveis também se sujeitam à tributação, e o cotista do fundo não será tributado sobre essa aplicação. Os contribuintes que participarem dos arranjos de pagamento e estiverem no regime regular de tributação poderão se creditar do IBS e da CBS, calculados com base nos valores brutos de remuneração devidos aos participantes do arranjo.

Nesse modelo de operação, assim como no desconto de duplicatas ou no **fomento mercantil (factoring)**, em uma situação envolvendo liquidação antecipada de recebíveis, suponha que um comerciante solicite a antecipação de R$ 100.000,00 de vendas futuras, e a credenciadora aplique um desconto de R$ 5.000,00. Desse valor, a base de cálculo do IBS e da CBS será o desconto aplicado (R$ 5.000,00), deduzido de uma curva de

---

§ 1º O FGTS não é contribuinte do IBS e da CBS.

§ 2º As operações relacionadas ao FGTS são aquelas necessárias à aplicação da Lei n. 8.036, de 11 de maio de 1990, realizadas:

I – pelo agente operador do FGTS;

II – pelos agentes financeiros do FGTS; e

III – pelos demais estabelecimentos bancários.

§ 3º Ficam sujeitas:

I – à alíquota zero do IBS e da CBS, as operações previstas no inciso I do § 2º deste artigo;

II – às alíquotas necessárias para manter a carga tributária, as operações previstas nos incisos II e III do § 2º deste artigo.

juros futuros calculada com base na taxa DI pelo prazo da antecipação. Se essa curva de juros futuros for equivalente a R$ 1.000,00, a base de cálculo final será R$ 4.000,00.

g) **Atividades de Entidades Administradoras de Mercados Organizados, Infraestruturas de Mercado e Depositárias Centrais**

Aqui incluem-se as bolsas de valores, como entidade administradora de mercados organizados. Ao cobrar taxas de corretagem e de custódia dos investidores que operam no mercado de ações, está sujeita à incidência do IBS e da CBS sobre o valor total que recebe por esses serviços prestados.

As atividades realizadas por entidades administradoras de mercados organizados, infraestruturas de mercado e depositárias centrais, conforme previsto na legislação, estão, portanto, sujeitas à incidência do IBS e da CBS sobre o valor das operações de fornecimento de serviços. Da mesma forma, pela aplicação da não cumulatividade, os contribuintes sujeitos ao regime regular do IBS e da CBS que contratam serviços dessas entidades podem se beneficiar do direito à apropriação de créditos tributários, calculados com base nos valores efetivamente pagos pelos serviços adquiridos. Além disso, essas entidades possuem obrigações acessórias específicas, como a prestação de informações detalhadas sobre os adquirentes dos serviços e os valores pagos, conforme regulamento.[175]

A compreensão da tributação sobre essas operações, de forma mais didática, dar-se a partir do seguinte exemplo hipotético. Uma empresa de corretagem de valores utiliza os serviços de bolsa de valores, que atua como uma entidade administradora de mercado organizado, para realizar transações financeiras. No mês de janeiro, a bolsa cobra R$ 50.000,00 em tarifas de serviço pela intermediação e liquidação de operações realizadas pela corretora. Sobre esse valor, incidem o IBS e a CBS, que são recolhidos pela bolsa. A corretora, por sua vez, pode apropriar créditos desses tributos com base no valor de R$ 50.000,00 pago à bolsa. Esses créditos podem ser utilizados para compensar tributos devidos em operações tributadas realizadas pela própria corretora, como o fornecimento de serviços financeiros a seus clientes.

h) **Seguros, Resseguros e Previdência Privada**

Nas operações de seguros, resseguros, previdência privada e capitalização, a base de cálculo inclui as receitas obtidas com prêmios de seguros e contribuições previdenciárias, e permite a dedução de indenizações pagas e cancelamentos de prêmios. No entanto,

---

[175] Art. 220. As atividades das entidades administradoras de mercados organizados, infraestruturas de mercado e depositárias centrais de que trata o inciso X do *caput* do art. 182 ficam sujeitas à incidência do IBS e da CBS sobre o valor da operação de fornecimento de serviços, pelas alíquotas previstas no art. 189 desta Lei Complementar.

Art. 221. O contribuinte do IBS e da CBS sujeito ao regime regular que adquirir serviços de entidades administradoras de mercados organizados, infraestruturas de mercado e depositárias centrais de que trata o inciso X do *caput* do art. 182 poderá apropriar créditos desses tributos, com base nos valores pagos pelo fornecedor.

Art. 222. As entidades administradoras de mercados organizados, infraestruturas de mercado e depositárias centrais deverão prestar, a título de obrigação acessória, na forma do regulamento, informações sobre os adquirentes dos serviços e os valores pagos por cada um.

os rendimentos auferidos com ativos financeiros garantidores das provisões técnicas não integram a base de cálculo, desde que limitados ao montante dessas provisões.[176]

i) Ativos Virtuais

Os serviços relacionados a ativos virtuais, como criptomoedas e outros tipos de bens digitais, estão sujeitos à incidência do IBS e da CBS, conforme o valor da operação, sendo aplicadas as alíquotas previstas na legislação vigente, de modo que qualquer operação envolvendo a compra ou venda de ativos virtuais será tributada de acordo com as regras estabelecidas para o setor. [177]

As operações envolvendo ativos virtuais possuem tratamento tributário próprio tanto para prestadores quanto para adquirentes. Quem adquire serviços relacionados a esses ativos pode apropriar créditos do IBS e da CBS com base nos valores efetivamente pagos ao fornecedor. Já as aquisições de bens ou serviços utilizando ativos virtuais estão sujeitas às regras gerais de tributação ou a regimes diferenciados, dependendo da natureza do bem ou serviço adquirido.

Por exemplo, uma empresa contrata um serviço de intermediação para a negociação de criptomoedas, pagando R$ 50.000,00 pelo serviço. Sobre esse valor, incidem o IBS e a CBS, que serão recolhidos pelo prestador do serviço. Se a empresa contratante

---

[176] Art. 223. Para fins de determinação da base de cálculo, nas operações de seguros e resseguros de que tratam, respectivamente, os incisos XI e XII do *caput* do art. 182 desta Lei Complementar:

I – as receitas dos serviços compreendem as seguintes, na medida do efetivo recebimento, pelo regime de caixa: a) aquelas auferidas com prêmios de seguros, de cosseguros aceitos, de resseguros e de retrocessão; e b) as receitas financeiras dos ativos financeiros garantidores de provisões técnicas, na proporção das receitas de que trata a alínea "a" nas operações que não geram créditos de IBS e de CBS para os adquirentes e o total das receitas de que trata a alínea "a" deste inciso, observados critérios estabelecidos no regulamento;

II – serão deduzidas: a) as despesas com indenizações referentes a seguros de ramos elementares e de pessoas sem cobertura por sobrevivência, exclusivamente quando forem referentes a segurados pessoas físicas e jurídicas que não forem contribuintes do IBS e da CBS sujeitas ao regime regular, correspondentes aos sinistros, efetivamente pagos, ocorridos em operações de seguro, depois de subtraídos os salvados e os demais ressarcimentos; b) os valores pagos referentes e restituições de prêmios que houverem sido computados como receitas, inclusive por cancelamento; e c) os valores pagos referentes aos serviços de intermediação de seguros e resseguros de que trata o inciso XV do *caput* do art. 182 desta Lei Complementar; d) os valores pagos referentes ao prêmio das operações de cosseguro cedido; e) as parcelas dos prêmios destinadas à constituição de provisões ou reservas técnicas referentes a seguro resgatável.

§ 1º O contribuinte do IBS e da CBS sujeito ao regime regular que adquirir e for segurado de serviços de seguro e resseguro poderá apropriar créditos de IBS e de CBS sobre os prêmios, pelo valor dos tributos pagos sobre esses serviços.

§ 2º O recebimento das indenizações de que trata a alínea "a" do inciso II do *caput* deste artigo não fica sujeito à incidência do IBS e da CBS e não dá direito a crédito de IBS e de CBS.

§ 3º Integra a base de cálculo de que trata este artigo a parcela da reversão das provisões ou reservas técnicas que for retida pela entidade como receita própria.

§ 4º As operações de resseguro e retrocessão ficam sujeitas à incidência à alíquota zero, inclusive quando os prêmios de resseguro e retrocessão forem cedidos ao exterior.

[177] Art. 229. Os serviços de ativos virtuais de que trata o inciso XVI do *caput* do art. 182 desta Lei Complementar ficam sujeitos à incidência do IBS e da CBS sobre o valor prestação do serviço de ativos virtuais.

[...]

§ 2º. As aquisições de bens e de serviços com ativos virtuais ficam sujeitas às regras previstas nas normas gerais de incidência de que trata o Título I deste Livro ou ao respectivo regime diferenciado ou específico aplicável ao bem ou serviço adquirido, nos termos desta Lei Complementar.

estiver no regime regular de tributação, poderá apropriar créditos do IBS e da CBS com base no valor pago pela intermediação. Além disso, caso essa empresa utilize criptomoedas para adquirir um bem, como equipamentos de informática, a tributação da operação seguirá as regras aplicáveis ao equipamento, independentemente do meio de pagamento utilizado.

j) Exportação e Importação de Serviços Financeiros

Os serviços financeiros exportados, ou seja, prestados a residentes ou domiciliados no exterior, são imunes à incidência do IBS e da CBS. Contudo, a legislação estabelece regras específicas para operações entre entidades relacionadas no exterior, que poderão não se beneficiar dessa imunidade. No caso da importação de serviços financeiros, a tributação ocorrerá de acordo com a mesma alíquota aplicada aos serviços adquiridos internamente, com regras específicas para deduções e créditos.[178]

k) Serviços financeiros e transição

Entre 2027 e 2033, as alíquotas do IBS e da CBS para os serviços financeiros serão ajustadas gradualmente para manter a carga tributária equivalente à vigente antes da reforma, visando garantir que as instituições financeiras bancárias e outros operadores financeiros possam adaptar-se às novas regras tributárias sem um impacto abrupto na arrecadação ou nos custos operacionais.

6.35.18. PLANOS DE ASSISTÊNCIA À SAÚDE

A LC 214/2025, no art. 234, estabelece as entidades elegíveis ao regime especí-fico de IBS e CBS para planos de assistência à saúde, entre as quais seguradoras de saúde, administradoras de benefícios e cooperativas operadoras de planos de saúde. A abrangência dos sujeitos passivos incluídos no regime reflete a multiplicidade de entidades que operam no setor e a necessidade de garantir uma uniformidade no seu tratamento tributário.

Para as entidades sujeitas ao regime, a base de cálculo para a incidência do IBS e da CBS será composta pela receita dos serviços de planos de saúde, o que engloba prêmios, contraprestações e, ainda, as receitas financeiras dos ativos garantidores das reservas técnicas. De outro lado, serão deduzidas, na determinação da base de cálculo, as indenizações pagas, cancelamentos de contratos, restituição de prêmios e taxas de administração (art. 235).

As indenizações dedutíveis serão aquelas entendidas como os custos assistenciais decorrentes da utilização dos serviços pelos beneficiários dos planos de assistência à saúde, abrangendo tanto a aquisição de bens e serviços diretamente pela operadora

---

[178] Art. 231. Os serviços financeiros de que trata o art. 182 desta Lei Complementar, quando forem con-siderados importados, nos termos da Seção II do Capítulo IV do Título I deste Livro, ficam sujeitos à incidência do IBS e da CBS pela mesma alíquota aplicável aos respectivos serviços financeiros adquiridos de fornecedores domiciliados no País. (...)

Art. 232. Os serviços financeiros de que trata o art. 182 desta Lei Complementar, quando forem pres-tados para residentes ou domiciliados no exterior, serão considerados exportados e ficarão imunes à incidência do IBS e da CBS, para efeitos do disposto no Capítulo V do Título I deste Livro.

quanto os reembolsos aos beneficiários. Assim, garante-se que a tributação incida sobre a efetiva receita disponível, após descontados os valores destinados ao cumprimento das obrigações contratuais das operadoras.

Especificamente para as cooperativas de saúde, as deduções relativas aos valores pagos a associados serão reduzidas em 50%, caso a operação esteja beneficiada pela redução de alíquotas prevista no art. 271.[179]

As alíquotas do IBS e da CBS para as entidades incluídas no regime específico serão reduzidas em 60% (art. 237). De outro lado, como regra geral, é vedado o direito a crédito dos tributos para os adquirentes de planos de assistência à saúde (art. 238).

A LC impõe às entidades a obrigação de prestar informações detalhadas sobre os beneficiários titulares dos planos e os valores de prêmios e contraprestações (art. 239). Nos planos coletivos, a operadora pode alocar o valor total de acordo com critérios definidos em regulamento, o que confere certa flexibilidade, especialmente em contratos com múltiplos beneficiários. Já na hipótese de planos coletivos por adesão contratados com participação ou intermediação de administradora de benefícios, esta é que ficará responsável pela prestação das referidas informações.

A intermediação de planos de saúde ficará sujeita à mesma alíquota aplicável aos planos de saúde (art. 240). Ainda, os prestadores dos serviços de intermediação optantes pelo Simples Nacional poderão optar por continuar no regime simplificado, hipótese em que permanecerão a ser tributados conforme as regras da sistemática, ou aderir ao regime regular do IBS e CBS para que suas operações fiquem sujeitas às alíquotas reduzidas aplicáveis aos planos de saúde.

Caso venha a ser permitida a importação de serviços de assistência à saúde, a LC prevê a aplicação das mesmas alíquotas nacionais e permite, inclusive, a aplicação de um fator de redução para contemplar margens presumidas (art. 241). No caso da exportação, haverá imunidade tributária do IBS e da CBS, de modo a preservar o princípio geral de desoneração de exportações.

As disposições acerca do regime específico são aplicáveis, também, aos planos de saúde para animais domésticos, à exceção das alíquotas, que, nessa hipótese, serão reduzidas em apenas 30%.

6.35.19. CONCURSOS DE PROGNÓSTICOS

O art. 244 da LC 214/2025 prevê que estão sujeitos a um regime específico de incidência de IBS e CBS os concursos de prognósticos, em todas as suas modalidades, tais quais loterias, apostas de quota fixa, *sweepstakes*, apostas de turfe e demais apostas, tanto em meio físico quanto virtual. No regime, a base de cálculo dos tributos será composta pela receita própria da entidade responsável pelos concursos de prognósticos, descontando-se as premiações pagas aos ganhadores e as destinações obrigatórias a órgãos ou fundos públicos.

---

[179] Art. 271. As sociedades cooperativas poderão optar por regime específico do IBS e da CBS no qual ficam reduzidas a zero as alíquotas do IBS e da CBS incidentes na operação em que:

I – o associado destina bem ou serviço à cooperativa de que participa; e

II – a cooperativa fornece bem ou serviço a associado sujeito ao regime regular do IBS e da CBS.

A possibilidade de dedução dos valores destinados aos prêmios pagos aos apostadores e às contribuições compulsórias a programas públicos decorre do reconhecimento de que uma parte significativa da receita arrecadada com essas atividades é destinada não apenas à premiação dos usuários ou participantes, mas também ao financiamento de políticas públicas essenciais. No caso das loterias, essa lógica é particularmente evidente. Em 2023, por exemplo, os repasses sociais oriundos da arrecadação das Loterias Federais somaram R$ 11 bilhões, e cerca de R$ 9.2 bilhões foram destinados a programas sociais do Governo Federal, segundo demonstrações financeiras da Caixa Econômica Federal[180].

As alíquotas de IBS e CBS aplicáveis aos concursos de prognósticos serão uniformes em todo o território nacional e corresponderão à soma das alíquotas de referência de cada esfera federativa (art. 246). Ou seja, a despeito de os entes federativos terem autonomia para fixar suas próprias alíquotas,[181] vinculadas ou não às alíquotas de referência previstas no art. 18,[182] no caso dos concursos de prognósticos, as alíquotas devem obrigatoriamente seguir as de referência. A medida tem potencial de assegurar maior uniformidade e, em consequência, simplicidade para a tributação da referida atividade, que se realiza majoritariamente no ambiente virtual, com exceção das casas lotéricas.

Outras especificidades da tributação dessas atividades são a vedação ao crédito de IBS e CBS para os apostadores (art. 247) e a isenção da incidência das premiações pagas a eles (art. 245, parágrafo único).

Quanto a obrigações acessórias específicas para o setor, o art. 248 determina que as operadoras de concursos de prognósticos deverão apresentar informações detalhadas sobre o local das apostas, os valores apostados e as premiações pagas. Para

---

[180] Caixa Econômica Federal. Repasses para Beneficiários Legais. Relatório 2023 – Sorte em Números. Disponível em: https://www.caixa.gov.br/Downloads/caixa-loterias/sorte_numeros_2023. Acesso em: 16.10.2024.

[181] Art. 14. As alíquotas da CBS e do IBS serão fixadas por lei específica do respectivo ente federativo, nos seguintes termos:

I – a União fixará a alíquota da CBS;

II – cada Estado fixará sua alíquota do IBS;

III – cada Município fixará sua alíquota do IBS; e

IV – o Distrito Federal exercerá as competências estadual e municipal na fixação de suas alíquotas.

§ 1º Para fins do disposto no inciso III do *caput* deste artigo, o Estado de Pernambuco exercerá a competência municipal relativamente às operações realizadas no Distrito Estadual de Fernando de Noronha, conforme o art. 15 do Ato das Disposições Constitucionais Transitórias (ADCT).

§ 2º Ao fixar sua alíquota, cada ente federativo poderá:

I – vinculá-la à alíquota de referência da respectiva esfera federativa, de que trata o art. 18 desta Lei Complementar, por meio de acréscimo ou decréscimo de pontos percentuais; ou

II – defini-la sem vinculação à alíquota de referência da respectiva esfera federativa.

§ 3º Na ausência de lei específica que estabeleça a alíquota do ente federativo, será aplicada a alíquota de referência da respectiva esfera federativa.

§ 4º As referências nesta Lei Complementar às alíquotas-padrão devem ser entendidas como remissões às alíquotas fixadas por cada ente federativo nos termos deste artigo.

[182] Art. 18. As alíquotas de referência serão fixadas por resolução do Senado Federal:

I – para a CBS, de 2027 a 2035, nos termos dos arts. 353 a 359, 366, 368 e 369 desta Lei Complementar;

II – para o IBS, de 2029 a 2035, nos termos dos arts. 361 a 366 e 369 desta Lei Complementar;

III – para o IBS e a CBS, após 2035, as vigentes no ano anterior.

apostas virtuais, é necessário identificar o apostador, o que reflete a preocupação com a rastreabilidade e a transparência das operações no ambiente digital.

Os arts. 249 e 250 dispõem, respectivamente, acerca da importação e exportação de serviços de concursos de prognósticos. Em caso de importação, ou seja, nas operações com esses serviços praticadas por empresas domiciliadas no exterior a usuários no Brasil, aplica-se a mesma alíquota de IBS e CBS vigente para os concursos de prognósticos realizados no país. O § 1º do art. 249 estabelece que o fornecedor estrangeiro é o contribuinte do IBS e CBS, mas o apostador pode ser responsabilizado solidariamente pelo pagamento, nas hipóteses previstas na legislação.

Quanto à exportação desses serviços por prestador estabelecido no Brasil para residentes ou domiciliados no exterior, o art. 250 prevê a imunidade de IBS e CBS. No entanto, o § 2º do mesmo dispositivo exclui da definição de exportação os serviços de apostas prestados a um residente ou domiciliado no exterior que esteja fisicamente presente no Brasil, mantendo a tributação nessa hipótese.

6.35.20. BENS IMÓVEIS

O regime específico de incidência do IBS e da CBS estabelecido para operações com bens imóveis abrange não apenas prestadores de serviço do setor imobiliário, tais como incorporadoras e loteadoras, mas também os prestadores de serviços de construção, corretagem e administração de imóveis. A aplicação do regime é restrita aos contribuintes sujeitos ao regime regular do IBS e da CBS, ou seja, aqueles cuja atividade econômica preponderante envolve a alienação, locação ou exploração econômica de bens imóveis.[183]

---

[183] Art. 251. As operações com bens imóveis realizadas por contribuintes que apurarem o IBS e a CBS no regime regular ficam sujeitas ao regime específico previsto neste Capítulo.

§ 1º As pessoas físicas que realizarem operações com bens imóveis serão consideradas contribuintes do regime regular do IBS e da CBS e sujeitas ao regime de que trata este Capítulo, nos casos de: I – locação, cessão onerosa e arrendamento de bem imóvel, desde que, no ano-calendário anterior: a) a receita total com essas operações exceda R$ 240.000 (duzentos e quarenta mil reais); e b) tenham por objeto mais de 3 (três) bens imóveis distintos; II – alienação ou cessão de direitos de bem imóvel, desde que tenham por objeto mais de 3 (três) imóveis distintos no ano-calendário anterior; III – alienação ou cessão de direitos, no ano-calendário anterior, de mais de 1 (um) bem imóvel construído pelo próprio alienante nos 5 (cinco) anos anteriores à data da alienação.

§ 2º Também será considerada contribuinte do regime regular do IBS e da CBS no próprio ano calendário, a pessoa física de que trata o *caput* do § 1º deste artigo, em relação às seguintes operações: I – a alienação ou cessão de direitos de imóveis que exceda os limites previsto nos incisos II e III do § 1º deste artigo; e II – a locação, cessão onerosa ou arrendamento de bem imóvel em valor que exceda em 20% (vinte por cento) o limite previsto na alínea "a" do inciso I do § 1º deste artigo.

§ 3º Para fins do disposto no inciso II do § 1º deste artigo os imóveis relativos às operações devem estar no patrimônio do contribuinte há menos de 5 (cinco) anos contados da data de sua aquisição.

§ 4º No caso de bem imóvel recebido por meação, doação ou herança, o prazo de que trata o § 3º deste artigo será contado desde a aquisição pelo cônjuge meeiro, *de cujus* ou pelo doador.

§ 5º O valor previsto na alínea "a" do inciso I do § 1º será atualizado mensalmente a partir da data de publicação desta Lei Complementar pelo IPCA ou por outro índice que vier a substituí-lo.

§ 6º O regulamento definirá o que são bens imóveis distintos, para fins no disposto nos incisos I e II do § 1º do *caput*.

§ 7º Aplica-se, no que couber, as disposições do Título I deste Livro quanto às demais regras não previstas neste Capítulo.

Pessoas físicas também podem ser consideradas contribuintes regulares em determinadas situações, como no caso de locação, cessão onerosa ou alienação de mais de três imóveis distintos ou de imóveis construídos pelo próprio alienante em um período específico. O objetivo da norma é tributar operações com características econômicas e de habitualidade, diferenciando-as de transações eventuais.

Entre as operações sujeitas ao regime estão a alienação de imóveis, locação, arrendamento, cessão de direitos reais e serviços relacionados, como administração e construção civil. Algumas exceções são previstas, como nas permutas de imóveis, onde apenas a eventual torna será tributada, e na constituição de direitos reais de garantia. Para locações residenciais de curta duração, com período inferior a 90 dias, aplica-se a mesma tributação incidente sobre serviços de hotelaria.

Imagine uma pessoa física que possua quatro imóveis destinados à locação, com uma receita anual de R$ 300.000,00. Nesse caso, ela será considerada contribuinte regular do IBS e da CBS, sujeita ao regime específico, pois excede os limites de R$ 240.000,00 em receita e de três imóveis distintos. Por outro lado, caso essa mesma pessoa realize a permuta de dois imóveis com outro contribuinte, sem torna, a operação estará isenta de IBS e CBS, preservando, como regra geral, o benefício fiscal para transações de permuta que não gerem ganhos financeiros adicionais.

6.35.21. SOCIEDADES COOPERATIVAS

A LC 214/2025 permite às sociedades cooperativas optarem pela redução a zero as alíquotas de IBS e CBS incidentes, em especial, em dois cenários: (i) quando um associado destina bens ou serviços à cooperativa da qual ele participa; e (ii) quando a cooperativa fornece bens ou serviços a um associado sujeito ao regime regular do IBS e CBS.

O § 1º do art. 271 amplia o benefício para operações entre cooperativas de diferentes níveis, tais quais cooperativas singulares, centrais, federações e confederações, além das operações realizadas por bancos cooperativos dos quais essas cooperativas participam. O mesmo dispositivo prevê, ainda, a aplicação da redução de alíquota em operações cujas cooperativas de produção agropecuária forneçam bens materiais a associados não sujeitos ao regime regular do IBS e da CBS, desde que sejam anulados os créditos apropriados referentes ao respectivo bem fornecido na operação.

Por sua vez, o § 2º do art. 271 amplia a aplicação do benefício da redução de alíquota aos serviços financeiros fornecidos pelas cooperativas a seus associados, inclusive aqueles cobrados mediante tarifas e comissões.

Os associados/cooperados sujeitos ao regime regular do IBS e CBS, inclusive cooperativas singulares, poderão transferir à respectiva cooperativa da qual fazem parte os créditos gerados pelas operações antecedentes às operações beneficiadas pela redução de alíquotas. A transferência também inclui créditos presumidos, desde que os créditos estejam relacionados aos bens e serviços utilizados na produção dos bens ou na prestação dos serviços que serão fornecidos à cooperativa.[184]

---

[184] Art. 272. O associado sujeito ao regime regular do IBS e da CBS, inclusive as cooperativas singulares, que realizar operações com a redução de alíquota de que trata o inciso I do *caput* do art. 271 poderá transferir os créditos das operações antecedentes às operações em que fornece bens e serviços e os

6.35.22. BARES, RESTAURANTES, HOTELARIA, PARQUES DE DIVERSÃO E PARQUES TEMÁTICOS, TRANSPORTE COLETIVO DE PASSAGEIROS E AGÊNCIAS DE VIAGEM E DE TURISMO

As operações de fornecimento de alimentação por bares e restaurantes, inclusive lanchonetes, estão sujeitas a regime específico de incidência do IBS e da CBS (art. 273). A tributação diferenciada também se aplica ao fornecimento das bebidas que compõem a cesta básica e aquelas incluídas no rol de alimentos de consumo humano sujeitos à alíquota reduzida. De outro lado, não estão abrangidos os fornecimentos de alimentos para eventos de pessoas jurídicas, para operadoras de transporte, e o fornecimento de alimentos sob contrato.

No regime, a base de cálculo para bares e restaurantes é o valor da operação, com a dedução das gorjetas repassadas integralmente aos empregados e valores não recebidos de serviços de entrega por plataformas digitais (art. 274).

A base de cálculo do IBS e da CBS nas operações de fornecimento de alimentação e bebidas, portanto, é composta pelo valor da operação, ou seja, pelo preço cobrado diretamente pelo serviço prestado. Contudo, a legislação prevê exclusões específicas que ajustam essa base de cálculo para evitar a tributação de valores que não correspondem diretamente à receita do fornecedor de alimentos e bebidas.

Entre as exclusões previstas na LC 214/2025 estão: as gorjetas recebidas no fornecimento de alimentação, desde que sejam integralmente repassadas aos empregados, exceto pela parcela retida pelo empregador em cumprimento de obrigações legais, como encargos trabalhistas; bem como o valor da gorjeta não pode exceder 15% do total da operação para ser excluído da base de cálculo. Também é excluída da base de cálculo os valores cobrados por plataformas digitais de entrega ou intermediação de pedidos, que não são repassados diretamente aos bares e restaurantes. Assim, esses valores, que representam receitas das plataformas e não dos estabelecimentos, não devem integrar a base tributável.

Imagine um restaurante que realiza uma venda de alimentos e bebidas no valor de R$ 200,00, com uma gorjeta de 10% (R$ 20,00) incluída na conta. Nesse caso, a gorjeta será excluída da base de cálculo do IBS e da CBS, desde que seja repassada integralmente aos empregados. A base tributável será, portanto, R$ 200,00 menos os R$ 20,00 da gorjeta, resultando em R$ 180,00. Além disso, se o pedido for realizado por uma plataforma digital que cobre uma taxa de 15% (R$ 30,00) do restaurante pela intermediação, esse valor também será excluído da base de cálculo. A base final para a tributação do IBS e da CBS será então de R$ 150,00.

As operações de fornecimento de alimentação e bebidas realizadas por bares, restaurantes e lanchonetes estão sujeitas a uma redução de 40% nas alíquotas do IBS e

---

créditos presumidos à cooperativa de que participa, não se aplicando o disposto no art. 55 desta Lei Complementar.

Parágrafo único. A transferência de créditos de que trata o *caput* deste artigo alcança apenas os bens e serviços utilizados para produção do bem ou prestação do serviço fornecidos pelo associado à cooperativa de que participa, nos termos do regulamento.

da CBS, conforme previsto na lei. Contudo, os adquirentes desses serviços não poderão apropriar créditos do IBS e da CBS relacionados às operações.[185]

A vedação ao aproveitamento de créditos do IBS e da CBS pelos adquirentes de alimentação e bebidas fornecidas por bares, restaurantes e lanchonetes pode gerar controvérsias jurídicas, especialmente pela alegação de violação ao princípio da não cumulatividade, garantido pela CF, ao assegurar o direito de compensar os tributos incidentes em etapas anteriores com aqueles devidos em etapas subsequentes da cadeia econômica. Ao impedir que os adquirentes se apropriem desses créditos, a norma pode ser interpretada como uma ruptura na neutralidade tributária, com oneração das empresas que utilizam esses serviços como insumos para suas atividades econômicas, como, por exemplo, as do setor de eventos ou turismo.

O regime específico também se aplica, com disposições muito semelhantes, aos serviços de hotelaria e dos parques de diversão e temáticos (art. 277). Considera-se serviço de hotelaria o fornecimento de alojamento temporário, incluindo outros serviços cobrados na hospedagem, seja em estabelecimentos dedicados ao uso exclusivo dos hóspedes ou em imóveis residenciais (art. 278). A divisão do empreendimento em unidades hoteleiras, com atribuição de natureza jurídica autônoma às unidades habitacionais sob titularidade de diferentes pessoas, não descaracteriza o fornecimento de serviços de hotelaria, desde que sua destinação seja exclusivamente para hospedagem.

Para parques de diversão e temáticos, a distinção é feita pela natureza das atrações oferecidas e pela temática adotada (art. 279). Parques de diversão são aqueles estabelecimentos ou empreendimentos permanentes ou itinerantes, cuja atividade essencial é a disponibilização de atrações destinadas a entreter pessoas e fruídas presencialmente no local da disponibilização. Já os parques temáticos são caracterizados como parque de diversão com inspiração em tema histórico, cultural, etnográfico, lúdico ou ambiental.

O art. 281 da LC 214/2025 estabelece a redução de 40% nas alíquotas do IBS e da CBS para serviços de hotelaria, parques de diversão e parques temáticos, além do permissivo de apropriação de créditos desses tributos pelos fornecedores de tais serviços nas aquisições de bens e serviços relacionados à sua atividade econômica, garantindo a aplicação do princípio da não cumulatividade em favor do prestador de serviços.

O art. 283 da LC, por outro lado, proíbe que os adquirentes desses serviços se apropriem de créditos do IBS e da CBS. Essa vedação pode ser interpretada, como visto acima, como violação ao princípio da não cumulatividade. Portanto, nesse aspecto, espera-se insurgências judiciais, com adquirentes pleiteando o direito de compensar créditos com base no argumento de que a vedação onera desproporcionalmente setores que dependem intensamente desses serviços, prejudicando a isonomia e a neutralidade do sistema tributário.

Os serviços de transporte coletivo de passageiros, tanto intermunicipal, interestadual, ferroviário, hidroviário quanto aéreo regional, são igualmente abrangidos pelo regime específico (art. 284). A LC 214/2025 define os diferentes modos de transporte coletivo e prevê a permissão de apropriação de créditos para adquirentes desses

---

[185] Art. 275. As alíquotas do IBS e da CBS relativas às operações de que trata este Capítulo ficam reduzidas em 40% (quarenta por cento).

Art. 276. Fica vedada a apropriação de créditos do IBS e da CBS pelos adquirentes de alimentação e bebidas fornecidas pelos bares e restaurantes, inclusive lanchonetes.

serviços. Para o transporte público ferroviário e hidroviário urbanos, semiurbanos e metropolitanos, as alíquotas de IBS e CBS são reduzidas a zero, e não há apropriação de créditos pelos fornecedores ou adquirentes (art. 285). Já para os transportes rodoviário, ferroviário e hidroviário intermunicipais e interestaduais, as alíquotas serão ajustadas para manter a carga tributária proporcional, e a apropriação de créditos pelos fornecedores desses serviços é permitida (art. 286). No caso do transporte aéreo regional, as alíquotas do IBS e CBS são reduzidas em 40% (art. 287).[186]

Os serviços de agências de turismo também são contemplados no regime específico (art. 288). Na venda de passagens aéreas, a base de cálculo é o valor da operação, com a aplicação de alíquotas equivalentes às dos serviços de transporte aéreo (art. 289).

A base de cálculo do tributo, nas intermediações realizadas por essas agências, é composta pelo valor total cobrado do usuário pelos serviços prestados, incluindo bens e serviços intermediados, a margem de agregação da agência e quaisquer acréscimos cobrados. Permite-se, por outro lado, a dedução dos valores repassados aos fornecedores dos serviços intermediados, desde que devidamente documentados. Essa sistemática visa assegurar que a tributação incida apenas sobre a receita efetiva da agência, refletindo a sua atuação como intermediária.

Para os demais serviços de intermediação, a base de cálculo deduz os valores repassados aos fornecedores do valor da operação. Os adquirentes podem se apropriar dos créditos referentes ao serviço de intermediação, desde que cumpridas as condições da Lei (art. 290).

A alíquota aplicável às agências de turismo é a mesma correspondente àquela prevista para serviços de hotelaria, parques de diversão e parques temáticos, mantendo uma uniformidade tributária entre setores relacionados ao turismo. Além disso, valores adicionais recebidos pela agência, como comissões e incentivos pagos por terceiros, também integram a base de cálculo. O regime prevê, ainda, que os adquirentes dos serviços de intermediação possam se apropriar de créditos do IBS e da CBS relativos a essas operações, desde que observadas as normas gerais de crédito tributário.

Ainda, a alíquota aplicada é a mesma que se aplica aos serviços de hotelaria, parques de diversão e parques temáticos. Por fim, fica permitida a apropriação de créditos pelas agências de turismo em suas aquisições, desde que os valores não sejam dedutíveis da base de cálculo (art. 291).[187]

6.35.23. SOCIEDADE ANÔNIMA DE FUTEBOL (SAF)

A LC 214/2025, no art. 292, estabelece o regime de tributação específica do futebol (TEF) aplicável à Sociedade Anônima de Futebol (SAF), prevista na Lei 14.193/2021,[188]

---

[186] Art. 287. Ficam reduzidas em 40% (quarenta por cento) as alíquotas do IBS e da CBS incidentes sobre o fornecimento do serviço de transporte aéreo regional coletivo de passageiros ou de carga.

[187] Art. 291. Ficam permitidas a apropriação e a utilização de créditos de IBS e de CBS nas aquisições de bens e serviços pelas agências de turismo, vedado o crédito dos valores que sejam deduzidos da base de cálculo, nos termos do inciso I do *caput* do art. 289 desta Lei Complementar, observado o disposto nos arts. 47 a 56 desta Lei Complementar.

[188] Art. 1º Constitui Sociedade Anônima do Futebol a companhia cuja atividade principal consiste na prática do futebol, feminino e masculino, em competição profissional, sujeita às regras específicas desta Lei e, subsidiariamente, às disposições da Lei n. 6.404, de 15 de dezembro de 1976, e da Lei n. 9.615, de 24 de março de 1998.

caracterizado pelo recolhimento mensal e unificado, com apuração pelo regime de caixa, do IBS, da CBS e, ainda, do IRPJ, da CSLL e das contribuições à seguridade social previstas nos incisos I, II e III do *caput* e no § 6º do art. 22 da Lei 8.212/1991.[189] O enquadramento no TEF (Regime de Tributação Específica do Futebol) não afasta a incidência de outros tributos federais, estaduais, distritais ou municipais que sejam devidos pela SAF como contribuinte ou responsável.

A base de cálculo para o recolhimento mensal abrange a totalidade das receitas recebidas pela SAF, inclusive prêmios, programas de sócio-torcedor e a cessão de direitos de imagem e a transferência de atletas. A alíquota prevista para os tributos federais IRPJ, CSLL e contribuições previdenciárias é de 4%, enquanto aquelas previstas para a CBS e o IBS correspondem a 1,5% e 3%, respectivamente. Metade do percentual previsto para o IBS representa a alíquota estadual, e metade a municipal.

A alíquota de 4% para os IRPJ, CSLL e contribuições previdenciárias já incidirão a partir de 2027, mas haverá um período de transição para as alíquotas do TEF em relação ao IBS e à CBS, que vigorará de 1º de janeiro de 2027 a 31 de dezembro de 2032. Nesse período, as alíquotas do IBS e da CBS serão ajustadas de forma gradual até alcançarem os percentuais integrais. Para o IBS, as alíquotas começam em 0,1% nos anos de 2027 e 2028, com um aumento progressivo até 1,2% em 2032 e a alíquota integral a partir de 2033. Quanto à CBS, a alíquota de 1,5% será reduzida em 0,1% somente nos anos de 2027 e 2028, com a aplicação da integral a partir de 2029.[190]

---

[189] Art. 22. A contribuição a cargo da empresa, destinada à Seguridade Social, além do disposto no art. 23, é de:

I – vinte por cento sobre o total das remunerações pagas, devidas ou creditadas a qualquer título, durante o mês, aos segurados empregados e trabalhadores avulsos que lhe prestem serviços, destinadas a retribuir o trabalho, qualquer que seja a sua forma, inclusive as gorjetas, os ganhos habituais sob a forma de utilidades e os adiantamentos decorrentes de reajuste salarial, quer pelos serviços efetivamente prestados, quer pelo tempo à disposição do empregador ou tomador de serviços, nos termos da lei ou do contrato ou, ainda, de convenção ou acordo coletivo de trabalho ou sentença normativa.

II – para o financiamento do benefício previsto nos arts. 57 e 58 da Lei n. 8.213, de 24 de julho de 1991, e daqueles concedidos em razão do grau de incidência de incapacidade laborativa decorrente dos riscos ambientais do trabalho, sobre o total das remunerações pagas ou creditadas, no decorrer do mês, aos segurados empregados e trabalhadores avulsos: (Redação dada pela Lei 9.732/1998). a) 1% (um por cento) para as empresas em cuja atividade preponderante o risco de acidentes do trabalho seja considerado leve; b) 2% (dois por cento) para as empresas em cuja atividade preponderante esse risco seja considerado médio; c) 3% (três por cento) para as empresas em cuja atividade preponderante esse risco seja considerado grave.

III – vinte por cento sobre o total das remunerações pagas ou creditadas a qualquer título, no decorrer do mês, aos segurados contribuintes individuais que lhe prestem serviços; [...]

§ 6º A contribuição empresarial da associação desportiva que mantém equipe de futebol profissional destinada à Seguridade Social, em substituição à prevista nos incisos I e II deste artigo, corresponde a cinco por cento da receita bruta, decorrente dos espetáculos desportivos de que participem em todo território nacional em qualquer modalidade desportiva, inclusive jogos internacionais, e de qualquer forma de patrocínio, licenciamento de uso de marcas e símbolos, publicidade, propaganda e de transmissão de espetáculos desportivos.

[190] Art. 294. De 1º de janeiro de 2027 a 31 de dezembro de 2032, as alíquotas dos tributos que compõem o TEF serão:

I – quanto aos tributos federais de que tratam os incisos I a III do § 1º do art. 293, a alíquota definida no inciso I do § 4º do art. 293 desta Lei Complementar;

II – quanto à CBS, a alíquota definida no inciso II do § 4º do art. 293 desta Lei Complementar, a qual será reduzida em 0,1% (um décimo por cento) para os anos-calendário de 2027 e 2028; e

III – quanto ao IBS:

No caso de operações de importação de direitos desportivos de atletas, são aplicáveis as mesmas alíquotas acima mencionadas incidentes sobre operações internas, enquanto a cessão de direitos desportivos de atletas a residente ou domiciliado no exterior para a realização de atividades desportivas predominantemente no exterior serão elegíveis à imunidade do IBS e da CBS, ficando excluídas do recolhimento mensal unificado do TEF as alíquotas estabelecidas para esses tributos.

6.35.24. MISSÕES DIPLOMÁTICAS, REPARTIÇÕES CONSULARES E OPERAÇÕES ALCANÇADAS POR TRATADO INTERNACIONAL

Também estão sujeitas a regime específico as operações com bens e com serviços alcançadas por tratado ou convenção internacional celebrados pela União e referendados pelo Congresso Nacional, o que inclui aquelas referentes a missões diplomáticas, repartições consulares, representações de organismos internacionais e respectivos funcionários acreditados.

O regime possibilita o reembolso de valores pagos a título de IBS e CBS em operações realizadas com bens e serviços destinados a missões diplomáticas e repartições consulares de caráter permanente, bem como aos respectivos funcionários acreditados. O reembolso poderá ser solicitado conforme disposições a serem estabelecidas em regulamento específico, e será necessária a aprovação pelo Ministério das Relações Exteriores, o qual verificará o regime tributário aplicado às representações diplomáticas brasileiras no país de origem da missão estrangeira.

A aplicação das regras relativas ao IBS e à CBS previstas em tratados ou convenções internacionais internalizados no país será regulamentada por ato conjunto da autoridade máxima do Ministério da Fazenda e do Comitê Gestor do IBS, com manifestação do Ministério das Relações Exteriores. Essa previsão abrange tanto os tratados já vigentes na data de publicação da LC 214 (16/01/2025) quanto eventuais acordos celebrados em momento posterior.

6.35.25. DISPOSIÇÕES COMUNS AOS REGIMES ESPECÍFICOS

Não obstante cada regime tenha disposições próprias e seja estruturado de modo a considerar as especificidades das operações abrangidas, a LC prevê, também, regras comuns para abranger pontos de convergência entre os referidos regimes.

Uma dessas previsões comuns é a definição de que o período de apuração para o IBS e a CBS nos regimes específicos de serviços financeiros, planos de assistência à saúde e concursos de prognósticos é mensal (art. 300). Ainda, para esses mesmos regimes, há previsão de que, caso a base de cálculo do IBS e da CBS em determinado período seja negativa, o contribuinte poderá deduzir esse valor de bases de cálculo positivas em períodos de apuração futuros, dentro de um prazo de cinco anos (art. 301).

---

a) 0,1% (um décimo por cento) em 2027 e 2028;

b) 0,3% (três décimos por cento) em 2029;

c) 0,6% (seis décimos por cento) em 2030;

d) 0,9% (nove décimos por cento) em 2031;

e) 1,2% (um inteiro e dois décimos por cento) em 2032; e

f) o percentual integral da alíquota, de 2033 em diante.

Os contribuintes sujeitos aos regimes específicos de serviços financeiros, planos de assistência à saúde, concursos de prognósticos e bens imóveis podem utilizar créditos sobre as aquisições de bens e serviços, conforme os arts. 47 a 56 da LC 214/2025, exceto quando regra específica do regime determinar o contrário.

Já em relação a regras comuns a todos os regimes específicos, a LC 214/2025 veda a apropriação de créditos sobre valores que tenham sido deduzidos da base de cálculo do IBS e da CBS, além de proibir quaisquer deduções em duplicidade.[191] A LC esclarece, ainda, que as normas gerais do IBS e da CBS são aplicáveis aos fornecimentos realizados pelos contribuintes sujeitos aos regimes específicos quando a respectiva operação praticada no caso concreto não estiver abrangida pelas regras do regime,[192] além de que, para todas as questões não expressamente previstas nos regimes específicos, aplicam-se as normas gerais.[193]

As obrigações acessórias para contribuintes sujeitos aos regimes específicos, por sua vez, serão uniformes em todo o território nacional e poderão ser distintas das obrigações aplicáveis às operações gerais sujeitas ao IBS e à CBS.

Outra regra comum é que, no caso de serviços financeiros e de planos de assistência à saúde adquiridos pela União, Estados, Distrito Federal e Municípios, serão aplicadas as mesmas reduções de alíquotas previstas no art. 473 da LC para as demais aquisições de bens e serviços realizadas pela Administração Pública direta, por autarquias e fundações públicas.

6.36. REGIMES DIFERENCIADOS

6.36.1. PROGRAMA UNIVERSIDADE PARA TODOS – PROUNI

Os regimes diferenciados de tributação, já abordados anteriormente, desempenham importante função na busca pela adequada minimização do impacto nominal na carga tributária de setores estratégicos, tais como o educacional e o automotivo.

Foi estabelecido, por exemplo, regime diferenciado destinado ao setor educacional, mais especificamente às instituições privadas de ensino superior que participam do Programa Universidade para Todos (Prouni). Essas instituições, durante o período de adesão ou em que estão vinculadas ao programa, têm sua alíquota da CBS reduzida a zero.

Portanto, as instituições privadas de ensino superior, com ou sem fins lucrativos, que aderem ao Programa Universidade para Todos (Prouni) têm direito à redução a zero da alíquota da CBS incidente sobre os serviços de educação superior durante o período de adesão e vinculação ao programa. Esse benefício é aplicado exclusivamente à receita

---

[191] Art. 303. Fica vedada a apropriação de crédito de IBS e CBS sobre os valores que forem deduzidos da base de cálculo do IBS e da CBS nos regimes específicos, assim como a dedução em duplicidade de qualquer valor.

[192] Art. 304. Aplicam-se as normas gerais de incidência do IBS e da CBS de que trata o Título I deste Livro para as operações, importações e exportações com bens e serviços realizadas pelos fornecedores sujeitos a regimes específicos e que não forem objeto de um desses regimes específicos.

[193] Art. 307. Aplicam-se as normas gerais de incidência do IBS e da CBS, de acordo com o disposto no Título I deste Livro, quanto às regras não previstas expressamente para os regimes específicos neste Título.

proveniente de cursos de graduação e cursos sequenciais de formação específica e está condicionado à proporção da ocupação efetiva das bolsas de estudo previstas no âmbito do Prouni, conforme regulamentação do Poder Executivo. Caso a instituição venha a ser desvinculada do programa, a exigibilidade da CBS será restabelecida, seguindo os mesmos prazos aplicáveis aos demais tributos federais contemplados pelo Prouni.[194]

Esse benefício, como dito, incide diretamente sobre as receitas provenientes de cursos de graduação e cursos sequenciais de formação específica. A desoneração da tributação é proporcional ao número de bolsas ocupadas no âmbito do Prouni, ou seja, quanto maior a adesão das instituições ao programa e maior o número de bolsas concedidas, maior será o benefício fiscal obtido. Contudo, caso a instituição deixe de participar do Prouni, a CBS voltará a ser cobrada normalmente, alinhada aos demais tributos federais aplicáveis.

6.36.2. REGIME AUTOMOTIVO

Outro regime diferenciado relevante é o que concede, até 31 de dezembro de 2032, crédito presumido de CBS à indústria automotiva.[195] O regime automotivo estabelecido na LC 214/2025 oferece benefícios fiscais direcionados a incentivar a produção de veículos no Brasil, com objetivo especial na adoção de tecnologias sustentáveis. Até 31 de dezembro de 2032, empresas habilitadas poderão usufruir de créditos presumidos da CBS, desde que os projetos sejam aprovados e cumpram os requisitos estabelecidos. Esses créditos têm como objetivo promover a produção de veículos equipados com motores elétricos ou híbridos, que utilizem energia elétrica e biocombustíveis isolada ou simultaneamente com combustíveis fósseis. A medida normativa pretende estimular a inovação tecnológica e a transição para uma indústria automotiva mais sustentável, alinhada aos compromissos ambientais globais.

Os projetos elegíveis são limitados a empresas que já estavam habilitadas a outros benefícios fiscais similares em dezembro de 2023, bem como a novos projetos aprovados até dezembro de 2025, desde que ampliem ou reativem plantas industriais existentes. Esses benefícios estão condicionados à realização de investimentos mínimos em pesquisa, desenvolvimento e inovação tecnológica, correspondentes a pelo menos 10% do valor do crédito presumido, além de compromissos relacionados ao volume de produção, manutenção da atividade industrial e cumprimento do processo produtivo

---

[194] Art. 308. Fica reduzida a zero a alíquota da CBS incidente sobre o fornecimento de serviços de educação de ensino superior por instituição privada de ensino, com ou sem fins lucrativos, durante o período de adesão e vinculação ao Programa Universidade para Todos – Prouni, instituído pela Lei nº 11.096, de 13 de janeiro de 2005.

§ 1º A redução de alíquotas de que trata o *caput* será aplicada: I – sobre a receita decorrente da realização de atividades de ensino superior, proveniente de cursos de graduação ou cursos sequenciais de formação específica; e II – na proporção da ocupação efetiva das bolsas devidas no âmbito do Prouni, nos termos definidos em ato do Poder Executivo da União. § 2º Caso a instituição seja desvinculada do Prouni, a CBS será exigida a partir do termo inicial estabelecido para a exigência dos demais tributos federais contemplados pelo Prouni.

[195] Art. 309. Até 31 de dezembro de 2032, farão jus a crédito presumido da CBS, nos termos desta Lei Complementar, os projetos habilitados à fruição dos benefícios estabelecidos pelo art. 11-C da Lei nº 9.440, de 14 de março de 1997, e pelos arts. 1º a 4º da Lei nº 9.826, de 23 de agosto de 1999.

básico, de modo a conferir contrapartida econômica e tecnológica que justifique a concessão do referido benefício fiscal.

A base de cálculo do crédito presumido é estabelecida de forma proporcional ao volume das vendas no mercado interno, excluindo-se tributos incidentes e vendas não tributadas, isentas ou com alíquota zero. Para projetos vinculados à produção de veículos tracionados por motor de combustão interna que utilizem biocombustíveis, os benefícios estão condicionados à implantação da produção de veículos elétricos ou híbridos até 2028. Além disso, o crédito presumido não pode ser acumulado com outros benefícios fiscais federais da CBS, garantindo que o incentivo seja aplicado de maneira direcionada e controlada.

O regime prevê ainda sanções para o descumprimento das condições estabelecidas. A habilitação poderá ser suspensa ou cancelada, e, em caso de cancelamento, os créditos presumidos já utilizados poderão ser exigidos com efeitos retroativos, acrescidos de juros e demais consectários legais. A devolução é calculada com base no descumprimento proporcional de compromissos relacionados ao investimento, volume de produção e manutenção da atividade após o término do benefício.

O regime estabelece uma transição gradual para a extinção dos benefícios, com redução progressiva dos percentuais aplicáveis aos créditos presumidos entre 2029 e 2032. Essa transição busca dar previsibilidade às empresas, permitindo que adaptem seus modelos de negócios ao término da desoneração. O controle e a fiscalização do cumprimento das condições são realizados pelo Ministério do Desenvolvimento, Indústria, Comércio e Serviços (MDIC), que encaminhará relatórios anuais à Receita Federal do Brasil.

O regime automotivo incentivado é objeto de insurgência quanto à verdadeira efetividade econômica, ambiental e tributária. Do ponto de vista econômico, a restrição para empresas já habilitadas pode criar barreiras a novos entrantes, limitando a inovação e beneficiando players atuais. Tributariamente, a complexidade das regras, a proibição de acumulação de incentivos e o risco de penalidades retroativas geram insegurança jurídica, enquanto a renúncia fiscal representa um impacto significativo à arrecadação, sem garantias claras de retorno em avanços tecnológicos ou ambientais. Essas questões provocam então a necessidade do exame rigoroso de custo-benefício e, ainda, do monitoramento efetivo para justificar o benefício.

6.37. ALÍQUOTA ZERO DO IBS E DA CBS: COMPRAS GOVERNAMENTAIS E PRODUTOS QUE INTEGRAM A CESTA BÁSICA NACIONAL DE ALIMENTOS

O regramento comum ao IBS e à CBS estabelece duas possibilidades de redução a zero das alíquotas desses tributos, quando incidirem em operações realizadas pelo Poder Público (compras governamentais) ou sobre produtos que compõem a Cesta Básica Nacional de Alimentos.

6.38. COMPRAS GOVERNAMENTAIS

O art. 149-C foi incluído no texto constitucional, no rol dos princípios gerais do Sistema Tributário Nacional, que não propriamente trata de competência tributária ou de princípios, mas, na prática, viabiliza uma regra de repartição de receita tributária ao destinar, a cada ente federado adquirente, o produto da arrecadação do IBS e da CBS incidentes sobre as operações contratadas pelas correspondentes Administrações Públicas, direta, suas autarquias e fundações públicas.[196]

Seja em operações internas ou de importações, nas contratações de determinado ente federado, o IBS e a CBS a pagar serão concentrados na incidência tributária correspondente à sua competência tributária, por meio da aplicação de alíquota zero para os tributos de competência dos demais entes, conjugada com a elevação equivalente do tributo que, em tese, seria devido aos demais entes federados.

Por exemplo, no caso de contrato de aquisição de bens por órgão do Estado de Pernambuco, devem ser reduzidas a zero as alíquotas do IBS municipal e da CBS incidentes sobre a compra, e exigidos a título de IBS estadual a integralidade dos tributos devidos sobre a operação. Do mesmo modo, uma importação a ser realizada pelo Município de Recife está sujeita à alíquota zero de IBS estadual e de CBS a fim de que a alíquota na apuração do IBS municipal seja a soma das alíquotas incidentes na operação (%IBS municipal + %IBS estadual + %CBS).

Segue abaixo um quadro-resumo, com percentuais exemplificativos:

Alíquota de referência (ou aplicável)	→	CBS – 9%	IBS estadual – 13%	IBS municipal – 5%
Aquisição municipal	→	CBS – 0%	IBS estadual – 0%	IBS municipal – 27%
Aquisição estadual	→	CBS – 0%	IBS estadual – 27%	IBS municipal – 0%
Aquisição da União	→	CBS – 27%	IBS estadual – 0%	IBS municipal – 0%

Não se trata, portanto, de uma desoneração da operação, mas de uma forma de incidência específica das alíquotas aplicáveis a fim de garantir a destinação integral do produto da arrecadação ao ente federado contratante. Essa é, portanto, uma hipótese de alíquota zero sem redução da carga tributária incidente sobre a operação.

A LC 214/2025, ao regulamentar a matéria nos arts. 472 e 473, estabelece que, nas aquisições de bens e serviços pela Administração Pública, as alíquotas do IBS e da CBS serão reduzidas de forma uniforme, em proporção ao redutor fixado pela legisla-

---

[196] Art. 149-C. O produto da arrecadação do imposto previsto no art. 156-A e da contribuição prevista no art. 195, V, incidentes sobre operações contratadas pela administração pública direta, por autarquias e por fundações públicas, inclusive suas importações, será integralmente destinado ao ente federativo contratante, mediante redução a zero das alíquotas do imposto e da contribuição devidos aos demais entes e equivalente elevação da alíquota do tributo devido ao ente contratante.

§ 1º As operações de que trata o *caput* poderão ter alíquotas reduzidas de modo uniforme, nos termos de lei complementar.

§ 2º Lei complementar poderá prever hipóteses em que não se aplicará o disposto no *caput* e no § 1º.

§ 3º Nas importações efetuadas pela administração pública direta, por autarquias e por fundações públicas, o disposto no art. 150, VI, *a*, será implementado na forma do disposto no *caput* e no § 1º, assegurada a igualdade de tratamento em relação às aquisições internas.

ção. Essa redução ocorre em duas etapas: entre os anos de 2027 e 2033, a redução será gradual, conforme determinado pelo art. 370 da mesma Lei Complementar; a partir de 2034, as alíquotas permanecerão no nível fixado para o ano de 2033.

Essa redução progressiva das alíquotas é uma medida destinada a aliviar o impacto fiscal sobre o setor público, especialmente durante o período de transição para o novo regime tributário, contudo, o parágrafo único do dispositivo exclui dessa regra as aquisições que, cumulativamente, sejam realizadas de forma presencial e que estejam dispensadas de licitação, conforme a legislação específica. Essa exclusão visa evitar a aplicação indiscriminada do benefício fiscal em compras públicas sem o devido controle licitatório.

O art. 473 dispõe que o produto da arrecadação do IBS e da CBS sobre as aquisições governamentais será integralmente destinado ao ente federativo contratante, ou seja, em compras realizadas pela União, Estados, Municípios e o Distrito Federal, as alíquotas de IBS e CBS devidas aos demais entes federativos serão reduzidas a zero, e a alíquota correspondente ao ente contratante será elevada para absorver o montante integral da arrecadação. Trata-se de mecanismo que garante ao ente federativo ao realizar a compra o recebimento da totalidade da arrecadação tributária, evitando a dispersão de receitas entre os demais entes não diretamente envolvidos na operação. A forma de aplicação dessa regra varia conforme o ente que realiza a aquisição:

Ente Federativo	Redução a Zero	Alíquota Ajustada
União	IBS de outros entes federativos	Alíquota da CBS ajustada para equivaler à soma das alíquotas normais de IBS e CBS
Estados	CBS e IBS municipal	Alíquota estadual do IBS ajustada para absorver o montante total
Municípios	CBS e IBS estadual	Alíquota municipal do IBS ajustada para absorver o montante total
Distrito Federal	CBS	Alíquota distrital do IBS ajustada para refletir a soma dos tributos

O § 2º do art. 473 compreende a regra de que a destinação integral das receitas tributárias ao ente contratante não se aplica às aquisições que sejam presenciais e dispensadas de licitação. Enquanto o § 3º amplia a aplicação da regra para as importações realizadas pela Administração Pública, autarquias e fundações públicas, assegurando tratamento igualitário entre aquisições realizadas no país e as provenientes do exterior, em conformidade com o § 3º do art. 149-C da Constituição Federal.

6.39. CESTA BÁSICA NACIONAL DE ALIMENTOS

O art. 8º da EC 132/2023 cria a Cesta Básica Nacional de Alimentos como uma política pública voltada à proteção do direito social à alimentação e da diversidade regional e cultural da alimentação nacional. A composição da Cesta Básica Nacional de Alimentos será composta por "produtos destinados à alimentação humana" e será definida por lei complementar. Para os fins tributários, as alíquotas do IBS e da CBS serão reduzidas a zero na incidência sobre esses alimentos, o que afastará a carga tributária na produção, circulação e no consumo.

Durante o trâmite legislativo no Senado Federal, o Senador Eduardo Braga (MDB-AM), atuando como relator, propôs a criação de uma "cesta básica estendida", que abrangeria produtos sujeitos a uma tributação inferior à alíquota geral, embora não completamente isentos. Contudo, essa proposta foi excluída quando a Proposta de Emenda à Constituição (PEC) retornou à análise da Câmara dos Deputados.

O texto promulgado é um elemento normativo para proteção do mínimo existencial na medida em que reduz o preço final da alimentação básica e gera maior impacto para a população de baixa renda, fatia que mais sente os efeitos perversos da regressividade tributária, razão pela qual a previsão também pode ser considerada como um instrumento de justiça tributária.

> EC 132. Art. 8º Fica criada a Cesta Básica Nacional de Alimentos, que considerará a diversidade regional e cultural da alimentação do País e garantirá a alimentação saudável e nutricionalmente adequada, em observância ao direito social à alimentação previsto no art. 6º da Constituição Federal.
>
> Parágrafo único. Lei complementar definirá os produtos destinados à alimentação humana que comporão a Cesta Básica Nacional de Alimentos, sobre os quais as alíquotas dos tributos previstos nos arts. 156-A e 195, V, da Constituição Federal serão reduzidas a zero.

A LC 214/2025, ao tratar da Cesta Básica Nacional de Alimentos, especificamente no art. 125, estabelece que as alíquotas do IBS e da CBS incidentes sobre as vendas de produtos destinados à alimentação humana serão reduzidas a zero, relativamente aos produtos listados no Anexo I da referida Lei Complementar, com a devida classificação contida na Nomenclatura Comum do Mercosul/Sistema Harmonizado (NCM/SH).[197]

Trata-se de medida com o objetivo de aliviar a carga tributária sobre itens essenciais de alimentação, tornando-os mais acessíveis à população, especialmente as camadas mais vulneráveis, ao reduzir os custos associados à compra de alimentos básicos. A cesta básica inclui uma lista específica de produtos essenciais ao consumo humano, tais como arroz, feijão, farinha, açúcar, leite, entre outros.

6.40. *CASHBACK*: DEVOLUÇÃO DE IBS E CBS

Dentre os dispositivos inaugurados pela reforma para implementar justiça tributária e isonomia, a não incidência prática de IBS e CBS sobre os produtos que comporão a Cesta Básica Nacional de Alimentação também se conjuga com a previsão de devolução

---

[197] Art. 125. Ficam reduzidas a zero as alíquotas do IBS e da CBS incidentes sobre as vendas de produtos destinados à alimentação humana relacionados no Anexo I desta Lei Complementar, com a especificação das respectivas classificações da NCM/SH, que compõem a Cesta Básica Nacional de Alimentos, criada nos termos do art. 8º da Emenda Constitucional n. 132, de 20 de dezembro de 2023.
Parágrafo único. Aplica-se o disposto nos §§ 1º e 2º do art. 126 desta Lei Complementar às reduções de alíquotas de que trata o *caput* deste artigo.

do imposto sobre consumo a pessoas físicas com o objetivo de reduzir desigualdades de renda. O texto da PEC 45/2019 chegou a prever o *cashback*, não somente com a finalidade de diminuição da desigualdade de renda, como, igualmente, para redução das desigualdades de raça e gênero.[198]

O mecanismo, já usualmente denominado *cashback*, tem como finalidade a restituição de IBS e CBS à parcela mais carente da população. A medida busca mitigar, com eficiência e de modo mais direto, as disparidades entre a população de baixa renda e a alta proporção de incidência da carga tributária sobre itens básicos de sobrevivência.

A LC 214/2025 dispõe sobre os limites e os beneficiários do *cashback*. Os novos dispositivos constitucionais tornam obrigatória apenas a aplicação desse mecanismo ao fornecimento de energia elétrica e de gás de cozinha, com a possibilidade de concessão do benefício no momento da cobrança, o que também precisa ser previsto por lei complementar.

A devolução de tributos é uma forma de remediar as diversas críticas no sentido de que a adoção de uma tributação uniforme e indistinta de todos os bens e serviços representaria um reforço à regressividade do sistema tributário, que impõe um comprometimento maior das camadas menos favorecidas da sociedade com tributos. Atualmente, diversos produtos que compõem a cesta básica são isentos de ICMS e IPI, ou possuem alíquotas reduzidas, além de outros benefícios fiscais, mas, perceba, conferir um tratamento privilegiado a carnes e demais produtos comestíveis resultantes do abate de ave e gado bovino ou suíno, por exemplo, tem um alcance amplo da população, dos mais desprovidos aos mais ricos, haja vista o consumo em caráter geral desses alimentos. A exigência de recolhimento por todos com a possibilidade de devolução para aqueles comprovadamente compreendidos no dispositivo da legislação torna-se uma medida direcionada e reveladora de justiça fiscal.

Esse é o principal argumento para a implementação do *cashback* como alternativa ao sistema atual de políticas públicas de beneficiamento de bens e serviços, haja vista a restituição dos valores pagos em tributos diretamente para as famílias de baixa renda ser mais eficiente do que a concessão de isenções ou reduções de tributos para determinados itens. As pesquisas no âmbito da economia têm apontado que a opção das transferências em espécie é mais eficiente do que benefícios concedidos indiretamente, embora provoquem relativo grau de subjetivismo acerca do conjunto dos verdadeiramente vulneráveis.[199]

---

[198]   Neste ponto, grupo de especialistas apontam que o Sistema Tributário Brasileiro, extremamente concentrado no consumo de bens e serviços, impõe ainda uma sobrecarga para as mulheres. No consumo não se enxerga propriamente a renda das pessoas do ponto de vista da progressividade de alíquotas, o que intensifica as desigualdades não somente entre as diferentes classes sociais, mas, inclusive, entre raças e gêneros. Pesquisas revelam que as mulheres ganham quase 20% menos que o rendimento de um homem e a mulher negra ganha ainda menos, quase 50%, do que ganha um homem branco. Não obstante os dados públicos, a proposta não foi aprovada nesses termos, com intensa oposição da ala mais conservadora do Congresso Nacional, cujos argumentos, entre os quais, constavam o de que o *cashback*, com o critério de gênero, permitiria uma pessoa trans receber a devolução do tributo em representação da ideologia de gênero.

[199]   SEN, Amartya K. Poverty and Famines. An Essay on Entitlement and Deprivation. Oxford. *In:* ARAÚJO, Fernando. *Introdução à economia.* 4. ed. Almedina: 2022. p. 200-201. Amartya Kumar Sen é professor de economia e filosofia da cátedra Thomas W. Lamont na Universidade Harvard. Fernando Araújo é professor catedrático da Faculdade de Direito da Universidade de Lisboa e um dos expoentes internacionais da Análise Econômica do Direito.

Embora o IBS e a CBS devam ter um regramento comum em muitos aspectos – tal como relativo às regras de incidência, não cumulatividade e regimes específicos, diferenciados e favorecidos – e igualmente sejam tributos em relação aos quais há previsão de devolução ao consumidor de baixa renda, cumpre observar que, quanto a esse ponto, os tributos podem observar regras diferenciadas, de modo que o consumo de determinado bem ou serviço pode dar ensejo à devolução de IBS e não de CBS, ou o contrário, sem obrigatória correspondência de possibilidade ou critérios para cada um.

Parte da doutrina, veja-se o livro *Reforma tributária*, de Hugo de Brito Machado Segundo,[200] afirma que a sistemática de *cashback incrementará consideravelmente a complexidade do sistema, ampliando a possibilidade de fraudes*, e questiona-se: *Será restituído a quais contribuintes? Aos de baixa renda? Como controlar? Se uma pessoa de baixa renda faz a compra e dá seu CPF, mas age por conta e ordem de um terceiro que é abastado?* Parece-me desconhecimento imaginar que a solução engendrada para atender o *cashback* seja unicamente pela sistemática de informação do CPF para restituição do tributo, ainda mais com todo o avanço tecnológico conquistado (Governo Digital, CadÚnico, e-Social, SUS Digital).

Não se desconhece o desafio de operacionalizar as medidas, mas acreditar que "incrementará consideravelmente a complexidade do sistema" é perseverar negativamente em torno da reforma tributária. Certamente, os avanços nos sistemas de informação serão fundamentais para a implementação do mecanismo. O CadÚnico (Cadastro Único para programas sociais do Governo Federal), como visto, por exemplo, pode facilitar a identificação dos cidadãos que preenchem os critérios para receberem a devolução, ainda que se considere a necessidade de a previsão constitucional ser levada ao seu grau máximo de eficiência a ponto de se desenvolver um sistema que faça chegar o benefício a todos que realmente são contemplados pelo texto constitucional.

É possível, ainda, seguindo na concepção dos mecanismos operacionais da sistemática de devolução, promover o cruzamento de dados entre o valor da compra e a situação cadastral da família e, em locais mais remotos, nos quais as pessoas não tenham acesso facilitado à internet, o sistema de transferência direta de renda mostra-se como alternativa viável para execução do programa, em complemento ao Bolsa Família.

Pesquisas acadêmicas e universitárias indicam que a devolução de tributos é mecanismo muito mais inteligente e eficaz no combate à desigualdade social comparativamente à desoneração direta de produtos por meio de isenções, alíquotas zero, créditos presumidos, entre outros benefícios fiscais. Diz-se que aumentará o poder de consumo de 89% da população brasileira, segundo estudo desenvolvido por pesquisadores da Universidade Federal de Minas Gerais (UFMG): "Como o *cashback* pode reduzir desigualdades no Brasil", cuja medida *beneficiaria 72,3 milhões de brasileiros, com 85% deles pertencentes a famílias com até 1 salário mínimo de renda.*[201]

Por fim, países como Bolívia, Canadá, Argentina, Colômbia, Equador e Uruguai têm utilizado mecanismos semelhantes. Neste último, existe um aplicativo para controlar em tempo real o *cashback*. No Brasil, também há modelos semelhantes com resultados positivos, tal como o "Devolve ICMS", implementado pelo Governo do Rio Grande do Sul.

200 MACHADO SEGUNDO, Hugo de Brito. *Reforma tributária comentada e comparada*: Emenda Constitucional 132, de 20 de dezembro de 2023. 1. ed. Barueri/SP: Atlas, 2024. p. 148 (E-Book).

201 Divulgado no Jornal *Folha de São Paulo*, na edição de 19 de setembro de 2023.

CF. Art. 156-A. Lei complementar instituirá imposto sobre bens e serviços de competência compartilhada entre Estados, Distrito Federal e Municípios. [...]

§ 5º Lei complementar disporá sobre: [...]

VIII – as hipóteses de devolução do imposto a pessoas físicas, inclusive os limites e os beneficiários, com o objetivo de reduzir as desigualdades de renda; [...]

§ 12. A devolução de que trata o § 5º, VIII, não será considerada nas bases de cálculo de que tratam os arts. 29-A, 198, § 2º, 204, parágrafo único, 212, 212-A, II, e 216, § 6º, não se aplicando a ela, ainda, o disposto no art. 158, IV, *b*.

§ 13. A devolução de que trata o § 5º, VIII, será obrigatória nas operações de fornecimento de energia elétrica e de gás liquefeito de petróleo ao consumidor de baixa renda, podendo a lei complementar determinar que seja calculada e concedida no momento da cobrança da operação.

CF. Art. 195. A seguridade social será financiada por toda a sociedade, de forma direta e indireta, nos termos da lei, mediante recursos provenientes dos orçamentos da União, dos Estados, do Distrito Federal e dos Municípios, e das seguintes contribuições sociais: (*Vide* Emenda Constitucional 20/1998) [...]

V – sobre bens e serviços, nos termos de lei complementar. (Incluído pela Emenda Constitucional 132/2023) [...]

§ 18. Lei estabelecerá as hipóteses de devolução da contribuição prevista no inciso V do *caput* a pessoas físicas, inclusive em relação a limites e beneficiários, com o objetivo de reduzir as desigualdades de renda. (Incluído pela Emenda Constitucional 132/2023)

§ 19. A devolução de que trata o § 18 não será computada na receita corrente líquida da União para os fins do disposto nos arts. 100, § 15, 166, §§ 9º, 12 e 17, e 198, § 2º. (Incluído pela Emenda Constitucional 132/2023)

A Lei Complementar 214/2025, ao regulamentar a sistemática do *cashback*, prevê que, de acordo com o art. 112, as devoluções dos tributos serão concedidas tanto pela União, no caso da CBS, quanto pelos Estados, Distrito Federal e Municípios, no caso do IBS, para as famílias de baixa renda, especificamente àquelas cadastradas no Cadastro Único para Programas Sociais do Governo Federal (CadÚnico). Em continuidade, o art. 113 define como destinatário o responsável pela unidade familiar, desde que cumpra os requisitos de possuir renda familiar mensal per capita de até meio salário-mínimo, ser residente no território nacional e possuir inscrição ativa no CPF.

O sistema de devolução é automático, conforme prevê o § 1º do art. 113, e os dados pessoais coletados para operacionalização do *cashback* são tratados em conformidade com a Lei Geral de Proteção de Dados Pessoais (Lei 13.709/2018), assegurando a privacidade dos beneficiários e limitando o uso desses dados a finalidades estritamente ligadas à devolução dos tributos.

A devolução da CBS será gerida pela Receita Federal do Brasil, conforme disposto no art. 114, e a devolução do IBS pelo Comitê Gestor do IBS, conforme o art. 115 da Lei Complementar. As competências desses órgãos incluem normatizar, coordenar e supervisionar o processo de devolução, além de definir os procedimentos de cálculo e pagamento dos valores a serem devolvidos, garantindo transparência e mitigação de fraudes. A devolução deve ocorrer preferencialmente por meio de mecanismos que incentivem a formalização do consumo, como a exigência de documentos fiscais nas aquisições realizadas pelas famílias beneficiárias, promovendo a cidadania fiscal e combatendo a sonegação e a informalidade.

A sistemática para devolução tem como base o consumo realizado pelas famílias, com o objetivo de reduzir a carga tributária sobre unidades familiares de menor renda, enquanto deve ser calculada mediante um percentual aplicado sobre o valor do tributo incidente em operações de consumo, formalizadas por meio de documentos fiscais. A dinâmica de devolução é tratada por regulamento com definição de critérios relacionados à unidade familiar e ao período de apuração, garantindo que a devolução seja compatível com a renda disponível da família. Entre os fatores considerados para o cálculo estão o consumo total de produtos, com exceção dos sujeitos ao Imposto Seletivo, e as informações contidas nos documentos fiscais vinculados ao CPF dos membros da família. Além disso, a renda mensal disponível será determinada a partir de dados do CadÚnico e de valores recebidos em transferências condicionadas de renda, complementados por dados oficiais sobre a estrutura de consumo das famílias e pelas regras tributárias vigentes.[202]

Os percentuais de devolução aplicáveis ao sistema de restituição de tributos incidentes sobre o consumo, como forma de aliviar a carga tributária das famílias, especialmente as de menor renda seguem a disciplina da LC 214/2025. Para itens essenciais como botijão de gás de até 13 kg, energia elétrica, abastecimento de água, esgotamento sanitário, gás canalizado e serviços de telecomunicações, os percentuais são fixados em 100% da CBS e 20% do IBS, assegurando uma devolução significativa. Para os demais bens e serviços, os percentuais de devolução são de 20% tanto para a CBS quanto para o IBS.[203]

---

[202] Art. 117. As devoluções previstas neste Capítulo serão calculadas mediante aplicação de percentual sobre o valor do tributo relativo ao consumo, formalizado por meio da emissão de documentos fiscais.

§ 1º O regulamento estabelecerá regras de devolução por unidade familiar destinatária e por período de apuração das devoluções, de modo que a devolução seja compatível com a renda disponível da família.

§ 2º Para determinação do tributo a ser devolvido às pessoas físicas, nos termos do *caput* e do § 1º deste artigo, serão considerados: I – o consumo total de produtos pelas famílias destinatárias, ressalvados os produtos sujeitos ao Imposto Seletivo, de que trata o Livro II desta Lei Complementar; II – os dados extraídos de documentos fiscais vinculados ao CPF dos membros da unidade familiar, que acobertem operações de aquisição de bens ou serviços exclusivamente para consumo domiciliar, III – a renda mensal familiar disponível, assim entendida a que resulta do somatório da renda declarada no CadÚnico a valores auferidos a título de transferência condicionada de renda; IV – os dados extraídos de publicações oficiais relativos à estrutura de consumo das famílias; V – as regras de tributação de bens e serviços previstas na legislação.

[203] Art. 118. O percentual a ser aplicado nos termos do art. 117 desta Lei Complementar será de: I – 100% (cem por cento) para a CBS e 20% (vinte por cento) para o IBS na aquisição de botijão de até 13 kg (treze quilogramas) de gás liquefeito de petróleo, nas operações de fornecimento domiciliar de energia elétrica, abastecimento de água, esgotamento sanitário e gás canalizado e nas operações de fornecimento de telecomunicações; e II – 20% (vinte por cento) para a CBS e para o IBS, nos demais casos.

§ 1º A União, os Estados, o Distrito Federal e os Municípios poderão, por lei específica, fixar percentuais de devolução da sua parcela da CBS ou do IBS superiores aos previstos nos incisos I e II do *caput*, os quais poderão ser diferenciados: I – em função da renda familiar dos destinatários, observado o disposto no art. 113 desta Lei Complementar; II – entre os casos previstos nos incisos I e II do *caput*.

A LC 214/2025 prevê ainda que a União, os Estados, o Distrito Federal e os Municípios estabeleçam, por meio de leis específicas, percentuais de devolução superiores aos previstos, podendo diferenciá-los com base na renda familiar dos destinatários ou entre os itens contemplados nos percentuais fixados, como forma de permitir ajustes regionais, adequando a política fiscal às realidades socioeconômicas locais. Contudo, o percentual de devolução de 100% da CBS para os itens essenciais permanece como limite mínimo, não podendo ser reduzido ou alterado. Na ausência de legislação específica que fixe percentuais próprios, as devoluções serão calculadas com base nos percentuais padrões estabelecidos pela LC.

Para as aquisições consideradas essenciais, como energia elétrica, água e gás, bens que representam uma parcela significativa do orçamento das famílias de baixa renda, a lei estabelece que a devolução deverá ocorrer preferencialmente no momento da cobrança de correspondentes serviços de modo a facilitar o acesso imediato ao benefício, enquanto para outros bens e serviços, a devolução será realizada em momento distinto, de acordo com o regulamento.

A Lei Complementar também prevê mecanismos de garantir a eficácia e a integridade do sistema de devolução, com responsabilidade da Receita Federal e do Comitê Gestor do IBS na adoção de medidas de mitigação de fraudes e erros, sob relatórios gerenciais de prestação de contas, assegurando que apenas os destinatários elegíveis recebam os valores devolvidos.

O sistema de devolução será implementado de maneira escalonada, considerando o início das devoluções com base no consumo familiar, segundo a LC 214/2025. Para a CBS, a devolução será calculada a partir do consumo realizado em janeiro de 2027, enquanto, para o IBS, essa sistemática terá início em janeiro de 2029. A devolução será calculada com base nos dados de consumo formalizado em documentos fiscais vinculados ao CPF dos membros da unidade familiar, garantindo que o benefício seja direcionado de forma justa e proporcional ao perfil de consumo de cada família. Essa abordagem progressiva possibilita uma maior eficiência na implementação, ao mesmo tempo em que amplia o alcance social da política tributária.[204]

6.41. COMITÊ GESTOR DO IBS, RECEITA FEDERAL DO BRASIL E PROCURADORIA-GERAL DA FAZENDA NACIONAL: HARMONIZAÇÃO DO IBS E DA CBS

A EC 132/2023 instituiu o Comitê Gestor do IBS, composto de forma paritária por 27 membros de um conjunto que representará os Estados e o Distrito Federal, e 27 membros de um conjunto que representará Municípios e Distrito Federal, cujas competências, observados os termos e limites estabelecidos na Lei Complementar, serão:

---

§ 2º Na ausência da fixação de percentuais próprios, as devoluções previstas neste Capítulo serão calculadas mediante aplicação dos percentuais de que tratam os incisos I e II do *caput*.

§ 3º O disposto no § 1º deste artigo não se aplica ao percentual de devolução da CBS de que trata o inciso I do *caput*.

[204] Art. 123. As devoluções previstas no art. 112 desta Lei Complementar serão calculadas com base no consumo familiar realizado a partir do: I – mês de janeiro de 2027, para a CBS; e II – mês de janeiro de 2029, para o IBS.

(i)   realizar a edição do regulamento único, bem como uniformizar a interpretação e a aplicação da legislação do imposto;

(ii)   promover a arrecadação do imposto, efetuar as compensações e distribuir o produto da arrecadação entre os entes participantes;

(iii)   decidir o contencioso administrativo.

A LC 214/2025 determina que o Comitê Gestor do IBS e a Receita Federal do Brasil trabalharão em conjunto para implementar soluções integradas para administrar o IBS e a CBS, respeitando suas competências legais. A administração e o pagamento desses tributos ocorrerão por meio de uma plataforma unificada, com gestão compartilhada entre o Comitê Gestor e a RFB. Para apuração dos tributos, ambos os órgãos seguirão diretrizes estabelecidas em ato conjunto, e os documentos fiscais eletrônicos relativos a bens e serviços serão compartilhados com todos os entes federativos, utilizando padrões técnicos uniformes.[205]

As deliberações no âmbito do Comitê do IBS serão consideradas aprovadas se obtiverem, cumulativamente, os votos: (i) quanto ao grupo dos Estados e Distrito Federal, da maioria absoluta de seus representantes e de representantes dos Estados e do Distrito Federal que correspondam a mais de 50% (cinquenta por cento) da população do País; e (ii) em relação ao conjunto dos Municípios e Distrito Federal, da maioria absoluta de seus representantes.

O Comitê Gestor do IBS e a Receita Federal do Brasil, incluindo a Procuradoria-Geral da Fazenda Nacional (PGFN), são responsáveis por harmonizar normas, interpretações, obrigações acessórias e procedimentos relacionados ao IBS e à CBS, por meio de convênios que visem à prestação de assistência mútua e o compartilhamento de informações relevantes. Essa responsabilidade pela harmonização será dividida entre duas instâncias específicas: Comitê de Harmonização das Administrações Tributárias e o Fórum de Harmonização Jurídica das Procuradorias.[206]

O Comitê de Harmonização das Administrações Tributárias será composto por quatro representantes da RFB e quatro representantes do Comitê Gestor do IBS, sendo que dois destes representarão os Estados ou o Distrito Federal, e os outros dois, os Municípios ou o Distrito Federal. Já o Fórum de Harmonização Jurídica das Procuradorias será formado por quatro representantes da PGFN, indicados pela União, e quatro representantes das Procuradorias indicados pelo Comitê Gestor do IBS, com dois representantes dos Estados ou do Distrito Federal e dois dos Municípios ou do Distrito Federal.[207]

---

[205]   Art. 58 da LC 214/2025.

[206]   Art. 318. O Comitê Gestor do IBS, a RFB e a Procuradoria-Geral da Fazenda Nacional atuarão com vistas a harmonizar normas, interpretações, obrigações acessórias e procedimentos relativos ao IBS e à CBS. Parágrafo único. Para fins do disposto no *caput*, os referidos órgãos poderão celebrar convênios para fins de prestação de assistência mútua e compartilhamento de informações relativas aos respectivos tributos.

[207]   Art. 319. A harmonização do IBS e da CBS será garantida pelas instâncias a seguir especificadas: I – Comitê de Harmonização das Administrações Tributárias composto de: a) 4 (quatro) representantes da RFB; e b) 4 (quatro) representantes do Comitê Gestor do IBS, sendo 2 (dois) dos Estados ou do Distrito Federal e 2 (dois) dos Municípios ou do Distrito Federal; e

Esses órgãos terão a responsabilidade de garantir a uniformidade na regulamentação e interpretação das leis relacionadas ao IBS e à CBS, especialmente em matérias comuns entre os dois tributos. Além disso, atuarão para prevenir litígios relacionados às normas aplicáveis e deliberar sobre obrigações acessórias e procedimentos compartilhados. As decisões e resoluções tomadas por esses órgãos colegiados serão vinculantes para as administrações tributárias da União, dos Estados, do Distrito Federal e dos Municípios, a partir de sua publicação no *Diário Oficial da União*.[208]

Além de garantir a harmonização das normas, o Fórum de Harmonização Jurídica das Procuradorias atuará como órgão consultivo do Comitê de Harmonização das administrações tributárias, auxiliando na uniformização das interpretações jurídicas relativas ao IBS e à CBS. Esse fórum também analisará controvérsias jurídicas amplamente disseminadas e relevantes sobre esses tributos, quando solicitadas pelo presidente do Comitê Gestor do IBS ou pela autoridade máxima do Ministério da Fazenda.[209]

Por fim, relativamente à harmonização do IBS e da CBS, as decisões conjuntas tomadas pelo Comitê de Harmonização das Administrações Tributárias e pelo Fórum de Harmonização Jurídica das Procuradorias deverão ser observadas em todos os atos administrativos, normativos e decisórios praticados pelas administrações tributárias da União, dos Estados, do Distrito Federal e dos Municípios, bem como pela Procuradoria-Geral da Fazenda Nacional e pelas Procuradorias dos entes federativos.[210]

II – Fórum de Harmonização Jurídica das Procuradorias composto de:

a) 4 (quatro) representantes da Procuradoria-Geral da Fazenda Nacional, indicados pela União; e

b) 4 (quatro) representantes das Procuradorias, indicados pelo Comitê Gestor do IBS, sendo 2 (dois) Procuradores de Estado ou do Distrito Federal e 2 (dois) Procuradores de Município ou do Distrito Federal.

§ 1º O Comitê previsto no inciso I do *caput* será presidido e coordenado alternadamente por representante da RFB e por representante do Comitê Gestor do IBS, conforme dispuser o seu regimento interno.

§ 2º O Fórum previsto no inciso II do *caput* será presidido e coordenado alternadamente por representante da PGFN e por representante dos procuradores indicados pelo Comitê Gestor do IBS, conforme dispuser o seu regimento interno.

[208] Art. 321. Compete ao Comitê de Harmonização das Administrações Tributárias:

I – uniformizar a regulamentação e a interpretação da legislação relativa ao IBS e CBS em relação às matérias comuns;

II – prevenir litígios relativos às normas comuns aplicáveis ao IBS e à CBS; e

III – deliberar sobre obrigações acessórias e procedimentos comuns relativos ao IBS e à CBS.

Parágrafo único. As resoluções aprovadas pelo Comitê de Harmonização das Administrações Tributárias, a partir de sua publicação no *Diário Oficial da União*, vincularão as administrações tributárias da União, dos Estados, do Distrito Federal e dos Municípios.

[209] Art. 322. Compete ao Fórum de Harmonização Jurídica das Procuradorias:

I – atuar como órgão consultivo do Comitê de Harmonização das Administrações Tributárias nas atividades de uniformização e interpretação das normas comuns relativas ao IBS e à CBS; e

II – analisar relevantes e disseminadas controvérsias jurídicas relativas ao IBS e à CBS suscitadas nos termos do § 1º.

[210] Art. 323. Ato conjunto do Comitê de Harmonização das Administrações Tributárias e do Fórum de Harmonização Jurídica das Procuradorias deverá ser observado, a partir de sua publicação no *Diário Oficial da União*, nos atos administrativos, normativos e decisórios praticados pelas administrações tributárias da União, dos Estados, do Distrito Federal e dos Municípios e nos atos da Procuradoria-Geral da Fazenda Nacional e das Procuradorias dos Estados, do Distrito Federal e dos Municípios.

Parágrafo único. Compete ao Comitê de Harmonização das Administrações Tributárias e ao Fórum de Harmonização Jurídica das Procuradorias, no âmbito das suas respectivas competências, propor o ato conjunto de que trata o *caput*.

A instância máxima de deliberação do Comitê Gestor do IBS é composta, de forma paritária, por representantes dos Estados, Municípios e Distrito Federal, sendo assegurada a alternância na Presidência do Comitê Gestor entre o grupo de representantes dos Estados e o Distrito Federal e o grupo dos Municípios e o Distrito Federal. O Comitê será financiado por percentual do produto da arrecadação do imposto destinado a cada ente da Federação. Deverão ser estabelecidas a estrutura e a gestão do Comitê, e caberá ao regimento interno dispor sobre sua organização e funcionamento.

A fiscalização do cumprimento das obrigações principais e acessórias do IBS e da CBS, bem como a constituição do correspondente crédito tributário, será dividida entre diferentes autoridades, conforme o tributo. No caso da CBS, a responsabilidade pela fiscalização caberá aos auditores-fiscais da Receita Federal do Brasil, enquanto a fiscalização do IBS está a cargo das autoridades fiscais que integram as administrações tributárias dos Estados, do Distrito Federal e dos Municípios.[211]

A RFB e as administrações tributárias dos entes federativos poderão compartilhar informações e provas decorrentes de processos administrativos relacionados ao lançamento de ofício, permitindo que um ente federativo utilize as fundamentações e provas produzidas por outro ente em seus próprios lançamentos. Além disso, haverá um ambiente compartilhado para o registro do início e dos resultados das fiscalizações da CBS e do IBS, cuja gestão será feita de forma conjunta pelo Comitê Gestor do IBS e pela RFB. Esse ambiente poderá ser ampliado, com outras hipóteses de compartilhamento de informações previstas por ato conjunto. O direito ao contraditório e à ampla defesa do sujeito passivo será garantido, mesmo quando forem utilizados fundamentos e provas de processos administrativos anteriores.[212]

A RFB e as administrações tributárias dos Estados, Distrito Federal e Municípios poderão celebrar convênios para delegação recíproca da atividade de fiscalização em casos de processos fiscais de pequeno valor, definidos por um limite único estabelecido em regulamento. Essa delegação de fiscalização será aplicável tanto ao IBS quanto à CBS. E, por fim, o Ministério da Fazenda e o Comitê Gestor do IBS também poderão celebrar convênios que permitam a delegação recíproca do julgamento de contenciosos administrativos relacionados a lançamentos de ofício do IBS e da CBS, especialmente

---

[211] Art. 324. A fiscalização do cumprimento das obrigações principais e acessórias, bem como a constituição do crédito tributário relativo:

I – à CBS compete à autoridade fiscal integrante da administração tributária da União;

II – ao IBS compete às autoridades fiscais integrantes das administrações tributárias dos Estados, do Distrito Federal e dos Municípios.

[212] Art. 325. A RFB e as administrações tributárias dos Estados, do Distrito Federal e dos Municípios:

I – poderão utilizar em seus respectivos lançamentos as fundamentações e provas decorrentes do processo administrativo de lançamento de ofício efetuado por outro ente federativo;

II – compartilharão, em um mesmo ambiente, os registros do início e do resultado das fiscalizações da CBS e do IBS.

§ 1º O ambiente a que se refere o inciso II do *caput* terá gestão compartilhada entre o Comitê Gestor do IBS e a RFB.

§ 2º Ato conjunto do Comitê Gestor e da RFB poderá prever outras hipóteses de informações a serem compartilhadas no ambiente a que se refere o inciso II do *caput*.

§ 3º A utilização das fundamentações e provas a que se refere o inciso I do *caput*, ainda que relativas a processos administrativos encerrados, não dispensa a oportunidade do contraditório e da ampla defesa pelo sujeito passivo.

nos casos de processos fiscais de pequeno valor, conforme disposto nos termos previamente acordados.[213]

A distribuição dos recursos arrecadados com o IBS deverá ser efetuada pelo Comitê Gestor, como órgão centralizador, bem como as compensações de débitos e créditos, inclusive ressarcimentos a contribuintes de créditos acumulados, além da distribuição, de forma automática, da receita aos entes federados (Estados, Municípios e DF). O Comitê não tem poder discricionário para a prática de atos administrativos de distribuição de recursos, sem liberdade na escolha segundo critérios de conveniência e oportunidade, cabendo, nesse aspecto, tão somente a instrumentalização procedimental por programas, sistemas e códigos informatizados.

O Comitê Gestor é uma entidade estritamente técnica, com atribuição de operacionalizar as regras definidas em lei complementar e, portanto, o Governo Federal não tem qualquer participação no órgão, cuja composição é repartida entre Estados, Municípios e DF.

A distribuição dos recursos do IBS, a ser promovida pelo Comitê Gestor, revela a longa transição financeira federativa prevista na EC 132/2023, entre 2078 e 2097, até a completa extinção, ao estabelecer no art. 131 do ADCT que:

a) de 2029 a 2077, haverá transição entre a distribuição atual da arrecadação entre Estados, Distrito Federal e Municípios e a distribuição que resulta da reforma tributária;

b) haverá retenção de parcela dos recursos, que será distribuída com base na participação atual dos entes na arrecadação;

c) o percentual de distribuição de recursos com base em critérios atuais é decrescente, enquanto a distribuição com base nos novos critérios é crescente ao longo do tempo.

A EC 132/2023, no art. 132 do ADCT, prevê o apelidado "seguro receita" por meio da retenção do montante correspondente a 5% do IBS para distribuição aos entes federativos com o fim de incentivos fiscais, nos seguintes parâmetros:

a) o valor apurado nos termos dos arts. 149-C e 156-A, § 4º, II, e § 5º, I e IV, com base nas alíquotas de referência, após a aplicação do disposto no art. 158, IV, *b*, todos da Constituição Federal; e

b) a respectiva receita média, apurada nos termos do art. 131, § 2º, I, II e III, do Ato das Disposições Constitucionais Transitórias, limitada a 3 (três) vezes a média nacional por habitante da respectiva esfera federativa.

Segundo a EC 132/2023, *os recursos serão distribuídos, sequencial e sucessivamente, aos entes com as menores razões, de maneira que, ao final da distribuição, para todos os entes que receberem recursos, seja observada a mesma a razão entre*: a) a soma do valor

---

[213] Art. 326. A RFB e as administrações tributárias dos Estados, do Distrito Federal e dos Municípios poderão celebrar convênio para delegação recíproca da atividade de fiscalização do IBS e da CBS nos processos fiscais de pequeno valor, assim considerados aqueles cujo lançamento não supere limite único estabelecido no regulamento.
Art. 327. O Ministério da Fazenda e o Comitê Gestor do IBS poderão celebrar convênio para delegação recíproca do julgamento do contencioso administrativo relativo ao lançamento de ofício do IBS e da CBS efetuado nos termos do art. 326.

apurado com base nas alíquotas de referência com o valor recebido segundo as menores razões; e, b) a receita média apurada na forma das menores razões.

Portanto, o Comitê Gestor, ao atuar como agente financeiro em relação ao seguro receita, procederá à repartição segundo os parâmetros abaixo resumidos:[214]

a) o **seguro receita** será distribuído aos entes com menores proporções;

Critérios para distribuição do Seguro Receita	Alíquota de referência x Destino	
	Receita média de ICMS/ISS do ente no período de referência	**Limitada**

b) o **seguro receita** será distribuído de forma que todos os entes que o receberem apresentem a mesma proporção.

Fator de distribuição do Seguro Receita	(Alíquota de referência x Destino) + Seguro Receita	
	Receita média de ICMS/ISS do ente no período de referência	**Limitada**

Limite:	**3 vezes a média nacional por habitante**

O quadro abaixo revela em percentuais os fatores de distribuição:

Ano	Proporção da alíquota de referência	% Retenção geral sobre receita de IBS	% Distribuição pelo destino sobre receita total* antes do seguro receita	Seguro receita (após a retenção geral)	% Distribuição pelo destino sobre receita total* após o seguro receita
2029	0,1	80%	2%	5%	1,90%
2030	0,2	80%	4%		3,80%
2031	0,3	80%	6%		5,70%
2032	0,4	80%	8%		7,60%
2033	1	90%	10%		9,50%
2034	1	88%	12%		11,40%
...	1	(−2%)	(+2%)		(−1,90%)
2077	1	2%	98%		93,10%
2078	1	0%	100%		95%

*Receita total: ICMS/ISS+IBS

---

[214] Os gráficos inseridos neste tópico e no seguinte foram extraídos, com adaptações, de material público e disponibilizado aos contribuintes pelo Ministério da Fazenda para esclarecimentos acerca da EC 132/2023.

Por fim, são reproduzidas duas demonstrações da sistemática de recolhimento do IBS, na perspectiva da empresa e da Unidade Federada.

a)   exemplo da sistemática de recolhimento do IBS para as empresas.[215]

Empresa	Crédito	Débito	❷ Valor a recolher	Créditos a receber
❶a	35	28	–	7
b	42	54	12	
c	13	27	14	
d	63	68	5	❸
e	45	63	18	
Total:	198	240	49	7
Total:	42		42	

A empresa contribuinte mantém interface com o Comitê Gestor:

❶	centraliza seus débitos e créditos ocorridos em todas as Unidades da Federação;
❷	recolhe ao Comitê Gestor os valores devidos a título do imposto;
❸	recebe o saldo de créditos diretamente do Comitê.

b)   exemplo da sistemática de recolhimento IBS para as Unidades Federadas.

Estado, DF e Município	Venda a consumidor final	❶ Valor que transita no Comitê	Créditos a devolver ao contribuinte	❸ Valor recebido do Comitê
a	23			23
b	12		❶ 3	12
c	26			26
Total:	61	64	3	61

❶	No IBS: a) os recursos que transitam pelo Comitê são os valores a recolher pelas empresas; e b) a inadimplência é suportada nos termos da Lei Complementar 214/2025.
❷	O Comitê efetua o ressarcimento de créditos aos contribuintes.
❸	O Comitê entrega aos entes federados o valor referente às operações com o consumo final (incidência no destino) ocorridas em seu território. Durante a transição, haverá retenção e redistribuição de parcela deste valor para equilíbrio orçamentário dos entes.

Art. 131. De 2029 a 2077, o produto da arrecadação dos Estados, do Distrito Federal e dos Municípios com o imposto de que trata o art. 156-A da Constituição Federal será distribuído a esses entes federativos conforme o disposto neste artigo. (Incluído pela Emenda Constitucional 132/2023)

§ 1º Serão retidos do produto da arrecadação do imposto de cada Estado, do Distrito Federal e de cada Município apurada com base nas alíquotas de referência de que trata o art. 130 deste Ato das Disposições Constitucionais Transitórias, nos termos dos arts. 149-C e 156-A, § 4º, II, e § 5º, I e IV, antes da aplicação do disposto no art. 158, IV, *b*, todos da Constituição Federal: (Incluído pela Emenda Constitucional 132/2023)

I – de 2029 a 2032, 80% (oitenta por cento); (Incluído pela Emenda Constitucional 132/2023)

II – em 2033, 90% (noventa por cento); (Incluído pela Emenda Constitucional 132/2023)

III – de 2034 a 2077, percentual correspondente ao aplicado em 2033, reduzido à razão de 1/45 (um quarenta e cinco avos) por ano. (Incluído pela Emenda Constitucional 132/2023)

§ 2º Na forma estabelecida em lei complementar, o montante retido nos termos do § 1º será distribuído entre os Estados, o Distrito Federal e os Municípios proporcionalmente à receita média de cada ente federativo, devendo ser consideradas: (Incluído pela Emenda Constitucional 132/2023)

I – no caso dos Estados: (Incluído pela Emenda Constitucional 132/2023)

a) a arrecadação do imposto previsto no art. 155, II, após aplicação do disposto no art. 158, IV, *a*, todos da Constituição Federal; e (Incluído pela Emenda Constitucional)

b) as receitas destinadas aos fundos estaduais de que trata o art. 130, II, *b*, deste Ato das Disposições Constitucionais Transitórias; (Incluído pela Emenda Constitucional 132/2023)

II – no caso do Distrito Federal: (Incluído pela Emenda Constitucional 132/2023)

a) a arrecadação do imposto previsto no art. 155, II, da Constituição Federal; e (Incluído pela Emenda Constitucional 132/2023)

b) a arrecadação do imposto previsto no art. 156, III, da Constituição Federal; (Incluído pela Emenda Constitucional 132/2023)

III – no caso dos Municípios: (Incluído pela Emenda Constitucional 132/2023)

a) a arrecadação do imposto previsto no art. 156, III, da Constituição Federal; e (Incluído pela Emenda Constitucional 132/2023)

b) a parcela creditada na forma do art. 158, IV, "a", da Constituição Federal. (Incluído pela Emenda Constitucional 132/2023)

§ 3º Não se aplica o disposto no art. 158, IV, *b*, da Constituição Federal aos recursos distribuídos na forma do § 2º, I, deste artigo. (Incluído pela Emenda Constitucional 132/2023)

§ 4º A parcela do produto da arrecadação do imposto não retida nos termos do § 1º, após a retenção de que trata o art. 132 deste Ato das Disposições Constitucionais Transitórias, será distribuída a cada Estado, ao Distrito Federal e a cada Município de acordo com os critérios da lei complementar de que trata o art. 156-A,

§ 5º, I, da Constituição Federal, nela computada a variação de alíquota fixada pelo ente em relação à de referência. (Incluído pela Emenda Constitucional 132/2023)

§ 5º Os recursos de que trata este artigo serão distribuídos nos termos estabelecidos em lei complementar, aplicando-se o seguinte: (Incluído pela Emenda Constitucional 132/2023)

I – constituirão a base de cálculo dos fundos de que trata o art. 212-A, II, da Constituição Federal, observado que: (Incluído pela Emenda Constitucional 132/2023)

a) para os Estados, o percentual de que trata o art. 212-A, II, será aplicado proporcionalmente à razão entre a soma dos valores distribuídos a cada ente nos termos do § 2º, I, "a", e do § 4º, e a soma dos valores distribuídos nos termos do § 2º, I e do § 4º; (Incluído pela Emenda Constitucional 132/2023)

b) para o Distrito Federal, o percentual de que trata o art. 212-A, II, será aplicado proporcionalmente à razão entre a soma dos valores distribuídos nos termos do § 2º, II, *a*, e do § 4º, e a soma dos valores distribuídos nos termos do § 2º, II, e do § 4º, considerada, em ambas as somas, somente a parcela estadual nos valores distribuídos nos termos do § 4º; (Incluído pela Emenda Constitucional 132/2023)

c) para os Municípios, o percentual de que trata o art. 212-A, II, será aplicado proporcionalmente à razão entre a soma dos valores distribuídos nos termos do § 2º, III, *b*, e a soma dos valores distribuídos nos termos do § 2º, III; (Incluído pela Emenda Constitucional 132/2023)

II – constituirão as bases de cálculo de que tratam os arts. 29-A, 198, § 2º, 204, parágrafo único, 212 e 216, § 6º, da Constituição Federal, excetuados os valores distribuídos nos termos do § 2º, I, *b*; (Incluído pela Emenda Constitucional 132/2023)

III – poderão ser vinculados para prestação de garantias às operações de crédito por antecipação de receita previstas no art. 165, § 8º, para pagamento de débitos com a União e para prestar-lhe garantia ou contragarantia, nos termos do art. 167, § 4º, todos da Constituição Federal. (Incluído pela Emenda Constitucional 132/2023)

§ 6º Durante o período de que trata o *caput* deste artigo, é vedado aos Estados, ao Distrito Federal e aos Municípios fixar alíquotas próprias do imposto de que trata o art. 156-A da Constituição Federal inferiores às necessárias para garantir as retenções de que tratam o § 1º deste artigo e o art. 132 deste Ato das Disposições Constitucionais Transitórias. (Incluído pela Emenda Constitucional 132/2023)

Art. 132. Do imposto dos Estados, do Distrito Federal e dos Municípios apurado com base nas alíquotas de referência de que trata o art. 130 deste Ato das Disposições Constitucionais Transitórias, deduzida a retenção de que trata o art. 131, § 1º, será retido montante correspondente a 5% (cinco por cento) para distribuição aos entes com as menores razões entre: (Incluído pela Emenda Constitucional 132/2023)

I – o valor apurado nos termos dos arts. 149-C e 156-A, § 4º, II, e § 5º, I e IV, com base nas alíquotas de referência, após a aplicação do disposto no art. 158, IV, *b*, todos da Constituição Federal; e (Incluído pela Emenda Constitucional 132/2023)

II – a respectiva receita média, apurada nos termos do art. 131, § 2º, I, II e III, deste Ato das Disposições Constitucionais Transitórias, limitada a 3 (três) vezes a média nacional por habitante da respectiva esfera federativa. (Incluído pela Emenda Constitucional 132/2023)

§ 1º Os recursos serão distribuídos, sequencial e sucessivamente, aos entes com as menores razões de que trata o *caput*, de maneira que, ao final da distribuição, para todos os entes que receberem recursos, seja observada a mesma a razão entre: (Incluído pela Emenda Constitucional 132/2023)

I – a soma do valor apurado nos termos do inciso I do *caput* com o valor recebido nos termos deste artigo; e (Incluído pela Emenda Constitucional 132/2023)

II – a receita média apurada na forma do inciso II do *caput*. (Incluído pela Emenda Constitucional 132/2023)

§ 2º Aplica-se aos recursos distribuídos na forma deste artigo o disposto no art. 131, § 5º deste Ato das Disposições Constitucionais Transitórias. (Incluído pela Emenda Constitucional 132/2023)

§ 3º Lei complementar estabelecerá os critérios para a redução gradativa, entre 2078 e 2097, do percentual de que trata o *caput*, até a sua extinção. (Incluído pela Emenda Constitucional 132/2023)

Competências, Composição e Quórum do Comitê Gestor

Arrecadação, compensação, ressarcimento e distribuição. dos recursos:	aos Estados, Municípios e DF; além dos contribuintes em casos de compensação, ressarcimento ou *cashback*.
Regulamentação:	elaborar o regulamento administrativo do IBS, bem como as regras operacionais infralegais, estritamente nos limites definidos em lei complementar.
Uniformização da interpretação:	uniformizar a interpretação da legislação do imposto, de modo a evitar interpretações divergentes, as quais podem ocasionar complexidade e insegurança jurídica ao sistema.
Gestão do contencioso:	de modo a assegurar a uniformidade das decisões em todo território nacional, considerando a multiplicidade de órgãos julgadores administrativos.

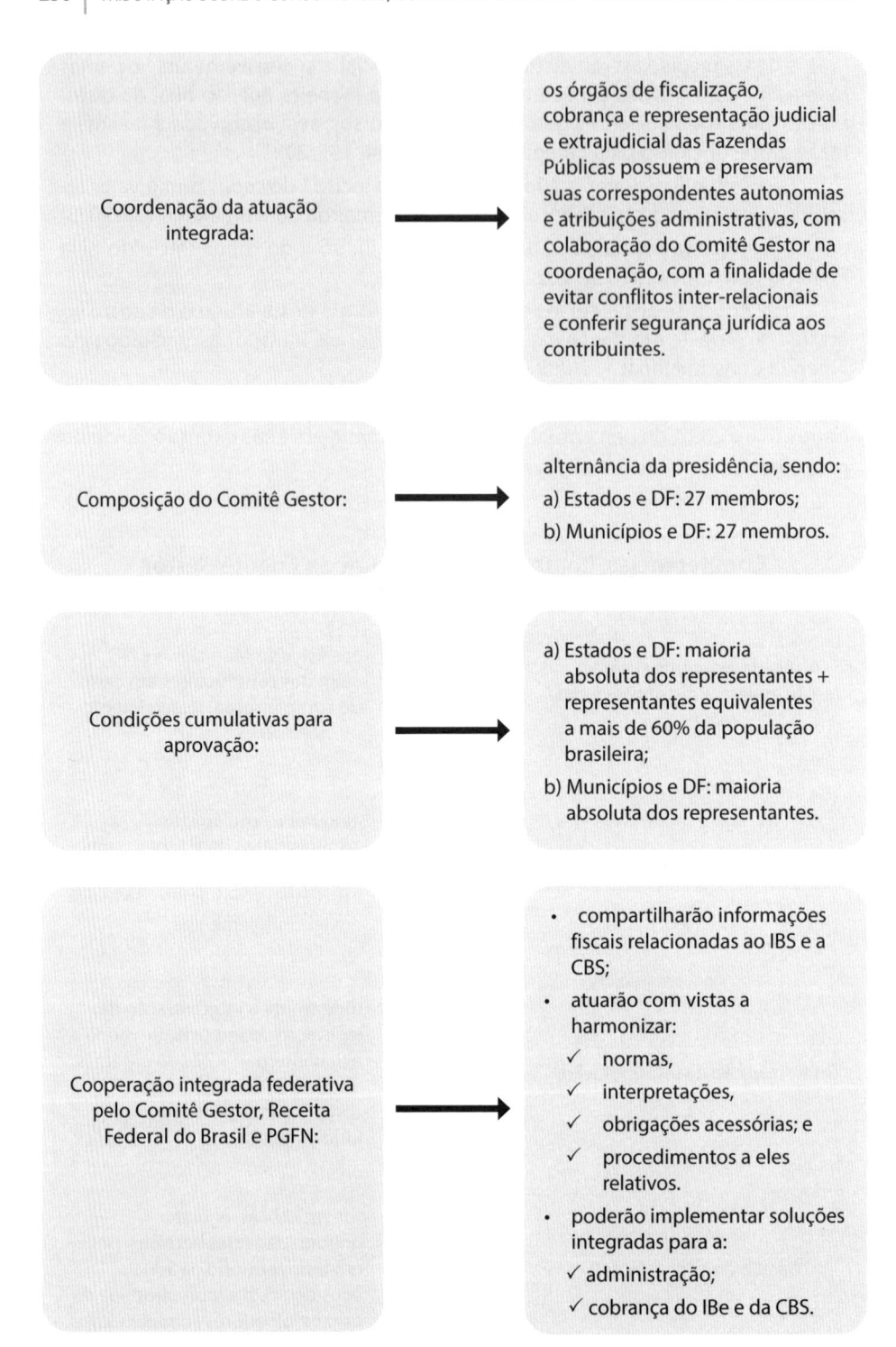

Coordenação da atuação integrada: → os órgãos de fiscalização, cobrança e representação judicial e extrajudicial das Fazendas Públicas possuem e preservam suas correspondentes autonomias e atribuições administrativas, com colaboração do Comitê Gestor na coordenação, com a finalidade de evitar conflitos inter-relacionais e conferir segurança jurídica aos contribuintes.

Composição do Comitê Gestor: → alternância da presidência, sendo:
a) Estados e DF: 27 membros;
b) Municípios e DF: 27 membros.

Condições cumulativas para aprovação: →
a) Estados e DF: maioria absoluta dos representantes + representantes equivalentes a mais de 60% da população brasileira;
b) Municípios e DF: maioria absoluta dos representantes.

Cooperação integrada federativa pelo Comitê Gestor, Receita Federal do Brasil e PGFN: →
- compartilharão informações fiscais relacionadas ao IBS e a CBS;
- atuarão com vistas a harmonizar:
  ✓ normas,
  ✓ interpretações,
  ✓ obrigações acessórias; e
  ✓ procedimentos a eles relativos.
- poderão implementar soluções integradas para a:
  ✓ administração;
  ✓ cobrança do IBe e da CBS.

Art. 156-A. Lei complementar instituirá imposto sobre bens e serviços de competência compartilhada entre Estados, Distrito Federal e Municípios. (Incluído pela Emenda Constitucional 132/2023)

(...)

§ 4º Para fins de distribuição do produto da arrecadação do imposto, o Comitê Gestor do Imposto sobre Bens e Serviços: (Incluído pela Emenda Constitucional 132/2023)

I – reterá montante equivalente ao saldo acumulado de créditos do imposto não compensados pelos contribuintes e não ressarcidos ao final de cada período de apuração e aos valores decorrentes do cumprimento do § 5º, VIII; (Incluído pela Emenda Constitucional 132/2023)

II – distribuirá o produto da arrecadação do imposto, deduzida a retenção de que trata o inciso I deste parágrafo, ao ente federativo de destino das operações que não tenham gerado creditamento. (Incluído pela Emenda Constitucional 132/2023)

§ 5º Lei complementar disporá sobre: (Incluído pela Emenda Constitucional 132/2023)

I – as regras para a distribuição do produto da arrecadação do imposto, disciplinando, entre outros aspectos: (Incluído pela Emenda Constitucional 132/2023)

a) a sua forma de cálculo; (Incluído pela Emenda Constitucional 132/2023)

b) o tratamento em relação às operações em que o imposto não seja recolhido tempestivamente; (Incluído pela Emenda Constitucional 132/2023)

c) as regras de distribuição aplicáveis aos regimes favorecidos, específicos e diferenciados de tributação previstos nesta Constituição; (Incluído pela Emenda Constitucional 132/2023)

II – o regime de compensação, podendo estabelecer hipóteses em que o aproveitamento do crédito ficará condicionado à verificação do efetivo recolhimento do imposto incidente sobre a operação com bens materiais ou imateriais, inclusive direitos, ou com serviços, desde que: (Incluído pela Emenda Constitucional 132/2023)

a) o adquirente possa efetuar o recolhimento do imposto incidente nas suas aquisições de bens ou serviços; ou (Incluído pela Emenda Constitucional 132/2023)

b) o recolhimento do imposto ocorra na liquidação financeira da operação; (Incluído pela Emenda Constitucional 132/2023)

III – a forma e o prazo para ressarcimento de créditos acumulados pelo contribuinte; (Incluído pela Emenda Constitucional 132/2023)

IV – os critérios para a definição do destino da operação, que poderá ser, inclusive, o local da entrega, da disponibilização ou da localização do bem, o da prestação ou da disponibilização do serviço ou o do domicílio ou da localização do adquirente ou destinatário do bem ou serviço, admitidas diferenciações em razão das características da operação; (Incluído pela Emenda Constitucional 132/2023)

V – a forma de desoneração da aquisição de bens de capital pelos contribuintes, que poderá ser implementada por meio de: (Incluído pela Emenda Constitucional 132/2023)

a) crédito integral e imediato do imposto; (Incluído pela Emenda Constitucional 132/2023)

b) diferimento; ou (Incluído pela Emenda Constitucional 132/2023)

c) redução em 100% (cem por cento) das alíquotas do imposto; (Incluído pela Emenda Constitucional 132/2023)

VI – as hipóteses de diferimento e desoneração do imposto aplicáveis aos regimes aduaneiros especiais e às zonas de processamento de exportação; (Incluído pela Emenda Constitucional 132/2023)

VII – o processo administrativo fiscal do imposto; (Incluído pela Emenda Constitucional 132/2023)

VIII – as hipóteses de devolução do imposto a pessoas físicas, inclusive os limites e os beneficiários, com o objetivo de reduzir as desigualdades de renda; (Incluído pela Emenda Constitucional 132/2023)

IX – os critérios para as obrigações tributárias acessórias, visando à sua simplificação. (Incluído pela Emenda Constitucional 132/2023)

(...)

Art. 156-B. Os Estados, o Distrito Federal e os Municípios exercerão de forma integrada, exclusivamente por meio do Comitê Gestor do Imposto sobre Bens e Serviços, nos termos e limites estabelecidos nesta Constituição e em lei complementar, as seguintes competências administrativas relativas ao imposto de que trata o art. 156-A: (Incluído pela Emenda Constitucional 132/2023)

I – editar regulamento único e uniformizar a interpretação e a aplicação da legislação do imposto; (Incluído pela Emenda Constitucional 132/2023)

II – arrecadar o imposto, efetuar as compensações e distribuir o produto da arrecadação entre Estados, Distrito Federal e Municípios; (Incluído pela Emenda Constitucional 132/2023)

III – decidir o contencioso administrativo. (Incluído pela Emenda Constitucional 132/2023)

§ 1º O Comitê Gestor do Imposto sobre Bens e Serviços, entidade pública sob regime especial, terá independência técnica, administrativa, orçamentária e financeira. (Incluído pela Emenda Constitucional 132/2023)

§ 2º Na forma da lei complementar: (Incluído pela Emenda Constitucional 132/2023)

I – os Estados, o Distrito Federal e os Municípios serão representados, de forma paritária, na instância máxima de deliberação do Comitê Gestor do Imposto sobre Bens e Serviços; (Incluído pela Emenda Constitucional 132/2023)

II – será assegurada a alternância na presidência do Comitê Gestor entre o conjunto dos Estados e o Distrito Federal e o conjunto dos Municípios e o Distrito Federal; (Incluído pela Emenda Constitucional 132/2023)

III – o Comitê Gestor será financiado por percentual do produto da arrecadação do imposto destinado a cada ente federativo; (Incluído pela Emenda Constitucional 132/2023)

IV – o controle externo do Comitê Gestor será exercido pelos Estados, pelo Distrito Federal e pelos Municípios; (Incluído pela Emenda Constitucional 132/2023)

V – a fiscalização, o lançamento, a cobrança, a representação administrativa e a representação judicial relativos ao imposto serão realizados, no âmbito de suas respectivas competências, pelas administrações tributárias e procuradorias dos Estados, do Distrito Federal e dos Municípios, que poderão definir hipóteses de delegação ou de compartilhamento de competências, cabendo ao Comitê Gestor a coordenação dessas atividades administrativas com vistas à integração entre os entes federativos; (Incluído pela Emenda Constitucional 132/2023)

VI – as competências exclusivas das carreiras da administração tributária e das procuradorias dos Estados, do Distrito Federal e dos Municípios serão exercidas, no Comitê Gestor e na representação deste, por servidores das referidas carreiras; (Incluído pela Emenda Constitucional 132/2023)

VII – serão estabelecidas a estrutura e a gestão do Comitê Gestor, cabendo ao regimento interno dispor sobre sua organização e funcionamento. (Incluído pela Emenda Constitucional 132/2023)

§ 3º A participação dos entes federativos na instância máxima de deliberação do Comitê Gestor do Imposto sobre Bens e Serviços observará a seguinte composição: (Incluído pela Emenda Constitucional 132/2023)

I – 27 (vinte e sete) membros, representando cada Estado e o Distrito Federal; (Incluído pela Emenda Constitucional 132/2023)

II – 27 (vinte e sete) membros, representando o conjunto dos Municípios e do Distrito Federal, que serão eleitos nos seguintes termos: (Incluído pela Emenda Constitucional 132/2023)

a) 14 (quatorze) representantes, com base nos votos de cada Município, com valor igual para todos; e (Incluído pela Emenda Constitucional 132/2023)

b) 13 (treze) representantes, com base nos votos de cada Município ponderados pelas respectivas populações. (Incluído pela Emenda Constitucional 132/2023)

§ 4º As deliberações no âmbito do Comitê Gestor do Imposto sobre Bens e Serviços serão consideradas aprovadas se obtiverem, cumulativamente, os votos: (Incluído pela Emenda Constitucional 132/2023)

I – em relação ao conjunto dos Estados e do Distrito Federal: (Incluído pela Emenda Constitucional 132/2023)

a) da maioria absoluta de seus representantes; e (Incluído pela Emenda Constitucional 132/2023)

b) de representantes dos Estados e do Distrito Federal que correspondam a mais de 50% (cinquenta por cento) da população do País; e (Incluído pela Emenda Constitucional 132/2023)

II – em relação ao conjunto dos Municípios e do Distrito Federal, da maioria absoluta de seus representantes. (Incluído pela Emenda Constitucional 132/2023)

§ 5º O Presidente do Comitê Gestor do Imposto sobre Bens e Serviços deverá ter notórios conhecimentos de administração tributária. (Incluído pela Emenda Constitucional 132/2023)

§ 6º O Comitê Gestor do Imposto sobre Bens e Serviços, a administração tributária da União e a Procuradoria-Geral da Fazenda Nacional compartilharão informações fiscais relacionadas aos tributos previstos nos arts. 156-A e 195, V, e atuarão com vistas a harmonizar normas, interpretações, obrigações acessórias e procedimentos a eles relativos. (Incluído pela Emenda Constitucional 132/2023)

§ 7º O Comitê Gestor do Imposto sobre Bens e Serviços e a administração tributária da União poderão implementar soluções integradas para a administração e cobrança dos tributos previstos nos arts. 156-A e 195, V. (Incluído pela Emenda Constitucional 132/2023)

§ 8º Lei complementar poderá prever a integração do contencioso administrativo relativo aos tributos previstos nos arts. 156-A e 195, V. (Incluído pela Emenda Constitucional 132/2023)

O art. 61 da LC 214/2025 estabelece que o Comitê Gestor do IBS e a Receita Federal podem criar programas de incentivo à cidadania fiscal com o objetivo de estimular os consumidores a exigirem a emissão de documentos fiscais em suas transações. Esses programas podem ser financiados com até 0,05% da arrecadação do IBS e da CBS, promovendo a conscientização dos consumidores sobre a importância da emissão de notas fiscais com vistas a evitar a sonegação fiscal, assim como já acontece em alguns Estados com programas do tipo "Nota Legal".[216]

Adicionalmente, em regulamento, poderão ser usadas informações eletrônicas dos documentos fiscais para identificar os consumidores que não sejam contribuintes de IBS e CBS, garantindo-lhes a opção de escolher outra forma de identificação, se desejarem, especialmente com a pretensão de incentivar o cumprimento fiscal e aumentar a transparência nas operações comerciais, combatendo a sonegação e promovendo uma maior participação do cidadão no sistema tributário.

Por fim, diga-se, o Comitê Gestor do IBS (CGIBS), órgão de caráter nacional (não vinculado à União) e centralizador, poderá exercer, em caráter supletivo e subsidiário, tríplice função de: a) uniformizar a legislação em função da judicatura administrativa recursal; b) orientar, sob consulta, a prática de atos dos contribuintes, além de elaborar enunciados interpretativos da legislação do IBS a serem seguidos pelos tribunais administrativos; e, ainda, c) atuar como agente financeiro para fins de assegurar o controle

---

[216] Art. 61. O Comitê Gestor do IBS e a RFB poderão instituir programas de incentivo à cidadania fiscal por meio de estímulo à exigência, pelos consumidores, da emissão de documentos fiscais.

§ 1º Os programas de que trata o *caput* deste artigo poderão ser financiados pelo montante equivalente a até 0,05% (cinco centésimos por cento) da arrecadação do IBS e da CBS.

§ 2º O regulamento poderá prever hipóteses em que as informações apresentadas nos termos do inciso I do § 1º do art. 52 desta Lei Complementar poderão ser utilizadas para identificar o adquirente que não seja contribuinte do IBS e da CBS nos respectivos documentos fiscais eletrônicos, garantida a opção do adquirente por outra forma de identificação.

da arrecadação, das compensações entre débitos e créditos e da partilha por meio de repasses aos entes federados.

6.42. PERÍODO DE TRANSIÇÃO DOS TRIBUTOS

Dentre os objetivos e as expectativas da Reforma Tributária sobre o Consumo, como já tratado, estão um resultado prático que traga mais simplificação, eficiência e transparência ao Sistema Tributário Nacional, muito ressentido de complexidades, de incidências e obrigações, e de uma substanciosa carga tributária.

O fim da complexidade, ao menos, não é algo que poderá ser percebido tão cedo, considerando a perspectiva de um longo período em que coexistirão os dois sistemas sobre o consumo, o atual e a EC 132/2023. As mudanças não serão implementadas de imediato. A cobrança da CBS e do IBS terá início em 2026, mas deve estar integralmente estabelecida em 2033, enquanto a transição da CBS efetiva-se, como proposto, com o fim da cobrança do PIS e da Cofins no ano de 2027, ainda que o novo imposto de competência de Estados, Municípios e DF (IBS) seja conjugado com a transição estendida, até 2032, da cobrança de ICMS e do ISS. Essa desafiadora e gradual transição pretende suavizar impactos bruscos na economia e permitir a adaptação dos Fiscos e dos contribuintes.

Além da completa estruturação normativa com a edição de leis e legislações tributárias e administrativas, os sistemas de informação terão um papel central no processo de definição do novo padrão de conformidade fiscal, bem como em uma ainda maior e necessária interlocução entre Fiscos e regimes. Enquanto o primeiro grande objetivo deve ser as leis complementares e ordinárias fundamentais à definição dos contornos objetivos da nova tributação, o segundo propósito, certamente, é a construção de uma rede de informações compatível com novos tributos, novas obrigações e competências.

O ano de 2026 marcará o início da cobrança do IBS com alíquota de 0,1% e a CBS de 0,9%. Os montantes recolhidos serão deduzidos dos valores devidos a título de PIS/Cofins. Essa previsão é acompanhada da possibilidade de o recolhimento em si ser dispensado se os sujeitos passivos cumprirem as obrigações acessórias, o que denota uma ordem de prioridade do texto constitucional com a estruturação do novo sistema, em detrimento, inclusive, da imediata arrecadação.

Como já destacado, em 2027, ocorrerá a extinção do PIS/Cofins, condicionada à plena instituição da CBS. No ano de 2028, o IBS será cobrado à alíquota estadual de 0,05% e municipal de 0,05%, enquanto a CBS terá uma redução de 0,1%. As alíquotas do ICMS e do ISS serão progressivamente reduzidas até 2032. Paralelamente, benefícios e incentivos de ICMS e ISS seguirão a mesma trajetória de redução, culminando em sua extinção em 2032.

A Resolução do Senado que estabelecer as alíquotas de referência do IBS e da CBS garantirá que a receita dos Estados e do Distrito Federal com o IBS seja equivalente à redução de suas receitas de ICMS e dos fundos financiados por contribuições. Finalmente, em 2033, está prevista a adoção plena do novo sistema de tributação sobre o consumo.

Em gráfico, o período de transição pode ser assim definido:

a)   do ICMS e do ISS para o IBS;

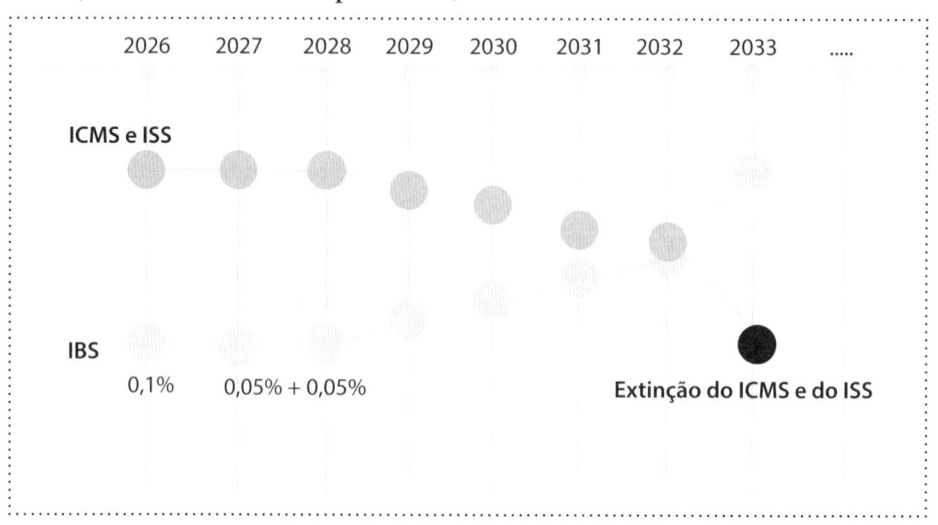

b)   do PIS e da Cofins para a CBS e instituição do IS, com "restrição" do IPI.

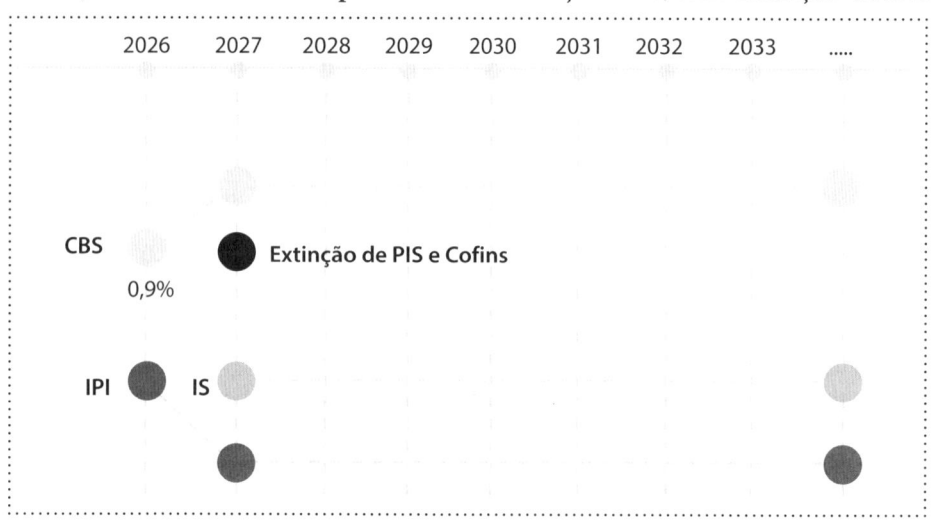

ADCT. Art. 124. A transição para os tributos previstos no art. 156-A e no art. 195, V, todos da Constituição Federal, atenderá aos critérios estabelecidos nos arts. 125 a 133 deste Ato das Disposições Constitucionais Transitórias.

Parágrafo único. A contribuição prevista no art. 195, V, será instituída pela mesma lei complementar de que trata o art. 156-A, ambos da Constituição Federal.

Art. 125. Em 2026, o imposto previsto no art. 156-A será cobrado à alíquota estadual de 0,1% (um décimo por cento), e a contribuição prevista no art. 195, V, ambos da Constituição Federal, será cobrada à alíquota de 0,9% (nove décimos por cento).

§ 1º O montante recolhido na forma do *caput* será compensado com o valor devido das contribuições previstas no art. 195, I, b, e IV, e da contribuição para o Programa de Integração Social a que se refere o art. 239, ambos da Constituição Federal.

§ 2º Caso o contribuinte não possua débitos suficientes para efetuar a compensação de que trata o § 1º, o valor recolhido poderá ser compensado com qualquer outro tributo federal ou ser ressarcido em até 60 (sessenta) dias, mediante requerimento.

§ 3º A arrecadação do imposto previsto no art. 156-A da Constituição Federal decorrente do disposto no *caput* deste artigo não observará as vinculações, repartições e destinações previstas na Constituição Federal, devendo ser aplicada, integral e sucessivamente, para:

I – o financiamento do Comitê Gestor do Imposto sobre Bens e Serviços, nos termos do art. 156-B, § 2º, III, da Constituição Federal;

II – compor o Fundo de Compensação de Benefícios Fiscais ou Financeiro-Fiscais do imposto de que trata o art. 155, II, da Constituição Federal.

§ 4º Durante o período de que trata o *caput*, os sujeitos passivos que cumprirem as obrigações acessórias relativas aos tributos referidos no *caput* poderão ser dispensados do seu recolhimento, nos termos de lei complementar.

Art. 126. A partir de 2027:

I – serão cobrados:

a) a contribuição prevista no art. 195, V, da Constituição Federal;

b) o imposto previsto no art. 153, VIII, da Constituição Federal;

II – serão extintas as contribuições previstas no art. 195, I, b, e IV, e a contribuição para o Programa de Integração Social de que trata o art. 239, todos da Constituição Federal, desde que instituída a contribuição referida na alínea a do inciso I;

III – o imposto previsto no art. 153, IV, da Constituição Federal:

a) terá suas alíquotas reduzidas a zero, exceto em relação aos produtos que tenham industrialização incentivada na Zona Franca de Manaus, conforme critérios estabelecidos em lei complementar; e

b) não incidirá de forma cumulativa com o imposto previsto no art. 153, VIII, da Constituição Federal.

Art. 127. Em 2027 e 2028, o imposto previsto no art. 156-A da Constituição Federal será cobrado à alíquota estadual de 0,05% (cinco centésimos por cento) e à alíquota municipal de 0,05% (cinco centésimos por cento).

Parágrafo único. No período referido no *caput*, a alíquota da contribuição prevista no art. 195, V, da Constituição Federal, será reduzida em 0,1 (um décimo) ponto percentual.

Art. 128. De 2029 a 2032, as alíquotas dos impostos previstos nos arts. 155, II, e 156, III, da Constituição Federal, serão fixadas nas seguintes proporções das alíquotas fixadas nas respectivas legislações:

I – 9/10 (nove décimos), em 2029;

II – 8/10 (oito décimos), em 2030;

III – 7/10 (sete décimos), em 2031;

IV – 6/10 (seis décimos), em 2032.

§ 1º Os benefícios ou os incentivos fiscais ou financeiros relativos aos impostos previstos nos arts. 155, II, e 156, III, da Constituição Federal não alcançados pelo disposto no *caput* deste artigo serão reduzidos na mesma proporção.

§ 2º Os benefícios e incentivos fiscais ou financeiros referidos no art. 3º da Lei Complementar n. 160, de 7 de agosto de 2017, serão reduzidos na forma deste artigo, não se aplicando a redução prevista no § 2º-A do art. 3º da referida Lei Complementar.

§ 3º Ficam mantidos em sua integralidade, até 31 de dezembro de 2032, os percentuais utilizados para calcular os benefícios ou incentivos fiscais ou financeiros já reduzidos por força da redução das alíquotas, em decorrência do disposto no *caput*.

Art. 129. Ficam extintos, a partir de 2033, os impostos previstos nos arts. 155, II, e 156, III, da Constituição Federal.

Art. 130. Resolução do Senado Federal fixará, para todas as esferas federativas, as alíquotas de referência dos tributos previstos nos arts. 156-A e 195, V, da Constituição Federal, observados a forma de cálculo e os limites previstos em lei complementar, de forma a assegurar:

I – de 2027 a 2033, que a receita da União com a contribuição prevista no art. 195, V, e com o imposto previsto no art. 153, VIII, todos da Constituição Federal, seja equivalente à redução da receita:

a) das contribuições previstas no art. 195, I, b, e IV, e da contribuição para o Programa de Integração Social de que trata o art. 239, todos da Constituição Federal;

b) do imposto previsto no art. 153, IV; e

c) do imposto previsto no art. 153, V, da Constituição Federal, sobre operações de seguros;

II – de 2029 a 2033, que a receita dos Estados e do Distrito Federal com o imposto previsto no art. 156-A da Constituição Federal seja equivalente à redução:

a) da receita do imposto previsto no art. 155, II, da Constituição Federal; e

b) das receitas destinadas a fundos estaduais financiados por contribuições estabelecidas como condição à aplicação de diferimento, regime especial ou outro tratamento diferenciado, relativos ao imposto de que trata o art. 155, II, da Constituição Federal, em funcionamento em 30 de abril de 2023, excetuadas as receitas dos fundos mantidas na forma do art. 136 deste Ato das Disposições Constitucionais Transitórias;

III – de 2029 a 2033, que a receita dos Municípios e do Distrito Federal com o imposto previsto no art. 156-A seja equivalente à redução da receita do imposto previsto no art. 156, III, ambos da Constituição Federal.

6.42.1. PERÍODO DE TRANSIÇÃO DO IBS E DA CBS, CONFORME A LC 214/2025

A reforma tributária sobre o consumo, como já tratado, tem como um dos principais objetivos promover a simplificação, eficiência e transparência do sistema tributário brasileiro. No entanto, a transição para o novo modelo de tributação sobre o consumo será gradual, conforme as regras definidas na LC 214/2025, e se estenderá até 2032.

Não obstante seja inequívoca a importância da transição gradual para a adaptação dos contribuintes e da própria administração tributária ao novo sistema, durante esse período, ambos os sistemas de tributação coexistirão, o que pode significar um tempo de ainda mais complexidade e distorções.

A cobrança do IBS e da CBS terá início em 2026. Nesse primeiro ano, o IBS será cobrado sob a alíquota estadual de 0,1%, enquanto a CBS sob a alíquota de 0,9% (arts. 343 e 346). Durante esse período inicial, a arrecadação do IBS não seguirá as regras de repartição e destinação previstas na Constituição. Os valores serão destinados ao financiamento do Comitê Gestor do IBS e ao Fundo de Compensação de Benefícios Fiscais ou Financeiro-Fiscais do ICMS (art. 343, parágrafo único).

A transição gradual do IBS inclui a redução progressiva das alíquotas do ICMS e do ISS até 2032. Também haverá a redução gradual dos benefícios e incentivos fiscais relacionados ao ICMS e ISS entre 2029 e 2032 (art. 342, I e II).

Para estimular a adaptação ao novo sistema no primeiro ano da transição, em 2026, a LC prevê a possibilidade de dispensa, por ato conjunto do Comitê Gestor do IBS e da RFB, do recolhimento do IBS e da CBS, caso os contribuintes cumpram as obrigações acessórias estabelecidas na legislação (art. 348, § 1º). O ano de 2027 será marcado pela extinção do PIS e da Cofins, os quais serão substituídos pela CBS. A alíquota da CBS será reduzida em 0,1 ponto percentual durante os anos de 2027 e 2028, enquanto o IBS será tributado sob alíquotas de percentuais equânimes entre Estados e Municípios, de 0,05% para cada ente (arts. 344 e 347).

O regime de fixação das alíquotas de referência da CBS e do IBS previsto na LC 214/2025 pretende garantir previsibilidade e equilíbrio na arrecadação tributária entre os entes federativos, cuja definição se dará por resolução do Senado Federal com base em cálculos realizados pelo Tribunal de Contas da União (TCU), observando critérios estabelecidos para os anos de 2027 a 2033. Esses cálculos consideram as necessidades fiscais dos entes federativos e são baseados em propostas enviadas pelo Poder Executivo e pelo Comitê Gestor do IBS, seguindo uma metodologia previamente homologada pelo TCU.

As alíquotas, bem como os redutores aplicáveis às operações da administração pública devem ser fixados no ano anterior ao de sua vigência, com cálculos enviados pelo TCU ao Senado até 15 de setembro e aprovação pelo Senado até 31 de outubro. Caso o prazo não seja cumprido, prevalecerão provisoriamente as alíquotas calculadas pelo TCU, assegurando a continuidade do sistema tributário. A metodologia utilizada deve ser harmonizada entre o Comitê Gestor do IBS e o Poder Executivo, com possibilidade de ajustes justificados, com o compartilhamento obrigatório de dados entre as partes envolvidas, seguindo as disposições do CTN.

Esse modelo, apesar de nos parecer equilibrado e uniforme para as unidades federadas, pode enfrentar desafios práticos, especialmente porque a coordenação entre os entes federativos, o Senado, o TCU e os órgãos executivos é complexa e exige uma integração eficiente.

O período de transição para o novo sistema de tributação sobre o consumo, então, será concluído em 2033, quando o IBS será aplicado plenamente, com alíquotas estaduais e municipais integradas e a eliminação completa do ICMS e do ISS (art. 349, II). A CBS, por sua vez, terá sua estrutura definitiva consolidada até 2027.

Quanto à definição das alíquotas de referência do IBS e da CBS durante o período de transição, a LC 214/2025 estabelece regras detalhadas que consideram diversas variáveis e receitas anteriores. Para calcular as alíquotas de referência, é necessário considerar a receita de referência, definida pela LC como a soma das receitas tributárias específicas para cada ente federativo, considerando tributos federais, estaduais e municipais.

A receita de referência da União inclui contribuições e impostos sobre renda, produtos e operações financeiras (art. 350, I). Para os Estados, a receita de referência é composta pela soma da receita dos Estados e DF a título de ICMS e contribuições relacionadas ao financiamento de fundos estaduais (art. 350, II). Já a receita de referência dos Municípios é composta pela soma da receita dos Municípios e DF a título de ISS (art. 350, III).

O cálculo das alíquotas de referência considera a receita histórica e estima qual seria a receita futura se fossem aplicadas as alíquotas definidas e as normas vigentes. Em relação à CBS, as estimativas incluem a projeção de receitas de impostos específicos, tais quais o IPI e o Imposto Seletivo, baseando-se em anos anteriores ajustados para os valores do ano-base (arts. 352 e 353).

No caso do IBS, o cálculo inclui tanto as alíquotas estaduais quanto as municipais, de modo a refletir as variações e ajustes necessários para alinhar a arrecadação projetada com a realidade fiscal de cada região. As estimativas são feitas considerando receitas anteriores, ajustadas para diferenças legislativas e mudanças econômicas (art. 360).

A definição das alíquotas de referência acontecerá anualmente durante a transição e envolve uma série de ajustes. A CBS, por exemplo, terá sua alíquota ajustada com base em projeções das receitas de 2027 a 2033, considerando as variações da base de cálculo e os impostos incidentes (arts. 352 a 359). O IBS, por sua vez, terá suas alíquotas estaduais e municipais fixadas com base em receitas de anos anteriores (arts. 360 a 365).

Esses ajustes buscam viabilizar uma adaptação gradual, de modo que, em 2029, por exemplo, a receita estimada do IBS será equivalente a 10% da receita de referência dos Estados e Municípios (art. 361). Após, a cada ano, essa proporção aumenta progressivamente até que o sistema esteja completamente implementado em 2033, quando as receitas de referência serão calculadas de maneira plena (art. 365).

Há a previsão, ainda, de mecanismos de ajuste que podem reduzir as alíquotas de referência, na hipótese de as receitas projetadas excederem determinados limites: se a média da Receita-Base da União ultrapassar o Teto de Referência em 2027 e 2028, a alíquota da CBS para 2030 poderá ser reduzida, com o objetivo de manter a carga tributária dentro dos limites acordados (art. 368). O mesmo racional é estabelecido para as alíquotas de 2035, considerando a Receita-Base Total de 2029 a 2033 (art. 369).

Em relação às alíquotas do IBS e da CBS sobre operações contratadas pela Administração Pública, incluindo autarquias e fundações públicas, bem como importações realizadas por essas entidades, a LC 214/2025 prevê um redutor a ser calculado anualmente durante o período de transição. O cálculo do referido redutor considera estimativas de receitas baseadas em anos anteriores, com foco nas operações realizadas de 2024 a 2026 (art. 370, I), envolvendo:

- Estimativas da receita de IBS e CBS: considera as operações da Administração Pública, utilizando as alíquotas que serão aplicadas no ano de vigência e estimativas de bases de cálculo dos anos anteriores (art. 370, I);
- Estimativas da receita da União: considera tributos específicos, quais sejam, PIS, Cofins, IPI e IOF, decorrentes de operações da Administração Pública (art. 370, II);

- Receitas estaduais e municipais: considera a receita decorrente do ICMS e do ISS sobre operações da Administração Pública (art. 370, III).

O redutor será ajustado anualmente para assegurar que a receita projetada de CBS e IBS para os anos de vigência corresponda às receitas obtidas anteriormente pelos entes federativos, considerando as variações e ajustes das alíquotas. A fixação será realizada conforme os seguintes parâmetros:

> **2027:** o redutor será estabelecido para equilibrar a média das receitas projetadas para 2024 e 2025 com a média das receitas da União nos mesmos anos (art. 370, § 1º);
>
> **2028:** o cálculo incluirá a média das receitas projetadas para 2024, 2025 e 2026, ajustada para manter a equivalência com a receita média da União no mesmo período (art. 370, § 2º);
>
> **2029 a 2032:** será aplicada uma média ponderada das receitas, considerando os cálculos anteriores e a evolução das alíquotas de CBS e IBS ao longo dos anos, para ajustar progressivamente o redutor (art. 370, § 4º);
>
> **2033:** o redutor será fixado para garantir que a média das receitas de CBS e IBS se alinhe com a média da arrecadação total da União, Estados e Municípios para os anos-base de 2024 a 2026 (art. 370, § 3º).

O regime de destinação integral do produto da arrecadação do IBS e da CBS em operações envolvendo compras governamentais, previsto no art. 472 da LC[217], também será implementado de forma gradual durante o período de transição. Em 2026, o regime não se aplica ao IBS e à CBS; e de 2027 a 2028, não se aplica à CBS (art. 372, I); a partir de 2027, o IBS seguirá integralmente o regime de destinação para o ente federativo contratante, enquanto a CBS o fará apenas a partir de 2033 (art. 372, II); de 2029 a 2032, a destinação integral da CBS será adotada de forma gradual, iniciando com 10% em 2029 e aumentando até 40% em 2032 (art. 372, parágrafo único).

6.43. REEQUILÍBRIO DOS CONTRATOS ADMINISTRATIVOS

A LC 214/2025 estabelece regras específicas dedicadas ao reequilíbrio econômico-financeiro de contratos administrativos de longo prazo. As referidas regras envolvem os elementos de determinação da carga tributária efetivamente percebida pela contratada para fins de identificar eventual desequilíbrio.

O mecanismo de reequilíbrio aplica-se a contratos firmados antes da vigência da LC, bem como aqueles cujas propostas foram apresentadas antes da vigência, mas os contratos firmados posteriormente (art. 373, § 1º). Para fins de determinação da carga

---

[217] Art. 472. Nas aquisições de bens e serviços pela administração pública direta, por autarquias e por fundações públicas, as alíquotas do IBS e da CBS serão reduzidas, de modo uniforme, na proporção do redutor fixado:

I – de 2027 a 2033, nos termos do art. 370 desta Lei Complementar;

II – a partir de 2034, no nível fixado para 2033.

Parágrafo único. Não se aplica o disposto neste artigo às aquisições que, cumulativamente, sejam efetuadas de forma presencial e sejam dispensadas de licitação, nos termos da legislação específica.

tributária efetiva suportada pela contratada, serão considerados, entre outros aspectos, os efeitos da não cumulatividade, a possibilidade de repasse dos encargos financeiros a terceiros e os impactos tributários decorrentes do período de transição (art. 374, § 1º).

A Administração Pública pode, de ofício, revisar contratos se identificar redução na carga tributária efetiva, enquanto, de outro lado, a contratada pode solicitar o ajuste por meio de procedimento administrativo específico, com prioridade para a tramitação (art. 375 e art. 376, III). O requerimento do reequilíbrio pode ser formalizado em resposta a alterações tributárias que causem desequilíbrio, seja de forma contínua ou para cobrir todas as alterações previstas durante o período de transição (art. 376, I). O procedimento deve ser realizado durante a vigência do contrato e incluir documentação detalhada apta a comprovar o impacto financeiro.

6.44. TRANSIÇÃO DOS BENEFÍCIOS FISCAIS E REGIMES ESPECIAIS DE ICMS E ISS

A reforma tributária eliminará os benefícios fiscais, regimes especiais, além de tratamentos diferenciados e mais benéficos aplicáveis aos tributos sobre o consumo, com previsão de extinção até 2032, mantendo-se, somente, alguns deles, como o Simples Nacional, o Perse[218] e a Zona Franca de Manaus. Com relação aos Regimes Especiais de ICMS, por conservarem muitas particularidades e alta complexidade, a EC 132/2023 estabelece a extinção progressiva, embora abra espaço para permissivo de regimes específicos ou diferenciados em determinadas situações. Em relação a esses últimos, haverá avaliação periódica com a possibilidade de revisão a cada cinco anos do custo x benefício de cada regime, inclusive com a autorização de a lei estabelecer sua transição para alíquotas padrão.

A EC 132/2023 prevê a criação do Fundo de Compensação de Benefícios Fiscais ou Financeiros-Fiscais, dirigido às empresas atingidas pelas correspondentes perdas das vantagens até então existentes, com um cronograma firmado de compensações entre 1º de janeiro de 2029 e 31 de dezembro de 2032, ou seja, durante o período de transição da reforma tributária. Os critérios de repartição são de acordo com: a) Estados e Municípios com maior perda relativa (em termos percentuais) de arrecadação; e, b) receita *per capita* (por habitante) do fundo não pode exceder três vezes a média nacional, no caso dos Estados, e três vezes a média dos Municípios de todo o país, no caso das Prefeituras.

Os benefícios fiscais direcionados à Zona Franca de Manaus (ZFM) serão mantidos, com vistas a preservar o propósito de estimular a economia amazônica, fomentando a criação e manutenção de empregos, bem como a geração de renda para a população local, ainda que, nesse ponto, o debate no âmbito do Congresso Nacional tenha sido intenso e acalorado. A bancada legislativa da região sustentou com veemência a possibilidade de que o polo industrial iria perder a competitividade garantida pela isenção do Imposto sobre Produto Industrializado (IPI).

Especificamente para a região da ZFM haverá a possibilidade de tratamento diferenciado com alterações nas taxas e regras de crédito do IBS e da CBS, além da manutenção do IPI, como forma geradora de crédito tributário para abatimento, além da previsão de criação do Fundo de Desenvolvimento Sustentável dos Estados da Amazônia Ocidental e do Amapá.

---

[218] Programa Emergencial para o Setor de Eventos, instituído em 2021 pela Lei 14.148.

As contribuições setoriais vinculadas a benefícios de ICMS demandam uma perspectiva própria. Os debates em torno da Reforma Tributária sobre o Consumo tiveram como vetores a simplificação e a redução das incidências tributárias, mas, apenas sob essa tônica, o resultado da EC 132/2023 não chegou ao que se poderia considerar como ponto de partida ideal. Isso decorre de uma série de fatores econômicos, normativos e políticos que, naturalmente, permeia a construção da convergência que acomode interesses e especificidades.

Além do IVA Dual, segregando a competência tributária da União na CBS da competência dos demais entes, concentrada no IBS, a manutenção do IPI e a possibilidade de instituição do Imposto Seletivo são reflexos de que há passos para a simplificação, mas longe da substituição de todos os tributos por um único IVA. Além disso, a EC 132/2023 autoriza a instituição de contribuições setoriais vinculadas a benefícios de ICMS que tenham sido previamente instituídas para financiar investimentos em obras de infraestrutura e habitação.

A autonomia na concessão de benefícios fiscais no âmbito dos Estados foi drasticamente reduzida, em comparação ao cenário de guerra fiscal instalado pelos agressivos incentivos e desonerações de ICMS que buscavam atrair investimentos e contribuintes. Alguns desses benefícios estavam atrelados à capitação de receita destinada a ações governamentais específicas, justamente no contexto de contrapartidas que também legitimam a redução do imposto.

Esse cenário propiciava uma política fiscal que combina a redução direta ou indireta do ICMS e a exigência de contribuição cuja receita é vinculada a determinada ação governamental. A EC 132/2023 preservou essa prática para um determinado segmento de benefício fiscal conjugado com específico investimento público, conforme disposto no art. 136 do ADCT. Trata-se da competência conferida aos Estados para instituir contribuições a fundos semelhantes às que, necessariamente, tenham sido exigidas e destinadas, antes de 30 de abril de 2023, desde que:

a) incidam sobre produtos primários e semielaborados produzidos nos respectivos territórios;

b) tenham sua receita destinada a investimentos em obras de infraestrutura e habitação;

c) tenham sido estabelecidas como condição à aplicação de diferimento, regime especial ou outro tratamento diferenciado de ICMS;

d) a alíquota ou o percentual de contribuição não poderão ser superiores e a base de incidência não poderá ser mais ampla que os das respectivas contribuições vigentes em 30 de abril de 2023;

e) a instituição da nova contribuição implique extinção da contribuição correspondente, vinculada ao ICMS e vigente em 30 de abril de 2023;

f) a destinação de sua receita seja a mesma das contribuições vigentes em 30 de abril de 2023;

g) a nova contribuição seja extinta até 31 de dezembro de 2043.

Em regra, a perda decorrente da extinção de receita destinada a esses fundos estaduais deve ser considerada como redução de receita dos Estados na definição das alíquotas de referência do IBS, o que deixa de ser considerado caso venha a ser instituída nova contribuição setorial nos termos do art. 136 do ADCT.

ADCT. Art. 136. Os Estados que possuíam, em 30 de abril de 2023, fundos destinados a investimentos em obras de infraestrutura e habitação e financiados por contribuições sobre produtos primários e semielaborados estabelecidas como condição à aplicação de diferimento, regime especial ou outro tratamento diferenciado, relativos ao imposto de que trata o art. 155, II, da Constituição Federal, poderão instituir contribuições semelhantes, não vinculadas ao referido imposto, observado que:

I – a alíquota ou o percentual de contribuição não poderão ser superiores e a base de incidência não poderá ser mais ampla que os das respectivas contribuições vigentes em 30 de abril de 2023;

II – a instituição de contribuição nos termos deste artigo implicará a extinção da contribuição correspondente, vinculada ao imposto de que trata o art. 155, II, da Constituição Federal, vigente em 30 de abril de 2023;

III – a destinação de sua receita deverá ser a mesma das contribuições vigentes em 30 de abril de 2023;

IV – a contribuição instituída nos termos do *caput* será extinta em 31 de dezembro de 2043.

Parágrafo único. As receitas das contribuições mantidas nos termos deste artigo não serão consideradas como receita do respectivo Estado para fins do disposto nos arts. 130, II, *b*, e 131, § 2º, I, *b*, deste Ato das Disposições Constitucionais Transitórias.

6.45. UTILIZAÇÃO DE SALDO CREDOR DO PIS E DA COFINS E A COMPENSAÇÃO DE BENEFÍCIOS FISCAIS DO ICMS

Os créditos de PIS e Cofins acumulados até a data de extinção desses tributos (2027) permanecerão utilizáveis e poderão ser ressarcidos ou compensados com débitos da CBS e de outros tributos federais, desde que estejam devidamente escriturados e atendam aos requisitos legais aplicáveis à época da extinção das referidas contribuições.

Há, ainda, a possibilidade de aproveitamento de créditos sobre bens devolvidos e depreciáveis. A partir de 1º de janeiro de 2027, os bens devolvidos relativos a vendas realizadas antes dessa data darão direito à apropriação de crédito de CBS, que corresponderá ao valor do PIS e Cofins incidentes originalmente sobre as referidas operações (art. 379). Por sua vez, os créditos relativos a bens depreciáveis, amortizáveis ou com apropriação parcelada continuarão a ser apropriados sob a forma de créditos presumidos de CBS. A apropriação será realizada conforme as regras de depreciação, amortização ou quotas mensais previstas na legislação anterior (art. 380).

A LC 214/2025 também prevê um mecanismo de crédito presumido sobre o estoque de bens materiais existentes em 1º de janeiro de 2027, o qual será aplicável em três situações:

- Empresas enquadradas no regime cumulativo de apuração de PIS e Cofins em 31 de dezembro de 2026 poderão apropriar crédito presumido sobre o estoque de bens que não geraram créditos no regime anterior (art. 381, I);
- Também geram direito a créditos presumidos os produtos adquiridos sob regimes de substituição tributária ou incidência monofásica (art. 381, II);

- Em relação à parcela do valor dos bens em estoque sujeita à vedação parcial de crédito prevista no art. 3º da Lei 10.637/2002 e da Lei 10.833/2003,[219] o crédito presumido também pode ser apropriado, observadas as condições previstas na legislação (art. 381, III).

Para os bens adquiridos no mercado interno, o crédito será de 9,25% sobre o valor do estoque, enquanto, para bens importados, o crédito corresponderá ao PIS/ Cofins-Importação efetivamente pago, excluindo-se o adicional de 1% sobre a alíquota de Cofins-Importação prevista na Lei 10.865/2004.[220] O prazo para apuração e apropriação dos créditos presumidos é até junho de 2027, podendo ser utilizados em 12 parcelas mensais subsequentes, exclusivamente para compensação com a CBS, sem a possibilidade de compensação com outros tributos ou ressarcimento (art. 381, § 4º).

Ainda, uma medida importante estabelecida na LC para evitar a perda de saldos credores é a previsão de que será priorizada a utilização dos créditos acumulados de PIS e COFINS na compensação com débitos de CBS em relação aos créditos gerados da própria CBS (art. 382).

Em relação ao ICMS, a LC 214/2025, no art. 384, estabelece um mecanismo de compensação financeira aos titulares de benefícios onerosos do imposto devido à redução gradual desses benefícios entre 2029 e 2032. A compensação será feita com recursos do Fundo de Compensação de Benefícios Fiscais, criado pela Emenda Constitucional 132/2023.

Os benefícios onerosos correspondem a repercussões econômicas decorrentes de isenções, incentivos ou benefícios fiscais ou financeiros-fiscais do ICMS, por prazo certo e sob condições específicas, tais quais a geração de empregos ou o desenvolvimento econômico regional. As repercussões econômicas,[221] por sua vez, englobam créditos de

---

[219] Art. 3º [...]

§ 7º Na hipótese de a pessoa jurídica sujeitar-se à incidência não cumulativa da contribuição para o PIS/Pasep, em relação apenas a parte de suas receitas, o crédito será apurado, exclusivamente, em relação aos custos, despesas e encargos vinculados a essas receitas. (*Vide* Lei 10.865/2004)

§ 8º Observadas as normas a serem editadas pela Secretaria da Receita Federal, no caso de custos, despesas e encargos vinculados às receitas referidas no § 7º e àquelas submetidas ao regime de incidência cumulativa dessa contribuição, o crédito será determinado, a critério da pessoa jurídica, pelo método de:

I – apropriação direta, inclusive em relação aos custos, por meio de sistema de contabilidade de custos integrada e coordenada com a escrituração; ou

II – rateio proporcional, aplicando-se aos custos, despesas e encargos comuns a relação percentual existente entre a receita bruta sujeita à incidência não cumulativa e a receita bruta total, auferidas em cada mês.

§ 9º O método eleito pela pessoa jurídica será aplicado consistentemente por todo o ano-calendário, observadas as normas a serem editadas pela Secretaria da Receita Federal.

[220] Art. 8º [...]

§ 21. Até 31 de dezembro de 2024, as alíquotas da Cofins-Importação de que trata este artigo ficam acrescidas de 1 (um) ponto percentual na hipótese de importação dos bens classificados na Tipi, aprovada pelo Decreto n. 11.158, de 29 de julho de 2022, nos códigos: [...]

[221] Art. 385 [...]

V – repercussão econômica:

a) a parcela do ICMS incidente na operação apropriada pelo contribuinte do imposto em razão da concessão de benefício fiscal pela unidade federada, tal como crédito presumido de ICMS, crédito outorgado de ICMS, entre outros;

ICMS presumidos ou outorgados, descontos em ICMS antecipado ou benefícios relativos à ampliação do prazo de pagamento do imposto. Ainda, a Receita Federal pode ampliar o rol de situações que configuram repercussões econômicas a serem consideradas.

O cálculo da compensação deve deduzir valores tributários renunciados, como créditos de ICMS não aproveitados ou contribuições a fundos exigidas para fruição do benefício. Custos ou investimentos relacionados ao cumprimento de condições para obtenção do benefício também não serão considerados na apuração do valor a ser compensado.

6.46. REGIME ESPECIAL OU FAVORECIDO DO SIMPLES NACIONAL

O Simples Nacional é um regime compartilhado de arrecadação, cobrança e fiscalização de tributos aplicável às Microempresas e Empresas de Pequeno Porte, previsto na Lei Complementar 123, de 14 de dezembro de 2006, compreendendo a participação de todos os entes federados (União, Estados, Distrito Federal e Municípios), cuja administração compete ao Comitê Gestor, composto por oito integrantes: quatro da Secretaria da Receita Federal do Brasil (RFB), dois dos Estados e do Distrito Federal e dois dos Municípios.

Para o ingresso no Simples Nacional é necessário o cumprimento das seguintes condições: a) enquadrar-se na definição de microempresa ou de empresa de pequeno porte; b) cumprir os requisitos previstos na legislação; e formalizar a opção pelo Simples Nacional.[222]

Os optantes do Simples Nacional poderão manter-se apurando normalmente, incluindo agora o IBS e a CBS na sistemática, contudo, não terão direito a créditos dos correspondentes tributos na aquisição de bens e serviços, conquanto o contribuinte que deles obtiver a mercadoria ou a prestação do serviço somente poderá tomar crédito no exato limite dos valores recolhidos na etapa antecedente, considerando os parâmetros daquele do regime favorecido.

---

b) a parcela correspondente ao desconto concedido sobre o ICMS a recolher em função da antecipação do pagamento do imposto cujo prazo de pagamento havia sido ampliado; ou

c) na hipótese do benefício de ampliação do prazo de pagamento do ICMS, o ganho financeiro não realizado em função da redução das alíquotas do ICMS prevista no art. 128 do ADCT, tendo como parâmetros de cálculo, entre outros, a Taxa Selic acumulada entre o mês seguinte ao do vencimento ordinário do débito de ICMS e o mês para o qual o recolhimento foi diferido, limitado a dezembro de 2032.

[222] São características do Regime do Simples Nacional:

a) ser facultativo;

b) ser irretratável para todo o ano-calendário;

c) abrange os seguintes tributos: IRPJ, CSLL, PIS/Pasep, Cofins, IPI, ICMS, ISS e a Contribuição para a Seguridade Social destinada à Previdência Social a cargo da pessoa jurídica (CPP); d) recolhimento dos tributos abrangidos mediante documento único de arrecadação – DAS;

e) disponibilização às ME/EPP de sistema eletrônico para a realização do cálculo do valor mensal devido, geração do DAS e, a partir de janeiro de 2012, para constituição do crédito tributário;

f) apresentação de declaração única e simplificada de informações socioeconômicas e fiscais;

g) prazo para recolhimento do DAS até o dia 20 do mês subsequente àquele em que houver sido auferida a receita bruta;

h) possibilidade de os Estados adotarem sublimites para EPP em função da respectiva participação no PIB.

6.47. PERÍODO DE TRANSIÇÃO PARA OS BENS DE CAPITAL

A última medida de transição prevista na LC é destinada aos bens de capital e consiste em tributação diferenciada para a venda de máquinas, veículos e equipamentos usados adquiridos entre 1º de julho de 2024 e 31 de dezembro de 2032 e que tenham permanecido no ativo imobilizado do vendedor por mais de 12 meses.

A tributação reduzida se aplica apenas se a aquisição dos bens tiver sido documentada com nota fiscal válida e se os bens tiverem permanecido no ativo imobilizado do vendedor por pelo menos 12 meses. Para a CBS, essa redução só é aplicável aos bens adquiridos entre 1º de julho de 2024 e 31 de dezembro de 2026, desde que o PIS/Pasep e a Cofins tenham incidido na aquisição. Quanto ao IBS, as alíquotas diferenciadas são aplicáveis aos bens adquiridos até 31 de dezembro de 2032, desde que o ICMS tenha incidido na aquisição.

Para os bens elegíveis à tributação diferenciada, a partir de 2027 para a CBS e de 2029 para o IBS, a alíquota será reduzida a zero relativamente à parcela do valor da venda que não exceder o custo líquido de aquisição.

Especificamente para o IBS, essa disposição inclui um ajuste progressivo baseado no ano de aquisição: quanto mais próximo de 2032, menor a proporção permitida para dedução do valor líquido de aquisição na venda. Para bens adquiridos entre 2024 e 2026, o custo líquido de aquisição é a diferença entre o valor total de aquisição e os tributos (ICMS, PIS/Pasep, Cofins) indicados na nota. Se adquiridos entre 2027 e 2032, o custo líquido é baseado na base de cálculo do IBS e da CBS registrada na nota fiscal.

Também são considerados bens de capital pela LC aqueles registrados como ativos intangíveis ou financeiros pelas concessionárias de serviços públicos, de acordo com as normas contábeis aplicáveis.

IMPOSTO SELETIVO (IS)

7.1. CONSIDERAÇÕES GERAIS SOBRE O IS: COMPETÊNCIA DA UNIÃO; DEFINIÇÃO POR LEI COMPLEMENTAR; HIPÓTESES ESPECÍFICAS DE PREJUÍZOS À SAÚDE E MEIO AMBIENTE; FUNÇÃO EXTRAFISCAL

Arthur Pigou, na década de 1920, anunciou o conceito de externalidade negativa, dando como exemplo a poluição ambiental, e previu, para tanto, a intervenção do Estado por meio da tributação (que ficou conhecida por "imposto pigouviano"), porque o mercado, por si, não cuidaria dessas falhas, ao contrário, não teria qualquer preocupação em controlá-las de modo a corrigi-las. Poderia ser instituído, portanto, o imposto pigouviano como medida de redução dessas externalidades negativas a níveis de expectativas eficientes.[1]

Na linha contrária deste entendimento, para Ronald Coase, idealizador da teoria que leva seu nome – **Teoria de Coase**[2] –, se agentes afetados por externalidades puderem negociar (com baixos ou sem custos de transação) a partir de direitos de propriedade bem definidos (normalmente pelo Estado), eles chegarão a um acordo em que as perdas de bem-estar desses impactos serão internalizadas entre os envolvidos sem a necessária intervenção pública, e da melhor forma possível.

O autor da teoria argumenta que a legislação elaborada para alcançar ou reduzir as externalidades não é tão relevante ou eficiente a ponto de contribuir com as partes relacionadas, como supostamente presumem os gestores públicos e legisladores, e que qualquer interferência no mercado, sobretudo para manipular externalidades, devem

---

[1]   PIGOU, Arthur Cecil. *The Economics of Welfare*, 2018.

[2]   O Teorema de Coase é decorrência do trabalho de pesquisa científica elaborado pelo economista Ronald Coase (Prêmio de Ciências Econômicas, 1991) intitulado "O problema do custo social", em 1960.

submeter-se a provas de efeitos positivos relativamente aos custos das ações adotadas e dos resultados conquistados. Trata-se de valorosa e marcante contribuição para a economia por ofertar soluções alternativas para lidar com as externalidades, que não seja somente por meio da intervenção pública e do correspondente poder de coação ou de arranjos jurídicos predispostos em lei. Confere-se, então, espaço às negociações entre os agentes privados como mecanismo para se obter resultados esperados.

Para tanto, segundo Coase, esse fenômeno seria possível na existência de três fatores em evidência e bem definidos: i) liberdade de barganha (negociação) entre as partes; b) identificação clara dos direitos de propriedades; e c) baixos custos de transação.

A essência desse debate científico está na compreensão de externalidade ou exterioridade negativa, conceito extraído da Economia, no sentido de que os efeitos ou consequências colaterais de uma decisão sobre aqueles que não participam dela impõem malefícios ou implicações potencialmente lesivas frente a terceiros que são desprezados por quem toma ou pratica a atividade relacionada à produção ou consumo desses bens ou serviços, especialmente por não estarem diretamente envolvidos com a atuação. Diz-se negativa porque gera custos para os demais agentes, como poluição atmosférica ou sonora, ou, ainda, de recursos hídricos, e sinistros em geral. Barry Commoner ressaltou que novas tecnologias frequentemente são adotadas sem um entendimento completo de seus riscos, destacando uma tendência a valorizar rapidamente os benefícios enquanto negligenciados os custos associados.[3]

São exemplos de externalidades negativas sobre a produção ou consumo: a poluição do ar pela queima de combustíveis fósseis, não somente pelo prejuízo à saúde pública, mas às atividades agrícolas e edifícios históricos; poluição da água por indústrias; poluição sonora; produção animal altamente intensiva, por atentar não somente contra o meio ambiente, mas sobre a vida humana, por fazerem uso cada vez maior de antibióticos; e a contaminação de rios, córregos e águas costeiras com resíduos animais. Atualmente, o excesso de processamento de comidas pela indústria alimentícia, além da remoção de fibras, e, sobretudo, pela adição de sódio, sal e açúcares em volumes acima do que consentido, vem causando intenso debate na opinião pública e a discussão ascende a respeito da incidência do "imposto do pecado" (*excise tax*) sobre esses produtos.

A EC 132/2023 acrescenta o inciso VIII ao art. 153 da CF para prever a criação do Imposto Seletivo (IS), sob competência da União, o qual incidirá sobre a *produção*, *extração*, *comercialização* ou *importação* de bens e serviços prejudiciais à saúde e ao meio ambiente. O imposto deverá ser instituído por lei complementar e foi previsto sob o desejo de alinhar a política fiscal do Brasil com preocupações ambientais e de saúde pública contemporâneas. Um detalhe curioso é que em nenhum momento a CF, alterada pela referida emenda, menciona ou utiliza expressamente o termo "Imposto Seletivo", mas a previsão constitucional foi apelidada dessa forma desde a gestação do modelo deste tributo.[4]

---

[3]   COMMONER, Barry. Frail Reeds in a Harsh World. Nova York. The American Museum of Natural History. Natural History. *Journal of the American Museum of Natural History*, v. LXXVIII, n. 2, February 1969. p. 44.

[4]   A Exposição de Motivos da PEC 45/2019, agregada por discussões compreendidas na PEC 110/2019, mesmo antes da consolidação do texto em 2023, sob a nova Legislatura executiva e parlamentar, a partir do debate até então realizado, sempre se valeu do termo "Imposto Seletivo", senão vejamos um

O IS, além de ser uma novidade, possui finalidade distinta do modelo IVA (no caso brasileiro IBS e CBS), pois, enquanto este último revela a função arrecadatória e representa a tributação ordinária ou comum, como regra, uniforme sobre o consumo, aquele primeiro possui caráter extrafiscal e visa desestimular o consumo de determinados bens e serviços considerados prejudiciais à população e ao meio ambiente, com externalidades negativas, tal como visto, entre os quais, fumo, bebidas alcoólicas, dentre outros.

Ao contrário do IPI, o IS, que à primeira vista parece ter a mesma funcionalidade, destina-se à incidência sobre produtos específicos e considerados prejudiciais, com o claro propósito de desestimular o consumo. O IPI, em processo de extinção pela EC 132/2023, incide sobre uma ampla relação de produtos industrializados, tanto nacionais quanto importados, e visa, principalmente, à arrecadação fiscal sem a finalidade exclusiva de desencorajar o consumo de certos e determinados produtos ou bens.

O IS é direcionado e tem desígnios regulatórios exclusivamente com o intuito de desestimular o consumo de produtos ou serviços prejudiciais à saúde e ao meio ambiente, enquanto o IPI é mais abrangente e vocacionado para a tributação da produção industrial. O IPI, entre suas características, permite a utilização para estimular comportamentos econômicos **desejáveis**, como a inovação tecnológica, por exemplo, e a sustentabilidade ambiental, bem como o desenvolvimento de setores industriais específicos. Essa técnica tem aplicabilidade por meio de alíquotas reduzidas ou isenções fiscais sobre produtos que atendam a certos critérios que a política pública governamental pretende incentivar relativamente à produção e ao consumo de bens que contribuam para objetivos econômicos e sociais mais amplos.

A doutrina que vem sendo construída a respeito do assunto já vem advertindo que o IS não pode ser instituído com o objetivo arrecadatório, nem muito menos deve observar estritamente a qualidade de "tributo pigouviano", incumbido de recompensar[5] a coletividade pelos custos ocasionados pela externalidade negativa decorrente da prática ou atividade individual ou de um grupo de pessoas.[6] Diante disso, a cobrança deverá

---

pequeno excerto: "O tributo geral sobre o consumo terá a forma do que parte da doutrina tributária denomina de 'IVA Moderno' – base ampla, cobrado "por fora" e no destino, não cumulatividade plena e poucas alíquotas e exceções – e será dual, denominado Contribuição sobre Bens e Serviços (CBS) para a versão de competência da União, e Imposto sobre Bens e Serviços (IBS) para a de competência partilhada entre Estados, DF e Municípios. O tributo específico, denominado de Imposto Seletivo, será de competência federal, com arrecadação dividida com os demais entes federados, destinado a desestimular o consumo de bens e serviços considerados prejudiciais à saúde ou ao meio ambiente". Disponível em: https://www.camara.leg.br/proposicoesWeb/prop_mostrarintegra?codteor=2297250& filename=Tramitacao-PEC%2045/2019. Acesso em: 7 mar. 2024.

[5] Sijbren Cnossen, no Livro *Theory and Practice of Excise Taxation. Smoking, Drinking, Gambling, Polluting, and Driving*, destaca que é impossível mensurar a dimensão da externalidade negativa em si, ou seja, dos custos externos à saúde ou ao meio ambiente em razão do consumo e da produção de bens e serviços prejudiciais, e, por isso mesmo, este tipo de tributo deve considerar as particularidades de cada circunstância imponível, o que levará o ente tributante a adotar uma ou outra modalidade de alíquota e formatos de incidência. CNOSSEN, Sijbren. *Theory and practice of excise taxation:* smoking, drinking, gambling, polluting and driving. Oxford University Press, 2005. Disponível em: https://search. ebscohost.com/login.aspx?direct=true&db=cat08786a&AN=ccul.KOHA.ULISBOA.1065688&lang=pt--pt&site=eds-live. Acesso em: 1º mar. 2024.

[6] VASCONCELOS, Breno; SHINGAI, Thais Veiga. *Imposto seletivo:* que tributo é esse?. Disponível em: https:// www.jota.info/opiniao-e-analise/artigos/imposto-seletivo-que-tributo-e-esse-15012024. Acesso em: 29 fev. 2024.

se dar na exata e rigorosa medida do indispensável para influenciar a ponto de atingir a redução do consumo de produtos e serviços prejudiciais à saúde e ao meio ambiente. Se a imposição fiscal estiver fazendo com que os índices de consumo sejam reduzidos, a política tributária adotada pelo IS estará cumprindo seu objetivo constitucional.[7]

O IS, portanto, não é mecanismo de arrecadação de receitas públicas, mas sim instrumento de política pública tributária e, nesse sentido, a instituição sobre bens e serviços com potencial lesivo à saúde e ao meio ambiente, inclusive para fins de controlar a eficácia do propósito desejado, seja objeto de comprovado consenso científico quanto às externalidades negativas estabelecidas desde sua origem (*ex ante*), bem como haja, da mesma forma, uma maneira de avaliá-lo ou revê-lo periodicamente,[8] especialmente por se tratar de política pública (*ex post*).

7.2. INSTITUIÇÃO DO IS E PRINCÍPIO DA LEGALIDADE

O Imposto Seletivo, instituído pelo art. 409 da Lei Complementar, incide sobre a produção, extração, comercialização e importação de bens e serviços considerados prejudiciais à saúde ou ao meio ambiente. Como visto, tem função regulatória ao pretender desestimular o consumo e a produção de produtos com impacto negativo para a sociedade e o meio ambiente, além, claro, de constituir-se como fonte de receita pública.

O tributo obedece a regra da legalidade tributária, segundo definido no art. 150, I, da CF, ao prever a vedação da exigência ou aumento sem lei que o estabeleça. Trata-se de garantia fundamental dos contribuintes, embora admita exceções constitucionalmente estabelecidas, como nos casos do II, IE, IPI e IOF, cujas alíquotas podem ser modificadas por ato do chefe do Executivo, por decreto, conforme § 1º do art. 153, e, exclusivamente, com fins regulatórios, seja para induzir ou desestimular determinada política de governo.

O Imposto Seletivo, cobrado com a finalidade de desestimular o consumo de bens e serviços prejudiciais à saúde ou ao meio ambiente, não pode ser confundido com o IPI, como visto, e, portanto, não se sujeita à necessidade preeminente de conformar-se, adaptar-se ou corrigir distorções de mercado, motivo pelo qual está inteiramente vinculado ao princípio da legalidade tributária. Somente por meio de lei complementar permite-se a instituição e suas alíquotas modificadas (lei ordinária).

---

[7] Em Portugal, a tributação mais pesada sobre bebidas açucaradas ocasionou, segundo artigo especializado publicado, que se utilizou de dados dos fabricantes entre 2012 e 2019, um impacto significativo na lucratividade das companhias comparativamente, inclusive, com o avanço de produtores e engarrafadores de água potável. GONÇALVES, Judite; MERENDA, Roxanne; DOS SANTOS, João Pereira. *Not so sweet:* The impact of the Portuguese soda tax on producers. Disponível em: https://www.exeter.ac.uk/media/universityofexeter/businessschool/documents/centres/tarc/events/seminars/Not_so_sweet.pdf. Acesso em: 29 fev. 2024.

[8] Art. 37. A administração pública direta e indireta de qualquer dos Poderes da União, dos Estados, do Distrito Federal e dos Municípios obedecerá aos princípios de legalidade, impessoalidade, moralidade, publicidade e eficiência e, também, ao seguinte: (Redação dada pela Emenda Constitucional 19/1998) [...]
§16. Os órgãos e entidades da administração pública, individual ou conjuntamente, devem realizar avaliação das políticas públicas, inclusive com divulgação do objeto a ser avaliado e dos resultados alcançados, na forma da lei. (Incluído pela Emenda Constitucional 109/2021)

O propósito do legislador constitucional parece supostamente incoerente ao prever duas espécies legislativas com atribuições distintas para tratar do IS, ainda que a regulamentação possa se dar em sua integridade por lei complementar. Parece-nos, contudo, evidente que, ao estabelecer o campo legiferante da lei ordinária para fixar alíquotas do imposto, pretendeu-se conferir mais adaptabilidade e flexibilidade no processo de alteração do elemento quantitativo do tributo, diante dos critérios avaliativos de promoção da redução do consumo dos produtos e serviços prejudiciais à saúde e ao meio ambiente. Por exemplo, se mesmo com a instituição do IS o consumo de cigarros vem crescendo, um mecanismo de contenção seria o aumento da alíquota do imposto por meio de lei ordinária, sabidamente aprovada com quórum menos distinto.

Por outro lado, a lógica adotada é de que o IS não deve ser um imposto de fácil modificação, seja na base de incidência ou nas alíquotas, pois, afinal, tem natureza extrafiscal e não de arrecadação, motivo pelo qual o governo não pode valer-se, com facilidade, de mecanismos de alteração para fazer frente às necessidades de receitas, sempre presentes nas gestões públicas. Além disso, o produto ou serviço que revelar ser prejudicial à saúde ou ao meio ambiente, por tratar-se de atributos perenes, não terá sua composição alterada súbita ou inesperadamente, de modo a se tornar mais poluidor ou menos saudável a justificar a revisão dos critérios materiais e quantitativos de incidência sem necessidade de lei. Obstam-se, com isso, pretensões de alterações substanciais no IS por medida provisória ou por decreto do Presidente da República, como vem acontecendo com o II, IPI, haja vista sua preponderância regulatória, ainda que não se desconsidere a arrecadação desses impostos.

Uma questão pode advir da dupla competência para tratamento do IS. Imagina-se que lei complementar estabeleça na inteireza a instituição e cobrança do imposto, inclusive de determinada alíquota sobre um bem específico. Poderia uma lei ordinária posterior alterar a alíquota fixada? Ou seja, retomar o espaço de competência constitucionalmente constituído? Apesar de sobressair na doutrina e na jurisprudência a tese de que não há hierarquia entre as correspondentes espécies legislativas, uma lei ordinária não pode tratar de matéria reservada à lei complementar. Diferente é a situação na qual o campo de incidência não esteja reservado à necessária edição de lei complementar, quando então, sim, uma lei ordinária pode modificar e sobrepor-se à lei complementar.[9-10]

---

[9]   O STF entende que "não existe hierarquia entre lei complementar e lei ordinária" RFs 377.457/PR e 381.964/MG, Rel. Min. Gilmar Mendes, pub. *DJe* 29.09.2008.

[10]   Na Ação Direta de Constitucionalidade n. 1, que tratou da constitucionalidade da Cofins, seguindo o precedente firmado no RE 146.733, o STF decidiu que a Lei Complementar n. 70, de 1991, é lei materialmente ordinária.
   Ação Declaratória de Constitucionalidade. Arts. 1º, 2º, 9º (em parte), 10 e 13 (em parte) da Lei Complementar n. 70, de 30.12.1991. Cofins. – A delimitação do objeto da ação declaratória de constitucionalidade não se adstringe aos limites do objeto fixado pelo autor, mas estes estão sujeitos aos lindes da controvérsia judicial que o autor tem que demonstrar. – Improcedência das alegações de inconstitucionalidade da contribuição social instituída pela Lei Complementar n. 70/1991 (Cofins). Ação que se conhece em parte, e nela se julga procedente, para declarar-se, com os efeitos previstos no parágrafo 2º do art. 102 da Constituição Federal, na redação da Emenda Constitucional n. 3, de 1993, a constitucionalidade dos arts. 1º, 2º e 10, bem como das expressões "A contribuição social sobre o faturamento de que trata esta lei não extingue as atuais fontes de custeio da Seguridade Social" contidas no art. 9º, e das expressões "Esta lei complementar entra em vigor na data de sua publicação, produzindo efeitos a partir do primeiro dia do mês seguinte nos noventa dias posteriores, aquela publicação,..." constantes do art. 13, todos da Lei Complementar n. 70, de 30 de dezembro de 1991. ADC 1, Rel. Min. Moreira Alves, Tribunal Pleno, j. 1º.12.1993, *DJ* 16.06.1995, p. 18213, ement., v. 01791-01, p. 00088.

Isso quer dizer o seguinte: se lei ordinária dispõe de matéria reservada à lei complementar, seria então inconstitucional, haja vista a exigência constitucionalmente estabelecida. Por outro lado, se lei complementar cuida de matéria cuja reserva legislativa esteja direcionada à lei ordinária, teria aquela, portanto, eficácia de lei ordinária, como se esta fosse, o que motivaria o permissivo de alteração por essa espécie legislativa.

A instituição do IS, conforme o inciso VIII do art. 153 da CF, inevitavelmente, subordina-se à edição de lei complementar para fins de incidência sobre os bens e serviços prejudiciais à saúde e ao meio ambiente, e, por isso, o Congresso Nacional é a arena adequada de discussões e deliberações das regras a respeito de quais atividades e bens se sujeitarão ao imposto e quais alíquotas serão fixadas com vistas ao propósito de diminuição do correspondente consumo.

7.3. ASPECTOS CRÍTICOS DO IS: CONCEITO ABERTO E CARÁTER "SANCIONATÓRIO"

Alguns aspectos críticos foram direcionados à concepção do IS desde a gestação da PEC 45/2019, que deu origem à EC 132/2023. Primeiro porque sua redação teria uma indeterminação conceitual,[11] e, portanto, uma vagueza que permitiria a incidência tributária em diversas hipóteses, sem especificações. Seria "prejudicial à saúde ou ao meio ambiente", por exemplo, a utilização de smartphones por entender que transmitem radiação? A utilização do micro-ondas afetaria a qualidade dos alimentos e, por isso, poderia ocasionar problemas de saúde? São situações talvez descomedidas ou exageradas, mas a amplitude do termo foi objeto de questionamentos, conquanto alguns apontavam a necessidade de determinação constitucional do critério material da hipótese de incidência, tais como tabaco e bebidas alcoólicas.

Outros exemplos instigantes, especialmente na era tecnológica, seriam a discussão a respeito do *spam*, durante o envio de mensagens não solicitadas por e-mail, como externalidade negativa no ambiente virtual, ou, ainda, as apostas online, por terem capacidade de desenvolver comportamentos compulsivos e vícios em jogos, com sérias repercussões para a saúde mental e emocional das pessoas, comprometendo, inclusive, as relações pessoais, profissionais e financeiras, por levá-las teoricamente ao envolvimento em um ciclo de endividamento.[12]

A Lei Complementar 214/2025 cuidou de especificar, no § 1º do art. 409, os bens e serviços considerados prejudiciais à saúde e ao meio ambiente que estão sujeitos ao IS. Esses bens são detalhados na **Nomenclatura Comum do Mercosul/Sistema Harmonizado (NCM/SH)** e incluem produtos como **veículos, embarcações, aeronaves, produtos fumígenos, bebidas alcoólicas, bebidas açucaradas, bens minerais** e serviços

---

[11] Particularmente, entendo que a CF não deveria cuidar de forma indicativa, em rol taxativo, acerca dos bens, produtos e serviços sujeitos ao IS, por compreender que é papel da legislação infraconstitucional definir as hipóteses de abrangência, mas reconheço que é um assunto suscetível a insurgências pelos contribuintes.

[12] As apostas e loterias são tributadas na Alemanha, na Itália e em Portugal pelo correlato Imposto Seletivo, ora previsto com a EC 132/2023. Alguns desses países adotam a nomenclatura de Imposto Especial de Jogos On-line.

como **concursos de prognósticos e *fantasy sport*.** O carvão mineral é explicitamente incluído como um bem sujeito ao IS, devido ao seu impacto ambiental.[13]

Os produtos como **fumígenos, bebidas alcoólicas e bebidas açucaradas**, quando acondicionados em **embalagem primária** (aquela em contato direto com o produto e destinada ao consumidor final), também estão sujeitos ao Imposto Seletivo, conforme o § 2º do art. 409. Essa especificação pretende garantir que o tributo incida diretamente sobre os produtos destinados ao consumo final, desestimulando seu uso.

Outra perspectiva de censura era da possível incidência em cascata, desde a *produção, extração, comercialização* ou *importação* de bens e serviços prejudiciais à saúde ou ao meio ambiente, ou seja, o imposto sobre a produção não eliminaria a sua provável incidência sobre a comercialização ou a importação, de modo a admitir a ocorrência sucessiva e cumulativa. E, outro ponto de vista crítico, que ainda subsiste, diz respeito ao uso da tributação com fins regulatórios da atividade econômica, o que não é bem aceito pela doutrina liberal, pelo enviesamento que poderia se dar do tributo como instrumento sancionatório ou inibidor de atividades. Essa dinâmica, segundo esta posição, ocasionaria o aumento da carga tributária, com receios de previsões de hipótese de incidência inclusive sobre energia elétrica, serviços de telecomunicações e derivados de petróleo, insumos essenciais em toda cadeia de produção.

Não por outro motivo, a EC 132/2023, adiantando-se neste aspecto, resolveu boa parte dos indicativos problemáticos ao estabelecer que o imposto **deve incidir uma única vez (monofásico**[14]**)** sobre o bem ou serviço, evitando com isso o efeito cascata,

---

[13] Art. 409. Fica instituído o Imposto Seletivo, de que trata o inciso VIII do art. 153 da Constituição Federal, incidente sobre a produção, extração, comercialização ou importação de bens e serviços prejudiciais à saúde ou ao meio ambiente.

§ 1º Para fins de incidência do Imposto Seletivo, consideram-se prejudiciais à saúde ou ao meio ambiente os bens classificados nos códigos da NCM/SH e o carvão mineral, e os serviços listados no Anexo XVII, referentes a:

I – veículos;

II – embarcações e aeronaves;

III – produtos fumígenos;

IV – bebidas alcoólicas;

V – bebidas açucaradas;

VI – bens minerais; e

VII – concursos de prognósticos e *fantasy sport*.

§ 2º Os bens a que se referem os incisos III, IV e V do § 1º estão sujeitos ao Imposto Seletivo quando acondicionados em embalagem primária, assim entendida aquela em contato direto com o produto e destinada ao consumidor final.

[14] O sistema de tributação monofásica é uma técnica adotada para o recolhimento de tributos, cuja responsabilidade pela apuração (cálculo e pagamento antecipado dos tributos) recai sobre o fabricante ou o importador, ao invés do consumidor final. Dessa forma, fabricantes ou importadores assumem o ônus tributário de todas as etapas de produção ou circulação da(s) mercadoria(s), de maneira a liberar os demais elos da cadeia produtiva da responsabilidade fiscal, submetendo-os à alíquota zero do tributo. Esse método é especialmente aplicado na Administração federal das contribuições do PIS e da Cofins. A definição dos produtos sujeitos a esta forma de tributação é feita por meio de uma lista específica disponibilizada pela Receita Federal. A adoção do regime monofásico visa simplificar a administração de tributos que, de outra forma, seriam cobrados em múltiplas etapas ao longo do ciclo de distribuição de bens ou serviços, com o objetivo de otimizar a coleta e reduzir as chances de não cumprimento das obrigações fiscais. Portanto, neste regime, o imposto normalmente cobrado em várias fases é consolidado em uma única etapa, na origem, simplificando o processo tributário. Um exemplo é da Gasolina C (consumida nos postos de combustíveis). Recolhe-se na origem (refinaria de

e fixou hipóteses de imunidade do IS, relativamente às exportações e às operações com energia elétrica e com telecomunicações. Trata-se de verdadeiras imunidades por terem assento constitucional, diversamente do que ocorre com as isenções, haja vista o fato gerador não ocorrer e, por isso, não há o estabelecimento da relação jurídica, ou seja, não se instaura a obrigação tributária, sendo, por isso mesmo, indevida qualquer exigência do tributo.

> CF. Art. 153. Compete à União instituir impostos sobre:
>
> [...]
>
> VIII – produção, extração, comercialização ou importação de bens e serviços prejudiciais à saúde ou ao meio ambiente, nos termos de lei complementar. (Incluído pela Emenda Constitucional 132/2023) [...]
>
> § 6º O imposto previsto no inciso VIII do *caput* deste artigo: (Incluído pela Emenda Constitucional 132/2023)
>
> I – não incidirá sobre as exportações nem sobre as operações com energia elétrica e com telecomunicações; (Incluído pela Emenda Constitucional 132/2023)
>
> II – incidirá uma única vez sobre o bem ou serviço; (Incluído pela Emenda Constitucional 132/2023)

O **fato gerador** do IS ocorre em diferentes momentos, dependendo do tipo de bem ou serviço e, de acordo com o **art. 412**, pode ocorrer na primeira comercialização do bem, na arrematação em hasta pública, na transferência não onerosa de bem mineral, na incorporação do bem ao ativo imobilizado, na exportação de bem mineral ou no consumo do bem pelo produtor-extrativista ou fabricante. No caso de serviços, o fato gerador será o fornecimento ou pagamento do serviço, o que ocorrer primeiro.[15]

A LC 214/2025 trouxe, ainda, as hipóteses de não incidência do IS como sendo: imunidade para as exportações ao exterior dos bens e serviços, listados no correspondente art. 406, **veículos, embarcações, aeronaves, produtos fumígenos, bebidas alcoólicas, bebidas açucaradas, bens minerais** e serviços como **concursos de prognósticos e *fantasy sport*,** além das operações com energia elétrica e com telecomunicações. O art. 413 da Lei Complementar traz também previsão de não

---

petróleo ao produzir a gasolina A) o valor correspondente a toda a circulação da mercadoria, incluindo a saída do álcool etílico anidro combustível (Aeac) das usinas de cana-de-açúcar ou destilarias, bem como do distribuidor até o posto varejista.

[15] Art. 412. Considera-se ocorrido o fato gerador do Imposto Seletivo no momento:

I – do primeiro fornecimento a qualquer título do bem, inclusive decorrente dos negócios jurídicos mencionados nos incisos I a VIII do § 2º do art. 4º desta Lei Complementar;

II – da arrematação em em leilão público;

III – da transferência não onerosa de bem produzido;

IV – da incorporação do bem ao ativo imobilizado pelo fabricante;

V – da extração de bem mineral;

VI – do consumo do bem pelo fabricante;

VII – do fornecimento ou do pagamento do serviço, o que ocorrer primeiro; ou

VIII – da importação de bens e serviços.

incidência do IS para os bens e serviços com redução em 60% da alíquota padrão do IBS e da CBS nos regimes diferenciados e as operações com energia elétrica e com telecomunicações.[16]

7.4. SUJEITO PASSIVO DO IMPOSTO SELETIVO

O contribuinte do Imposto Seletivo é a pessoa física ou jurídica que realiza as operações sujeitas à tributação do IS, segundo o art. 424 da LC[17]:

a) o fabricante é contribuinte do IS em várias situações: na primeira comercialização do bem, na incorporação do bem ao ativo imobilizado, em caso de transação não onerosa (sem troca de valor financeiro) e no consumo do bem pelo próprio fabricante. Essas hipóteses compreendem tanto a venda direta ao consumidor quanto o uso interno do bem pelo próprio fabricante;

b) o importador, no momento da entrada do bem de procedência estrangeira no território nacional, sendo responsável pelo recolhimento do imposto assim que o produto entrar no Brasil, antes mesmo de ser comercializado internamente;

c) o arrematante, nas situações de arrematação em hasta pública, quando, então, a responsabilidade pelo imposto recai sobre o comprador do bem em leilão;

d) o produtor-extrativista, em diversas situações: na primeira comercialização, no consumo do bem, em transações não onerosas e na exportação de bens minerais, e, por último;

e) o fornecedor de serviços, mesmo que residente ou domiciliado no exterior, em relação a determinados serviços, ou seja, pode incidir IS sobre prestadores de serviços localizados fora do país em operações envolvendo serviços prejudiciais ou regulados.

Além dos contribuintes definidos no art. 424, o art. 425 da Lei Complementar atribui a responsabilidade tributária para outros agentes envolvidos nas operações

---

[16] **Art. 413.** O Imposto Seletivo não incide sobre:

I – as exportações para o exterior de bens e serviços de que trata o art. 409 desta Lei Complementar (vetado);

II – as operações com energia elétrica e com telecomunicações; e

III – os bens e serviços cujas alíquotas sejam reduzidas nos termos do § 1º.

do art. 9º da Emenda Constitucional nº 132, de 20 de dezembro de 2023.

[17] Art. 424. O contribuinte do Imposto Seletivo é:

I – o fabricante, na primeira comercialização, na incorporação do bem ao ativo imobilizado, na tradição do bem em transação não onerosa e no consumo do bem;

II – o importador na entrada do bem de procedência estrangeira no território nacional;

III – o arrematante na arrematação;

IV – o produtor-extrativista que realiza a extração; ou

V – o fornecedor do serviço, ainda que residente ou domiciliado no exterior, na hipótese de que trata o inciso VII do § 1º do art. 409 desta Lei Complementar.

com produtos sujeitos ao Imposto Seletivo. O dispositivo atribui responsabilidade ao transportador, ao possuidor e ao proprietário dos bens, quando esses produtos circulam sem a documentação fiscal adequada, visando assegurar que todas as etapas da cadeia produtiva estejam devidamente registradas e tributadas.

O transportador será responsável pelo pagamento do imposto caso transporte produtos sujeitos ao Imposto Seletivo sem a devida comprovação de sua origem. E, essa responsabilidade, é ampliada para o possuidor ou detentor de produtos tributados que não possuam a documentação fiscal necessária. O fabricante será solidariamente responsável pelo pagamento do imposto, caso tenha contribuído para a prática de irregularidades, ou seja, se o fabricante estiver envolvido direta ou indiretamente no desvio dos produtos que deveriam ser exportados, ele também será obrigado a arcar com o tributo devido.[18]

7.5. BASE DE CÁLCULO DO IS

A base de cálculo do IS, conforme o **art. 414**, varia conforme a operação realizada, de modo que para a comercialização de bens, a base de cálculo é o **valor de venda**; para arrematações, o **valor de arremate**; para exportações de bens minerais e transações não onerosas, o **valor de referência**; e para a comercialização de produtos fumígenos, a base de cálculo será baseada no **preço de venda no varejo**. No caso de incorporação de bens ao ativo imobilizado pelo fabricante, a base de cálculo será o **valor contábil**. Além disso, para serviços de prognósticos e *fantasy sport*, a base de cálculo é a **receita própria da entidade** que promove a atividade.[19]

---

[18] Art. 425. São obrigados ao pagamento do Imposto Seletivo como responsáveis, sem prejuízo das demais hipóteses previstas em lei e da aplicação da pena de perdimento:

I – o transportador, em relação aos produtos tributados que transportar desacompanhados da documentação fiscal comprobatória de sua procedência;

II – o possuidor ou detentor, em relação aos produtos tributados que possuir ou mantiver para fins de venda ou industrialização, desacompanhados da documentação fiscal comprobatória de sua procedência;

III – o proprietário, o possuidor, o transportador ou qualquer outro detentor de produtos nacionais saídos do fabricante com imunidade para exportação, encontrados no País em situação diversa, exceto quando os produtos estiverem em trânsito:

a) destinados ao uso ou ao consumo de bordo, em embarcações ou aeronaves de tráfego internacional, com pagamento em moeda conversível;

b) destinados a lojas francas, em operação de venda direta, nos termos e condições estabelecidos pelo art. 15 do Decreto-Lei n. 1.455, de 7 de abril de 1976;

c) adquiridos pela empresa comercial exportadora de que trata o art. 82 desta Lei Complementar, com o fim específico de exportação, e remetidos diretamente do estabelecimento industrial para embarque de exportação ou para recintos alfandegados, por conta e ordem da adquirente; ou

d) remetidos a recintos alfandegados ou a outros locais onde se processe o despacho aduaneiro de exportação.

Parágrafo único. Caso o fabricante tenha de qualquer forma concorrido para a hipótese prevista no inciso III do *caput*, ficará solidariamente responsável pelo pagamento do imposto.

[19] Art. 414. A base de cálculo do Imposto Seletivo é:

I – o valor de venda na comercialização;

II – o valor de arremate na arrematação;

III – o valor de referência na:

a) transação não onerosa ou no consumo do bem;

b) extração de bem mineral; ou

O § 1º do art. 414 da LC 214/2025 prevê ainda que, em certos casos, a base de cálculo será expressa em unidade de medida específica, como no caso de produtos fumígenos ou bebidas alcoólicas, cujo teor alcoólico ou volume do produto pode ser levado em consideração. A lei estabelece que **ato do chefe do Poder Executivo** definirá a metodologia para cálculo dos valores de referência, garantindo flexibilidade na adaptação às condições do mercado e às particularidades dos produtos sujeitos ao IS.

A diferença entre **alíquotas** *ad valorem* e **alíquotas** *ad rem* está na forma como cada uma incide sobre a base de cálculo do tributo. Enquanto a **alíquota** *ad valorem* corresponde ao percentual aplicado sobre o **valor monetário** da base de cálculo, a alíquota *ad rem* é aplicada sobre uma **quantidade física** (unidade de medida) do bem, como peso, volume ou quantidade. Nesse caso, o imposto não depende do valor do bem ou serviço, mas sim da quantidade ou característica física. Por exemplo, uma alíquota *ad rem* sobre bebidas alcoólicas de R$ 5,00 por litro independe do valor ou custo da operação, haja vista o tributo ser calculado com base no volume total adquirido. Se o consumidor compra 10 litros, o imposto será R$ 50,00 (R$ 5,00 x 10 litros). Em outras palavras, alíquota *ad valorem* é baseada no **valor** da operação ou do bem, já a *ad rem* considera, como elemento quantitativo, a **quantidade** ou **característica física** do bem (unidade de medida).

Na comercialização de bens sujeitos à alíquota *ad valorem*, a base de cálculo compreende o valor total cobrado na operação, independentemente da forma ou do título sob os quais tais valores sejam apresentados, incluindo os valores resultantes de acréscimos decorrentes de ajustes posteriores à operação original, bem como encargos financeiros como juros, multas e outros adicionais (art. 415 da LC 214/2025). Descontos concedidos sob condição específica também devem ser incorporados à base de cálculo, haja vista representarem redução dependente de eventos futuros ou contrapartidas. Além disso, qualquer valor relacionado ao transporte, seja ele realizado diretamente pelo fornecedor ou por terceiros contratados em seu nome, integra o montante tributável e, por último, a norma determina que os tributos e tarifas públicas incidentes sobre a operação, excetuando-se os casos previstos em legislações específicas, também fazem parte da base de cálculo, assim como demais importâncias recebidas ou cobradas, como seguros e taxas.

Caso a operação comercial ocorra entre partes relacionadas,[20] sob incidência de alíquota *ad valorem* e na ausência de um valor de referência definido pela legislação,

---

c) comercialização de produtos fumígenos;

IV – o valor contábil de incorporação do bem produzido ao ativo imobilizado; e

V – a receita própria da entidade que promove a atividade, na hipótese de que trata o inciso VII do § 1º do art. 409, calculada nos termos do art. 245.

§ 1º Nas hipóteses em que se prevê a aplicação de alíquotas específicas, nos termos desta Lei Complementar, a base de cálculo é aquela expressa na unidade de medida apropriada.

§ 2º Ato do chefe do Poder Executivo definirá a metodologia para o cálculo do valor de referência mencionado no inciso III do *caput* com base em cotações, índices ou preços vigentes na data do fato gerador, em bolsas de mercadorias e futuros, em agências de pesquisa ou em agências governamentais.

§ 3º Em relação à comercialização de produtos fumígenos, o valor de referência levará em consideração o preço de venda no varejo.

20 Art. 416. Na comercialização entre partes relacionadas, na hipótese de incidência sujeita à alíquota *ad valorem* e na ausência do valor de referência de que trata o § 2º do art. 414, a base de cálculo não deverá ser inferior ao valor de mercado dos bens, entendido como o valor praticado em operações comparáveis entre partes não relacionadas.

a base de cálculo não deve ser inferior ao valor de mercado para evitar manipulações ou distorções. Esse valor de mercado é determinado com base em operações comparáveis realizadas entre partes não relacionadas, respeitando a prática de preços justos e compatíveis com o mercado. Para fins dessa avaliação, são consideradas partes relacionadas aquelas já definidas pela legislação de preços de transferência no âmbito do imposto de renda.[21]

A situação acima referida pode ser ilustrada da seguinte forma. Suponha uma operação de venda entre a empresa "A" e sua subsidiária "B", ambas partes relacionadas, e "A" vende 1.000 unidades de um dispositivo eletrônico a R$ 1.000 por unidade. Porém, em uma outra operação com uma empresa independente, "A" vende o mesmo produto a R$ 1.500 por unidade. Neste caso, como a operação entre "A" e "B" está sujeita à alíquota *ad valorem* e não há um valor de referência definido pela legislação, a base de cálculo para fins de tributação não pode ser inferior ao valor de mercado,

---

Parágrafo único. Para fins do disposto no *caput*, consideram-se partes relacionadas aquelas definidas no §§ 2º a 5º do art. 5º desta Lei Complementar.

[21] Lei 14.596/2023: [...]

Art. 4º Considera-se que as partes são relacionadas quando no mínimo uma delas estiver sujeita à influência, exercida direta ou indiretamente por outra parte, que possa levar ao estabelecimento de termos e de condições em suas transações que divirjam daqueles que seriam estabelecidos entre partes não relacionadas em transações comparáveis.

§ 1º São consideradas partes relacionadas, sem prejuízo de outras hipóteses que se enquadrem no disposto no *caput* deste artigo:

I – o controlador e as suas controladas;

II – a entidade e a sua unidade de negócios, quando esta for tratada como contribuinte separado para fins de apuração de tributação sobre a renda, incluídas a matriz e as suas filiais;

III – as coligadas;

IV – as entidades incluídas nas demonstrações financeiras consolidadas ou que seriam incluídas caso o controlador final do grupo multinacional de que façam parte preparasse tais demonstrações se o seu capital fosse negociado nos mercados de valores mobiliários de sua jurisdição de residência;

V – as entidades, quando uma delas possuir o direito de receber, direta ou indiretamente, no mínimo 25% (vinte e cinco por cento) dos lucros da outra ou de seus ativos em caso de liquidação;

VI – as entidades que estiverem, direta ou indiretamente, sob controle comum ou em que o mesmo sócio, acionista ou titular detiver 20% (vinte por cento) ou mais do capital social de cada uma;

VII – as entidades em que os mesmos sócios ou acionistas, ou os seus cônjuges, companheiros, parentes, consanguíneos ou afins, até o terceiro grau, detiverem no mínimo 20% (vinte por cento) do capital social de cada uma; e

VIII – a entidade e a pessoa natural que for cônjuge, companheiro ou parente, consanguíneo ou afim, até o terceiro grau, de conselheiro, de diretor ou de controlador daquela entidade.

§ 2º Para fins do disposto neste artigo, o termo entidade compreende qualquer pessoa, natural ou jurídica, e quaisquer arranjos contratuais ou legais desprovidos de personalidade jurídica.

§ 3º Para fins do disposto no § 1º deste artigo, fica caracterizada a relação de controle quando uma entidade:

I – deter, de forma direta ou indireta, isoladamente ou em conjunto com outras entidades, inclusive em função da existência de acordos de votos, direitos que lhe assegurem preponderância nas deliberações sociais ou o poder de eleger ou destituir a maioria dos administradores de outra entidade;

II – participar, direta ou indiretamente, de mais de 50% (cinquenta por cento) do capital social de outra entidade; ou

III – deter ou exercer o poder de administrar ou gerenciar, de forma direta ou indireta, as atividades de outra entidade.

§ 4º Para fins do disposto no inciso III do § 1º deste artigo, considera-se coligada a entidade que detenha influência significativa sobre outra entidade, conforme previsto nos §§ 1º, 4º e 5º do art. 243 da Lei n. 6.404, de 15 de dezembro de 1976.

que, nesse exemplo, seria de R$ 1.500 por unidade, evitando simulações ou fraudes que visem reduzir a carga tributária.

A LC 214/2025, por outro lado, exclui da base de cálculo do IS o montante correspondente à CBS, IBS, e o próprio IS incidente na operação, além dos descontos incondicionais, considerados como tais aqueles que constem diretamente no documento fiscal e que não dependam de eventos futuros ou condicionantes para sua aplicação. De forma semelhante, bonificações concedidas de forma incondicional seguem o mesmo tratamento, desde que atendam às condições estabelecidas para os descontos incondicionais. No entanto, esse benefício não se aplica à tributação por alíquota específica, cuja base de cálculo é expressa em unidade de medida apropriada e deve incluir os bens fornecidos em bonificação. Até o final de 2032, também não integrará a base de cálculo do IS o montante correspondente ao ICMS. Isso se deve porque a partir daquela data (31.12.2032) não mais haverá incidência do ICMS pela substituição pelo IBS.

Por fim, nas situações em que ocorrer a devolução de vendas, o contribuinte tem o direito de abater o IS correspondente no período de apuração em que a devolução ocorreu, ou em períodos subsequentes, garantindo a neutralidade fiscal no ajuste de operações comerciais revertidas (art. 418, LC 214/2025).

As alíquotas do IS são definidas em **lei ordinária**, conforme o **art. 419**, e variam de acordo com o tipo de bem ou serviço. Para veículos, as alíquotas são graduadas conforme critérios como **potência, eficiência energética, pegada de carbono** e **reciclabilidade**. Produtos fumígenos e bebidas alcoólicas estão sujeitos a **alíquotas *ad valorem*** cumuladas com **alíquotas específicas**, sendo que a alíquota para bebidas alcoólicas será progressiva conforme o **teor alcoólico** do produto, conforme estabelecido no **art. 422.**[22]

---

[22] Art. 419. As alíquotas do Imposto Seletivo aplicáveis aos veículos classificados nos códigos da NCM/SH relacionados no Anexo XVII serão estabelecidas em lei ordinária.

Parágrafo único. As alíquotas referidas no *caput* serão graduadas em relação a cada veículo conforme enquadramento nos seguintes critérios, nos termos de lei ordinária:

I – potência do veículo;

II – eficiência energética;

III – desempenho estrutural e tecnologias assistivas à direção;

IV – reciclabilidade de materiais;

V – pegada de carbono;

VI – densidade tecnológica;

VII emissão de dióxido de carbono (eficiência energético-ambiental), considerado o ciclo do poço à roda;

VIII – reciclabilidade veicular;

IX – realização de etapas fabris no País; e

X – categoria do veículo.

Art. 420. A alíquota do Imposto Seletivo fica reduzida a zero para veículos que sejam destinados a adquirentes cujo direito ao benefício do regime diferenciado de que trata o art. 149 desta Lei Complementar haja sido reconhecido pela RFB, nos termos do art. 153.

§ 1º No caso de o adquirente ser pessoa referida no inciso II do *caput* do art. 149 desta Lei Complementar, a redução de alíquota de que trata o *caput* alcança veículo cujo preço de venda ao consumidor, incluídos os tributos incidentes caso não houvesse as reduções, não seja superior a R$ 200.000,00 (duzentos mil reais).

§ 2º Observado o disposto no § 1º, aplicam-se ao Imposto Seletivo, no que couber, as disposições aplicáveis ao regime diferenciado de que trata a Seção VII do Capítulo IV do Título IV do Livro I, inclusive em relação à alienação do veículo e ao intervalo para a fruição do benefício.

Para bens minerais, a alíquota é limitada a um **máximo de 0,25%**, destacando-se a preocupação com a tributação de recursos naturais de extração, enquanto o **gás natural**, quando utilizado como insumo em processos industriais, terá **alíquota zero**, conforme o **art. 423**.

7.6. NÃO INCIDÊNCIA DO IS

O **art. 413** dispõe que o imposto não incide sobre operações com **energia elétrica** e **telecomunicações**, ou sobre bens e serviços com redução de alíquota de 60% no **IBS** e **CBS**, como ocorre em regimes diferenciados ou no transporte público coletivo de passageiros.[23]

7.7. FISCALIZAÇÃO E ADMINISTRAÇÃO

A administração e a fiscalização do IS competem à **Receita Federal do Brasil**, conforme o **art. 411 da Lei Complementar**, garantindo centralização e eficiência no controle tributário, enquanto o **contencioso administrativo** referente ao IS segue o disposto no **Decreto 70.235/1972**, conforme o **parágrafo único do art. 411**, assegurando que os contribuintes possam, além de insurgir-se dos lançamentos tributários, recorrer de decisões administrativas no âmbito do procedimento normativo estabelecido.[24]

7.8. DA APURAÇÃO DO IMPOSTO SELETIVO

O IS deverá ser apurado mensalmente, conforme o disposto no art. 430, e por regulamento o prazo para conclusão da apuração, bem como a data de vencimento. Além disso, a apuração deverá consolidar as operações realizadas por todos os estabelecimentos do contribuinte, conforme previsto no art. 431.

7.9. INCIDÊNCIA DO IS SOBRE OPERAÇÕES RELATIVAS A DERIVADOS DE PETRÓLEO, COMBUSTÍVEIS E MINERAIS

Alguns dos setores, pela lógica cientificamente consentida, tais como produtos derivados do tabaco, bem como as bebidas alcoólicas, são alvos certos do IS, porém, enxerga-se, pela parte final do § 3º do art. 155 da CF, alterado pela EC 132/2023, que

---

[23]   Art. 413. O Imposto Seletivo não incide sobre:
I – ~~as exportações para o exterior de bens e serviços de que trata o art. 409 desta Lei Complementar~~ (vetado);
II – as operações com energia elétrica e com telecomunicações; e
III – os bens e serviços cujas alíquotas sejam reduzidas nos termos do § 1º do art. 9º da Emenda Constitucional nº 132, de 20 de dezembro de 2023.

[24]   Art. 411. Compete à RFB a administração e a fiscalização do Imposto Seletivo.
Parágrafo único. O contencioso administrativo no âmbito do Imposto Seletivo atenderá ao disposto no Decreto n. 70.235, de 6 de março de 1972.

operações relativas a derivados de petróleo, combustíveis e minerais do País também são afetados pelo referido imposto, ao constar como ressalva expressa.

> Art. 155. Compete aos Estados e ao Distrito Federal instituir impostos sobre: (Redação dada pela Emenda Constitucional 3/1993) [...]
>
> § 3º À exceção dos impostos de que tratam o inciso II do *caput* deste artigo e os arts. 153, I e II, e 156-A, nenhum outro imposto poderá incidir sobre operações relativas a energia elétrica e serviços de telecomunicações e, à exceção destes e do previsto no art. 153, VIII, nenhum outro imposto poderá incidir sobre operações relativas a derivados de petróleo, combustíveis e minerais do País. (Redação dada pela Emenda Constitucional 132/2023)

7.10. *REBOUND EFFECT* DO IS

Um aspecto relevante e insuficiente tratado nos debates que antecederam a aprovação da EC 132/2023 diz respeito ao que denomino de efeito rebote (*rebound effect*) nos mercados da tributação do IS ao desestimular o consumo de determinados bens e serviços prejudiciais à saúde, sob o risco de ampliação e tomada do comércio informal, ilegal e clandestino, não somente eliminando o proveito positivo com a tributação e o estabelecimento de margens desejáveis de consumo, mas aumentando os resultados negativos sanitários ou de proteção ao meio ambiente.

Em outras palavras, a tributação seletiva grava o consumo de determinado produto de modo a reduzir e desestimular, cada vez mais, a comercialização de certo bem pela população, diminuindo, de fato, o mercado consumidor, mas, em contrapartida, o mercado ilegal aproveita-se, e por não pagar nenhum centavo de tributo, expande sua participação, tomando para si esse espaço aberto pelo mercado formal, o que ocasiona um prejuízo ainda maior do ponto de vista sanitário, haja vista a ausência de qualquer controle sobre a produção desses bens.

Veja o caso dos cigarros e das bebidas alcoólicas. Estão sujeitos à intensa concorrência desleal por fabricantes clandestinos que vendem a preços mais baixos que o comum, causando danos não somente à arrecadação (sonegação), mas à saúde das pessoas, com implicações transversais na esfera criminal, desde o contrabando ao estelionato, cujos efeitos do mesmo modo alimentam o crime organizado, o tráfico de entorpecentes e a corrupção. O consumo de cigarros, reconhece-se, é um problema consensuado e comprovado de saúde pública, mas a política de tributação deve estar atenta ao equilíbrio entre extinguir, ou diminuir, um mercado formal, e o planejamento estratégico relativamente à fiscalização e controle do comércio clandestino de produtos pirateados e falsificados no âmbito relativo à segurança pública.

Ainda no plano crítico reflexivo, e sobretudo nesse aspecto ora tratado, insiste-se que a tributação por meio do IS não pode desvirtuar-se de modo a mirar ou acostumar-se com os ganhos arrecadatórios advindos do imposto instituído pela LC 214/2025, haja vista sua natureza constitucionalmente estabelecida. O IS não tem finalidade meramente arrecadatória, conquanto o Poder Público, sabe-se, não despreze a significativa arrecadação de receitas por essa sistemática, como vem ocorrendo até então com o IPI, com extinção prevista em 2027, salvo para a ZFM com programado encerramento mais à frente.[25]

A arrecadação desse imposto deve ser estrategicamente calculada para ser suficiente e eficaz no impacto dos hábitos de consumo das pessoas. O objetivo é motivá-las a parar ou diminuir o consumo de bens e serviços prejudiciais, alinhando-se aos propósitos da política pública adotada. Ao elevar o custo desses produtos por meio de uma tributação mais onerosa, espera-se reduzir ou "controlar" a correspondente demanda. É, nesse sentido, um instrumento de correção de falhas de mercado associadas a efeitos lesivos, ao internalizar o custo social de certos produtos no preço correspondente, de modo que o imposto alinhe o consumo com os custos reais para a sociedade. Por exemplo, a arrecadação de receitas com a atual tributação do IPI sobre cigarros serve para fazer frente às despesas de saúde pública, ante os malefícios sabidamente causados.

7.11. IS E OS CRITÉRIOS DA SELETIVIDADE E DA ESSENCIALIDADE

O IPI, como dito até agora, e também o ICMS, consistem em dois tributos previstos no Sistema Tributário Nacional com a possibilidade de utilização da técnica da seletividade, contudo, o texto constitucional utilizou-se, para cada imposto, de expressões diversas ao tratar da aplicação desse instrumento, ao dispor da seguinte forma: o IPI "será seletivo, em função da essencialidade do produto" (art. 153, § 3º, I) e o ICMS "poderá ser seletivo em função da essencialidade das mercadorias e dos serviços" (art. 155, § 2º, III).

A essencialidade refere-se ao grau de importância de um bem ou serviço para as necessidades básicas da população ou para a cadeia de produção de outros bens e serviços e, por isso, justificam tratamento diferenciado, muitas vezes com isenção ou alíquota reduzida, porque são necessárias para garantir o bem-estar da população ou para manter a economia funcionando de modo mais eficiente possível. A seletividade, por outro lado, é um princípio que pode ser aplicado na tributação para graduar a carga tributária de acordo com a essencialidade do bem ou serviço. Assim, a seletividade

---

[25] A LC 214/2025 prevê a redução a zero da alíquota do IPI em 2027.

Art. 454. A partir de 1º de janeiro de 2027, as alíquotas do IPI ficam reduzidas a zero para produtos sujeitos a alíquota inferior a 6,5% (seis inteiros e cinco décimos por cento) prevista na Tabela de Incidência do Imposto sobre Produtos Industrializados – Tipi vigente em 31 de dezembro de 2023 e que tenham:

I – sido industrializados na Zona Franca de Manaus no ano de 2024; ou

II – projeto técnico-econômico aprovado pelo Conselho de Administração da Suframa (CAS) entre 1º de janeiro de 2022 e a data de publicação desta Lei.

§ 1º Serão beneficiados por crédito presumido de CBS, nos termos do inciso I do § 2º do art. 450 desta Lei Complementar os produtos:

I – de que trata o *caput* deste artigo ou

II – ~~que obedeçam aos critérios previstos nos incisos I e II do caput e estejam sujeitos à alíquota zero de IPI prevista na Tabela de Incidência do Imposto sobre Produtos Industrializados – Tipi vigente em 31 de dezembro de 2023 (vetado).~~

§ 2º A redução a zero das alíquotas a que se refere o *caput* deste artigo não alcança os produtos enquadrados como bem de tecnologia da informação e comunicação, conforme regulamentação do art. 16-A da Lei nº 8.248, de 23 de outubro de 1991.

§ 3º O Poder Executivo da União divulgará a lista dos produtos cuja alíquota de IPI tenha sido reduzida a zero nos termos deste artigo e do art. 126, inciso III, alínea "a", do ADCT.

é aplicada de forma que itens mais essenciais sejam menos tributados do que artigos considerados supérfluos ou de luxo. A essencialidade é um critério para determinar a importância de um componente, enquanto a seletividade é uma abordagem para aplicar alíquotas diferenciadas com base nessa significância ou relevância.

> CF. Art. 153. Compete à União instituir impostos sobre: [...]
>
> IV – produtos industrializados; [...]
>
> § 3º O imposto previsto no inciso IV:
>
> I – **será seletivo, em função da essencialidade do produto**; [...]

> CF. Art. 155. Compete aos Estados e ao Distrito Federal instituir impostos sobre: (Redação dada pela Emenda Constitucional 3/1993) [...]
>
> II – operações relativas à circulação de mercadorias e sobre prestações de serviços de transporte interestadual e intermunicipal e de comunicação, ainda que as operações e as prestações se iniciem no exterior; (Redação dada pela Emenda Constitucional 3/1993) (*Vide* Emenda Constitucional 132/2023) [...]
>
> § 2º O imposto previsto no inciso II atenderá ao seguinte: (Redação dada pela Emenda Constitucional 3/1993) (*Vide* Emenda Constitucional 132/2023)
>
> I – será não cumulativo, compensando-se o que for devido em cada operação relativa à circulação de mercadorias ou prestação de serviços com o montante cobrado nas anteriores pelo mesmo ou outro Estado ou pelo Distrito Federal;
>
> II – a isenção ou não incidência, salvo determinação em contrário da legislação:
>
> a) não implicará crédito para compensação com o montante devido nas operações ou prestações seguintes;
>
> b) acarretará a anulação do crédito relativo às operações anteriores;
>
> III – **poderá ser seletivo, em função da essencialidade das mercadorias e dos serviços**; [...]

Nas duas hipóteses, a CF adota o critério da essencialidade para uso da técnica da seletividade, seja pela União (IPI), ou pelo Estado (ICMS), de modo que produtos essenciais devem ser tributados de forma menos gravosa, enquanto outros, quanto mais supérfluos, merecem sujeição mais onerosa. Uma discussão instalou-se ao longo dos anos entre Fisco e contribuintes em torno da palavra "poderá", contida no inciso III, § 2º, do art. 155: "poderá ser seletivo, em função da essencialidade das mercadorias e dos serviços".

O debate deu-se, mais recentemente (2021, com acórdão publicado em 2022), no âmbito do STF por meio do RE 714.139, Tema 754 da Repercussão Geral. Na oportunidade, pediu-se o reconhecimento da inconstitucionalidade da alíquota do ICMS aplicada em 25%, incidente sobre o fornecimento de energia elétrica e a prestação do serviço de comunicação, instituída por Estado da Federação, cuja alíquota modal era de 17% à época. A inconsistência estabeleceu-se especialmente porque a energia elétrica e os serviços de comunicação, naturalmente considerados relevantes para a sociedade, estavam sendo tributados por maior alíquota que diversos outros produtos ou a eles equiparados, inclusive alguns deles visivelmente supérfluos, tais como perfumes.

Essa situação, ainda que haja a facultatividade ("poderá"), segundo previsto na CF, atentaria contra a seletividade do ICMS, pois, uma vez estabelecidas alíquotas diferenciadas para os produtos, aquele critério passa a ser obrigatório, afastando o fundamento dos Estados de que o texto constitucional teria atribuído ao Poder Legislativo local das Unidades Federadas a competência de eleger, ou não, a técnica da seletividade ao estabelecer alíquotas. Esse foi o entendimento do Supremo ao final, no sentido de que: "uma vez adotada a seletividade, haja a ponderação criteriosa das características intrínsecas do bem ou serviço em razão de sua essencialidade com outros elementos, tais como a capacidade econômica do consumidor final, a destinação do bem ou serviço e, ao cabo, a justiça fiscal, tendente à menor regressividade desse tributo indireto".[26]

O enquadramento constitucional do IS, a partir desta moldura especial, embora denominado "seletivo", não se baseia na aplicação da "essencialidade" dos produtos ou serviços. Isso difere, portanto, dos atuais ICMS e IPI, regidos pelos arts. 155, § 2º, III, e 153, § 3º, I da CF, respectivamente, e consideram a essencialidade dos itens na definição de suas alíquotas, como visto.

Nessa perspectiva, adianta-se um interessantíssimo debate sobre a incidência do IS que poderá vir, não exatamente com este exemplo, mas com o mesmo racional. Por

---

[26] Recurso extraordinário. Repercussão geral. Tema n. 745. Direito tributário. ICMS. Seletividade. Ausência de obrigatoriedade. Quando adotada a seletividade, há necessidade de se observar o critério da essencialidade e de se ponderarem as características intrínsecas do bem ou do serviço com outros elementos. Energia elétrica e serviços de telecomunicação. Itens essenciais. Impossibilidade de adoção de alíquota superior àquela que onera as operações em geral. Eficácia negativa da seletividade. 1. O dimensionamento do ICMS, quando presente sua seletividade em função da essencialidade da mercadoria ou do serviço, pode levar em conta outros elementos além da qualidade intrínseca da mercadoria ou do serviço. 2. A Constituição Federal não obriga os entes competentes a adotar a seletividade no ICMS. Não obstante, é evidente a preocupação do constituinte de que, uma vez adotada a seletividade, haja a ponderação criteriosa das características intrínsecas do bem ou serviço em razão de sua essencialidade com outros elementos, tais como a capacidade econômica do consumidor final, a destinação do bem ou serviço e, ao cabo, a justiça fiscal, tendente à menor regressividade desse tributo indireto. O estado que adotar a seletividade no ICMS terá de conferir efetividade a esse preceito em sua eficácia positiva, sem deixar de observar, contudo, sua eficácia negativa. 3. A energia elétrica é item essencial, seja qual for seu consumidor ou mesmo a quantidade consumida, não podendo ela, em razão da eficácia negativa da seletividade, quando adotada, ser submetida a alíquota de ICMS superior àquela incidente sobre as operações em geral. A observância da eficácia positiva da seletividade – como, por exemplo, por meio da instituição de benefícios em prol de classe de consumidores com pequena capacidade econômica ou em relação a pequenas faixas de consumo –, por si só, não afasta eventual constatação de violação da eficácia negativa da seletividade. 4. Os serviços de telecomunicação, que no passado eram contratados por pessoas com grande capacidade econômica, foram se popularizando de tal forma que as pessoas com menor capacidade contributiva também passaram a contratá-los. A lei editada no passado, a qual não se ateve a essa evolução econômico-social para efeito do dimensionamento do ICMS, se tornou, com o passar do tempo, inconstitucional. 5. Foi fixada a seguinte tese para o Tema n. 745: Adotada pelo legislador estadual a técnica da seletividade em relação ao Imposto sobre Circulação de Mercadorias e Serviços (ICMS), discrepam do figurino constitucional alíquotas sobre as operações de energia elétrica e serviços de telecomunicação em patamar superior ao das operações em geral, considerada a essencialidade dos bens e serviços. 6. Recurso extraordinário parcialmente provido. 7. Modulação dos efeitos da decisão, estipulando-se que ela produza efeitos a partir do exercício financeiro de 2024, ressalvando-se as ações ajuizadas até a data do início do julgamento do mérito (05.02.2021). RE 714.139, Rel. Min. Marco Aurélio, rel. p/ ac. Dias Toffoli, Tribunal Pleno, j. 18.12.2021, Processo Eletrônico, Repercussão Geral – Mérito. *DJe*-049, divulg. 14.03.2022, public. 15.03.2022.

suposição, se considerada a previsão legal de incidência do IS sobre automóveis abastecidos com combustíveis fósseis de modo a desestimular seu consumo por entender prejudicial ao meio ambiente e, em contrapartida, incentivar as vendas de veículos conduzidos por energia renovável. Nessas situações, poderia ser levantado o critério da seletividade sob aplicação da essencialidade. Veículos por combustão utilizam motores que queimam combustíveis fósseis para gerar energia, emitindo gases poluentes, como o CO_2, e são adquiridos em larga escala pela população em geral (de ricos até os economicamente não tão favorecidos), enquanto o carro elétrico, atualmente, ainda é artigo de luxo pelos altos preços de mercado.

Se aplicado, portanto, o critério da seletividade pela essencialidade, no exemplo dado, a tributação seria inversa, ou seja, de não incidência sobre os automóveis por combustão (adquiridos pela grande massa populacional) e sobrecarga tributária nos carros elétricos. Contudo, o propósito do IS não é esse, entenda-se qualquer efeito de desmotivar a regressividade (tributar os ricos em maior escala de progressividade), já que a EC 132/2023 o prevê como mecanismo de aplicação para fins de desestimular os bens e serviços prejudiciais à saúde e ao meio ambiente.

Por isso, insista-se, pelo *design* constitucional conferido ao IS, não há uma relevância dada aos efeitos da regressividade que o imposto pode ocasionar, pois, veja-se, produtos via de regra tributados pelo *excise tax*, tais como cigarros, álcool, refrigerantes e sucos industrializados adocicados são consumidos indiscriminadamente por todos os segmentos da sociedade, do rico ao pobre, mudando apenas, a depender, da qualidade e, por isso, do preço ofertado, conquanto a população mais vulnerável sinta mais pesadamente o peso da carga tributária.

> CF. Art. 153. Compete à União instituir impostos sobre: [...]
>
> VIII – produção, extração, comercialização ou importação de bens e serviços prejudiciais à saúde ou ao meio ambiente, nos termos de lei complementar. (Incluído pela Emenda Constitucional 132/2023)
>
> § 1º É facultado ao Poder Executivo, atendidas as condições e os limites estabelecidos em lei, alterar as alíquotas dos impostos enumerados nos incisos I, II, IV e V. [...]
>
> § 6º O imposto previsto no inciso VIII do *caput* deste artigo: (Incluído pela Emenda Constitucional 132/2023)
>
> I não incidirá sobre as exportações nem sobre as operações com energia elétrica e com telecomunicações; (Incluído pela Emenda Constitucional 132/2023)
>
> II – incidirá uma única vez sobre o bem ou serviço; (Incluído pela Emenda Constitucional 132/2023)
>
> III – não integrará sua própria base de cálculo; (Incluído pela Emenda Constitucional 132/2023)
>
> IV – integrará a base de cálculo dos tributos previstos nos arts. 155, II, 156, III, 156-A e 195, V; (Incluído pela Emenda Constitucional 132/2023)
>
> V – poderá ter o mesmo fato gerador e base de cálculo de outros tributos; (Incluído pela Emenda Constitucional 132/2023)

VI – terá suas alíquotas fixadas em lei ordinária, podendo ser específicas, por unidade de medida adotada, ou *ad valorem*; (Incluído pela Emenda Constitucional 132/2023)

VII – na extração, o imposto será cobrado independentemente da destinação, caso em que a alíquota máxima corresponderá a 1% (um por cento) do valor de mercado do produto. (Incluído pela Emenda Constitucional 132/2023)

7.12. IS: ALÍQUOTAS E INCIDÊNCIA MONOFÁSICA

A implementação do IS pode enfrentar desafios, de maneira especial sobre a própria definição de quais produtos e serviços serão tributados, conforme exposto, e sob que medidas, seja *ad rem* (cobrado com base em um valor único, dependente da quantidade transacionada da mercadoria), ou *ad valorem* (sujeito à cobrança baseada em uma alíquota incidente sobre o valor da operação), ou a combinação de ambas. Embora o texto constitucional não tenha feito indicativo da possibilidade de adoção da associação de incidência (parte *ad valorem* e outra fração na sistemática *ad rem*), entendo que seja legitimamente possível e o faz a Lei Complementar 214/2025.

Essa possibilidade técnica de adoção de diferentes estruturas de alíquotas *ad rem* ou *ad valorem* tem um significado técnico relevante, pouco compreendido pela doutrina, e com uma funcionalidade especial, que não exclusivamente a facilidade ou simplificação na cobrança. As alíquotas *ad valorem* com incidência de um percentual sobre o valor da operação equiparam, no mesmo nível, produtos de diferentes qualidades, reduzindo o espaço inibidor de consumo.

Por exemplo, uma carteira de cigarros a R$ 10,00 com incidência de uma carga tributária total de 70% suporta o mesmo efeito proporcional das vendas de carteiras a R$ 5,00. Nesse caso, a política tributária incita, ao contrário, o maior consumo de produtos de mais baixa qualidade, ainda que prejudiciais à saúde, conquanto deixe de provocar as consequências desejadas por esse modelo de tributação acerca da proteção sanitária e da saúde pública. Por isso, e sobretudo no que vem acontecendo com o IPI, as alíquotas preferencialmente têm sido *ad rem*, ou seja, um valor fixo em real por unidade de medida. Seguindo o exemplo ofertado, poderia ser de R$ 1,50 por maço de cigarro, independentemente do valor.[27] Além de "proteger" o consumidor relativamente a produtos de classe inferior, lança seu preço médio para cima, com a pretensão de diminuir o consumo ao aumentar o custo de aquisição.

O IS enfrenta alguns debates interessantes, que já foram objeto de discussão no âmbito internacional. Exemplo, terão a mesma alíquota do IS a cerveja e a vodca sem considerar a gradação alcoólica? O diesel e a gasolina, ainda que aquele tenha mais

---

[27] Basicamente, segundo a legislação brasileira, são três formas de tributação dos cigarros: a) tributo *ad rem*, com parcela fixa em unidades monetárias por unidade do produto; b) tributação *ad valorem*, quando um percentual incide sobre o preço da mercadoria; c) sistema misto, pela combinação das técnicas anteriores.

No Brasil, a tributação sobre o consumo dos cigarros ´se dá pela exigência do IPI, pelo PIS e pela Cofins e, ainda, pelo ICMS. Em regra, no caso do IPI, o fabricante pode escolher entre ser tributado por uma alíquota única (geralmente alta) sobre o preço de venda a varejo dos cigarros ou por um regime misto com alíquota percentual menor sobre o correspondente preço de venda a varejo mais uma alíquota *ad rem* por maço ou box de cigarros.

poluente na composição por possuir hidrocarbonetos mais densos do que este último, serão submetidos à mesma alíquota do imposto? A lei complementar, ainda por vir, definirá essa dinâmica, mas, entendo, particularmente, que deve ser considerado para fins de fixação das alíquotas o menor ou maior grau de lesividade (de acordo com o teor alcoólico, por exemplo) ou de dano para a saúde ou ao meio ambiente.

No Livro *Theory and Practice of Excise Taxation. Smoking, Drinking, Gambling, Polluting, and Driving*, objeto de pesquisa da doutrina brasileira mais recente, especialmente pelo grau de profundidade no assunto, conquanto se trate de referência na temática, Sijbren Cnossen observa que o *"excise tax"* sobre tabaco, álcool, poluentes e petróleo, por exemplo, deve preocupar-se de maneira especial com a alíquota a ser utilizada: específicas (*ad rem*) ou *ad valorem*, ou, em alguma medida, a combinação delas.[28]

O livro discute uma variedade de temas relacionados à tributação de produtos específicos e prejudiciais à saúde e ao meio ambiente, como tabaco, álcool e poluição, abordando aspectos práticos do *design* tributário. Os autores enfrentam uma visão detalhada sobre os tributos incidentes no tabaco, tanto na União Europeia quanto nos Estados Unidos, sobressaindo, inclusive, os desafios como o contrabando. O texto também explora os custos externos do consumo de álcool e tabaco, sugerindo áreas para futuras pesquisas, especialmente em políticas transversais pouco exploradas na literatura atual.

Existe um consenso doutrinário, acolhido pela OCDE e pela OMS, de que a tributação por alíquotas específicas (*ad rem*) mostra-se mais eficiente para reduzir externalidades negativas, especialmente quando referir-se à gradação em termos de intensidade e impacto na saúde ou no meio ambiente, de modo a afetar a qualidade de vida das pessoas. Exemplo, quantidade de teor alcoólico da bebida consumida, nível de nicotina do cigarro, poluição sonora ou de ruído de fábricas, emissão de poluentes.

As alíquotas do IS serão fixadas em lei ordinária, e, como visto, podendo ser específicas, por unidade de medida adotada, ou *ad valorem*. Relativamente à hipótese de incidência do imposto sobre a atividade de extração, sua alíquota máxima será de 1% sobre o valor de mercado dos produtos extraídos. De outro lado, a tributação da atividade de extração de determinados produtos ocorrerá independentemente da destinação da mercadoria, isto é, estende-se também às exportações, uma medida incomum que pretende sujeitar as indústrias de mineração e petróleo independentemente de seus mercados alvo.

Um detalhe é importante. As alíquotas serão fixadas por lei ordinária, mas os correspondentes conceitos para fins tributários, do conteúdo e do alcance das expressões "produção" e "extração", por exemplo, somente são definidos por meio de lei complementar, haja vista constituírem-se elementos materiais da hipótese de incidência. Inclusive, não custa lembrar, deve observar o que dispõe o art. 110 do CTN, no sentido de que:

> A lei tributária não pode alterar a definição, o conteúdo e o alcance de institutos, conceitos e formas de direito privado, utilizados, expressa ou implicitamente, pela Constituição Federal, pelas Constituições dos Estados, ou pelas Leis Orgânicas do Distrito Federal ou dos Municípios, para definir ou limitar competências tributárias.

---

[28]   CNOSSEN, Sijbren. *Theory and practice of excise taxation:* smoking, drinking, gambling, polluting and driving. Oxford University Press, 2005. Disponível em: https://search.ebscohost.com/login.aspx?direct=true&db=cat08786a&AN=ccul.KOHA.ULISBOA.1065688&lang=pt-pt&site=eds-live. Acesso em: 1º mar. 2024.

O Parecer n. 88 da Comissão de Constituição, Justiça e Cidadania do Senado Federal manifestou-se a respeito da temática, revelando a qualificação extrafiscal do IS e que não poderá ser utilizado com a função primária arrecadatória, sendo as correspondentes alíquotas determinadas pelo Congresso Nacional e destinado à redução do consumo de certos e determinados bens, bem como ao exercício de atividades prejudiciais ao meio ambiente, com incidência monofásica.[29]

A incidência monofásica do IS, igualmente, conforma-se com a ordem internacional, segundo orientações da OCDE a respeito das convergências de tributação sobre o consumo, haja vista sua cobrança em etapa única, ao contrário do modelo IVA, que é plurifásico, com incidência sobre todas as fases de produção, circulação do produto ou mercadoria ou, ainda, do serviço prestado, tal como acontece hoje nas legislações de países como França, Alemanha, Reino Unido, Portugal.[30] A exigência do IS em mais de um estágio daria a cumulatividade indesejada ao sistema tributário, porque oneraria, cada vez mais, o consumidor final.

Observa-se, contudo, que, na prática, pode acontecer a incidência do IS sobre o mesmo insumo mais de uma vez, e não somente de forma monofásica, ocasionando inconsistências indesejadas pela pretensão normativa constitucional. É o caso do produto a ser agregado na fabricação de outro já tributado na etapa antecedente. Vamos imaginar um exemplo: suponha-se que haja incidência e cobrança do IS sobre a produção de pneus para automóveis (constituídos por substâncias altamente tóxicas e de elevado tempo de desgaste, causando poluição do solo e contaminação de áreas, além de o descarte de forma incorreta propiciar doenças como dengue, malária e febre amarela).

O estabelecimento manufatureiro de pneus poderá estar sujeito ao IS na produção dos referidos produtos, conquanto a montadora de veículos no circuito da indústria automobilística também poderá submeter-se ao imposto sobre o preço final do automóvel mais poluente? Nessa hipótese idealizada, a cobrança do imposto sobre o pneu estaria sujeita à tributação em duas fases: como produto individualmente considerado, bem como no conjunto ao incorporar-se ao veículo comercializado.

Essa lógica parece-nos ainda mais evidente, por exemplo, se considerado o plástico das garrafas "PET", utilizadas para embalar praticamente todos os líquidos, de remédios a bebidas, além de ser encontrada em outros tipos de recipientes e em outros setores da indústria, como o têxtil, que usa o material como matéria-prima para a fabricação de tecidos. Não é difícil cogitar que o IS poderia ter incidência sobre os frascos ou vasilhames envasadores de refrigerantes, também submetidos ao mesmo imposto, haja vista o elevado teor de açúcar, prejudicial à saúde. Embora pareça simpático onerar cada vez mais os produtos prejudiciais à saúde e ao meio ambiente, entendo não ser constitucional a dupla cobrança sobre o mesmo insumo, matéria-prima ou produto intermediário utilizado na produção de outro, ou mesmo na prestação de um serviço.

---

[29] "Na medida em que as alíquotas deverão ser mais elevadas – o que é suficiente para o alcance dos objetivos de sua instituição –, não há necessidade de incidência plurifásica, por isso incluímos a restrição de monofasia para o Imposto Seletivo". [...] não se espera a incidência plurifásica do imposto seletivo, o que seria, inclusive, contrário ao objetivo de simplificação da legislação".

[30] Disponível em: https://www.oecd-ilibrary.org/sites/6525a942-en/1/3/3/index.html?itemId=/content/publication/6525a942-en&_csp_=9be05a02fe0e4dbe2c458d53fbfba33b&itemIGO=oecd&itemContent Type=book#section-d1e38378. Acesso em: 28 fev. 2024.

A EC 132/2023 reservou precisamente a locução "incidência única", de maneira que não ocorra cumulatividade quando houver transformação de características e alteração de individualidade. Espera-se que, neste aspecto, a lei complementar trate especificamente do assunto de modo a mitigar os efeitos de uma "monofasia cumulativa".

7.13. IMPOSTO SELETIVO PARA A "EXTRAÇÃO" DE BENS E SERVIÇOS PREJUDICIAIS À SAÚDE OU AO MEIO AMBIENTE

A CF agora, com o advento da EC 132/2023, prevê um IS especificamente para a extração, independentemente da destinação (inclusive para exportação), caso em que a alíquota máxima corresponderá a 1% (um por cento) do valor de mercado do produto de bens e serviços prejudiciais à saúde ou ao meio ambiente. Argumenta-se o alinhamento das diretrizes com a COP 28[31], que orienta a diminuição gradual do uso de combustíveis fósseis, e do programa de transição energética.

A maior particularidade, porque não dizer estranheza, está na tributação de bens destinados à exportação por "desestimular" a indústria nacional e mostrar um desalinhamento com as práticas internacionais.[32] Atualmente, o ICMS, com base no

---

[31]   Os resultados da COP28 incluem: 1. Escala de Renováveis: esforços para descarbonizar o sistema energético atual, com foco na ampliação das renováveis. Empresas estão se comprometendo com operações líquidas zero até 2050, visando, especificamente, à redução das emissões de metano e a eliminação da rotina de queima até 2030. 2. Emissões de Metano: a redução do metano tornou-se um foco principal, com compromissos significativos para reduzir as emissões dos setores de petróleo e gás, agricultura e resíduos. 50 empresas de petróleo e gás declararam o interesse em alcançar emissões de metano quase zero até 2030. 3. Finanças Climáticas: embora haja uma lacuna significativa de financiamento, mais de 80 bilhões de dólares em compromissos de financiamento climático foram feitos. Estruturas de financiamento misto estão sendo escaladas para atrair investimentos privados e reduzir a dependência de bancos de desenvolvimento. 4. Implementação de Tecnologia: noventa por cento de abatimento de CO2 pode ser alcançado com tecnologias existentes. O desafio é acelerar a implementação dessas tecnologias e construir novos negócios verdes. 5. Descarbonização em Indústrias Pesadas: setores de altas emissões como energia, transporte e indústria estão investindo para reduzir as emissões e caminhando para o líquido zero. Descarbonizar esses setores, que consomem 78% da energia global, é fundamental para uma transição sistêmica para longe dos combustíveis fósseis. 6. Integração da Natureza: abordar a mudança climática envolve também cuidar da natureza e de outros limites planetários. Iniciativas como o objetivo "30x30" e compromissos com a gestão sustentável dos oceanos até 2030 foram destacados. 7. Iniciativas de Adaptação: acordos sobre medidas de adaptação em setores como agricultura, saúde e sistemas de água foram feitos. Mais de 130 líderes se comprometeram a transformar seus sistemas alimentares para a ação climática. Essas diretrizes ilustram a compreensão multifacetada que está sendo adotada para combater as mudanças climáticas, desde a redução de emissões até mecanismos financeiros e estratégias de adaptação. Disponível em: https://www.cop28.com/.

[32]   "O tratamento fiscal das exportações brasileiras segue a prática mundial e busca a desoneração dos tributos indiretos sobre as exportações. Dessa forma, a Constituição Federal de 1988 definiu que não incidem sobre as exportações brasileiras o IPI (art. 153, §3º, III), o ICMS (art. 155, §2º, X, *a*) e as Contribuições Sociais e de Intervenção no Domínio Econômico, tais como o Programa de Integração Social e o Programa de Formação do Patrimônio do Servidor Público – PIS/PASEP e a Contribuição para o Financiamento da Seguridade Social – COFINS (art. 149, § 2º, I). Além de não incidirem sobre o faturamento das exportações, o exportador mantém o direito ao crédito gerado pela incidência desses tributos sobre a aquisição dos insumos empregados nos produtos exportados. Portanto, os valores correspondentes a esses tributos não devem compor o preço do produto final exportado". Disponível em: http://www.mdic.gov.br/index.php/comercio-exterior/desoneracao-das-exportacoes.

art. 155, X, *a*, da CF[33], não incide sobre operações que destinem ao exterior produtos industrializados, excluídos os semielaborados definidos em lei complementar. A Lei Complementar 87/1996, conhecida como Lei Kandir (à época ministro do Planejamento do Governo Fernando Henrique Cardoso), com a finalidade de estimular as exportações sob o lema "exportar é o que importa", desonerou as saídas de produtos primários e produtos semielaborados para fora do país da cobrança do ICMS.[34] Da mesma forma que o ICMS,[35] o art. 153, § 3º, III, da CF, confere imunidade tributária

---

[33] Art. 155. Compete aos Estados e ao Distrito Federal instituir impostos sobre: (Redação dada pela Emenda Constitucional 3/1993) [...]

II – operações relativas à circulação de mercadorias e sobre prestações de serviços de transporte interestadual e intermunicipal e de comunicação, ainda que as operações e as prestações se iniciem no exterior; (Redação dada pela Emenda Constitucional 3/1993) (*Vide* Emenda Constitucional 132/2023) [...]

§ 2º O imposto previsto no inciso II atenderá ao seguinte: (Redação dada pela Emenda Constitucional 3/1993) (*Vide* Emenda Constitucional n. 132, de 2023) [...]

X – não incidirá:

a) sobre operações que destinem mercadorias para o exterior, nem sobre serviços prestados a destinatários no exterior, assegurada a manutenção e o aproveitamento do montante do imposto cobrado nas operações e prestações anteriores; (Redação dada pela Emenda Constitucional 42/2003)

[34] Art. 3º O imposto não incide sobre:

I – operações com livros, jornais, periódicos e o papel destinado a sua impressão;

II – **operações e prestações que destinem ao exterior mercadorias, inclusive produtos primários e produtos industrializados semielaborados, ou serviços;** (*Vide* Lei Complementar 102/2000) [...]

Parágrafo único. Equipara-se às operações de que trata o inciso II a saída de mercadoria realizada com o fim específico de exportação para o exterior, destinada a:

I – empresa comercial exportadora, inclusive *tradings* ou outro estabelecimento da mesma empresa;

II – armazém alfandegado ou entreposto aduaneiro.

[35] O Estado do Rio de Janeiro, por meio da Lei 7.183/2015, previu a incidência do ICMS sobre a extração de petróleo, mas o STF, na ADI 5.481, declarou a inconstitucionalidade da pretensão impositiva, conforme ementa a seguir reproduzida.

Ação direta de inconstitucionalidade. Preliminares afastadas. Tributário. ICMS. Leis n. 4.117/2003 (Lei Noel) e 7.183/2015 (nova Lei Noel) do Estado do Rio de Janeiro. Extração de petróleo. Inconstitucionalidade. Ausência dos elementos "operação" e "circulação", necessários para a incidência válida do imposto. Aplicação da imunidade tributária recíproca caso o vício anterior seja considerado inexistente. 1. Possui a autora legitimidade para propor a presente ação direta. Precedentes. Não é inepta a inicial em que se deixou de questionar dispositivos que não tratam de matéria tributária nem fazem parte da cadeia normativa impugnada. Preliminares afastadas. 2. As leis impugnadas incidiram em inconstitucionalidade, pois os fatos geradores do ICMS por elas descritos não retratam a existência de ato ou de negócio jurídico que transfira a titularidade de uma mercadoria. 3. Seja no regime de concessão (Lei n. 9.478/97), seja no regime de partilha (Lei n. 12.351/2010), a legislação estipula que o concessionário ou o contratado adquire, de modo originário, a propriedade do petróleo extraído ou de parcela dele. 4. Ainda que se considerasse que a União efetivamente transfere a propriedade do petróleo para o concessionário ou para o contratado por meio de um negócio ou de um ato de natureza mercantil, o tributo continuaria a ser indevido, em razão da imunidade tributária recíproca. 5. Ação direta julgada procedente, declarando-se a inconstitucionalidade das Leis n. 7.183, de 29 de dezembro de 2015, e 4.117, de 27 de junho de 2003, do Estado do Rio de Janeiro. 6. Modulação dos efeitos da decisão, estabelecendo-se que ela produza efeitos *ex nunc* a partir da publicação da ata de julgamento do mérito. Acolhendo proposta formulada pelo Ministro Roberto Barroso, ficam ressalvadas: "(i) as hipóteses em que o contribuinte não recolheu o ICMS; (ii) os créditos tributários atinentes à controvérsia e que foram objeto de processo administrativo, concluído ou não, até a véspera da publicação da ata de julgamento do mérito; (iii) as ações judiciais atinentes à controvérsia e pendentes de conclusão, até a véspera da publicação da ata de julgamento do mérito; Em todos esses casos, dever-se-á observar o entendimento desta Corte e o prazos decadenciais e prescricionais". ADI 5.481, Rel. Min. Dias Toffoli, Tribunal Pleno, j. 29.03.2021, Processo Eletrônico, *DJe*-084, divulg. 03.05.2021, public. 04.05.2021.

ao IPI,[36] enquanto o PIS e a Cofins possuem hipóteses de incentivo à exportação por meio da Lei 10.833, de 2003, respectivamente.

Já surgem vozes, a meu ver equivocadas – embora, neste momento, eu não esteja fazendo nenhum juízo de constitucionalidade –, a respeito do dispositivo constitucional incluído pela EC 132/2023 no sentido de que o Imposto Seletivo de 1% sobre a extração a ser *cobrado independentemente da destinação* não estaria por dizer que haveria hipótese de incidência sobre as exportações de minério e petróleo. Segundo esse ponto de vista, a leitura constitucional seria na linha segundo a qual a indiferença da destinação atingiria apenas o mercado interno, seja para uso, consumo, comercialização ou industrialização, conquanto no ICMS a destinação da mercadoria veicula para fins de determinação do Estado competente para imposição fiscal. No Imposto Seletivo, de competência da União, essa distinção passaria a não fazer sentido.

A conclusão, repita-se, seria de que a incidência do IS nas exportações de minerais e petróleo é inconstitucional, amparada também na lógica de que o Sistema Tributário Brasileiro "não coaduna com a exportação de tributos", e também sob argumento de ofensa "ao princípio do país de destino" e "dos ajustamentos fiscais de fronteira", nos quais os Estados estrangeiros, sobretudo integrados por mercados comuns, não tributam na origem e, ao mesmo tempo, impõem a sujeição da exação no país de destino, lógica seguida pelas diretrizes da Reforma Tributária no Brasil, ao menos do ponto de vista interno.

7.14. IMPOSTO SELETIVO: BITRIBUTAÇÃO E *BIS IN IDEM*

Por último, dois aspectos relevantes: a) poderá ter o mesmo fato gerador e base de cálculo de outros tributos, além do que comporá a base de cálculo do ICMS, ISS, do IBS e da CBS, embora não possa ter incidência cumulativa com o IPI; b) a sistemática de tributação será monofásica, ou seja, incidirá uma única vez sobre a produção, extração, comercialização ou importação de produtos e serviços prejudiciais à saúde e ao meio ambiente.

A previsão de que o IS poderá ter o mesmo fato gerador que outros tributos admite não apenas a bitributação, como também o *bis in idem*, o que não é por si inconstitucional, ao contrário da falsa percepção de muitos, mas desde que previsto constitucionalmente e sob devida fundamentação. Segundo a doutrina clássica, bitributação refere-se à situação em que dois ou mais entes tributantes (como países, Estados ou Municípios) cobram impostos sobre o mesmo fato gerador, ou seja, sobre a mesma base tributária, em momentos e sob competências diferentes, sem que haja uma coordenação entre esses sujeitos. Já o princípio do *non bis in idem*, que na tradução

---

[36] Art. 153. Compete à União instituir impostos sobre: [...]
IV – produtos industrializados; [...]
§ 3º O imposto previsto no inciso IV:
I – será seletivo, em função da essencialidade do produto;
II – será não cumulativo, compensando-se o que for devido em cada operação com o montante cobrado nas anteriores;
III – não incidirá sobre produtos industrializados destinados ao exterior.

significa "não duas vezes pelo mesmo", visa evitar a dupla tributação pelo mesmo fato gerador dentro da mesma competência tributária.

Já num primeiro momento, sobretudo pelo período de transição, por exemplo, a produção ou comercialização de bebidas alcoólicas deverão ser tributadas por diversas imposições, desde as atuais: ICMS, PIS e Cofins (faturamento), cumulativamente com as novas, IBS, CBS e o IS. A CF exclui a incidência conjunta do IS com o IPI.

Por último, o novo texto constitucional, a respeito do IS, prevê que *não integrará sua própria base de cálculo*, enquanto *integrará a base de cálculo* do ICMS, ISS, IBS e a CBS. Esse ponto merece aprofundamento, a seguir tratado.

7.15. IS E AS BASES DE CÁLCULO

No Brasil, alguns tributos incluem-se em suas próprias bases de cálculo e nas de outros tributos, conhecido como cálculo "por dentro" ou "inverso". Tome-se o exemplo do ICMS, com previsão no § 1º, I, da LC 87/1996.[37] O cálculo dos tributos "por fora", que deveria ser a lógica por dar mais transparência a quanto se recolhe, significa a aplicação da alíquota em percentual tão somente sobre a base de cálculo da operação, desconsiderando, portanto, o valor do próprio tributo.

Como dito, no caso do ICMS a lógica é distinta, o que ocasiona uma majoração "disfarçada" ou até mesmo "encoberta", inclusive não sendo uma exclusividade desse imposto, também acontecendo sua inclusão nas bases do IRPJ, do PIS e da Cofins (com declaração de inconstitucionalidade reconhecida pelo STF como será visto logo a seguir), e do PIS e da Cofins em suas próprias bases de incidência e nas bases do ISS.

Desvirtuando uma lógica, *a contrario sensu*, o repertório de jurisprudência foi formando-se no sentido de que é permitida a incidência de tributo sobre tributo em diversos casos, entre os quais, do ICMS sobre o próprio ICMS: repercussão geral no RE 582.461/SP (STF); das contribuições ao PIS e à Cofins sobre as próprias contribuições, segundo REsp. 976.836/RS (STJ); do IRPJ e da CSLL sobre a própria CSLL, conforme recurso representativo da controvérsia REsp 1.113.159/AM (STJ); do IPI sobre o ICMS, também julgado pelo STJ no REsp 675.663/PR (STJ), além do REsp 610.908/PR e do AgRg no REsp 462.262/SC; das contribuições ao PIS e à Cofins sobre o ISSQN, apreciado no recurso representativo da controvérsia REsp 1.330.737/SP.

---

[37] LC 87/1996, que dispõe sobre o imposto dos Estados e do Distrito Federal sobre operações relativas à circulação de mercadorias e sobre prestações de serviços de transporte interestadual e intermunicipal e de comunicação, e dá outras providências.

Art. 13. A base de cálculo do imposto é:

§ 1º Integra a base de cálculo do imposto, inclusive nas hipóteses dos incisos V, IX e X do caput deste artigo: (Redação dada pela Lei Complementar 190/2022)

I – o montante do próprio imposto, constituindo o respectivo destaque mera indicação para fins de controle;

II – o valor correspondente a:

a) seguros, juros e demais importâncias pagas, recebidas ou debitadas, bem como descontos concedidos sob condição;

b) frete, caso o transporte seja efetuado pelo próprio remetente ou por sua conta e ordem e seja cobrado em separado.

§ 2º Não integra a base de cálculo do imposto o montante do Imposto sobre Produtos Industrializados, quando a operação, realizada entre contribuintes e relativa a produto destinado à industrialização ou à comercialização, configurar fato gerador de ambos os impostos.

A base de cálculo do ICMS, assim, tem o próprio valor do tributo incluído. Ou seja, o valor do imposto precisa ser inserido no valor da transação para, só então, aplicar a alíquota correspondente. Para adicionar o ICMS no valor do produto ou mercadoria de modo a alcançar a base de cálculo, indica-se uma fórmula: preço da operação ÷ (1 – alíquota ICMS). Observe um exemplo hipotético: ICMS sob alíquota de 18% e que o produto custe R$ 5.000,00 e o frete R$ 500,00:

- Base de cálculo: R$ 5.000 + R$ 500 ÷ (1 – 18%)
- Base de cálculo R$ 5.500 ÷ 0,82 = R$ 6.707,31
- ICMS a ser destacado na nota fiscal R$ 6.707,31 x 18% = R$ 1.207,31

No "fim do dia", a alíquota nominal de 18%, na verdade, equivale a 21,95% do valor da operação.

Ao longo dos anos, a questão, ainda em discussão, fez com que o Plenário do STF, ainda em 1999, entendesse ser constitucional a inclusão do ICMS na própria base de incidência, no julgamento do RE 212.209, tendo sido seguido por diversos outros precedentes nos anos subsequentes.[38] Ao analisar a matéria no julgamento do referido recurso extraordinário, o STF declarou a constitucionalidade da inclusão do ICMS em sua base de cálculo, sob fundamento, basicamente, de que não haveria violação à sistemática da não cumulatividade, e muito menos violação a qualquer outro princípio constitucional. Ainda segundo o Supremo, a CF conferiu competência à lei complementar para fixar sua base de cálculo, e, estipulada a fórmula de apuração, estando a mesma devidamente relacionada ao fato gerador, não haveria qualquer hipótese de inconstitucionalidade.

Aproximadamente 18 anos depois, em março de 2017, o assunto começou a mudar em razão da declaração de inconstitucionalidade do ICMS nas bases do PIS e da Cofins pelo STF, no julgamento do RE 574.706/PR, submetido ao rito da repercussão geral, que ficou conhecido por definir a "tese do século".[39] O racional adotado pela Corte levou os contribuintes a intensificarem e desencadearem uma série de outras

---

38 1. ICMS: inclusão do ICMS da própria operação na sua base de cálculo: constitucionalidade: precedente (RE 212.209, Pleno, red. p/acórdão Nelson Jobim, DJ 14.02.2003, *RTJ* 184/729). 2. Embargos de declaração: não cabe ao Supremo Tribunal examinar a tempestividade de recurso da competência do Tribunal *a quo*. RE 350.923 AgR, Rel. Min. Sepúlveda Pertence, 1ª T., j. 26.09.2006, *DJ* 20.10.2006, p. 00057, ement., v. 02252-03, p. 00637.

39 O STJ já havia decidido pela legalidade da inclusão do ICMS nas bases do PIS e da Cofins, no julgamento do REsp 1.144.469/RS, inclusive submetido ao rito dos recursos repetitivos:
Recurso especial do particular. Tributário. Recurso representativo da controvérsia Art. 543-C, do CPC. PIS/Pasep e Cofins. Base de cálculo. Receita ou faturamento. Inclusão do ICMS.
1. A Constituição Federal de 1988 somente veda expressamente a inclusão de um imposto na base de cálculo de um outro no art. 155, § 2º, XI, ao tratar do ICMS, quanto estabelece que este tributo: "XI – não compreenderá, em sua base de cálculo, o montante do imposto sobre produtos industrializados, quando a operação, realizada entre contribuintes e relativa a produto destinado à industrialização ou à comercialização, configure fato gerador dos dois impostos". [...]
13. Tese firmada para efeito de recurso representativo da controvérsia: "O art. 3º, § 2º, III, da Lei n. 9.718/1998 não teve eficácia jurídica, de modo que integram o faturamento e também o conceito maior de receita bruta, base de cálculo das contribuições ao PIS/Pasep e Cofins, os valores que, computados como receita, tenham sido transferidos para outra pessoa jurídica". 14. Ante o exposto, acompanho o relator para dar provimento ao recurso especial da Fazenda Nacional. REsp n. 1.144.469/PR, Rel. Min. Napoleão Nunes Maia Filho, relator para acórdão Min. Mauro Campbell Marques, Primeira Seção, j. 10.08.2016, *DJe* de 02.12.2016.

demandas, apelidadas de "teses filhotes", entre as quais a exclusão do ICMS das bases do IRPJ e da CSLL no lucro presumido; exclusão do PIS e da Cofins das próprias bases de incidência, exclusão do ISS das bases do PIS e da Cofins.

O STF entendeu, fundamentalmente, que o ICMS representa uma receita transitória na contabilidade das empresas, já que, ao final, é repassado para a Unidade Federada competente, e, por isso, a parcela do tributo não pode ser compreendida como faturamento ou receita bruta para fins de incidência do PIS e da Cofins. Em outras palavras, a receita é do ente público e não do contribuinte.[40]

A EC 132/2023, recentemente promulgada, estabeleceu que o Imposto Seletivo *não integrará sua própria base de cálculo*, mas, em contrapartida, *integrará a base de cálculo* do ICMS, do ISS, do IBS e da CBS, fazendo ressurgir o debate no ambiente acadêmico e doutrinário.

Algumas propostas de emendas à PEC 45/2019, que deu origem à EC 132/2023, pretenderam alterar o texto submetido à deliberação por entender não somente que haveria alinhamento com as diretrizes de transparência fiscal, como também no sentido de que a incidência do referido imposto sobre ele mesmo conferiria cumulatividade ao Sistema Tributário Brasileiro, cuja consequência seria o aumento dos custos de produção, sobretudo decorrente do acúmulo de resíduos tributários (impostos cumulativos, inclusive de naturezas diferentes).

A Comissão de Assuntos Econômicos do Senado recomendou, a propósito, a exclusão do imposto da base de cálculo de outros tributos, *em nome da simplicidade e da transparência*, o que não foi acolhido pelo relator da reforma no Senado. Compreendendo a temática de forma aprofundada, há um artigo elaborado pelo professor Breno Vasconcelos, a quem rendo minhas homenagens pelo alto nível de qualidade de suas pesquisas acadêmicas e científicas, juntamente com Thais Veiga Shingai, no portal *Jota*, que demonstra o benefício econômico da inclusão do IS nas bases de outros tributos. Parece inusitado, mas, segundo dito, a técnica converge com os padrões da OCDE e da doutrina internacional.[41]

O texto referido, intitulado "Por que o imposto seletivo deve integrar as bases de cálculo do IBS e da CBS?", revela a partir de uma simulação de cálculo, subsidiada pela professora Melina Rocha, que a previsão de não inclusão do IS

---

[40] Enumeram-se algumas "teses filhotes" em discussão no Poder Judiciário: exclusão do ISS da base de cálculo do PIS e da Cofins; exclusão do PIS e da Cofins de suas próprias bases de incidência; exclusão do ISS e do ICMS das bases de cálculo da CPRB (Contribuição Previdenciária sobre a Receita Bruta); exclusão do IRPJ (Imposto de Renda da Pessoa Jurídica) e da CSLL (Contribuição Social sobre o Lucro Líquido), no caso do IRPJ e da CSLL sob regime do lucro presumido.

O STF, em relação a uma dessas demandas, entendeu que é constitucional a inclusão do ISS e do ICMS na base de cálculo da CPRB, sob fundamento de que a CPRB constitui um benefício fiscal e, portanto, possui regime de apuração diferente do PIS e da Cofins. Não poderia o contribuinte valer-se de uma situação já considerada mais benéfica e, ainda, pretender a aplicação de uma técnica para diminuir ainda mais o tributo.

Subsiste, contudo, uma das "teses filhotes" com maior repercussão para o fisco, a da exclusão do ISSQN das bases de incidência do PIS e da Cofins. O julgamento está bem adiantado, aguardando desempate a ser proferido nos RE 1.187.264/SP e 1.285.845/RS.

[41] VASCONCELOS, Breno, SHINGAI, Thais Veiga. *Por que o imposto seletivo deve integrar as bases de cálculo do IBS e da CBS?* Disponível em: https://www.jota.info/opiniao-e-analise/artigos/por-que-o-imposto--seletivo-deve-integrar-as-bases-de-calculo-do-ibs-e-da-cbs-06112023#_ftn1. Acesso em: 29 fev. 2024.

nas bases do IBS e da CBS poderá induzir *as empresas a se organizarem de forma a realizar vendas diretamente da indústria ao consumidor final* e que haveria um grave problema nisso porque, em razão do incentivo criado, as empresas perderiam não somente eficiência econômica, como segmentos ou setores econômicos poderiam ser fortemente prejudicados, tal como o de distribuição. Pela relevância e autenticidade da tese, e dos argumentos postos, reproduzo, literalmente, excerto do artigo mencionado:

"Comecemos com um **primeiro cenário**, em que o imposto seletivo integra as bases de cálculo do IBS/CBS. Nesse contexto, uma indústria produz e vende o bem a um varejista, por $100, com seletivo de 10% e IBS/CBS de 25%:

Preço	$ 100,00
+ Seletivo 10%	$ 10,00
+ IBS/CBS 25%	$ 27,50
= Valor da NF	$ 137,50

Para o varejista, o seletivo é um tributo não recuperável (pois cumulativo), integrando o custo da mercadoria adquirida, de modo que a operação é assim contabilizada, nos termos do CPC 16 (R1):

Débito	Estoques (custo)	$ 110
Débito	IBS/CBS a recuperar	$ 27,50
Crédito	Fornecedores	$ 137,50

Na segunda etapa da cadeia, suponhamos que o varejista esteja realizando uma 'queima de estoque', vendendo a mercadoria a preço de custo, ou seja, sem valor agregado, por $110. Como nessa etapa incidem somente IBS e CBS, sem seletivo, a nota fiscal totaliza $137,50 e o varejista não recolhe IBS e CBS, pois aproveita o crédito da etapa anterior, no mesmo valor de $27,50:

Preço	$ 110
+ IBS/CBS 25%	$ 27,50
= Valor da NF	$ 137,50

O imposto seletivo fica neutro, pois IBS e CBS recolhidos sobre o seu valor na primeira etapa são aproveitados como crédito na segunda. Para o consumidor final é indiferente comprar do varejista ou diretamente da indústria.

Em um **segundo cenário**, ocorrem as mesmas operações do primeiro cenário, mas o imposto seletivo não compõe as bases de cálculo de IBS/CBS, de modo que a nota fiscal de venda da indústria para o varejista tem valor inferior:

Preço	$ 100,00
+ Seletivo 10%	$ 10,00
+ IBS/CBS 25%	$ 25,00
= Valor da NF	$ 135,00

Para o varejista, o imposto seletivo de $10 continua sendo parte do custo da mercadoria adquirida, que totaliza $110, gerando os mesmos lançamentos contábeis do primeiro cenário.

Já na segunda etapa, o varejista novamente revende a mercadoria pelo valor de custo ($110). Nessa etapa surge uma distorção, pois o imposto seletivo, embora não tenha integrado a base de cálculo de IBS/CBS da indústria, integra o cálculo desses tributos, agora devidos pelo varejista.

Como a mercadoria foi vendida a custo, sem valor agregado, não deveria haver IBS e CBS a recolher nessa etapa, mas, graças à referida distorção, acaba sendo apurado valor a ser recolhido:

Preço	$ 110,00
+ IBS/CBS 25%	$ 27,50
= Valor da NF	$ 137,50
– **Crédito** de IBS/CBS	–$ 25,00
= IBS/CBS a pagar	$ 2,50

Nesse segundo cenário, portanto, o Imposto Seletivo não é neutro, ou seja, pode impactar a organização das atividades empresariais, pois, para o consumidor final, é mais vantajoso comprar diretamente da indústria ($ 135) do que do varejista ($137,50), a despeito de o comerciante ter realizado a venda a preço de custo, sem nenhuma agregação de valor.

Ou seja, embora não haja impacto sobre o valor total do varejista, sempre de $137,50, quando o imposto seletivo deixa de ser computado nas bases de cálculo do IBS e da CBS, a indústria fica em posição mais vantajosa exclusivamente em virtude da regra tributária, pois consegue vender ao consumidor final pelo valor total de $135,00.

Vale ressaltar que o exemplo hipotético de revenda a preço de custo foi idealizado com a finalidade de deixar ainda mais evidente a distorção causada pela não inclusão do seletivo na base de cálculo do IBS/CBS, representada pela apuração de valores a serem pagos mesmo num cenário sem valor agregado. Realizamos outras simulações numéricas e confirmamos que a distorção ocorre também quando se adiciona margem de lucro à operação realizada pelo varejista.

O que esse exemplo nos mostra? Que, se alterado o texto da PEC 45 para excluir o seletivo da base de ICMS, ISS, IBS e CBS, a legislação tributária induzirá as empresas a se organizarem de forma a realizar vendas diretamente da indústria ao consumidor final. Aos que argumentarem que isso não é plausível, ou seja, que seria raro adquirir produtos diretamente da indústria, vale relembrar a máxima da teoria econômica: *pessoas reagem a incentivos*.

E qual o problema disso? Como dissemos, a regra poderá induzir a uma determinada organização da atividade empresarial *exclusivamente* em razão do incentivo criado pelo texto, artificial, e não pela busca de eficiência econômica. Quando o Estado, representado aqui pela má qualidade de uma norma tributária, interfere na forma como a atividade econômica se organiza, normalmente resulta em menos produção, crescimento e renda para o país.

Por isso, a inclusão do imposto seletivo na base de cálculo do IBS e da CBS representa verdadeira medida de neutralidade tributária, própria dos sistemas em que esses tributos coexistem. Não se confunde com a incidência do imposto seletivo sobre ele mesmo, que não pode ser admitida, por prejudicar a transparência que se espera da tributação do consumo após a reforma tributária."

A base de cálculo do IS, portanto, pode variar segundo as especificidades do produto ou do serviço prestado de acordo com o impacto ambiental ou na saúde pública, mas não está intrinsicamente relacionada aos critérios da extrafiscalidade pela técnica da seletividade (ainda que seu nome identifique-se por "seletivo"), e, da mesma forma, embora possa coincidir, não visa, prioritariamente, atenuar efeitos regressivos dos tributos porque, como visto (veja-se o exemplo dos carros movidos à eletricidade), esses resultados não decorrem de sua índole constitucionalmente estabelecida.

Essas imprecisões, naturais da dependência regulamentadora de normas constitucionais, serão supridas pela legislação complementar ao instituir e conferir aplicabilidade ao Imposto Seletivo. Os contornos do novo texto constitucional sobre os produtos e serviços sujeitos ao imposto, bem como sobre as alíquotas a serem implementadas estão na esfera de competência da legislação complementar (e ordinária quanto às alíquotas). A relação de bens com capacidade de prejudicar a saúde e o meio ambiente é simplesmente inesgotável, ainda que se tenha unanimidade em relação a alguns deles (cigarros e bebidas alcoólicas, por exemplo), por isso, o processo legiferante alinha-se ao indispensável critério de medição da nocividade com base no exame rigoroso técnico-científico dos produtos.

7.16. IS: EXCEÇÕES E REGRAS ESPECÍFICAS

O Imposto Seletivo não se submeterá à regra geral da não cumulatividade e deverá ser cobrado uma única vez sobre o bem ou serviço. Outra exceção prevista pela emenda constitucional é de que, tal qual a regra prevista para o IBS e a CBS, haverá uma desoneração geral da incidência do Imposto Seletivo sobre as exportações, exceto na atividade de extração.

Além disso, o imposto não incidirá sobre energia elétrica, serviços de telecomunicações e bens e serviços com alíquotas reduzidas para IBS/CBS. Fica vedada, portanto, a incidência do imposto sobre os seguintes bens e serviços:

- serviços de educação;
- serviços de saúde;
- dispositivos médicos;

- dispositivos de acessibilidade para pessoas com deficiência;
- medicamentos;
- produtos de cuidados básicos à saúde menstrual;
- serviços de transporte público coletivo de passageiros rodoviário e metro-viário de caráter urbano, semiurbano e metropolitano;
- alimentos destinados ao consumo humano;
- produtos de higiene pessoal e limpeza majoritariamente consumidos por famílias de baixa renda;
- produtos agropecuários, aquícolas, pesqueiros, florestais e extrativistas vegetais in natura;
- insumos agropecuários e aquícolas;
- produções artísticas, culturais, de eventos, jornalísticas e audiovisuais nacionais, atividades desportivas e comunicação institucional;
- bens e serviços relacionados a soberania e segurança nacional, segurança da informação e segurança cibernética.

7.17. IS: NÃO CUMULATIVIDADE COM O IPI E ADESÃO AO PRINCÍPIO DA ANTERIORIDADE

Outro aspecto relevante é a previsão de que a incidência do Imposto Seletivo não poderá ser cumulada à do IPI, evitando eventual dupla tributação. Ademais, o imposto está sujeito ao princípio da anterioridade anual, garantindo previsibilidade aos contribuintes.

7.18. IS: PERÍODO DE TRANSIÇÃO E CARGA TRIBUTÁRIA

Em sentido diverso do IBS e da CBS, as modificações à CF trazidas pela EC 132/2023 não preveem a implementação do Imposto Seletivo de forma gradual ao longo dos anos. De acordo com o texto, a cobrança do imposto começará em 2027, mesmo ano em que ocorrerá a redução das alíquotas do IPI a zero, exceto em relação aos produtos que tenham industrialização incentivada na Zona Franca de Manaus.

Discute-se, porém, se a instituição do IS, e a correspondente carga tributária agregada em relação aos bens e serviços considerados como causadores de externalidades negativas, pode superar a carga tributária atualmente imposta e incidente sobre referidos bens e serviços na data da promulgação da EC 132/2023. Em outras palavras, esses bens, sujeitos ao IPI e ao ICMS, com alíquotas mais elevadas, em razão da não essencialidade, estão vinculados ao mesmo patamar atualmente existente? Digamos, o fabricante de cigarros possui, até a vigência da emenda constitucional, uma carga tributária total de 75% do valor do produto ou do bem, então o IS, juntamente com o IBS e a CBS (e no período de transição, observada a cobrança do ICMS e do IPI até a extinção de cada) somados não poderiam ultrapassar o valor correspondente final à equivalência dessa faixa percentual.

A consideração foi objeto de discussão e proposições de emendas ao texto da PEC 45/2019, porém não acatadas pela EC 132/2023, de modo que, neste ponto, a carga tributária agregada e setorial pode aumentar, ainda que a expectativa construída em torno da reforma tributária tenha sido no sentido de não haver aumento da mencionada carga tributária.

ZONA FRANCA DE MANAUS

Um dos aspectos mais significativos da reforma tributária sobre o consumo é a mitigação de diversos incentivos fiscais estaduais e federais. No entanto, foram preservados diversos benefícios destinados à Zona Franca de Manaus (ZFM) e às Áreas de Livre Comércio (ALCs), com o objetivo de assegurar a manutenção dos diferenciais competitivos dessas regiões.

Atualmente, na vigência do regime anterior à implementação efetiva da reforma tributária, a ZFM possui desoneração de diversas etapas do processo produtivo. As indústrias instaladas na referida região podem importar insumos, matérias-primas e materiais de embalagem com suspensão de PIS/Cofins, isenção de IPI e Imposto de Importação, além do diferimento do ICMS. Ainda, a venda de insumos e materiais para essas indústrias é equiparada à exportação, com imunidade de PIS/Cofins, IPI e ICMS.

As indústrias localizadas na ZFM também podem se beneficiar de créditos presumidos de ICMS em aquisições feitas no mercado nacional, garantindo competitividade ao absorver o valor que seria pago de imposto como crédito, facilitando a redução de custos operacionais.

A EC 132/2023 e a LC 214/2025 preservam o diferencial competitivo da região mediante a manutenção de benefícios existentes e a previsão de novas medidas de desoneração em relação aos novos tributos instituídos. A título de exemplo, a LC prevê a suspensão do IBS e da CBS na importação de bens materiais por indústrias incentivadas para uso na ZFM e nas ALCs. que será convertida em isenção se os bens forem incorporados ao processo produtivo ou permanecerem no ativo imobilizado do adquirente por pelo menos 48 meses (art. 443).

Ainda, as operações originadas fora da ZFM que destinem bens a contribuintes estabelecidos na Zona Franca estão sujeitas a alíquotas de IBS e CBS reduzidas a zero, desde que os destinatários sejam habilitados e sujeitos ao regime regular ou optantes do Simples Nacional (art. 444). Os contribuintes que realizam essas operações podem apropriar e utilizar os créditos dos tributos incidentes nas operações antecedentes, sendo instituídos controles específicos para assegurar que os bens ingressem na ZFM (art. 444, §§ 2º e 3º). O IBS incide sobre a entrada de bens no Amazonas, mesmo que provenientes de operações com alíquota reduzida a zero, exceto se destinados a indústrias incentivadas na ZFM (art. 444).

Além disso, as indústrias da ZFM continuarão a usufruir de créditos presumidos de IBS e CBS nas vendas destinadas ao mercado nacional, exceto para operações vedadas pela legislação. Esses créditos serão aplicáveis exclusivamente para a compensação de débitos de IBS e CBS e terão validade limitada a seis meses, o que poderá influenciar o planejamento fiscal das empresas.

Serão mantidas, ainda, as alíquotas reduzidas do IPI. A partir de 1º de janeiro de 2027, a alíquota do IPI para produtos fabricados na ZFM será reduzida a zero para aqueles que, em 2023, estavam sujeitos a uma alíquota inferior a 6,5% na Tabela de Incidência do IPI (Tipi).

Com a preservação dos incentivos fiscais, a ZFM e as ALCs continuam a representar uma oportunidade estratégica para empresas que desejam reduzir custos tributários e explorar mercados competitivos.

AVALIAÇÃO QUINQUENAL

Nos termos da LC 214/2025, será realizada avaliação quinquenal para verificar a eficiência, eficácia e efetividade de diferentes regimes e políticas tributárias relacionadas ao IBS e à CBS, conduzida pela União e pelo Comitê Gestor do IBS, visando garantir que as políticas em questão alcancem objetivos sociais, ambientais e de desenvolvimento econômico, além de promoverem a igualdade e a justiça social.

A avaliação abrangerá cinco principais eixos:

- Zonas de processamento de exportação e regimes específicos para bens de capital, como o Reporto e o Reidi (art. 475, I);
- Devolução Personalizada do IBS e da CBS: Verificação de como as devoluções personalizadas do IBS e da CBS ajudam a reduzir desigualdades de renda (art. 475, II);
- Análise da composiçao de produtos da cesta básica para garantir que seja composta preferencialmente por alimentos *in natura* ou minimamente processados e consumidos majoritariamente por famílias de baixa renda (art. 475, III e §§ 3º-5º);
- Verificação da efetiva contribuição para os objetivos sociais e econômicos de regimes diferenciados de tributação (art. 475, IV e § 6º);
- Verificação da efetiva contribuição para os objetivos sociais e econômicos de regimes específicos do IBS e CBS (art. 475, V).

A avaliação será conduzida a cada cinco anos, sendo a primeira realizada com base nos dados disponíveis do ano-calendário de 2030, abrangendo informações sobre a arrecadação dos tributos entre 2026 e 2030. Durante essa avaliação, as alíquotas de referência a serem aplicadas a partir de 2033 serão estimadas com base nos dados de arrecadação consolidada do período, considerando a distribuição entre os entes federativos e as necessidades fiscais observadas.[1]

A depender dos resultados, o Poder Executivo poderá propor alterações legislativas ao Congresso Nacional para otimizar o alcance das políticas, incluindo, entre outras medidas, ajustes nas alíquotas dos regimes diferenciados (art. 475, §§ 8º-12).

---

[1] Art. 474 [...]

§ 10. Na avaliação quinquenal de que trata o § 9º, serão estimadas as alíquotas de referência de IBS e CBS que serão aplicadas a partir de 2033, considerando-se os dados de arrecadação desses tributos em relação aos anos de 2026 a 2030.

APROVEITAMENTO DE CRÉDITOS DE ICMS, PIS E COFINS

10.1. IMPOSTO SOBRE CIRCULAÇÃO DE MERCADORIAS E PRESTAÇÃO DE SERVIÇOS (ICMS)

Uma das alterações promovidas à Constituição com relevante potencial de impacto às empresas é a vedação aos entes federativos de instituir exceções além das já previstas pela emenda constitucional relativamente aos novos tributos. O principal objetivo dessa medida é mitigar os efeitos da denominada "guerra fiscal" entre os Estados. É que, até então, diversos Estados concedem benefícios e incentivos fiscais a fim de atrair a operação de empresas para seu território.

Durante a tramitação da PEC que originou a reforma, o senador Eduardo Braga (MDB-AM), em seu relatório, indicou que as referidas práticas realizadas pelos Estados representam significativa queda na arrecadação, sem, de outro lado, apresentar resultados efetivos de crescimento econômico no respectivo território.

Por sua vez, para mitigar o impacto dessa vedação às exceções pelos entes federativos, foi instituído o Fundo de Compensação de Benefícios Fiscais ou Financeiro-Fiscais do ICMS, com vistas a compensar, de 1º de janeiro de 2029 a 31 de dezembro de 2032, pessoas físicas ou jurídicas beneficiárias de isenções, incentivos e benefícios fiscais ou relativos ao ICMS, concedidos por prazo certo e sob determinada condição.

A partir de 2033, os créditos acumulados de ICMS até o final de 2032 serão compensados com o Imposto sobre Bens e Serviços (IBS) devido aos Estados e ao Distrito Federal. O crédito referente a bens do ativo permanente da empresa, como maquinário, será compensado em até 48 meses, enquanto outros créditos serão compensados em até 240 meses.

A partir de 2033, esses saldos de crédito de ICMS serão corrigidos pelo IPCA e deduzidos do valor devido pelos Estados e pelo DF. Esses valores destinados a pagar os créditos de ICMS não serão incluídos no cálculo de obrigações constitucionais, como investimentos mínimos em saúde, educação e Fundeb.

No entanto, as empresas poderão utilizar os saldos de crédito de ICMS permitidos pela legislação vigente em 31 de dezembro de 2032, o que pode levar a mudanças na lei relacionada a esse assunto.

10.2. PIS E COFINS

No âmbito federal, a reforma atribui à lei complementar a competência para determinar a forma de utilização, pelas empresas, de créditos de PIS, Cofins, PIS-Importação e Cofins-Importação. Somente os créditos adequados às regras vigentes na data da extinção dos referidos tributos poderão ser compensados com outros tributos federais, inclusive a CBS.

DEMAIS IMPOSTOS IMPACTADOS PELA REFORMA TRIBUTÁRIA SOBRE O CONSUMO

11.1. IMPOSTO DE TRANSMISSÃO *CAUSA MORTIS* E DOAÇÃO (ITCMD)

A EC 132/2023 introduziu, ainda, importantes modificações no Imposto de Transmissão *Causa Mortis* e Doação (ITCMD). Primeiramente, foi estabelecida a imposição de aplicação da progressividade nas alíquotas do imposto, de modo que doações e heranças de maior valor serão necessariamente tributadas sob percentuais mais elevados, aumentando de acordo com o valor doado ou transmitido.[1]

---

[1] Mesmo antes do curso da PEC 45/2019, que tratou da Reforma Tributária, já constava a tramitação de Proposta de Resolução do Senado n. 57/2019, com a finalidade de aumentar a alíquota do ITCMD para 16%. Ainda em 2015, o Conselho Nacional de Política Fazendária (Confaz) enviou ao Senado o Ofício n. 11/2015, propondo uma alíquota de 20%. Com o advento da EC 132/2023, retoma-se com intensidade o debate a respeito das alíquotas progressivas do ITCMD.

A progressividade é um instrumento de quantificação do tributo mediante a técnica de alíquotas maiores conforme o acréscimo da base de incidência, a qual, neste caso, é o valor da doação ou transferência. A medida está alicerçada no princípio da capacidade contributiva, e, ainda, revela mecanismo importante de isonomia e justiça redistributiva, sobretudo porque a Constituição prevê o dever do Estado de "erradicar a pobreza e a marginalização e reduzir as desigualdades sociais e regionais" (art. 3º, III, da CF). Não pode ser função da progressividade aumentar a arrecadação, mas sim contribuir para mitigar a disparidade entre níveis de renda.

A progressividade por meio de alíquotas crescentes deve manter relação vinculativa com a base de cálculo do imposto, como elemento material de quantificação, por efetivamente representar signo presuntivo de riqueza relacional com a natureza do próprio tributo. O Supremo, em certa oportunidade, afastou lei estadual do Imposto sobre Transmissão *Causa Mortis* e Doação de Bens e Direitos que estabelecia o grau de parentesco como parâmetro para a progressividade.[2]

A previsão anterior, antes da EC 132/2023, por sua vez, garantia a discricionariedade dos Estados e Distrito Federal quanto à fixação das alíquotas do imposto, que poderiam ser fixas, progressivas ou mistas.

Outra alteração é que a competência para tributar bens móveis, títulos e créditos foi transferida para o Estado onde residia o falecido (*de cujus*) ou o doador, ou onde reside o doador. A previsão anterior, relativamente à transmissão *causa mortis*, era de que o imposto seria de competência do Estado onde se processasse o inventário ou arrolamento. A EC 132/2023 prevê expressamente que essa modificação já é aplicável às sucessões ou transmissões abertas a partir da data da promulgação da emenda, ou seja, está vigente desde 21 de dezembro de 2023.

Antes das mudanças constitucionais, a ausência de obrigatoriedade de aplicação do ITCMD progressivo, com uma variedade de alíquotas entre os Estados, e a possibilidade de incidência da tributação onde fosse processado o inventário atraíam um movimento relevante no âmbito do planejamento sucessório e tributário, com vistas a garantir a aplicação da alíquota menos onerosa. A EC 132/2023 concentra um modelo uniforme a ser aplicado em todo o território nacional, de maneira a eliminar a "guerra fiscal" decorrente das variações de alíquota do referido imposto.

Por outro lado, mantém-se uma dificuldade na determinação do domicílio para fins de incidência do imposto, porque, apesar de não ser a realidade da grande maioria dos brasileiros, é possível que uma pessoa tenha imóveis em mais de um Estado e, ainda, com frequência mantenha habitualidade e residência variadas entre eles. Parece-me que, nessa hipótese, a legislação por vir poderá regulamentar, de modo a não gerar mais um contencioso tributário sujeito a anos de definição pelo Poder Judiciário.

A EC 132/2023 também acrescentou uma mudança significativa ao ITCMD, para além da progressividade da alíquota sobre a herança ou doação. A referida alíquota progressiva deve seguir o valor do quinhão ou do legado, não o da herança total. No caso de uma herança dividida por vários herdeiros, por exemplo, o valor que cada um recebe pode não representar um aumento significativo no patrimônio a ser recebido, motivo pelo qual não seria necessária uma alíquota maior. A progressividade do ITCMD leva

---

[2]   RE 854.869 AgR, Rel. Min. Cármen Lúcia, j. 25.08.2015, 2ª T., *DJe* de 04.09.2015.

em consideração o legado individualmente considerado e partilhado. Isso significa que uma herança de R$ 1.000.000,00 poderá ter a cobrança do imposto de forma variável, caso os herdeiros sejam dois ou cinco, a título ilustrativo. Muitos Estados, atualmente, efetuam a cobrança do imposto pelo valor total submetido à repartição, de modo que as legislações supervenientes deverão ajustar aos padrões constitucionais, com vista a proporcionar equidade fiscal.

Foi autorizada, ainda, a instituição do ITCMD, pelos Estados e Distrito Federal, na hipótese de doação cujo doador resida ou tenha domicílio no exterior e no caso de transmissão *causa mortis* de bens situados no exterior. Ao tratar do tema, o art. 155, § 1º, III, da CF, prevê a necessidade de publicação de lei complementar para estabelecer a competência para instituição do imposto nessas hipóteses de doador ou bens no exterior.[3]

No entanto, o texto da EC 132/2023, no art. 16, estabelece a competência para instituição do imposto nas situações mencionadas, tornando dispensável a edição de lei complementar para que a disposição passe efetivamente a surtir efeito.[4]

O tema já foi objeto de julgamento pelo Plenário do Supremo Tribunal Federal em sede de repercussão geral. No caso concreto, foi analisado o art. 4º, I, *b*, e II, *b*, da Lei Estadual 10.705/2000, do Estado de São Paulo, a qual previu a referida cobrança do ITCMD sobre as doações e sucessões no exterior sem que houvesse a publicação de lei complementar para regular o tema.

O Supremo, ao analisar a possibilidade de lei estadual prever a cobrança ante a omissão do legislador nacional em estabelecer as normas gerais pertinentes à competência para instituir o imposto nas hipóteses mencionadas, fixou a seguinte tese: "É vedado aos Estados e ao Distrito Federal instituir o ITCMD nas hipóteses referidas no art. 155, § 1º, III, da Constituição Federal sem a intervenção da lei complementar exigida pelo referido dispositivo constitucional".[5]

---

3 Art. 155. Compete aos Estados e ao Distrito Federal instituir impostos sobre:
   I – transmissão *causa mortis* e doação, de quaisquer bens ou direitos; [...]
   § 1º O imposto previsto no inciso I: [...]
   III – terá competência para sua instituição regulada por lei complementar:
   a) se o doador tiver domicílio ou residência no exterior;
   b) se o *de cujus* possuía bens, era residente ou domiciliado ou teve o seu inventário processado no exterior;

4 Art. 16. Até que lei complementar regule o disposto no art. 155, § 1º, III, da Constituição Federal, o imposto incidente nas hipóteses de que trata o referido dispositivo competirá:
   I – relativamente a bens imóveis e respectivos direitos, ao Estado da situação do bem, ou ao Distrito Federal;
   II – se o doador tiver domicílio ou residência no exterior:
   a) ao Estado onde tiver domicílio o donatário ou ao Distrito Federal;
   b) se o donatário tiver domicílio ou residir no exterior, ao Estado em que se encontrar o bem ou ao Distrito Federal;
   III – relativamente aos bens do *de cujus*, ainda que situados no exterior, ao Estado onde era domiciliado, ou, se domiciliado ou residente no exterior, onde tiver domicílio o sucessor ou legatário, ou ao Distrito Federal.

5 [...] Embora a Constituição de 1988 atribua aos Estados a competência para a instituição do ITCMD (art. 155, I), também a limita ao estabelecer que cabe a lei complementar – e não a leis estaduais – regular tal competência em relação aos casos em que o "*de cujus* possuía bens, era residente ou domiciliado ou teve seu inventário processado no exterior" (art. 155, § 1º, III, *b*). 5. Prescinde de lei complementar

No cenário anterior, portanto, os Estados e o Distrito Federal não poderiam cobrar o ITCMD na doação cujo doador residisse ou tivesse domicílio no exterior ou na transmissão *causa mortis* de bens situados no exterior, enquanto não houvesse a lei complementar para definir a competência tributária das Unidades Federativas. Com a nova previsão do art. 16 da EC 132/2023, os entes públicos estão autorizados a instituir a cobrança.

A despeito disso, ainda que a previsão dispense a publicação da lei complementar, a efetiva tributação das referidas operações dependerá da publicação de lei estadual específica, haja vista a impossibilidade de os Estados ou o Distrito Federal instituírem ou majorarem imposto sem lei que o estabeleça, em observância ao princípio da legalidade.[6] Ademais, deve-se observar o princípio da anterioridade, no sentido de que a cobrança do correspondente tributo somente pode ocorrer no exercício seguinte no qual tenha havido a instituição ou majoração (art. 150, III, *b*, da CF), bem como da necessária observância ao prazo de 90 dias (noventena) da publicação da aludida lei (art. 150, III, *c*, da CF), como é o caso da incidência do ITCMD sobre doações de doador no exterior. As mencionadas restrições também se aplicam às hipóteses de majoração da base de cálculo e da alíquota do imposto, como é o caso da instituição de alíquotas progressivas de acordo com a base de cálculo para o ITCMD.

A respeito do princípio da anterioridade, o STF, ao apreciar a constitucionalidade de lei acerca da elevação da alíquota no Estado de Pernambuco, afirmou que só pode aumentar tributo por lei estadual específica e não por meio de lei que se atrele genericamente a alíquota máxima fixada pelo Senado e varie posteriormente com ela, até porque o princípio da anterioridade, a que está sujeita essa lei estadual de aumento, diz respeito ao exercício financeiro em que ela haja sido publicada e não, *per relationem*, à resolução do Senado que aumentou o limite máximo da alíquota.[7]

A situação jurídica para a cobrança do imposto estadual, e do DF, sobre doações sobre bens e direito cujo doador resida ou tenha domicílio no exterior e transmissões *causa mortis* de bens situados no exterior pode ser assim resumida, para fins didáticos:

---

a instituição do imposto sobre transmissão *causa mortis* e doação de bens imóveis – e respectivos direitos -, móveis, títulos e créditos no contexto nacional. Já nas hipóteses em que há um elemento relevante de conexão com o exterior, a Constituição exige lei complementar para se estabelecerem os elementos de conexão e fixar a qual Unidade Federada caberá o imposto. 6. O art. 4º da Lei paulista 10.705/2000 deve ser entendido, em particular, como de eficácia contida, pois ele depende de lei complementar para operar seus efeitos. Antes da edição da referida lei complementar, descabe a exigência do ITCMD a que se refere aquele artigo, visto que os Estados não dispõem de competência legislativa em matéria tributária para suprir a ausência de lei complementar nacional exigida pelo art. 155, § 1º, III, CF. A lei complementar referida não tem o sentido único de norma geral ou diretriz, mas de diploma necessário à fixação nacional da exata competência dos Estados.

6   Arts. 150, I, da Constituição, e 9º, I, do CTN.

7   RE 218.182, Rel. Min. Moreira Alves, j. 23.03.1999, 1ª T., *DJ* de 04.06.1999.

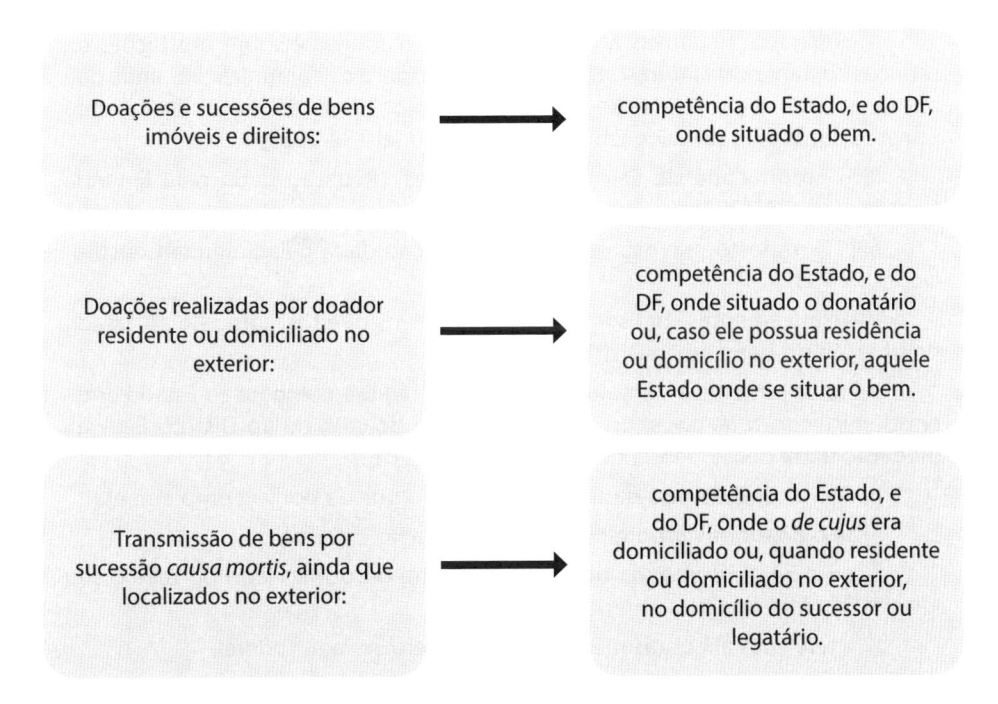

Nesse ponto, pode ser ainda destacado que as mudanças constitucionais por meio da EC 132/2023 estão gerando discussões sobre o impacto nas chamadas *holdings* familiares,[8] estrutura amplamente utilizada para a proteção e transferência de patrimônios. Com a progressividade nas alíquotas para heranças e doações, unificando a cobrança em todo o país, o que poderá levar a um aumento da carga tributária para essas modelagens jurídicas, perde-se, em certa medida, as opções estratégicas de gestão patrimonial e sucessória. Não obstante, as *holdings*, por sua configuração e finalidade, podem ainda oferecer atrativos no planejamento da sucessão, atenuando os impactos das novas regras tributárias, sobretudo na perspectiva de suporte estrutural e organizacional.

Por fim, houve a inclusão de uma regra de imunidade em relação ao ITCMD para *transmissões e doações para as instituições sem fins lucrativos com finalidade de relevância pública e social, inclusive as organizações assistenciais e beneficentes de entidades religiosas e institutos científicos e tecnológicos, e por elas realizadas na consecução dos seus objetivos sociais*, cujo disciplinamento cabe à lei complementar.

> Art. 155. Compete aos Estados e ao Distrito Federal instituir impostos sobre: (Redação dada pela Emenda Constitucional 3/1993)
>
> I – transmissão *causa mortis* e doação, de quaisquer bens ou direitos; (Redação dada pela Emenda Constitucional 3/1993)

---

[8] *Holding* ou sociedade *holding*, sociedade gestora de participações sociais, empresa de participações, ou sociedade controladora são termos para designar uma forma de sociedade criada com a finalidade de administrar um grupo empresarial. A *holding* administra e possui a maioria das ações ou cotas das empresas componentes de um determinado grupo empresarial.

II – operações relativas à circulação de mercadorias e sobre prestações de serviços de transporte interestadual e intermunicipal e de comunicação, ainda que as operações e as prestações se iniciem no exterior; (Redação dada pela Emenda Constitucional 3/1993) (*Vide* Emenda Constitucional 132/2023)

III – propriedade de veículos automotores. (Redação dada pela Emenda Constitucional 3/1993);

§ 1º O imposto previsto no inciso I: (Redação dada pela Emenda Constitucional 3/1993)

I – relativamente a bens imóveis e respectivos direitos, compete ao Estado da situação do bem, ou ao Distrito Federal;

II – relativamente a bens móveis, títulos e créditos, compete ao Estado onde era domiciliado o *de cujus*, ou tiver domicílio o doador, ou ao Distrito Federal; (Redação dada pela Emenda Constitucional 132/2023)

III – terá competência para sua instituição regulada por lei complementar:

a) se o doador tiver domicílio ou residência no exterior;

b) se o *de cujus* possuía bens, era residente ou domiciliado ou teve o seu inventário processado no exterior;

IV – terá suas alíquotas máximas fixadas pelo Senado Federal;

V – não incidirá sobre as doações destinadas, no âmbito do Poder Executivo da União, a projetos socioambientais ou destinados a mitigar os efeitos das mudanças climáticas e às instituições federais de ensino; (Incluído pela Emenda Constitucional 126/2022)

VI – será progressivo em razão do valor do quinhão, do legado ou da doação; (Incluído pela Emenda Constitucional 132/2023)

VII – não incidirá sobre as transmissões e as doações para as instituições sem fins lucrativos com finalidade de relevância pública e social, inclusive as organizações assistenciais e beneficentes de entidades religiosas e institutos científicos e tecnológicos, e por elas realizadas na consecução dos seus objetivos sociais, observadas as condições estabelecidas em lei complementar. (Incluído pela Emenda Constitucional 132/2023)

11.2. IMPOSTO PREDIAL E TERRITORIAL URBANO (IPTU)

O Imposto Predial e Territorial Urbano (IPTU) foi alterado pela EC 132/2023 ao permitir que as prefeituras atualizem a base de cálculo do imposto, por decreto, seguindo critérios definidos em legislação municipal.

O modelo mais "justo", talvez ideal, seria cobrar o IPTU de acordo com o valor venal de cada imóvel, individualmente considerado. Por ainda ser impossível (não descarto que a tecnologia mude essa realidade) os Municípios adotam normas e padrões genéricos de avaliação, inclusive por meio das chamadas plantas genérica de valores ou tabela de preços (registros dos valores do metro quadrado considerando a localização). Até então, digo, ao advento da EC 132/2023, vários contribuintes buscaram o Poder Judiciário para dimensionar precisamente a base de cálculo. A emenda, agora, deixa explicitado que a forma de chegar ao valor venal da propriedade imóvel está na alçada exclusivamente administrativa, ainda que tenha de observar os limites legais.

No cenário prévio à emenda, os Munícipios, mediante decreto, somente podiam atualizar o valor venal para o cálculo do IPTU em conformidade com o índice oficial de correção monetária.[9] O tema, inclusive, já havia sido objeto de julgamento pelo Supremo Tribunal Federal no RE 648.245, em sede de repercussão geral, no qual foi definida a necessidade de lei em sentido formal para a atualização do valor venal de imóveis em percentual superior ao índice oficial. Para os ministros, a alteração em percentual superior ensejaria a majoração indireta do tributo por decreto, o que, antes da EC 132/2023, era vedado.[10]

Diante da nova redação conferida à CF, e depois da regulamentação, as prefeituras terão mais domínio e autonomia no reajuste do IPTU, sem depender das correspondentes Câmaras Municipais, e isso pode resultar em aumentos mais frequentes da carga tributária do imposto municipal. De outro lado, a "desburocratização" das regras para reajuste da alíquota pode ocasionar o efeito inverso do esperado, ou seja, uma redução da tributação pelos Munícipios, com o objetivo de atrair contribuintes e empreendimentos, resultando, assim, numa espécie de "guerra fiscal" entre Munícipios, sobretudo aqueles contíguos.

A expectativa dos contribuintes é de que os mencionados critérios a serem definidos em legislação municipal mitiguem a autonomia das prefeituras para alteração das alíquotas, com a delimitação de critérios claros e bem estabelecidos, tais como a valorização de regiões por melhorias de infraestrutura, asfaltamento, ou ainda quaisquer formas claras de incremento de valor do imóvel. Particularmente relevante observar que a alteração permissiva por ato do chefe do Poder Executivo municipal diz respeito à base de cálculo do IPTU, não compreendendo os demais elementos da hipótese de incidência.

Mantém-se inalterada pela EC 132/2023 a regra da progressividade no tempo do IPTU (art. 156, § 1º, da CF), ou seja, o Poder Público municipal, mediante lei para a área incluída no plano diretor, pode exigir do proprietário do solo urbano não edificado,

---

[9]   Súmula 160 do STJ: "É defeso, ao Município, atualizar o IPTU, mediante decreto, em percentual superior ao índice oficial de correção monetária".

[10] Segue trecho do voto proferido pelo ministro relator:

[...] é cediço que os Munícipios não podem alterar ou majorar, por decreto, a base de cálculo do imposto predial. Podem tão somente atualizar, anualmente, o valor dos imóveis, com base nos índices oficiais de correção monetária, visto que a atualização não constitui aumento de tributo (art. 97, § 1º, do Código Tributário Nacional) e, portanto, não se submete à reserva legal imposta pelo art. 150, I, da Constituição Federal. [...]

No caso em tela, todavia, assentou a decisão recorrida que o incremento no valor cobrado, a título de imposto predial, excede consideravelmente o percentual cabível, em termos de atualização monetária. Em vez de aplicar o percentual de 5,88%, correspondente à variação do IPCA/IBGE entre os meses de janeiro a dezembro de 2006, a Fazenda Municipal de Belo Horizonte, por meio do Decreto 12.262/2005, majorou o valor venal dos imóveis em questão em mais de 58%, no ano de 2006. A cobrança assim majorada representa, por via oblíqua, aumento de imposto sem amparo legal, o que justifica a revisão do lançamento tributário, como se procedeu na instância *a quo*. O acórdão, portanto, não destoa da jurisprudência desta Corte, razão pela qual não merece reforma. Diante desses argumentos, concluo que é inconstitucional a majoração do IPTU sem edição de lei em sentido formal, tal como decidiu o acórdão recorrido. [...] RE 648.245, Rel. Min. Gilmar Mendes, Tribunal Pleno, j. 1º.08.2013, Acórdão Eletrônico, Repercussão Geral – Mérito. *DJe*-038, divulg. 21.02.2014, public. 24.02.2014.

subutilizado ou não utilizado que promova o adequado aproveitamento, sob pena de determinar: o parcelamento ou edificação compulsórios, e, depois, aplicar alíquotas progressivas do imposto, até chegar a uma possível desapropriação, se o caso, e conforme regramento próprio.[11]

Além da progressividade no tempo, também é viável a progressividade em razão do valor do imóvel (art. 156, § 1º, I, da CF) e, ainda, estabelecer não sob efeito da progressividade, mas diferentes alíquotas de acordo com a localização e uso do imóvel (art. 156, § 1º, II, da CF). Essas alterações, especialmente quanto à progressividade, bem como quanto às alíquotas diferenciadas em razão da localização do imóvel,[12] foram incorporadas à CF com o advento da EC 29/2000, motivo, inclusive, que levou o STF a declarar a inconstitucionalidade de leis municipais que tenham estabelecido essa técnica antes da referida emenda, salvo se destinada a assegurar o cumprimento da função social da propriedade urbana, conforme Súmula 668 do STF.

Seguindo na linha de observação do repertório de jurisprudência do Supremo, preservada pela reforma tributária, a imunidade prevista na alínea *a* do inciso VI do art. 150 da CF não alcança bem imóvel de propriedade da União cedido à empresa privada que explore atividade econômica, pois se é inequívoca a destinação do imóvel pelo particular para fins exclusivamente privados e com intuito lucrativo, não se justifica o gozo de imunidade. Fixou-se, na oportunidade, a seguinte tese: "Incide o IPTU considerado imóvel de pessoa jurídica de direito público cedido a pessoa jurídica de direito privado, devedora do tributo".[13]

O mesmo pode-se dizer em relação ao precedente do STF que não reconheceu, à luz do art. 150, inciso VI, alínea *a*, da CF, a imunidade tributária recíproca, relativamente ao IPTU, às sociedades de economia mista arrendatárias de terreno localizado em área portuária pertencente à União. Segundo o voto proferido:

---

11   Art. 182. A política de desenvolvimento urbano, executada pelo Poder Público municipal, conforme diretrizes gerais fixadas em lei, tem por objetivo ordenar o pleno desenvolvimento das funções sociais da cidade e garantir o bem-estar de seus habitantes. (*Vide* Lei 13.311/2016)

§ 1º O plano diretor, aprovado pela Câmara Municipal, obrigatório para cidades com mais de vinte mil habitantes, é o instrumento básico da política de desenvolvimento e de expansão urbana.

§ 2º A propriedade urbana cumpre sua função social quando atende às exigências fundamentais de ordenação da cidade expressas no plano diretor.

§ 3º As desapropriações de imóveis urbanos serão feitas com prévia e justa indenização em dinheiro.

§ 4º É facultado ao Poder Público municipal, mediante lei específica para área incluída no plano diretor, exigir, nos termos da lei federal, do proprietário do solo urbano não edificado, subutilizado ou não utilizado, que promova seu adequado aproveitamento, sob pena, sucessivamente, de:

I – parcelamento ou edificação compulsórios;

II – imposto sobre a propriedade predial e territorial urbana progressivo no tempo;

III – desapropriação com pagamento mediante títulos da dívida pública de emissão previamente aprovada pelo Senado Federal, com prazo de resgate de até dez anos, em parcelas anuais, iguais e sucessivas, assegurados o valor real da indenização e os juros legais.

12   IPTU. [...] Surge legítima, sob o ângulo constitucional, lei a prever alíquotas diversas, presentes imóveis residenciais e comerciais, uma vez editada após a EC 29/2000. RE 586.693, Rel. Min. Marco Aurélio, j. 25.05.2011, P, *DJe* de 22.06.2011, Tema 94. Ver também: RE 437.107 AgR, Rel. Min. Joaquim Barbosa, j. 06.04.2010, 2ª T., *DJe* de 23.04.2010.

13   RE 601.720, voto do rel. p/ o ac. Min. Marco Aurélio, j. 19.04.2017, P, *DJe* de 05.09.2017.

[...] mostra-se inequívoco ser o imóvel da União empregado em atividade de sociedade de economia mista que atua no mercado com fins lucrativos. Não há base a justificar o gozo de imunidade nos termos pretendidos", quando, então, foi formada a seguinte tese: "Incide o IPTU considerado imóvel de pessoa jurídica de direito público arrendado a pessoa jurídica de direito privado, devedora do tributo". [14]

Ainda no campo dos relevantes julgados sobre o imposto tratado neste tópico, cuja emenda da reforma tributária não atingiu, foi a imunidade recíproca reconhecida pelo Supremo em relação à Empresa Brasileira de Correios e Telégrafos (ECT). Para o STF, a imunidade, prevista no art. 150, VI, *a*, da CF, alcança o IPTU incidente sobre os imóveis de propriedade da ECT e por ela utilizados, conquanto não se "pode estabelecer, *a priori*, nenhuma distinção entre os imóveis afetados ao serviço postal e aqueles afetados à atividade econômica". Por outro lado, admitiu que "as presunções sobre o enquadramento originariamente conferido devem militar a favor do contribuinte". Caso já lhe tenha sido deferido o *status* de imune, o afastamento dessa imunidade só pode ocorrer mediante a constituição de prova em contrário produzida pela administração tributária.[15]

Por último, sobressai, também, a imunidade tributária do IPTU aos cemitérios, art. 150, VI, *b*, da CF, por reconhecê-los como extensão de entidade de cunho religioso, haja vista a não incidência tributária aos templos de qualquer culto ser, da mesma forma, projetada a partir da interpretação da totalidade do texto constitucional. Inclui-se, da mesma maneira, aos imóveis de propriedade das instituições religiosas que se encontram alugados, pois, segundo a interpretação pelo STF do art. 150, VI, alínea *b*, da CF, a imunidade deve abranger não somente os prédios destinados ao culto, bem como o patrimônio, a renda e os serviços "relacionados com as finalidades essenciais das entidades nelas mencionadas".[16]

A interpretação conferida pelo STF segue a *ratio decidendi* da Súmula Vinculante 52, no sentido de que: "Ainda quando alugado a terceiros, permanece imune ao IPTU o imóvel pertencente a qualquer das entidades referidas pelo art. 150, VI, *c*, da CF, desde que o valor dos aluguéis seja aplicado nas atividades para as quais tais entidades foram constituídas".

---

[14]   RE 594.015, voto do Rel. Min. Marco Aurélio, j. 06.04.2017, P, *DJe* de 25.08.2017.

[15]   RE 773.992, Rel. Min. Dias Toffoli, j. 15.10.2014, P, *DJe* de 19.02.2015, Tema 644.

[16]   RE 325.822, rel. p/ o ac. Min. Gilmar Mendes, j. 18.12.2002, P, *DJ* de 14.05.2004. ARE 658.080 AgR, Rel. Min. Luiz Fux, j. 13.12.2011, 1ª T, *DJe* de 15.02.2012 = AI 690.712 AgR, Rel. Min. Ricardo Lewandowski, j. 23-6-2009, 1ª T., *DJe* de 14.08.2009. AI 651.138 AgR, Rel. Min. Eros Grau, j. 26.06.2007, 2ª T., *DJ* de 17.08.2007. Ver também, em matéria similar, a seguinte decisão: Imunidade tributária. IPTU. Finalidade do bem. A utilização do imóvel para atividade de lazer e recreação não configura desvio de finalidade com relação aos objetivos da fundação caracterizada como entidade de assistência social. A decisão que afasta o desvio de finalidade para o fim de assegurar a imunidade tributária com base no reconhecimento de que a atividade de recreação e lazer está no alcance dos objetivos da fundação não agride o art. 150, § 4º, VI, da CF. RE 236.174, Rel. Min. Menezes Direito, j. 02.09.2008, 1ª T., *DJe* de 24.10.2008.

Art. 156. Compete aos Municípios instituir impostos sobre:

I – propriedade predial e territorial urbana;

II – transmissão *inter vivos*, a qualquer título, por ato oneroso, de bens imóveis, por natureza ou acessão física, e de direitos reais sobre imóveis, exceto os de garantia, bem como cessão de direitos a sua aquisição;

III – serviços de qualquer natureza, não compreendidos no art. 155, II, definidos em lei complementar. (Redação dada pela Emenda Constitucional 3/1993) (*Vide* Emenda Constitucional 132/2023)

§ 1º Sem prejuízo da progressividade no tempo a que se refere o art. 182, § 4º, inciso II, o imposto previsto no inciso I poderá: (Redação dada pela Emenda Constitucional 29/2000)

I – ser progressivo em razão do valor do imóvel; e (Incluído pela Emenda Constitucional 29/2000)

II – ter alíquotas diferentes de acordo com a localização e o uso do imóvel. (Incluído pela Emenda Constitucional 29/2000)

III – ter sua base de cálculo atualizada pelo Poder Executivo, conforme critérios estabelecidos em lei municipal. (Incluído pela Emenda Constitucional 132/2023)

§ 1º-A O imposto previsto no inciso I do *caput* deste artigo não incide sobre templos de qualquer culto, ainda que as entidades abrangidas pela imunidade de que trata a alínea *b* do inciso VI do *caput* do art. 150 desta Constituição sejam apenas locatárias do bem imóvel. (Incluído pela Emenda Constitucional 116/2022)

§ 2º O imposto previsto no inciso II:

I – não incide sobre a transmissão de bens ou direitos incorporados ao patrimônio de pessoa jurídica em realização de capital, nem sobre a transmissão de bens ou direitos decorrente de fusão, incorporação, cisão ou extinção de pessoa jurídica, salvo se, nesses casos, a atividade preponderante do adquirente for a compra e venda desses bens ou direitos, locação de bens imóveis ou arrendamento mercantil;

II – compete ao Município da situação do bem.

§ 3º Em relação ao imposto previsto no inciso III do *caput* deste artigo, cabe à lei complementar: (Redação dada pela Emenda Constitucional 37/2002) (*Vide* Emenda Constitucional 132/2023)

I – fixar as suas alíquotas máximas e mínimas; (Redação dada pela Emenda Constitucional 37/2002)

II – excluir da sua incidência exportações de serviços para o exterior. (Incluído pela Emenda Constitucional 3/1993)

III – regular a forma e as condições como isenções, incentivos e benefícios fiscais serão concedidos e revogados. (Incluído pela Emenda Constitucional 3/1993)

11.3. IMPOSTO SOBRE A PROPRIEDADE DE VEÍCULOS AUTOMOTORES (IPVA)

A EC 132/2023 também promoveu mudanças significativas relativamente ao IPVA. Com base nas novas disposições, o imposto será cobrado não apenas sobre veículos automotores terrestres, mas também sobre aqueles aquáticos e aéreos, os quais, até então, não estavam sujeitos à tributação.

A incidência do IPVA somente sobre veículos automotores terrestres, e não sobre transportes, como jatos e embarcações luxuosas, há muito era alvo de críticas. Ao longo dos anos, inclusive, alguns Estados editaram suas legislações com o objetivo de implementar a cobrança sobre os veículos aquáticos e aéreos. No entanto, as referidas cobranças foram objeto de apreciação pelo Supremo Tribunal Federal, que entendeu pela impossibilidade dessa tributação e do enquadramento desses veículos no conceito constitucional de "veículos automotores".[17]

No entanto, existem exceções à nova regra: não incidem sobre as aeronaves agrícolas e as de operadores certificados para prestar serviços aéreos a terceiros, embarcações pertencentes a pessoas jurídicas autorizadas a fornecer serviços de transporte aquaviário ou a pessoas físicas ou jurídicas envolvidas com pesca industrial, artesanal, científica ou de subsistência, e plataformas móveis aquáticas utilizadas para atividades econômicas em águas territoriais ou na zona econômica exclusiva, além de embarcações com a mesma finalidade principal. Tratores e máquinas agrícolas também não são afetados por este imposto.

A previsão, então, ao estabelecer que o imposto não incidirá sobre operadores certificados para prestar serviços aéreos a terceiros, excetua as companhias aéreas tradicionais da incidência. A exceção parece-nos justificável, sobretudo por tratar-se de setor estratégico e com elevados custos operacionais e ainda por estar sujeito à elevação súbita dos insumos consumidos no processo econômico de prestação do serviço, como é o caso dos combustíveis de aviação, cujo resultado pode ser o impacto significativo nos preços das passagens aéreas aos consumidores.

Outra novidade é a possibilidade de aplicar alíquotas diferenciadas do IPVA, levando em conta aspectos como o tipo, valor, uso e impacto ambiental dos veículos, como exemplo alíquotas maiores para automóveis mais poluentes. A expectativa em relação a essa previsão é de que sejam concedidos benefícios fiscais para carros elétricos e híbridos. Essa atualização da Constituição converge com antigo precedente do Supremo ao estabelecer que *todos os tributos se submetem ao princípio da capacidade contributiva, ao menos em relação a um de seus três aspectos (objetivo, subjetivo e proporcional), independentemente de classificação extraída de critérios puramente econômicos.*[18]

Também observando a jurisprudência do STF, a EC 132/2023 atendeu ao precedente de que lei estadual pode estabelecer alíquotas diferenciadas do IPVA em razão do tipo do veículo, haja vista entender que os Estados-membros estão legitimados a editar normas gerais referentes ao referido imposto, no exercício da competência concorrente prevista no art. 24, § 3º, da CF. Ademais, deixou-se dito que "não há tributo

[17] RE 379.572, Rel. Min. Gilmar Mendes, Tribunal Pleno, j. 11.04.2007, *DJe*-018, divulg. 31-01-2008, public. 1º.02.2008, ement., v. 02305-04, p. 00870.

[18] IPVA. Progressividade. Todos os tributos submetem-se ao princípio da capacidade contributiva (precedentes), ao menos em relação a um de seus três aspectos (objetivo, subjetivo e proporcional), independentemente de classificação extraída de critérios puramente econômicos. RE 406.955 AgR, Rel. Min. Joaquim Barbosa, j. 04.10.2011, 2ª TO, *DJe* de 21.10.2011.

progressivo quando as alíquotas são diferenciadas segundo critérios que não levam em consideração a capacidade contributiva".[19]

Em 2002, o STF foi "até mais longe" ao reconhecer a possibilidade de extrafiscalidade aplicada ao IPVA. À época, declarou constitucional, na parte exclusiva do referido imposto, a instituição de incentivo fiscal pelo Estado que contratar empregados com mais de quarenta anos. Segundo o Supremo, "usou o caráter extrafiscal que pode ser conferido aos tributos, para estimular conduta por parte do contribuinte, sem violar os princípios da igualdade e da isonomia".[20]

---

19   RE 414.259 AgR, Rel. Min. Eros Grau, j. 24.06.2008, 2ª T., *DJe* de 15.08.2008.
20   ADI 1.276, Rel. Min. Ellen Gracie, j. 28.08.2002, P, *DJ* de 29.11.2002.

REPARTIÇÃO DAS RECEITAS TRIBUTÁRIAS

A repartição de receita tributária não tem vinculação direta ou necessária com a relação jurídico-tributária que dá origem às obrigações de pagar tributos (principal) ou de instrumentalizar a atividade fiscal (acessórias). Embora arrecadar seja notadamente a principal função da tributação, seu produto é receita, matéria diretamente relacionada às finanças públicas na medida em que nela já não remanesce a vínculo entre Fisco e contribuinte, nem sob o aspecto de direito material e obrigacional, nem sob o ponto de vista processual.

A despeito disso, interessa compreender o ciclo que dá origem à receita tributária e sua destinação a partir da perspectiva de que o pacto federativo, que imputa capacidade tributária geradora de receita, também atribui competências de outras naturezas diretamente dependentes de recursos financeiros. Essa visão, além de conhecimento, confere mais capacidade de avaliação e crítica sobre os diversos pontos que permeiam as políticas públicas e tomadas de decisão das três esferas de Poder (Executivo, Legislativo e Judiciário), em especial agora, diante do novo ciclo normativo conferido pela Reforma Tributária sobre o Consumo.

A EC 132/2023, que tem por suas maiores novidades a criação do IBS e da CBS, consagra uma regra específica de destinação da receita dos dois tributos quando incidentes sobre as compras governamentais, contratações de bens e serviços pela Administração Direta, autarquias ou fundações públicas, inclusive operações de importação. A alíquota zero sobre a composição dos tributos de competência dos demais entes federados e a elevação da alíquota do ente contratante permite um único destino a toda a tributação pelo IBS e CBS nessa operação.

Como detalhadamente tratado em tópico próprio, trata-se de hipótese de aplicação parcial de alíquota zero sem redução da carga tributária incidente sobre a operação porquanto instrumento operacional de repartição de receita.

A reforma também trouxe previsões específicas sobre a repartição de receita do IBS, especialmente quando trata de competências do Comitê Gestor, nos arts. 156-A e 156-B. A distribuição do produto da arrecadação do IBS terá seu regramento estabelecido por lei complementar que deve tratar, de modo expresso, da forma de cálculo, das operações em que o imposto não seja recolhido tempestivamente, bem como da distribuição aplicável aos regimes favorecidos, específicos ou diferenciados previstos pela reforma.

A EC 132/2023, no entanto, aponta as seguintes competências ao Comitê Gestor do IBS no sistema de repartição de receita do imposto:

a) arrecadar o imposto, efetuar as compensações e distribuir o produto da arrecadação entre Estados, Distrito Federal e Municípios;

b) reter montante equivalente ao saldo acumulado de créditos do imposto não compensados pelos contribuintes e não ressarcidos ao final de cada período de apuração e aos valores decorrentes do cumprimento do art. 156-A, § 4º, I, da CF;

c) distribuir o produto da arrecadação do imposto, deduzida a retenção de que trata o inciso I do § 4º do art. 156-A da CF, ao ente federativo de destino das operações que não tenham gerado creditamento.

A instituição do IBS atrai disposições constitucionais relativas à manutenção da arrecadação pelos entes federados envolvidos, tanto em caso de redução quanto de elevação do tributo. A medida deve ser compensada pelo Senado Federal por meio de ajuste das alíquotas de referência e a produção dos efeitos do ajuste é condição para efetiva alteração do imposto. Nessa sistemática, as alíquotas de referência somadas, como regra, indicarão os parâmetros para distribuição de receitas entre os entes federados.

Antes da EC 132			Depois da EC 132	
			Cálculo	
Unidade Federada	**Arrecadação de ICMS e ISS**	**% da receita arrecadada**	**Unidade Federada**	**Alíquota de referência**
X	x	x%	A	
Y	y	y%	B	abc%
Z	z	z%	C	
Total:			Total:	

CF. Art. 156-A. Lei complementar instituirá imposto sobre bens e serviços de competência compartilhada entre Estados, Distrito Federal e Municípios. [...]

§ 4º Para fins de distribuição do produto da arrecadação do imposto, o Comitê Gestor do Imposto sobre Bens e Serviços:

I – reterá montante equivalente ao saldo acumulado de créditos do imposto não compensados pelos contribuintes e não ressarcidos ao final de cada período de apuração e aos valores decorrentes do cumprimento do § 5º, VIII;

II – distribuirá o produto da arrecadação do imposto, deduzida a retenção de que trata o inciso I deste parágrafo, ao ente federativo de destino das operações que não tenham gerado creditamento.

§ 5º Lei complementar disporá sobre:

I – as regras para a distribuição do produto da arrecadação do imposto, disciplinando, entre outros aspectos:

a) a sua forma de cálculo;

b) o tratamento em relação às operações em que o imposto não seja recolhido tempestivamente;

c) as regras de distribuição aplicáveis aos regimes favorecidos, específicos e diferenciados de tributação previstos nesta Constituição; [...]

§ 9º Qualquer alteração na legislação federal que reduza ou eleve a arrecadação do imposto:

I – deverá ser compensada pela elevação ou redução, pelo Senado Federal, das alíquotas de referência de que trata o § 1º, XII, de modo a preservar a arrecadação das esferas federativas, nos termos de lei complementar;

II – somente entrará em vigor com o início da produção de efeitos do ajuste das alíquotas de referência de que trata o inciso I deste parágrafo.

Art. 156-B. Os Estados, o Distrito Federal e os Municípios exercerão de forma integrada, exclusivamente por meio do Comitê Gestor do Imposto sobre Bens e Serviços, nos termos e limites estabelecidos nesta Constituição e em lei complementar, as seguintes competências administrativas relativas ao imposto de que trata o art. 156-A: [...]

II – arrecadar o imposto, efetuar as compensações e distribuir o produto da arrecadação entre Estados, Distrito Federal e Municípios;

De modo geral, foi mantida a estrutura central da Seção VI (Da Repartição das Receitas Tributárias) do Título VI (Da Tributação e do Orçamento) do Capítulo I (do Sistema Tributário Nacional) da Constituição Federal. As alterações trazidas pela EC 132/2023, no que se refere à repartição de receita tributária, podem ser assim sintetizadas:

a)   a distribuição de 50% da receita de IPVA aos Municípios passa a incluir o imposto cobrado sobre veículos aquáticos e aéreos, cujos proprietários sejam domiciliados em seus territórios (art. 158, II, da CF);

b)   além da distribuição de 25% aos Municípios do produto do ICMS, conforme critérios já estabelecidos pela EC 108/2020, foi detalhada a distribuição do mesmo percentual do IBS, com critérios agora conferidos pela EC 132/2023: 80% (oitenta por cento) na proporção da população; 10% (dez por cento) com base em indicadores de melhoria nos resultados de aprendizagem e de aumento da equidade, considerado o nível socioeconômico dos educandos, de acordo com o que dispuser lei estadual; 5% (cinco por cento) com base em indicadores de preservação ambiental, de acordo com o que dispuser lei estadual; 5% (cinco por cento) em montantes iguais para todos os Municípios do Estado;

c)   incluiu o Imposto Seletivo no rol de receita cuja metade é objeto de repartições diretas e indiretas da União de que trata o art. 159 da CF;

d)   inclui o art. 159-A para instituir o Fundo Nacional de Desenvolvimento Regional, com o objetivo de reduzir as desigualdades regionais e sociais mediante a entrega de recursos da União aos estados e ao Distrito Federal.

Com as alterações da Reforma Tributária sobre o Consumo, tem-se a seguinte formatação para a distribuição de receita tributária:

Retenção pelos Estados e Distrito Federal de tributo federal: 100% do Imposto sobre a Renda e Proventos de Qualquer Natureza, incidente na fonte (IRRF), sobre rendimentos pagos, a qualquer título, por eles, suas autarquias e pelas fundações que instituírem e mantiverem – art. 157, I, da CF.

Retenção pelos Municípios de tributo federal:

a)   100% do Imposto sobre a Renda e Proventos de Qualquer Natureza (tributo federal), incidente na fonte (IRRF), sobre rendimentos pagos, a qualquer título, por eles, suas autarquias e pelas fundações que instituírem e mantiverem – art. 158, I, da CF;

b)   100% do produto da arrecadação do Imposto sobre a Propriedade Rural (ITR), relativamente aos imóveis neles situados quando o próprio Município opte por fiscalizar e cobrar o tributo – art. 158, II, primeira parte, da CF.

Repasse direto da União aos Estados e ao Distrito Federal:

a)   20% do produto da arrecadação dos impostos residuais que venham a ser criados pela União – art. 157, II, da CF;

b)   10% da arrecadação do Imposto sobre Produtos Industrializados (IPI) e do imposto sobre a produção, extração, comercialização ou importação de bens e serviços prejudiciais à saúde ou ao meio ambiente (Imposto Seletivo), proporcionalmente ao valor das respectivas exportações de produtos industrializados – art. 159, I, da CF. Do montante recebido por cada Estado, *25% será destinado aos respectivos Municípios exportadores*, observados os critérios estabelecidos no art. 158, § 1º, da CF, para a parcela relativa ao Imposto sobre Produtos Industrializados, e no art. 158, § 2º, da CF, para a parcela relativa ao imposto previsto no art. 153, VIII, da CF;

c)   29% do produto da arrecadação da Contribuição de Intervenção no Domínio Econômico prevista no art. 177, § 4º, da CF (Cide-Combustíveis), a serem distribuídos, na forma da lei, ao financiamento de projetos ambientais relacionados com a indústria do petróleo e do gás e ao financiamento de programas de infraestrutura de transportes. Mesma lei deve estabelecer como, *dos valores recebidos por Estado, 25% serão entregues aos Municípios.*

Repasse direto da União aos Municípios: 50% do produto da arrecadação do Imposto sobre a Propriedade Rural (ITR), relativamente aos imóveis neles situados, quando o Município não opta por fiscalizar e cobrar o tributo – art. 158, II, segunda parte da CF.

Repasse indireto da União para os Municípios:

a) 50% do produto da arrecadação do Imposto sobre Renda e Proventos de Qualquer Natureza (IRRF), Imposto sobre Produtos Industrializados (IPI) e do imposto sobre a produção, extração, comercialização ou importação de bens e serviços prejudiciais à saúde ou ao meio ambiente (Imposto Seletivo), da seguinte forma – art. 159, I, da CF:

   (i)   21,5% ao Fundo de Participação dos Estados e do Distrito Federal;

   (ii) 22,5% ao Fundo de Participação dos Municípios;

   (iii) 3% para aplicação em programas de financiamento ao setor produtivo das Regiões Norte, Nordeste e Centro-Oeste, através de suas instituições financeiras de caráter regional, de acordo com os planos regionais de desenvolvimento, ficando assegurada ao semiárido do Nordeste a metade dos recursos destinados à Região, na forma que a lei estabelecer;

   (iv) 1% ao Fundo de Participação dos Municípios, que será entregue no primeiro decêndio do mês de dezembro de cada ano;

   (v)   1% (um por cento) ao Fundo de Participação dos Municípios, que será entregue no primeiro decêndio do mês de julho de cada ano;

   (vi) 1% (um por cento) ao Fundo de Participação dos Municípios, que será entregue no primeiro decêndio do mês de setembro de cada ano.

Repasse direto dos Estados para os Municípios:

a) 50% (cinquenta por cento) do produto da arrecadação do imposto do Estado sobre a propriedade de veículos automotores licenciados em seus territórios e, em relação a veículos aquáticos e aéreos, cujos proprietários sejam domiciliados em seus territórios (IPVA) – art. 158, III, da CF;

b) 25% do produto da arrecadação do imposto do Estado sobre operações relativas à circulação de mercadorias e sobre prestações de serviços de transporte interestadual e intermunicipal e de comunicação (ICMS), observados os seguintes critérios – art. 158, IV, *a*, da CF:

   (i)   65% (sessenta e cinco por cento), no mínimo, na proporção do valor adicionado nas operações relativas à circulação de mercadorias e nas prestações de serviços realizadas em seus territórios;

(ii) até 35% (trinta e cinco por cento), de acordo com o que dispuser lei estadual, observada, obrigatoriamente, a distribuição de, no mínimo, 10 (dez) pontos percentuais com base em indicadores de melhoria nos resultados de aprendizagem e de aumento da equidade, considerado o nível socioeconômico dos educandos;

c) 25% do produto da arrecadação do imposto sobre bens e serviços (IBS) distribuída aos Estados, observados os seguintes critérios – art. 158, IV, *b*, da CF:

(i) 80% (oitenta por cento) na proporção da população;

(ii) 10% (dez por cento) com base em indicadores de melhoria nos resultados de aprendizagem e de aumento da equidade, considerado o nível socioeconômico dos educandos, de acordo com o que dispuser lei estadual;

(iii) 5% (cinco por cento) com base em indicadores de preservação ambiental, de acordo com o que dispuser lei estadual;

(iv) 5% (cinco por cento) em montantes iguais para todos os Municípios do Estado.

FUNDOS DE COMPENSAÇÃO E DE DESENVOLVIMENTO

13.1. FUNDO DE COMPENSAÇÃO DE BENEFÍCIOS FISCAIS OU FINANCEIROS-FISCAIS

O art. 12 da EC 132/2023 institui o Fundo de Compensação de Benefícios Fiscais ou Financeiros-Fiscais do ICMS, com vistas a compensar, entre 1º de janeiro de 2029 e 31 de dezembro de 2032, pessoas físicas ou jurídicas beneficiárias de isenções, incentivos e benefícios fiscais ou financeiro-fiscais relativos àquele imposto, concedidos por prazo certo e sob condição.

O fundo será composto por receitas da União, para compensar pessoas físicas ou jurídicas em razão da cobrança do IBS em substituição a isenções, incentivos, benefícios fiscais ou financeiro-fiscais relacionados ao ICMS, que tenham sido concedidos por prazo certo e sob condição. A determinação constitucional é de aporte financeiro entre os anos de 2025 e 2032, dos seguintes valores, devidamente atualizados, de 2023 até o ano anterior ao da entrega, pela variação acumulada do IPCA ou de outro índice que vier a substituí-lo:

⇒ em 2025, a R$ 8.000.000.000,00 (oito bilhões de reais);
⇒ em 2026, a R$ 16.000.000.000,00 (dezesseis bilhões de reais);
⇒ em 2027, a R$ 24.000.000.000,00 (vinte e quatro bilhões de reais);
⇒ em 2028, a R$ 32.000.000.000,00 (trinta e dois bilhões de reais);
⇒ em 2029, a R$ 32.000.000.000,00 (trinta e dois bilhões de reais);
⇒ em 2030, a R$ 24.000.000.000,00 (vinte e quatro bilhões de reais);

⇒   em 2031, a R$ 16.000.000.000,00 (dezesseis bilhões de reais);

⇒   em 2032, a R$ 8.000.000.000,00 (oito bilhões de reais).

A sistemática de tributação sobre o consumo, inaugurada pela EC 132/2023, dispõe que o IBS não será objeto de concessão de incentivos e benefícios financeiros ou fiscais relativos ao imposto ou de regimes específicos, diferenciados ou favorecidos de tributação, excetuadas as hipóteses previstas na própria Constituição (art. 156, X) e aqueles previstos para o ICMS e o ISS serão gradualmente reduzidos na proporção das alíquotas desses impostos ao longo do período de transição. Por isso, foram instituídas as medidas de mitigação do impacto imediato de aumento de carga tributária para os setores e entes que contam com regimes jurídicos de redução do ICMS e os efeitos extrafiscais dessa medida, tal como a atração de investimentos e geração de empregos.

> EC 132. Art. 12. Fica instituído o Fundo de Compensação de Benefícios Fiscais ou Financeiro-Fiscais do imposto de que trata o art. 155, II, da Constituição Federal, com vistas a compensar, entre 1º de janeiro de 2029 e 31 de dezembro de 2032, pessoas físicas ou jurídicas beneficiárias de isenções, incentivos e benefícios fiscais ou financeiro-fiscais relativos àquele imposto, concedidos por prazo certo e sob condição.
>
> § 1º De 2025 a 2032, a União entregará ao Fundo recursos que corresponderão aos seguintes valores, atualizados, de 2023 até o ano anterior ao da entrega, pela variação acumulada do IPCA ou de outro índice que vier a substituí-lo:
>
> I – em 2025, a R$ 8.000.000.000,00 (oito bilhões de reais);
>
> II – em 2026, a R$ 16.000.000.000,00 (dezesseis bilhões de reais);
>
> III – em 2027, a R$ 24.000.000.000,00 (vinte e quatro bilhões de reais);
>
> IV – em 2028, a R$ 32.000.000.000,00 (trinta e dois bilhões de reais);
>
> V – em 2029, a R$ 32.000.000.000,00 (trinta e dois bilhões de reais);
>
> VI – em 2030, a R$ 24.000.000.000,00 (vinte e quatro bilhões de reais);
>
> VII – em 2031, a R$ 16.000.000.000,00 (dezesseis bilhões de reais);
>
> VIII – em 2032, a R$ 8.000.000.000,00 (oito bilhões de reais).
>
> § 2º Os recursos do Fundo de que trata o *caput* serão utilizados para compensar a redução do nível de benefícios onerosos do imposto previsto no art. 155, II, da Constituição Federal, na forma do § 1º do art. 128 do Ato das Disposições Constitucionais Transitórias, suportada pelas pessoas físicas ou jurídicas em razão da substituição do referido imposto por aquele previsto no art. 156-A da Constituição Federal, nos termos deste artigo.
>
> § 3º Para efeitos deste artigo, consideram-se benefícios onerosos as isenções, os incentivos e os benefícios fiscais ou financeiro-fiscais vinculados ao imposto referido no *caput* deste artigo concedidos por prazo certo e sob condição, na forma do art. 178 da Lei n. 5.172, de 25 de outubro de 1966 (Código Tributário Nacional).
>
> § 4º A compensação de que trata o § 1º:
>
> I – aplica-se aos titulares de benefícios onerosos referentes ao imposto previsto no art. 155, II, da Constituição Federal regularmente concedidos até 31 de maio de

2023, sem prejuízo de ulteriores prorrogações ou renovações, observados o prazo estabelecido no *caput* e, se aplicável, a exigência de registro e depósito estabelecida pelo art. 3º, II, da Lei Complementar n. 160, de 7 de agosto de 2017, que tenham cumprido tempestivamente as condições exigidas pela norma concessiva do benefício, bem como aos titulares de projetos abrangidos pelos benefícios a que se refere o art. 19 desta Emenda Constitucional;

II – não se aplica aos titulares de benefícios decorrentes do disposto no art. 3º, § 2º-A, da Lei Complementar n. 160, de 7 de agosto de 2017.

§ 5º A pessoa física ou jurídica perderá o direito à compensação de que trata o § 2º caso deixe de cumprir tempestivamente as condições exigidas pela norma concessiva do benefício.

§ 6º Lei complementar estabelecerá:

I – critérios e limites para apuração do nível de benefícios e de sua redução;

II – procedimentos de análise, pela União, dos requisitos para habilitação do requerente à compensação de que trata o § 2º.

§ 7º É vedada a prorrogação dos prazos de que trata o art. 3º, §§ 2º e 2º-A, da Lei Complementar n. 160, de 7 de agosto de 2017.

§ 8º A União deverá complementar os recursos de que trata o § 1º em caso de insuficiência de recursos para a compensação de que trata o § 2º.

§ 9º Eventual saldo financeiro existente em 31 de dezembro de 2032 será transferido ao Fundo de que trata o art. 159-A da Constituição Federal, com a redação dada pelo art. 1º desta Emenda Constitucional, sem redução ou compensação dos valores consignados no art. 13 desta Emenda Constitucional.

§ 10. O disposto no § 4º, I, aplica-se também aos titulares de benefícios onerosos que, por força de mudanças na legislação estadual, tenham migrado para outros programas ou benefícios entre 31 de maio de 2023 e a data de promulgação desta Emenda Constitucional, ou estejam em processo de migração na data de promulgação desta Emenda Constitucional.

13.2. FUNDO NACIONAL DE DESENVOLVIMENTO REGIONAL

O art. 159-A da CF instituiu o Fundo Nacional de Desenvolvimento Regional, com o objetivo de reduzir as desigualdades regionais e sociais, objetivo fundamental da República Federativa do Brasil que é consagrado no art. 3º, III, da Constituição Federal. O Fundo se presta como meio de entrega de recursos da União aos Estados e ao Distrito Federal, sem a possibilidade de restrições ao recebimento dos repasses, para a realização de estudos, projetos e obras de infraestrutura; fomento a atividades produtivas com elevado potencial de geração de emprego e renda, incluindo a concessão de subvenções econômicas e financeiras e promoção de ações com vistas ao desenvolvimento científico e tecnológico e à inovação.

O desenvolvimento regional definido também será custeado com recursos da União, destino, inclusive, de eventual saldo do que possa constar do Fundo de Compensação de Benefícios Fiscais ou Financeiro-Fiscais ao final do exercício de 2032. Devem ser observadas as seguintes previsões, atualizadas, de 2023 até o ano anterior ao da entrega, pela variação acumulada do IPCA ou de outro índice que vier a substituí-lo:

⇒ em 2029, a R$ 8.000.000.000,00 (oito bilhões de reais);

⇒ em 2030, a R$ 16.000.000.000,00 (dezesseis bilhões de reais);

⇒ em 2031, a R$ 24.000.000.000,00 (vinte e quatro bilhões de reais);

⇒ em 2032, a R$ 32.000.000.000,00 (trinta e dois bilhões de reais);

⇒ em 2033, a R$ 40.000.000.000,00 (quarenta bilhões de reais);

⇒ em 2034, a R$ 42.000.000.000,00 (quarenta e dois bilhões de reais);

⇒ em 2035, a R$ 44.000.000.000,00 (quarenta e quatro bilhões de reais);

⇒ em 2036, a R$ 46.000.000.000,00 (quarenta e seis bilhões de reais);

⇒ em 2037, a R$ 48.000.000.000,00 (quarenta e oito bilhões de reais);

⇒ em 2038, a R$ 50.000.000.000,00 (cinquenta bilhões de reais);

⇒ em 2039, a R$ 52.000.000.000,00 (cinquenta e dois bilhões de reais);

⇒ em 2040, a R$ 54.000.000.000,00 (cinquenta e quatro bilhões de reais);

⇒ em 2041, a R$ 56.000.000.000,00 (cinquenta e seis bilhões de reais);

⇒ em 2042, a R$ 58.000.000.000,00 (cinquenta e oito bilhões de reais);

⇒ a partir de 2043, a R$ 60.000.000.000,00 (sessenta bilhões de reais), por ano.

CF. Art. 159-A. Fica instituído o Fundo Nacional de Desenvolvimento Regional, com o objetivo de reduzir as desigualdades regionais e sociais, nos termos do art. 3º, III, mediante a entrega de recursos da União aos Estados e ao Distrito Federal para:

I – realização de estudos, projetos e obras de infraestrutura;

II – fomento a atividades produtivas com elevado potencial de geração de emprego e renda, incluindo a concessão de subvenções econômicas e financeiras;

III – promoção de ações com vistas ao desenvolvimento científico e tecnológico e à inovação.

§ 1º É vedada a retenção ou qualquer restrição ao recebimento dos recursos de que trata o *caput*.

§ 2º Na aplicação dos recursos de que trata o *caput*, os Estados e o Distrito Federal priorizarão projetos que prevejam ações de sustentabilidade ambiental e redução das emissões de carbono.

§ 3º Observado o disposto neste artigo, caberá aos Estados e ao Distrito Federal a decisão quanto à aplicação dos recursos de que trata o *caput*.

§ 4º Os recursos de que trata o *caput* serão entregues aos Estados e ao Distrito Federal de acordo com coeficientes individuais de participação, calculados com base nos seguintes indicadores e com os seguintes pesos:

I – população do Estado ou do Distrito Federal, com peso de 30% (trinta por cento);

II – coeficiente individual de participação do Estado ou do Distrito Federal nos recursos de que trata o art. 159, I, "a", da Constituição Federal, com peso de 70% (setenta por cento).

§ 5º O Tribunal de Contas da União será o órgão responsável por regulamentar e calcular os coeficientes individuais de participação de que trata o § 4º.

EC 132. Art. 13. Os recursos de que trata o art. 159-A da Constituição Federal, com a redação dada pelo art. 1º desta Emenda Constitucional, corresponderão aos seguintes valores, atualizados, de 2023 até o ano anterior ao da entrega, pela variação acumulada do IPCA ou de outro índice que vier a substituí-lo:

I – em 2029, a R$ 8.000.000.000,00 (oito bilhões de reais);

II – em 2030, a R$ 16.000.000.000,00 (dezesseis bilhões de reais);

III – em 2031, a R$ 24.000.000.000,00 (vinte e quatro bilhões de reais);

IV – em 2032, a R$ 32.000.000.000,00 (trinta e dois bilhões de reais);

V – em 2033, a R$ 40.000.000.000,00 (quarenta bilhões de reais);

VI – em 2034, a R$ 42.000.000.000,00 (quarenta e dois bilhões de reais);

VII – em 2035, a R$ 44.000.000.000,00 (quarenta e quatro bilhões de reais);

VIII – em 2036, a R$ 46.000.000.000,00 (quarenta e seis bilhões de reais);

IX – em 2037, a R$ 48.000.000.000,00 (quarenta e oito bilhões de reais);

X – em 2038, a R$ 50.000.000.000,00 (cinquenta bilhões de reais);

XI – em 2039, a R$ 52.000.000.000,00 (cinquenta e dois bilhões de reais);

XII – em 2040, a R$ 54.000.000.000,00 (cinquenta e quatro bilhões de reais);

XIII – em 2041, a R$ 56.000.000.000,00 (cinquenta e seis bilhões de reais);

XIV – em 2042, a R$ 58.000.000.000,00 (cinquenta e oito bilhões de reais);

XV – a partir de 2043, a R$ 60.000.000.000,00 (sessenta bilhões de reais), por ano.

13.3. COMPENSAÇÃO FINANCEIRA AOS ENTES FEDERATIVOS EM VIRTUDE DA EXTINÇÃO DO IPI

A despeito das características distintas entre o IPI e o Imposto Seletivo, a LC 214/2025, em seu art. 477, estabelece uma medida de compensação financeira para Estados, Distrito Federal e Municípios a partir de 2027, visando neutralizar eventuais impactos decorrentes da substituição do primeiro pelo segundo.

A compensação será calculada mensalmente mediante a comparação de um valor de referência, calculado conforme as regras previstas na legislação, e o valor efetivo entregue pela União aos Fundos de Participação dos Estados e Municípios, em decorrência da aplicação do disposto nos incisos I e II do art. 159 da Constituição.[1]

---

[1] Art. 159. A União entregará:

I – do produto da arrecadação dos impostos sobre renda e proventos de qualquer natureza e sobre produtos industrializados e do imposto previsto no art. 153, VIII, 50% (cinquenta por cento), da seguinte forma: (Redação dada pela Emenda Constitucional 132/2023)

a) vinte e um inteiros e cinco décimos por cento ao Fundo de Participação dos Estados e do Distrito Federal; (Vide Lei Complementar 62/1989)

b) vinte e dois inteiros e cinco décimos por cento ao Fundo de Participação dos Municípios; (Vide Lei Complementar 62/1989)

Quando o valor entregue for inferior ao valor de referência, a União compensará a diferença, a ser repassada aos respectivos entes federativos no segundo mês subsequente ao da apuração (art. 477, §§ 2º e 3º). Se o valor entregue for superior, o excedente será ajustado no cálculo do mês seguinte.

A compensação seguirá, em regra, os mesmos prazos e critérios aplicáveis às transferências constitucionais previstas no art. 159 da Constituição, assegurando previsibilidade e regularidade na entrega dos valores aos entes federativos (art. 479). Além disso, é proibida qualquer tipo de retenção ou restrição na entrega desses recursos, de modo a garantir que os entes federativos tenham acesso integral as quantias destinadas à compensação (art. 479, § 2º).

---

c) três por cento, para aplicação em programas de financiamento ao setor produtivo das Regiões Norte, Nordeste e Centro-Oeste, através de suas instituições financeiras de caráter regional, de acordo com os planos regionais de desenvolvimento, ficando assegurada ao semiárido do Nordeste a metade dos recursos destinados à Região, na forma que a lei estabelecer;

d) um por cento ao Fundo de Participação dos Municípios, que será entregue no primeiro decêndio do mês de dezembro de cada ano; (Incluído pela Emenda Constitucional 55/2007)

e) 1% (um por cento) ao Fundo de Participação dos Municípios, que será entregue no primeiro decêndio do mês de julho de cada ano; (Incluída pela Emenda Constitucional 84/2014)

f) 1% (um por cento) ao Fundo de Participação dos Municípios, que será entregue no primeiro decêndio do mês de setembro de cada ano; (Incluído pela Emenda Constitucional 112/2021)

II – do produto da arrecadação do imposto sobre produtos industrializados e do imposto previsto no art. 153, VIII, 10% (dez por cento) aos Estados e ao Distrito Federal, proporcionalmente ao valor das respectivas exportações de produtos industrializados; (Redação dada pela Emenda Constitucional 132/2023)

DISPOSIÇÕES FINAIS DA LC 214/2025

As disposições finais LC 214/2025 dispõem sobre alterações à legislação para adequação às novas regras trazidas pela reforma, em especial ao CTN, bem como sobre ajustes administrativos e técnicos necessários para a aplicação da nova legislação em cenários de mudanças institucionais e na padronização de nomenclaturas e índices econômicos.

O art. 491 prevê a continuidade das responsabilidades administrativas estabelecidas pela LC inclusive em casos de fusão, extinção ou incorporação de ministérios, secretarias e outros órgãos públicos. Em caso de ocorrência dessas mudanças, ato do chefe do Poder Executivo será responsável por definir qual órgão assumirá as funções originalmente atribuídas.

Para assegurar uniformidade e clareza na aplicação da Lei, o art. 492 estabelece que a NCM e o Sistema Harmonizado (SH) utilizados são aqueles definidos pela Resolução Gecex 272/2021. Para os serviços, a referência é a NBS aprovada pela Portaria Conjunta RFB/SECEX 2.000/2018. O dispositivo também prevê que, caso haja futuras alterações na NCM/SH ou na NBS, as mudanças não afetarão automaticamente as classificações fiscais dos produtos e serviços mencionados na lei, assegurando a estabilidade e a continuidade das disposições legais com base na classificação anterior.

O art. 493, por fim, prevê que, se índices econômicos como a Taxa Selic e o IPCA vierem a ser substituídos no futuro, as novas referências adotadas tomarão o lugar das atuais de maneira automática.[1] Assim, a Lei Complementar mantém sua aplicabilidade e evita a necessidade de alterações legislativas frequentes para atualizar referências econômicas que possam ser alteradas por mudanças na política econômica ou em regulamentações oficiais.

---

[1] Art. 493. As referências feitas nesta Lei Complementar à taxa SELIC, à taxa DI, ao IPCA e a outros índices ou taxas são aplicáveis aos respectivos índices e taxas que venham a substituí-los.

BIBLIOGRAFIA

AHMAD, E.; STERN, N. The theory of reform and Indian indirect taxes. *Journal of Public Economics 25*, p. 259-298, 1984.

ALTIG, DAVID, ALAN J. AUERBACH, LAURENCE J. KOLTIKOFF, KENT A. SMETTERS, AND JAN WALLISER, 2001. Simulating Fundamental Tax Reform in the United States. *American Economic Review*, 91/3, 574.

ARAÚJO, Fernando. *Introdução à Economia - II.* 4ª edição, Microeconomia Aplicada e Macroeconomia, AAFDL editora: Lisboa, 2022. p. 244.

ARISTÓTELES. Ética a *Nicômaco*. Tradução de Leonel Vallandro e Gerd Bornheim. São Paulo: Nova Cultural, 1991.

ATALIBA, Geraldo. Hermenêutica e Sistema Constitucional Tributário. *Diritto e pratica tributaria*, Padova, Cedam, v. L, 1979.

ATKINSON, A. B.; STIGLITZ, J. E. The design of tax structure: direct versus indirect taxation. *Journal of Public Economics 6*, p. 55-75, 1976.

AUERBACH, Alan J.; KOTLIKOFF, Laurence J. Dynamic fiscal policy. *Cambridge University Press*, Cambridge, 1987.

BORGES, José Souto Maior. *A fixação em lei complementar das alíquotas máximas do Imposto sobre serviços.* São Paulo: Resenha Tributária, 1975. p. 4.

BRASIL. Câmara dos Deputados. Parecer de Plenário pela Comissão Especial destinada a proferir Parecer à Proposta de Emenda à Constituição nº 45-A, de 2019. *Proposta de Emenda à Constituição nº 45-A*, de 2019. Disponível em: https://www.camara.leg.br/proposicoesWeb/prop_mostrarintegra?codteor=2297250&filename=Tramitacao-PEC%2045/2019. Acesso em: 7 mar. 2024.

BRASIL. Superior Tribunal de Justiça. REsp 1.144.469/PR, Relator(a): Ministro Napoleão Nunes Maia Filho, Relator para Acórdão: Ministro Mauro Campbell Marques, Primeira Seção, julgado em 10/8/2016, *DJe* de 2/12/2016.

BRASIL. Superior Tribunal de Justiça. REsp 1.148.444/MG, Relator(a): Ministro Luiz Fux, Primeira Seção, julgado em 14/4/2010, *DJe* de 27/4/2010.

BRASIL. Superior Tribunal de Justiça. REsp 1.221.170/PR, Relator(a): Ministro Napoleão Nunes Maia Filho, Primeira Seção, julgado em 22/2/2018, *DJe* de 24/4/2018.

BRASIL. Superior Tribunal de Justiça. REsp 1.273.396/DF, Relator(a): Ministro Napoleão Nunes Maia Filho, Primeira Turma, julgado em 5/12/2019, *DJe* de 12/12/2019.

BRASIL. Supremo Tribunal Federal. ADC 1, Relator(a): Ministro Moreira Alves, Tribunal Pleno, julgado em 01-12-1993, *DJ* 16-06-1995. PP-18213 EMENT VOL-01791-01 PP-00088.

BRASIL. Supremo Tribunal Federal. ADI 1945, Relator(a): Ministra Cármen Lúcia, Relator(a) p/ Acórdão: Dias Toffoli, Tribunal Pleno, julgado em 24-02-2021, Processo Eletrônico *DJe*-096 DIVULG 19-05-2021 PUBLIC 20-05-2021.

BRASIL. Supremo Tribunal Federal. ADI 3796, Relator: Ministro Gilmar Mendes. Tribunal Pleno, julgado em 08-03-2017. Processo Eletrônico *DJe*-168 DIVULG 31-07-2017 PUBLIC 01-08-2017.

BRASIL. Supremo Tribunal Federal. ADI 4276, Relator(a): Ministro Luiz Fux, Tribunal Pleno, julgado em 20-08-2014, Acórdão Eletrônico *DJe*-181 DIVULG 17-09-2014 PUBLIC 18-09-2014.

BRASIL. Supremo Tribunal Federal. ADI 447, Relator(a): Ministro Octavio Gallotti, voto do Ministro Carlos Velloso, julgado em 5-6-1991, Processo Eletrônico, *DJ* de 5-3-1993.

BRASIL. Supremo Tribunal Federal. ADI 4786, Relator(a): Ministro Nunes Marques, Tribunal Pleno, julgado em 01-08-2022, Processo Eletrônico *DJe*-207 DIVULG 13-10-2022 PUBLIC 14-10-2022.

BRASIL. Supremo Tribunal Federal. ADI 5374, Relator(a): Ministro Roberto Barroso, Tribunal Pleno, julgado em 24-02-2021, Processo Eletrônico *DJe*-047 DIVULG 11-03-2021 PUBLIC 12-03-2021.

BRASIL. Supremo Tribunal Federal. ADI 5481, Relator(a): Ministro Dias Toffoli, Tribunal Pleno, julgado em 29-03-2021, Processo Eletrônico *DJe*-084 DIVULG 03-05-2021 PUBLIC 04-05-2021.

BRASIL. Supremo Tribunal Federal. ADI 5764, Relator(a): Ministro André Mendonça, Tribunal Pleno, julgado em 02-10-2023, Processo Eletrônico *DJe*-s/n DIVULG 11-10-2023 PUBLIC 16-10-2023.

BRASIL. Supremo Tribunal Federal. ADI 6284, Relator(a): Ministro Roberto Barroso, Tribunal Pleno, julgado em 15-09-2021, Processo Eletrônico *DJe*-191 DIVULG 23-09-2021 PUBLIC 24-09-2021.

BRASIL. Supremo Tribunal Federal. ADI 1.276, Relator (a): Ministra Ellen Gracie, julgado em 28-8-2002, Processo Eletrônico, *DJ* de 29-11-2002.

BRASIL. Supremo Tribunal Federal. AI 758.697 AgR, voto do Relator: Ministro Joaquim Barbosa, 2ª Turma, julgado em 6-4-2010, *DJe* 81 de 7-5-2010.

BRASIL. Supremo Tribunal Federal. AI 651.138 AgR, Relator: Ministro Eros Grau, julgado em 26-6-2007, 2ª Turma, *DJ* de 17-8-2007.

BRASIL. Supremo Tribunal Federal. AI 690.712 AgR, Relator: Ministro Ricardo Lewandowski, julgado em 23-6-2009, 1ª Turma, *DJe* de 14-8-2009.

BRASIL. Supremo Tribunal Federal. AI 854.553 ED, voto do Relator: Ministro Joaquim Barbosa, 2ª Turma, julgado em 28-8-2012, *Dje* 197 de 8-10-2012.

BRASIL. Supremo Tribunal Federal. ARE 639632 AgR, Relator(a): Ministro Roberto Barroso, Primeira Turma, julgado em 22-10-2013. Acórdão Eletrônico. *DJe*-23. DIVULG 22-11-2013 PUBLIC 25-11-2013.

BRASIL. Supremo Tribunal Federal. ARE 656.709 AgR, Relator: Ministro Joaquim Barbosa, 2ª Turma, julgado em 14-2-2012, *DJe* 48 de 8-3-2012.

BRASIL. Supremo Tribunal Federal. ARE 658.080 AgR, Relator: Ministro Luiz Fux, julgado em 13-12-2011, 1ª Turma, *DJe* de 15-2-2012.

BRASIL. Supremo Tribunal Federal. Rcl 14.290 AgR, Relator(a): Ministra Rosa Weber, julgado em 22-5-2014, Processo Eletrônico *DJe* 118 de 20-6-2014.

BRASIL. Supremo Tribunal Federal. Rcl 8.623 AgR, voto do Relator: Ministro Gilmar Mendes, 2ª Turma, julgado em 22-2-2011, *DJe* 45 de 10-3-2011.

BRASIL. Supremo Tribunal Federal. RE 116.121, Relator: Ministro Octavio Gallotti, red. p/ o ac. Ministro Marco Aurélio, julgado em 11-10-2000, Processo Eletrônico *DJ* de 25-5-2001.

BRASIL. Supremo Tribunal Federal. RE 218.182, Relator: Ministro Moreira Alves, julgado em 23-3-1999, 1ª Turma, *DJ* de 4-6-1999.

BRASIL. Supremo Tribunal Federal. RE 236.174, Relator: Ministro Menezes Direito, julgado em 2-9-2008, 1ª Turma, *DJe* de 24-10-2008.

BRASIL. Supremo Tribunal Federal. RE 350923 AgR, Relator(a): Ministro Sepúlveda Pertence, Primeira Turma, julgado em 26-09-2006, *DJ* 20-10-2006 PP-00057 EMENT VOL-02252-03 PP-00637.

BRASIL. Supremo Tribunal Federal. RE 379572, Relator(a): Ministro Gilmar Mendes, Tribunal Pleno, julgado em 11-04-2007, *DJe*-018 DIVULG 31-01-2008 PUBLIC 01-02-2008 EMENT VOL-02305-04 PP-00870.

BRASIL. Supremo Tribunal Federal. RE 560626, Relator(a): Ministro Gilmar Mendes, Tribunal Pleno, julgado em 12-06-2008, Repercussão Geral - mérito *DJe*-232 DIVULG 04-12-2008 PUBLIC 05-12-2008 EMENT VOL-02344-05 PP-00868 RSJADV jan., 2009. p. 35-47.

BRASIL. Supremo Tribunal Federal. RE 562276, Relator(a): Ministra Ellen Gracie, Tribunal Pleno, julgado em 03-11-2010, Repercussão Geral - Mérito *DJe*-027 DIVULG 09-02-2011 PUBLIC 10-02-2011 EMENT VOL-02461-02 PP-00419 RTJ VOL-00223-01 PP-00527 RDDT n. 187, 2011, p. 186-193 RT v. 100, n. 907, 2011. p. 428-442.

BRASIL. Supremo Tribunal Federal. RE 586.693, Relator(a): Ministro Marco Aurélio, julgado em 25-5-2011, Processo Eletrônico, *DJe* de 22-6-2011, Tema 94. Ver também: RE 437.107 AgR, Relator: Ministro Joaquim Barbosa, julgado em 6-4-2010, 2ª Turma, *DJe* de 23-4-2010.

BRASIL. Supremo Tribunal Federal. RE 601.720, voto do Relator(a) p/ o ac. Ministro Marco Aurélio, julgado em 19-4-2017, Processo Eletrônico, *DJe* de 5-9-2017.

BRASIL. Supremo Tribunal Federal. RE 602347, Relator(a): Ministro Edson Fachin, Tribunal Pleno, julgado em 04-11-2015, Acórdão Eletrônico REPERCUSSÃO GERAL - MÉRITO *DJe*-067 DIVULG 11-04-2016 PUBLIC 12-04-2016 RTJ VOL-00237-01 PP-00173.

BRASIL. Supremo Tribunal Federal. RE 648245, Relator(a): Ministro Gilmar Mendes, Tribunal Pleno, julgado em 01-08-2013, Acórdão Eletrônico REPERCUSSÃO GERAL - MÉRITO *DJe*-038 DIVULG 21-02-2014 PUBLIC 24-02-2014.

BRASIL. Supremo Tribunal Federal. RE 689001 AgR, Relator(a): Ministro Dias Toffoli, Segunda Turma, julgado em 06-02-2018, Acórdão Eletrônico *DJe*-036 DIVULG 23-02-2018 PUBLIC 26-02-2018.

BRASIL. Supremo Tribunal Federal. RE 714139, Relator(a): Ministro Marco Aurélio, Relator(a) p/ Acórdão: DIAS TOFFOLI, Tribunal Pleno, julgado em 18-12-2021, Processo Eletrônico REPERCUSSÃO GERAL - MÉRITO *DJe*-049 DIVULG 14-03-2022 PUBLIC 15-03-2022.

BRASIL. Supremo Tribunal Federal. RE 773.992, Relator(a): Ministro Dias Toffoli, julgado em 15-10-2014, Processo Eletrônico, *DJe* de 19-2-2015, Tema 644.

BRASIL. Supremo Tribunal Federal. RE 854.869 AgR, Relator(a): Ministra Cármen Lúcia, julgado em 25-8-2015, 2ª Turma, *DJe* de 4-9-2015.

BRASIL. Supremo Tribunal Federal. RE 325.822, Relator(a) P/ o Ac. Ministro Gilmar Mendes, julgado em 18-12-2002, Processo Eletrônico, *DJ* de 14-5-2004.

BRASIL. Supremo Tribunal Federal. RE 406.955 AgR, Relator(a): Ministro Joaquim Barbosa, julgado em 4-10-2011, 2ª Turma, *DJe* de 21-10-2011.

BRASIL. Supremo Tribunal Federal. RE 414.259 AgR, Relator(a): Ministro Eros Grau, julgado em 24-6-2008, 2ª Turma, *DJe* de 15-8-2008.

BRASIL. Supremo Tribunal Federal. RE 562.045, Relator(a) p/ o ac. Ministra Cármen Lúcia, voto do min. Eros Grau, julgado em 6-2-2013, Processo Eletrônico, *DJe* de 27-11-2013.

BRASIL. Supremo Tribunal Federal. RE 594.015, voto do Relator(a): Ministro Marco Aurélio, julgado em 6-4-2017, Processo Eletrônico, *DJe* de 25-8-2017.

BRASIL. Supremo Tribunal Federal. RE 651.703, voto do Relator(a): Ministro Luiz Fux, julgado em 29-9-2016, Processo Eletrônico, *DJe* 86 de 26-4-2017, Tema 581.

BRASIL. Supremo Tribunal Federal. RE's 377.457/PR e 381.964/MG, Relator(a): Mininstro Gilmar Mendes, *DJe* 29.09.2008.

CAMARGO, G. B. de. A guerra fiscal e seus efeitos: autonomia x centralização. *In*: CONTI, J. M. *Federalismo fiscal*. Barueri: Manole, 2004.

CAVALCANTI, C. E. G.; PRADO, S. *Aspectos da guerra fiscal no Brasil*. Brasília: IPEA, 1998.

CARVALHO, Cristiano. *Teoria da decisão tributária*. São Paulo: Saraiva, 2013. p. 210.

CARVALHO, Paulo de Barros. *Curso de Direito Tributário*. 33ª edição, revista e atualizada. São Paulo: Saraiva, 2022.

CNOSSEN, Sijbren. Theory and practice of excise taxation: smoking, drinking, gambling, polluting and driving. *Oxford University Press*, 2005. Disponível em: https://search.ebscohost.com/login.aspx?direct=true&db=cat08786a&AN=ccul.KOHA.ULISBOA.1065688&lang=pt--pt&site=eds-live. Acesso em: 1º mar. 2024.

COMMONER, Barry. Frail Reeds in a Harsh World. Nova York. The American Museum of Natural History. Natural History. *Journal of the American Museum of Natural History*, Vol. LXXVIII, n. 2, February 1969. p. 44.

DAHAN, M.; STRAWCZYNSKI, M. Optimal income taxation: an example with a u-shaped pattern of optimal marginal tax rates: comment. *American Economic Review* 90 (3), p. 681-685, 2000.

DEATON, A.; STERN, N. Optimally uniform commodity taxes, taste differences and lump- sum grants, *Economics Letters* 20, p. 263-266, 1986.

DWORKIN, Ronald. *Taking rights seriously*. A&C Black, 2013.

EPSTEIN, Richard A. Can anyone beat the flat tax? Social Philosophy and Policy. V. 19, Estudo da Carga Tributária no Brasil em 2021. Análise por tributos e bases de incidência. *Publicação Anual*. Dezembro de 2022. Disponível em: https://www.gov.br/receitafederal/pt-br/centrais--de-conteudo/publicacoes/estudos/carga-tributaria/carga-tributaria-no-brasil-2021/view. Acesso em: 23 fev. 2024.

FERREIRA, S. G. Guerra fiscal: competição tributária ou corrida ao fundo do tacho? *Boletim da Secretaria de Assuntos Fiscais do BNDES*: informe-se, Rio de Janeiro, n. 4, jan. 2000.

FOREST, Adam; SHEFFRIN, Steven M. Complexity and compliance: An empirical investigation. *National Tax Journal*. v. 55. n. 1. 2002. p. 75-88.

FOX, John O. *If Americans really understood the income tax*: Uncovering our most expensive ignorance. (No Title). 2001.

GASSEN, Valcir (Org.). *Equidade e eficiência da matriz tributária brasileira*: Diálogos sobre Estado, Constituição e Direito Tributário. Brasília: Consulex, 2012. p. 6.

GONÇALVES, Judite. MERENDA, Roxanne. DOS SANTOS, João Pereira. *Not so sweet*: The impact of the Portuguese soda tax on producers. Disponível em: https://www.exeter.ac.uk/media/universityofexeter/businessschool/documents/centres/tarc/events/seminars/Not_so_sweet.pdf. Acesso em: 29 fev. 2024.

HALL, Robert; RABUSHKA, Alvin. *The Flat Tax in 1995*. Hoover Institution. 1995.

HELGASON, Agnar Freyr. Unleashing the 'money machine': the domestic political foundations of VAT adoption. *Socio-Economic Review*, Vol. 15, Issue 4, 2017. p. 797-813.

HESSE, Konrad. Gilmar Ferreira Mendes (trad.). *A força normativa da Constituição*. Sergio Antonio Fabris, 1991.

IFS. *Mirrlees Review*. Disponível em: https://ifs.org.uk/mirrlees-review. Acesso em: 5 abr. 2024.

KANBUR, R.; TUOMALA, M. Inherent inequality and the optimal graduation of marginal tax rates. *Scandinavian Journal of Economics* 96 (2), p. 275-282, 1994.

KEVIN, R. A reconsideration of the optimal income tax. *In*: HAMMOND, Peter J.; MYLES, Gareth D. (eds.) *Incentives, organization, and public economics* – papers in honour of Sir James Mirrlees. Cambridge: Oxford University Press, 2000. p. 171-189.

MACHADO SEGUNDO, Hugo de Brito. *Reforma Tributária comentada e comparada*: Emenda Constitucional 132, de 20 de dezembro de 2023. Barueri/SP: Atlas, 2024. p. 131 (E-Book).

MCCAFFERY, Edward J. *Fair not flat:* How to make the tax system better and simpler,

MERENDA, Roxanne; DOS SANTOS, João Pereira. *Not so sweet:* The impact of the Portuguese soda tax on producers. Disponível em: https://www.exeter.ac.uk/media/universityofexeter/businessschool/documents/centres/tarc/events/seminars/Not_so_sweet.pdf. Acesso em: 29 fev. 2024.

MYLES, G. D. *Public Economics*. Cambridge: Cambridge University Press, 1995.

NABAIS, José Casalta. Tributos com fins ambientais. *El tributo y su aplicación· perspectivas para el siglo XXI (Dos tomos)*: Homenaje al L Aniversario del Instituto Latinoamericano de Derecho Tributario. Marcial Pons Ediciones Jurídicas y Sociales, S.A., 2009.

OECD (2018). *Consumption Tax Trends 2018*: VAT/GST and Excise Rates, Trends and Policy Issues. Paris: Organisation for Economic Co-operation and Development.

OECD iLibrary. *Selected Excise Duties in OECD Countries*. Consumption Tax Trends 2022: VAT/GST and Excise, Core Design Features and Trends. Disponível em: https://www.oecd-ilibrary.org/sites/6525a942-en/1/3/3/index.html?itemId=/content/publication/6525a942-en&_csp_=9be05a02fe0e4dbe2c458d53fbfba33b&itemIGO=oecd&itemContentType=book#section-d1e38378. Acesso em: 28 fev. 2024.

PALMA, Clotilde Celorico. *Introdução ao Imposto Sobre o Valor Acrescentado*. 6ª ed. Cadernos do IDEFF. Coimbra: Almedina, 2023. p. 11.

PIGOU, Arthur Cecil. *The Economics of Welfare*, 2018.

RAWLS, J. *Justiça como equidade:* uma reformulação. 1ª.ed. São Paulo: Martins Fontes, 2003. p. 227-228.

ROSEN, Harvey S. 2002. *Public Finance.* 6th Edition. Chicago: McGraw Hill/Irwin.

SAEZ, E. *The effect of marginal tax rates on income:* a panel study of 'bracket creep'. NBER WP 99-7367, 2000.

SAEZ, E. Using elasticities to derive optimal income tax rates, *Review of Economic Studies 68,* p. 205-229, 2001.

SANDFORD, Cedric; GODWIN, Michael; HARDWICK, Peter. Administrative and Compliance Costs of Taxation, *Fiscal Publications,* 1989.

SEN, Amartya K. Poverty and Famines. An Essay on Entitlement and Deprivation. Oxford. *In* ARAÚJO, Fernando. *Introdução à Economia.* 4ª ed. Almedina: 2022. p. 200-201.

SIQUEIRA, R. B.; NOGUEIRA, J. R.; BARBOSA, A. L. de H. Teoria da tributação ótima. *In:* BIDERMAN, C.; AVARTE, P. (Org.). *Economia do setor público no Brasil.* São Paulo: Campus, 2005. p. 175.

SLEMROD, Joel. BAKIJA, Jon. *Taxing Ourselves-* A citizen`s guide to the great debate over tax reform. Second edition, 2001. p. 135.

SMITH, Adam. *The Wealth of Nations*: A Translation into Modern English, ISR/Google Books, 2015. Book 5 (Government Finances: Public Expenditure, Taxation and Borrowing), p. 423-429. Ebook ISBN 9780906321706.

STIGLITZ, Joseph E. *In* Praise of Frank Ramsey's Contribution to the Theory of Taxation. *National Bureau of Economic Research.* Massachusetts: Cambridge, 2014.

VASCONCELOS, Breno. SHINGAI, Thais Veiga. *Imposto seletivo*: que tributo é esse? Disponível em: https://www.jota.info/opiniao-e-analise/artigos/imposto-seletivo-que-tributo-e--esse-15012024. Acesso em: 29 fev. 2024.

VASCONCELOS, Breno. SHINGAI, Thais Veiga. *Por que o imposto seletivo deve integrar as bases de cálculo do IBS e da CBS?* Disponível em: https://www.jota.info/opiniao-e-ana-lise/artigos/por-que-o-imposto-seletivo-deve-integrar-as-bases-de-calculo-do-ibs-e-da--cbs-06112023#_ftn1. Acesso em: 29 fev. 2024.